D1690682

Föderative Nation

Föderative Nation

Deutschlandkonzepte
von der Reformation
bis zum Ersten Weltkrieg

Herausgegeben von
Dieter Langewiesche und
Georg Schmidt

R. Oldenbourg Verlag München 2000

Gedruckt mit Unterstützung der Deutschen Forschungsgemeinschaft

Die Deutsche Bibliothek - CIP Einheitsaufnahme

Ein Titeldatensatz für diese Publikation ist bei
Der Deutschen Bibliothek erhältlich

© 2000 Oldenbourg Wissenschaftsverlag GmbH, München
Rosenheimer Straße 145, D-81671 München
Internet: http://www.oldenbourg-verlag.de

Das Werk einschließlich aller Abbildungen ist urheberrechtlich geschützt. Jede Verwertung außerhalb der Grenzen des Urheberrechtsgesetzes ist ohne Zustimmung des Verlages unzulässig und strafbar. Dies gilt insbesondere für Vervielfältigungen, Übersetzungen, Mikroverfilmungen und die Einspeicherung und Bearbeitung in elektronischen Systemen.

Umschlaggestaltung: Dieter Vollendorf
Gedruckt auf säurefreiem, alterungsbeständigem Papier (chlorfrei gebleicht).
Gesamtherstellung: WB-Druck, Rieden am Forggensee

ISBN 3-486-56454-4

Inhalt

Vorwort 7

Dieter Langewiesche
'Nation', 'Nationalismus', 'Nationalstaat' in der europäischen Geschichte
seit dem Mittelalter - Versuch einer Bilanz 9

Wahrnehmung von Kriegen

Georg Schmidt
Teutsche Kriege: Nationale Deutungsmuster und integrative
Wertvorstellungen im frühneuzeitlichen Reich 33

Horst Carl
Der Mythos des Befreiungskrieges: Die „martialische Nation"
im Zeitalter der Revolutions- und Befreiungskriege 1792 - 1815 63

Nikolaus Buschmann
Volksgemeinschaft und Waffenbruderschaft: Nationalismus und Kriegserfahrung in Deutschland zwischen „Novemberkrise" und „Bruderkrieg" 83

Teilhabeverheißungen

Dieter Mertens
Nation als Teilhabeverheißung: Reformation und Bauernkrieg 115

Joachim Bauer
Student und Nation im Spiegel des „Landesvater"-Liedes 135

Wolfgang Burgdorf
„Reichsnationalismus" gegen „Territorialnationalismus": Phasen der
Intensivierung des nationalen Bewußtseins in Deutschland
seit dem Siebenjährigen Krieg 157

Maiken Umbach
Reich, Region und Föderalismus als Denkfiguren in politischen Diskursen
der Frühen und der Späten Neuzeit 191

Dieter Langewiesche
Föderativer Nationalismus als Erbe der deutschen Reichsnation: Über
Föderalismus und Zentralismus in der deutschen Nationalgeschichte 215

Sprache und Nation

Wilhelm Kühlmann
Sprachgesellschaften und nationale Utopien 245

Klaus Manger
„Klassik" als nationale Normierung? 265

Ingo Reifenstein
Deutsch in Österreich vom 18. bis ins 20. Jahrhundert: Das problematische
Verhältnis von Sprache und Nation 293

Eigen- und Fremdkonstruktionen

Michael Maurer
Außenwahrnehmung: Deutschland und die Deutschen im Spiegel
ausländischer Reiseberichte (1500-1800) 309

Reinhard Stauber
„Italia" und „Germània" - Konstruktionen im Alpenraum 327

Alon Confino
Konzepte von Heimat, Region, Nation und Staat in Württemberg von der
Reichsgründungszeit bis zum Ersten Weltkrieg 345

Geschlecht und Nation

Siegrid Westphal
Frauen der Frühen Neuzeit und die deutsche Nation 363

Ute Planert
Zwischen Partizipation und Restriktion: Frauenemanzipation und nationales
Paradigma von der Aufklärung bis zum Ersten Weltkrieg 387

Vorwort

Europa erlebt am Ende des 20. Jahrhunderts einen ebenso raschen wie tiefgreifenden Wandel seiner nationalstaatlichen Strukturen. Sie haben diesen Kontinent über mehrere Jahrhunderte geprägt. Zwar gab es infolge von Kriegen immer wieder territoriale Veränderungen, doch was sich gegenwärtig ereignet, ist unvergleichbar. Großflächigen Integrationsversuchen im Rahmen der Europäischen Union stehen die teilweise kriegerischen Desintegrationsprozesse in Ost- und Südosteuropa gegenüber. Die Hoffnung, humanitäre Werte in einem Europa, das die alten nationalen Trennlinien überwindet, überall durchsetzen zu können, stößt auf nationale Ansprüche, die erneut „historisch" legitimiert werden. Sie dienen dazu, Krieg und Vertreibung zu begründen. Dies steht in einer langen Tradition. Die Gegenwart hat nur einen neuen Begriff dafür gefunden: ethnische Säuberungen.

Auf diese Entwicklungen reagiert die internationale wie auch die deutsche Forschung, indem sie sich seit Beginn der achtziger Jahre immer stärker Identitätsfragen und dem Problemfeld „Nation/Nationalismus" zuwendet. Das gilt auch für die Autorinnen und Autoren dieses Bandes, der auf eine Tagung zurückgeht, die Anfang April 1998 in Weimar stattfand. Er setzt jedoch einen neuen Akzent, indem er zeitlich und thematisch übergreifende Aspekte behandelt, die von der Geschichtsschreibung bisher zu wenig gewürdigt worden sind, obwohl sie für die deutsche Entwicklung zentral waren. Im Mittelpunkt steht die Frage, ob und wie sich in Deutschland das Wertegefüge, das den nationalen Wahrnehmungen zugrundeliegt, von der Reformationszeit bis zum Ersten Weltkrieg verändert hat. Es geht also um lange Entwicklungslinien, um Kontinuitäten und Zäsuren in den Vorstellungen von deutscher Nation vom 16. Jahrhundert bis zum Ende des 19. Jahrhunderts, das meist als das Jahrhundert des modernen Nationalismus begriffen wird. Was daran 'modern' war und was auf lange Traditionen zurückgeht, ist die Leitfrage, die diesen Band durchzieht. Damit wird eine Annahme auf den Prüfstand gestellt, auf die sich Wissenschaft und Öffentlichkeit seit langem geeinigt haben: Die Nation als ein Phänomen der Moderne.

Historikerinnen und Historiker diskutierten gemeinsam mit einigen Literatur- und Sprachwissenschaftlern drei Tage intensiv über die Wahrnehmung von Kriegen als Mittel nationaler Identifikation, über die Idee der Nation als Teilhabeverheißung, über den Zusammenhang von Sprache und Identität, Eigen- und Fremdkonstruktionen nationaler Zuordnungen sowie Geschlecht und Nation. Dabei zeigte sich zwar die ganze Vielschichtigkeit des Nationsbegriffs, doch Verbindendes und Trennendes zwischen den 'modernen' und 'vormodernen' Nationsvorstellungen konnte genauer bestimmt und die Bedeutung der Epochenschwelle um 1800 neu verortet werden. Offensichtlich spielten auch in den frühneuzeitlichen Kriegen nationale Deutungen eine wichtige Rolle, und mit der Berufung auf die Nation wurden neben der bloßen

Zugehörigkeit gewisse Teilhabevorstellungen verbunden und auch von Frauen frühzeitig artikuliert. Schon in der Reformationszeit gab es das Konzept einer deutschen Nation, deren Besonderheiten sich in der Eigen- wie in der Fremdwahrnehmung zeigten. Unstrittig war allerdings, daß sich die homogenisierenden nationalen Wertvorstellungen im 19. Jahrhundert entschieden verdichteten und alle sozialen Milieus dauerhaft und nicht mehr nur punktuell und phasenweise durchdrangen. Manches blieb kontrovers, doch mit dem Konzept „föderative Nation" scheint ein integrativer Begriff gefunden, der die Besonderheiten der deutschen Entwicklung angemessen erfaßt und zugleich offen ist, Gemeinsamkeiten und Unterschiede zu den westeuropäischen Nationsvorstellungen zu diskutieren.

Allen Referenten, die sich auf unsere Fragen einließen und sich mit ihnen auseinandersetzten, sei dafür ebenso gedankt wie dem Leiter des Goethe- und Schiller-Archivs in der Stiftung Weimarer Klassik, Herrn Dr. Jochen Golz, der uns im Tagungsraum mit Blick auf Schloß und Ilmtal gastlich aufnahm. Ein kongenialerer Ort für eine Tagung über die „föderative Nation" als Weimar dürfte kaum zu finden sein. Finanziert wurden das Kolloquium und die Veröffentlichung aus Mitteln des Leibniz-Preises. Die Drucklegung der Beiträge betreuten Andreas Klinger und Frau Regina Platen (Jena). Ihnen schulden die Herausgeber ganz besonders großen Dank.

Erfurt/Jena, 7. Juni 1999

Dieter Langewiesche

'Nation', 'Nationalismus', 'Nationalstaat' in der europäischen Geschichte seit dem Mittelalter - Versuch einer Bilanz

Was war 'modern' am 'modernen' Nationalismus? Man läßt ihn gewöhnlich im Umkreis der Französischen Revolution beginnen. Setzt mit ihm Neues ein? Wenn ja - worin besteht es? Oder überwiegen die Kontinuitätslinien, wie ein Teil der Forschung meint?

Auf diese Fragen suchen die Autoren dieses Buches Antworten. Einheitlich fallen sie nicht aus. Dafür ist nicht nur der unbefriedigende Forschungsstand verantwortlich.[1] Das *Heilige Römische Reich Deutscher Nation* mit seiner Vielfalt von Staaten und Territorien, der Fülle kleiner und kleinster Herrschaftsgebiete fügt sich nicht dem an Westeuropa geschulten Verständnis, das Staatsbildung und Nationsbildung als Einheit oder zumindest als eine Entwicklungsnorm zu betrachten gewohnt ist, der sich alle Staaten und Nationen anzunähern suchten. Ob man für das Alte Reich von Nationsbildung ohne den Willen zur Nationalstaatsbildung sprechen kann, zieht sich als eine Leitfrage durch einen Teil der Beiträge. Andere untersuchen, wie das im Reich geformte föderative Grundmuster der deutschen Geschichte in den nationalen Vorstellungen des 19. Jahrhunderts fortlebte. Der Blick richtet sich also nicht vom späten Nationalstaat als dem vermeintlichen Ziel deutscher Geschichte in die 'Vorgeschichte', die von der borussisch-nationalen Historiographie als langer, hindernisreicher Weg zur nationalstaatlichen Erfüllung mißdeutet worden ist. Gefragt wird vielmehr, ob im Alten Reich eine eigenständige Form von Nationsbildung zu erken-

---

[1] Vgl. *Dieter Langewiesche*, Nation, Nationalismus, Nationalstaat: Forschungsstand und Forschungsperspektiven, in: NPL 40, 1995, 190-236. Auf die dort zitierte Literatur wird generell verwiesen. Hervorgehoben sei ein Werk, das in der neueren internationalen Forschung selten erwähnt wird, obwohl es, theoretisch und empirisch gleichermaßen anspruchsvoll, in universaler Perspektive den Nationalismus sowohl historisch als auch soziologisch analysiert: *Eugen Lemberg*, Nationalismus, 2 Bände, Reinbek bei Hamburg 1964. Die bekannten, in der Fachliteratur zumindest als Zitat allgegenwärtigen Studien von *Benedict Anderson* (Imagined Communities. Reflections on the Origin and Spread of Nationalism, London 1983; deutsch: Die Erfindung der Nation. Zur Karriere eines erfolgreichen Konzepts, Frankfurt a. M. ²1993) und *Ernest Gellner* (Nations and Nationalism, Oxford 1983; deutsch: Nationalismus und Moderne, Berlin 1991) können mit der weiten Perspektive des Werkes von Lemberg nicht konkurrieren. Beste neuere Gesamtdarstellung, welche die lange Geschichte nationaler Vorstellungen im Zusammenhang mit dem Prozeß europäischer Staatsbildung untersucht und zugleich das Neue der modernen Nation betont: *Hagen Schulze*, Staat und Nation in der europäischen Geschichte, München 1994. Vorzügliche Bilanz zur deutschen Entwicklung bis zur Nationalstaatsgründung: *Elisabeth Fehrenbach*, Verfassungsstaat und Nationsbildung 1815-1871, München 1992.

nen ist und was diese für die deutsche Geschichte im 19. Jahrhundert bedeutet hat, als der Nationalstaat zur Richtmarke der europäischen Nationen zu werden begann und die territoriale Gestalt des Kontinents blutig umgestaltete.

In diesem einführenden Aufsatz geht es nicht darum, die Ergebnisse der nachfolgenden Beiträge und der Debatten zwischen den Autoren zu bilanzieren. Er diente ursprünglich dazu, der Tagung, aus der die Aufsätze hervorgegangen sind, in zweifacher Hinsicht eine Grundlage zu geben - eine Aufgabe, die ihm auch in diesem Band zugedacht ist: Es gilt, erstens einen theoretischen Rahmen zu entwerfen und zweitens eine europäische Perspektive zu skizzieren, um die Befunde zur deutschen National-Geschichte, die in diesem Buch vorgestellt werden, mit den Ergebnissen heutiger Nationalismustheorien konfrontieren und in die Grundzüge europäischer Entwicklungslinien einordnen zu können.

I.

Um die Ergebnisse nicht im Vorgriff durch die Perspektive festzulegen, in der Kontinuitäten und Brüche in der Geschichte nationaler Vorstellungen betrachtet werden, wird ein experimentelles Verfahren gewählt. Im ersten Schritt fragt der Spätneuzeitler vom 19. Jahrhundert her nach dem Neuen im 'modernen' Nationalismus. Im zweiten Schritt werden mit dem Blick des Mediävisten und Frühneuzeitlers die Kontinuitätslinien verfolgt, welche die nachrevolutionären Vorstellungen mit den älteren Formen von Nation verbinden.

Die Wahl der Nationsbegriffe ist diesem Experiment angepaßt. Gearbeitet wird mit zwei unterschiedlichen Definitionen, die einigermaßen die theoretische Spannweite in der heutigen Nationalismusdebatte erfassen.[2] Die erste ist im Kern politisch. Sie zielt auf Großgruppen, die in der Regel staatlich organisiert sind. Die zweite ist dem Ansatz des Ethnonationalismus verpflichtet. Diese beiden konkurrierenden Definitionen geben unterschiedliche Blickrichtungen vor. Während die erste die Aufmerksamkeit auf politische Institutionen ausrichtet und sensibel auf politische Umbrüche reagiert, verhält sich die zweite, von gesellschaftlichen Gruppierungen ausgehend und auf lange Dauer geeicht, träge gegen kurzfristigen Wandel. Diese beiden Zugangsweisen, die gegensätzlichen Nationalismustheorien verpflichtet sind, werden in der Forschung

---

[2] Neuere Literatur wird bei *Langewiesche*, Nation (wie Anm. 1) vorgestellt. Vgl. insbes. *John Breuilly*, Approaches to Nationalism, in: *Eva Schmidt-Hartmann* (Hrsg.), Formen des nationalen Bewußtseins im Lichte zeitgenössischer Nationalismustheorien, München 1994, 15-38. Ein scharfsinniger Versuch, die vertrauten Begriffe neu zu definieren, um die Funktionen von Nation und Nationalismus für politische Integrationsprozesse zu klären, bei *Bernhard Kittel*, Moderner Nationalismus. Zur Theorie politischer Integration, Wien 1995. Kittel geht es um eine theoretische Grundlegung, nicht um historische Analyse. Über den sozialwissenschaftlichen Forschungsstand informieren auch ausgezeichnet *Rainer Bauböck*, Nationalismus versus Demokratie, in: Österreichische Zeitschrift für Politikwissenschaft 20, 1991, 73-90; *Georg Elwert*, Nationalismus, Ethnizität und Nativismus - Über Wir-Gruppenprozesse, in: *Peter Waldmann/Georg Elwert* (Hrsg.), Ethnizität im Wandel, Saarbrücken/Fort Lauderdale 1989, 21-60. Breiter Forschungsüberblick auch bei *Knut Diekmann*, Die nationalistische Bewegung in Wales, Paderborn u.a. 1998, 17-95.

in aller Regel alternativ verwendet - je nachdem, was nachgewiesen und erklärt werden soll. Hier hingegen werden beide als gleichrangig behandelt, um über einen Zeitraum von fast einem Jahrtausend hinweg gleichermaßen nach Kontinuitäten und Brüchen fragen zu können.

Die erste der beiden Definitionen, Peter Alters eindringlicher Gesamtdarstellung des modernen Nationalismus entnommen, ist ganz auf das nachrevolutionäre Phänomen Nation und Nationalismus gemünzt. Sie verbindet in der für Spätneuzeitler üblichen Weise politisch-organisatorische mit sozialen und ideellen Kriterien. Indem sie auf den Nationalstaat als dem vorrangigen Ziel des modernen Nationalismus blickt, eignet sie sich, von diesem aus rückblickend nach Kontinuitäten und Zäsuren zu fragen: „Nationalismus liegt dann vor, wenn die Nation die gesellschaftliche Großgruppe ist, der sich der einzelne in erster Linie zugehörig fühlt, und wenn die emotionale Bindung an die Nation und die Loyalität ihr gegenüber in der Skala der Bindungen und Loyalitäten oben steht. Nicht der Stand oder die Konfession, nicht eine Dynastie oder ein partikularer Staat, nicht die Landschaft, nicht der Stamm und auch nicht die soziale Klasse bestimmen primär den überpersonalen Bezugsrahmen. Der einzelne ist auch nicht länger, wie das z.B. noch die Philosophie der Aufklärung postulierte, in erster Linie Mitglied der Menschheit und damit Weltbürger, sondern fühlt sich vielmehr als Angehöriger einer bestimmten Nation. Er identifiziert sich mit ihrem historischen und kulturellen Erbe und mit der Form ihrer politischen Existenz. Die Nation (oder der Nationalstaat) bildet für ihn den Lebensraum und vermittelt ihm ein Stück Lebenssinn in Gegenwart und Zukunft."[3]

Die Nation, so läßt sich diese Deutung pointiert verdichten, entwickelte sich zum Letztwert und obersten Legitimitätsquell für Forderungen jedweder Art.[4] Sozialisten nutzten ihn ebenso als innenpolitisches Emanzipationsvehikel und Kampfinstrument wie die Frauenbewegung. Vor allem aber stellte die Nation als staatliches Ordnungsprinzip die älteren multinationalen Staatengebilde - die Habsburgermonarchie, das Osmanische Reich, aber auch den Deutschen Bund in der Nachfolge des Alten Reiches - prinzipiell in Frage. Das Ordnungsmodell 'eine Nation - ein Staat' wurde im 19. Jahrhundert zum politischen Credo der europäischen Nationalbewegungen, wenngleich kaum einer der modernen Nationalstaaten diesem nationalen Homogenitätsanspruch genügte.[5]

Gemessen an der zitierten Definition für den modernen Nationalismus wird man von einer scharfen Zäsur im Umkreis der Revolutionen des späten 18. Jahrhunderts

---

[3] *Peter Alter*, Nationalismus, Frankfurt a. M. 1985, 14f.; vgl. insbes. den weiten Überblick von *John Breuilly*, Nationalism and the State, Manchester ³1993.
[4] Mit dieser Definition, anknüpfend an Max Weber, arbeitet z. B. auch der Soziologe *Rainer M. Lepsius* in seinen anregenden Studien zur deutschen Nation und zum künftigen Verhältnis von Europäischer Gemeinschaft und den etablierten Nationalstaaten: Demokratie in Deutschland. Soziologisch-historische Konstellationsanalysen. Ausgewählte Aufsätze, Göttingen 1993.
[5] Das wird mit Lust an der Polemik gegen eingebürgerte Vorstellungen hervorgehoben von *Walker Connor*, Ethnonationalism. The Quest for Understanding, Princeton N. J. 1994.

sprechen müssen. Selbst dort, wo in europäischer Perspektive ein besonders früher Prozeß von Nationsbildung, über die mittelalterlichen Formen der Adels- und Klerikernation hinausgehend, festgestellt werden kann - vor allem in der Eidgenossenschaft, auch in den Niederlanden und in England[6] -, gab es nicht die Idee der Nation als oberste Legitimationsebene, auf die eine Gesellschaft mehrheitlich, seien es Einzelne oder Gruppen, ihre Forderungen an das politische Gemeinwesen bezog. Das bestreiten auch diejenigen Mediävisten und Frühneuzeitler nicht, die auf Kontinuitätslinien verweisen.[7] Die Nation als Letztwert, der alle Forderungen rechtfertigt, die man an die politische Obrigkeit stellt, für den man in den Krieg zieht und zu sterben bereit und verpflichtet ist[8] - diese Vorstellung, die in der Ära der Französischen Revolution erstmals ihre Massensuggestion erprobte, setzte sich erst im Laufe des 19. Jahrhunderts als gesellschaftliche Mehrheitsposition durch. Religion konnte im Mit-

[6] Vgl. die bei *Langewiesche*, Nation (wie Anm. 1) genannte Literatur; als europäische Überblicke *Schulze*, Staat und Nation (wie Anm. 1); *Pierre Fougeyrollas*: La nation. Essor et déclin des sociétés modernes, Paris 1987; *Michael Mann*, Geschichte der Macht. Bd. 3.1: Die Entstehung von Klassen und Nationalstaaten, Frankfurt a. M./New York 1998 (engl. 1993); *Bernd Estel/Tilman Mayer* (Hrsg.), Das Prinzip Nation in modernen Gesellschaften. Länderdiagnosen und theoretische Perspektiven, Opladen 1994; Einführungen in die Nationalgeschichten: *Günther Lottes* (Hrsg.), Region, Nation, Europa. Historische Determinanten der Neugliederung eines Kontinents, Heidelberg 1992; *Bernhard Giesen* (Hrsg.), Nationale und kulturelle Identität. Studien zur Entwicklung des kollektiven Bewußtseins in der Neuzeit, Frankfurt a. M. ²1991; *Helmut Berding* (Hrsg.), Nationales Bewußtsein und kollektive Identität. Studien zur Entwicklung des kollektiven Bewußtseins in der Neuzeit 2, Frankfurt a. M. 1994; *Linda Colley*, Britons. Forging the Nation 1707-1837, New Haven/London 1992; *Justo G. Beramendi/Ramón Máiz, Xosé M. Núnez* (Hrsg.), Nationalism in Europe. Past and Present, 2 Bde., Santiago de Compostela 1994; *Otto Dann* (Hrsg.), Nationalismus in vorindustrieller Zeit, München 1986; *J. A. Armstrong*, Nations before Nationalism, Chapel Hill 1982; *Klaus Garber* (Hrsg.), Nation und Literatur im Europa der Frühen Neuzeit. Akten des I. Internationalen Kongresses zur Kulturgeschichte der Frühen Neuzeit, Tübingen 1989; *Heiner Timmermann* (Hrsg.), Die Entstehung der Nationalbewegung in Europa 1750-1849, Berlin 1993; *Ulrich im Hof*, Mythos Schweiz. Identität-Nation-Geschichte 1291-1991, Zürich 1991; Die Erfindung der Schweiz. Bildentwürfe einer Nation, Zürich 1998; *Urs Altermatt/Catherine Bosshart-Pfluger/Albert Tanner* (Hrsg.), Die Konstruktion einer Nation. Nation und Nationalisierung in der Schweiz, 18.-20. Jh., Zürich 1998. Das Neue betonte bereits *Arnold Jaggi*, Über die Begriffe „Nation", „Nationalität" und „national" in der Zeit des Kampfes um die Bundesrevision, in: Archiv des Historischen Vereins des Kantons Bern, 39, 1948, 161-183; theoretisch anspruchsvoll *Hansjörg Siegenthaler*, Supranationalität, Nationalismus und regionale Autonomie. Erfahrungen des schweizerischen Bundesstaates. Perspektiven der Europäischen Gemeinschaft, in: Traverse. Zeitschrift für Geschichte 3, 1994, 117-142; *Simon Schama*, Überfluß und schöner Schein. Zur Kultur der Niederlande im Goldenen Zeitalter, München 1988 (Kap. 2: Patriotismus).
[7] Vgl. die im Abschnitt III genannte Literatur und die Charakterisierung des Forschungsstandes durch *Reinhard Stauber*, Nationalismus vor dem Nationalismus? Eine Bestandsaufnahme der Forschung zu „Nation" und „Nationalstaat" in der Frühen Neuzeit, in: GWU 47, 1996, 139-165; Einleitung von *Eckhart Hellmuth* in: ders./*Reinhard Stauber* (Hrsg.), Nationalismus vor dem Nationalismus? (Aufklärung 10, 1998, Heft 2, 310).
[8] Vgl. *Reinhart Koselleck/Michael Jeismann* (Hrsg.), Der politische Totenkult. Kriegerdenkmäler in der Moderne, München 1994; *Peter Berghoff*, Der Tod des politischen Kollektivs. Politische Religion und das Sterben und Töten für Volk, Nation und Rasse, Berlin 1997; zu einer weiten Forschungslandschaft, die von der Geschichtswissenschaft kaum zu Kenntnis genommen wird: *Erwin Orywal*, Krieg als Konfliktaustragungsstrategie. Zur Plausibilität von Kriegsursachentheorien aus kognitionsethnologischer Sicht, in: Zeitschrift für Ethnologie 121, 1996, 1-48.

telalter und in der Frühen Neuzeit ein solcher Letztwert sein, auch die Zugehörigkeit zu einem bestimmten Territorium, meist gekoppelt mit religiösen Vorstellungen, und diese Mischung aus religiösen und territorialen Bindungen konnte durchaus mit nationalen Konnotationen versehen sein. Doch die Nation oder gar der Nationalstaat als oberste Werte lagen im Mittelalter und in der Frühen Neuzeit außerhalb der Vorstellungswelt von Bevölkerungsmehrheiten. Allerdings setzten sich diese Werte auch im 19. Jahrhundert nur in einem langsamen Prozeß durch. Er erfaßte die europäische Gesellschaft zu verschiedenen Zeitpunkten und verlief sehr unterschiedlich nach gesellschaftlichen Gruppen, forciert stets in Zeiten des politischen Aufbruchs, in Revolutionen und in Zeiten der Gefahr, vor allem im Krieg, dem „Heldenzeitalter der modernen Nation", wie es Eugen Lemberg formuliert hat.[9]

Mustert man die Prozesse der Nationsbildung in Europa mit der Begriffssonde 'moderner Nationalismus', fällt der Befund eindeutig aus: Erst im 19. Jahrhundert wurden Nation und Nationalstaat zum obersten handlungsleitenden Wert in der Gesellschaft - nicht für alle gleichermaßen und nicht durchgehend, aber doch in politischen Entscheidungszeiten. Diese Deutung plädiert dafür, den nachrevolutionären Nationalismus nach seinem Geltungsanspruch, der Breite der gesellschaftlichen Akzeptanz dieses Anspruchs und damit auch nach seiner Handlungsrelevanz für gesellschaftliche Gruppen und staatliche Entscheidungsträger von seinen mittelalterlichen und frühneuzeitlichen Vorläufern scharf abzugrenzen.

II.

Wie sieht es aus, wenn wir nun mit dem 'Ethnonationalismus' den zweiten der eingangs skizzierten Zugänge zum Phänomen Nation wählen? Als Wegweiser durch das breite Literaturfeld dienen die Studien Anthony D. Smiths, der am stärksten zur Öffnung der neueren Nationalismusforschung für ethnonationale Ansätze beigetragen haben dürfte.[10] Um das Ergebnis vorweg zu nehmen: Auch seine Definition von Nation führt zu dem gleichen Ergebnis: Der moderne Nationalismus wird klar abgehoben von seinen Vorgängern. Deren Existenz wird jedoch deutlicher sichtbar als bei dem ersten Zugang.

---

[9] *Lemberg*, Nationalismus (wie Anm. 1), Bd. 2, 83. Allgemeiner formuliert diese Einsicht *Siegenthaler*, Supranationalität (wie Anm. 6): „Nationen entstehen im Kontext fundamentaler Unsicherheit." (119) Zur Rolle des Krieges für die Nationsbildung vgl. *Colley*, Britons (wie Anm. 6); *Michael Jeismann*, Das Vaterland der Feinde. Studien zum nationalen Feindbegriff und Selbstverständnis in Deutschland und Frankreich 1792-1918, Stuttgart 1992; *Dieter Langewiesche*, Nationalismus im 19. und 20. Jahrhundert. Zwischen Partizipation und Aggression, Bonn/Bad Godesberg 1994.
[10] Vgl. insbes. *Anthony D. Smith*, Theories of Nationalism, London ²1983; *ders.*, National Identity. Reno/Las Vegas/London 1991; *ders.*, The Nation: Invented, Imagined, Reconstructed?, in: Millennium. Journal of International Studies 20, 1991, S. 353-368; *ders.*, Nationalism and the Historians, in: *ders.* (Hrsg.), Ethnicity and Nationalism, Leiden 1992, 58-80.

Anthony D. Smith unterscheidet zunächst recht konventionell zwischen einem westlichen Typus von Nation - „'civic' model of the nation"[11] mit historischem Territorium und demokratischer Verfassungsordnung als Kernelementen - und dem nicht-westlichen, der Nation als ethnische Konzeption im Sinne von Abstammungsgemeinschaft begreife („'ethnic' conception of the nation"[12]). Auch die westeuropäischen Nationen enthalten, so Smith, Elemente des ethnisch geprägten Typus, denn jede Nation sei „first and foremost a community of common descent."[13]

Die Unterschiede zwischen diesen beiden Nationstypen müssen hier nicht erörtert werden. Wichtig ist, was Smith als Gemeinsamkeit beider Nationstypen diagnostiziert. Nation werde in beiden Fällen durch folgende fünf Elemente konstituiert: 1. ein historisches Territorium, 2. gemeinsame Mythen und historische Erinnerungen, 3. eine gemeinsame Massenkultur (mass public culture), 4. gemeinsame gesetzliche Rechte und Pflichten für alle Mitglieder der Nation, 5. eine gemeinsame Ökonomie mit territorialer Freizügigkeit für alle Angehörigen der Nation.[14] Am sichtbarsten als Einheit symbolisiert werde die Nation durch den Namen, mit dem sie sich von anderen abgrenzt.

Smith definiert Nation zwar ethnisch und historisch, gleichwohl sieht er in ihr ein modernes Phänomen, das jedoch tiefe historische Wurzeln habe, die gepflegt werden müssen, da sonst das Bewußtsein schwinde, eine Nation zu bilden: „Ethnic distinctiveness remains a *sine qua non* of the nation, and that means shared ancestry myths, common historical memories, unique cultural markets, and a sense of difference, if not election - all the elements that marked off ethnic communities in pre-modern eras. In the modern nation they must be preserved, indeed cultivated, if the nation is not to become invisible."[15]

Aus der vormodernen Idee der Ethnonation sei im späten 18. Jahrhundert etwas Neues entstanden. Erst jetzt kam 'Nationalismus' als eine moderne Ideologie auf, die darauf zielte, Nationalstaaten zu schaffen oder bestehende Staaten in Nationalstaaten umzuformen. Nationalismus sei Teil des „spirit of the age" und somit „invented", doch zugleich fuße er auf „earlier motifs, visions and ideals".[16] Wer mit der Konzeption des Ethnonationalismus arbeitet, muß also keineswegs von durchgehenden Kontinuitäten ausgehen. Denn der Begriff 'Ethnie' ist ebenso wie der Nationsbegriff offen für historischen Wandel.

Die Vorstellung von Ethnonation, die in der gegenwärtigen Forschung dominiert und hier anhand der Schriften Anthony D. Smiths skizziert wurde, hat es im Mittel-

---

[11] *Smith*, National Identity, 9.
[12] Ebd. 11.
[13] Ebd.
[14] Das folgende nach *Smith*, National Identity (wie Anm. 10), 14.
[15] Ebd. 70.
[16] Ebd. 71. *Smiths* Definition von Nationalismus: „an ideological movement for attaining and maintaining autonomy, unity and identity on behalf of a population deemed by some of its members to constitute an actual or potential 'nation'." (73)

alter und in der Frühen Neuzeit nicht gegeben. Dank der Kriterien eins und zwei - historisches Territorium und gemeinsame Mythen bzw. Geschichtsbilder - öffnet das theoretische Modell 'Ethnonation' jedoch den Blick für Kontinuitätsstränge, die man nicht mit der modisch gewordenen Formel 'invention of tradition' verdecken sollte. Als Kriterienbündel zieht jedoch auch das Konzept 'Ethnonation' eine scharfe Zäsur zwischen den Nationsvorstellungen seit dem späten 18. Jahrhundert und denen, die zuvor gängig waren.

III.

Im nächsten Schritt wird nun die Perspektive gewechselt und aus der Sicht der Mediävistik und der Frühneuzeitforschung die Frage nach Kontinuitäten und Diskontinuitäten gestellt. Es soll verhindert werden, in der üblichen spätneuzeitlichen Verengung nur auf die letzten beiden Jahrhunderte zu schauen und damit Entwicklungslinien auszublenden, ohne die nicht zu verstehen wäre, warum sich im 19. Jahrhundert bestimmte Staaten und bestimmte gesellschaftliche Großgruppen zu Nationalstaaten und Nationen entwickeln konnten, andere Staaten und gesellschaftliche Großgruppen hingegen nicht. Die Mediävistik hat für eine solche epochenübergreifende Betrachtung in den letzten Jahrzehnten eine neue Grundlage bereitgestellt, die es erlaubt, nach Kontinuitätslinien zu fragen, ohne in die alten Klischees einer vermeintlichen Konstanz des 'Volkes' zurückzufallen.[17] Die Mediävisten gehen mit guten Gründen

---

[17] Ich stütze mich hier vor allem auf die Studien, die im Umfeld des 1975 von der DFG eingerichteten Schwerpunktprogramms „Die Entstehung der europäischen Nationen im Mittelalter" entstanden sind. Die Schriftenreihe 'Nationes' bietet den besten Zugang zu den Forschungsergebnissen. Zum gegenwärtigen Forschungsstand vgl. insbes. *Joachim Ehlers*, Die Entstehung des Deutschen Reiches, München 1994; *ders.*, Die deutsche Nation des Mittelalters als Gegenstand der Forschung, in: *ders.* (Hrsg.), Ansätze und Diskontinuität deutscher Nationsbildung im Mittelalter, Sigmaringen 1989, 11-58; *ders.*, Mittelalterliche Voraussetzungen für nationale Identität in der Neuzeit, in: *Giesen*, Identität (Anm. 6), 77-99; sehr knapp: *Helmut Beumann*, Europäische Nationenbildung im Mittelalter. Aus der Bilanz eines Forschungsschwerpunktes, in: GWU 39, 1988, 587-593; *Karl Ferdinand Werner*, Der Streit um die Anfänge. Historische Mythen des 19./20. Jahrhunderts und der Weg zu unserer Geschichte, in: *Klaus Hildebrand* (Hrsg.), Wem gehört die deutsche Geschichte? Deutschlands Weg vom alten Europa in die Europäische Moderne, Köln 1987, 19-35; *ders.*, Von den 'Regna' des Frankenreichs zu den 'deutschen Landen', in: Zeitschrift für Literaturwissenschaft und Linguistik 94, 1994, 69-81; *Hartmut Boockmann*, Ghibellinen oder Welfen, Italien oder Ostpolitik. Wünsche des deutschen 19. Jahrhunderts an das Mittelalter, in: *Reinhard Elze/Pierangelo Schiera* (Hrsg.), Das Mittelalter. Ansichten, Stereotypen und Mythen zweier Völker im neunzehnten Jahrhundert: Deutschland und Italien, Bologna/Berlin 1988, 127-150; *Almut Bues/Rex Rexheuser* (Hrsg.), Mittelalterliche nationes - neuzeitliche Nationen. Probleme der Nationenbildung in Europa, Wiesbaden 1995. Begriffsgeschichtlich grundlegend ist der von *Karl Ferdinand Werner* verfaßte Mittelalterteil des umfangreichen Artikels „Volk, Nation" in: Geschichtliche Grundbegriffe. Historisches Lexikon zur politisch-sozialen Sprache. Hrsg. v. *Otto Brunner/Werner Conze/Reinhard Koselleck*, Bd. 7, Stuttgart 1992. Weitere Literatur bei *Langewiesche*, Nation (wie Anm. 1). Stärker die Kontinuitäten zwischen der mittelalterlichen und der modernen Vorstellung von Nation betonen *Ferdinand Seibt*, Nationalismustheorie und Mediaevistik, in: *Schmidt-Hartmann*, Formen (wie Anm. 2), 77-86; *Klaus Zernack*, Zum Problem der nationalen Identität in Ostmitteleuropa, in: *Berding*, Nationales Bewußtsein (wie Anm. 6), 176-188. Vgl. dagegen die dezidierten Aussagen über den „qualitativen" und „quantitativen Sprung" im Übergang von der mittel-

von einem anderen Nationsbegriff aus als diejenigen Neuzeithistoriker, die ihre Begriffe dem 19. und 20. Jahrhundert abgewinnen, so daß eine scharfe Scheidelinie definitorisch vorprogrammiert ist. Ob es um 1800 zu einem Kontinuitätsbruch gekommen sei, beurteilen jedoch auch die Experten mittelalterlicher und frühneuzeitlicher Geschichte recht unterschiedlich.[18]

Eine von František Graus vorgeschlagene Definition hat in der mediävistischen Forschung starken Anklang gefunden. Unter Nationen versteht er Gruppen, die folgende fünf Merkmale erfüllen müssen: Sie brauchen erstens eine „gewisse Größe", müssen zweitens geschlossen siedeln, ohne aber mit einem Staat (im mittelalterlichen, nicht im neuzeitlichen Verständnis) identisch zu sein, müssen drittens sozial gegliedert sein, viertens über eine „gewisse gemeinsame Organisation" verfügen und fünftens sich von ihrer Umwelt durch mindestens ein Merkmal unterscheiden. Letzteres ist oft die Sprache, aber nicht immer. Diese Gemeinsamkeiten müssen zumindest teilweise der Gruppe insgesamt, vor allem aber ihren Wortführern bewußt sein. Für Graus besteht also die Nation aus einer Mischung aus objektiven und subjektiven Merkmalen.[19] Diese Definition ist durchaus der modernen Nationsforschung verpflichtet, schließt aber das Spezifikum des modernen Nationalismus aus: die Nation als Letztwert.

Graus verwendet für das Mittelalter auch den Begriff Nationalismus. Damit bezeichnet er ein Nationalbewußtsein, das „sich in Aktionen offenbart".[20] Nationalismus als Nationalbewußtsein der Tat sei im Mittelalter außerordentlich selten anzutreffen, im Hussitismus jedoch nachweisbar, allerdings nicht als ein dauerhaftes Phänomen. Graus lehnt es nämlich dezidiert ab, vom hussitischen Nationalismus eine Kontinui-

---

alterlichen 'natio' zur modernen Nation in Südosteuropa bei *Holm Sundhausen*, Nationsbildung und Nationalismus im Donau-Balkan-Raum, in: Forschungen zur Osteuropäischen Geschichte, Bd. 48, Berlin 1993, 233-258, 239. Gänzlich undifferenziert von der „Entstehung der modernen Nationalstaaten seit dem 13. Jahrhundert" spricht *Jacques Le Goff*, Das alte Europa und die Welt der Moderne, München 1994, 17.

[18] Nicht erörtert wird im folgenden die mittelalterliche Bedeutung der Universitäts-, Konzils- und Kaufmannsnationen, da sie, darin stimmt die Forschung überein, nicht in den Entstehungsprozeß politischer Nationen gehören. Bei den Kirchen oder Konzilsnationen ist allerdings zu beachten, daß der politische Gegensatz im Kampf um Herrschaftsgebiete dazu geführt hat, geographische Einteilungskriterien in politische zu verwandeln. Die Konzilsnationen wurden jedoch nicht zu Vorläufern der modernen Staats- und Volksnation, denn sie waren Glieder der universalen christlichen Kirche. Aber es wurde doch der Weg zu Nationalkirchen beschritten bzw. zu Kirchen, die dem jeweiligen staatlichen Herrschaftsbereich zugeordnet und eingefügt waren. Diese Kirchen hatten einen hohen Anteil an der Ausbildung von Staatsnationen. Vgl. *Werner*, in: Geschichtliche Grundbegriffe (wie Anm. 17), 182f.; *Götz Landwehr*, „Nation" und „Deutsche Nation". Entstehung und Inhaltswandel zweier Rechtsbegriffe unter besonderer Berücksichtigung norddeutscher und hansischer Quellen vornehmlich des Mittelalters, in: *Heinrich Ackermann u.a.* (Hrsg.), Aus dem Hamburger Rechtsleben, Berlin 1979, 135; *Ulrich Nonn*, Heiliges Reich Deutscher Nation. Zum Nationenbegriff im 15. Jahrhundert, in: ZHF 9, 1982, 129-142.

[19] *František Graus*, Nationenbildung der Westslawen im Mittelalter, Sigmaringen 1980, 14.
[20] Ebd., 16.

tätslinie zum tschechischen Nationalismus des 19. Jahrhunderts zu ziehen.[21] Letzterer sah sich selber als nationaler Erbe des Hussitismus, doch dazwischen lagen, so Graus, Jahrhunderte ohne ein tschechisches Nationalbewußtsein als handlungsrelevanter Kraft, also ohne tschechischen oder böhmischen Nationalismus. Verbreitet sei in den mittelalterlichen Gesellschaften nur ein vornationales Bewußtsein gewesen, das in zwei Formen entstand: als dynastisch-gentilizisches und als territoriales Bewußtsein. Wenn diese beiden Bewußtseinsformen zusammenliefen, sei der Landespatriotismus entstanden. In ihm sieht Graus die höchstentwickelte Form eines vor-nationalen Bewußtseins im Mittelalter.

Auch diese spezifisch mittelalterliche Definition zieht also eine klare Zäsur zum modernen Nationalismus und zum modernen Verständnis von Nation. Graus betont dies auch selber: Nationalismus im Sinne einer Weltanschauung, die oberste Priorität beansprucht, habe es im Mittelalter nicht gegeben.[22] Genau dies aber ist das Hauptkriterium des modernen Nationalismus und der modernen Nation: Nation als Höchstwert, auf den sich alle berufen, wenn sie Forderungen erheben oder wenn sie Opfer verlangen, ganz gleich, welcher konkreten Weltanschauung sie verpflichtet sind. Dies ist gemeint, wenn vom 19. und vom 20. Jahrhundert als dem Zeitalter des Nationalismus, der Nationen und der Nationalstaaten gesprochen wird.

Das verkennt Joachim Ehlers völlig, obwohl gerade er Wesentliches dazu beigetragen hat, die mittelalterliche Nationsbildung auf moderner Forschungsgrundlage zu untersuchen. In seinem 1994 erschienenen Buch „Die Entstehung des Deutschen Reiches" bilanziert er präzise die zentralen Ergebnisse der mittelalterlichen Nationsforschung, doch die Folgerungen, die er daraus mit Blick auf die modernen Nationen zieht, sind unbegründet. Er konstatiert zu recht, daß seit der Mitte des 18. Jahrhunderts die spezifisch mittelalterliche Adels- und Klerikernation der „Nation der Bür-

---

[21] Zum gegenwärtigen Forschungsstand vgl. *Ferdinand Seibt* (Hrsg.), Jan Hus. Zwischen Zeiten, Völkern, Konfessionen, München 1997; *Peter Moraw*, Das Mittelalter, in: Deutsche Geschichte im Osten Europas. Böhmen und Mähren, hrsg. v. *Friedrich Prinz*, Berlin 1993, hier 161-165.
[22] *Graus*, Nationenbildung (wie Anm. 19), 16. Diese Deutung wird, entgegen dem Eindruck, den der Buchtitel suggeriert, bestätigt durch *Claudius Sieber-Lehmann*, Spätmittelalterlicher Nationalismus. Die Burgunderkriege am Oberrhein und in der Eidgenossenschaft, Göttingen 1995. Der Begriff Nationalismus spielt in der Darstellung keine Rolle. Sieber-Lehmann verwendet ihn synonym zu Nationalbewußtsein. Die Austauschbarkeit der Begriffe im sprachlichen Umfeld von 'Nation' ist in der Mediävistik trotz des 'Nationes' - Projektes und der begrifflichen Präzision, die Graus vorgegeben hat, weiterhin zu finden; vgl. u.a. *Benedykt Zientara*, Nationale Strukturen des Mittelalters. Ein Versuch zur Kritik der Terminologie des Nationalbewußtseins unter besonderer Berücksichtigung osteuropäischer Literatur, in: Saeculum 32, 1981, 301-316; *Michael Richter*, Mittelalterlicher Nationalismus. Wales im 13. Jahrhundert, in: *Helmut Beumann/Werner Schröder* (Hrsg.), Aspekte der Nationenbildung im Mittelalter, Sigmaringen 1978, 465-488; *Stefan Sonderegger*, Tendenzen zu einem überregional geschriebenen Althochdeutsch, in: ebd. 229-273. Mit vorzüglicher begrifflicher Präzision: *Rüdiger Schnell*, Deutsche Literatur und deutsches Nationsbewußtsein in Spätmittelalter und Früher Neuzeit, in: *Ehlers* (Hrsg.), Ansätze und Diskontinuität (wie Anm. 17), 247-319. Schnell sieht im 14. Jahrhundert „eine entscheidende Etappe deutschen Nationsbewußtseins" (319). Diesen ungewöhnlichen Begriff verwendet er, um vorschnellen Assoziationen mit dem modernen „Nationalbewußtsein" vorzubeugen (250).

ger" und dem „bürgerlichen Nationalstaat" wich. Indem nun zunehmend das Nationalbewußtsein die Gesellschaft durchdrang, entstanden erstmals „die Voraussetzungen für Nationalismus als Ideologie und Mobilisierungsinstrument". Doch dann fährt er fort: „Es handelt sich hierbei aber (was ein neuzeitlich verengter Blick gern übersieht) nicht so sehr um qualitative als vielmehr um quantitative Veränderungen, weil die Integrationsformen ihrer Struktur nach seit der Wanderzeit, also seit dem 4./6. Jahrhundert, überraschend wenig Modifikationen erfahren haben. Substantiell neu ist lediglich die weitere gesellschaftliche Verbreitung des Großgruppenbewußtseins auf neue Trägerschichten und die Formulierung der Zielvorstellungen."[23]

Genau dies aber - des Mediävisten 'lediglich' - macht in der Geschichte der europäischen Nationsbildung die fundamentale Zäsur um 1800 aus: Das nationale Gruppenbewußtsein beginnt nun zum Massenphänomen zu werden, und es verbinden sich damit neue Zielvorstellungen, die 'Nation' und 'Nationalstaat' zu Hoffnungsworten werden lassen, mit deren Suggestionskraft keine der anderen Emanzipationsideologien bis heute konkurrieren konnte. Der moderne Nationalismus hat zwar keine 'heiligen Texte' hervorgebracht, doch keine politische Bewegung konnte auf Erfolg hoffen, wenn sie sich nicht mit ihm verbündete.[24] Mit der Forderung nach einem Nationalstaat verband sich der Wille zum Umbau der überlieferten Gesellschafts- und Staatsordnung. Beides sollte nicht mehr auf bestimmten Herrschaftsständen beruhen, sondern prinzipiell egalitär konstruiert sein. Das im Begriff der modernen Nation eingeschlossene Egalitätsprinzip ließ auf Dauer keinen grundsätzlichen Partizipationsausschluß innerhalb der Nation mehr zu - wohl aber Ausschluß durch Ausstoßung bis hin zur physischen Vernichtung.[25]

Das umfassende Partizipationsgebot und dessen Massenbasis - dieses weltgeschichtlich Neue an der 'Moderne' trat unter den Losungsworten Nation und Nationalstaat an. Es begann ein Umbruch staatlicher und gesellschaftlicher Ordnungsvorstellungen, der alle Gruppen in seinen Bann zwang, auch diejenigen, die wie der Adel zunächst gegen diese Ordnungsvorstellungen opponierten, weil davon ihre eigene gesellschaftliche und staatliche Machtposition ausgehöhlt wurde. Wer in diesem fundamentalen Umbruch eine bloß quantitative Veränderung sieht, verfehlt das Signum der Moderne und damit auch das Neue an der modernen Nation und dem modernen Nationalstaat.

---

[23] *Ehlers*, Entstehung (wie Anm. 17), 8f.
[24] Vgl. dazu die eindringlichen ideengeschichtlichen Analysen von *Isaiah Berlin*, Der Nationalismus. Mit einer Einführung von *Henning Ritter*, Meisenheim 1990.
[25] Vgl. dazu *Langewiesche*, Partizipation und Aggression (wie Anm. 9); *Smith*, National Identity (wie Anm. 10), 30f.; *John McGarry/Brendan O'Leary* (Hrsg.), The Politics of Ethnic Conflict Regulation. Case Studies of Protracted Ethnic Conflicts, London 1993.

IV.

Es gibt gleichwohl gewichtige Traditionslinien, die von denen, die sich ausschließlich mit dem modernen Nationalismus befassen, meistens beiseite gerückt werden, indem sie die Zäsur um 1800 verabsolutieren. Die Ergebnisse der mediävistischen und der frühneuzeitlichen Nationsforschung sowie der Studien zum Ethnonationalismus legen es nahe, vier Kontinuitätslinien zu betonen:

1. *Das Territorium als Fundament der Nation.* Im Zentrum mittelalterlicher Nationsbildung stand das Territorium. Dessen Unverletzlichkeit ist auch ein Glaubenskern des modernen Nationalismus - eine Quelle vieler Kriege und Grausamkeiten bis heute. Man muß nicht Wolfgang Sofskys pessimistischer Philosophie von der Gewalt als der Grundlage jeder Kultur zustimmen, um ihm dennoch historisch beizupflichten: Gewalt war und ist der Entstehung und der Entwicklung aller Nationen zu allen Zeiten eingeboren.[26] Mit der Heiligkeit des nationalen Bodens wurde jeder Krieg und jede Gewalt gegen alle gerechtfertigt, die dieses sakrosankte Gut der Nation 'entweihen' wollten.

Doch auch hier gilt es, einen zentralen Unterschied nicht zu übersehen. Zwar suchten die Herrscher zu allen Zeiten nach Rechtfertigungen für Machtexpansion durch territoriale Erweiterung. Doch letztlich unterlag die staatliche oder dynastische Machtpolitik in den vor-nationalen Epochen keinem Zwang zur ideologischen Rechtfertigung. Ausschlaggebend war der Erfolg. Friedrich II. von Preußen wurde zu Friedrich dem Großen, weil er erfolgreiche Kriege geführt hat. In den Dienst der preußisch-deutschen Nation haben ihn die späteren Wortführer des modernen Nationalismus gestellt. Seine Eroberung Schlesiens, ausgeführt in mehreren Kriegen, hatte nichts mit nationalen Gründen zu tun. Er trieb wie seine Gegner dynastisch-staatliche Machtpolitik. Dazu schloß man Koalitionen mit europäischen Mächten. Nationale Rücksichten mußte man nicht nehmen.

An der Geschichte der polnischen Nation ist die fortdauernde Kraft des Territoriums als dem schon vormodernen Kern von Nationsbildung besonders klar zu erkennen. Das polnische Nationalbewußtsein wurzelte im Territorium und konnte deshalb auch außerstaatlich überleben. In der Machtkonkurrenz der Staaten untereinander zählte die Kategorie nationales Territorium jedoch nichts. Das wurde erst im 19. Jahrhundert radikal anders. Kein Staat konnte nun sein Territorium auf Kosten eines anderen Staates erweitern, ohne eine nationalpolitische Begründung für die territoriale Expansion zu finden. Staatliche Machtpolitik durch Territorialexpansion stand seit dem 19. Jahrhundert unter nationalpolitischem Rechtfertigungszwang - jedenfalls in Europa, nicht außerhalb Europas. Kolonialerwerb durch die Europäer wurde zwar auch nationalpolitisch begründet, doch die zu erobernden Kontinente galten gewissermaßen als nationalfreie Räume, die der Eroberung durch die europäischen Nationen offenstanden.

---

[26] *Wolfgang Sofsky,* Traktat über die Gewalt, Frankfurt a. M. 1996. Vgl. als Ergänzung und zur Modifikation *Orywal,* Krieg (wie Anm. 8).

Die Rolle des Territoriums als Kern von Nationsbildung, so läßt sich festhalten, verbindet zwar die mittelalterlichen und frühneuzeitlichen Jahrhunderte mit dem Zeitalter der Nationalstaaten, gleichwohl bleibt auch hier die Zäsur um 1800 erkennbar.

2. *Nicht das Volk ist der Kern von Nationsbildung, sondern der politisch-staatliche Verband.* Dies hat die Mediävistik scharf herausgearbeitet. Ethnogenese folgt der Herrschaftsbildung, nicht umgekehrt, wie die nationalen Mythologen vor allem seit dem 19. Jahrhundert geglaubt haben.[27] Dieses Grundmuster gilt auch für die Moderne. Das 19. Jahrhundert hat den Vorrang der Herrschaftsbildung verdunkelt, indem es von den 'erwachenden Nationen' sprach - eine Metapher, der die Vorstellung zugrunde liegt, Nation sei im Volk verankert und deshalb 'ewig'.

Auch die staatenlosen Nationen haben selbst dann, wenn sie keinen Nationalstaat, sondern nationale Autonomie innerhalb eines multinationalen Staates wie der Habsburgermonarchie erstrebten oder nicht die Macht besaßen, einen eigenen Staat zu gründen, stets versucht, Kristallisationskerne institutioneller Nationsbildung zu schaffen. Dazu dienten Vereine, Kirchen oder Parlamente ebenso wie die Bestrebungen, mit Grammatiken oder Sprachakademien nationale Ersatzinstitutionen zu schaffen und die eigene Sprache zur nationalen Literatursprache zu entwickeln.[28] Ein Beispiel bieten die Sorben. Im 18. Jahrhundert begann die 'Erweckung' des Sorbischen als Kirchensprache. Daran konnte die nationale Bewegung anknüpfen, die in der napoleonischen Ära einsetzte und in den vierziger Jahren anwuchs, als die preußische Politik versuchte, das Sorbische zu verdrängen. Die sorbische Nationalbewegung entstand als ein Geschöpf des 19. Jahrhunderts. Ihre wichtigste Integrationskraft war die sorbische Sprache - ober- und niedersorbisch, gekoppelt mit katholischem und protestantischem Bekenntnis -, ergänzt um die Berufung auf die gemeinsame Vergangenheit als einer Geschichte der Unterdrückung. Sich zur sorbischen Nation zu bekennen, ging einher mit Landesbewußtsein, ermöglichte es, Verbindungen zu slawischen Nachbarn zu knüpfen und sich dennoch dem deutschen Nationalstaat einzufügen. Eine eigene Staatlichkeit konnte sie nicht erreichen, deshalb blieb ihr Status prekär.[29]

Nationen entstehen um politisch-staatliche Herrschaftskerne. Diese Kontinuitätslinie verbindet die mittelalterlichen und frühneuzeitlichen Nationen mit den modernen. Doch auch hier kommt im 19. Jahrhundert ein neues dynamische Entwicklungsmoment hinzu. Nun wird der Nationalismus selber zum Schöpfer neuer nationaler Insti-

---

[27] Vgl. die in Anm. 17 zitierte Literatur.
[28] Vgl. vor allem die in Anm. 30 genannten Studien von *Miroslav Hroch* sowie *ders.*, Die Vorkämpfer der nationalen Bewegung bei den kleinen Völkern Europas, Prag 1968.
[29] Vgl. *Hartmut Zwahr*, Die Sorben, in: *ders.*, Revolutionen in Sachsen. Beiträge zur Sozial- und Kulturgeschichte, Weimar 1996, 344-383. Zur Unterdrückungserfahrung *ders.*, Meine Landsleute, ebd. 384-399.

tutionen, die dann ihrerseits zum Motor für Nationsbildung werden (z.B. Vereine).[30] Dies hatte zwar Vorläufer, die man im deutschen Bereich bis zu den Humanisten zurückverfolgen kann;[31] zu denken wäre auch an die Eidgenossenschaft, wo Schützenvereine früh als institutionelle Klammern zwischen den Kantonen wirkten. Doch im 19. Jahrhundert gewannen solche Entwicklungen eine neue Qualität und eine neue Dynamik.[32] Nationalismus als Institutionenschöpfer mit Massenresonanz ist wohl doch etwas spezifisch Modernes. Die Nationsforschung zum Mittelalter und zur Frühen Neuzeit hat dazu bislang keine Parallelen nachweisen können.

3. *Nationale Mythologien.* Nationale Mythologien und nationale Geschichtsbilder rechtfertigen den Anspruch, eine eigene, von anderen klar unterscheidbare Nation zu sein. Geschichtsdeutung gehört ebenso zu den zentralen Agenturen von Nationsbildung wie staatliche Herrschaft und gesellschaftliche Institutionen. Die Breitenwirkung nationaler Geschichtsbilder wächst zwar im 19. Jahrhundert, doch wird man betonen müssen, daß auch im Spätmittelalter und in der Frühen Neuzeit von nationalen Ursprungsmythologien eine erhebliche Massenwirkung ausgehen konnte. Als Beispiele sei nur an die Hussiten- und Türkenkriege, die Kriege der Niederlande und der Eidgenossen erinnert. Die Forschung zu Feindbildern hat dies nachgewiesen.[33]

Bei den nationalen Mythologien sind die Kontinuitätslinien über die Schwelle um 1800 hinweg am stärksten ausgeprägt. Von jeher war „Natio" „die Göttin der Geburt". Der „Gentilismus als Kernbestandteil des Nationalismus" führt deshalb von den Anfängen bis in die Gegenwart.[34] Nur auf diese ungebrochene Linie zu verweisen, ist jedoch zu wenig, um die Kontinuitätsthese zu tragen. Nation und Nationalismus erschöpften sich nicht in der Mythenkonstruktion. Ihre Aufgabe ist es, die historische Zeit zu vernichten, um die Anfänge der eigenen Nation in mythische Ferne verlegen zu können. Wer das nicht beachtet, „verfällt [...] in der Analyse der 'Nation' recht

---

[30] Vgl. etwa *Miroslav Hroch,* Social Conditions of National Revival in Europe. A Comparative Analysis of the Social Composition of Patriotic Groups among the Smaller European Nations, Cambridge 1985; knapper Überblick: ders., From National Movement to the Fully Formed Nation: The Nation Building Process in Europe, in: *Geoff Eley/Ronald Grigor Suny* (Hrsg.), Becoming National, Oxford 1996, 60-77; *Wolfgang Hardtwig,* Genossenschaft, Sekte, Verein in Deutschland. Bd.1: Vom Spätmittelalter bis zur Französischen Revolution, München 1998.
[31] Dazu nun grundlegend *Hardtwig,* Genossenschaft (wie Anm. 30).
[32] Dies gilt auch für die Schweizer Schützen; vgl. *Beat Henzirohs,* Die eidgenössischen Schützenfeste 1824-1849, Diss. Freiburg 1976.
[33] Vgl. etwa *Ludwig Schmugge,* Über „nationale" Vorurteile im Mittelalter, in: DA 38, 1982, 439-459; *Winfried Schulze,* Die Entstehung des nationalen Vorurteils. Zur Kultur der Wahrnehmung fremder Nationen in der europäischen Frühen Neuzeit, in: GWU 46, 1995, 642-665; *Pierre Béhar,* Türkenbilder, Italienerbilder: Antithesen des Deutschen, in: Zeitschrift für Literaturwissenschaft und Linguistik 94, 1994, 92-107; zur Übertragung der türkenfeindlichen Vorstellungen auf einen christlichen Nachbarn siehe *Franz Bosbach,* Der französische Erbfeind. Zu einem deutschen Feindbild im Zeitalter Ludwigs XIV, in: ders. (Hrsg.), Feindbilder. Die Darstellung des Gegners in der politischen Publizistik des Mittelalters und der Neuzeit, Köln u.a. 1992, 117-139.
[34] *Jörn Garber,* Vom universalen zum endogenen Nationalismus. Die Idee der Nation im deutschen Spätmittelalter und in der frühen Neuzeit, in: *Helmut Scheuer* (Hrsg.), Dichter und ihre Nation, Frankfurt a. M. 1993, 16-37, Zitate 31.

hilflos dem nationalistischen Diskurs und liefert sich genau jenen mentalen Konstruktionen aus," denen die Idee 'Nation' entstammt.[35]

4. *Krieg als 'Vater' von Nationen und von Nationalstaaten.* Abgrenzung nach außen war stets ein zentraler Bestandteil von Nationsbildung. Mediävisten betonen dies ebenso wie Frühneuzeitler und diejenigen, die sich mit Nationsbildung im 19. und 20. Jahrhundert befassen. Fremdbilder, gesteigert bis zur Xenophobie, sind integraler Bestandteil von Nationsbildung. Diese Traditionslinie, die von den mittelalterlichen Anfängen bis zur Nationsbildung in der Gegenwart führt, tritt noch schärfer hervor, wenn man einen Schritt weiter geht: Nicht nur Xenophobie und nationale Stereotypen sind konstitutiv für nationales Eigenbewußtsein, sondern der Krieg diente stets als zentrales Vehikel zur Schaffung von Nationen und Nationalstaaten. Die ältere Forschung zur modernen Nation hatte dies gesehen und die jüngste entdeckt es wieder, mitunter ohne etwas von der älteren zu wissen.[36] Der Mediävistik hingegen ist die bedeutende Rolle des Krieges für die Nationsbildung vertraut, da dies mit Herrschaftsbildung einherging – und das bedeutete Krieg.[37]

Die Funktionen des Krieges als Nationsbildner und als Schöpfer von Nationalstaaten sind zwar vielfach belegt, bislang aber nicht im Zusammenhang untersucht worden. Die kulturgeschichtlich orientierte Forschung hat sich dem Totenkult als Instrument von Nationsbildung zugewandt[38], den Krieg selber als emotionalen Nationsbild-

---

[35] *Siegenthaler*, Supranationalität (wie Anm. 6), 118. *Rudolf Burger*, Patriotismus und Nation, in: Leviathan 1994, 161-170, spricht deshalb von „nationalistischer Zeitdilatation" (166). Er erläutert sie am Beispiel der österreichischen Nation, die es als „offizielle Staatsideologie" seit 1945 gebe, was diese junge Nation nicht daran gehindert habe, zu ihrem 50. Geburtstag 1995/96 ihr tausendjähriges Bestehen zu feiern. Zum Forschungsstand siehe *Reinhard Stauber*, Vaterland-Provinz-Nation. Gesamtstaat, Länder und nationale Gruppen in der österreichischen Monarchie 1750-1800, in: *Hellmuth/Stauber* (Hrsg.), Nationalismus (wie Anm. 7), 55-72. Zur Konstruktionsarbeit an der französischen Nation s. insbes. *Pierre Nora* (Hrsg.), Les lieux de mémoire, 3 Bde., Paris 1984-92; zur Begriffsgeschichte ders., Nation, in: *François Furet/Mona Ozou* (Hrsg.), Dictionnaire critique de la Revolution française, Paris 1988, 801-812. Vgl. zur Erfindung von Nationalhelden in Zeiten „fundamentaler Unsicherheit" (*Siegenthaler*, Supranationalität, wie Anm. 6) etwa *Christian Amalvi*, Vercingetorix. Ein Held auf der Suche nach der nationalen Identität, in: *Marieluise Christadler* (Hrsg.), Deutschland-Frankreich. Alte Klischees-Neue Bilder, Duisburg 1981, 10-23, und *Walter Schmidt*, Barbarossa im Vormärz, in: *Evamaria Engel/Bernhard Töpfer* (Hrsg.), Kaiser Friedrich Barbarossa, Weimar 1994, 171-204.
[36] Vgl. unter den neueren Studien insbes. *Jeismann*, Vaterland (wie Anm. 9); *Langewiesche*, Partizipation und Aggression (wie Anm. 9); ausführlich auch *Lemberg*, Nationalismus (wie Anm. 1), *Mann*, Geschichte (wie Anm. 6) und mit weiterer Literatur *Langewiesche*, Nation (wie Anm. 1); *Michael Howard*, War and the Nation State, in: *ders.*, The Causes of Wars and other Essays, London 1983, 23-35. Wichtig zur Relativierung der Kriegsursache 'Nation' und auch zur Rolle der Feindbilder für die Bereitschaft zum Krieg *Orywal*, Krieg (wie Anm. 8).
[37] Vgl. neben der in Anm. 17 und 19 zitierten Literatur insbes. *Sieber-Lehmann*, Nationalismus (wie Anm. 22).
[38] Vgl. insbes. *Koselleck/Jeismann* (Hrsg.), Totenkult (wie Anm. 8); *George L. Mosse*, Gefallen für das Vaterland. Nationales Heldentum und namenloses Sterben, Stuttgart 1993 (engl. 1990); *Kathrin Hoffmann-Curtius*, Altäre des Vaterlandes. Kultstätten nationaler Gemeinschaft in Deutschland seit der Französischen Revolution, in: Anzeiger des Germanischen Nationalmuseums 1989, 283-308;

ner hingegen nicht systematisch vergleichend betrachtet.³⁹ Das wäre wichtig, um die geschlechtsspezifische Konstruktion von Nationsvorstellungen erhellen zu können.⁴⁰ Die Symbiose von Nationsbildung und Krieg hatte weitreichende Folgen für die Konstruktion der modernen Geschlechtscharaktere seit dem 18. Jahrhundert. Frauen wurden aus dem Prozeß der Nationsbildung keineswegs ausgesperrt, doch der Krieg konzentrierte ihre Rolle auf eine mütterliche. Rechnet man mit Eric Hobsbawm die erwiesene Fähigkeit zur Eroberung zu den zentralen Definitionsmerkmalen der modernen Nation⁴¹ - eine realistische, der Geschichte abgeschaute Definition -, so bedeutet dies zugleich, daß Frauen der Handlungskern der Nation verschlossen wurde. Das dürfte ein Hauptgrund gewesen sein, warum die Frauenorganisationen in ihrem Kampf um Gleichberechtigung den Dienst der Frau für die Nation so stark herausgestellt haben. Die moderne Vorstellung von der Nation als Letztwert erforderte von den Frauen, ihren Wert für die Nation im Augenblick der Gefahr unter Beweis zu stellen. Das ist nicht erst in den kriegführenden Staaten des Ersten Weltkriegs geschehen, sondern auch schon in Kriegen der napoleonischen Ära.⁴² Ob man auch hier von einer langen Kontinuitätslinie über die Zäsur der Revolutionsepoche hinweg sprechen kann, und wie sich der Wandel der Kriegführung⁴³, die Nationalisierung des Krieges und Bellifizierung des Nationalismus⁴⁴ ausgewirkt haben, ist angesichts des gegenwärtigen Forschungsstandes noch nicht abzuschätzen.

Die Rolle des Krieges als 'Vater' der Nation und des Nationalstaates läßt zwar eine lange Traditionslinie sichtbar werden, die jedoch in einem zentralen Punkt sehr schwer zu beurteilen ist: Staatsbildung darf nicht mit Nationalstaatsbildung gleichgesetzt werden.⁴⁵ Dies wird in der Forschung zur mittelalterlichen und frühneuzeitlichen Nationsbildung, wenn sie über die Frage von Kontinuität und Diskontinuität nachdenkt, kaum als Problem erkannt. Doch nicht jede Staatsbildung war mit Nationsbildung verbunden. Am frühesten geschah dies in der Eidgenossenschaft, in England, den Niederlanden und Frankreich, auch unter den Böhmen. Doch in allen diesen Fällen konnte gezeigt werden, daß man nicht von einem kontinuierlichen Prozeß der Nationsbildung über die Jahrhundert hinweg sprechen kann. Es gab Phasen, in denen

---

dies., Das Kreuz als Nationaldenkmal: Deutschland 1814 und 1931, in: Zeitschrift für Kunstgeschichte 1985, 78-100.
³⁹ Zu einzelnen Kriegen liegt jedoch eine Fülle von Literatur vor, die hier nicht genannt werden kann.
⁴⁰ Vgl. dazu mit der einschlägigen Literatur die Beiträge von *Ute Planert* und *Sigrid Westphal* in diesem Band sowie: Frauen und Nation, Tübingen 1996.
⁴¹ *Eric J. Hobsbawm*, Nationen und Nationalismus. Mythos und Realität seit 1780, Frankfurt a. M./New York 1991 (englisch 1990), 51.
⁴² Vgl. den Beitrag von *Ute Planert* und die dort genannte Literatur.
⁴³ Vgl. *Michael Howard*, War in European History, Oxford 1976.
⁴⁴ Vgl. den Beitrag von *Nikolaus Buschmann* in diesem Band.
⁴⁵ Einen systematischen Zugang bieten *Juan J. Linz*, State building and Nation building, in: European Review 1993, 355-369, und *Mann*, Geschichte (wie Anm. 6).

sich dieser Prozeß beschleunigte und verdichtete, doch dann folgten Zeiträume, in denen sich das Erreichte wieder verflüchtigte.

Den Übergang vom Staat zum Nationalstaat zeitlich präzise zu bestimmen, ist überall dort schwer, wo ein Nationalstaat nicht aus der - in aller Regel durch Krieg erzwungenen - Sezession oder Integration von Staaten hervorging, sondern ein älterer Staat in seinem unveränderten Territorium zum Nationalstaat transformiert wurde.[46] Trotz aller Vorstufen ist der Übergang vom Staat zum Nationalstaat nicht vor dem späten 18. bzw. dem 19. Jahrhundert anzusetzen.

Wo Staatsbildung und Nationsbildung getrennt verliefen, wie in 'Deutschland' und 'Italien', ist zu fragen, ab wann Nationalbewußtsein und Staatlichkeit miteinander gekoppelt wurden. In Deutschland kann man nach dem Urteil von Peter Moraw erst im Spätmittelalter von einem deutschen Nationalbewußtsein sprechen.[47] Doch dieses National- und Reichsbewußtsein erschließe sich nur in einer „problematischen, distanzierten Vogelperspektive [...], die die Zeitgenossen nicht oder kaum kannten."[48] Erst die Explosion schriftlicher Texte in der zweiten Hälfte des 15. Jahrhunderts schuf die sozialgeschichtlichen Voraussetzungen für nationale Kommunikationsräume. Bis dahin erkennt Moraw nationales Bewußtseins nur in der „zisterziensisch-landadligen Lebenswelt" von Klerikern und Landadel.[49] Doch auch hier spricht er von „national" stets in distanzierenden Anführungsstrichen, denn die „deutsche Nation" spielte in den politischen Entscheidungen im Reich und in den Territorien keine Rolle. Man braucht also kein Nationalbewußtsein zu bemühen, um die politische Entwicklung zu verstehen. Nationales Denken sieht Moraw erstmals unter den Humanisten um und nach 1500 verwirklicht.

Die Humanisten führen in einen Sozialbereich, aus dem bis in die Gegenwart die Wortführer nationaler Bewegungen kommen: die Gebildeten.[50] In ihrer Berufsarbeit setzten die spätmittelalterlichen Rechtsgelehrten am Königshof und im Fürstendienst „rechtliche und politisch-institutionalisierte Gesamtgesellschaft 'Reich'"[51] voraus und trugen so dazu bei, daß sich das Reich als Rechtsordnung und Politikverband verfestigte. In ihren Schriften entstand die deutsche Nation als ein geistiger Raum, den sie

---

[46] Vgl. zur Typisierung der europäischen Nationalstaaten nach der Art ihrer Entstehung integrierend, unifizierend oder sezessionistisch die Studien von *Theodor Schieder*, Nationalismus und Nationalstaat. Studien zum nationalen Problem im modernen Europa, hrsg. v. *Otto Dann/ Hans-Ulrich Wehler*, Göttingen 1991. *Michael Mann* (Geschichte (wie Anm. 6), 118f.) schlägt in seiner makrosoziologischen Analyse eine originelle Typologie vor: 1. staatsverstärkende oder staatserhaltende Nationen (wie die französische und britische), 2. staatsbildende (wie die preußische) und 3. staatszersetzende (wie die Nationen in der Habsburgermonarchie).

[47] *Peter Moraw*, Bestehende, fehlende und heranwachsende Voraussetzungen des deutschen Nationalbewußtseins im späten Mittelalter, in: *Ehlers* (Hrsg.), Ansätze und Diskontinuität (wie Anm. 17), 99-120.

[48] Ebd. 110.

[49] Ebd. 114.

[50] Vgl. *Bernhard Giesen*, Die Intellektuellen und die Nation. Eine deutsche Achsenzeit, Frankfurt a. M. 1993.

[51] *Moraw*, Voraussetzungen (wie Anm. 47), 114.

auch rechtlich und politisch-institutionell füllen wollten. Sie lösen sich damit vom „universalistischen Reichsnationalismus des Mittelalters", den sie durch einen „endogenen, monogenetischen Nationalismus" ersetzen, der jede „Natio" mit einer eigenen Urgeschichte ausstattet und so die „nationalen 'Antiken'" pluralisiert.[52] Sie treten in eine Alterskonkurrenz um die Urgeschichte. Alter adelt die Nation.

Dieser Schub an nationalem Denken wirkte infolge der Bedrohungserfahrungen in den Türkenkriegen über den kleinen Kreis der Humanisten hinaus. Wer nicht in von Türken eroberten Gebieten wohnte oder als Soldat am Krieg teilnahm, hörte die Nachrichten von ihren Eroberungszügen. Über das 'Türkenläuten' drangen sie bis in die Dörfer. In den Texten der päpstlichen Kreuzzugspropaganda tauchen nun die Worte 'natio' und 'natio Germanica' gehäuft auf, und im Reich wird 1471 erstmals auf dem Regensburger Reichstag, dem sog. Christentag, weil er sich mit der Türkenabwehr befaßte, die Formel „heiliges römisches reich teutscher nation" verwendet.[53] Ein „Türkenkalender", der 1454 die Aufrufe anläßlich der Türkenreichstage zusammenfaßte, sprach von „Germania du edel dutsche nacion".[54]

Die Bedrohung durch den Feind verdichtete also die Kommunikation und schuf damit eine strukturelle Voraussetzung für Nationsbildung.[55] Türkenläuten, Türkenpredigten, päpstliche Türkenbullen, Türkenablässe und Türkenzehnten mobilisierten Menschen, die von den Schriften der Gelehrten nicht erreicht werden konnten. Doch auch hier bleiben fundamentale Unterschiede zum modernen Nationalismus unübersehbar. Die Türkenkriege forcierten zwar die Entstehung von Nationalbewußtsein,

[52] Dazu vorzüglich *Garber*, Nationalismus (wie Anm. 34). Zitate 17f., 25.
[53] *Claudius Sieber-Lehmann*, „Teutsche Nation" und Eidgenossenschaft. Der Zusammenhang zwischen Türken und Burgunderkriegen, in: HZ 253, 1991, 561-802, 571ff.
[54] Ebd. 576. Zur Entwicklung des Volksnamens vgl. *Heinz Thomas*, Das Identitätsproblem der Deutschen im Mittelalter, in: GWU 43, 1992, 135-156; ders., Die Deutschen und die Rezeption ihres Volksnamens, in: *Werner Paravicini* (Hrsg.), Nord und Süd in der deutschen Geschichte des Mittelalters, Sigmaringen 1990, 1950; *Hermann Jakobs*, Theodisk im Frankenreich, Heidelberg 1998. Zur Rolle der Sprache im Nationsbildungsprozeß vgl. die Beiträge von *Wilhelm Kühlmann* und *Ingo Reiffenstein* in diesem Band.
[55] Diese kommunikativen Voraussetzungen hat für den modernen Nationalismus grundlegend *Karl W. Deutsch* erforscht. Daran knüpft Hardtwig an, wenn er für die Wende vom 15. zum 16. Jahrhundert von einem „organisierten Nationalismus" im Reich spricht. Vgl. vor allem *Wolfgang Hardtwig*, Vom Elitebewußtsein zur Massenbewegung. Frühformen des Nationalismus in Deutschland 1500-1840, in: ders., Nationalismus und Bürgerkultur in Deutschland 1500-1914, Göttingen 1994, 34-54. Zur Kritik an dieser Deutung siehe *Langewiesche*, Nation (wie Anm. 1), 201f. Zur Konstruktion einer deutschen Nation durch die Humanisten und die Fortwirkung des 'Germania' - Interpretationen vgl. *Ulrich Muhlack*, Die Germania im deutschen Nationalbewußtsein vor dem 19. Jahrhundert, in: *Herbert Jankuhn/Dieter Timpe* (Hrsg.), Beiträge zum Verständnis der Germania des Tacitus, Teil I, Göttingen 1989, 128-154; *Heinz Thomas*, Die Germania des Tacitus und das Problem eines deutschen Nationalbewußtseins, in: Archiv für Kulturgeschichte, 72, 1990, 93-114. Zum „humanistischen Patriotismus" vgl. auch den Beitrag von *Wilhelm Kühlmann* in diesem Band sowie in breiter europäischer Perspektive *Klaus Garber*, Zur Konstituierung der europäischen Nationalliteraturen, in: ders. (Hrsg.), Nation und Literatur (wie Anm. 6), 155.

doch daraus entstand „kein Ziel gesamtstaatlicher Integration"[56]. Aus dem gemeineuropäischen Gefühl der Bedrohung gegenüber den „Antichristen" - es konnte politische Gegnerschaft zeitweise überwinden, wenn der französische König dem verhaßten Habsburger ein Truppenkontingent gegen den erneuten osmanischen Angriff schickte - erwuchs zwar nationales Verantwortungsbewußtsein, das jedoch weder auf einen nationalen Staat noch auf gesellschaftliche Reform im Namen der Nation zielte.

Auch dort, wo bereits im Spätmittelalter und in der Frühen Neuzeit ein ausgeprägtes Nationalbewußtsein erwuchs und über den kleinen Kreis der Adels- und Klerikernation hinausgriff, gab es keine kontinuierliche Entwicklung in Richtung moderner Volksnation, wie sie im Umfeld der Französischen Revolution entstand.[57]

Das gilt selbst für die Schweiz.[58] Das eidgenössische Nationalbewußtsein wurde mobilisiert, wenn Gefahr von außen drohte. Es kam zu Bünden, doch auch zu innerschweizerischen Kriegen. Bis zum Ende des 18. Jahrhundert war die Eidgenossenschaft ein Verbund von Kantonen, die neben den Gemeinden zum Lebenszentrum der Menschen geworden waren, überwölbt durch ein eidgenössisches Nationalbewußtsein, das die gemeinsamen geschichtlichen Ursprungsmythen beschwor, in ihnen das Idealbild des 'freien Schweizers' feierte. Zur Ausbildung gemeinsamer Staatlichkeit kam es auch hier erst unter dem Einfluß der Französischen Revolution und Napole-

---

[56] *Georg Schmidt*, Deutschland am Beginn der Neuzeit: Reichs-Staat und Kulturnation?, in: *Christine Roll* (Hrsg.), Recht und Reich im Zeitalter der Reformation, Frankfurt a. M. u.a. 1996, 130, 22. Schmidt geht von einer zu den Territorialstaaten komplementären Funktion des „Reichs-Staats" aus, den er als Staatsnation versteht. Sie liege „quer zum europäischen Typus des nationalen Machtstaates" (30). *Alfred Schröcker* (Die Deutsche Nation. Beobachtungen zur politischen Propaganda des ausgehenden 15. Jahrhunderts, Lübeck 1974) warnt hingegen davor, 'deutsche Nation' auf Staatlichkeit zu beziehen. 'Deutsche Nation' signalisiere Einheit nach außen, während die „Forderung nach der inneren Einheit [...] sich nicht auf Staatlichkeit, sondern auf die Zusammenbindung staatenähnlicher Teile durch eine Mischung universaler (imperialer) und partikularer Interessen" bezogen habe (141). *Leonard Krieger* (Germany, in: *Orest Ranum* (Hrsg.), National Consciousness, History, and Political Culture in Early Modern Europe, Baltimore/London 1975, 67-97) legt luzide dar, wie das deutsche nationale Bewußtsein zwischen 'Volk' und 'Reich' oszillierte. 'Volk' wurde verbunden mit „common culture, particular principalities, or origins" und 'Reich' mit „common political experience, universal principle, or continuing tradition." Daß 'Reich' stets mehr oder weniger als deutsches 'Volk' umfaßte „more in its morality and less in its actuality", schuf eine Kluft zwischen beiden, die durch Geschichtsbilder geschlossen worden sei (77). Sein Fazit lautet: „Where the regular model of western Europe shows a divided historiography ultimately synthesized by an unified political object and a common national consciousness, the German model shows a historical synthesis which would ultimately homogenize a split national consciousness and provide cultural support for mass politics." (97) In dieser „historical constitution" sieht Krieger eine inhärente konservative Grundhaltung deutscher Politik, die bis in die Gegenwart reiche. Vgl. zum Verhältnis von Reich und Nation in der verfassungspolitischen Debatte nun *Wolfgang Burgdorf*, Reichskonstitution und Nation. Verfassungsreformkonzeptionen und das Heilige Römische Reich Deutscher Nation im politischen Schrifttum von 1648 bis 1806, Mainz 1998.

[57] Mit dem Begriff Volksnation grenzt *Schulze*, Staat (wie Anm. 1) die moderne Nation von den frühneuzeitlichen und mittelalterlichen Vorläufern ab. *Mann*, Geschichte (wie Anm. 6) unterscheidet zwischen den frühneuzeitlichen Protonationen und den modernen „selbstbewußten, klassenübergreifenden, latent aggressiven Vollnationen" (147).

[58] Vgl. die in Anm. 6 genannte Literatur.

ons mit einem ersten Höhepunkt in der Helvetischen Republik. Jetzt entstand auch in der Schweiz eine moderne Nationalbewegung, die überkantonale Organisationen entwickelte. In den Organisationen zunächst der Schützen, dann der Turner und Sänger entwickelte sich nun die Idee einer Schweizer Nation mit demokratischer Männeregalität. Erst der Sonderbundskrieg von 1847, der zum Einigungskrieg wurde, schuf die Voraussetzung für eine bundesstaatliche Verfassung, die 1848 verabschiedet wurde.[59] Sie vollendete den langen Weg zum Schweizer Nationalstaat, der in der eidgenössischen Geschichte zwar angelegt war, zu dem jedoch keine kontinuierliche Entwicklung vom Kantonalbewußtsein zum Nationalbewußtsein oder gar zum Nationalstaat führte. Zu den starken Kontinuitätslinien, die das Neue mit dem historisch Überlieferten verbanden, gehörten neben dem Territorium und dem nicht zuletzt in Kriegen geformten nationalen Geschichtsbild die föderative, kommunale und kantonale Grundstruktur der alten Eidgenossenschaft. Sie erleichterte es, konfessionelle Gegensätze auszuhalten oder nach einem deswegen geführten Krieg wieder zusammmenzufinden und - ein Sonderfall in der europäischen Nationalgeschichte - mit verschiedenen Landessprachen zurechtzukommen. Der Schweizer Nationalstaat führte dieses historische Erbe fort. Der Schritt von frühneuzeitlicher Staatlichkeit zum modernen Nationalstaat gehörte nicht zu diesem Erbe.

Zwischen Staatsbildung und Nationsbildung zu trennen, fällt auch der jüngeren Forschung, die sich von den alten nationalen Ursprungsmythen gelöst hat, sehr schwer.[60] Die Entstehung von Staatsloyalität und vor-nationalem Patriotismus[61] wird immer noch vielfach als Nachweis für Nationalbewußtsein gedeutet. Damit versperrt man sich jedoch die Möglichkeit zu erkennen, welche Kontinuitätslinien die mittelalterliche und frühneuzeitliche Nationsbildung mit der des 19. und 20. Jahrhunderts

---

[59] Vgl. neben der in Anm. 6 genannten Literatur *Thomas Christian Müller*, Die Schweiz 1847-49. Das vorläufige, erfolgreiche Ende der „demokratischen Revolution"?, in: *Dieter Dowe/Heinz-Gerhard Haupt/Dieter Langewiesche* (Hrsg.), Europa 1848, Bonn 1998, 283-326.
[60] Das betont auch *Garber*, Nationalismus (wie Anm. 34), 16f.; *Heinz Schilling* (Nation und Konfession in der frühneuzeitlichen Geschichte Europas, in: *Garber* (Hrsg.), Nation (wie Anm. 6), 87-107) trennt zwar zwischen Staatsbildung und Nationalstaatsbildung, doch Nationsbildung geht bei ihm implizit in Staatsbildung auf.
[61] Zu diesem kontrovers diskutierten Begriff vgl. u.a. *Günter Birtsch* (Hrsg.), Patriotismus, Hamburg 1991; in systematischer Perspektive *Egbert Jahn*, Demokratie und Nationalismus alias Patriotismus Einheit oder Widerspruch, in: Nationale und andere Solidarstrukturen. Bericht über das 6. deutsch-norwegische Historikertreffen in Leipzig, Mai 1993, hrsg. v. *Norges Forskningsråd* u. Stifterverband für die deutsche Wissenschaft, Oslo 1994, 61-96. Immer noch anregend: *Robert Michels*, Zur historischen Analyse des Patriotismus, in: Archiv für Sozialwissenschaft und Sozialpolitik 36, 1913, 14-43, 394-449. Zur Frühgeschichte des Wortes: *Thomas Eichenberger*, Patria. Studien zur Bedeutung des Wortes im Mittelalter (6.-12. Jahrhundert), Sigmaringen 1991. Mit weiterer Literatur zu den Übergängen zwischen Patriotismus und modernem Nationalismus in Deutschland: *Gerhard Schuck*, Rheinbundpatriotismus und politische Öffentlichkeit zwischen Aufklärung und Frühliberalismus. Kontinuitätsdenken und Diskontinuitätserfahrung in den Staatsrechts- und Verfassungsdebatten der Rheinbundpublizistik, Stuttgart 1994; *Jörg Echternkamp*, Der Aufstieg des deutschen Nationalismus (1770-1840), Frankfurt a. M. 1998.

verbinden und wo Neues begann.[62] Alle Staaten, die seit dem 19. Jahrhundert in Europa neu entstanden oder als Staaten überlebten, verstanden sich als Nationalstaaten. Diejenigen Staaten, die sich nicht als Nationalstaat neu zu definieren vermochten, konnten ihre Selbständigkeit nicht behaupten. Sie wurden entweder von den neuen Nationalstaaten aufgesogen[63] oder in ihre nationalen Teile gesprengt, und das fast immer mit militärischer Gewalt.

Gewalt und Krieg als Staatsschöpfer haben zweifellos eine lange Geschichte. „War made the state, and the state made war"[64], wie es Charles Tilly auf eine pointierte Formel gebracht hat. Diese Tradition hat der Nationalstaat ererbt und fortgeführt. Doch Gewalt und Krieg mußten neu legitimiert werden, als Nation und Nationalstaat im 19. Jahrhundert zu Ordnungsmustern mit höchster Legitimität wurden.[65] Auch in dieser Kontinuitätslinie ist also eine nachrevolutionäre, spezifisch moderne Begründung festzustellen. Die Zäsur um 1800 verliert auch in dieser Perspektive nicht ihre Erklärungskraft.

V.

Die Idee der modernen Nation, so wurde zu zeigen versucht, hat mehrere Voraussetzungen, die in Europa (und in den mit Europa eng verbundenen Teilen der Welt) erst im 18. Jahrhundert entstanden sind und sich im Laufe des 19. Jahrhunderts durchzusetzen begannen:

1. Die Idee einer Staatsbürgergesellschaft, die alle Männer als rechtlich und politische Gleiche verstand. Als Stichworte seien nur einige der politischen Zentralforderungen des 19. Jahrhunderts in Erinnerung gerufen, in denen diese Idee faßbar wird: Abbau der ständischen Privilegiengesellschaft und Partizipation an den staatlichen Entscheidungen durch ein demokratisiertes Männerwahlrecht, gekoppelt mit allgemeiner Wehrpflicht. In der Zukunftsidee Nation und Nationalstaat flossen diese Demokratisierungsziele zusammen und erreichten zunehmend breitere Bevölkerungskreise. Eine solche Fundamentalpolitisierung mit dem Willen, Staat und Gesellschaft grundlegend umzugestalten, hatte es zuvor nicht gegeben, jedenfalls nicht als hand-

---

[62] Die gleiche Wirkung entsteht, wenn die Nationsbildungsprozesse nur auf der Ebene der Ideen verfolgt werden. Dies geschieht in dem - ideengeschichtlich verdienstvollen - breiten europäischen Überblick von *Herfried Münkler*, Nation als politische Idee im frühneuzeitlichen Europa, in: *Garber* (Hrsg.), Nation (wie Anm. 6), 56-86. Er kann die Kontinuitäten über die Ära der französischen Revolution hinweg so stark betonen, weil er die Frage nach der Wirksamkeit und den Wirkungsmöglichkeiten der Idee Nation nicht stellt. Auch *Burgdorf*, Reichskonstitution (wie Anm. 56) muß letztlich auf der ideengeschichtlichen Ebene bleiben, da es kaum Versuche gab, die nationalen Reformideen politisch umzusetzen. Daß sich dies erst im 19. Jahrhundert änderte, ist das Neue, das er nicht in den Blick bekommt. Für den ideengeschichtlichen Vorlauf ist sein Buch grundlegend.
[63] Nur wenige Kleinstaaten wie Liechtenstein und Luxemburg widerstanden dem.
[64] *Charles Tilly*, Reflections on the History of European State-Making, in: ders. (Hrsg.), The Formation of National States in Western Europe, Princeton 1975, 383, 42.
[65] Vgl. *Langewiesche*, Partizipation und Aggression (wie Anm. 9); ders., Gewalt und Politik im Jahrhundert der Revolutionen, in: *Winfried Speitkamp/HansPeter Ullmann* (Hrsg.), Konflikt und Reform, Göttingen 1995, 233-246.

lungsrelevantes Ziel großer Bevölkerungsgruppen. Deshalb konnte die mittelalterliche und frühneuzeitliche Idee der Nation nicht eine Entwicklungsdynamik freisetzen, die mit dem Veränderungswillen des modernen Nationalismus vergleichbar wäre. Im Namen der Nation waren auch früher Forderungen nach politischer Mitwirkung und nach gesellschaftlichem Ansehen erhoben worden - die Humanisten bieten dafür ein Beispiel -, aber daraus wurde kein politisch realisierbares Programm nach Zertrümmerung der Feudal- und Ständegesellschaft abgeleitet. Diese Forderung ist jedoch mit der modernen Idee der Nation unlösbar verbunden. Sie konnte erst entstehen, als sich die neuen Vorstellungen von Gesellschaft und Staat massenwirksam durchzusetzen begannen. Fanal dafür waren die amerikanische und die französische Revolution. Jetzt erhielt das alte Wort Nation einen neuen Inhalt.

2. Dieses neue Ideal, nach dem Staat und Gesellschaft modelliert werden sollten, war sozialgeschichtlich gebunden an gesellschaftliche Entwicklungen, die erst im 18. Jahrhundert einsetzten und im 19. vorherrschend wurden. Es entstand eine Gesellschaft, die sich als fähig erwies zu großräumiger Kommunikation, in die immer mehr Menschen aus allen sozialen Schichten hineinwuchsen. Auch hier müssen einige Stichworte für diesen umfassenden Prozeß genügen: Große Wirtschaftsräume bildeten sich heraus, die auch die lokalen Produzenten unter Veränderungsdruck setzten, gekoppelt mit Industrialisierung, Agrarreformen und der Verstaatlichung vieler Lebensbereiche; der Staat brach mit neuen Steuern, mit der Durchsetzung von Schul- und Wehrpflicht lokale Lebenswelten auf, und die Kommunikationsrevolution schuf großräumige Informationsnetze. „Die Zeitung sitzt heute im Volke, wie die Laus im Pelze", schrieb Werner Sombart Ende des 19. Jahrhunderts[66]; zu Beginn des 18. Jahrhunderts wäre ein solcher Ausspruch unmöglich gewesen. Die Kommunikationsrevolution des 19. Jahrhunderts schuf die gesellschaftlichen Voraussetzungen für den modernen Nationalismus, der eine „Nationalisierung der Massen"[67] bewirkte. Erst jetzt wurde die Gesellschaft über kleine Zirkel Gebildeter hinaus mit nationalen Kategorien vertraut und damit fähig, politisch in überlokalen Zusammenhängen zu denken und zu handeln. Es blieb ein langsamer, abgestufter Prozeß, der nicht alle Sozialgruppen erfaßte, aber die Möglichkeit war nun gegeben und sie wurde zunehmend genutzt, vorangetrieben in Kriegszeiten. Nation als gesellschaftlich umfassender Kommunikationsprozeß, in dem politische und gesellschaftliche Werte verallgemeinert werden können, und Nation als Emotionsgemeinschaft der Vielen wird erst seit dem 19. Jahrhundert sozialgeschichtlich möglich.

3. Nation und Nationalstaat konnten nur dann gesellschaftliche Letztwerte werden, wenn die Kirchen als die institutionellen Gehäuse religiöser Letztwerte sich auf die Nation als oberster Richtschnur allen Handelns einzustellen begannen. Auch früher

---

[66] *Werner Sombart*, Die deutsche Volkswirtschaft im neunzehnten Jahrhundert, Berlin ³1913, 412.
[67] *George L. Mosse*, Die Nationalisierung der Massen. Politische Symbolik und Massenbewegungen in Deutschland von den Napoleonischen Kriegen bis zum Dritten Reich, Frankfurt a. M. u.a. 1976 (englisch 1975).

war die Religion genutzt worden, um die eigene Nation in ihren Forderungen zu legitimieren. Die eigene Nation als das neue Israel - für dieses Muster, nach dem nationale Überlegenheit beansprucht wird, bietet die spätmittelalterliche böhmische Nation in ihrem hussitischen Bekenntnis ebenso Beispiele wie England und die Niederlande in der Frühen Neuzeit. Auch hier wurden Religion und Kirche national instrumentalisiert, aber der Glaube blieb doch das Zentrale. Er bestimmte die Position der eigenen Nation. In der Vorstellungswelt der modernen Nation verkehrte sich dieses Verhältnis. Die Nation wird das Zentrale, ihr zu dienen wird zur Aufgabe der Kirche in der jeweiligen Nation. Die Kirche heiligte weiterhin die Nation, doch sie diente nun der Nation, die zum Letztwert aufsteigt. Wo die Kirche sich diesem Anspruch nicht beugte, galt sie als national unzuverlässig und wurde mit staatlichen Zwangsmitteln bekämpft. Der Kulturkampf in vielen europäischen Staaten fand darin sein gutes Gewissen. Es war nationales Gewissen. Überall fügten sich die Kirchen, auch die universale katholische Kirche, in Zeiten existentieller Gefährdung der eigenen Nation letztlich diesem Ersten Gebot des Nationalismus: Du sollst keinen anderen Gott haben neben Deiner Nation.

Die Nationalisierung der Kirchen ist als gesellschaftlicher Prozeß noch kaum erforscht. Einen Höhepunkt erreichte er im Ersten Weltkrieg, als der Papst nicht verhindern konnte, daß sich der deutsche und der französische katholische Klerus im Namen ihrer Nation erbittert bekämpften. Nation als Religionsersatz, Nation als Säkularreligion sind moderne Phänomene. Auch hier läßt sich die moderne Nation - trotz aller Kontinuitätslinien, die es besser als bisher zu erforschen gilt - scharf von der mittelalterlichen und der frühneuzeitlichen unterscheiden.

Wahrnehmung von Kriegen

Georg Schmidt

Teutsche Kriege
Nationale Deutungsmuster und integrative Wertvorstellungen im frühneuzeitlichen Reich

Die drei großen inneren Kriege im frühneuzeitlichen Deutschland - Schmalkaldischer, Dreißigjähriger und Siebenjähriger Krieg - sind von den Zeitgenossen nicht nur als 'deutsche' bezeichnet, sondern auch entsprechend gedeutet worden. Diese Sicht ist der modernen Geschichtsschreibung fremd geworden, weil sie im Krieg nicht nur den „Katalysator" der Nation vermutet[1], sondern ihn als „Vater des Nationalstaats" bezeichnet sehen will[2], und ihn somit eng an eine Staatsform bindet, die das 19. und 20. Jahrhundert auszeichnet. Die damit zwangsläufig einhergehende Verengung des Phänomens nationaler Identitätsbildung erklärt sich gerade in Deutschland mit der traditionellen Geringschätzung der integrativen Kraft des Alten Reichs und damit dem scheinbaren Fehlen eines herrschaftsbestimmten staatlichen Kerns, an den sich nationale Vorstellungen hätten anlehnen können. Hinzu kommt die Tendenz, erst die Besonderheiten des „Nationalismus als einer Ideologie vor der Folie des Modernisierungsprozesses" - politische Partizipation und Massenbasis - herauszuarbeiten[3], um dann längerfristige Kontinuitäten abzulehnen. Der Verdacht des Zirkelschlusses ist dabei nicht ganz von der Hand zu weisen.

In dieser Studie soll daher der Frage nachgegangen werden, ob sich nicht auch in den inneren Kriegen vor 1800 Einstellungen und Haltungen nachweisen lassen, die als 'national' begrifflich gefaßt werden können, weil ein ständisch, regional und konfessionell übergreifendes Wertesystem existierte oder aufgebaut wurde. Dieses sollte großräumig integrierend und mobilisierend wirken, muß aber inhaltlich nicht unbedingt mit den Werten übereinstimmen, die im 19. Jahrhundert die Erwartungen und Hoffnungen der Menschen prägten. Hier wird daher eine offenere Definition des Begriffsfeldes „Nation/Nationalismus" vorgeschlagen: eine wertbestimmte, für den einzelnen orientierende und tendenziell massenwirksame Einstellungs- und Verhaltensdisposition, die großflächig integrierend und identitätsbildend wirkt, weil sie gesellschaftliche, kulturelle und räumliche Segmentierungen überwindet. Unter dieser Voraussetzung scheint Hardtwigs Einschätzung einer „ersten Phase des deut-

---

[1] *Hagen Schulze*, Staat und Nation in der europäischen Geschichte, München 1994, 126.
[2] *Dieter Langewiesche*, Nation, Nationalismus, Nationalstaat: Forschungsstand und Forschungsperspektiven, in: NPL 40, 1995, 190-236, Zitat 195 (unter Verweis auf Norbert Elias).
[3] Vgl. *Jörg Echternkamp*, Der Aufstieg des deutschen Nationalismus (1770-1840), Frankfurt a. M./New York 1998, 18.

schen Nationalismus" nach 1500 zutreffend.[4] Die deutschen Humanisten schufen als Reaktion auf die Konzentrationsbewegungen nördlich der Alpen, die zu einem politisch-staatlich organisierten Reich in den deutschen Landen, dem komplementären Reichs-Staat, führten[5], und aus Verärgerung über die romanische „Überheblichkeit" für Deutschland eine germanische und damit alte Tradition. Dieses nationale Substrat, das bereits im Vorfeld der Wahl Karls V. ein wichtige Rolle spielte, war eine zentrale Voraussetzung für den Durchbruch der Reformation. Aus der älteren Adels- oder Ständenation entwickelte sich eine sozial und kulturell übergreifende Nationsvorstellung.[6]

Nach diesem spektakulären Auftakt nationalen Denkens und Handelns um 1520 scheint jedoch schnell eine gewisse Beruhigung eingetreten zu sein, weil die unterschiedlichen konfessionellen Zuordnungen in den Vordergrund traten und allenfalls die evangelische Partei den Gedanken der nationalen Einheit für ihre Zwecke instrumentalisierte. Ausgehend von der Beobachtung, daß in Krisensituation - und innere Kriege sind eine größtmögliche Belastungsprobe - latente Strukturen am ehesten zu Tage treten, soll hier dennoch nach integrativen Wertvorstellungen gefahndet werden, die den konfessionellen Dissens, die ständische Ungleichheit und die regionalen Grenzen zu überwinden versprachen und zum Träger eines deutschen Nationalbewußtseins werden konnten. Diesen Kräften wird mit Hilfe des Forschungskonzepts „Politische Kultur" nachgegangen.[7] Ursprünglich gedacht, um Einstellungen und Verhaltensmuster in modernen (national organisierten) Gesellschaften zu bestimmen, soll „Politische Kultur" als Analysemethode hier dazu beitragen, auch für ständische Gesellschaften Wertegefüge und Handlungsmuster zu erarbeiten.

Aus dem weiten Feld der Bewußtseins- und Verhaltensebene werden im folgenden vor allem diejenigen Bereiche herausgegriffen, die Homogenisierungstendenzen und übergreifende Angleichungsprozesse signalisieren. Um sich ihnen zu nähern und um die Forderung des Politologen Karl Rohe einzulösen - „politische Kultur ist politischer Sinn, der auch sinnenfällig werden muß"[8] -, sollen die im normativ-institutionellen Bereich angelegten, vor allem in der politischen Publizistik, aber auch in den (Volks-)Liedern thematisierten Deutungsmöglichkeiten einbezogen werden. Diese wurden selten von Bauern, Handwerkern oder Soldaten verfaßt, richteten sich

---

[4] *Wolfgang Hardtwig*, Vom Elitebewußtsein zur Massenbewegung, in: *ders.*, Nationalismus und Bürgerkultur in Deutschland 1500-1914, Göttingen 1994, 34-54, hier 45.

[5] *Georg Schmidt*, Deutschland am Beginn der Neuzeit: Reichs-Staat oder Kulturnation? in: *Christine Roll* (Hrsg.), Recht und Reich im Zeitalter der Reformation, Festschrift für Horst Rabe, Frankfurt a. M. u. a. 1996, 1-30.

[6] *Ders.*, Luther und die frühe Reformation - ein nationales Ereignis? in: *Bernd Moeller* (Hrsg.), Die frühe Reformation in Deutschland als Umbruch, Gütersloh 1998, 54-75. Vgl. den Beitrag von *Dieter Mertens* in diesem Band.

[7] *Karl Rohe*, Politische Kultur und ihre Analyse. Probleme und Perspektiven der politischen Kulturforschung, in: HZ 250, 1990, 321-346; *Carola Lipp*, Politische Kultur oder das Politische und Gesellschaftliche in der Kultur, in: GG, Sonderheft 1996, 80-112.

[8] *Rohe*, Kultur, 337.

aber an diese Gruppen, um bestimmte Wertvorstellungen und Verhaltensmuster einzuschwören. Sie waren deswegen so formuliert, daß sie vom gemeinen Mann problemlos verstanden und weitergegeben werden konnten. Damit geraten die manifest gewordenen Wünsche und Hoffnungen der Menschen, ihre Orientierungsmaßstäbe und Handlungsspielräume ins Blickfeld. Die zeitgenössischen Deutungsmuster, die nicht unmittelbar dem engeren politisch-herrschaftlichen Bereich entstammten, zeigen, was in einer Gesellschaft bzw. in ihren Großgruppen und Milieus verstanden wurde oder denkbar war. Sie bieten überdies einen Zugang zu der Frage, wie die komplexe Wirklichkeit geordnet wurde, um sie als sinnhaft wahrnehmen zu können.

1.

Als im Sommer 1546 der Schmalkaldische Krieg begann, wollte Karl V. die einheitliche Religion wiederherstellen, seine Herrschaft in Deutschland räumlich ausdehnen und den komplementären Reichs-Staat im monarchischen Sinne umgestalten.[9] Trotz seines militärischen Sieges scheiterte er, weil alle Reichsstände auf ihre relative Autonomie und ihre Mitwirkung an der Reichspolitik pochten. Sie verwiesen auf die „deutsche Libertät", die sie von der „spanischen servitut" absetzten.[10] Die deutsche oder ständische Freiheit richtete sich gegen jede Form der Machtkonzentration und wirkte über die religiösen Grenzen hinweg integrierend. Die so immer wieder erneuerte Adels- oder Ständenation war auch in Deutschland eine wichtige Voraussetzung nationaler Haltungen. Die erfolgversprechende Verbindung von „deutsch" und „Freiheit" wurde aber schon im 16. Jahrhundert genutzt, um auch das Wertesystem des gemeinen Mannes national zu akzentuieren.

Spätestens seit der frühen Reformationszeit verband das Volk mit dem Begriffsfeld „deutsch" eine Unterscheidung von Fremdem, besonders von „Rom" und den „Welschen". Die evangelischen Flugschriften artikulierten während des Schmalkaldischen Kriegs die Hoffnung, Gott werde es nicht zulassen, daß der wahre Glauben vernichtet und die Deutsche Nation vom Papst und seinen Verbündeten um ihre „Freiheit" gebracht werde. Sie leiteten daraus Kampfaufrufe ab, die nicht nur die religiöse Solidarität, sondern auch die Abstammungsgemeinschaft beschworen. Der Krieg wurde zum Katalysator eines Nationalismus, der bewußt ausgrenzen wollte und sich nicht nur gegen Spanier und Welsche wandte, sondern vor allem gegen die eigenen Landsleute, die in fremden Heeren kämpften. Das Blutvergießen müsse „allen gebornen Deutschen den sinn und mut geben, daß sie sich wider ihr eigen Vaterland nicht allein nicht gebrauchen lassen. Wie ohne zweifel solchs ein jeder,

---

[9] *Georg Schmidt/Siegrid Westphal*, Art. Schmalkaldischer Krieg (1546-1547), in: Theologische Realenzyklopädie, Bd. 30, Berlin NewYork 1999, 228-231.
[10] *Horst Rabe*, Reichsbund und Interim. Die Verfassungs- und Religionspolitik Karls V. und der Reichstag von Augsburg 1547/1548, Köln/Wien 1971; *Volker Press*, Die Bundespläne Kaiser Karls V. und die Reichsverfassung, in: *Heinrich Lutz* (Hrsg.), Das römisch-deutsche Reich im politischen System Karls V., München/Wien 1982, 55-106.

der einen tropfen ehrlichs Deutsches Bluts bei ihme hat selbst bedenken würde."[11] Eine andere Schrift beschuldigte die Ausländer, das „teutsch blut und land" zu verwüsten. Die Deutschen, die ihnen als Söldner dienten, sollten aus der Gemeinschaft ausgeschlossen werden. Sie werden direkt angesprochen - „darum du und alle deinsgleichen leuchte, ehrlose vögel, natternzücht und bastart des Teutschen geblüts ..." - und als unwürdig bezeichnet „jemalen (als) ain Teutscher geboren" zu sein. Gegen diese „Teutsche Mamelucken" müßten die Obrigkeiten vorgehen „und so fern in Teutschland nit Henker gnug oder die Türken zulang ausblieben, dich den Welschen um marter und pein haimschicken."[12]

Wenn diese Form eines ethnischen Nationalismus, der sich in voller Härte gerade gegen den inneren Feind wendet und diesen in jeder Form verunglimpfen will, auch nicht zum gängigen Rerpertoire der Flugschriften gehörte, so war er doch bekannt. Die Aggressivität gegen den inneren und äußeren Feind sollte im Volk, denn diese Schriften richteten sich nicht oder nur fiktiv an Fürsten oder gelehrte Räte, Haß erzeugen und so die eigene Verortung als evangelischer Christ und als Deutscher im Sinne einer Blutsgemeinschaft bestärken. Das evangelische Kampflied konnte daher Karl V. an seine Geburt „von teutschem blut" erinnern.[13] Da eben dies vor seiner Wahl 1518/19 noch als entscheidender Vorteil gegenüber seinem Konkurrenten Franz I. von Frankreich ins Feld geführt worden war, signalisierte der Text, daß der Kaiser durch seinen Kampf gegen den evangelischen Glauben zum Fremden geworden war. Ein anderes Lied artikulierte diese Distanz noch eindringlicher: „Kein Walch soll uns regieren, darzu kein Spaniol; sie thun uns nur verfüren, sind aller untrew voll ..."[14]

Die Lieder erinnerten Karl V. überdies an seinen Schwur, das Reich zu mehren und forderten ihn auf, statt des Bruder- und Glaubenskrieges in der deutschen Nation mit dieser gegen die Türken zu ziehen. Der Kampf gegen den Erbfeind der Christenheit war seit der Belagerung Wiens 1529 zum Integrationsfaktor in Deutschland geworden, während das aktuelle Feindbild der Evangelischen - Kaiser, Papst und Spanier - nur zur Festigung der eigenen Reihen taugte. Der Kaiser selbst galt nicht mehr nur als Verführter des Papstes, sondern wurde unmittelbar für den Krieg in Deutschland verantwortlich gemacht: „und führst darzu in teutsche land/ ain mördrisch volk voll aller schand."[15]

---

[11] Gründlicher und warhafftiger Bericht ... Flugschriftensammlung Gustav Freytag, Tl. 13, Nr. 2026.
[12] Antwort. Auff den Sendbrieff, so H. S. in der Bapisten Leger ... geschriben hatt. 1546. Ebd., Nr. 2031.
[13] *Rochus von Liliencron*, Die historischen Volkslieder der Deutschen vom 13. bis 16. Jahrhundert, Bd. 4, Leipzig 1869, 294.
[14] Ebd., 340f.
[15] Ebd., 329.

Die Verteidigung des evangelischen Glaubens bedeutete zugleich die Rettung des deutschen Vaterlands: „das edle deudsche land ich mein, ist unser vaterland allein ..."[16] Es wird bereits zaghaft mit zunächst noch vagen Freiheitsvorstellungen verbunden, um das Volk - unabhängig von allen religiösen Optionen - gegen den eigenen Kaiser zu mobilisieren: „Karle, sag an die sachen, die heimlich treiben dich! Deutschland wilt eigen machen/ dem haus zu Osterreich, ein monarchie wilt richten an, Plus ultra soll noch weiter gan, do liegt der hund begraben ..."[17]

„Plus ultra" - während die protestantisch-ständische Propaganda gegen den Wahlspruch Karls V. mobil machte, schickte er sich an, ihn in die Tat umzusetzen. 1548 erschien eine Schaumünze mit der Aufschrift: „Quod in celis sol/ hoc in terra Caesar est." Der Kaiser verglich seine Stellung auf Erden mit derjenigen der Sonne am Himmel.[18] Auch wenn die kaiserliche „Monarchie" in erster Linie die Freiheit der Reichsstände bedrohte, riefen die Liedtexte doch auch den gemeinen Mann mit den bekannten Schlagworten - „deutsch", „welsch", „frei" und „Vaterland" - zum Kampf, um die Vernichtung der Freiheit und die völlige Unterdrückung aller Deutschen zu postulieren: „Der Kaiser der will zwingen/ die freien Deutschen gut/ unter sein joche bringen, wie er den seinen tut, will uns allsammen demmen/ des lands allein herr sein, unser alt freiheit nehmen/ unter eim falschen schein ... er ist meineidig worden/ an gott und deutschem land, er will die Deutschen morden, ist ihm ein ewig schand ..."[19]

Karl V. wurde zudem vorgeworfen, die Deutschen mit der angeblich falschen Anschuldigung, Franz I. sei mit den Türken verbündet, in einen sinnlosen Krieg gegen Frankreich geführt zu haben.[20] Von der Vorstellung einer Erbfeindschaft kann also im 16. Jahrhundert trotz aller Kritik an den „Welschen" noch keine Rede sein. Im Traum eines Erzählers, der sich am Kaiserhof wähnt und dort die fremde Sprache nicht versteht, tritt eine Germania vor den Kaiser, die aber nicht vor ihm niederkniet und ihm „mit klarer stimm, daß ich sie hort" - also auf deutsch - die Leviten liest. Wieder lauten die Vorwürfe, treulos geworden zu sein und Deutschland gegen Frankreich in einen Krieg gehetzt zu haben. Die Germania wird deutlich: „Du bist nicht unser halsherr, sonder zu schirmen gut und ehr/ erwölt über das römisch reich. Chur- und fürsten mit dir gleich/ haben ihr freiheit und ihr recht ..." Sie führen „ihr stark teutsches heer/ von gott erlaubt zur gegenwehr/ wider die Walhen und ausländer, die Marranen und frawenschender ..."[21]

Ganz ähnlich ist ein anderes Kampfgedicht aufgebaut. Diesmal gelingt es dem Erzähler, in den kaiserlichen Rat zu kommen. Er kann aber nichts verstehen, weil Karl

---

[16] Ebd., 303.
[17] Ebd., 333.
[18] *Ferdinand Seibt*, Karl V. Der Kaiser und die Reformation, Berlin 1990, 7.
[19] Ebd., 340f.
[20] Ebd., 308, 312 und 315.
[21] Ebd., 311, 316 und 317.

V. und seine Räte die „welsch sprach" benutzen. Dann tritt die Germania auf und redet von der „teutschen trew" und von den Übergriffen des Papsts. Sie glaubt, auch Karl V. wolle: „Die freyen Edlen Teutschen zwingen/ und um ihr Land und freyhait bringen ..."[22]

Soldaten-, Kampf- und Volkslieder müssen mit gängigen Symbolen und einprägsamen Stereotypen oder Vorurteilen arbeiten.[23] Es geht ihnen um Identifikation und Wiedererkennen, um die Festigung nicht die Auflösung eines Feindbildes. Die Sprache der Fremden wird nicht verstanden, ihre Verhaltensweisen werden bewußt überzeichnet, damit sie auf Ablehnung stoßen. Vermeintliche Unterschiede werden akzentuiert, nicht relativiert. Lieder und politische Publizistik, die sich an alle Bevölkerungsgruppen wandten, um mit Hilfe eingängiger Texte und Melodien die jeweiligen Vorstellungen zu popularisieren, artikulieren zudem Meinungen und Erwartungen, die im amtlichen Schrifttum fehlen. Wenn die abstrakte Einheit des Reichs und die Wohlfahrt des edlen deutschen Vaterlandes als Appellationsinstanz auch gegen den eigenen Kaiser erscheinen, so müssen entsprechende Wertegefüge im Volk bekannt gewesen sein. Ähnliches gilt für eine Figur wie die Germania, die als Inkarnation des „Deutschen" nur dann sinnvoll auftreten kann, wenn sie als Symbol der Abgrenzung von den Anderen und dem der deutschen Nation fremd gewordenen Kaiser verstanden wird.

Vor dem spanischen Feindbild ließen sich die eigenen Werte um so eindrucksvoller beschwören. Wenn im politischen Diskurs Spanien immer wieder mit „servitut" in Verbindung gebracht wurde, um die deutsche Libertät davon umso strahlender abzusetzen, sollte dies diffamieren und Haß erzeugen. Falls der Kaiser nicht einlenke: „wolauf ihr frommen Deutschen, so schlagt mit freuden drein... stecht in die spanisch säu und hund, wie die frösch und lehrt sie rund, was heißt die Deutschen pochen!"[24] Ein anderes Kampflied beschuldigte Kaiser und Spanier, Deutschland durch Frauenschänden und den Raub von „Hab und Gut" unter ihr Joch bringen zu wollen: „Sie sind ja die Gottlosen/ Verräter Deutsches Reich/ ... Helft retten Gottes worte/ Die freiheit Deutsches Land ..."[25]

Bauern, Handwerker oder Soldaten waren die Adressaten dieses publizistischen Meinungskampfes. Die an sie gerichteten emotionsgeladenen Stichworte „freie Deutsche" und „alte Freiheit" sind nicht als bloße Floskeln abzutun. Sie sollten das Wertesystem des gemeinen Mannes national akzentuieren. Mit dem Schmalkaldischen Krieg begann daher eine Entwicklung, die „Einigkeit und Freiheit" zum integrierenden, überständischen und bald auch überkonfessionellen Deutungsangebot werden ließ.

---

[22] [*Johann Schradin*], Expostulation, das ist Klag und Verweiß Germnaie, des Teutschen Lands, gegen Carlo Quinto ... Flugschriftensammlung Gustav Freytag, Tl. 21, Nr. 4377.

[23] *Winfried Schulze*, Die Entstehung des nationalen Vorurteils, in: GWU 46, 1995, 642-665.

[24] Ebd., 333.

[25] Ein Vermanlied im Lager zu Wird gemacht, 1546. Flugschriftensammlung Gustav Freytag, Tl. 21, Nr. 4385.

Die katholische Publizistik drehte die protestantische Argumentation vielfach um, kam damit aber nicht aus ihrer Defensive heraus. Eine ihrer Flugschriften meinte, daß mit Ariovist, dem sagenhaften Germanenkönig, und mit Arminius, seinem Herzog, aber auch mit Barbarossa oder Georg Frundsberg, dessen Söldner den Sacco di Roma 1527 verursacht hatten, den Deutschen falsche Helden vorgeführt würden, weil deren einziges Verdienst es sei, gegen Rom oder den Papst gekämpft zu haben. Gefragt wird ausdrücklich, wie vorteilhaft es denn gewesen sei, daß sich die „teutsche barbarische haydenschaft", die „Arminische Barbarey" gegen die von Gott eingesetzte römische Monarchie aufgelehnt habe. „Wäre Teutschland darum Schweizer frey blieben, so es nicht unter die Römer kommen wäre, wie andere land? Hät es sonst keine Könige und Fürsten gehabt?" Es sei bekannt, was der Schmalkaldische Bund „contra absolutam potestatem Ro. Caesaris" beraten habe, doch wahre Christen ließen sich von der römischen Monarchie nicht trennen. Die Flugschrift wendet sich dann unmittelbar an ihre Leser: „Schreiet jetzt Freyhait, Freyhait. Von wem hat Teutsch Nation freyhait? Vom Ariovisten, oder von Römern?" Man wolle doch jetzt für die Freiheit kämpfen, um diese zu behalten. „Darauß folgt ja, das du freyhait habst." Sie müsse also von den Römern bzw. den Kaisern kommen.[26]

Die Wirkungsmächtigkeit dieses verblüffenden Umkehrschlusses ist nicht bekannt. Das Argumentationsmuster erinnert an Piccolomini, der im 15. Jahrhundert gegen die massive Romkritik, auf den kulturellen Fortschritt in Deutschland seit der Germanenzeit verwiesen hatte. Entscheidend in dieser Auseinandersetzung, in die der gemeine Mann als Leser und Rezipient immer stärker einbezogen wurde, war jedoch, daß die Protestanten, in dem sie die evangelische Lehre mit der deutschen Freiheit und Einigkeit verbanden, den Diskurs eindeutig dominierten. Die Katholiken reagierten. Wobei offen bleibt, ob sie wirklich jemanden mit dem Argument, daß sich die Schmalkaldischen Bundesstände angeblich gegen die absolute Macht des Kaisers ausgesprochen hätten, auf die Seite Karls V. ziehen konnten. Auch an manchen katholischen Fürstenhöfen dürfte man solche Einlassungen eher als Warnung empfunden haben. Die katholische Publizistik gab selbstverständlich dem Schmalkaldischen Bund die Schuld am Kriegsausbruch. Auch sie setzte auf Einigkeit und warnte deswegen vor den Konsequenzen der Religionsspaltung: „ein reich in sich geteilet, das mag die läng nit stan ..."[27] Die Sorge galt auf beiden Seiten der Einheit des Reichs deutscher Nation. Dieses wird jedoch im katholischen Lager monarchisch, im evangelischen als Zusammenwirken von Kaiser und Ständen gedacht.

Obwohl die Untertanen direkt in den Freiheitsdiskurs einbezogen wurden, war das, was diese Freiheit für den Einzelnen konkret bedeutete, noch keineswegs festgelegt. Es bestand Bedarf an Deutung und Sinnstiftung: Zwischen der ständischen Freiheit - möglichst große Autonomie nach innen und Mitwirkung in Reichsangele-

---

[26] Antwort auf das Auffrürisch büchlin ... 1547. Ebd., Tl. 13, Nr. 2047.
[27] *Liliencron*, Volkslieder (wie Anm. 13), Bd. 4, 348.

genheiten - und den Freiheitsvorstellungen der Untertanen, wie sie beispielsweise im Bauernkrieg manifest geworden waren - kommunale Selbstverwaltung, korporative Freiheiten, religiöse Selbstbestimmung[28] - gab es viele Berührungspunkte. Sie hätten, konsequent fortentwickelt, die ständische Gesellschaftsordnung in Frage stellen können, möglicherweise sogar müssen. Die Propagandisten eines deutschen Reichs, das den Religionsstreit hinter sich lassen sollte, um die Einheit nicht zu gefährden, begannen daher, der „deutschen Freiheit" eine zweite, diesmal überständische und politisch weit weniger brisante Bedeutungsebene zu erschließen. Neben die politische Freiheit, die Mitwirkungsrechte der Reichs- und Landstände sowie die mehr oder weniger ausgeprägte Selbstverwaltung der Untertanen, traten Werte wie Eigentumsfreiheit und Rechtssicherheit, die aber ebenfalls bereits im Bauernkrieg eine wichtige Rolle gespielt hatten.[29]

Die sozialen, wirtschaftlichen und rechtlichen Freiheiten ließen sich problemlos aktualisieren, mit Feindbildern oder dem älteren Verhaltensmuster des gemeinen Nutzens koppeln[30], das zur Begründung dessen unverzichtbar war, was sich wie Judenvertreibungen und Übergriffe gegen die Obrigkeit oder fremdes Eigentum sonst nicht rechtfertigen ließ. Aus der Verbindung älterer Vorstellungen mit als spezifisch deutsch definierten Werten entstanden um die Mitte des 16. Jahrhunderts nationale Deutungsmuster, die sich fast in jeder Krise orientierend einsetzen ließen. Ein früher Beleg für die Existenz eines sozial übergreifenden freiheitlichen Wertegefüges entstammt einer prokaiserliche Flugschrift, die angesichts des Kriegs Karls V. gegen Frankreich 1552 Wertungen setzte, die richtungweisend für den gesamten Freiheitsdiskurs und das deutsche Wertegefüge werden sollten.

Die von Nikolaus Mammeranus verfaßte Schrift war an den Kaiser adressiert, um ihm die Not zu verdeutlichen, in welche die aufrührerischen Fürsten um Kurfürst Moritz, die sich als „Erhalter der Freyhait Teutscher nation" bezeichneten, das „Edel Teutschland" gebracht hätten. Tatsächlich bedienten sie sich des Titels, um Aufruhr anzurichten „und den armen gemeinen mann, welcher der freyhait begierig wider sein hohe, ordentliche und von Gott eingesetzte Oberkeit zu bewegen und erwekken." Dazu hätten sie sich sogar mit dem französischen König vereinigt, der wiederum mit den Türken verbündet sei und in seinem Land die neue Lehr mit „blut und fewer" verfolge. Der listige König gebe vor, in Deutschland das Evangelium zu unterstützen. Aber er wolle den armen gemeinen Mann nur in eine Falle locken, um ihn von dem gütigen Kaiser weg „under seine bittere unträgliche dienstbarkeit und ewige Französische servitut" zu bringen. Der Franzose wolle gern Kaiser und etliche deutsche Fürsten wollten unter dem Schein der „Teutschen Freyhait" reich werden. Als Karl V. sie dafür zu bestrafen versucht habe, hätten die Aufrührer den armen

---

[28] *Peter Blickle*, Gemeindereformation. Der Mensch des 16. Jahrhunderts auf dem Weg zum Heil, München 1985.
[29] *Ders.*, Der Bauernkrieg. Die Revolution des Gemeinen Mannes, München 1998.
[30] *Winfried Schulze*, Vom Gemeinnutz zum Eigennutz, in: HZ 243, 1986, 591-626.

gemeinen Mann beredet, der Kaiser wolle die deutsche Freiheit zerstören, doch er sei deren wahrer Erhalter. Es folgt die entscheidende Passage: „O du edels Vaterland, merkstu nit das tyrannisch fürnehmen. Der Französisch Türkisch König, mit sampt seinen Bundsverwandten wollte gern die edel Teutsch nation dringen in die Libertet oder freyhait in der auch seind die Untertan in Frankreich. Nu frag einen Burger in Frankreich, wes sein Haus und Hof, sein Gut und Hab, sein Silbergeschirr und geld sey, so wird er nit sagen: Es ist mein, sonder es ist des Königs und mein. Die Untertan in Frankreich werden gedruckt und schwer geladen als die Esel ..."[31]

Die deutsche Freiheit wird nun als Eigentumsfreiheit präsentiert. Damit war eine homogenisierende Wertvorstellung gefunden, die sich nicht mehr in der für eine ständische Gesellschaftsordnung brisanten Nähe zu politischen Teilhabeforderungen befand. Zusammen mit der Rechtssicherheit und der Rechtsweggarantie bestimmte die umfassend verstandene (Eigentums-)Freiheit den nationalen Wertekanon bis zur Französischen Revolution und darüber hinaus. Diese erfolgreiche „Erfindung" war aber nur möglich, weil sie den Erfahrungen des gemeinen Mannes nicht widersprach. In weiten Teilen Deutschlands war der Bauer schon im 16. Jahrhundert eine Art Kleineigentümer, der vergleichsweise gesichert auf seiner vererbbaren Scholle saß. Zudem konnten viele Untertanen unter bestimmten Bedingungen gegen tatsächliche oder vermeintliche Übergriffe der Obrigkeit erfolgversprechend am Reichskammergericht, seit der zweiten Jahrhunderthälfte auch am Reichshofrat klagen. Diese relative soziale Sicherheit und die verrechtlichte Konfliktkultur haben die Mentalitäten in Deutschland geprägt.[32]

Die Untertanen wußten, daß jenseits der eigenen Herrschaftsgrenzen neben der gleichen Sprache ähnliche Normen und Vorstellungen galten. Selbst der religiöse Dissens wurde dadurch relativiert. Das wirklich Fremde begann hinter einer Grenze anderer Art – die Gegenüberstellung von „deutsch" und „welsch" oder der Vergleich mit Frankreich wäre ansonsten sinnlos gewesen. Der Aufruf, die alte deutsche Freiheit zu verteidigen, mobilisierte daher nicht nur den Adel. Auch wenn nicht alle politischen Implikationen der deutschen Freiheit für den gemeinen Mann unmittelbar einsichtig waren, durften sie doch seinen alltäglichen Wahrnehmungen nicht widersprechen, um als schützenswertes Gut anerkannt zu werden. Hohe und niedrige Stände glaubten Teil an einer deutschen Freiheit zu haben, mit der die Herrschaftsstände nach wie vor politische Mitwirkung, die Untertanen aber Rechte und Freiräume verbanden.

Selbstverständlich läßt sich die Zustimmung im Volk zu diesem Deutungsangebot schwer messen, doch der publizistische Diskurs blieb nicht folgenlos. Im 18. Jahrhundert klagten Untertanen gegen freiheitsbeschränkende Eingriffe ihrer Landesher-

---
[31] *Nikolaus Mammeranus*, Von anrichtung des newen Evangelii und der alten Libertet oder Freyheit Teutscher Nation ..., Köln 1552. Flugschriften Gustav Freytag, Tl. 13, Nr. 2069.
[32] *Georg Schmidt*, „Wo Freiheit ist und Recht ...", da ist der Deutsche untertan?, in: *Matthias Werner* (Hrsg.), Identität und Geschichte, Weimar 1997, 105-124.

ren, und in den juristischen Relationen spielte die Rechtsvermutung aufgrund der deutschen Freiheit eine wichtige Rolle.[33] Vor dem Reichskammergericht war die „bürgerliche deutsche Freiheit" weit mehr als „ein beliebig minimierbarer Restbestand des vorpositiven Naturzustandes". Sie wurde „zur 'natürlichen' Freiheit der Deutschen"[34] und als solche identitätsbildend.

Wenn Luis de Ávila y Zúñiga, der Historiograph Karls V., 1548 den Schmalkaldischen als deutschen Krieg bezeichnete[35], meinte er in erster Linie den Schauplatz. Im Konzept des Kaisers spielten jedoch auch die Abwehr einer Sezession - im Schmalkaldischen Bund sah er den Versuch einer auch politischen Spaltung Deutschlands - und die Monarchie eine wichtige Rolle. In diesem Sinne hielt Karl V. die Auseinandersetzung für einen deutschen Einigungskrieg, auch wenn es ihm letztlich nicht um Deutschland, sondern um den einheitlichen Glauben und seine Universalmonarchie ging. Doch er stand mit seinem Heer in Sachsen - soweit hatte sich schon lange kein Kaiser mehr nach Norden vorgewagt -, und er hatte von Brüssel aus eine zweite habsburgische Einflußzone im Nordwesten des Reiches aufgebaut. Hinzu kam, daß der Schmalkaldische Bund erstmals ober- und niederdeutsche Stände in gemeinsamer Abwehrhaltung gegen den katholischen Kaiser zusammengeführt hatte.[36] Sleidan, dessen Geschichtsschreiber, artikulierte lediglich eine zeitgenössische Wahrnehmung, wenn er aus dem Glaubenskrieg einen innerdeutschen Krieg machte - den Abwehrkampf der Deutschen gegen die Ansprüche eines ihnen fremd gewordenen Monarchen und seiner spanischen Hilfstruppen, die Deutschland unterwerfen und die „teutsche libertät" vernichten wollten.[37] Beide Deutungsversuche sprachen vom „teutschen Krieg" im Sinne eines inneren Kriegs. Friedrich Hortleder griff in seiner großen Aktenkompilation 1617, also unmittelbar vor dem Dreißigjährigen Krieg, diesen Gedanken auf, um „gemeinem Vaterland zu nutz und gut" vor der wiederum drohenden katholischen und kaiserlich-spanischen Übermacht zu warnen.[38]

---

[33] *Wolfgang Schmale*, Archäologie der Grund- und Menschenrechte in der frühen Neuzeit: ein deutsch-französisches Paradigma, München 1997, 166f.

[34] *Jürgen Weitzel*, Das Reichskammergericht und der Schutz von Freiheitsrechten seit der Mitte des 18. Jahrhunderts, in: Bernhard Diestelkamp (Hrsg.), Die politische Funktion des Reichskammergerichts, Köln u. a. 1993, 157-180, Zitate 178.

[35] *Luis de Ávila y Zúñiga*, Commentario de la guerra Alemana ...., Venedig 1548. Vgl. *Georg Voigt*, Die Geschichtsschreibung über den Schmalkaldischen Krieg, in: Abhandlungen der Königlich Sächsischen Gesellschaft der Wissenschaften, philologisch-historische Klasse 6, 1874, 567-758.

[36] *Georg Schmidt*, Schmalkaldischer Bund und Reichs-Staat, in: Der Schmalkaldische Bund und die Stadt Schmalkalden, Wechmar 1996, 3-18; *Gabriele Haug-Moritz/Georg Schmidt*, Art. Schmalkaldischer Bund, in: Theologische Realenzyklopädie, Bd. 30, Berlin/New York 1999, 221-228.

[37] *Johann Sleidan*, Ordentliche Beschreibung und Verzeichnisse allerley fürnemer Händel so sich in Glaubens und anderen weltlichen Sachen.bei Regierung vorweilen des Großmächtigsten Keyser Carls des Fünfften mehrntheils in Teutscher Nation zugetragen: Erstlich in Latinischer Sprache verfärtigt und in sechs und zwentzig Bücher getheylt,... in rechtschaffen Teutsch gebracht ... durch *Michael Beuther von Carlstatt*, Straßburg 1567, fol. 222f.

[38] *Friedrich Hortleder*, Der Römischen Keyser- und Königlichen Maiesteten, auch des Heiligen Römischen Reichs ... Handlungen und Ausschreiben ... von den Ursachen des Teutschen Kriegs Kaiser Carls des Fünfften ..., Bde. 1 und 2, Frankfurt a. M. 1617/1618, Zitat Bd. 2, Bl. XIX. Dazu: *Andreas*

Der Schmalkaldische Krieg und die folgende „Fürstenrebellion" halfen entscheidend mit, daß die niederdeutschen Stände in den bis dahin oberdeutschen Reichs-Staat hineinwuchsen. Die militärische Auseinandersetzung dieser Jahre läßt rückblickend Züge eines Einigungskrieges erkennen. Die neue Einheit des komplementären Reichs-Staats blieb jedoch labil - selbst nach dem Augsburger Religionsfrieden. Türkensteuern, Türkengebete und Türkenpredigten mobilisierten zwar fast alle Deutschen unabhängig von Stand, Konfession und Entfernung zum Kriegsschauplatz[39], doch die Osmanen waren kein spezifisch deutscher Feind. Als Erbfeind der Christenheit bedrohten sie vor allem die Habsburger Gebiete. Auch wenn die Türkenangst in Sachsen oder Teilen Oberdeutschlands zeitweise groß war, ließ sie sich nur bedingt zur Stabilisierung eines einheitlichen nationalen Wertesystems nutzen.

2.

Ein knappes Vierteljahrhundert hielt der Religionsfrieden, weil Kaiser und Reichsstände den politischen Kompromiß pflegten. Bereits Ende der siebziger Jahre verschärften sich jedoch die konfessionell bedingten Auseinandersetzungen erneut und entluden sich in den Stiften Köln und Straßburg sowie im rheinisch-westfälischen Reichskreis, wo häufiger spanische Truppen intervenierten, in regelrechten Kriegen.[40] Die Zusammenarbeit der Reichsstände gleicher Konfession überlagerte bis zu einem gewissen Grade die regionalen oder auch die älteren politischen Beziehungsgeflechte. Dennoch markierten die konfessionellen Verbindungen nicht nur neue Trennlinien, sondern auch neue Zusammenhänge, die den deutschen Norden nun nicht mehr ausklammerten. Der oberdeutsche Reichs-Staat dehnte sich auf Niederdeutschland aus, wobei parallel zur politischen Einheit die Verdrängung des Plattdeutschen als Schriftsprache erfolgte.[41]

Im reformierten Deutschland begann zudem der Diskurs über eine bessere militärische Abwehrbereitschaft. Mit ihren Landesdefensionen förderten die Wetterauer Grafen nicht nur die regionale Integration, sondern auch 'nationale' Werthaltungen gegen Papst, Jesuiten und Spanier. Daß in den Memoranden des konfessionellen Zeitalters an einer Nahtstelle der Religionskonflikte von den unter Druck geratenen reformierten Grafen von „deutschen Patrioten" und von „Einträchtigkeit und Vertraulichkeit" gesprochen wird[42], sei nur am Rande erwähnt. Es fehlte jedoch das ein-

---

Klinger, Geschichte als Lehrstück - Friedrich Hortleders Darstellung des Schmalkaldischen Krieges, in: Der Schmalkaldische Bund (wie Anm. 36), 111.

[39] *Winfried Schulze*, Reich und Türkengefahr im späten 16. Jahrhundert, München 1978.

[40] Dazu noch immer *Moriz Ritter*, Deutsche Geschichte im Zeitalter der Gegenreformation und des Dreißigjährigen Krieges (1555-1648), Bde. 1-3, Stuttgart 1889-1908, hier Bd. 1, 573-646; Bd. 2, 81-232.

[41] *Georg Schmidt*, Integration und Konfessionalisierung, in: ZHF 21, 1994, 1-36.

[42] Vgl. Hauptstaatsarchiv Wiesbaden, Bestand 171, R 535. *Georg Schmidt*, Der Wetterauer Grafenverein, Marburg 1989, 139-155; *Winfried Schulze*, Die deutschen Landesdefensionen im 16. und 17. Jahrhundert, in: *Johannes Kunisch* (Hrsg.), Staatsverfassung und Heeresverfassung in der europäischen Geschichte der frühen Neuzeit, Berlin 1986, 129-149.

heitliche Feindbild, das wie in den nördlichen Niederlanden zur Homogenisierung der politischen Kultur hätte beitragen können. In Deutschland verpufften diese Mobilisierungs- und Abwehrstrategien, nicht weil die Gefahr der Segmentierung nicht erkannt worden wäre, sondern weil Kaiser, einzelne Ständegruppen sowie die Untertanen jeweils eigene Vorstellungen hegten.

Obwohl die Türkenabwehr als gemeinsame Aufgabe galt, wurden um 1600 nach und nach alle Institutionen des komplementären Reichs-Staates blockiert. Zudem sorgten der Bruderzwist im Hause Habsburg, die Gründung religiöser Kampfbündnisse - Union und Liga -, die erbitterten Konfessionspolemiken sowie die Ambitionen des Pfälzer Kurfürsten Friedrich V. und seines Beraters Christian von Anhalt dafür, daß der Frieden immer brüchiger wurde. Die „Politici", die wie Lazarus von Schwendi oder Zacharias Geizkofler vor einer solchen Entwicklung gewarnt hatten[43], fanden ebensowenig Gehör wie der Pädagoge Wolfgang Ratke, der auf dem Frankfurter Wahltag 1612 ein Memorial übergab, das in dem Aufruf gipfelte: „im ganzen Reich, ein einträchtige Sprach, ein einträchtige Regierung, und endlich auch ein einträchtige Religion bequemlich einzuführen und friedlich zu halten."[44]

Ratke, der in den folgenden Jahren seine Konzepte an den Thüringer Höfen propagierte, stand auch im Hintergrund der in Weimar von den dortigen lutherischen Herzögen und den reformierten Anhalter Fürsten sowie ihren Hofleuten 1617 gegründeten Fruchtbringenden Gesellschaft.[45] Diese überkonfessionelle, überständische und überregionale höfische Sozietät wollte durch Sprachreinhaltung und Tugend das Band stärken, das alle Menschen gleicher Muttersprache von Natur aus umschlinge. Die Ambitionen gingen weit über die rein sprachlich-kulturellen Zielsetzungen hinaus. Geworben wurde für das Ideal von Eintracht und Einigkeit. Die Gesellschaft verstand sich gerade angesichts des Krieges als Avantgarde, Vorbild und Keimzelle einer geeinten deutschen Kultur und einer Nation, die den konfessionellen Streit hinter sich ließ.

Ihr führendes Mitglied Herzog Wilhelm von Sachsen-Weimar gründete 1622 den „Teutschen Friedbund". Kriegsgeschichtlich ein gescheitertes Unternehmen, ist er wegen der artikulierten nationalen Vorstellungen von größter Bedeutung. Um mit dem Ende der „Freyheit in Glaubens- und in Politischen sachen" nicht das ganze Reich zugrunde gehen zu lassen, sei für „gerechtigkhait, friedens, freyhait, und wol-

---

[43] *Thomas Nicklas*, Um Macht und Einheit des Reiches. Konzeption und Wirklichkeit der Politik bei Lazarus von Schwendi (1522-1583), Husum 1995; *Winfried Schulze*, Concordia, Discordia, Tolerantia. Deutsche Politik im konfessionellen Zeitalter, in: *Johannes Kunisch* (Hrsg.), Neue Studien zur frühneuzeitlichen Reichsgeschichte (= ZHF, Beiheft 3), Berlin 1987, 43-79.

[44] Die neue Lehrart. Pädagogische Schriften *Wolfgang Ratkes*, eingeleitet von *Gerd Hohendorf*, Berlin 1957, 49.

[45] *Friedrich Wilhelm Barthold*, Geschichte der Fruchtbringenden Gesellschaft, Berlin 1848; *Klaus Conermann*, Die Fruchtbringende Gesellschaft und ihr Köthener Gesellschaftsbuch. Eine Einleitung, in: ders. (Hrsg.), Der Fruchtbringenden Gesellschaft geöffneter Erzschrein, Bd. 2, Leipzig 1985, 21-127. Vgl. hierzu den Beitrag von *Siegrid Westphal* in diesem Band, der sich u. a. mit parallelen Entwicklungen in der Tugendlichen Gesellschaft beschäftigt.

fahrt deß Vatterlands, ainmüthig und redlich biß auf den lezten blutstropfen" zu kämpfen. Deswegen hätten „wir underschribens hohens-, mitteln- und niedern Stands gethrewe Patrioten, unß wohlbefuegt ... befunden, in dießen allgemeinen eussersten nöthen, die religions, und deroselben confessions trennung ... hindan zu sezen, und ... zusamen zu schweren ..., dem Vatterland zu dienst ..."[46] Zudem sei laut Verfassung des Bundes „in allen andren weltlichen dingen, die uralte Teutsche billiche freyheit, guet regiment, gerechtes gericht und schleuniges recht, erbarkeit und wolstandt, durchs ganze Teutschland, in allen dessen landen und ortern" zu stiften.[47]

Mit seinem egalisierenden Reformprogramm weist das Bündnis weit über das hinaus, was in offiziellen Texten ansonsten zu lesen ist. Zwar stand die ständische Ungleichheit nicht generell zur Disposition, doch Würde, Rechtsgleichheit und Glaubensfreiheit wurden für alle Menschen postuliert.[48] Neben dem Frieden ist „Freiheit" die zentrale Wertvorstellung, die Stände und Untertanen gleichermaßen zu mobilisieren versprach. Auf die deutsche Freiheit beriefen sich im Dreißigjährigen Krieg[49] jeweils diejenigen, die etwas zu verlieren drohten oder die auf Änderungen hofften. Frieden war daher erst möglich, wenn es gelang, einen „nationalen" Konsens über die Ausgestaltung der deutschen Freiheit zu finden. Doch dies blieb lange Zeit ein vager Traum.

Opitz, Rist, Czepko, Logau, Zesen, Moscherosch und viele andere Barockdichter schrieben zahllose Trostgedichte, Friedensaufrufe und beschäftigten sich - anknüpfend an die deutschen Humanisten um 1500 - mit nationalen Fragen. Ihr vorrangiger Adressat waren alle unter dem Krieg leidenden Deutschen, die Gottes Zorn erregt hatten und die mit dem Krieg für ihre unchristlichen und unsittlichen Lebensweisen bestraft worden seien, denen aber nun geholfen werden müsse: „Wir sindt doch nuhmer gantz/ ja mehr den gantz verheret! Der frechen völcker schaar/ die rasende posaun/ Das vom blutt fette schwerdt/ die donnernde Carthaun/ Hat aller schweis/ und fleis/ und vorrath auff gezehret ..."[50]

Wenn das von Opitz bereits 1621 verfaßte „Trostgedicht in Widerwertigkeit des Kriegs" neuerdings „als eine wahrhaft nationale Dichtung" eingeschätzt wird, weil

---

[46] BayHStA München, Kasten schwarz 13465, fol. 124f. und 133. - Vgl. auch: Bundbrief, 1622, Okt. 27 (n. St.) gedruckt: *Karl Menzel*, Die Union des Herzogs Wilhelm IV. zu Sachsen-Weimar und seine Gefangenschaft in Neustadt (1622-1624), in: Archiv für Sächsische Geschichte 11, 1873, 32-80, Zitate 67f.
[47] Verfassung des Bundes, 1623, Okt. 27, bei: *Menzel*, Union, 71-75. Zitat 72.
[48] *Georg Schmidt*, Reich und Nation. Krieg und Nationsbildung in Deutschland, in: Horst Lademacher/Simon Groenveld (Hrsg.), Krieg und Kultur, Münster u.a. 1998, 57-75, bes. 63ff.
[49] Vgl. *Geoffrey Parker*, Der Dreißigjährige Krieg, Frankfurt a. M. 1987; *Johannes Burckhardt*, Der Dreißigjährige Krieg, Frankfurt a. M. 1992; *Georg Schmidt*, Der Dreißigjährige Krieg, München ³1998; *Ronald G. Asch*, The Thirty Years War, London 1997.
[50] *Andreas Gryphius*, Threnen des Vatterlandes (1636), in: ders., Gesamtausgabe der deutschsprachigen Werke, hg. v. *Marian Szyrocki/ Hugh Powell*, Bd. 1, Tübingen 1963, 48.

alle Deutschen ohne Unterschied angesprochen werden[51], so gilt dies für weite Teile der Barockdichtung ebenso. Johann Rist münzte die Vorstellung der Sündenstrafe im Gedicht „Das Friedewünschende Teütschland" ganz auf den deutschen Krieg: „Bilde dir ja nicht ein Teutschland, daß diese ausländischen Völker aus eigener Bewegnisse dich dermahssen übel haben zerhandelt, ... Gott hat es ihnen befohlen ..."[52] Nicht die intervenierenden fremden Mächte, sondern die Deutschen selbst seien für ihren Krieg verantwortlich und deswegen tiefgreifende Verhaltensänderungen nötig. Dichter und populäres Schrifttum wetterten gegen die Übernahme fremder, insbesondere französischer Moden und präsentierten die heldenhaften Väter, die alten Sitten und Gebräuche sowie die altdeutsche Freiheit als Vorbild. Sie „erklärten die Literatur zum Vorreiter der Nation"[53] und machten den „teutschen Michel" zum Streiter für die gute Sache.[54] Ein illustriertes Flugblatt läßt ihn beispielsweise 1642 gegen alle Sprachverderber agieren. Das Gedicht beginnt und endet: „Ich teutscher Michel, versteh schier nichel. In meinem Vatterland, es ist ein schand".[55]

Eine andere Flugschrift wendet sich 1639 in einem Streitgespräch gegen die Übernahme französischer Moden. Es agieren Ernst German von Teutschenheimb, „der sein altes Teutsches erbares Gemüthe ungeschewet eröffnet", und Wendelin Frantzmännlein, „welcher mit den Monden seine Kleydung/ mit der Kleydung sein Geberde/ und mit dem Geberde sein Gemüht/ wendelt ..."[56]

Bereits 1629 hatte Johann Ellinger sich über den „Altmodischen Kleyder-Teuffel" lustig gemacht. Er wählte unter anderem das Bild eines türkischen Kaisers, der von einem Maler jegliche „nation" in ihrer Tracht porträtieren ließ. Für Deutschland entstand das Bild eines nackten Mannes mit einem Ballen Stoff. Der Maler erklärte, daß der Deutsche nicht bei seiner alten Kleidung bleibe, „sondern gleichsam aller anderen nationes Aff sey, bald so, bald anders sich kleyde ..."[57]

Die Angriffe gegen die Deutschen, die sich nicht auf ihre eigene Kleidung, Sprache oder Wertesystem verpflichten ließen, dominierten aber noch nicht die Publizistik oder die Kriegslieder. Eher verbanden sich nationale Vorstellungen mit Tod und

---

[51] *Ferdinand van Ingen*, Poesie und Trauer. Zeitgenössische Literatur im Reich, in: *Lademacher/Groenveld* (Hrsg.), Krieg (wie Anm. 48), 347-364, Zitat 355.
[52] Zit. n. ebd., 358.
[53] *Werner Lenk*, Die nationale Komponente in der deutschen Literaturentwicklung der frühen Neuzeit, in: *Klaus Garber* (Hrsg.), Nation und Literatur im Europa der Frühen Neuzeit, Tübingen 1989, 669-687, Zitat 684.
[54] *Edda Sagarra*, Der Deutsche Michel, in: *Franz N. Mennemeier/Conrad Wiedemann* (Hrsg.), Deutsche Literatur in der Weltliteratur, Tübingen 1986, 159-164.
[55] *Wolfgang Harms* (Hrsg.), Illustrierte Flugblätter aus den Jahrhunderten der Reformation und der Glaubenskämpfe, Coburg 1983, 275.
[56] Der Teutsche Planet, Das ist: Nothwendige Betrachtung der frembden Kriegswaffen in Teutschlandt ... 1639. Flugschriftensammlung Gustav Freytag, Tl. 23, Nr. 5638.
[57] *Johann Ellinger*, Allmodischer KleyderTeuffel.... Ebd., Tl. 6, Nr. 995.

Zerstörung, Angst und Schrecken.⁵⁸ Mit seinem „Soldaten Lob" von 1622, das er unter Rückgriff auf antike Vorbilder anläßlich der bayerischen Belagerung Heidelbergs verfaßte, steht Zincgref zunächst allein. Heroisiert wird die Verteidigung des eigenen Volkes und der Heldentod fürs Vaterland, der ewigen Ruhm sichert. Dagegen steht die fremde Unkeuschheit und die drohende Versklavung. Der ruhmbringende Tod für das „Heyl des Vatterlands" bleibt an den Kampf um die Freiheit gebunden: „Ein solchen hüpschen Tod beschert Gott nur den frommen. Wer Knechtisch ist gesinnet, muß under Herren kommen. Die ihn mit einem Zaum nach ihrem Willen führen, weil er der Freyheit müd sich selbst nicht mag regiren."⁵⁹

Dieses wertbestimmte Vaterland wird räumlich nicht definiert. Ähnlich verfährt Daniel von Czepko in einem Gedichtfragment aus dem Jahre 1632. Er bindet das Vaterland an Freiheit und Recht und damit an speziell deutsche Wertvorstellungen, betont aber: Dies - das Vaterland also - „ist uns aber nun und wir ihm unbekannt".⁶⁰ Der Krieg hat Freiheit und Recht vernichtet, solange sie mit dem Frieden nicht wiederhergestellt sind, gibt es kein Vaterland. Die Appelle zur Einigkeit richteten sich somit stets auch an die Neufundierung der deutschen Libertät. Weckherlin wandte sich in diesem Sinne an die tapferen Soldaten, „Ihr, die ihr noch mit deutschem Blut", und forderte sie auf, „das Land" und „die Freiheit" zu verteidigen: „Der ist ein Deutscher wohl geboren, Der von Betrug und Falschheit frei, Hat weder Redligkeit, noch Treu, Noch Glauben, noch Freiheit verloren. Der ist ein Deutscher ehrenwerth, Der wacker, herzhaft, unverzaget, Für die Freiheit mit seinem Schwerdt/ In einige Gefahr sich waget ... So straf', o deutsches Herz und Hand, Nu die Tyrannen und die Bösen! Die Freiheit und das Vaterland/ Mußt du auf diese Weis' erlösen."⁶¹

Selbst die schwedische Propaganda setzte auf den Freiheitstopos, um die Reichsstände, aber auch die Stadtbürger und Bauern an sich zu binden.⁶² Als König Gustav Adolf 1632 bei Lützen fiel, wurde sein Tod in der Publizistik als derjenige eines Streiters „für der Teutschen Nation Religion und Freiheit" beklagt.⁶³

Ähnliche Vorstellungen verknüpften sich mit den Habsburger Kaisern nicht. Ihre Monarchisierungsversuche scheiterten 1629 und 1635, weil die Reichsstände - unabhängig von ihrer Konfession - ihre weitreichenden Mitwirkungsrechte nicht auf-

---

[58] *Johannes Burkhardt*, 'Ist noch ein Ort, dahin der Krieg nicht kommen sey?', in: *Lademacher/Groenveld* (Hrsg.), Krieg (wie Anm. 50), 4-19.

[59] *Emil Weller* (Hrsg.), Die Lieder des Dreißigjährigen Krieges, Basel 1855, 249-253, Zitat 249 und 251.

[60] Zit. n. *Albrecht Schöne* (Hrsg.), Das Zeitalter des Barock, München 1988, 747.

[61] *Georg Rudolf Weckherlin*, Ermunterung für deutsche Krieger, in: *Friedrich Karl Freiherr von Erlach* (Hrsg.), Die Volkslieder der Deutschen, Mannheim 1834, 413ff.

[62] *Günter Barudio*, Gustav Adolf - der Große, Frankfurt a. M. 1982; *Thomas Kaufmann*, Dreißigjähriger Krieg und Westfälischer Friede. Kirchengeschichtliche Studien zur lutherischen Konfessionskultur, Tübingen 1998, bes. 60f.

[63] *Wolfgang Harms*, Deutsche illustrierte Flugblätter des 16. und 17. Jahrhunderts, Bd. 4, Tübingen 1987, 289.

geben wollten. „Absolutes Dominat" ersetzte nun „spanische Servitut" als Kampf- und Propagandabegriff gegen die drohende kaiserliche Übermacht. Wenn im Umfeld des Prager Friedens 1635 gerade von den Ständen nationale Vorstellungen artikuliert und mit dem Kaiser identifiziert wurden, so signalisiert dies die großen Friedenshoffnungen, erklärt sich aber hauptsächlich aus den aktuellen Machtverhältnissen nach der Niederlage der Schweden bei Nördlingen. In den Ratifikationsurkunden steht „die treuherzige Begierde zu dem edlen lieben Frieden in Unserm geliebten Vaterland Teutscher Nation" neben dem „Gehorsam eines redlichen teutschen aufrichtigen Herzens".[64]

Als Folge des Prager Friedens waren die „geborenen Deutschen" aufgefordert worden, das schwedische Heer zu verlassen.[65] In diesem Kontext erschien 1636 unter dem Pseudonym „Salomon Heerman von Teutschen Brodt" eine Flugschrift, die sich mit der Frage des Kriegsdienstes gegen das eigene Vaterland auseinandersetzte. Die Position ist eindeutig und ihre Begründung insofern wichtig, als sie mit Hinweis auf die Pflichten aller Stände gegenüber dem Reich dezidiert die konfessionelle Solidarität dem Frieden und der inneren Einheit des Vaterlands nachordnet. Sollten Katholiken und Augsburger Konfessionsverwandte sich nicht gegenseitig Hilfe leisten, werde die Grundsäule der Reichsverfassung „durch ausländische Macht und innerlichen Zwiespalt weggeschlagen ..." Die Ausländer erhielten dann die Gelegenheit, „die Hoheit des Kayserthumbs von Teutscher nation wegzubringen, den teutschen Gesetze und Ordnungen fürzuschreiben, die freyen Teutzschen unter das schmehliche joch der Dienstbarkeit zu bringen, die freyen Handlungen in ihre gewalt zu nehmen, Wassen und Landt ihres gefallens mit unerträglichen Zöllen und imposten zu belegen und sich dessen eygenes willen zu unterziehen, wessen bißher einiger Römischer Keyser sich gegen den freyen Teutzschen niemals unterfangen hat".[66]

Der Freiheitsdiskurs, die Einigkeitsappelle und der literarische Kampf für Frieden und vorgeblich deutsche Werte verfehlten ihre Wirkung nicht. Der „freie Deutsche" war zu einer festen Argumentationsfigur geworden, die gegen ausländische und - mit Blick auf die konfessionelle Mobilisierung - auch gegen inländische Gegner ins Feld geführt wurde. Selbst den deutschen Regierungen war der Gedanke, daß es auch die „Freiheit des Volks" gab, keineswegs fremd. Als man in Gotha Ende der

---

[64] *Adam Wandruszka*, Reichspatriotismus und Reichspolitik zur Zeit des Prager Friedens von 1635, Graz/Köln 1955, 72ff.
[65] *Schmidt*, Reich und Nation (wie Anm. 48), 68f.
[66] *Salomon Heermann von Teutschen Brodt*, Deutscher freyer Soldat. Das ist Erörterung der Fragen: 1. Ob ein Gebohrner Deutzscher im Krieg Dienen und Rathen möge/Weme und wie er wolle/auch wieder sein eigen Vaterland. 2. Ob er solchen Dienst wieder sein Vaterland durch einigerley Pflicht/Bündniß/oder etwas anders entschuldigen könne ... 1636. Flugschriftensammlung Gustav Freytag, Tl. 23, Nr. 5601.

1660er Jahre ein Schulbuch zur „teutschen politic" plante, lautete eines der vorgesehenen Kapitel: „Von dem Recht oder Freiheit des Volks".[67]
Die Zeitgenossen meinten daher nicht nur den Kampfplatz, wenn sie das Geschehen zusammenfassend als „Dreißigjährigen", aber auch als „teutschen krieg", „bellum Germanicum", „War of Germany" bezeichneten.[68] Zur Unterscheidung vom Schmalkaldischen Krieg formulierten sie „dreißigjähriger teutscher Krieg" bzw. „der Deutschen Dreyßigjähriger Krieg".[69] Sie deuteten die langen und verlustreichen Kämpfe als nationalen Einigungs- und integrierenden Bürgerkrieg, weil sie die Deutschen unterschiedslos mit Tod, Angst und Zerstörung bedrängt hatten. Der Begriff „deutsch" wies zudem darauf hin, daß um die Lösung deutscher Konfessions- und Verfassungsfragen gerungen wurde, und daß die Deutschen die Verantwortung für diesen Krieg und seine Dauer nicht bei anderen suchen sollten.

Als Reaktion auf den gescheiterten Prager Frieden schrieb das Reichsgrundgesetz Westfälischer Frieden 1648 die „teutsche Libertät" im Sinne der Reichsstände und der Untertanen fest, ohne die kaiserlichen Rechte auszuhöhlen.[70] Die Gleichrangigkeit der drei christlichen Bekenntnisse zwang die Stände zur gestuften Duldung auch der beiden Konfessionen, die nicht Landesbekenntnis waren.[71] Allen Untertanen wurde die Hausandacht, die vollständige Gewissensfreiheit und der auswärtige Gottesdienstbesuch zugesichert. Der Landesherr konnte sie allerdings - unter Wahrung einer Frist von mindestens drei Jahren und unter Garantie ihres Eigentums - zur Auswanderung zwingen.[72]

Diese Form obrigkeitlicher Duldung steht in Deutschland am Beginn des Toleranzgedankens, doch sie war im Unterschied zu vielen anderen Ländern kein Appell an die Obrigkeit, sondern einklagbare Rechtsnorm. Es wundert daher nicht, daß Johann Jacob Moser - aus der Erfahrung einer hundertjährigen Wirkungsgeschichte des Friedens - die freie Religionsausübung neben der freien Wahl des Aufenthaltsortes, der Freiheit in Ansehung der Geburt und des Besitzes bei allen Nicht-Leibei-

---

[67] Projekt eines Buches zur „teutschen politic" ... für den Unterricht. Thüringisches Staatsarchiv Gotha, Geheimes Archiv XV Nr. 19. - Diesen Hinweis verdanke ich Herrn Andreas Klinger, M. A. (Jena).
[68] *Konrad Repgen*, Über die Geschichtsschreibung des Dreißigjährigen Krieges: Begriff und Konzeption, in: *ders.* (Hrsg.), Krieg und Politik 1618-1648, München 1988, 1-79, hier Anhang 1: 35-63.
[69] Ebd., 54, 58, 60 und 62.
[70] *Georg Schmidt*, Der Westfälische Frieden - eine neue Ordnung für das Alte Reich? in: *Reinhard Mußgnug* (Hrsg.) Wendemarken in der deutschen Verfassungsgeschichte, Berlin 1993, 45-72; *ders.*, Der Westfälische Friede als Grundgesetz des komplementären Reichs-Staats, in: *Klaus Bußmann/Heinz Schilling* (Hrsg.), 1648 - Krieg und Frieden in Europa (= Ausstellungskatalog), Textband 1, o. O. 1998, 447-454.
[71] Vgl. *Gerhard Besier*, Art. Toleranz, in: Geschichtliche Grundbegriffe, Bd. 6, 445-605, hier 496; *Ronald Asch*, „Denn es sind ja die Deutschen ... ein frey Volk ..." Die Glaubensfreiheit als Problem der westfälischen Friedensverhandlungen, in: Westfälische Zeitschrift 148, 1998, 113-137.
[72] IPO, Art. 5, §§ 31-37. Druck: *Arno Buschmann*, Kaiser und Reich, München 1984, 323-326; *Georg Schmidt*, Die „deutsche Freiheit" und der Westfälische Frieden, demnächst in: *Ronald G. Asch* (Hrsg.), Sammelband des Osnabrücker Kolloquiums zum Westfälischen Frieden.

genen, dem Recht, zu jeder Zeit Kriegsdienst nehmen zu dürfen, sowie einem gesicherten Rechtsweg an die Gerichte des Landesherrn oder des Reichs zu den Grundrechten jedes Deutschen zählt.[73] Der Westfälische Frieden, der in den folgenden anderthalb Jahrhunderten die normative Grundlage des komplementären Reichs-Staates bildete, sorgte mit seinem Verfassungsgleichgewicht, mit der Verpflichtung zur Duldung anderer Konfessionen und mit seinen Normen zur Eigentumssicherheit und Freizügigkeit dafür, daß sich die Untertanen nicht als rechtlose Objekte fühlen mußten.

Nach dem Friedensschluß beschwor die Publizistik Werte wie Eintracht und Einigkeit. Greflinger erläuterte: „Wann hat das Vaterland dergleichen Tag gesehen? Seht wie die Glieder sich mit ihrem Haupt verstehen/ Wie freundlich daß das Haupt, wie lieblich Deutschland sich in ihres Herrschers Schoß erquickt."[74]

Der Reichs-Staat wurde zum Vaterland, zum politischen Raum der deutschen Nation, die sich nach diesem Krieg ihrer Identität im Zeichen von 'Frieden und Freiheit' neu bewußt wurde. Nation definierte sich nicht nur durch gemeinsame Sprache, Herkunft und Feindbilder, sondern durch ständisch, regional und konfessionell verbindende Werte wie Eintracht, Freiheit, Recht und immer wieder Frieden. Der Krieg gilt als Ursache allen Übels und wird selbst zum erklärten Feindbild. Auffällig bleibt die häufige Verbindung von 'Frieden' und 'deutsch' in der Publizistik. So spricht eine Flugschrift aus dem Jahre 1649 von „Kriegs und Friedens Gunst. Das ist Eine Trewherzige Abmahnung vom leydigen Krieg und hergegen Eyfrige vermahnung zu forstsetzung des hochlöblichen Teutschen publicierten Friedens ..."[75] Sigmund Birkens Lobpreisung auf den Frieden verbindet beides: „Teutscher Kriegs Ab- und Friedens Einzug".[76] 1650 feierte ein Flugblatt die letzte Sitzung des Nürnberger Exekutionstags als „des Friedens mit Teutschland Vermählungsfest". Im zugehörigen Gedicht von Birken wird die „Teutschinne" dem Friedensfürsten zugeführt. Der Akzent liegt nun auf der endgültige Vertreibung der Zwietracht und dem Vertrauen in Kaiser und Reich.[77]

Der Dreißigjährige war ein deutscher Krieg, der aber aus zwei Gründen nicht als solcher im kulturellen Gedächtnis haften geblieben ist. Zum einen luden die Kriegshelden nicht zur nationalen Identifikation und Mythenbildung ein. Nachdem Schiller aus Wallenstein keinen Helden gemacht und Goethe vor seinem Projekt einer Biographie Bernhards von Weimar kapituliert hatte, wurde im 19. Jahrhundert Gustav Adolf wiederentdeckt, obwohl er nur als Vorbild der evangelischen, nicht der ganzen deutschen Nation taugte. Zum anderen war in dem Moment, als der nationale

---

[73] *Johann Jacob Moser*, Von der Teutschen Reichs-Stände Landen, deren Landständen, Untertanen ..., Frankfurt a. M./Leipzig 1769, 937.

[74] *Harms*, Flugblätter (wie Anm. 63), Bd. 4, 359.

[75] *Repgen*, Geschichtsschreibung (wie Anm. 68), 55.

[76] Zit. n. *Herbert Langer*, Der Westfälische Frieden, Berlin 1994, 168.

[77] *Harms*, Flugblätter (wie Anm. 63), Bd. 2, Tübingen 1980, 571.

Machtstaat zunächst in Preußen und dann in Deutschland die nicht expansiven Nationsvorstellungen im Alten Reich verwarf, kein Platz mehr für vergangene deutsche Kriege, die weder heroische Abwehrkämpfe darstellten, noch dem inneren Gegner das eigene Wertesystem dauerhaft hatten aufzwingen können. Der Westfälische Frieden wurde mit Gustav Freytag zum Unglück für das deutsche Volk[78] und blieb es bis zur Mitte des 20. Jahrhunderts.[79]

3.

Auch der Siebenjährige Krieg[80] gehört in die Reihe deutscher Kriege, obwohl die Zeitgenossen ihn vergleichsweise selten als solchen bezeichneten.[81] Dies hängt sicherlich damit zusammen, daß an dessen Ende weder die Festigung des Reichs-Staates noch die Bestätigung des nationalen Wertesystems stand. Dieser Krieg offenbarte die künftige Alternative der deutschen Geschichte: die komplementäre Staatlichkeit des Reichs oder den sukzessive auf Deutschland auszudehnenden preußischen Machtstaat. Dabei zeichneten sich zwei unterschiedliche Nationskonzepte ab, denen hier das Hauptaugenmerk zu gelten hat.

Mitte der fünfziger Jahre hielten Maria Theresia und Kaunitz, ihr einflußreichster Berater, die Zeit für gekommen, das zu Beginn der 1740er Jahre an Friedrich den Großen verlorene Schlesien zurückzuerobern. Der große europäische Bündniswechsel führte dazu, daß Österreich nun mit Frankreich und Brandenburg-Preußen mit England verbündet waren. Als die preußische Armee Ende August 1756 in Kursachsen einfiel, waren die politischen Folgen dieses Präventivschlags verheerend. Die preußische Propaganda verkündete zwar die These vom aufgezwungenen Religionskrieg, weil der Kaiser die evangelische Religion im Reich und die deutsche Freiheit vernichten wolle, doch nicht einmal die norddeutschen Verbündeten wollten dies recht glauben. Wie Friedrich II. selbst zu dieser Einschätzung stand, ist nicht bekannt. An seine Schwester Wilhelmine schrieb er am 13. Juli 1757, für „die Freiheit Deutschlands, die Freiheit der protestantischen Sache", sei viel Blut geflossen.[82]

Neben dem Motiv „Verteidigung des evangelischen Glaubens" setzte die preußische Propaganda daher auf ein fraglos massenwirksames Feindbild: den Kampf ge-

---

[78] *Gustav Freytag*, Bilder aus der deutschen Vergangenheit, Bd. 3: Aus dem Jahrhundert des großen Krieges, Leipzig [28]1910, 177.
[79] *Fritz Dickmann*, Der Westfälische Frieden, Münster [6]1992, 494.
[80] *Karl Otmar von Aretin*, Das Alte Reich 1648-1806, Bd. 3, Stuttgart 1997, 81-111.
[81] Betrachtungen über den gegenwärtigen Krieg der Teutschen und dessen Absicht auf die Religion, Goslar 1757. Vgl. auch Staats-Betrachtungen über den gegenwärtigen Krieg in Teutschland ..., Wien 1761. Herzog August Bibliothek Wolfenbüttel, Gl Sammelband 17. Dort wird auf eine englische Schrift „Considerations on the Present German War" verwiesen (5) und vom „gegenwärtigen Teutschen Krieg" (6) gesprochen. Eine 1757 erschienene anonym erschienene Schrift „Unpartheyische Prüfung der Schrift, unter den Titul Erweiß, daß die Cronen Frankreich und Schweden auf das vollkommene berechtigt sind, in dem gegenwärtigen teutschen Kriege die übernommene Garantie des Westfälischen Friedens in Wirklich zu setzen".
[82] *Max Hein* (Hrsg.), Briefe Friedrichs des Großen, Bd. 2, Berlin 1914, 20.

gen den französischen Erbfeind. Seit den Raubkriegen Ludwigs XIV. hatte die deutsche Publizistik dieses Feindbild gepflegt und als Integrationsfaktor genutzt.[83] Dessen Wirkung war Friedrich II. aus den beiden schlesischen Kriegen bekannt, als er, mit Frankreich und dem Wittelsbacher Kaiser Karl VII. verbündet, gegen Maria Theresia kämpfte, und diese ihre Propaganda ungehemmt gegen Frankreich als den Bedroher der territorialen Integrität Deutschlands und der deutschen Freiheit wüten ließ.[84] Im Siebenjährigen Krieg konnte sich hingegen Friedrich der Große als Retter Deutschlands gegen den französischen Erbfeind feiern lassen. Die günstige Konstellation wurde besonders nach der Schlacht von Roßbach, die wie keine andere die Emotionen in Deutschland bewegte, weidlich genutzt: Der Sieg vom 5. November 1757 über die französische Armee, die mit etwas mehr als 8000 Mann Reichstruppen unter Herzog Josef Friedrich von Sachsen-Hildburghausen verstärkt worden war[85], geriet zum Symbol preußischer Überlegenheit. Die folgende publizistische Kampagne heftete der Reichsarmee einerseits ein 'Verliererimage' an, sorgte andererseits aber dafür, daß diese Schlacht nicht als Bruderkrieg, sondern als grandioser Sieg Preußens über Frankreich im Gedächtnis der Deutschen haften blieb. Diese doppelte Erfolgsgeschichte war zwar von Anfang an eine sehr fragwürdige Deutung des Geschehens, angesichts der vielen und meist erfolgreichen Vorstöße französischer Truppen nach Deutschland jedoch leicht zu vermitteln.

Das Bild des französischen Erbfeindes, dessen Sprache und Kultur den Potsdamer Hof prägten, geriet zum Hauptargument der norddeutschen Verbündeten Preußens. In ihren offiziellen Verlautbarungen wie in ihrer Publizistik schilderten sie den Krieg als eine alle Anstrengungen rechtfertigende Verteidigung des Reichs gegen den Deutschland verwüstenden Erbfeind. Keine Analogie schien zu gewagt. Wilhelm Ehrenfried Neugebauer identifizierte das Braunschweiger Land mit „Cheruskien" und rief dazu auf, wie Hermann die Römer nun die Franzosen aus Deutschland zu vertreiben. „Diß Volk, was jedes Volk nur Barbaren schilt, Bezeugt in Teutschland sich tyrannisch, und so wild, Daß jeder Patriot den Haß noch muß vermehren ..."[86]

Nachdem noch 1757 eine Straßburger Broschüre die lange Freundschaft von Deutschen und Franzosen beschworen hatte[87], erschienen danach vor allem Schriften, die das Feindbild reproduzierten. Sie betonten, ein Erfolg Österreichs und

---

[83] *Kurt von Raumer*, Die Zerstörung der Pfalz von 1689 im Zusammenhang der französischen Rheinpolitik, München/Berlin 1930; *Hans von Zwiedieneck-Südenhorst*, Die öffentliche Meinung im Zeitalter Ludwigs XIV. 1650-1700, Stuttgart 1898.
[84] *Silvia Mazura*, Die preußische und österreichische Kriegspropaganda im Ersten und Zweiten Schlesischen Krieg, Berlin 1996.
[85] *Helmut Neuhaus*, Das Reich im Kampf gegen Friedrich den Großen, in: *Bernhard R. Kroener* (Hrsg.), Europa im Zeitalter Friedrichs des Großen, München 1989, 213-243, hier 218f.
[86] Der Feldzug der allierten Armee, 1758 ... besungen von *Wilhelm Ehrenfried Neugebauer*, Berlin/Leipzig 1758, 5. HAB Wolfenbüttel, Gl 3370.
[87] Die Freundschaft derer Teutschen mit den Franzosen, Straßburg 1757. HHStA Wien, Reichskanzlei, Deduktionen, Vol. 278b.

Frankreichs bringe Deutschland nicht nur unter das kaiserliche, sondern auch unter das päpstliche Joch. Selbst in den diplomatischen Akten der mit dem Kaiser und damit auch mit Frankreich verbündeten Reichsstände finden sich verbale Ausfälle gegen die unkontrollierbar gewordene französische Armee, die auf ihren Zügen die letzten Vorräte aufbrauchte: „Jedermann wer solche dinge höret und lieset, wird gestehen müssen, daß die Franzosen, in diesem Seculo wenigstens, dergestalt im Römischen Reich noch nicht tyrannisiret haben. Gott wolle doch das geplagte Teutschland von solchen barbarischen Bundesgenossen endlich befreyen."[88]

Das von Preußen und seinen norddeutschen Alliierten entwickelte Feindbild kannte für die 'reichstreuen' evangelischen Stände nur noch Verachtung und Spott. Ein Siegesfest in Ludwigsburg anläßlich des russischen Erfolgs über Preußen bei Kunersdorf 1759 mußte einem Patrioten in Hamburg, Hannover oder Berlin als Verrat an der deutschen Sache erscheinen. Eine Hamburger Flugschrift lästerte: Württemberg habe sich in einem Geheimtraktat mit Frankreich „anheischig gemacht ..., denen höchsten Alliierten mit denen allersolennsten Freuden-Festen, mit fünf Gesandten und einem Zeitungsschreiber getreulich beizustehen; und davor haben sie uns die Anwartschaft und Garantie auf die dreizehende Chur erteilet".[89]

Gegen derart polemische Aufladungen hatten es alle Stimmen schwer, die zu Einheit und Frieden in Deutschland mahnten und damit nicht nur die Durchsetzung der eigenen Wertvorstellungen meinten. Ein Flugblatt karikiert den Krieg als Glücksspiel im Hause der Frau Germanien. Der preußische Offizier fordert alle Trümpfe, der französische Marquis erklärt, nicht verlieren zu können, Frau Germanien bittet das Spiel zu beenden und der türkische Nachtwächter droht, ansonsten alle Lichter zu löschen.[90] Auch wenn der preußische König eindeutig als Unruhestifter und Frankreich als eine Art „lachender Dritte" bloßgestellt werden, muß das zwar einigende, aber nicht sonderlich aktuelle türkische Feindbild herhalten, um die ganze deutsche Nation zu befrieden.

Friedrich der Große hat seine Kriegsziele nie formuliert. Wenn er einen Plan besaß, dann zielte dieser auf territoriale Zugewinne. Sah Maria Theresia das Reich als Einflußzone, so Friedrich II. als potentielles Annexionsgebiet. Die Kämpfe zwischen verschiedenen als deutsch wahrgenommenen Armeen machten den Siebenjährigen Krieg „zu einer nationalen Angelegenheit ..., die die Gebildeten Stellung zu nehmen

---

[88] Christoph Johann von Rehboom, weimarischer Bevollmächtigter am Kaiserhof, an Gottfried Nonne, Mitglied des Geheimen Consiliums in Weimar, 1761, Dez. 16. Thüringisches HSTA Weimar, C 122. Diesen Hinweis verdanke ich Joachim Berger, M. A. (Jena).
[89] Wahrhaftige und glaubwürdige Relation von dem ... Sieges-Feste ... und einem erbaulichen Liede ... abgesungen von *Franz Ludwig Stelzfuß*, Hamburg 1759, hier 13. HAB Wolfenbüttel, 1286 QuN (1-4).
[90] Abbildung des jetzigen politischen l'ombre Spiels im Hause der Frau Germanien, 1757. HHStA Wien, Reichskanzlei, Deduktionen, Vol. 279b. Auch gedruckt bei *Horst Möller*, Fürstenstaat oder Bürgernation, Berlin 1989, 23.

zwang".[91] In der veröffentlichten Meinung stieß der Aggressor keineswegs auf entschiedene Ablehnung. Dies hatte viele Gründe. Die preußische Propaganda war der österreichischen überlegen. Sie erzielte Resonanz in einer Öffentlichkeit, die ohnehin durch protestantische Publizisten geprägt wurde, und die zwar die französische Kultur verehrte, die dortige Politik aber mit größter Skepsis betrachtete. Die Publizisten formten daher ein Bild von Friedrich dem Großen, das bei der jungen Generation auf Sympathie stieß: Der König schien einen Weg aus der trostlosen Immobilität des Reichs zu weisen. Er wurde zur Symbolfigur des evangelischen Deutschland, obwohl wenige seinen Beteuerungen glaubten, nur Deutschlands Freiheiten, die Privilegien und die evangelische Religion retten zu wollen. Was imponierte, war seine erfolgreiche Kriegführung gegen eine erdrückende feindliche Übermacht.

Friedrich II., der König philosophischer Reflexionen, beflügelte die Vorstellungen des aufgeklärten Deutschland, das ihn als übergreifendes Identifikationsangebot annahm.[92] Wegen ihm ergänzte Johann Georg Zimmermann seine 1758 erschienene Schrift „Von dem Nationalstolze" in der zweiten Auflage 1760 um ein Kapitel über den Nationalstolz in Monarchien, nachdem er ursprünglich behauptet hatte, diesen nur in Republiken finden zu können.[93] Nun nannte er „die Erhabenheit, die der Mensch fühlt, wenn er sich durch die Person seines Monarchen vorzüglich beglücket find't", den „Stolz der in Monarchien Platz hat". Er fand, daß der Untertan heutzutage „noch lange nicht eine niedrige Kreatur" sei und „ein gewisser Geist der Freiheit unter der Regierung eines Königs möglich ist, daß dieser Geist so große Dinge hervorbringe und zu dem allgemeinen Glücke soviel beitrage als die Freiheit selbst".[94]

Das hohe Ansehen Friedrichs des Großen wurde konsequent genutzt, um den Aggressions- in einen gerechten Abwehr- und Freiheitskampf umzudeuten. Eine neuartige Kriegslyrik half bei der inneren Mobilisierung. Ewald von Kleists „Ode an die preußische Armee" nannte im März 1757 die Handlungsalternative „Siegen oder Sterben". Diese spielte auch in älteren Kriegsliedern eine tragende Rolle, wurde aber relativiert durch die Schrecken des Krieges und die Verheißungen des Friedens. Bei Kleist aber wurde der Krieg, nicht der Frieden zum Fest. Der Krieg versprach jedem Soldaten Ruhm und Ehre, einen Ausbruch aus der täglichen Trostlosigkeit und eine sich vor Gott lohnende Tat gegen „niederträcht'ge Scharen aus West und Süd" und „Barbaren" aus dem Norden und Osten.[95]

---

[91] *Gonthier-Louis Fink*, Das Wechselspiel zwischen patriotischen und kosmopolitisch-universalen Bestrebungen in Frankreich und Deutschland (1750-1789), in: *Ulrich Herrmann* (Hrsg.), Volk - Nation - Vaterland, Hamburg 1996, 151-184, Zitat 173.
[92] *Theodor Schieder*, Friedrich der Große - eine Integrationsfigur des deutschen Nationalbewußtseins im 18. Jahrhundert? in: *Otto Dann* (Hrsg.), Nationalismus in vorindustrieller Zeit, München 1986, 113-127.
[93] *Johann Georg Zimmermann*, Von dem Nationalstolze, in: *Fritz Brüggemann* (Hrsg.), Der Siebenjährige Krieg im Spiegel der zeitgenössischen Literatur, Leipzig 1935, 10-46, hier 9.
[94] Ebd., 32.
[95] Ebd., 95f.

Noch einen Schritt weiter ging Johann Wilhelm Gleim, dessen Kriegslyrik 1758 unter dem Titel „Preußische Kriegslieder in den Feldzügen von 1756 und 1757 von einem Grenadier" erschien. Er bereicherte das Konzept einer Aufwertung des einzelnen Soldaten und einer positiven Bewertung des Krieges, um den „Heldentod" fürs „Vaterland", der unsterblich mache.[96] Während Gleim die Trias Gott, Vaterland und König immer wieder als Fundament des gerechten Krieges beschwor[97], wurden die Feinde als tolpatschig charakterisiert und verächtlich gemacht. Doch diese Feinde waren nicht nur Russen, Franzosen und Ungarn, sondern im „Siegeslied nach der Schlacht bei Roßbach" auch die anderen deutschen Stämme.[98]

Die Vorstellung eines gerechten Abwehrkampfs gegen eine übermächtige katholische Koalition, die den Reichsfeind Frankreich einschloß, und die in der Kriegslyrik zumindest unterschwellig beschworenen Angleichungen zwischen den Ständen im Zeichen von Soldatentum und Krieg, ließ vor allem die Bewohner der brandenburgisch-preußischen Zentralprovinzen näher zusammenrücken. Erst im Siebenjährigen Krieg entwickelte sich aus dem zusammengesetzten Staatswesen der preußische Staat. Die preußische Politik wollte das Alte Reich und alle mit ihm verbundenen Nationsvorstellungen überwinden, weil es den eigenen machtstaatlichen Ambitionen im Wege stand. An die Stelle eines reformierten Reichs-Staates rückte die Vorstellung eines preußisch geführten, evangelischen Deutschland. Gegen das mit dem französischen Reichsfeind verbundene Österreich wurde nun mit der deutschen Freiheit die Wertvorstellung aktiviert, gegen die in Deutschland keine Veränderung durchsetzbar schien: „Wenn Friedrich, oder Gott durch ihn, Das große Werk vollbracht, Gebändigt hat das stolze Wien, Und Deutschland freigemacht."[99]

Ein anonym nach dem preußischen Sieg von Roßbach erschienenes Gedicht wurde noch deutlicher als Gleim: „Zurück, Germanien! Entwaffne deine Krieger! Erkenne das gebeugte Recht! Wer hasset Deutschlands Schmuck, der Preußen großen Sieger? Kein Patriot, nur Östreichs Knecht."[100]

Der Krieg wurde auch publizistisch zum Entscheidungskampf um Deutschland zwischen Preußen und Österreich zugespitzt. Man kann diese Zeilen als Kern der im 19. Jahrhundert propagierten These von der borussischen Mission für Deutschland lesen. Das von Gleim so häufig beschworene Vaterland hatte jedoch nur Platz für die Untertanen Friedrichs des Großen. Ihm folgte Thomas Abbt, der 1761 den „Tod fürs Vaterland" proklamierte.[101] Diese Aufsehen erregende Schrift verstand sich als Aufruf, dem bedrängten preußischen Vaterland zu helfen. Im Vorbericht greift Abbt

---

[96] Ebd., 98. Vgl. auch *Hans Peter Hermann*, Individuum und Staatsmacht. Preußisch-deutscher Nationalismus zum Siebenjährigen Krieg, in: *ders.* u.a. (Hrsg.), Machtphantasie Deutschland, Frankfurt a. M. 1996, 66-79.

[97] *Brüggemann*, Krieg (wie Anm. 95), 106, 117 und 129.

[98] Ebd., 114ff.

[99] Ebd., 117.

[100] Ebd., 127.

[101] *Thomas Abbt*, Vom Tode für das Vaterland (1761), in: ebd., 47-94.

die von Zimmermann ausgehende Diskussion auf und betont, daß „gut eingerichtete Monarchien ein Vaterland" sein können. Ihm gilt die Liebe, aber auch politisches Engagement, denn es muß ein freiwilliges Vaterland sein, ein Land der eigenen Wahl, das zur Heimat wird, weil man unter seinen Gesetzen leben will und sich dort wohlfühlt. Unterwerfen darf sich das Individuum nur einem Staat, dessen Gesetze ihm nicht mehr von seinen Freiheiten entziehen, als zum Besten des Staats notwendig ist. Selbst bei Abbt genoß das in Deutschland als deutsch verstandene Wertegefüge - Freiheit und Rechtssicherheit - erste Priorität. Er sah beides in Preußen besser verwirklicht als im übrigen Deutschland. Er machte das Königreich deswegen zum Modell eines gut eingerichteten Vaterlandes, dem sich alle Deutschen unterwerfen sollten. Abbt entwarf ein Vaterland bzw. eine Nation, die sich nicht sprachlich, ethnisch oder kulturell von anderen unterschied, sondern durch das vernünftige Rechtssystem und die freiwillige Identifikation mit ihr. Das erst der Französischen Revolution zugeordnete voluntaristische Nationskonzept ist ansatzweise vorhanden, wird aber nicht mit politischer Partizipation verknüpft. Bauer, Bürger und Edelmann treten dem König als Untertanen oder Soldaten und insofern als 'gleich' gegenüber. Aus dem mit Söldnerarmeen ausgefochtenen Kabinettskrieg früherer Tage wird der gerechte Freiheitskrieg, der Bürger und Untertanen nicht mehr passiv einbezieht, sondern aktiv fordert.[102]

Zukunftweisend an diesem im Siebenjährigen Krieg in Preußen erprobten Vaterlandskonzept ist die Kombination aus neuen und traditionellen Wertvorstellungen. Sie machten den Krieg selbst zum nationalen Identifikationsfaktor. Bereits im Siebenjährigen Krieg erfolgte zudem die „Neubewertung des Krieges als moralischer Anstalt".[103] Der Tod bleibt der Begleiter des Krieges, doch er wird überhöht, verliert ideologisch verbrämt seinen Schrecken, wird zum Heldentod, zum unsterblichen Ruhm. Der Soldat sieht sich in eine Reihe mit Gott, König und Vaterland gestellt. Im Unterschied zum normalen Tod, bei dem der Einzelne letztlich nur im Rahmen seiner Familie erinnerungswürdig bleibt, stehen die Kriegstoten nun für das gesamte Vaterland und haben „dessen Identität mit ihrem Tode zu verbürgen".[104] Dieses 'nationale' Angleichungskonzept im Zeichen des Soldatentums und des Todes machte aus den verstreuten Herrschaftsgebieten des Königs eine preußische Nation - auch wenn in den katholischen Teilen der Westprovinzen Vorbehalte blieben.[105] Daß auch Friedrich II. die nationale Strategie aufgriff, zeigt sich an seiner berühmten Formel vom ersten Diener. Im Antimachiavelli bezog er diese auf seine Untertanen, 1747

---

[102] *Christof Dipper*, Deutsche Geschichte 1648-1789, Frankfurt a. M. 1991, 308.
[103] *Johannes Kunisch*, Von der gezähmten zur entfesselten Bellona. Die Umwertung des Krieges im Zeitalter der Revolutions- und Freiheitskriege, in: ders., Fürst-Gesellschaft-Krieg, Köln u. a. 1992, 203-226, hier 224.
[104] *Reinhart Koselleck*, Einleitung, in: ders./Michael Jeismann (Hrsg.), Der politische Totenkult, München 1994, 9-20, Zitat 12.
[105] *Horst Carl*, Französische Besatzungsherrschaft im Alten Reich, in: Francia 23/2, 1996, 33-63, hier 60.

und 1752 auf den „Staat", 1757 auf das „Volk", um sich dann 1766 als erster Beamter der „Nation" zu bezeichnen. Wenn er 1777 wieder auf den Staat zurückkam[106], so trug dieser Staat die Idee der Nation in sich.

Der Appell zur Verteidigung des eigenen Wertesystems prägte den Vaterlandsbegriff bereits im Schmalkaldischen oder im Dreißigjährigen Krieg. Er meinte jedoch noch nicht die Überhöhung des Kriegstodes. Die borussische Kriegslyrik und Publizistik des 18. Jahrhunderts rief darüber hinaus nur zur Identifikation mit Friedrich dem Großen und seinem Herrschaftssystem auf. Staat und Nation werden als eins gedacht und als eigenständiges preußisches Nationsangebot neben das vom Kaiser repräsentierte Reich und die von ihm ausgehenden Deutschlandvorstellungen gesetzt. Mit dem Krieg einer Reichsarmee gegen Friedrich II. gewann der deutsche Dualismus eine neue Qualität: Aus dem Existenzkampf um die Behauptung des brandenburgisch-preußischen Staates entstand die im Krieg geborene preußische Nation.

4.

Der naheliegende Schluß, daß nur die preußischen Vorstellungen einen machtorientierten, militanten und fremdenfeindlichen Nationalismus förderten, während der im Reichspatriotismus verankerte Nationalgeist ein friedliches und weltbürgerliches Konzept vertrat, wäre fatal.[107] Auch im Reichspatriotismus fehlen keineswegs militante und fremdenfeindliche Züge. Selbst der Einsatz militärischer Macht zur Verwirklichung nationaler Ziele, eine Vorstellung, die den preußischen Nationalismus auszeichnete, schwang im reichischen ebenfalls mit, wenn man nur an die ständigen Verweise auf die von Frankreich Deutschland entrissenen Gebiete denkt. Dieser Topos ist schon in der Endphase des Dreißigjährigen Krieges vorhanden. Frankreich wurde vorgeworfen, sich Burgund und Lothringen angeeignet zu haben und nun auch noch das Elsaß und den Breisgau behaupten zu wollen. In einer Flugschrift von 1640 wird deswegen das angeblich alte Sprichwort zitiert: „Den Frantzosen habe zu Freund und nicht zu Nachbarn."[108]

Ein so glühender Verfechter des preußischen Weges wie Thomas Abbt widersprach hingegen nicht nur allen Welteroberungsabsichten, sondern band seine Vaterlandsliebe ausdrücklich an ein möglichst freiheitliches Rechtssystem. Preußischer Expansionismus konnte so tatsächlich als Befreiung Deutschlands gedeutet werden - vom Joch des Papsttums und eines habsburgischen Kaisers, von französischer Ausbeutung und politischer Ohnmacht, von Aberglauben und Unvernunft. Dennoch hat es sicher auch etwas mit dem Charisma Friedrichs des Großen zu tun, daß die aufge-

---

[106] *Ernst Walder*, Aufgeklärter Absolutismus und Staat, in: *Karl Otmar Freiherr von Aretin* (Hrsg.), Der Aufgeklärte Absolutismus, Köln 1974, 123-136, hier 128.
[107] So aber *Otto Dann*, Introduction, in: *ders./John Dinwiddy* (Hrsg.), Nationalism in the Age of the French Revolution, London u.a. 1988, 1-11, bes. 3.
[108] Abdruck-Schreibens von Einem fürnehmen Officirer unter der von Hertzog Bernhards von Sachsen-Weimar hinterlassenen Armee. Flugschriftensammlung Gustav Freytag, Tl. 23, Nr. 5641.

klärten Literaten und Publizisten ihre Hoffnungen meist mit dem Staate Friedrichs und selten mit Österreich oder dem Reichs-Staat verbanden.

Es sind also allenfalls graduelle Abstufungen, die die Aggressivität der beiden konkurrierenden Nationskonzepte unterscheidet. In der Praxis, im System der deutschen und europäischen Mächte, waren die Folgen jedoch gravierend: Dem preußischen Militärstaat stand ein kaum mehr verteidigungsfähiger Reichs-Staat gegenüber, der auf die Armee eines Kaisers angewiesen war, der seinerseits auf Annexionen in Deutschland setzte. In einem Wiener Gutachten wurde 1764 der Gegensatz der beiden deutschen Vormächte sogar als „Prüfung der Kräfte der protestantischen Nation gegen jene der catholischen" wahrgenommen.[109] Doch die konfessionalisierte Nation wirkte im 18. Jahrhundert offensichtlich nicht mehr ähnlich massenmobilisierend wie in der frühen Reformationszeit oder im konfessionellen Zeitalter. Auch Friedrich dem Großen gelang es nicht, das evangelische Deutschland hinter seinem Nationskonzept zu einen. Die säkularisierte Nation hatte sich so weit etabliert, daß der evangelische Gegenentwurf selbst in den eigenen Reihen als die Einheit zerstörende Teilnation wahrgenommen wurde. Gingen die Nationsdiskurse im 16. Jahrhundert noch davon aus, daß sich die Einigkeit der Nation auch im Glauben widerspiegeln müsse, die politische Einhegung des Religionskonfliktes also nur die zweitbeste Lösung sei, so wurde die Konfession im 18. Jahrhundert doch vielfach der Nation nachgeordnet. Wer die an den Reichs-Staat gebundene deutsche Nation behaupten wollte, durfte seine Konfession nicht zum absoluten Wert erheben. Während Friedrich an seiner eigenen Nation baute, konnten die katholischen Habsburger, solange ihnen an der Kaiserwürde noch etwas lag, das Konzept einer überkonfessionellen deutschen Nation nicht prinzipiell in Frage stellen. Es ist jedoch verständlich, daß man auch in Wien seit der Mitte des Jahrhunderts am Wert einer Krone zu zweifeln begann, die jede Machterweiterung im deutschen Raum eher blockierte als förderte.

Gegen die preußisch-evangelische Staats- und Nationsidee setzte daher Carl Friedrich von Moser 1765 - und dies in Abstimmung mit dem Wiener Hof[10] - den aus der deutschen Verfassung abgeleiteten deutschen Nationalgeist.[111] „Wir sind ein Volk, von einem Namen, unter einem gemeinsamen Oberhaupt, unter einerlei unsere Verfassung, Rechte und Pflichten bestimmenden Gesetzen, zu einem gemeinschaftlichen großen Interesse der Freiheit verbunden ... ein in der Möglichkeit glückliches,

---

[109] Zit. n. *Gabriele Haug-Moritz*, Württembergischer Ständekonflikt und deutscher Dualismus, Stuttgart 1992, 277.

[110] *Wolfgang Zorn*, Reichs- und Freiheitsgedanken in der Publizistik des ausgehenden 18. Jahrhunderts (1763-1792), in: *Paul Wentzcke* (Hrsg.), Darstellungen und Quellen zur Geschichte der deutschen Einheitsbewegung im neunzehnten und zwanzigsten Jahrhundert, Heidelberg 1959, 11-66, hier 20-27.

[111] *Ursula A. Becher*, Moralische, juristische und politische Argumentationsstrategien bei Friedrich Carl von Moser, in: *Hans Erich Bödeker/Ulrich Hermann* (Hrsg.), Aufklärung als Politisierung - Politisierung der Aufklärung, Hamburg 1987, 178-195, hier 185.

in der Tat selbst aber sehr bedauernswürdiges Volk."¹¹² Der jüngere Moser hielt den allgemeinen Gedanken, der „die belebende Kraft der National-Gesinnungen ins Ganze ausmacht ... der das wahre oder das geglaubte National-Interesse in sich faßt"¹¹³ mit dem Konzept der „Freiheit" für durchaus vorhanden, denn der Deutsche ist „im Bunde und Schutz der Gesetze frei".¹¹⁴ Die Bewahrung der Freiheit „ist noch vom Kaiser an bis auf den letzten denkenden Deutschen Mann ein National-Gedanke."¹¹⁵ Weil er jedoch eine abstrakte Freiheit ohne Gesetze und ohne einen Staat, der diese Gesetze und die Freiheit garantiert, nicht für möglich hielt, band auch der jüngere Moser die nationale Freiheit an die Reichsverfassung.¹¹⁶

Die von Moser ausgelöste Nationalgeistdebatte kann hier nicht weiter verfolgt werden.¹¹⁷ Wichtig ist allerdings, daß ihm Friedrich Casimir Karl von Creuz unter anderem vorwarf, das deutsche Volk lediglich politisch zu definieren - als unter einerlei Gesetzen, Gerichtsstand und Verfassung lebend. Die so an das Reich gebundene Nation erfasse die außerhalb der Reichsgrenzen lebenden Deutschen nicht, schließe aber auch nichtdeutsche Bevölkerungsgruppen ein. Creuz selbst faßte die deutsche Nation ethnisch-kulturell als Stammes- und Sprachgemeinschaft auf¹¹⁸, so daß auch diejenigen Deutschen, die sich vom Reich politisch getrennt hatten, weiterhin zur Nation gehörten. Er eröffnete damit eine Debatte, die bald politische Begehrlichkeiten wecken sollte. Auch wenn dem Reichs-Staat - nicht zuletzt wegen seiner strukturellen Nichtangriffsfähigkeit - eine ethnisch oder kulturell begründete Expansion fremd war, gab es doch Entwürfe, die eine nationalistische Politik denkbar werden ließen. Selbst die am Ende des 18. Jahrhunderts in Deutschland unter dem Stichwort Kosmopolitismus propagierten Ideen eines Weltbürgertums trugen den Kern aggressiv-nationalistischen Denkens und Verhaltens in sich.

Die Vorstellung, daß die Nation erst um oder nach 1800 erfunden wurde¹¹⁹, hat gerade in Deutschland die Kluft zwischen der angeblich vormodernen, vorpolitischen Zugehörigkeits-, Stände- oder Kulturnation und der modernen, politischen Mitwirkungs- bzw. Staatsnation weiter vertieft. Daß diese Trennung so nicht aufrecht zu erhalten ist und „Nation" und „Nationalismus" auch für die Zeit vor 1800 Erklärungspotential für Einigkeits- und Einheitsvorstellungen besitzen, sollte am Beispiel

---

¹¹² *Friedrich Carl von Moser*, Von dem deutschen Nationalgeist, ND Selb 1976 (zuerst 1766), 5.
¹¹³ *Ders.*, Patriotische Briefe, Frankfurt a. M. 1767, 24f.
¹¹⁴ *Ders.*, Nationalgeist (wie Anm. 112), 12.
¹¹⁵ *Ders.*, Briefe (wie Anm. 113), 34.
¹¹⁶ *Notker Hammerstein*, Das politische Denken Friedrich Carl von Mosers, in: HZ 212, 1971, 316-338, bes. 324-330.
¹¹⁷ Vgl. dazu *Wolfgang Burgdorf*, Reichskonstitution und Nation, Wiesbaden 1998, bes. 202-226.
¹¹⁸ *Friedrich Casimir Carl von Creuz*, Versuch einer pragmatischen Geschichte von der merkwürdigen Zusammenkunft des deutschen Nationalgeistes ... Zit. n. *Burgdorf*, Reichskonstitution (wie Anm. 117), 204.
¹¹⁹ *Benedict Anderson*, Imagined Communities. Reflections on the Origin and Spread of Nationalism, London 1983 (dt.: Die Erfindung der Nation, Frankfurt a. M./New York ²1993).

der „teutschen Kriege" gezeigt werden. Die stets integrierend und mobilisierend gedachte Argumentationsfigur „deutsche Nation" war keineswegs nur sprachlich oder ethnisch unterlegt und ließ die Vorstellung einer reinen Ständenation weit hinter sich. Lange vor 1800 existierten homogenisierende, ständisch, regional und konfessionell übergreifende Deutungsmuster, die sich zu einem um 'Freiheit und Recht' zentrierten, als spezifisch deutsch verstandenen Wertegefüge bündelten. Angesichts des sich um „Liberty and Property"[120] rankenden englischen Wertesystems konstruierte im übrigen Justus Möser eine grundlegende Gemeinsamkeit der nordischen Nationen.[121] In Deutschland richtete sich die Wertvorstellung Freiheit und Recht gegen den äußeren, aber auch gegen den inneren Feind, mit dem despotisch regierende Fürsten oder die Adelsherrschaft als solche ebenso gemeint sein konnten, wie Konfessionalisten oder Anhänger der französischen Sprache und Kultur. Die frühneuzeitliche deutsche Nation wurde vor allem dann zum „Letztwert"[122], wenn es galt, die scheinbar antagonistischen konfessionellen Gegensätze zu überbrücken. Eine Fülle von Organisationen und Gesellschaften verfocht daher nationale Werte und Vorstellungen unabhängig von den Konfessionen.[123]

Die deutsche Nation war in der Frühen Neuzeit einerseits eine großräumige Zugehörigkeitsgemeinschaft, die vor allem der Identifizierung im und gegenüber dem Ausland diente, und andererseits ein Verbund zur Verteidigung des eigenen Wertegefüges, das nicht deswegen als „vorpolitisch" qualifiziert werden darf, weil es keine oder nur rudimentäre partizipatorisch-demokratische Forderungen enthielt. Diese schienen solange sekundär, solange das System komplementärer Staatlichkeit die „deutsche Freiheit" garantierte und gegen deren tatsächliche oder vermeintliche Verletzung der Rechtsweg Abhilfe versprach. Im 18. Jahrhundert gipfelte dieses, die aufgeklärte und fürsorgliche Obrigkeit einbeziehende Politikkonzept in der Wahrnehmung, daß sich nicht nur in Republiken Nationalstolz entwickeln könne, und in der Vorstellung des Untertanen als Staatsbürgers.[124] Mit Ausnahme der machtstaatlich unterlegten preußischen Nation waren die anderen deutschen Entwürfe so konzipiert, daß traditionelle Loyalitäten gegenüber der Konfession, der Herrscherdynastie, der Region, dem Heimatort oder der Zunft nicht aufgegeben werden mußten. Das Bekenntnis zur frühneuzeitlichen deutschen Nation überbrückte, bündelte und ergänzte, forderte im Normalfall aber noch nicht den bedingungslosen Verzicht auf

---

[120] *H. T. Dickinson*, Liberty and Property. Political Ideology in Eighteenth-Century Britain, London 1977.
[121] *Michael Maurer*, Aufklärung und Anglophilie in Deutschland, Göttingen/Zürich 1987, bes. 123.
[122] *Dieter Langewiesche*, 'Nation', 'Nationalismus', 'Nationalstaat' (in diesem Band), 12.
[123] *Wolfgang Hardtwig*, Genossenschaft, Sekte, Verein in Deutschland, München 1997, 287.
[124] *Michael Stolleis*, Untertan - Bürger - Staatsbürger, in: ders., Staat und Staatsräson in der frühen Neuzeit, Frankfurt a. M. 1990, 320f.

ältere Bindungen. Mit dem von Dieter Langewiesche mit Blick auf die erste Hälfte des 19. Jahrhunderts eingeführten Begriff „föderativer Nationalismus" verbindet sich daher auch für die frühneuzeitliche Wirklichkeit ein erfolgversprechendes Forschungskonzept.[125]

---

[125] *Dieter Langewiesche*, Kulturelle Nationsbildung im Deutschland des 19. Jahrhunderts, in: *Manfred Hettling/Paul Nolte* (Hrsg.), Nation und Gesellschaft in Deutschland, München 1996, 46-64, hier 48.

Horst Carl

Der Mythos des Befreiungskrieges
Die „martialische Nation" im Zeitalter der Revolutions- und Befreiungskriege 1792 - 1815

„So hat sich kein Mensch den Krieg vorgestellt, wie wir ihn gesehen ..."[1] - mit diesen Zeilen an seinen Freund Niethammer resümierte Hegel 1806 seine persönlichen Kriegserfahrungen im Gefolge der Schlacht von Jena und Auerstedt, mit deren Aus- und Nachwirkungen er im nahen Jena sehr unmittelbar konfrontiert worden war. Er erlebte, wie die Verwundeten der Schlacht nach Jena gebracht wurden und wie französische Soldaten sein Wohnhaus ruinierten; lange Zeit blieb er zudem im Ungewissen, ob das gerade fertiggestellte Manuskript seiner „Phänomenologie des Geistes" trotz der Kriegswirren den Weg zum Drucker nach Bamberg gefunden hatte.

Hegel ist mit seiner Bemerkung ein prominenter Kronzeuge für die „Verstörungen"[2], die eine bislang ungekannte Intensität und Qualität des Krieges bei den Zeitgenossen hervorrief. Er steht jedoch zugleich auch für die Ambivalenz dieser Reaktion. Denn keineswegs zog er daraus eine pazifistische Konsequenz, den Krieg als solchen abzulehnen, sondern erklärte ihn im Gegenteil für ein notwendiges und folglich - das Wirkliche ist vernünftig - zu bejahendes Prinzip[3]: „Aus den Kriegen gehen die Völker nicht allein gestärkt hervor, sondern Nationen, die in sich unverträglich sind, gewinnen durch Kriege nach außen Ruhe im Innern".

Diese Wertung stand in markantem Gegensatz zu solchen der Spätaufklärung, allen voran der Skepsis Kants oder Herders, doch entsprach sie einer allgemeinen Umwertung des Phänomens Krieg in der Gesellschaft.[4] Die Wurzeln dieses Prozesses

---

[1] Hegel an Niethammer, 24. 10. 1806, zitiert bei: *Eckart Kleßmann* (Hrsg.), Deutschland unter Napoleon in Augenzeugenberichten, Düsseldorf 1965, 154.
[2] *Werner K. Blessing*, Umbruchskrise und 'Verstörung'. Die 'napoleonische' Erschütterung und ihre sozialpsychologische Bedeutung, in: ZBLG 42, 1979, 75-106.
[3] *Georg Wilhelm Friedrich Hegel*, Grundlinien der Philosophie des Rechts oder Naturrecht und Staatswissenschaft im Grundrisse, hrsg. v. *Bernhard Lakebrink*, Stuttgart 1976, 482. Allgemein zu Hegels Sicht des Krieges: *Shlomo Avineri*, Hegels Theorie des modernen Staates, Frankfurt a. M. 1976, 231-246.
[4] *Otto Dann*, Vernunftfrieden und nationaler Krieg. Der Umbruch im Friedensverhalten des deutschen Bürgertums zu Beginn des 19. Jahrhunderts, in: *Wolfgang Huber/Johannes Schwerdtfeger* (Hrsg.), Kirche zwischen Krieg und Frieden. Studien zur Geschichte des deutschen Protestantismus, Stuttgart 1976, 169-224; *Johannes Kunisch*, Von der gezähmten zur entfesselten Bellona. Die Umwertung des Krieges im Zeitalter der Revolutions- und Freiheitskriege, in: *ders.* (Hrsg.), Fürst - Gesellschaft - Krieg. Studien zur bellizistischen Disposition des absoluten Fürstenstaates, Köln u.a. 1992, 203-226. Ein extremes „vulgärphilosophisches" Beispiel ist die Schrift des sächsischen Obersten *von Rühl*, Apologie des Krieges. Besonders gegen Kant, Dresden 1813.

reichten tief ins Ancien Régime zurück, aber in Deutschland setzte sich eine solche Perspektive erst in der Konfrontation mit den Revolutionsheeren und Napoleon auf breiter Ebene durch. Die beiden Hegel-Zitate führen gerade in ihrer Ambivalenz - dem Grauen vor der neuen Qualität des Krieges und dessen Rechtfertigung als sittlicher Notwendigkeit und moralischer Anstalt - in den Kontext der Wechselbeziehungen von Krieg und Nation in der Sattelzeit um 1800. Denn wenn neben der neuen Qualität des Krieges dessen Integrationsfunktion angesprochen wird, fällt nicht zufällig der bei Hegel ansonsten eher selten anzutreffende Nationsbegriff. Der Zweck des Krieges, eine in sich unverträgliche Nation auf ein gemeinsames Ziel und einen gemeinsamen Feind hin zu einigen, verweist auf das Konzept des Nationalkrieges, wie es die Französische Revolution propagierte. Auf die Befreiungskriege gegen Napoleon ließ es sich ebenso übertragen, auch wenn Hegel in seiner Bewunderung Napoleons der Einigungsbewegung und deren nationalem Überschwang sehr kritisch gegenüberstand.[5] Gerade deshalb aber war er sensibel für die Tatsache, daß ein solcher Krieg auch innerhalb der Nation „Unverträglichkeiten", nämlich Gegenkräfte in Gestalt von konkurrierenden traditionellen Loyalitäten zu überwinden hatte. Der Zusammenhang zwischen neuen Dimensionen der Kriegsführung, den dadurch hervorgerufenen Kriegserfahrungen und den neuen Konzepten von nationaler Einheit in Deutschland läßt sich also herstellen, indem nach Parallelität oder Interdependenz des jeweils „Neuen" gefragt wird.[6]

Daß die „Epoche des Durchbruchs der modernen Nation ... in Frankreich und Deutschland im Zeichen eines permanenten Krieges neuer Art ..." stand und dieser Krieg „neuer Art" als „nationaler Krieg die Nationsbildung in beiden Ländern entscheidend prägte ..."[7], ist in der neueren Geschichtsschreibung weitgehend unbestritten.[8] Dies ist zudem keine Wertung, die im Zuge einer kulturalistischen Wende über

---

[5] *Avineri*, Theorie (wie Anm. 3), 89ff.
[6] Eine konträre Wertung des Zusammenhangs von Krieg und Modernisierung in der Revolutionsepoche vertritt jetzt *Charles Ingrao*, War and Legitimation in Germany in the Revolutionary Age, in: *Heinz Duchhardt/Andreas Kunz* (Hrsg.), Reich oder Nation? Mitteleuropa 1780 - 1815, Mainz 1998, 1-22. Indem er sich lediglich auf die Revolutionskriege konzentriert und die napoleonischen Kriege weitgehend unberücksichtigt läßt, betont er deren innovationshemmenden Wirkungen im Reich: Die reformbereiten Kräfte seien durch das französische Beispiel diskreditiert worden, so daß sich die Führungsmächte Preußen und Österreich von ihren Reformprojekten verabschiedet und gegen weitere Innovationen nach dem Vorbild Frankreichs immunisiert hätten. Gerade für den militärischen Bereich, in dem die deutschen Staaten an einer Übernahme französischer Errungenschaften nicht vorbeikamen, trifft dies allerdings nicht zu. Da Ingrao zudem in erster Linie die Habsburgermonarchie im Blick hat, spielen bei ihm die gesellschaftlichen Reformen nach 1806 ebenso wenig eine Rolle wie die Entwicklung des Nationalbewußtseins.
[7] *Otto Dann*, Nation und Nationalismus in Deutschland 1770 - 1990, München 1990, 72.
[8] Als Auswahl: *Thomas Nipperdey*, Deutsche Geschichte 1800 - 1866. Bürgerwelt und starker Staat, München 1982, 9-17, 82ff.; *Hans-Ulrich Wehler*, Deutsche Gesellschaftsgeschichte, Bd. 1: Vom Feudalismus des Alten Reiches zur Defensiven Modernisierung der Reformära 1700 - 1815, München ²1989, 506ff.; *Wolfram Siemann*, Vom Staatenbund zum Nationalstaat. Deutschland 1806 - 1871, 304ff. Zum Forschungskontext grundlegend *Dieter Langewiesche*, Nation, Nationalismus,

Bord geworfen werden müßte. Auch von kulturgeschichtlicher Seite ist jüngst die fundamentale Prägung der deutschen und französischen Nation durch diese Kriege eindringlich beschworen worden, bezeichnenderweise nicht ohne leises Bedauern darüber, daß es wie eine „doppelte Entgleisung der Geschichte" anmute[9], wenn die Genese der modernen Nation zu beiden Seiten des Rheins so sehr im Zeichen der „martialischen Nation" stand. Fraglos erfuhren weite Kreise der Bevölkerung in Deutschland und Frankreich die Umbruchepoche zwischen Französischer Revolution und Wiener Kongreß als eine kriegsgeprägte Epoche, ja waren die nicht enden wollenden Kriege zwischen 1792 und 1815 dasjenige Kriterium, das vor allen anderen die Einheit der Epoche konstituierte[10]: „Europas Bevölkerung hat sich seit zwanzig Jahren in eine Armee verwandelt, und seine Städte und Dörfer sind ein großes Lager geworden ...".[11]

Wenn Kriegserfahrungen nicht allein die Ebene unmittelbarer persönlicher Betroffenheit bezeichnen, sondern auch Deutungsmuster kollektiver Verarbeitung[12], lassen sich die Verflechtungen zwischen Krieg und nationaler Ideologie genauer fassen, stellt doch der Krieg Mythen und Deutungsmuster bereit, die zum festen Traditionsbestand des Nationalbewußtseins der künftigen Generationen werden. Offenbar ist der Konnex von Krieg und Nationsbildung vor allem bei einer bestimmten Form von Kriegen besonders eng: Für die Verdichtung und Transformation eines vormodernen deutschen Nationalbewußtseins hin zu den umfassenden Konzepten eines modernen Nationalismus jedenfalls war es offenbar grundlegend, daß der Krieg gegen Napoleon als Befreiungskrieg propagiert und in Teilen Deutschlands auch als solcher erfahren werden konnte. Um dies schärfer zu akzentuieren, soll im folgenden die Genese eines modernen deutschen Nationalbewußtseins in den „Befreiungskriegen" 1813 bis 1815 vom Krieg, seinen neuen Dimensionen und entsprechenden „Kriegserfahrungen" her analysiert werden.[13] Diese Fragestellung bedingt eine doppelte Verbindung von Er-

---

Nationalstaat: Forschungsstand und Forschungsperspektiven, in: NPL 40, 1995, 190-236, hier 195-197.
[9] *Hans-Jürgen Lüsebrink*, Die Genese der „Grande Nation". Vom *Soldat Citoyen* zur Idee des *Empire*, in: *Ulrich Herrmann* (Hrsg.), Volk - Nation - Vaterland, Hamburg 1996, 118-130, hier 118.
[10] *Rainer Wohlfeil*, Vom Stehenden Heer des Absolutismus zur Allgemeinen Wehrpflicht (1789 - 1815), in: Militärgeschichtliches Forschungsamt (Hrsg.), Deutsche Militärgeschichte in 6 Bänden 1648 - 1939, Bd. 1, II, Hamburg 1964, v. a. 184f.; *Elisabeth Fehrenbach*, Vom Ancien Régime zum Wiener Kongreß, München ²1986, 1f.; *Stig Förster*, Der Weltkrieg, 1792 - 1815. Bewaffnete Konflikte und Revolutionen in der Weltgesellschaft, in: *Jost Dülffer* (Hrsg.), Kriegsbereitschaft und Friedensordnung in Deutschland 1800 - 1814, Münster 1995, 17- 38.
[11] Anonyme Flugschrift vom Juli 1813, zit. nach *Hans-Bernd Spies* (Hrsg.), Die Erhebung gegen Napoleon 1806 - 1815, Darmstadt 1981, 304.
[12] Vgl. zu diesem Erfahrungsbegriff den Sammelband von *Gerhard Hirschfeld/Gerd Krumeich/Dieter Langewiesche (Hrsg.)*, Kriegserfahrungen. Studien zur Sozial- und Mentalitätsgeschichte des ersten Weltkriegs, Essen 1997.
[13] Vgl. dazu die Bemerkung Stig Försters, die durch den Masseneinsatz der Soldaten und die entsprechenden hohen Verluste sowie die lange Kriegsdauer hervorgerufenen Auswirkungen auf zeitgenössische Mentalitäten seien unverzichtbare Bestandteile jeder Untersuchung über das politische Denken dieser Epoche. *Förster*, Weltkrieg (wie Anm. 10), 23. Ute Frevert legt dagegen bewußt den

eignis und Struktur: Zum einen geht es um die Struktur des Ereignisses „Befreiungskrieg", das diesem die Funktion einer Initialzündung für die deutsche Nationalbewegung verschaffte, zum anderen aber auch darum, daß erst strukturelle Entwicklungen im Militärwesen diesem Ereignis seine revolutionäre Qualität verliehen.

Im Zentrum aller Neuerungen im Kriegswesen nach 1789 stand die Bildung von Massenheeren bislang unbekannter Größenordnung, die sich im wesentlichen auf die *levée en masse*, die Proklamation der Volksbewaffnung durch den Wohlfahrtsausschuß am 23. August 1793 gründete.[14] Dieses Dekret der jakobinischen Diktatur erfaßte alle Franzosen für den Krieg, wenngleich nur die jungen Männer in den Kampf ziehen sollten, während die Verheirateten für Waffen und Nachschub sorgen, die Frauen Zelte und Uniformen herstellen und in Lazaretten arbeiten, Greise dagegen auf öffentlichen Plätzen durch Ansprachen die Kriegsmoral heben sollten. Mit Lazare Carnot fand die Revolution einen solchem Revolutionspathos gänzlich abholden Pragmatiker, der auf dieser Grundlage die Massenheere organisierte, die nach 1793 „das militärische Gesicht der Epoche prägten"[15]. In Zahlen ausgedrückt: Standen am Vorabend der Revolution etwa 150 000 Soldaten in der königlichen Armee unter Waffen, so nach der Mobilisierung von Freiwilligen-Verbänden und den ersten Massenrekrutierungen im Sommer 1793 auf dem Papier 645 000 Soldaten, um schließlich nach der *levée en masse* bei der Soll-Stärke die Millionengrenze deutlich zu überschreiten. Selbst wenn die Ist-Stärke 1793/94 mit 730 000 Mann weit dahinter zurückblieb und unter dem Direktorium zeitweilig starken Erosionstendenzen unterlag, übertrafen diese Dimensionen doch alles bisher in Europa Bekannte.[16]

Die Rekrutierung dieser Massenheere nach den Prinzipien einer vergleichsweise strikt gehandhabten allgemeinen Wehrpflicht[17] dehnten Prinzipien der Revolution auf

---

Akzent auf die langfristigen strukturellen Entwicklungen, um die Rolle der Sozialformation „Militär" als Nationsstifter - genauer: für die „innere Nationsbildung" - in Preußen-Deutschland im 19. Jahrhundert zu analysieren. Ute *Frevert*, Das jakobinische Modell: Allgemeine Wehrpflicht und Nationsbildung in Preußen-Deutschland, in: dies. (Hrsg.), Militär und Gesellschaft im 19. und 20. Jahrhundert, Stuttgart 1997, 17-47, v. a. 17f., 39ff.

[14] Zu den Vorläufern, namentlich den Freiwilligen-Verbänden und der Aushebung von 300 000 Mann im Februar 1793 vgl. den Überblicksartikel von *Alan Forrest*, „Armee", in: François Furet/Mona Ozouf (Hrsg.), Kritisches Wörterbuch der Französischen Revolution, Bd. 2: Institutionen und Neuerungen, Ideen, Deutungen und Darstellungen, Frankfurt a. M. 1996 (frz. 1988), 687-701. Zur Militärgeschichte der Revolution und des Empire jetzt generell die Beiträge von *Gilbert Bodinier* in: Histoire Militaire de la France, Bd. 2: De 1715 à 1815, ed. *Jean Delmas*, Paris 1992, Chap. VIII - XIV, 195ff.

[15] *Wohlfeil*, Heer (wie Anm. 10), 185.

[16] Zahlen nach: *Geoffrey Parker*, Die militärische Revolution. Die Kriegskunst und der Aufstieg des Westens 1500 - 1800, Frankfurt a. M./New York 1990 (engl. 1988), 183.

[17] Nach der *levée en masse* des Jahres 1793 bildeten das Konskriptionsgesetz des Direktoriums vom 19. Fructidor des Jahres VI (5. Sept. 1798) und das modifizierte Konskriptionsgesetz des Konsuls Napoleon Bonaparte vom 17. Ventôse des Jahres VIII (8. März 1800) die Grundlage der Militärverfassung und Heeresaufbringung der gesamten napoleonischen Epoche. Zu den Ausnahmeregelungen *Wohlfeil*, Heer (wie Anm. 10), 46-49.

das Militärwesen aus und schufen ein republikanisch ausgerichtetes Nationalheer.[18] Schon die bloße Zahl ließ dieses über die stehenden Söldnerheere des Ancien Régime triumphieren, die ihre Konkurrenzfähigkeit weitgehend verloren - da nicht beliebig vergrößerbar, zu teuer und zu ineffektiv. Die Niederlagen gegen die Revolutionsarmeen und Napoleon lieferten dafür immer wieder schmerzhafte Beweise. Wenn die Armeen der anderen europäischen Mächte der französischen Paroli bieten wollten, mußten sie deren Rekrutierungssystem adaptieren, was meist in einer modifizierten Form des französischen Konskriptionssystems als einer bedingten Wehrpflicht geschah.[19]

Die schiere Größe dieser Armeen mit ihren zahlreichen kaum ausgebildeten Rekruten verlangte nach neuen strategischen und taktischen Konzepten, die mit den traditionellen Linienarmeen und deren vorsichtigem Manövrieren brachen. Konsequent formulierte im Oktober 1793 bereits der Wohlfahrtsausschuß eine neue Militärdoktrin vom „entscheidenden Schlag", die solchen Massenarmeen angemessener sei: „Es ist Zeit für einen entscheidenden Schlag, und dafür muß massenhaft gehandelt werden. Eine einzige Aktion dieser Art ersetzt und ermöglicht alle anderen. Es geht nicht darum, den Feind auf verschiedenen Posten zu schlagen, mit gleichen oder unterlegenen Kräften. Das ist ein ritterlicher Ehrenhandel, der nicht zu unserem System paßt, und mit diesem falsch verstandenen Ehrgefühl verlängert man die Kriege ins Unendliche."[20] Die Generäle - allen voran Napoleon Bonaparte - suchten nunmehr die Schlacht als kriegsentscheidendes Ereignis, und die Schlachten selbst gipfelten schließlich 1813 in einer „Völkerschlacht", in der auf beiden Seiten zusammen annähernd eine halbe Million Soldaten kämpften.

Auch die finanziellen und logistischen Belastungen in den vom Krieg betroffenen Regionen sprengten bereits in den Revolutionskriegen den gewohnten Erfahrungshorizont. Die Gebiete am linken Niederrhein, die beispielsweise im Siebenjährigen Krieg bei Invasionen der Franzosen kurzfristig 100 000 Franzosen und in den Winterquartieren jeweils 50 000 Franzosen zu verpflegen hatten, wurden beim Einmarsch 1794 und während der anschließenden Okkupation zeitweilig mit Versorgungsleistungen für 250 000 Soldaten der Revolutionsarmeen konfrontiert.[21] Mit dem herkömmlichen

---

[18] *Jean-Paul Bertaud*, La Révolution armée. Les soldats-citoyens et la Révolution française, Paris 1979, 137; *John Albert Lynn*, The Bayonets of the Republic: Motivation and Tactics in the Army of Revolutionary France, 1791 - 1794, Champaign 1984.
[19] Vgl. den Überblick bei *Wohlfeil*, Heer (wie Anm. 10), 61ff.; zur Habsburgermonarchie *Jürg Zimmermann*, Militärverwaltung und Heeresaufbringung in Österreich bis 1806, in: Deutsche Militärgeschichte (wie Anm. 10) 1/III, Hamburg 1965, 106ff.; *G. Rosenberg*, Napoleon's Great Adversaries: The Archduke Charles and the Austrian Army 1792 - 1814, London 1982; *Frevert*, Modell (wie Anm. 13), 18ff.
[20] Zit. nach *Forrest*, Armee (wie Anm. 14), 695.
[21] *Timothy C. W. Blanning*, The French Revolution in Germany. Occupation and Resistance in the Rhineland 1792 - 1802, Oxford 1983, 82ff.; *Horst Carl*, Französische Besatzungsherrschaft im Alten Reich. Völkerrechtliche, verwaltungs- und erfahrungsgeschichtliche Kontinuitätslinien französischer Okkupationen am Niederrhein im 17. und 18. Jahrhundert, in: Francia 23/2, 1996, 33-64.

Magazinsystem waren solche Armeen während der Kampagnen nicht mehr zu versorgen.[22] Dies erzwang geradezu eine „Flucht nach vorn". Denn die Armeen wurden ohne festen Rückhalt, aber auch ohne das Korsett eines Magazinsystems zu einer Mobilität genötigt, die das sorgfältige Manövrieren, wie es die Kriegsherren in den Kabinettskriegen des 17. und 18. Jahrhunderts vorexerziert hatten, schlagartig veralten ließ. Die Dynamik des Kriegsgeschehens zählte zu jenen Erfahrungsbereichen, in denen die Zeitgenossen sich mit dem säkularen Vorgang der Beschleunigung[23] auseinanderzusetzen hatten.[24]

Die zweite Konsequenz aus der Unmöglichkeit, den Unterhalt der Armeen auf herkömmliche Weise durch Anlage von Magazinen zu sichern, war die Rückkehr bzw. der Rückfall in Praktiken der Requisition. Ganz abgesehen davon, daß auf diese Weise Versorgung und Zwang zur Mobilität einander bedingten, enthielt diese logistische Variante per se schon ein Moment der Aggression, war ein solches Verfahren doch nur in Feindesland effizient, weil rücksichtslos zu praktizieren. Form und Ziel der Kriegsführung tendierten somit schon aus systemimmanenten Ursachen zu Angriffskriegen und entfernten sich immer weiter von den Prämissen des Ancien Régime. Auch hier blieb den mit Frankreich konkurrierenden mitteleuropäischen Mächten nichts anderes übrig, als die französischen Innovationen als künftigen Maßstab der Dinge zu akzeptieren.

Daß diese neue Qualität des Krieges in Gestalt von Heeresaufbringung und Kriegsführung für die tiefen gesellschaftlichen Umbrüche in Deutschland nicht nur Rahmenbedingung, sondern Kausalfaktor war, der am Beginn der rheinbündischen und preußischen Reformen stand, ist in der neueren Historiographie wieder stärker betont worden, die daran erinnert, daß die Reformpolitik von Anfang an unter dem Diktat der Bewältigung von Kriegsfolgen stand. Der Zusammenbruch der alten Ordnung im Rheinland nach 1794 wie auch die radikalen Reformen in Preußen nach 1806 resultierten nicht nur aus Kriegsniederlagen, sondern vollzogen sich darüber hinaus unter den Bedingungen einer präzedenzlos harten Besatzungssituation.[25] Nicht weni-

---

[22] *Martin van Creveld*, Supplying War. Logistics from Wallenstein to Patton, Cambridge 1977.
[23] *Gerhard Schulz*, Zum historischen Wandel von Revolutionsbegriff und Revolutionsverständnis, in: *Dieter Langewiesche* (Hrsg.), Revolution und Krieg. Zur Dynamik historischen Wandels seit dem 18. Jahrhundert, Paderborn 1989, 189-209, v. a. 191f., 205f. Zur semantischen Verknüpfung von „Beschleunigung" und „Revolution" nach 1789 vgl. *Reinhart Koselleck*, Historische Kriterien des neuzeitlichen Revolutionsbegriffs, in: *ders.*, Vergangene Zukunft. Zur Semantik geschichtlicher Zeiten, Frankfurt a. M. 1989, 67-86, v. a. 77f.
[24] Bekanntestes Beispiel dafür ist zweifellos Clausewitz (dazu unten, Anm. 27). Einen Überblick der militärtheoretischen Diskussion der Zeitgenossen über die Errungenschaften der Französischen Revolution gibt *Volkmar Regling*, Grundzüge der Landkriegsführung zur Zeit des Absolutismus und im 19. Jahrhundert, in: Deutsche Militärgeschichte 6/IX, Hamburg 1979, 234ff.
[25] *Hansgeorg Molitor*, Vom Untertan zum Administré. Studien zur französischen Herrschaft und zum Verhalten der Bevölkerung im Rhein-Mosel-Raum von den Revolutionskriegen bis zum Ende der napoleonischen Zeit, Wiesbaden 1980, 33ff.; *Blanning*, French Revolution (wie Anm. 21) 83ff.; *Carl*, Besatzungsherrschaft (wie Anm. 21), passim; *Bernd von Münchow-Pohl*, Zwischen Reform und Krieg. Untersuchungen zur Bewußtseinslage in Preußen 1809-1812, Göttingen 1987, 49ff.

ger als die preußischen standen auch die Reformen in den Rheinbundstaaten unter dem Zwang, angesichts permanenter fiskalischer Anforderungen für die Kriegsfinanzierung und eskalierender Kriegsschulden radikal neue Wege zu beschreiten - die Kriegsfinanzierung war der „nervus rerum" der Staats- und Gesellschaftsreformen[26]. Die Problematik politischer Partizipation der Untertanen entzündete sich in Preußen in erster Linie an der Frage staatlicher Kreditfähigkeit angesichts einer Verschuldung ungekannten Ausmaßes.

Daß jedoch nicht allein die bloße Zahl, sondern auch „moralische Größen" zu den ausschlaggebenden Faktoren im Krieg zählen, hat vor allem Clausewitz in klassischen Formulierungen herausgestellt: Angesichts der Tatsache, daß die Struktur der europäischen Heere sich in der Neuzeit immer mehr einander angenähert habe, komme „dem Volksgeist und der Kriegsgewohnheit des Heeres" um so größere Bedeutung zu.[27] Zugleich hat er allerdings darauf insistiert, daß mit moralischen Größen nicht nur „Enthusiasmus", sondern auch die Professionalität der Soldaten und namentlich des Offizierskorps angesprochen seien[28]. Wenn in Frankreich mit dem *loi Ségur* 1781 versucht wurde, durch verschärfte Adelsproben den Zugang zum Offizierskorps auf die Repräsentanten des alten Adels einzuschränken, so war dieses Mittel, Bürgerliche, vor allem aber Neunobilitierte auszuschließen, ein genuiner, wenngleich rückwärtsgewandter Beitrag der Militärreformer zur Diskussion um eine Professionalisierung des Militärs.[29] Die Revolutionäre wählten ab 1792 mit gleicher Zielsetzung die genau entgegengesetzte Variante[30], nämlich die ständischen Schranken einzuebnen, die das Offizierskorps zu einer Adelsdomäne in allen europäischen Armeen hatte werden lassen. Das Offizierskorps der Revolutionsarmeen, aber auch der Armeen Napoleons ergänzte sich stattdessen aus einem nicht mehr ständisch begrenzten Personenkreis, sondern tendenziell aus der Masse der Wehrpflichtigen nach Leistungskriterien. Auch dies fand in den mitteleuropäischen Armeen nach den schmerzlichen Erfahrungen der Niederlagen gegen die französischen Heere Nachahmer.

Schließlich verlangten die neuen Massenheere einen neuen Soldatentypus, der nicht mehr wie ein Söldner lediglich als ausführendes Instrument betrachtet wurde, sondern

---

[26] *Hans-Peter Ullmann*, Überlegungen zur Entstehung des öffentlichen, verfassungsmäßigen Kredits in den Rheinbundstaaten (Bayern, Württemberg und Baden), in: *Helmut Berding/Hans-Peter Ullmann* (Hrsg.), Deutschland zwischen Revolution und Restauration, Königstein 1981, 108-132; *Alexander von Witzleben*, Staatsfinanznot und sozialer Wandel. Eine finanzsoziologische Analyse der preußischen Reformzeit zu Beginn des 19. Jahrhunderts, Stuttgart 1985.
[27] *Carl von Clausewitz*, Vom Kriege, hrsg. v. *Werner Hahlweg*, Bonn 1952, 257 (Buch III, Kap. 4).
[28] Vgl. ebd., 259f. die Bemerkungen zur „kriegerischen Tugend" (Buch III, Kap. 5).
[29] *Bernhard R. Kroener*, Militärischer Professionalismus und soziale Karriere. Der französische Adel in den europäischen Kriegen 1740 - 1763, in: *ders.* (Hrsg.), Europa im Zeitalter Friedrichs des Großen. Wirtschaft, Gesellschaft, Krieg, München 1989, 100-132, v. a. 112-120.
[30] *Colin Jones*, Bourgeois Revolution Revivified. 1789 and Social Change, in: *Gary Kates* (Hrsg.), The French Revolution. Recent Debates and new Controversies, London/New York 1998, 157-191, hier 166f.

der sich selbstbewußt mit seinem Dienst identifizierte und in den Kampf für die Errungenschaften der Revolution zog. Auch den einfachen Soldaten wurden nunmehr Attribute einer spezifischen Ehre zugänglich gemacht, die vordem dem adeligen Offizierskorps vorbehalten waren, etwa in Gestalt von Ordensverleihung oder im Recht auf ein Totengedenken, das auch ihren Tod in den Rang einer heroischen Sinnstiftung und eines Opfers für das Kollektiv erhob.[31] Darüber hinaus wurden ihnen in der Zivilgesellschaft Ehrenvorrechte wie der symbolträchtige reservierte Platz in der Kirche zugebilligt. Das Idealbild von *Citoyen-Soldat*[32], des Staatsbürgers in Uniform, wertete die Soldaten sozial auf, partizipierten sie doch nun unbestritten auch an der bürgerlichen Sphäre. Es war folglich kein Zufall, daß die Revolutionsarmee in Frankreich zum stärksten Hort republikanischer und jakobinischer Ideen und zugleich zur stärksten Machtbasis des revolutionären Fortschritts wurde[33] - bis hin zur Konsequenz, daß am Ende der Revolution die Militärdiktatur Bonapartes stand.

Die scharfe Trennung ziviler und militärischer Sphäre, die im Absolutismus eine der Konsequenzen aus der erfolgreichen „Verstaatung"[34] des Krieges war, wurde auch in der Kriegsführung der revolutionären Armeen wieder aufgehoben. Die „Ideologie" des Volkskriegs stellte die „Hegung des Krieges"[35] und damit Errungenschaften des Völkerrechts wie die strikte Trennung von Kombattanten und Zivilisten wieder in Frage. Andererseits sorgte im napoleonischen Empire die Konskription dafür, daß nunmehr auch in Gebieten weit entfernt vom Kriegsschauplatz der Krieg in Form einer bislang ungekannten Militärerfassungsquote präsent blieb und so etwas wie „Heimatfront" entstehen konnte. Nicht nur in Frankreich mit seinen 1,5 Millionen geschätzten Kriegstoten zwischen 1792 und 1815, sondern auch im annektierten Rheinland, in dem der Militarisierungsgrad der Gesellschaft noch um einiges abrupter gegenüber den Zeiten des Ancien Régime in die Höhe schnellte, traf die Erfahrung, einen Angehörigen oder Verwandten im Krieg verloren zu haben, wohl fast jede Familie. Dies war die Kehrseite der Medaille einer bislang präzedenzlosen Verdichtung

---

[31] *George L. Mosse*, Die Nationalisierung der Massen. Politische Symbolik und Massenbewegungen in Deutschland von dem Napoleonischen Krieg bis zum Dritten Reich, Berlin/Wien 1976, 24ff.
[32] *Lüsebrink*, Genese (wie Anm. 9), 119ff.; *John Albert Lynn*, Toward an Army of Honour: The Moral Evolution of the French Army, 1789-1815, in: French Historical Studies 16, 1989, 152-173. Am Beispiel des veränderten Wahrnehmungshorizontes der weiterhin gängigen Praxis der Desertion beschreibt diesen Wandlungsprozeß jetzt differenziert *Michael Sikora*, Desertion und nationale Mobilmachung. Militärische Verweigerung 1792-1813, in: *Ulrich Bröckling/Michael Sikora* (Hrsg.), Armeen und ihre Deserteure. Vernachlässigte Kapitel einer Militärgeschichte der Neuzeit, Göttingen 1998, 112-140.
[33] *Wohlfeil*, Heer (wie Anm. 10), 49-56; *Jean-Pierre Bertaud*, La vie quotidienne du soldats de la révolution 1789 - 1799, Paris 1985.
[34] *Bernhard R. Kroener*, Legislateur de ses Armées. Verstaatlichungs- und Feudalisierungstendenzen in der militärischen Gesellschaft der Frühen Neuzeit am Beispiel der französischen Armee im Zeitalter Ludwigs XIV., in: *Ronald G. Asch/Heinz Duchhardt* (Hrsg.), Der Absolutismus - ein Mythos? Strukturwandel monarchischer Herrschaft, Köln u. a. 1996, 311-328.
[35] *Carl Schmitt*, Der Nomos der Erde im Völkerrecht des Jus Publicum Europaeum, Köln 1950, 176; *Herfried Münkler*, Gewalt und Ordnung. Das Bild des Krieges im politischen Denken, Frankfurt a. M. 1992, 54ff.

von Kriegserfahrungen.[36] Wenn die jüngsten Schätzungen für diese Kriege von ca. 5 Millionen Toten ausgehen, so entspricht dies in der Relation zur Bevölkerungszahl in Europa durchaus den Kriegsverlusten des Ersten Weltkriegs.[37]

Dieses Tableau der militärischen Errungenschaften wie auch der damit verbundenen gesellschaftlichen Kosten im Gefolge der Französischen Revolution ist in seinen wesentlichen Zügen bereits bei Clausewitz präsent, doch hat auch die jüngere militärgeschichtliche Forschung daran keine substanziellen Änderungen vorgenommen - die Siege der Revolutionsarmeen und Napoleons bleiben ein kaum widerlegbares Argument. Dies gilt unbeschadet der Tatsache, daß die Vorleistungen und Vorläufer der Neuerungen im Ancien Régime mittlerweile sehr viel detaillierter herausgearbeitet worden sind, wie beispielsweise die Bedeutung der französischen Militärreformen nach 1763 im strukturellen und taktischen Bereich[38] oder die Rolle des preußischen Kantonsreglements[39]. Und auch der Hinweis darauf, daß die Koalitionskriegsführung unter Schwarzenberg 1813/1814 in vielem wie eine Restauration der alten Kabinettskriegsführung anmutet und am Ende der Napoleon-Ära mit Wellington ein konservativer Verfechter der traditionellen Linienarmee bei Waterloo siegt, hat den Konsens über die tiefgreifenden Umbrüche im Militärwesen nicht in Frage gestellt. Selbst die Protagonisten der Debatte um die „militärische Revolution" in der Frühen Neuzeit, die bei einigen immerhin bis weit ins 18. Jahrhundert reicht, wollen vom Revolutionsbegriff nicht Abschied nehmen, wenn sie die Umbrüche nach 1789 griffig zusammenfassen. Streitmächte von nie dagewesener Größe und eine neue Dimension der Kriegsführung werden dann eben als „zweite militärische Revolution" bezeichnet.[40]

Die enge kausale Verknüpfung von militärischer Revolution und gesellschaftlichen Umbrüchen der Napoleonzeit in Deutschland verweist zunächst auf strukturelle Affinitäten: Im Kriegswesen spiegeln sich die Errungenschaften der Sattelzeit, die Nivellierung ständischer und regionaler Sonderungen infolge des intensiveren staatlichen Zugriffs auf die Untertanen geradezu idealtypisch wieder: Wenn beispielsweise Josef Smets betont, wie sehr das französische Konskriptionssystem im Rheinland die Untertanen aus den gewohnten Denkweisen und lokalen Beschränkungen herausriß

---

[36] *Josef Smets*, Von der „Dorfidylle" zur preußischen Nation. Sozialdisziplinierung der linksrheinischen Bevölkerung durch die Franzosen am Beispiel der allgemeinen Wehrpflicht (1802 - 1814), in: HZ 262, 1996, 695-738, hier 717f.
[37] *David Gates*, The Napoleonic Wars 1803 - 1815, London 1997, 272.
[38] *Robert S. Quimby*, The Background of Napoleonic Warfare. The Theory of Military Tactics in Eighteenth Century France, New York 1957; *Claudia Opitz-Belakhal*, Militärreformen zwischen Bürokratisierung und Adelsreaktion. Das französische Kriegsministerium und seine Reformen im Offizierskorps von 1760 - 1790, Sigmaringen 1994.
[39] *Hartmut Harnisch*, Preußisches Kantonsystem und ländliche Gesellschaft. Das Beispiel der mittleren Kammerdepartements, in: *Bernhard R. Kroener/Ralf Pröve* (Hrsg.), Krieg und Frieden. Militär und Gesellschaft in der Frühen Neuzeit, Paderborn 1996, 137-165.
[40] *Parker*, Revolution (wie Anm. 16), 183; *Förster*, Weltkrieg (wie Anm. 10), 29.

und sich staatlicher Zugriff so erstmals einen nivellierten Untertanenverband schuf[41], so entspricht diese Argumentation den Kriterien, welche Paul Nolte in Anspruch nimmt, um den Erfolg der rheinbündischen und preußischen Reformen miteinander zu vergleichen.[42] Diese Parallele gilt jedoch auch für den Bereich der „ideologischen Errungenschaften" der Sattelzeit: Die politischen Partizipationsverheißungen als Element der gesellschaftlichen Modernisierung waren nicht nur eng mit der Bewältigung der finanziellen Kriegslasten verknüpft[43], die „Ideologisierung" des Kriegs zum nationalen Krieg[44] war vielmehr genau der Punkt, an dem Partizipationsverheißung und Gewaltbereitschaft ihre Symbiose eingingen und somit die Janusköpfigkeit der modernen Nation[45] Gestalt annahm.

Es ist kein Zufall, wenn diese „Ideologisierung" im Zeichen einer besonderen Variante des Krieges stattfand, nämlich der des Befreiungskriegs. Gerade die beiden Dokumente, die als Schlüsseldokumente diese Epoche der Nationalisierung des Krieges einrahmen - das Konventsdekret der *levée en masse* vom 23. August 1793 und der Aufruf des preußischen Königs Friedrich Wilhelm III. vom 17. März 1813 „An mein Volk" -, begründen die jeweils beispiellose militärische Mobilisierung mit den Anforderungen eines Befreiungskampfes, der außerordentliche Maßnahmen legitimiere. Angesichts der enormen Nachwirkungen der *levée en masse* bleibt meist unberücksichtigt, daß die Volksbewaffnung strikt an diese Ausnahmesituation gebunden wurde: Nur bis zu dem Zeitpunkt, an dem die Feinde vom Boden der Republik vertrieben sein würden, sollten alle Franzosen zum Heeresdienst aufgeboten sein. Auch wenn die Volksbewaffnung somit als logische Folgerung aus der revolutionären „Ideologisierung" des Krieges erscheint, die im Freiheitspathos bei Kriegsausbruch 1792 und der Erklärung der „patrie en danger" nach den schweren Niederlagen dieses Jahres ihren Ausdruck fand, war sie nicht integraler Bestandteil der revolutionären Gesetzgebung. Vielmehr betonten Wohlfahrtsausschuß und Direktorium wiederholt die provisorische Geltung dieser Notmaßnahme. Die napoleonische Konskriptionsgesetzgebung, die an der individuellen Exemtion durch Stellvertretung festhielt, machte die allgemeine Wehrpflicht bereits wieder zur Fiktion[46]. Aber nicht die Konskription, die auf der Negativseite des napoleonischen Herrschaftssystems verbucht wurde, sondern die revolutionäre Aushilfsmaßnahme von 1793 wurde zu einem Markstein der „Tradition der Moderne", weil hier erstmals eine Nation ohne Einschränkung in den Dienst der Landesverteidigung trat.[47]

---

[41] *Smets*, Dorfidylle (wie Anm. 36), 738; vgl. auch *Blessing*, Umbruchkrise (wie Anm. 2), 82ff.
[42] *Paul Nolte*, Staatsbildung und Gesellschaftsreform. Politische Reformen in Preußen und den süddeutschen Staaten 1800 - 1820, Frankfurt a M./New York 1990, 191ff.
[43] *Witzleben*, Staatsfinanznot (wie Anm. 26), 162ff.
[44] *Elisabeth Fehrenbach*, Die Ideologisierung des Krieges und die Radikalisierung der Französischen Revolution, in: *Langewiesche*, Revolution (wie Anm. 23), 57-66; *Münkler*, Gewalt (wie Anm. 35), 54-58.
[45] *Langewiesche*, Nation (wie Anm. 8), 192.
[46] *Wohlfeil*, Heer (wie Anm. 10), 45-48.
[47] Ebd., 49; *Frevert*, Modell (wie Anm. 13), 20f.

Der Aufruf Friedrich Wilhelms III. „An mein Volk" schließt nicht nur in der mythischen Überhöhung, die ihm im späteren Nationalmythos der Befreiungskriege verliehen wurde, an das Vorbild der *levée en masse* an, sondern auch in der expliziten Berufung auf die Situation des Befreiungskampfes. Dies unterscheidet ihn nicht von den gleichzeitigen Aufrufen des russischen Oberbefehlshabers Wittgenstein, die gleichfalls die Befreiung vom Joch der Franzosenherrschaft propagierten.[48] Da sich Friedrich Wilhelms Aufruf in erster Linie an „sein Volk", seine preußischen Untertanen richtete und erst in zweiter an die übrigen Deutschen, war in den Aufrufen Wittgensteins, dessen Adressaten eben jene anderen „nichtpreußischen" Deutschen waren[49], die nationaldeutsche Dimension des Freiheitskampfes weitaus präsenter als im preußischen Kriegsmanifest. Dafür zog das preußische Manifest gleichsam die Summe der Befreiungstradition, indem es nicht nur die Erinnerung an die Erhebungen der jüngsten Zeit gegen Napoleon beschwor, sondern auch an die klassischen Exempel von Befreiungstraditionen der Frühen Neuzeit[50]: „Gedenkt des großen Beispiels unserer mächtigen Verbündeten, der Russen, gedenkt der Spanier, der Portugiesen. Selbst kleinere Völker sind für die gleichen Güter gegen mächtigere Feinde in den Krieg gezogen und haben den Sieg errungen. Erinnert Euch an die heldenmüthigen Schweitzer und Niederländer."

Mit den Russen und den iberischen Völkern wurden Befreiungskriege gegen die französischen Invasoren zum Vorbild erhoben, die den Charakter von Volkserhebungen angenommen hatten. Das spanische Beispiel eines Volksaufstandes, gegen den sich die Franzosen militärisch nicht hatten durchsetzen können, hatte seit 1808 in Deutschland immer wieder Pläne für eine Volkserhebung inspiriert.[51] Selbst Befürworter solcher Überlegungen wie Gneisenau schreckten allerdings davor zurück, die Konsequenzen einer „irregulären" Kriegsführung zu tragen, wie sie den Guerillakampf in Spanien, aber auch das Vorgehen der Kosaken mit Disziplinlosigkeiten und eskalierenden Grausamkeiten kennzeichnete. Ohnehin war das einzige Beispiel eines größeren Volksaufstandes auf deutschem Boden, das daran anknüpfte, der Tiroler Aufstand von 1809, schließlich gescheitert und ließ sich auch deshalb nicht in eine Ahnengalerie erfolgreicher Erhebungen gegen Napoleon aufnehmen.

Mit der Berufung auf die anerkannte Befreiungstradition der „heldenmüthigen Schweitzer und Niederländer" weitete der Verfasser des Aufrufs, Theodor von Hippel, das Spektrum der Befreiungskriege allerdings nicht nur zeitlich aus. Während die

---

[48] Abgedr. bei *Spies*, Erhebung (wie Anm. 11), 251-254; 259f.; 268f.
[49] „Deutsche Jünglinge! die Ihr nicht zu den Unterthanen Sr. Majestät des Königs von Preußen zählt". Aufruf Wittgensteins vom 23. 3. 1813 an die Jugend außerhalb Preußens, sich dem Kampf gegen Napoleon anzuschließen, ebd. 258.
[50] Ebd., 255.
[51] *Rainer Wohlfeil*, Spanien und die Deutsche Erhebung 1808 - 1814, Wiesbaden 1965, 164ff. Zur Vorbildfunktion der spanischen Erhebung für die österreichischen Versuche, 1809 in Deutschland eine Erhebung gegen Napoleon zu inszenieren, immer noch *Hellmuth Rössler*, Österreichs Kampf um Deutschlands Befreiung, 2 Bde., Hamburg ²1945.

Protagonisten der antinapoleonischen Erhebungen Völker waren, die ihre staatliche Einheit bereits realisiert hatten und sich auf dem Boden dieser staatlichen Einheit gegen Napoleon behaupteten, standen Eidgenossen und Niederländer für die spätmittelalterliche und frühneuzeitliche Genese von Nationen in einem Freiheitskampf. Die neuere Forschung betrachtet in beiden Fällen diese Verknüpfung von Nationsbildung und Freiheitskampf, die bis heute zum nationalen Selbstverständnis von Niederländern und Eidgenossen gehört, durchaus skeptisch. Die 700-Jahrfeier des imaginären Rütli-Schwures von 1291 hat den Ursprungsmythos weitgehend verabschiedet: Der Befreiungsmythos, symbolisiert etwa in der Gestalt des Wilhelm Tell, erscheint zwar seit der Mitte des 15. Jahrhunderts voll ausgebildet[52], doch standen die Anfänge der Eidgenossenschaft keineswegs im Zeichen eines Befreiungskampfes gegen Habsburg.[53] Auch der „Freiheitskampf" der Niederlande begann 1566 zunächst keineswegs als allgemeiner Volksaufstand gegen die spanische Herrschaft, sondern als ständische Oppositionsbewegung, die vom Hochadel ausging und unter dem Einfluß der Konfessionalisierung des Konfliktes rasch ihre soziale Basis verbreiterte.[54] Dies ändert jedoch nichts daran, daß eine retrospektive Interpretation der Auseinandersetzungen ausreichend Anknüpfungspunkte fand, das Geschehen im Sinne eines Einheit stiftenden Freiheitskampfes zu interpretieren, dessen kollektives Subjekt sich dann als Nation bezeichnen ließ.

In beiden Fällen einer klassischen „nationalen" Befreiungstradition der Frühen Neuzeit sorgte das religiöse Moment dafür, daß sich in der Konfrontation mit den jeweiligen Feinden ein ausgeprägtes Selbst- und Sendungsbewußtsein als „ausgewähltes Volk Gottes" entwickelte, das ein sich ausgestaltendes Nationalgefühl grundierte.[55] Diese religiöse Konnotation erlaubte es, die Befreiung von fremder Unterdrückung zugleich als eine religiös gerechtfertigte Neugestaltung gesellschaftlicher

---

[52] *Ulrich Im Hof*, Mythos Schweiz. Identität - Nation - Geschichte 1291 - 1991, Zürich 1991, 36ff.
[53] *Johannes Burkhardt*, Die Schweizer Staatsbildung im europäischen Vergleich, in: *Günther Lottes* (Hrsg.), Region, Nation, Europa. Historische Determinanten der Neugliederung eines Kontinents, Heidelberg 1992, 271-286; *Claudius Sieber-Lehmann*, Spätmittelalterlicher Nationalismus: Die Burgunderkriege am Oberrhein und in der Eidgenossenschaft, Göttingen 1995.
[54] *Horst Lademacher*, Die Niederlande. Politische Kultur zwischen Individualität und Anpassung, Frankfurt a. M./Berlin 1993, 84ff.
[55] Die spätmittelalterlichen Eidgenossen entwickelten diese Selbstzuschreibung in Auseinandersetzung mit den Ketzervorwürfen ihrer feudalen Widersacher. *Matthias Weishaupt*, Bauern, Hirten und „frume edle puren". Bauern- und Bauernstaatsideologie in der spätmittelalterlichen Eidgenossenschaft und der nationalen Geschichtsschreibung der Schweiz, Basel/Frankfurt a. M. 1992, 196ff. Für die Niederlande war das Bild vom „Neuen Israel" Kernbestand des von den Reformierten getragenen Nationalbewußtseins: *Cornelis Huisman*, Neerland Israel. Het Natiebesef der traditioneel-Gereformeerden in de Achttiende Eeuw, Dordrecht, 1983, 46ff.; *Olaf Mörke*, Die politische Bedeutung des Konfessionellen im Deutschen Reich und in der Republik der Vereinigten Niederlande. Oder: War die Konfessionalisierung ein „Fundamentalvorgang"?, in: *Asch/Duchhardt* (Hrsg.), Absolutismus (wie Anm. 34), 125-164, hier 137f. Gewiß grenzte dieses konfessionalistische Nationalbewußtsein die niederländischen Katholiken und andere konfessionelle Gruppierungen aus, doch identifizierte sich auch keine andere Gruppierung derart mit der Eigenstaatlichkeit wie die calvinistische Regentenschicht.

Ordnung zu interpretieren, denn sowohl die Eidgenossenschaft als auch die Niederlande organisierten ihr staatliches Gemeinwesen in einer monarchisch-feudalen Umwelt in Europa republikanisch. Unter diesen Auspizien aber ließen sich Befreiungs- und Freiheitskampf gar nicht nach unterschiedlichen Zielsetzungen trennen, weil schon der gemeinsame Befreiungskampf notwendig keine Restauration einer Vergangenheit, sondern eine zukunftsgerichtete und verändernde Zielsetzung erhielt - selbst wenn sich die Protagonisten eine Wiederherstellung vorheriger Zustände auf ihre Fahnen schrieben. Eine analytische Trennung von Befreiungs- und Freiheitsperspektive geht an der spezifischen Eigendynamik dieser frühnationalen Befreiungsmythen vorbei.

Auch in der Geschichte der deutschen Nation hat es in der Frühen Neuzeit Situationen gegeben, in denen der Appell an Vorstellungen einer nationalen Einheit ganz im Zeichen eines Befreiungsszenarios stand: Der „Prager Friede" von 1635, der eine deutsche Lösung zur Beendigung des verheerenden europäischen Krieges versuchte, wurde von den Protagonisten, dem sächsischen und dem Wiener Hof, als Aufbruch der deutschen Nation propagiert, das Reich vom „frembden Dominat und ausländischen Potentaten und Nationen zu befreien"[56]. Die Zielsetzung eines gemeinsamen Kampfes gegen auswärtige Feinde auf dem eigenen Territorium ließ in der politischen Konstellation nach der Schlacht von Nördlingen 1634 die konfessionellen Gegensätze - zumindest zwischen Katholiken und Lutheranern - zeitweilig in den Hintergrund treten. Bezeichnenderweise sollte sich die Genese eines erneuerten und aktualisierten nationalen Bewußtseins in einer militärischen Organisation, der „Reichsarmada", konkretisieren, und auch hier sollten mit den äußeren Feinden zugleich deren hartnäckige Verbündete als innere Widersacher ausgegrenzt und bekämpft werden. Der Befreiungskrieg sollte also zugleich die innere Einheit gewährleisten bzw. in Anlehnung an Hegels Formulierungen die inneren Unverträglichkeiten der Nation beenden. Wenngleich die politische Entwicklung diese Perspektiven des Prager Friedens, den seit 1618 tobenden Krieg doch noch zu einem Reichseinigungskrieg zu transformieren, bald zur Chimäre machen sollten, bleibt dieses Ereignis doch bemerkenswert, weil zu keinem anderen Zeitpunkt in der Geschichte des Alten Reiches das Konzept einer politisch geeinten deutschen Nation einer Realisierung so nahe kam wie eben in dieser Phase des Dreißigjährigen Krieges. Auch hier fällt der frühe Höhepunkt eines nationalen Bewußtseins im Alten Reich mit der Propagierung eines Befreiungskrieges und folglich mit einer spezifischen Konstellation in der Beziehung von Krieg und Nation zusammen.

Auch ein zweiter historischer Moment, in dem sich nationales Bewußtsein für die Zeitgenossen in Deutschland verdichtet, stand im Zeichen der Logik eines

---

[56] *Georg Schmidt*, Reich und Nation. Krieg und Nationsbildung in Deutschland, in: *Horst Lademacher/ Simon Groenveld* (Hrsg.), Krieg und Kultur. Die Rezeption von Krieg und Frieden in der Niederländischen Republik und im Deutschen Reich 1568-1648, Münster u.a. 1998, 57-75, 521-524, v. a. 67-69.

Befreiungskampfes. Der preußische Sieg bei Roßbach 1757 in äußerst kritischer Ausgangslage über die Reichsarmee samt deren französischen Hilfskorps bewahrte zunächst einmal die preußischen Zentralprovinzen vor einer unmittelbar drohenden Invasion, provozierte aber darüber hinaus enthusiastische Reaktionen auf seiten der Anhänger Preußens im Reich, die diesen Sieg als Abwehr der französischen Eindringlinge auf deutschem Boden feierten.[57] Allerdings blieb die Möglichkeit für Preußen, sich zum Vorkämpfer einer deutschen Nation gegen die Franzosen stilisieren zu lassen, auf diesen einen Waffengang 1757 beschränkt, agierten Preußen und Franzosen doch im weiteren Kriegsverlauf in Deutschland auf getrennten Kriegsschauplätzen und dominierte der Krieg zwischen den beiden Großmächten Preußen und Österreich die deutsche Perspektive. Fraglos stimulierte der Siebenjährige Krieg einen ausgeprägten preußischen Landespatriotismus, der bereits auf die Befreiungskriege 1813/1814 voraus wies.[58] Aber zum Befreiungskrieg oder gar zum Einigungskrieg der deutschen Nation ließ er sich schon aufgrund des Antagonismus der beiden Großmächte im Reich, Preußen und Österreich, und der Tatsache, daß auch die übrigen deutschen Territorien verfeindeten Lagern angehörten, nur schwer umfunktionieren - ein wesentlicher Unterschied zu den Befreiungskriegen 1813/1814, an deren Ende schließlich nahezu alle deutschen Territorien auf seiten der Gegner Frankreichs standen.

Angesichts einer spezifischen Verbindung von Befreiungskrieg und Nationsbildung erscheint folglich das Kriterium, das Hobsbawn für diesen Konnex gewählt hat, problematisch, da allzu stark auf die „imperialistische Phase" des 19. Jahrhunderts zentriert. Neben den beiden Kriterien, die für Hobsawm eine Nation erfüllen muß - der Verbindung mit einem gegenwärtigen Staat und der Existenz einer alteingesessenen kulturellen Elite -, ist es drittens die „erwiesene Fähigkeit zur Eroberung", die eine Nation auszeichnen muß, um sie über den Status der „kleinen Völker" emporzuheben.[59] Wenn der Zusammenhang von Krieg und Genese eines nationalen Bewußtseins zur Diskussion steht, taugt der Befreiungskrieg allerdings gleich in mehrfacher Hinsicht besser als Kriterium, denn gerade die Doppelgesichtigkeit von „Gewaltbereitschaft und Partizipationsverheißung", die die Nationalbewegung charakterisiert[60], kommt in der Konstellation eines Befreiungskrieges idealtypisch zur Geltung. Seine

---

[57] *Christof Römer*, Die Bildwelt des Patriotismus und die Ikonographie seiner Helden in Deutschland (1806-1815), in: *Herrmann* (Hrsg.), Volk (wie Anm. 9), 369-390, v. a. 378.
[58] *Horst Carl*, Okkupation und Regionalismus. Die preußischen Westprovinzen im Siebenjährigen Krieg, Mainz 1993, 366ff.; *Christof Dipper*, Deutsche Geschichte 1648 -1789, Frankfurt a. M. 1991, 310, will ihn deshalb sogar - soweit es um die Existenz Preußens ging - als „Nationalkrieg" bezeichnen. Für Preußen nimmt er damit die Interdependenz von Befreiung und Nationsbildung bereits im Siebenjährigen Krieg in Anspruch.
[59] *Eric J. Hobsbawm*, Nationen und Nationalismus. Mythos und Realität seit 1780, Frankfurt a. M./New York 1991 (engl. 1990), 50f.
[60] *Langewiesche*, Nation (wie Anm. 8), 198, sowie ders., Nationalismus im 19. und 20. Jahrhundert: Zwischen Partizipation und Agression, Bonn 1994.

spezifisch moderne Dynamik erhielt er in den antinapoleonischen Befreiungskriegen jedoch durch die Errungenschaften der „zweiten militärischen Revolution".

1) Die Unterscheidung von „instrumentellem" und „existenziellem" Krieg, mit der Clausewitz die neuen Formen des Nationalkrieges gegenüber den gehegten Kabinettskriegen absetzte, betonte nicht nur die neue Qualität der Motivation und den Mobilisierungsgrad der Untertanen, sondern auch eine neue Qualität des Krieges selbst.[61] Der Krieg war nunmehr das revolutionäre Prinzip, weil er Neues schaffen konnte[62], und dieses Neue im revolutionären Frankreich wie im preußisch-deutschen Befreiungskrieg als nationale Einheit verstanden wurde. Nur der Krieg - und nicht etwa die Diplomatie - könne deshalb den wahren Anfang einer neuen Ordnung in Deutschland schaffen[63], so formulierte dies Schleiermacher. Diese Auffassung vom Krieg als revolutionärem Prinzip traf sich mit der Logik von Krise und Katharsis, die dem Befreiungskrieg zu eigen ist und die ebenfalls die Befreiung nicht lediglich als Rückkehr zum alten Zustand, sondern als Beginn einer besseren Zukunft erscheinen ließ.

2) Ein Befreiungskrieg war schon deshalb der „existenzielle Krieg" par exzellence, weil er von einer existenziellen Bedrohung des politischen Kollektivs ausging.[64] Er rechtfertigte sich selbst als Akt kollektiver Notwehr, so daß die Frage der moralischen Legitimation von Gewaltanwendung - die Frage nach dem „gerechten Krieg" - a priori beantwortet war. Damit war auch die Motivation, sich in diesem Krieg zu engagieren und das eigene Leben für das bedrohte Kollektiv einzusetzen, über Kritik und Zweifel erhaben.

3) Keine andere Form des Krieges war folglich ähnlich positiv konnotiert, um Anknüpfungspunkte für die mythische Verklärung des Sterbens und Tötens auf den Schlachtfeldern zu bieten. Dem Bedürfnis von Soldaten und Zivilisten, Kriegserfahrungen in eine als sinnvoll apostrophierte symbolische Ordnung einzuordnen, kam deshalb die idealtypische Konstellation eines Befreiungskrieges in hohem Maße entgegen. Wenn darauf verwiesen worden ist, daß der Krieg die Mythen schuf, die im

---

[61] *Michael Jeismann*, Das Vaterland der Feinde. Studien zum nationalen Feindbegriff und Selbstverständnis in Deutschland und Frankreich 1792-1918, Stuttgart 1991, 101ff. Auch *Münkler*, Gewalt (wie Anm. 35), 106, betont diese Bestimmung des „existenziellen Krieges" bei Clausewitz: Er ist nicht ein Akt, durch den ein Volk seine Interessen verfolgt, sondern zu sich selbst gelangt, nicht Instrument der Politik, sondern „Politik in höchster Form".
[62] Daß die Vorstellung vom Krieg als Übergangsritual in eine bessere Zukunft ein wichtiger Bezugspunkt der Erfahrungswelt von Kriegsteilnehmern ist, zeigt am Beispiel des Kameradschaftsmythos *Thomas Kühne*, Zwischen Männerbund und Volksgemeinschaft: Hitlers Soldaten und der Mythos der Kameradschaft, in: Archiv für Sozialgeschichte 38, 1998, 165-189, v. a. 172ff.
[63] *Schleiermacher* in einem Artikel zum Prager Friedenskongreß am 14. Juli 1813 im „Preußischen Correspondenten", zit. bei *Spies*, Erhebung (wie Anm. 11), 306f. Als abschreckendes Beispiel dient der Westfälische Frieden, der schon einmal Deutschland „zerstört" habe.
[64] *Peter Berghoff*, Der Tod des politischen Kollektivs: politische Religion und das Sterben und Töten für Volk, Nation und Rasse, Berlin 1997, 174f.

kollektiven Gedächtnis von Nationen einen zentralen Rang einnehmen[65], so potenzierte sich diese Engführung von Nation und Krieg in solchen Waffengängen, die als Befreiungskriege propagiert und von den Beteiligten als solche erfahren werden konnten. Sie waren prädestiniert dafür, als Kristallisationskeime für die „Erfindung von Traditionen" zu dienen, die dann zum Fundus der jeweiligen Nationalgeschichten gehörten. Die Helden nationaler Gründungsmythen wie Wilhelm Tell, Jeanne d'Arc oder Wilhelm von Oranien waren Freiheitshelden. Allerdings wuchs gerade in dieser Hinsicht den nachrevolutionären Waffengängen eine neue Erfahrungsdimension zu: Der nationalisierte Totenkult, der nunmehr den Namen jedes Soldaten erinnerungswürdig werden ließ, ließ prinzipiell jeden Soldaten an dieser Rolle eines Freiheitshelden partizipieren.

4) Die konstitutive Rolle der Feindbilder für die Entwicklung des modernen Nationalismus verweist schließlich auf den besonderen Status von Befreiungskriegen für den Zusammenhang von Krieg und Nation, denn gegenüber Feinden, die als Eroberer oder Okkupanten auftreten, prägte sich ein Feindbild besonders scharf und nachhaltig aus. Auch deshalb war die Phase zwischen 1792 und 1815 gekennzeichnet durch eine wechselseitige Fixierung und Aktualisierung der tradierten Stereotypen und Xenophobien auf deutscher und französischer Seite, wie dies Michael Jeismann zum Ausgangspunkt seiner Darstellung der Geburt des französischen und deutschen Nationalismus aus dem Geist sich gegenseitig hochschaukelnder Feindschaft gemacht hat.[66]

Wenn Kriegserfahrungen zentraler Bestandteil in der Genese nationalen Bewußtseins sind, so ist es folglich weniger die Fähigkeit zu Eroberungen, sondern - in Analogie zu Hobsbawms Diktion - vielmehr die erwiesene Fähigkeit zu einem erfolgreichen Befreiungskrieg, die die kriegerische Seite der Nationsbildung ausmacht, ja Befreiungskriege stellen geradezu die Conditio sine qua non im martialischen Gründungsmythos dar.[67]

Das Bedingungsverhältnis von Krieg, Kriegserfahrung und Nationsbildung ließe sich somit für die kriegerische Epoche zwischen 1792 und 1815 auch umkehren: Die Schwelle zum modernen Nationalismus wurde auch deshalb überschritten, weil eine Häufung von Befreiungskriegen am Anfang der „Nationalisierung" von Kriegen stand - die gelegentlich auf die deutsche Geschichte fokussierte Rede vom Zeitalter der Befreiungskriege oder der „Erhebung der Völker" akzentuiert diese Perspektive.

---

[65] *Anthony D. Smith*, National Identity, Reno/Las Vegas/London 1991, 27; *Langewiesche*, Nation (wie Anm. 8), 193.
[66] *Jeismann*, Vaterland (wie Anm. 61), passim; vgl. auch ders., „Feind" und „Vaterland" in der frühen deutschen Nationalbewegung 1806-1815, in: *Herrmann* (Hrsg.), Volk (wie Anm. 9), 279-290.
[67] Dafür spricht bereits die Tatsache, daß fast alle modernen Nationen über einen Befreiungskrieg in ihrem Inventar an historischen Erfahrungen und nationalen Mythen verfügen. So erläutert Hagen Schulze seine These, daß Krieg zwar nicht Ursprung, aber Katalystor der Nation sei, anhand spätmittelalterlicher Schlachten, die sich fast alle dem Kontext von Befreiungssituationen zuordnen lassen. Hobsbawm hat diesen Zusammenhang von Krieg und Nation wohl auch deshalb nicht favorisiert, weil ausgerechnet England hier einen „Sonderweg" beschritten hat. *Hagen Schulze*, Staat und Nation in der europäischen Geschichte, München 1994, 125ff.

Der Mythos des Befreiungskrieges 79

Wenn einerseits die Befreiungskriegskonstellation als ein Archetyp von Nationsbildung in Anspruch genommen wird, andererseits aber im Vorhergehenden die neuen Dimensionen einer „zweiten militärischen Revolution" betont worden sind, so lassen sich in der Engführung von Krieg und Nation um 1800 die Argumente schärfer konturieren, die zwar Traditionslinien zu einem vormodernen Nationalismus berücksichtigen, gleichwohl aber für eine neue Qualität dieses „modernen Nationalismus" sprechen. Dies gilt in besonderem Maße für die deutsche Nation, für die die Befreiungskriege von 1813/1814 einen entscheidenden Schritt auf dem Weg zum modernen Nationalbewußtsein darstellten.

Als Indikator für eine neue Qualität nachrevolutionärer nationaler Befreiungskriege läßt sich gerade das Veralten der vormodernen Vorbilder anführen: Weder die Eidgenossen noch die Niederländer konnten einen nachhaltigen militärischen Beitrag zum Sturz der napoleonischen Herrschaft leisten, obwohl etwa die holländischen Kernprovinzen sich noch verzweifelt bemühten, in letzter Minute mit einer eigenen Erhebung 1813 der französischen Fremdherrschaft den Todesstoß zu versetzen. Aber zu größeren Kämpfen, die einer heroischen Tradition zum Vorbild hätten dienen können, kam es nicht[68]. Wie in den deutschen Territorien waren in der Eidgenossenschaft und in den Niederlanden nach den Erfahrungen staatlichen Zusammenbruchs im Krieg kulturnationale Strömungen hervorgetreten, die deutlich kompensatorische Züge trugen.[69] Im Unterschied zur Entwicklung in Deutschland fehlte jedoch die massenwirksame politische Aktualisierung des Konzepts „Nation", wie dies die militärische Mobilisierung in den Befreiungskriegen 1813/1814 erlaubte. Sowohl in der Eidgenossenschaft als auch in den Niederlanden wurde es - gerade mit Blick auf die deutschen Nachbarn - als Defizit empfunden, keine bewaffnete Erhebung vorweisen zu können, die dem Bild einer „Nation in Waffen" entsprach und als zeitgemäßer Selbstbeweis der Nation dienen konnte. Es erwies sich folglich als schwierig, das durch die Erfahrung von Satellitenstaaten oder Gliedern der Grande Nation lädierte nationale Selbstbewußtsein wieder aufzupolieren.[70]

Die Beobachtung in den Niederlanden und der Eidgenossenschaft, daß ein vormodernes Nationalbewußtsein in der nachrevolutionären Eskalation von Kriegen veralten konnte, findet insofern für den deutschen Kontext eine Entsprechung, als auch hier die vormodernen Traditionen eines Nationalbewußtseins einem Erfahrungswandel unterlagen. Als Kommmunikationsereignis ließ die national orientierte Agitation der österreichischen Propaganda 1809, erst recht aber das explosionsartige Anschwellen entsprechender Gebrauchslyrik und Publizistik 1813/1814 die Größenord-

---

[68] *Simon Schama*, Patriots and Liberators. Revolution in the Netherlands 1780 - 1813, London 1977, 638ff.
[69] Ebd., 487ff.; *Im Hof*, Mythos (wie Anm. 52), 113ff.
[70] *Im Hof*, Mythos (wie Anm. 52), 121ff.; *N. C.f. van Sas*, Vaderlandsliefde, nationalisme en vaderlands gevoel in Nederland, 1770 - 1813, in: Tijdschrift voor Geschiedenis 102, 1989, 471-495, hier 494.

nungen früherer Kriege hinter sich.[71] Im Siebenjährigen Krieg hatte es durchaus bereits eine breitenwirksame patriotisch-preußische Propaganda mit nationalen Untertönen gegeben, die etwa in der religiösen Einfärbung auf die Befreiungskriege vorauswies. Besonders ausgeprägt sind Traditionslinien bei den Sammlungen populärer Kriegslyrik 1813, die sich etwa bei den „Kriegsgesängen" häufig direkter Entlehnungen der Gesänge Gleims aus dem Siebenjährigen Krieg bedienten, weil diese patriotisch-preußische Dichtung mit der emphatischen Berufung auf den „Tod für das Vaterland" sich ohne weiteres für das politische Programm der Befreiungskriege nutzbar machen ließ. Zweifellos kam diese Anknüpfung an die Sprache der patriotischen Lieder der Rezeption der Lyrik der Befreiungskriege zugute. Die Herausgeber dieser tradierten Kriegslyrik, namentlich der Soldatenlieder, gaben ihr jedoch durch Eingriffe in den Text eine neue Richtung, indem sie das in der patriotischen Lyrik nur vage artikulierte Streben nach nationaler Identität präzisierten und „auf das politische Ziel eines von französischer Herrschaft befreiten und einigen Deutschlands" hin ausrichteten.[72]

Die jüngste Forschung hat sich - in kritischer Auseinandersetzung mit der borussischen Legendenbildung - skeptisch zur Breiten- und sozialen Tiefenwirkung dieser nationalen Propaganda geäußert, wobei besonders die Motivation und das Verhalten der Freiwilligen-Regimenter und der Landwehr auf den Prüfstand gestellt worden sind.[73] Ganz abgesehen von den anhaltend hohen Desertionsraten bleibt fraglich, ob selbst unter deren Mitgliedern das Bewußtsein, für die Freiheit und Einheit der deutschen Nation zu kämpfen, besonders ausgeprägt gewesen ist.[74] Selbst wenn die nationalen Flugschriften eines Ernst Moritz Arndt auf nachweisliche Resonanz in der Landbevölkerung stießen, ist es nicht klar, ob dies mehr dem nationalen oder dem christlichen Pathos zu verdanken war.[75] Ohnehin blieb auf preußischer Seite beim Gros der Protagonisten in der Schwebe, ob es nun um den nationalen Befreiungskampf der preußischen oder der deutschen Nation ging. Für die konkreten Belange des Befreiungskampfes war eine Klärung aber auch nicht vordringlich: „Frei von Feinden, weiß ich, muß das Land sein; höheres, anderes sehe ich nicht in diesem Kriege".[76] Nach dem Kriegsende 1815 neigte sich in Preußen gerade auf dem Gebiet

---

[71] *Jürgen Wilke*, Der nationale Aufbruch der Befreiungskriege als Kommunikationsereignis, in: *Herrmann* (Hrsg.), Volk (wie Anm. 9), 353-368.
[72] *Ernst Weber*, Lyrik der Befreiungskriege (1812-1815). Gesellschaftspolitische Meinungs- und Willensbildung durch Literatur, Stuttgart 1991, 140.
[73] *Rudolf Ibbeken*, Preußen 1807-1813. Staat und Volk als Idee und Wirklichkeit, Köln/Berlin 1970; *Bernd v. Münchow-Pohl*, Zwischen Krieg und Reform. Untersuchungen zur Bewußtseinslage in Preußen 1809-1812, Göttingen 1987.
[74] Selbst für das Lützowsche Freikorps, das sich speziell aus nichtpreußischen Freiwilligen rekrutierte, verneint dies *Peter Brandt*, Einstellungen, Motive und Ziele von Kriegsfreiwilligen 1813/14: Das Freikorps Lützow, in: Dülffer (Hrsg.), Kriegsbereitschaft (wie Anm. 10), 210-233, hier 232.
[75] *Siemann*, Staatenbund (wie Anm. 8), 306.
[76] So Rahel Levin am Vorabend der Leipziger Schlacht am 13. 10. 1813, zit. n. *Dirk-Alexander Reder*, „Natur und Sitte verbieten uns, die Waffen der Zerstörung zu führen ...". Patriotische Frauen

Der Mythos des Befreiungskrieges 81

der Militärorganisation die Waagschale zunächst wieder auf die Seite eines preußischen Nationalbewußtseins, so daß der „Nationalstolz" auf die traditionellen regionalen und dynastischen Loyalitäten verwiesen werden konnte. Erst recht läßt der Blick auf die Entwicklung in den anderen deutschen Staaten diese Orientierung auf traditionelle Loyalitäten zu Dynastie und Territorium deutlicher hervortreten. Wenn die Bedeutung von Feindbildern für die Genese eines Nationalbewußtseins im allgemeinen und des französischen Feindbildes für das deutsche Nationalbewußtsein im besonderen hervorgehoben wird, so gilt dieser Zusammenhang in den napoleonischen Kriegen auch für die deutschen Staaten - allerdings mit dem Unterschied, daß hier die napoleonischen Kriege alte Feindbilder zwischen territorialen Nachbarn aktualisierten und vertieften und eben nicht ausschließlich das Feindbild der Franzosen. Durch die Kriege von 1805 und 1809, in denen Bayern auf französischer Seite gegen Österreich focht, erhielt die traditionelle Feindschaft der Nachbarn neuen Auftrieb - das Erbfeindsyndrom der Bayern war gewiß eher österreichisch als französisch konnotiert.[77] Ähnliches gilt auch für die traditionelle Animosität zwischen Hannover und Preußen, die durch die Besetzung Hannovers durch Preußen 1806 neuen Auftrieb erhielt, und schließlich vor allem für den Antagonismus zwischen Preußen und Sachsen, der durch das Festhalten Sachsens an der französischen Sache bis 1814 heillos zu werden drohte. Er fand seinen spektakulären Ausdruck in der Revolte der sächsischen Regimenter in Lüttich im Mai 1815 gegen die Eingliederung ins preußische Heer, wobei die Erinnerung an die zwangsweise Überführung sächsischer Einheiten in die preußische Armee im Siebenjährigen Krieg unheilvoll Pate stand.[78] Die militärischen Reformen, die neue Motivation der Soldaten und die gegenüber früher weitaus höhere Mobilisierung der Bevölkerung fand in den Rheinbundstaaten an der Seite Frankreichs statt und blieb im Ergebnis nicht wesentlich hinter dem französischen Vorbild zurück.[79] Die Nationalisierung der Heere vollzog sich hier auf fürstenstaatlicher Ebene.[80]

Auch in der Schaffung von Mythen zur Verarbeitung und Sinngebung des Kriegserlebnisses unterschieden sich die Kriege der Rheinbundarmeen unter den Fahnen Napoleons nicht grundsätzlich von den antinapoleonischen Kriegen in Deutschland ab 1813. Hier war es vor allem die Katastrophe des Rußland-Feldzugs von 1812, die

zwischen Krieg und Frieden, in: *Dülffer* (Hrsg.), Kriegsbereitschaft (wie Anm. 10), 170-182, hier 180.
[77] Erinnert sei an die beiden österreichischen Besetzungen Bayerns im Spanischen und Österreichischen Erbfolgekrieg 1704-1714 und 1743-1745, während sich auf der anderen Seite Bayern bei der Besetzung Tirols 1703 bereits eine blutige Abfuhr geholt hatte. *Carl*, Okkupation (wie Anm. 58), 7f.
[78] Für diese Episode ist - gerade wegen der unverhohlenen Ressentiments - immer noch die Darstellung bei *Heinrich von Treitschke*, Deutsche Geschichte im Neunzehnten Jahrhundert, Bd. 1, Leipzig ³1882, 732ff. besonders aufschlußreich. Treitschkes Vater diente als junger Offizier in einem der sächsischen Regimenter.
[79] Dies betont beispielsweise für die militärische Leistungsfähigkeit *John H. Gill*, With Eagles to Glory. Napoleon and his German Allies in the 1809 Campaign, London 1992, 482ff.
[80] *Sikora*, Desertion (wie Anm. 32), 136.

bald mythische Züge annahm, und die charismatisch Führerfigur des Kaisers, der in den Rheinbundstaaten über den Frontwechsel von 1813 und die Anti-Frankreich-Stimmung hinaus ein populärer „Kristallisationspunkt heroischer Erinnerung"[81] blieb. Noch das suggestive Pathos des Anfangs, mit dem Thomas Nipperdey in mittlerweile schon klassischer Apodiktizität den französischen Kaiser als Anfang der modernen deutschen Nationalgeschichte benennt - „am Anfang war Napoleon" -, beschwört sehr bewußt den Mythos Napoleons.[82]

Gerade Nipperdeys Pointe, ier mit der Stilisierung Napoleons zum Ursprung von gesellschaftlicher Modernisierung und nationaler Bewegung gängige nationalgeschichtliche Erklärungsmustern konterkariert, macht im Umkehrschluß allerdings deutlich, wie wenig Napoleon oder auch die Katastrophe des Rußland-Feldzugs dazu getaugt haben, Bestandteile eines deutschen Nationalbewußtseins zu werden. Mit der einheitstiftenden Qualität und der hohen nationalen Prägekraft eines Befreiungskampfes konnte ein solches Identifikationsangebot nicht konkurrieren. Auch wenn die Realitäten der militärischen Mobilisierung der Jahre 1813/1814 - die wesentlich auf das Bürgertum begrenzte Rezeption nationaler Parolen, die Beharrungskraft lokaler und regionaler Orientierungen, die geringe militärische Bedeutung von Freikorps und Landwehr, deren hohe Desertionsraten - mittlerweile die Legendenbildung um die „nationale Erhebung" kräftig relativiert haben, bestätigen doch eben diese Legenden die mythenbildende Kraft und die immanente Logik einer Befreiungstradition. Spätestens in den 1860er Jahren wurde das „nationalkriegerische Vermächtnis der Befreiungskriege"[83] zum dominierenden Bezugspunkt der Nationalbewegung, das andere Traditionen wie beispielsweise die Berufung auf 1848 in den Hintergrund drängte. Dies muß nicht unbedingt schon als Sündenfall der bürgerlich-liberalen Nationalbewegung interpretiert werden, denn schließlich stand ein solches Bild der Nation in Waffen immer noch in der Fluchtlinie der spezifischen Vermengung von Partizipation und Gewalt in der Situation des Befreiungskrieges. Aber die Fixierung auf ein militantes Gemeinschaftsideal der „martialischen Nation", die sich in einer Welt von Feinden zu behaupten habe, ließ im Kaiserreich den Mythos der Befreiungskriege immer mehr zu einer Hypothek für das deutsche Nationalbewußtsein werden.

---

[81] *Blessing*, Umbruchkrise (wie Anm. 2), 87ff.
[82] *Nipperdey*, Deutsche Geschichte (wie Anm. 8), 1f.; zum Mythos Napoleon *Jean Tulard*, Napoleon oder der Mythos des Retters. Eine Biographie, Tübingen 1977.
[83] *Dietmar Klenke*, Nationalkriegerisches Gemeinschaftsideal als politische Religion. Zum Vereinsnationalismus der Sänger, Schützen und Turner am Vorabend der Einigungskriege, in: HZ 260, 1995, 395-448, v. a. 419ff.

Nikolaus Buschmann

Volksgemeinschaft und Waffenbruderschaft Nationalismus und Kriegserfahrung in Deutschland zwischen „Novemberkrise" und „Bruderkrieg"

Die historische Forschung ging lange Zeit davon aus, der Nationalismus in Deutschland habe seine aggressive Stoßkraft im wesentlichen erst nach der Reichsgründung ausgebildet. Dieser Prozeß wurde als eine Entwicklung beschrieben, in deren Verlauf sich der Nationsgedanke von einer ursprünglich linken Domäne in eine Integrationsideologie der politischen Rechten umformte.[1] Mit dem organisierten Massennationalismus und der hohen gesellschaftlichen Akzeptanz imperialistischer Denkweisen schuf der wilhelminische Nationalismus in der Tat neue Dimensionen, die der militarisierten Vorstellungswelt des Kaiserreichs zusätzliche Sprengwirkung verliehen.[2] Zugleich verlor das nationale Denken an liberaler Substanz, verschrieben sich zunächst die Nationalliberalen und später Teile des Linksliberalismus den wilhelminischen Weltmachtphantasien. Die verfassungspolitische Reformkraft, die über Jahrzehnte hinweg vom Einheitsgedanken ausging, büßte seit der Revolution, vor allem aber nach dem „Schock" der sogenannten zweiten Reichsgründung, rasch ihre frühere Bedeutung ein.[3] Bildete die Nation in der ersten Jahrhunderthälfte in der Hauptsache ein utopisches Gegenmodell zu den feudalen Strukturen des autoritären Obrigkeitsstaates, bedienten sich nun auch dezidiert antiliberale Politikentwürfe nationaler Legitimationsstrategien. Das liberale Bürgertum hatte damit nicht nur das Monopol auf die Nation verloren, sondern entfernte sich zunehmend auch von den ehemals damit verbundenen verfassungspolitischen und gesellschaftlichen Leitvorstellungen. Hier kommen neben dem konkurrenzlosen Erfolg des Nationalismus als erfolgreichster politischer Integrationsideologie des 19. Jahrhunderts auch die veränderten politischen Machtkonstellationen zum Ausdruck, denen sich das Bürgertum im Zuge seiner Binnendifferenzierung und dem Aufstieg der Arbeiterbewegung konfrontiert sah.

---

[1] *Heinrich August Winkler*, Vom linken zum rechten Nationalismus. Der deutsche Liberalismus in der Krise von 1878/79, in: GG 4, 1978, 5-28.
[2] *Stig Förster*, Der doppelte Militarismus, Stuttgart 1985; *Thomas Rohkrämer*, Der Militarismus der „Kleinen Leute". Die Kriegervereine im Deutschen Kaiserreich 1871-1814, München 1990.
[3] *Dieter Langewiesche*, Bildungsbürgertum und Liberalismus im 19. Jahrhundert, in: *Jürgen Kocka* (Hrsg.), Bildungsbürgertum im 19. Jahrhundert. Teil IV: Politischer Einfluß und gesellschaftliche Formation, Stuttgart 1989, 101.

Indem Heinrich August Winkler auf den Spuren Ludwig Bambergers[4] den zäsurartigen Einschnitt hervorhob, den der Übergang zur Schutzzollpolitik Ende der 1870er Jahre für die Entwicklung des deutschen Liberalismus bedeutete, relativierte er nicht nur den Einfluß der Niederlage von 1848 auf die politischen Einstellungen innerhalb des Bürgertums. Seine Interpretation legt zudem nahe, daß die pathologischen Tendenzen des deutschen Nationalismus hauptsächlich in den Partizipationskrisen des Kaiserreichs ihren Ausgang nahmen. Das Leitbild des nationalen Machtstaates mit Weltmachtambitionen stellt sich so hauptsächlich als Folge der Vereinnahmung des Nationsbegriffs durch die politische Rechte dar, der sich die Liberalen zunehmend annäherten. Diese Interpretation, deren prägnanteste Version jüngst von Otto Dann[5] formuliert wurde, vernachlässigt jedoch den bereits in der älteren Forschung aufgearbeiteten Befund, daß innere und äußere Feindbildung, Expansionismus und aggressive Abgrenzungsstrategien nicht erst zu einem vergleichsweise späten Zeitpunkt konstitutiv für den modernen Nationalismus wurden, sondern sich gleichsam wie ein roter Faden durch seine Geschichte ziehen.[6]

Auf der anderen Seite neigen Darstellungen, welche in dem Substanzverlust des Liberalismus vor allem einen Reflex auf die in den Politikentwürfen des Vormärz noch nicht antizipierte industrielle Klassengesellschaft, den Verlauf der Revolution von 1848/49 und schließlich die Ohnmacht gegenüber der „Revolution von oben" sehen, tendenziell zu einer Überbewertung des Zäsurcharakters der revolutionären Niederlage für den bürgerlichen Liberalismus.[7] Ebenso tief wie die Enttäuschung über den Verlauf der Revolution, der sich viele Beteiligte ohnehin nur zögerlich angeschlossen hatten, dürfte für die große Mehrheit des liberalen Bürgertums die Ernüchterung über das Scheitern des Nationalstaates ausgefallen sein. Der Waffenstillstand von Malmö, der den Krieg gegen Dänemark ohne Zustimmung der Paulskirche beendet hatte, galt als tiefe Demütigung und symbolisierte bis in die 1860er Jahre hinein die zerschlagenen Hoffnungen der Revolutionsjahre.[8] Wer als Konsequenz aus den veränderten Rahmenbedingungen der nachrevolutionären Zeit die Abkehr vom politischen Idealismus zugunsten einer machtorientierten „Realpolitik" einforderte, formulierte nichts wesentlich Neues, sondern griff Vorstellungen auf, die bereits im Vormärz die Runde gemacht hatten. Die steigende Akzeptanz von Positionen, wie sie Rochau, Baumgarten und Treitschke repräsentierten, deutet zwar die Verschiebungen innerhalb des liberalen Lagers an, gibt jedoch wenig Auskunft darüber, in welchem

---

[4] *Ludwig Bamberger*, National, in: ders., Gesammelte Schriften, Bd. V, Berlin 1897, 205-225.
[5] *Otto Dann*, Nation und Nationalismus in Deutschland 1770-1990, München 1993.
[6] Vgl. etwa *Eugen Lemberg*, Nationalismus, 2 Bde., Reinbek bei Hamburg 1964; für die neuere Forschung *Michael Jeismann*, Das Vaterland der Feinde. Studien zum nationalen Feindbegriff und Selbstverständnis in Deutschland und Frankreich 1792-1918, Stuttgart 1992.
[7] *Lothar Gall*, Liberalismus und „bürgerliche Gesellschaft". Zu Charakter und Entwicklung der liberalen Bewegung in Deutschland, in: HZ 220, 1975, 324-356.
[8] Zur Revolution vgl. *Günther Wollstein*, Das „Großdeutschland" der Paulskirche, Düsseldorf 1977.

Verhältnis die Gewaltbereitschaft des modernen Nationalismus zu den verfassungspolitischen Zielvorstellungen des Bürgertums stand.

So einschneidend sich der Wandel vom „linken" zum „rechten" Nationalismus auch auf die zeitgenössischen Politikkonzepte auswirkte, sollten die damit verbundenen Veränderungen nicht über die Kontinuitäten hinwegtäuschen, die den Nationalismus des Vormärz mit seiner integralen Variante in der wilhelminischen Epoche verbinden. Insofern verstellt die Auftrennung des Nationalismus in eine vermeintlich friedliche Früh- und eine aggressive Spätphase den Blick auf die Schattenseiten demokratischer und liberaler Nationsvorstellungen, ebenso wie sie die partizipatorischen Elemente des wilheminischen Verbandsnationalismus ausblendet. Dies gilt insbesondere für die Frage nach der Kriegsbereitschaft, mit der die Nationalbewegung den nationalen Zukunftsstaat herbeisehnte.

Das Gewaltpotential des modernen Nationalismus als ein Strukturmerkmal des 19. und 20. Jahrhunderts wird erst im Blick auf die Prägewirkung der Französischen Revolution verständlich. Die Erfahrung von Krieg für die Existenz und die Selbstinterpretation einer Nation ist zwar keine neue Einsicht, wurde jedoch erst in der jüngeren Forschung wieder deutlicher hervorgehoben.[9] Im internationalen und diachronen Vergleich zeigt sich, daß das Doppelantlitz aus „Partizipationsverheißung und Gewaltbereitschaft"[10] sich nahezu allen modernen Nationalstaatsgründungen einschrieb - unabhängig vom politischen Durchsetzungsvermögen des Bürgertums. Insofern täuscht die häufig anzutreffende Vorstellung der Instrumentalisierung der Nationalbewegung durch konservative Herrschaftseliten über die Sprengkraft des Nationalismus hinweg und neigt zu einer „allzu sorglosen Identifikation von bürgerlicher Herrschaft und Frieden".[11]

Der Zäsurcharakter der Französischen Revolution als der Geburtsstätte der historischen Doppelgestalt aus Krieg und Nation wird deutlich, wenn man sich die militärgeschichtlichen und völkerrechtlichen Entwicklungen seit der frühen Neuzeit vor Augen führt. Im Gegensatz zu den Nationalkriegen des 19. und der konfessionell begründeten Gewalt des 16. und 17. Jahrhunderts blieb der Einfluß ideologischer Faktoren im Zeitalter der absolutistischen Kabinettskriege vergleichsweise gering. Nach dem Dreißigjährigen Krieg setzte eine Phase ein, in der die Vermeidung offener Schlachten als die höchste Kunst der Kriegsführung galt. Zugleich wurden Kriegsbeginn, Kriegsbeendigung und Friedensschluß weitgehend formalisiert und rechtlich fixiert. Die Ursachen für die Mäßigung des Krieges seit Mitte des 17. Jahrhunderts

---

[9] *Ernest Gellner*, Nationalismus und Moderne, Berlin 1991.
[10] *Dieter Langewiesche*, Nationalismus im 19. und 20. Jahrhundert: zwischen Partizipation und Aggression, Bonn/Bad Godesberg 1994.
[11] *Christoph Dipper*, Über die Unfähigkeit zum Frieden. Deutschlands bürgerliche Bewegung und der Krieg, 1830-1914, in: Frieden in Geschichte und Gegenwart. Herausgegeben vom Historischen Seminar der Universität Düsseldorf, Düsseldorf 1985, 110.

sind vielfältig. Die hohen Kosten, welche die über Jahre exerzierten und nur schwer ersetzbaren Heere verursachten, dürften ebenso eine Rolle gespielt haben wie das Zurücktreten religiöser Faktoren, die im Zeitalter der konfessionellen Kriege zur Eskalation beigetragen hatten. Die Verrechtlichung des Krieges und die Eindämmung kriegerischer Gewalt fanden ihren Ausdruck im zeitgenössischen Völkerrecht, indem es den Krieg in einen Rechtszustand überführte und dem Kriegsgegner einen gleichberechtigten moralischen und rechtlichen Status einräumte.

Erst die Französische Revolution stellte diese Prinzipien wieder in Frage. Mit der *levée en masse* wurde der Bürger zum Soldaten und Krieg zur Sache der Nation. Statt des „Ewigen Friedens", den Immanuel Kant sich von der Verbürgerlichung des Militärwesens erhofft hatte, folgte eine Reihe von Kriegen, in denen „die unter die Waffen gerufenen Völker mit der Feindschaft bis zum Tod Ernst machten"[12]. Der preußische Kriegstheoretiker Carl von Clausewitz notierte, der Krieg habe sich „seiner wahren Natur, seiner absoluten Vollkommenheit sehr genähert". Im Blick auf die Zukunft befürchtete er, daß die Schranken, „wenn sie einmal eingerissen sind, sich nicht leicht wieder aufbauen lassen und daß (...) die gegenseitige Feindschaft sich auf eine Art entledigen wird, wie es auch in unseren Tagen geschehen ist".[13] In den napoleonischen Kriegen erkannte Clausewitz eine neue Qualität, die Tendenz zum Vernichtungskrieg, die den „Beobachtungscharakter" traditioneller Kriegsführung zunehmend ablöse.[14] Wie Panajotis Kondylis anmerkt, basierte die Analyse von Clausewitz bereits auf der Einsicht, daß die Kriegsführung im wesentlichen von kulturellen und gesellschaftlichen Faktoren abhängig sei. Doch in einem irrte Clausewitz: Aus der arbeitsteiligen Organisation der „gebildeten Völker" schloß er deren objektive Unfähigkeit zu einer totalen Ausweitung des Krieges.[15]

Die revolutionäre Kriegsführung hatte sich der überkommenen diplomatischen, rechtlichen und finanziellen Beschränkungen weitgehend entledigt. Nachdem Krieg zur Angelegenheit der Völker erklärt worden war, vervielfachte sich das Rekrutierungspotential der Revolutionsarmeen schlagartig. Dieser Überfluß an menschlichem Potential hatte tiefgreifende Auswirkungen auf die Kriegsführung, die nun nicht mehr von Manövern gegen die Versorgungsbasen des Gegners, sondern der bedingungslos gesuchten Entscheidungsschlacht geprägt wurde.[16] Die Zeiten, in denen - nach einer Sentenz Friedrichs II. - Schlachten als „Auskunftsmittel ungeschickter Generale" dienten, waren unwiderruflich dahin.

---

[12] *Herfried Münkler*, Gewalt und Ordnung. Das Bild des Krieges im politischen Denken, Frankfurt a. M. 1992, 58.
[13] Zit. nach *Münkler*, Gewalt (wie Anm. 12), 59. Vgl. dazu auch *Raymond Aron*, Clausewitz. Den Krieg denken, Frankfurt a. M. 1980, 267.
[14] *Panajotis Kondylis*, Theorie des Krieges. Clausewitz - Marx - Engels - Lenin, Stuttgart 1988, 52.
[15] *Kondylis*, Theorie des Krieges (wie Anm. 14), 18; anders *John Keegan*, Die Kultur des Krieges, Hamburg 1997.
[16] *Münkler*, Gewalt (wie Anm. 12), 59.

Wo die Nation ihren Angehörigen den Einsatz des Lebens abforderte, konnte dem Gegner nicht länger ein gleichberechtigter Status zugebilligt werden. Er wurde zum Feind und Objekt eines sakralisierten Vernichtungsfeldzugs erklärt. Zwar liegen über die sozialräumliche Verbreitung nationaler Feindbilder zu Beginn des 19. Jahrhunderts bislang nur wenige Untersuchungen vor. Die bisherige Forschung, die sich vorwiegend auf literarische Quellen stützt, belegt allerdings, daß bereits der Nationalismus der napoleonischen Kriege Feindbilder beschwor, dessen Topoi vom frühen 19. Jahrhundert bis hin zum Ersten Weltkrieg wirkmächtig blieben.[17] Charakteristisch für das nationale Selbstverständnis war von Anbeginn „gerade das Nebeneinander von humanitären Ansprüchen, nationalen Bestrebungen und „bestialischen" Phantasmen, Begriffen und Taten".[18]

Die bildungsbürgerlichen Intellektuellenzirkel, in denen die nationalen Leitbilder zunächst kursierten, waren selten identisch mit der Masse derjenigen, die sich auf dem Altar des Vaterlandes zu opfern hatten. Die Mobilisierung der Nation war auf breitenwirksame Vermittlung angewiesen, deren Voraussetzungen erst die Modernisierungsprozesse des 19. Jahrhunderts schufen.[19] Besondere Bedeutung kam hierbei der „kommunikativen Revolution" zu. Technischer Fortschritt, die Expansion des Büchermarktes und der Presse, der Siegeszug des bürgerlichen Vereinswesens und nicht zuletzt die Verkürzung der Verkehrswege brachen die traditionalen Lebenswelten auf und schufen damit die Rahmenbedingungen für die „Nationalisierung der Massen" (George L. Mosse). Wie keine andere Phase in der Geschichte des 19. Jahrhunderts war das Zeitalter zwischen Revolution und Reichsgründung gekennzeichnet durch die tiefgreifenden strukturellen Veränderungen, die mit dem Übergang in die Moderne verbunden waren.[20] Neben den politischen und sozialen Konflikten gingen die gesellschaftlichen Ausdifferenzierungsprozesse auch mit einem steigenden Orientierungsbedürfnis der Menschen einher. Demgegenüber bot die Nation ein schicht- und klassenübergreifendes Integrationsmodell, das die gesellschaflichen Verwerfungen der Industrialisierung mit dem sozialharmonischen Konstrukt einer „imagined community" (Anderson) versöhnte. Damit verlor die Nation ihre bildungsbürgerliche Exklusivität und öffnete sich langfristig jenen gesellschaftlichen Gruppen, die ihr - wie der Adel, die Katholiken und die Arbeiterschaft - zunächst fremd oder skeptisch gegenüber standen. Welchen Verlaufsformen die nationale Integration folgen würde, hing von den Rahmenbedingungen ab, unter denen sich der Nationalstaat herausbildete. Daß die im Laufe langfristiger Nationsbildungsprozesse entstandenen Zukunftsoptionen schließlich in einer Reihe rasch aufeinander folgender Kriege binnen weniger

---

[17] *Jeismann*, Vaterland (wie Anm. 6).
[18] Ebd., 374.
[19] Zur Forschungslage vgl. *Dieter Langewiesche*, Nation, Nationalismus, Nationalstaat: Forschungsstand und Forschungsperspektiven, in: NPL 40, 1995, 190-236, hier 198f. u. 210-214.
[20] *Wolfram Siemann*, Gesellschaft im Aufbruch. Deutschland 1849-1871, Frankfurt a. M. 1990.

Jahre zugunsten des kleindeutschen Nationalstaates unter preußischer Führung ausgeblendet wurden, erschwerte die Durchsetzung eines pluralistischen Integrationsmodells und verschaffte kriegsaffirmativen Vorstellungswelten eine entsprechende gesellschaftliche Akzeptanz.

Hintergrund dieser Entwicklung waren jedoch nicht allein die nationalpolitischen Perspektiven, die sich mit dem Krieg verbanden, sondern auch sein Stellenwert als Medien- und Kommunikationsereignis. Der Strukturwandel der Öffentlichkeit von den Salons kulturräsonierender Bürger hin zu den Massenmedien eines kulturkonsumierenden Publikums[21] veränderte das öffentlich vermittelte Bild des Krieges und beeinflußte die Kriegsberichterstattung in hohem Maße. Die um die Jahrhundertmitte einsetzende Massenkommunikation sorgte dafür, daß Nachrichten und Bilder von Kriegsschauplätzen auch jenseits der städtischen Ballungszentren publik wurden und kam so dem steigenden Informations- und Unterhaltungsbedürfnis der Bevölkerung nach.

Familienblätter[22] wie die liberale „Gartenlaube" und ihr konservatives Gegenstück, die vom preußischen Kriegsministerium geförderte Zeitschrift „Daheim", umwarben die Leserschaft mit einer ausführlichen Kriegsberichterstattung und versprachen authentische Zeugnisse von den Schlachtfeldern.[23] „Nach der Natur" angefertigte Illustrationen waren darauf angelegt, möglichst wirklichkeitsnahe Eindrücke vom Lagerleben zu vermitteln und zugleich die Dramatik der Gefechte in Szene zu setzen. Hier präsentierte sich die Sichtweise des einfachen Soldaten, dessen Glaubwürdigkeit mit autobiographischen Notizen aus Briefen und Tagebüchern unterfüttert wurde. Dahinter stand mitunter auch die Intention, strategische und politische Zusammenhänge auszublenden: „Aber wie viele Verluste, guter Doctor! - doch deren will ich nicht gedenken - derer muß der Soldat nicht gedenken! - Vorwärts, vorwärts mit Gott, für König und Vaterland, das ist die Losung und die ganze Philosophie des Soldaten - das andre - geht die 'dicken Epauletten' an, wie Unterofficier Schultze sagt."[24]

Die nachrevolutionäre Gesellschaft begegnete dem Phänomen Krieg mit Zwiespalt. Angesichts der Schrecken der modernen Kriegsführung, die der Öffentlichkeit ständig vor Augen geführt wurden, drängte sich die Hoffnung auf, Krieg mit den Mitteln der Zivilisation zu überwinden. Andererseits schienen die Strukturprinzipien des Wiener Vertragswerk notwendige politische Reformen zu blockieren. Die außenpolitische

---

[21] *Jürgen Habermas*, Strukturwandel der Öffentlichkeit. Untersuchungen zu einer Kategorie der bürgerlichen Gesellschaft, Frankfurt a. M. 1990, 248-266.
[22] Zur Entstehungsgeschichte der Familienblätter vgl. *Dieter Barth*, Das Familienblatt - ein Phänomen der Unterhaltungspresse des 19. Jahrhunderts. Beispiele zur Gründungs- und Verlagsgeschichte, in: Archiv für Geschichte des deutschen Buchhandels 15, 1975, 121-316.
[23] Vgl. dazu auch *Klaus Amann/Karl Wagner* (Hrsg.), Literatur und Nation. Die Gründung des Deutschen Reiches 1871 in der deutschsprachigen Literatur, Wien/Köln/Weimar 1996.
[24] Daheim Nr. 42, 1866/67.

Entspannungsphase seit 1815 galt deshalb vielfach als Zeit des Stillstands, unter deren Oberfläche die gesellschaftlichen und politischen Gärungsprozesse unweigerlich einer gewaltsamen Eruption zustrebten. Der kulturpessimistische Topos der „Fäulnis", der in der zeitgenössischen Vorstellungswelt weithin präsent war, stellte den gegenwärtigen Frieden zutiefst in Frage. Ihn etwa durch „eine Vereinigung aller europäischen Staaten zu Einem Bundesstaat, unter dem einfachen Namen: Die Vereinigten Staaten von Europa" langfristig zu sichern, stieß auch in vergleichsweise friedfertigen Kreisen auf wenig Resonanz: „Wir gehören sonst wol nicht zu den Anhängern jener in Halle so renommistisch herausgekommenen Meinung, recht frische, fröhliche Kriege dem europäischen Staatskörper für zuträglich zu halten". Der lange Frieden erzeuge „in den Staaten Europas, wie sie einmal sind, zu große Gefahren in der Ausbeutung von Schäden, die sich zu tief im Leben der alten feudalen Welt eingenistet haben". Im Klartext bedeutete das: „Wir wollen nicht den Krieg, können aber auch keinen dauernden Frieden wünschen."[25]

Den Erfahrungshintergrund für derartige Einschätzungen bildete aus Sicht der liberalen Publizistik vor allem das Scheitern des Nationalstaatsprojekts in den Revolutionsjahren zwischen 1848 und 1850. Diesen Eindruck schien insbesondere der Konflikt um Schleswig-Holstein zu bestätigen, der mit dem Londoner Protokoll auf eine für die Nationalbewegung unbefriedigende Weise geregelt worden war. Die europäische Diplomatie konnte so einmal mehr zum Hemmschuh nationaler Selbstbehauptung stilisiert werden, galt sie doch ohnehin als Stütze der Reaktion und des Deutschen Bundes: „Aber, sagt man, die Diplomatie hat sich bereits dieser Angelegenheit bemächtigt; die Großmächte haben gesprochen; das Londoner Protokoll ist unterzeichnet, selbst von Oesterreich unterzeichnet. Selbst der Sieg der Herzogthümer würde nur eine fremde Intervention herbeiziehen. - Wir können antworten, daß die Diplomatie eben nur aus unsrer Ohnmacht und Thatlosigkeit den Muth geschöpft hat, sich einzumischen. Ueberall legt sie nur den Schwachen ihre Gesetze auf, während sie dem Starken gegenüber sich stets beeilt, die vollendete Thatsache anzuerkennen."[26] Ähnlich stand es um den kurhessischen Verfassungsstreit. Auf ihn richteten sich im Herbst 1850 die letzten Hoffnungen der Nationalbewegung, ging es doch noch einmal um die Frage, ob Preußen seine Unionspolitik mit letzter Konsequenz durchsetzen würde. Im November 1850 zeichnete sich ab, daß eine preußische Intervention in Kurhessen den Krieg mit Österreich herausfordern würde. Preußen stand damit vor der Alternative, entweder das Unionsprojekt militärisch durchzusetzen oder sich dem österreichischen Druck zu beugen und in den Deutschen Bund zurückzukehren.

Innerhalb Preußens führte die Zuspitzung der Krise zu einer Entschärfung der innenpolitischen Konfliktlinien. Die gemeinsame Frontstellung gegen Österreich mo-

---
[25] Unterhaltungen am häuslichen Herd Nr. 22, 1854.
[26] National-Zeitung Nr. 468, 9. 10. 1850 (Morgenausgabe).

bilisierte in den Reihen der Konservativen ebenso wie bei Liberalen und Demokraten die gemeinsame Loyalität gegenüber dem preußischen Staat. Hier deutete sich an, „daß in keinem anderen deutschen Staat die Herausbildung einer einzelstaatlichen Staatsnation so vorangeschritten war" wie in Preußen.[27] Der innenpolitische „Burgfrieden" in Preußen erwies sich allerdings als äußerst kurzfristiges Phänomen und hing unmittelbar mit der Vorkriegsstimmung zusammen, die Mitte November weite Teile der Öffentlichkeit erfaßt hatte. Noch wenige Wochen zuvor hatte wenig darauf hingedeutet, daß der Konflikt mit Österreich die politischen Lager auf eine gemeinsame Linie zwingen würde.

Im Vorfeld der Krise hatte vor allem die preußische Linke Kriegsbereitschaft signalisiert. Beseelt von der Hoffnung auf einen deutschen Nationalstaat, nahm sie einen „Krieg mit halb Europa"[28] ebenso in Kauf wie „einen brudermörderischen Krieg"[29] gegen Österreich - eine Haltung, die bei den preußischen Konservativen auf harsche Kritik stieß. „Leichtsinn oder Verzweiflung", so titelte die „Kreuz-Zeitung" Ende Oktober, seien die Ursachen der gegenwärtigen Kriegstreiberei: „Will Österreich kämpfen für die Legitimität gegen die Krone Preußens und werden wir Krieg führen für ein seit Wochen aufgegebenes politisches System?"[30] Diese Loyalitätsbekundung stieß in Wiener Regierungskreisen offensichtlich auf Gegenliebe, denn nur kurz darauf wurde der Artikel in der offiziösen „Wiener Zeitung" im Wortlaut veröffentlicht.[31]

In der Kriegsbereitschaft der preußischen Linken erkannten die Konservativen das durchaus zutreffende Kalkül, über die Eskalation der außenpolitischen Krise einen innenpolitischen Systemwechsel zu erzwingen. Aus Sicht der „Kreuz-Zeitung" ging es um die Entscheidung zwischen „geschwätziger Revolution" und dem „Weg des Rechts und der Legitimität".[32] Ein Krieg zwischen Österreich und Preußen sei deshalb für beide Seiten verderblich: „Jene Österreicher und Preußen, die heute auf ihr zweifarbiges Banner noch mit vollem Recht stolz sind, werden verschwinden, haben sie sich einmal von den drei- und einfarbigen Narren und Schurken dahin drängen lassen, sich gegenseitig zu zerfleischen."[33] Damit entlarvte sich der drohende Konflikt als eine außenpolitische Variante der Revolution, der sich Preußen und Österreich mit den Mitteln des Bundesrechts entgegenzustemmen hatten. Dieses Votum richtete sich gleichermaßen gegen die preußische Regierung, deren konstitutionellen Bestrebungen

---

[27] Dieter Langewiesche, Reich, Nation und Staat in der jüngeren deutschen Geschichte, in: HZ 254, 1992, 341-381, hier 360.
[28] National-Zeitung Nr. 483, 18. 10. 1850 (Abendausgabe).
[29] National-Zeitung Nr. 505, 30. 10. 1850 (Abendausgabe).
[30] Kreuz-Zeitung Nr. 252, 30. 10. 1850.
[31] Wiener Zeitung Nr. 262, 2. 11. 1850.
[32] Kreuz-Zeitung Nr. 256, 3. 11. 1850.
[33] Kreuz-Zeitung Nr. 262, 10. 11. 1850 (Beilage).

das Organ des preußischen Konservatismus auf diese Weise eine deutliche Absage erteilte.

Erst als der Konfrontationskurs der beiden deutschen Vormächte auf einen militärischen Konflikt hinauszulaufen schien, entschloß sich die „Kreuz-Zeitung" zu einer energischen Kritik an der Politik Habsburgs. Dabei richtete sich das Hauptaugenmerk allerdings auf die süddeutschen Mittelstaaten, denen ein massives Interesse an der Entzweiung Preußens und Österreichs unterstellt wurde. Die Feindbilder Bayern und Württemberg dienten ebenso der Konsensbildung innerhalb Preußens wie der Spaltung des süddeutschen Lagers. Die Regenten in Süddeutschland - die „deutschen Franzosen" - kümmere es wenig, „in welcher Sprache man sie 'König' nennt" und „wer ihre deutschen Brüder beherrscht".[34] Mit der Anspielung auf den Rheinbund und die Völkerschlacht von Leipzig bediente sich die „Kreuz-Zeitung" einer Erinnerungstradition, die für die preußische Nationalbewegung von konstitutiver Bedeutung war. Die Einbettung der außenpolitischen Lage in die Erinnerungsrhetorik der antinapoleonischen Freiheitskriege bot für beide Seiten symbolische Anknüpfungspunkte, die einen Schulterschluß ohne innenpolitischen Gesichtsverlust erlaubten. Für die preußische Linke ergab sich die gemeinsame preußische Identität aus der Tradition Friedrichs des Großen. Auf diese Weise entstand ein symbolisches Bündnis zwischen Volk und Staat: „Ein Schrei der Entrüstung geht durch das Vaterland, das seine Hoffnungen an den Staat des großen Friedrich geknüpft hatte". Damit signalisierte die „National-Zeitung" zwar keine politische Übereinstimmung mit den Konservativen. Angesichts der außenpolitischen Bedrohung Preußens durch Österreich und Rußland jedoch stellte das Organ der preußischen Linken wohlwollend fest, „wie alle Parteiunterschiede vor dieser Einmüthigkeit verschwinden."[35]

Die württembergische Demokratie hingegen stand dem preußischen Konstitutionalismus ebenso wie dem Unionsprojekt mit Skepsis gegenüber. Dem Aufruf zum Volkskrieg, wie ihn die „National-Zeitung" bereits im Oktober propagierte, konnte sie sich deshalb nicht anschließen. Zwar werde die süddeutsche Demokratie „gern bereit sein, mit Preußen ein 1813 zu feiern, aber sie hat keine Lust bei Jena geschlagen zu werden."[36] Doch sei es Preußen anzulasten, daß „der Guß eines einigen Deutschlands in den Bewegungsjahren 1848 und 1849 mißlang".[37] Die kurhessische Politik Preußens schien diesen Eindruck einmal mehr zu bestätigen: „Im zerfallenen Haus Deutschland, auf welchem banges Dunkel lastet, öffnet sich still und sacht ein Pförtchen, und heraus fährt der Hessenfluch mit Hassenpflug, um bei Nacht und Nebel das Weite zu suchen. (...) Durch diese Thüre könnte Preußen in das sonst so fest verschlossene Süddeutschland einziehen, in welchem, wenn es den Arm zum Schutze

---
[34] Kreuz-Zeitung, Nr. 263, 12. 11. 1850.
[35] National-Zeitung Nr. 514, 5. 11. 1850 (Morgenausgabe).
[36] Beobachter Nr. 278, 21. 11. 1850.
[37] Beobachter Nr. 277, 20. 11. 1850.

der kurhessischen Verfassung erhoben hätte, die konstitutionelle Partei, alle preußischen Rettungsthaten vergessend, ihr gewohntes Jubelgeschrei erhoben, und die Demokratie wenigstens nicht widersprochen haben würde. Durch diese Thüre zieht Oestreich jetzt in Norddeutschland ein, und der Anfang der materiellen Einigung Deutschland ist gefunden, so wenig man auch hoffen kann, daß ihre völlige Verwirklichung schon im nächsten Jahr eintreten werde." Preußen konnte sich also nur mit konsequenten verfassungspolitischen Initiativen Glaubwürdigkeit gegenüber der süddeutschen Opposition verschaffen. Andernfalls, so die Einschätzung des „Beobachters", würde sich die Mehrheit der deutschen Staaten in Zukunft an die Seite Österreichs stellen.[38]

Die Bedenken innerhalb der württembergischen Demokratie richteten sich nicht nur gegen die verfassungspolitischen Defizite der preußischen Politik. Sie verweisen vielmehr auf die föderativen Traditionen des Alten Reichs, die den süddeutschen Nationalismus bereits im Vormärz geprägt hatten. Dieser Reichsnationalismus wurzelte in langfristig gewachsenen regionalen Identitäten und orientierte sich an Österreich, der alten deutschen Führungsmacht.[39] Föderalistisch angelegte Konzepte[40] stießen deshalb auf weitaus höhere Akzeptanz als die zentralistisch anmutende Unionspolitik, die letztlich auf einen preußisch geführten Nationalstaat ohne Österreich herauslief. Ein innerdeutscher „Bruderkrieg", wie er der preußischen Linken vorschwebte, paßte deshalb nicht in die Vorstellungswelt der süddeutschen Demokratie.[41] Demgegenüber erschien ein großdeutsches Lösungsmodell, das neben der Verständigung zwischen den beiden deutschen Vormächten auch den Erhalt der föderalistischen Ordnung des Deutschen Bundes umfaßte, nicht nur wahrscheinlicher, sondern auch wünschenswerter als ein kleindeutscher Nationalstaat.[42]

Entschiedener noch als der „Beobachter" hatte sich die „Augsburger Allgemeine Zeitung" diesem Programm verschrieben. Als größte süddeutsche Zeitung galt sie als einflußreichste Fürsprecherin Österreichs innerhalb der zeitgenössischen Presselandschaft. Von Teilen des preußischen Liberalismus wurde sie deshalb erbittert bekämpft. Die „Augsburger Allgemeine Zeitung" unterstützte die zollpolitischen Pläne der österreichischen Regierung und sah in einer Bundesreform das geeignete Instrument für die erstrebte nationale Einigung. Ein Leitartikel der „Wiener Zeitung" zur

---

[38] Beobachter Nr. 255, 25. 10. 1850.
[39] *Langewiesche*, Reich (wie Anm. 27), 343-361.
[40] Einen Überblick über die Deutschlandpolitik der österreichischen Regierung bietet *Manfred Luchtenhandt*, Mitteleuropaprojektionen gegen die konstitutionelle Bewegung. Schwarzenberg und die preußische Einigungspolitik nach der Revolution 1848-1851, in: *Harm-Hinrich Brandt/Michael Gehler/Rainer F. Schmidt/Rolf Steininger* (Hrsg.), Ungleiche Partner? Österreich und Deutschland in ihrer gegenseitigen Wahrnehmung. Historische Analysen und Vergleiche aus dem 19. und 20. Jahrhundert (Historische Mitteilungen der Ranke-Gesellschaft, Beiheft 15), Stuttgart 1996, 135-170.
[41] Entsprechend kritisch fielen die Kommentare über den „sinnlosen Kriegslärm der nord- und ostdeutschen Blätter"aus. Vgl. dazu Beobachter Nr. 254, 24. 10. 1850.
[42] Beobachter Nr. 256, 26. 10. 1850.

deutschlandpolitischen Lage konnte sich in dieser Hinsicht breiter Zustimmung in Süddeutschland gewiß sein: „Und selbst in denjenigen Ländern, deren Verhältnisse sie gezwungen hatten, sich vorläufig der Suprematie des übermächtigen Bundesgenossen unterzuordnen, tauchten häufige Symptome auf, daß die aufgedrungene sogenannte Einheit dem Deutschen, welcher zwar, und mit Recht, ein mächtiges Gesammtvaterland, dabei aber auch die eigenthümlich freie Stellung der einzelnen Stämme und Staaten liebt, kein naturgemäßer Zustand ist."[43] Ein innerdeutscher Krieg mußte die Aussicht auf eine friedliche Lösung der deutsche Frage langfristig verbauen. Dementsprechend galt der drohende „Bruderkrieg" als Instrument preußischer Machtpolitik, die auf „Arrondierung und Mediatisierung der Unionsstaaten" abzielte, ohne eine Verfassungsgarantie zu leisten.[44] Keinesfalls jedoch könne er den „Eiter" verschwinden lassen, der sich „unter der Haut des deutschen Körpers angesammelt" habe.[45] Entsprechende Zuversicht verband sich mit den Warschauer Konferenzen, die von preußischen Liberalen wiederum als Instrument der Vereinnahmungspolitik Habsburgs abgelehnt wurden.[46] Solange sich also die „deutsche Frage" als Konflikt um die Vorherrschaft innerhalb des Deutschen Bundes stellte, blieb die Nationalbewegung entlang der damit verbundenen nationalpolitischen Alternativen auch regional gespalten.

Anders als die württembergischen Demokraten konnte die „Augsburger Allgemeine Zeitung" der Rolle Habsburgs als Ordnungsmacht gegen die „rothe Republik" durchaus positive Seiten abgewinnen. Hier formulierten sich die antirevolutionären Reflexe derjenigen Teile des Bürgertums, denen die sozialen Konflikte des einsetzenden Industriezeitalters weitaus bedrohlicher erschienen als kurzfristige reformpolitische Blockaden. In diesem Sinne ließ sich für den Zeitraum von 1848 bis 1850 eine positive Bilanz ziehen: „Wer wollte verkennen was Oesterreich seit der kurzen Frist von zwei Jahren für den Neubau seines Staates gethan! Kaum zwei Jahre sind es her seit jener wahnwitzige, nicht nur vom strafrechtlichen, sondern ebenso sehr vom nationalen Standpunkt hochverrätherische Aufruhr in Wien besiegt wurde, welcher den Süden italienischer Ohnmacht, den Norden und Osten den Slaven und Magyaren, d.h. schließlich den Franzosen und Rußland preiszugeben versuchte, und in dieser Zeit ist Ruhe und Ordnung in allen Provinzen wiederhergestellt".[47] Revolutionsängste und Nationalismus verzahnten sich zu einem griffigen Deutungsmuster, das innen- und außenpolitische Bedrohungsperzeptionen miteinander vereinte. Auf diese Weise lieferte die Sicherung des nationalen Bestands nach außen der ordnenden Gewalt nach innen zusätzliche Legitimation.

---

[43] Wiener Zeitung Nr. 265, 6. 11. 1850.
[44] Augsburger Allgemeine Zeitung Nr. 297, 24. 10. 1850 (Beilage).
[45] Augsburger Allgemeine Zeitung Nr. 306, 2. 11. 1850 (Beilage).
[46] Augsburger Allgemeine Zeitung Nr. 314, 10. 11. 1850 (Beilage).
[47] Augsburger Allgemeine Zeitung Nr. 303, 30. 10. 1850 (Beilage).

Für den katholischen Konservatismus hingegen wurde die Frontstellung gegen die modernen Bewegungskräfte der Zeit zum Dreh- und Angelpunkt für die Haltung gegenüber Preußen. Die „Heilige Allianz" zwischen den konservativen Monarchien eröffnete den Katholiken Handlungsspielräume, die auf einen innenpolitischen Wertekonsens mit den Ultrakonservativen hoffen ließen. Vor diesem Hintergrund erklärt sich die tiefe Enttäuschung über den „politisch-moralischen Bankerott" der „Kreuz-Zeitung".[48] Dies versetzte vor allem die preußischen Katholiken in eine schwierige Lage. Noch in der ersten Novemberwoche hatte die „Deutsche Volkshalle" zur Loyalität mit der preußischen Regierung aufgerufen und dabei ausdrücklich betont, „daß es für den preußischen Unterthan nur eine Obrigkeit gibt, daß er nur gegen seinen König die Pflicht des bürgerlichen Gehorsams zu üben hat".[49] Angesichts der auch in der „Kreuz-Zeitung" hochschäumenden antikatholischen Ressentiments distanzierte sich das katholische Blatt von seiner ursprünglichen Haltung[50], sah sich aber gleichzeitig zu äußerster publizistischer Zurückhaltung gezwungen.[51] Der Ausgrenzungsdruck auf die preußischen Katholiken zeigt, daß die Mechanismen der inneren Feindbildung kein Entrinnen zuließen. Ein Krieg Preußens gegen Österreich hätte die Konfessionalisierung der außenpolitischen Deutungsmuster weiter vorangetrieben und die Stellung der katholischen Minderheit in jedem Fall geschwächt. Die „Deutsche Volkshalle" gehörte deshalb zu den schärfsten Kritikern des „Bruderkrieges" und seiner Protagonisten.[52]

Zwar war im November 1850 der gewaltsame Konflikt zwischen den beiden deutschen Vormächten noch einmal abgewendet worden. Doch mit der Olmützer Punktation und den Dresdener Konferenzen erwies sich, daß eine Rückkehr zu einer Zusammenarbeit, wie sie unter Metternich geherrscht hatte, nicht mehr möglich war. Die anvisierte Bundesreform scheiterte an der gegenseitigen Blockade. Weder das österreichische Projekt eines 70-Millionen-Reiches, noch der preußische Plan einer norddeutschen Teilunion, geschweige denn eine Strukturreform des Bundes ließen sich durchsetzen. Der innerdeutsche Hegemonialkonflikt verschärfte die regionalen und konfessionellen Spannungen der nachrevolutionären Gesellschaft, so daß interne Integrationsprozesse zugleich die Abgrenzung zwischen den unterschiedlichen gesellschaftlichen Gruppierungen nach sich zogen. Eine Perspektive, in der sich die Na-

---

[48] Historisch-politische Blätter 26, 1850, 724, ähnlich die Deutsche Volkshalle Nr. 299, 20. 11. 1850.
[49] Deutsche Volkshalle Nr. 290, 9. 11. 1850
[50] Deutsche Volkshalle Nr. 304, 26. 11. 1850 u. Nr. 328, 24. 12. 1850.
[51] Deutsche Volkshalle Nr. 306, 28. 11. 1850.
[52] Deutsche Volkshalle Nr. 309, 1. 12. 1850.

tion als homogenisierter „Volkskörper"⁵³ wahrnehmen konnte, bot demgegenüber die außenpolitische Wahrnehmung der „deutschen Frage". Vor der Deutungsfolie des europäischen Staatensystems rückten die machtpolitischen Implikationen des Nationsbegriffs in den Vordergrund: Territorialfragen, Grenzsicherung, militärische Stärke und Status gegenüber dem Ausland. Verkürzt man diesen Zusammenhang auf das scheinbar nüchterne realpolitische Kalkül der Zeit, übersieht man den sozialpsychologischen Stellenwert, den diese Aspekte für die nationale Selbstidentifikation einnahmen. Kaum ein anderer Gesichtspunkt eignete sich mehr für die Emotionalisierung der nationalen Vorstellungswelt als der Bereich der Außenpolitik.

Der seit dem „Offenen Brief" von 1846 schwelende Konflikt mit Dänemark über den völkerrechtlichen Status der Herzogtümer Schleswig und Holstein gibt ein Beispiel dafür, in welchem Maße außenpolitische Deutungsmuster nationale Integrationsprozesse intensivieren konnten. Als die „Nationalzeitung" im September 1850 die „Nachricht von der Erneuerung des Kampfes" in Schleswig-Holstein verkündete, erschien ihr dies als „ein glückliches Zeichen des wiedererwachenden Volkslebens in Deutschland", auch wenn „die Macht von ganz Europa" sich dem entgegenstellte.⁵⁴ Ähnlich lautete ein Aufruf der schleswig-holsteinischen Landesversammlungen „an das deutsche Volk": „Mächtige Kabinette Europas sind mit dem dänischen zusammengetreten, uns unser gutes Recht zu entreißen, Schleswig-Holstein einer fremden und feindseligen Nation für alle Zeit zu überliefern."⁵⁵ Auch die württembergischen Demokraten sympathisierten mit einer Politik Preußens, die den Kampf gegen Dänemark militärisch unterstützte. „Wir würden keinen Augenblick zögern, die Sympathien Deutschlands für Preußen gegen die unverschämten Anmaßungen des Auslandes aufzurufen, wenn wir auch nur einen Augenblick zweifeln könnten, daß in Berlin jeder Anlaß, die Hand vom letzten Posten der nationalen Sache vollends ganz abzuziehen, und dem Bundestag wieder einen Schritt näher zu treten, willkommen ist."⁵⁶

Innerhalb des großdeutschen Lagers erwies sich zudem die Möglichkeit, den Hegemonialkonflikt zwischen Österreich und Preußen auf die Schleswig-Holstein-Frage umzulenken, als ein naheliegender Gedanke. In diese Richtung argumentierte die „Augsburger Allgemeine Zeitung". Statt eines innerdeutschen Konflikts, „der so leicht ein Weltkrieg zu Gunsten fremder Mächte werden könnte"⁵⁷, empfahl sie den beiden deutschen Vormächten, gemeinsam gegen Dänemark vorzugehen: „Irren wir nicht, so wird Dänemarks Tod, nicht Dänemarks Leben die rechte europäische Frage werden. (...) Auf diese Eventualität soll jetzt schon eine wahrhaft deutsche Politik,

---

⁵³ Vgl. dazu Inge Baxmann, Der Körper der Nation, in: Etienne Francois/Hannes Siegrist/Jakob Vogel (Hrsg.), Nation und Emotion. Deutschland und Frankreich im Vergleich, Göttingen 1995, 353-365.
⁵⁴ National-Zeitung Nr. 428, 15. 9. 1850 (Morgenausgabe).
⁵⁵ National-Zeitung Nr. 466, 8. 10. 1850 (Morgenausgabe).
⁵⁶ Beobachter Nr. 266, 7. 11. 1850.
⁵⁷ Augsburger Allgemeine Zeitung Nr. 314, 10. 11. 1850.

Oesterreich wie Preußen, sich gefaßt machen, um zu rechter Zeit zu beenden was zu unrechter angefangen worden!"[58] Auf Ablehnung stieß die in ganz Deutschland auflebende Schleswig-Holstein-Begeisterung bei den preußischen Konservativen und weiten Teilen des Katholizismus. Der Rausch der Deutschen gleiche dem Trinkverhalten eines Alkoholikers: Der „Stoff, an dem er sich berauscht, ist ihm das weniger Wichtige". Der von der Schleswig-Holstein-Bewegung perhorreszierte Vernichtungskrieg Dänemarks gegen die Deutschen wurde ebenso für absurd erklärt wie das kursierende Gerücht, „das dänische Heer sei ausgezogen, um der gesammten männlichen Bevölkerung die rechte Hand abzuhauen, Weiber und Kinder in die Sklaverei zu verkaufen".[59] Ein Krieg gegen Dänemark mißachte die bestehenden Rechtsgrundlagen im Interesse der Revolution. Die „Gelüste der Massen", an welche die Presse appelliere, seien nicht „zum Schiedsspruche competent".[60]

Der Hinweis auf die Unmündigkeit der „Masse" spiegelte die krisenhafte Wahrnehmung der fundamentalen gesellschaftlichen und politischen Veränderungsprozesse der Zeit wider.[61] Die damit verbundenen Ängste schlugen in kulturpessimistische Ressentiments gegen die Moderne um und wurden als Bedrohung der traditionalen Ordnung interpretiert: „In dem Augenblicke, wo dieses Manifest verkündet war, wurden mithin diejenigen Schleswig-Holsteiner, welche nicht sofort die Waffen niederlegten, zu hochverrätherischen Rebellen, die nicht mehr behaupten können, für die bedrohten Landesrechte in den Kampf zu gehen."[62] Rebellen, so die „Historisch-politischen Blätter" an anderer Stelle, müsse man wie Kriegsfeinde behandeln.[63] Dies entsprach der Sichtweise der preußischen Ultrakonservativen, die sich nachdrücklich dafür aussprachen, den „hoffnungslosen Bürgerkrieg" in Schleswig-Holstein durch eine Bundesintervention zu beenden. Angesichts der innenpolitischen Machtverhältnisse stellte sich der von der liberalen Publizistik geforderte Krieg um Schleswig-Holstein für die Konservativen jedoch lediglich als ein „Verzweiflungs-Kampf der Revolution gegen die Reaction des Rechts" dar.[64]

Anders als auf dem Höhepunkt des preußisch-österreichischen Konflikts verknüpften sich mit dem Schleswig-Holstein-Konflikt Gemeinschaftsvorstellungen, die im großdeutschen wie im kleindeutschen Lager der Nationalbewegung Zuspruch fanden. Der in der außenpolitischen Wahrnehmung angelegte Konsens aktivierte zu-

---

[58] Augsburger Allgemeine Zeitung Nr. 294, 21. 10. 1850.
[59] Historisch-politische Blätter 26, 1850, 356.
[60] Historisch-politische Blätter 26, 1850, 350 u. 356.
[61] So auch die Kritik an der „Secte der Deutschkatholiken", der neben demokratischem Gedankengut auch die Verbreitung der gottverleugnenden modernen Wissenschaft vorgeworfen wurde: Historisch-politische Blätter 26, 1850, 273. Zum Massendiskurs insgesamt vgl. *Sidonia Blättler*, Der Pöbel, die Frauen etc. Die Massen in der politischen Philosophie des 19. Jahrhunderts, Berlin 1995.
[62] Historisch-politische Blätter 26, 1850, 363.
[63] Historisch-politische Blätter 26, 1850, 421-446.
[64] Kreuz-Zeitung Nr. 248, 25. 10. 1850.

gleich die politischen Frontlinien zwischen liberalem und demokratischem Nationalismus einerseits und den konservativen Beharrungskräften andererseits. Allerdings eröffneten die preußische Unionspolitik und die Spaltungsprozesse innerhalb der Konservativen, die mit der Gründung des „Preußischen Wochenblatts"[65] auch öffentlich manifest wurden, langfristige Perspektiven für eine nationalpolitische Zusammenarbeit zwischen Teilen der Konservativen und bestimmten Flügeln der Nationalbewegung. In welche Richtung nationale Hoffnungen, verfassungspolitische Erwartungen und Revolutionsängste in der Folgezeit gelenkt werden sollten, hing von der Reformfähigkeit des Deutschen Bundes, von der Einstellung der Konservativen gegenüber dem Nationsgedanken sowie von der Haltung der einzelstaatlichen Regierungen ab. Kriegen kam in diesem Zusammenhang eine entscheidende Rolle zu, denn sie beschleunigten die gesellschaftlichen Integrations- und Desintegrationsprozesse und beeinflußten auf diese Weise die Formierung innen- und außenpolitischer Frontlinien. Welchen Stellenwert Kriege für die Entstehung eines deutschen Nationalstaates haben würden, war zunächst völlig offen. Im Umkreis der Nationalbewegung galt Krieg allerdings bereits lange vor den sogenannten Einigungskriegen als opportunes Instrument nationaler Einigungspolitik - eine Ansicht, der sich die Konservativen vorerst noch versperrten.

In der Folgezeit wurde die öffentliche Kriegswahrnehmung von der zunehmenden Nationalisierung des Krieges geprägt. Dies zog notwendig die Bellifizierung des Nationsbegriffs nach sich. Zugleich intensivierte sich die Rückkoppelung zwischen der Wahrnehmung von Kriegen und der beschleunigten öffentlichen Kommunikation: Krieg wurde zum Kommunikationsereignis, das sich den Zeitgenossen hauptsächlich über Tageszeitungen, Zeitschriften und Bücher mitteilte. Über den Krieg gewann die Nation Präsenz und Unmittelbarkeit. Hier entstand eine Projektionsfläche, auf der nationale Sehnsüchte erfahrbar wurden und konkrete Formen annahmen. Ein wichtiges Bindeglied in der Semantik des Nationalkrieges bildete dabei die Identifikationsfigur des männlichen Helden, der sein Leben auf dem Altar des Vaterlandes opferte. Das Deutungsmuster des „ehrlichen" Krieges, das sich ästhetisch in einer Kriegsberichterstattung „von unten" äußerte, unterstellte dabei eine legitimatorische Verschränkung der „Prinzipien", die einen Krieg begründeten, und der Motivation der kämpfenden Truppen.

Hier griff die Erfahrung der Revolution, deren Scheitern eng verbunden war mit der militärischen Ohnmacht der Nationalversammlung. Die Einsicht, „daß 1848 nicht nur mit dem Militär, sondern auch um die Soldaten gekämpft wurde"[66], blieb in der

---

[65] Dazu *Michael Behnen*, Das preußische Wochenblatt (1851-1861). Nationalkonservative Publizistik gegen Ständestaat und Polizeistaat, Göttingen 1971.
[66] *Manfred Hettling*, Bürger oder Soldaten? Kriegerdenkmäler 1848 bis 1854, in: *Reinhart Koselleck/Michael Jeismann* (Hrsg.): Der politische Totenkult. Kriegerdenkmäler der Moderne, München

Wahrnehmung der nachrevolutionären Gesellschaft stets präsent. So konstatierte der „Beobachter" selbstkritisch, „die Demokratie im Allgemeinen" habe „gegen die Masse der Officiere bisher eine durchaus falsche und unwürdige Sprache geführt". Deshalb müsse „man endlich bei jeder Bewegung den Ernst" zeigen, „der dem Soldaten dafür steht, daß man ihn nicht blos opfern, sondern mit ihm gegen den gemeinschaftlichen Feind kämpfen, auf Tod und Leben kämpfen will".[67] Dagegen betonte die „Kreuz-Zeitung" die Bedeutung des Eides, der die Soldaten an ihren Kriegsherrn binde.[68] Kriegsbegeisterung, so heißt es an anderer Stelle, dürfe sich nicht auf Stimmungslagen innerhalb der Armee stützen, sondern müsse sich an den drängenden Fragen der Zeit orientieren. Deren Bewertung obliege jedoch einzig dem Landesfürsten.[69] Bemerkenswerterweise formulierten beide Zeitungen ihre Argumentation aus der Perspektive eines „preußischen Officiers".

Das Zerstörungspotential der modernen Kriegsführung, das seit dem Krimkrieg die öffentliche Aufmerksamkeit beschäftigte, gab der Frage nach den Opfern und dem „Sinn" des Krieges zusätzliche Brisanz. Schilderungen über Kriegsverletzungen, das Leiden in den Lazaretten und die Organisation des Sanitätswesens gehörten forthin zu den festen Bestandteilen der Kriegsberichterstattung. Das „furchtbare, qualvolle, massenhafte Absterben der Verwundeten"[70] war aus dem zeitgenössischen Bild des Krieges nicht mehr wegzudenken. Ähnliches galt für die Dauer und die geographische Ausdehnung zukünftiger Kriege. Daß künftige Kriege sich über Monate und Jahre hinziehen könnten und dabei unweigerlich europäische Ausmaße annehmen würden, war eine weithin geteilte Annahme. Unter den Bedingungen der zunehmenden europäischen Verflechtung, so die „Gartenlaube" über den „italienischen Feldzug", wirkten sich internationale Krisen auch über weite räumliche Distanzen aus. Das „moderne Kriegsungeheuer" drohe auf diese Weise die „Früchte und Hoffnungen eines Jahrhunderts in Blut und Schande" zu begraben.[71] Damit stellte sich die Frage nach der Legitimation von Krieg zwar nicht grundsätzlich neu. Dennoch schufen die Einsichten in die spezifische Destruktivität der zeitgenössischen Kriegsführung einen Erfahrungshintergrund, dem sich nationale Sinnstiftungsstrategien nicht entziehen konnten.

1994, 149. Vgl. dazu auch *Dieter Langewiesche*, Die Rolle des Militärs in den europäischen Revolutionen von 1848, in: *Dieter Dowe/Heinz-Gerhard Haupt/Dieter Langewiesche* (Hrsg.), Europa 1848. Revolution und Reform, Bonn 1998, 915-932.

[67] Beobachter Nr. 265, 6. 11. 1850.
[68] Kreuz-Zeitung Nr. 253, 31. 10. 1850.
[69] Kreuz-Zeitung Nr. 279, 30. 11. 1850.
[70] Gartenlaube Nr. 30, 1859.
[71] Gartenlaube Nr. 24, 1859.

Mit der Wiederbelebung des Deutschen Bundes wurden die Bewegungskräfte der Revolution vorübergehend noch einmal gebannt. In der Allianz der konservativen Großmächte Preußen, Österreich und Rußland taten sich allerdings erste Risse auf, in denen sich das Ende des Wiener Systems ankündigte. Während des Krimkrieges wurde die Erosion der internationalen Ordnung augenfällig. Zugleich hatte die Revolution - trotz ihres Scheiterns - die innerstaatlichen Handlungsbedingungen nachhaltig verändert.[72] Mit dem innenpolitischen Wandel Ende der 1850er Jahre kehrte die „nationale Frage" ins Zentrum der öffentlichen Diskurse zurück. Zusätzlich intensivierte der Krieg in Italien den damit verbundenen Politisierungsprozeß. „Die Unabhängigkeit der Nationalitäten", so ein Familienblatt wenige Wochen vor Kriegsausbruch, „ist ein Glaubenssatz der Zeit geworden."[73] In immer stärkerem Maße erfaßte die Deutungsmacht des Nationsbegriffs auch das konservative Denken. Die „Kreuzzeitungspartei" war durch die Neue Ära, die in vielem an die gescheiterte Politik von 1849/50 anknüpfte, in die Defensive geraten und bemühte sich nun darum, sich der Öffentlichkeit als Protagonistin einer „nationalen Politik" zu präsentieren.[74]

Wie bereits im Herbst 1850 brachen die nationalpolitischen Diskurse während des italienischen Krieges entlang der Konfliktlinien auf, die der deutsche Dualismus vorgezeichnet hatte. So warf die Diskussion um eine eventuelle Kriegsbeteiligung Preußens zugleich die Frage nach den daran geknüpften nationalstaatlichen Optionen auf: „Auch die neuesten Kriegsbefürchtungen wieder führen immer und immer auf die Frage der Paulskirche zurück: Ob stark mit wenigen oder schwach mit vielen."[75] Gleichwohl lassen sich im Vergleich zur Novemberkrise Unterschiede feststellen, die vor allem die stärkere außenpolitische Akzentuierung des italienischen Krieges betreffen. Dabei wird deutlich, daß der Einfluß regionalspezifischer, politischer und konfessioneller Konfliktlinien zeitweise hinter die Fixierung auf den „Erbfeind" Frankreich zurücktrat.[76]

Wie einschneidend Wendungen in der Außenpolitik und im Kriegsverlauf auf zeitgenössische Wahrnehmungsprozesse einwirkten, läßt sich am Beispiel der „National-Zeitung" demonstrieren. Sie führte die unterschiedlichen Reaktionen der Öffentlichkeit im Vorfeld des Kriegs auf Erfahrungen zurück, die mit der napoleonischen Besatzungsära zusammenhingen: „War in so fern das feurige Aufwallen des Völkergefühls höchst werthvoll, so war es doch nicht zu verwundern, daß dasselbe sich in den verschiedenen deutschen Landschaften mit ungleicher Lebhaftigkeit zeigte. Wo die

---

[72] Zu den Nachwirkungen der Revolution vgl. *Dieter Langewiesche*, Europa zwischen Restauration und Revolution 1815-1849, München ³1993, 172f. und ähnlich *Lothar Gall*, Europa auf dem Weg in die Moderne 1850-1890, München 1984, 12-21.
[73] Unterhaltungen am häuslichen Herd 7, 1859, Nr. 23.
[74] Kreuz-Zeitung Nr. 63, 13. 3. 1859.
[75] Unterhaltungen am häuslichen Herd 7, 1859, Nr. 23.
[76] Vgl. dazu auch *Annie Mittelstaedt*, Der Krieg von 1859, Bismarck und die öffentliche Meinung in Deutschland, Stuttgart/Berlin 1904.

Erinnerung an das ehemalige Elend am stärksten brannte, da äußerte sich auch die Verwahrung gegen die Wiederkehr solcher nationalen Verirrung am heftigsten; wo man sich hingegen sicherer oder ganz sicher fühlte, da äußerte man sich über das französische Waffengeklirr eben so viel gelassener."[77] Der vergleichsweise distanzierten Einstellung der preußischen Öffentlichkeit stand demzufolge die in Süddeutschland kursierende Sorge einer französischen Invasion gegenüber, in der sich die polemisch angedeutete Erinnerung an den Rheinbund spiegelte. Sorgfältig hob die „National-Zeitung" zudem die unterschiedlichen Interessen Preußens, Österreichs und der Mittelstaaten voneinander ab und verwies auf die Risiken einer europäischen Eskalation. Unmittelbar vor Kriegsausbruch hingegen konnte sich die „National-Zeitung" dem öffentlichen Meinungstrend nicht mehr entziehen und plädierte dafür, „daß Preußen keine Zeit mehr verstreichen läßt, ohne bei den Bundesregierungen Schritte für die gemeinsame Sicherung der deutschen Grenzen zu thun und ohne sich überall als entschiedener Vertreter der europäischen Verträge zu bekennen."[78] Mit dieser Position erntete die „National-Zeitung" unmittelbar darauf den Beifall der „Kreuz-Zeitung"[79], die ansonsten „die Theilnahme des Liberalismus an Italien und dessen Antipathie gegen manche Verhältnisse in Oesterreich" beklagte.[80]

Offensichtlich war entscheidend, in welchem Maße außenpolitische Bedrohungsperzeptionen und innenpolitische Konfliktlinien jeweils in den Vordergrund rückten. Je nach Perspektive stellte sich die „deutsche Frage" entweder als europäische oder als innerdeutsche Machtfrage - und damit als Alternative eines Krieges an der Seite oder gegen Österreich: „Nichts bindet stärker als die Noth. Können wir unter den heutigen Verhältnissen uns nicht gütlich mit Oesterreich über die beiderseitige Stellung auseinandersetzen, so geschieht es nie, und es bliebe nur der Vertilgungskampf zwischen den beiden deutschen Großstaaten übrig."[81] Die Zurückstellung der „preußischen Interessen" zugunsten der „deutschen Frage" erfolgte dabei über die Mobilisierung außenpolitischer Feindbilder. Eine entsprechende Interpretation des russisch-französischen Bündnisses beschwor das Bild einer strategischen Bedrohung der deutschen Grenzen, die der „Operationsplan des Kaisers der Franzosen von Anfang an" beabsichtigt habe.[82] Bei den preußischen Konservativen, die ohnehin einer Allianz mit Österreich zuneigten, führte dies zu der Auffassung, „daß selbst ein gefährlicher Krieg besser wäre als ein fauler Friede".[83]

---

[77] National-Zeitung Nr. 131, 19. 3. 1859 (Morgenausgabe).
[78] National-Zeitung Nr. 173, 13. 4. 1859 (Morgenausgabe).
[79] Kreuz-Zeitung Nr. 88, 14. 4. 1859.
[80] Kreuz-Zeitung Nr. 89, 15. 4. 1859.
[81] National-Zeitung Nr. 278, 18. 6. 1859 (Abendausgabe).
[82] National-Zeitung Nr. 193, 27. 4. 1859 (Morgenausgabe); ähnlich Volks-Zeitung Nr. 99, 29. 4. 1859 u. Wiener Zeitung Nr. 132, 10. 6. 1859
[83] Kreuz-Zeitung Nr. 137, 16. Juni 1859; ähnlich Wiener Zeitung Nr. 147, 26. 6. 1859.

Damit verschoben sich nicht nur die Deutungsmuster, die der Kriegswahrnehmung zugrunde lagen. Auch das Verhältnis von Innen- und Außenpolitik erhielt durch die Dramatisierung der Lage eine neue Gewichtung: „Wenn eine Kombination, welche schon vor 50 Jahren einmal alle Selbständigkeit, alle Freiheit, alles Recht in Europa niederbrach, sich erneuert, so hoffen wir, daß alle untergeordneten Eifersüchteleien schweigen und alle Parteistandpunkte ihre Geltung verlieren werden."[84] Die Abgrenzung nach außen ermöglichte auf diesem Weg die kollektive Selbstvergewisserung nach innen. Dabei verklammerten sich die außenpolitischen Bedrohungsperzeptionen mit einem entpolitisierten Gemeinschaftsbegriff, in dem sich ganz unterschiedliche politische Lager wiederfinden konnten. „Es giebt für eine in viele Staaten getheilte Nation kein besseres Mittel sich zu sammeln", so die „National-Zeitung" gegen Ende des Krieges, „als wenn sie sich darauf besinnt und zeigt, was sie fremden Völkern gegenüber bedeutet; die Bewegung von 1848 hat uns keinen Gewinn für die gemeinsame staatliche Verfassung hinterlassen, die Freiheitskriege dagegen haben uns mächtig über die Zerfahrenheit der ehemaligen Reichszustände gehoben."[85] Ganz ähnlich konstatierte die „Kreuz-Zeitung", Frankreich sei „nur mächtig (...) gegen Deutschland, wenn wir nicht zusammenhalten."[86]

Stärker noch schäumten die antifranzösischen Ressentiments bei denjenigen auf, die sich eindeutig an die Seite Österreichs stellten. Neben der „Kreuz-Zeitung" galt dies für die süddeutsche und die katholische Publizistik. Mit zunehmender Kriegsbereitschaft wurde das Feindbild Frankreich mit völkischen Deutungsmustern angereichert. So sah es die „Augsburger Allgemeine Zeitung" als erwiesen an, „daß die Gesammtheit des deutschen Volks (...) sittlich höher steht als die Völker des romanischen Südens und Westens, und deshalb zweifeln wir keinen Augenblick an dem endgültigen Sieg der deutschen Sache".[87] Die unerwartete österreichische Niederlage hatte das Einigungsprojekt eines Nationalkrieges gegen Frankreich also lediglich vertagt.

Insbesondere die Annäherung zwischen Rußland und Frankreich ließ befürchten, „daß bald genug im Westen und Osten des Vaterlandes ganze Provinzen von ihm abgerissen und den Staaten seiner romanischen und slavischen Erbfeinde einverleibt werden."[88] Die Vorstellung einer doppelten Frontstellung gegen „Romanen" und „Slawen" gehörte zu den häufig wiederkehrenden Topoi innerhalb der zeitgenössischen Kriegswahrnehmung. Historische Unterfütterung erhielt dieses Deutungsmuster im Rückblick auf den Krim-Krieg und die napoleonische Ära. In dieser Sichtweise hatte bereits der Frieden von Tilsit die Grundlagen für „die Theilung der Welt-

---

[84] National-Zeitung Nr. 193, 27. 4. 1859 (Morgenausgabe).
[85] National-Zeitung Nr. 279, 19. 6. 1859 (Morgenausgabe).
[86] Kreuz-Zeitung Nr. 66, 19. 3. 1859.
[87] Augsburger Allgemeine Zeitung Nr. 184, 3. 7. 1859 (Beilage).
[88] Beobachter Nr. 16, 16. 1. 1859.

herrschaft zwischen der romanischen und der slavischen Autokratie" gelegt, ein Projekt, das der Pariser Frieden von 1856 und die französisch-russische „Geheimallianz" von 1859 nun fortzuführen schienen. Deutschland, eingeklammert zwischen „Slaven" und „Romanen", war innerhalb dieses Szenarios einer existentiellen Bedrohung seiner Grenzen im Westen und im Osten ausgesetzt: „Frankreich greift nach Belgien und dem Land links am Rhein, Rußland nach Ostpreußen und Posen - und Deutschland ist gefangen wie der Löwe im Käfig."[89] Die außenpolitische Bedrohungsperzeption bildete so das adäquate Gegenstück der innenpolitischen Konfliktvermeidung. Angesichts „des furchtbaren Wetters, das sich von Ost und West in immer schwärzeren Wolken gegen uns zusammenballt [wollen wir] keine heimliche Fehde, wir wollen einträchtiges Vorgehen gegen den äußern Feind und Vertagung der innern Parteikämpfe."[90]

Der innerdeutsche Dualismus blieb schließlich jedoch bestimmend für die Kriegswahrnehmung der Zeitgenossen. Der von der süddeutschen, der katholischen und der Wiener Presse eingeforderte Burgfrieden stieß nach Villafranca nicht nur im preußischen Liberalismus auf Ablehnung. Selbst die „Kreuz-Zeitung" verortete die Ursachen der Niederlagen von Magenta und Solferino in den innenpolitischen Mängellagen der österreichischen Monarchie.[91] Die in den antifranzösischen Stimmungsbildern angelegten Kriegs- und Einheitssehnsüchte stießen durch den rasch geschlossenen Waffenstillstand ins Leere, so daß die im Südwesten mobilgemachten Bundeskontingente - zum Bedauern mancher zeitgenössischer Beobachter[92] - unverrichteter Dinge in die Kasernen zurückkehrten.

Österreich habe den Frieden geschlossen, so resümierten die „Preußischen Jahrbücher", „um Deutschland zu schaden, um die Zersplitterung und Ohnmacht in Preußen aufrecht zu erhalten."[93] Demgegenüber vertraten die „Historisch-politischen Blätter" die Auffassung, falls sich Preußen weiterhin einer Klärung der innerdeutschen Verhältnisse widersetze, müsse sich Deutschland eben ohne Preußen behelfen.[94] Die Polarisierung der öffentlichen Meinung weitete sich zu einem Pressekrieg aus, in dem sich groß- und kleindeutsche Publizistik gegenseitig der gezielten Verfälschung ihrer Berichterstattung bezichtigten. Eine Schrift Sybels gegen die „Fälschung der guten Sache durch die Augsburger Allgemeine Zeitung"[95] enthüllte aus Sicht des borussischen Lagers, „mit welcher zugleich feinen und unverschämten Kunst die Redaction die Rolle durchgehalten" habe, um „unter der Maske einer deutsch-nationalen eine

---

[89] Historisch-politische Blätter 44, 1859, 59-96, Zitate 68, 79, 70
[90] Augsburger Allgemeine Zeitung Nr. 183, 2. 7. 1859 (Beilage).
[91] Kreuz-Zeitung Nr. 153, 5. 7. 1859.
[92] Über Land und Meer Nr. 35, 1859.
[93] Preußische Jahrbücher 4, 1859, 81.
[94] Historisch-politische Blätter 44, 1859, 364.
[95] *Heinrich v. Sybel*, Die Fälschung der guten Sache durch die Augsburger Allgemeine Zeitung. Sendschreiben an Baron von Cotta, Frankfurt a. M. 1859.

specifisch österreichische, unter dem Scheine der Kritik und des Liberalismus eine reactionäre und retardirende Politik zu empfehlen".[96]

Die mit Kriegsende einsetzenden Kontroversen verdeutlichen, daß der nationalpolitische Konsens gegen den äußeren Feind die Spannungen der nachrevolutionären Zeit nur übertüncht hatte. Anders als nach dem Scheitern des preußischen Unionsprojektes eröffnete die Neue Ära Perspektiven, wie sie in der Reaktionsdekade noch undenkbar gewesen waren. Der nationalpolitischen Aufbruchsstimmung der 1860er Jahre konnten sich weder die Regierungen der Bundesstaaten noch jene Gesellschaftsgruppen entziehen, die dem Nationalgedanken ursprünglich ablehnend gegenüber standen.

Für den Weg zum Nationalstaat zeichneten sich in der Folgezeit zwei realistische Konzepte ab: die von Österreich und den Mittelstaaten vertretene Bundesreform einerseits und eine kleindeutsche Lösung unter preußischer Führung andererseits. Die Kriege der 1850er Jahre hinterließen bei vielen Zeitgenossen zudem den Eindruck, daß die innen- und außenpolitischen Problemstellungen kaum mehr friedlich zu lösen waren. Dementsprechend verbreitet war die Skepsis gegenüber den verschiedenen Mitteln institutionalisierter Konfliktregelung. Krieg, so schien es, bot hier einen Ausweg, insbesondere nachdem die Bundesreform im Herbst 1863 endgültig gescheitert war: „Das deutsche Volk, die deutschen Regierungen, die deutschen Fürsten müssen zu einem Entschluß kommen, der möglicherweise zu einem europäischen Krieg führen kann, so künstlich ist der Friede, so groß sind die Spannungen, so unversöhnlich die Gegensätze in Europa."[97]

Für die auf Preußen konzentrierte kleindeutsche Nationalbewegung bildete der italienische Einigungsprozeß ein erfolgreiches Vorbild auch für die Lösung der „deutschen Frage". Dies bezog sich sowohl auf die „Cavourisierung" Deutschlands - also ein Bündnis zwischen „Volk" und Regierung unter einer anerkannten Führungsgestalt - als auch auf das Instrument des Krieges, der schon aufgrund der bellifizierten Prägung der nationalen Semantik eine charismatische Sogwirkung auf die Zeitgenossen ausübte.[98] Der kriegerische Weg zum Nationalstaat war in zweifacher Weise denkbar geworden: als Einigungskrieg gegen den „äußeren Feind" sowie als innerdeutscher „Bruderkrieg".

Außenpolitischen Konfliktstoff boten Anfang der 1860er Jahre die schleswig-holsteinische Frage und das Verhältnis zu Frankreich, das sich im März 1860 wegen des Anschlusses Savoyens und Nizzas an Frankreich erhitzte und einmal mehr in das Sze-

---

[96] Preußische Jahrbücher 4, 1859, 228.
[97] Augsburger Allgemeine Zeitung Nr. 336, 2. 12. 1863 (Beilage).
[98] Max Weber beschreibt das Charisma des Krieges als spezifisches Pathos einer politischen Gemeinschaft im Ernst des Todes, dem das Nationalbewußtsein die entscheidende Note gibt. Vgl. dazu *Stefan Breuer*, Das Charisma der Nation, in: ders., Bürokratie und Charisma. Zur politischen Soziologie Max Webers, Darmstadt 1994, 110-143, bes. 139-142.

nario eines „von Westen aus über uns hereinbrechenden Krieges"[99] eingebettet wurde. Aus Sicht der „Preußischen Jahrbücher" war der Krieg gegen Frankreich unvermeidbar.[100] Damit ergab sich für die preußischen Liberalen die Gelegenheit, die anstehende Reform der preußischen Heeresverfassung zur „Existenzfrage" zu stilisieren und dem Anspruch auf innenpolitischen Einflußgewinn außenpolitisches Gewicht zu verleihen.[101] Auch außerhalb Preußens stieß die Vorstellung eines deutsch-französischen Krieges auf breite Resonanz. Selbst das Organ der württembergischen Demokratie, das sich 1859 zunehmend kritisch gegenüber den Kriegsforderungen anderer Blätter gezeigt hatte[102], wurde abermals von der antifranzösischen Stimmungswelle erfaßt und beschwor mit einem bis dahin ungekannten Pathos den kommenden „Weltenbrand": „Und wer wird nach den Greueln der Verwüstung, wenn die verbluteten, ermatteten Völker sich in die Arme sinken, als der Herrlichste von Allen dastehen? Derjenige, der die nachhaltigste Kraft, die zäheste Ausdauer, den unerschöpflichsten Muth besitzt, und das ist – der Deutsche!"[103]

Als im November 1863 – nach dem Tod des dänischen Königs – der Dauerkonflikt um Schleswig-Holstein in eine akute Phase geriet, hatten sich die innenpolitischen Rahmenbedingungen in Deutschland entscheidend verändert. Der verfassungspolitische Aufbruch in Preußen war durch den Heereskonflikt in eine Sackgasse geraten. Ebenso gescheitert war der Frankfurter Fürstentag, an den sich vor allem in Süddeutschland weitreichende Hoffnungen geknüpft hatten. Dort hatte die preußische Politik aufgrund ihrer Verweigerungshaltung gegenüber den österreichischen Bundesreformplänen an Glaubwürdigkeit massiv eingebüßt: „Daß die Entwicklung der deutschen Frage aber im Wege des friedlichen geistigen Kampfes auszutragen seyn wird, begreift sich in Deutschland seit dem Fürstentag von Frankfurt a.M. und seit der preußischen Ablehnung nicht mehr."[104] Ein Krieg gegen Dänemark schuf die willkommene Möglichkeit, die verlorengegangene innenpolitische Initiative zurückzugewinnen und den Konsens innerhalb der Nationalbewegung wiederherzustellen. „Im Kanonenfeuer", so der „Beobachter" im Dezember 1863, „müssen die Stämme Deutschlands zusammen geschmolzen werden."[105] Einen ähnlichen Effekt – nämlich die Vereinigung von „Fürsten- und Volksrecht" – hatten sich die „Preußischen Jahrbücher" für die preußische Innenpolitik versprochen. Ein „wirklicher ernster Krieg, das durfte man hoffen, mußte dem guten militärischen Kern gegen die falsche Um-

---

[99] Preußische Jahrbücher 5, 1860, 392.
[100] Preußische Jahrbücher 5, 1860, 606.
[101] Preußische Jahrbücher 5, 1860, 602.
[102] Beobachter Nr. 135, 15. 6. 1859 u. Nr. 155, 8. 7. 1859.
[103] Beobachter Nr. 70, 23. 3. 1860.
[104] Augsburger Allgemeine Zeitung Nr. 317, 13. 11. 1863 (Außerordentliche Beilage).
[105] Beobachter Nr. 283, 4. 12. 1863.

hüllung zum Durchbruch helfen, mußte in der Gemeinschaft blutiger Ehren Vieles vermitteln und versöhnen, wofür es im Kampf der Worte keine Ausgleichung gab".[106]

Die Strategie des Nationalvereins[107], über die Entfesselung eines Nationalkriegs den Sturz Bismarcks herbeiführen zu können, hatte sich bereits vor Ausbruch des Krieges als Fehlkalkulation erwiesen, ebenso die von der Nationalbewegung und den deutschen Mittel- und Kleinstaaten unterstützte augustenburgische Thronfolge in Schleswig-Holstein, die am Widerstand der beiden deutschen Vormächte gescheitert war. Mangels eines tragfähigen Nationalstaatskonzepts, in dem sich Demokraten und Liberale, Großdeutsche und Kleindeutsche, Katholiken und Protestanten gleichermaßen wiederfinden konnten, blieb der nationale Selbstfindungsprozeß auf den gemeinsamen Feind verwiesen. Die außenpolitische Feindbildung rückte damit ins Zentrum der zeitgenössischen Kriegswahrnehmung und erreichte eine qualitativ neue Stufe. Hatten sich die Feindbilder Anfang der 50er Jahre noch vorwiegend auf Herrschergestalten, umstrittene Grenzfragen und rechtshistorische Argumentationsstrategien beschränkt, konzentrierten sie sich nun auf den „Nationalcharakter" des Volkes, gegen das Krieg geführt wurde. Im Zuge der Dehumanisierung des Gegners entstanden Feindbilder, die auf die emotionale Mobilisierung der Nation abzielten und die physische Vernichtung des Feindes zum legitimen Ziel der Kriegsführung erklärten.

In welche Dimensionen der imaginierte Vernichtungskrieg gegen Dänemark innerhalb der zeitgenössischen Berichterstattung geraten konnte, wird an einem Artikel über den „Tod des Märtyrers von Apenrade" deutlich, der dem Leser ein „Bild dänischer Gewaltherrschaft" aus der Perspektive eines deutschen Opfers vermittelte. Das Schicksal des „Apothekers Karberg" diente als Beleg für die gewaltsame Danisierungspolitik in Schleswig, die sich als „fortlaufende Kette (...) unerhörter Perfidien und Gewaltthaten" darstellte. Ein Zitat des Opfers, er wolle die Nieren seines Peinigers „kleingehackt sehen, kleingehackt, auch wenn ich sie essen müßte", unterstrich der Verfasser mit dem Kommentar, der Haß liege „sonst nicht im Charakter der Schleswig-Holsteiner". Der Däne hingegen kenne „keine Träne, ihn schmerzt nicht einmal der Tod der Seinigen". Zur „Befreiung" des „verlassenen Bruderstammes" jenseits der Eider bedürfe es deshalb des „Hasses und der Erbitterung".[108]

Nach dem Krieg gegen Dänemark brachen die innerdeutschen Konflikte abermals auf. Die Eingliederung Schleswigs und Holsteins in den deutschen Staatenverbund ließ bereits den nächsten Konflikt erahnen. Zudem war die Nationalbewegung nicht nur in ihren politischen Zielen gescheitert, sondern auch in dem Versuch, die unterschiedlichen Flügel auf einen nationalpolitischen Konsens einzuschwören. Weder der

---

[106] Preußische Jahrbücher 13, 1864, 173.
[107] Vgl. dazu *Andreas Biefang*, Politisches Bürgertum in Deutschland 1857-1868. Nationale Organisationen und Eliten, Düsseldorf 1994.
[108] Augsburger Allgemeine Zeitung Nr. 58, 27. 2. 1864 (Beilage). Nach Angaben des Autors stammte dieses Beispiel aus den Unterhaltungen am häuslichen Herd.

mit allen Mitteln gesuchte „Volkskrieg" noch die augustenburgische Erbfolge hatten sich verwirklicht. Und schon gar nicht der Sturz Bismarcks.[109] Dennoch blieb die Deutung des Kriegs ambivalent, denn trotz der politischen Ohnmacht des liberalen Bürgertums war mit dem Sieg bei Düppel ein lang gehegter nationaler Traum in Erfüllung gegangen. Die „Befreiung" des „verlassenen Bruderstammes" gehörte seit Jahrzehnten zu den Kernforderungen der deutschen Nationalbewegung. Eingebettet in eine hochemotionalisierte Semantik bot die Schleswig-Holstein-Frage eine Vielzahl von Identifikationsmöglichkeiten, denn sie weckte nicht nur die Flottensehnsüchte des deutschen Bürgertums, sondern mobilisierte auch die in allen Lagern kursierende Bedrohungsperzeption einer nach Norden offenen „Flanke", unterfüttert durch die Feindbildtrias England, Dänemark und Rußland. Im Mittelpunkt stand damit die militärische und machtpolitische Selbstbehauptung der Nation, ein Anspruch, der durch ein zutiefst „unpolitisches" Politikverständnis zusätzliche Schubkraft erhielt. Die „schlüpferige Bahn der Compromisse"[110] zu betreten, galt als Zeichen der Schwäche, „Parteihader" als Verrat an der Nation. Ein bis weit ins liberale Lager reichender antipluralistischer Konsens ermöglichte es auf diese Weise, die mit dem militärischen Sieg Preußens und Österreichs verbundene politische Niederlage des Bürgertums zumindest kurzfristig als nationale Wiedergeburt „in der blutigen Gemeinschaft der Ehre" zu verklären. Aus „hoffnungslosem Parteihader athmeten eine Weile lang Alle wieder auf (...). Das Mißtrauen in die Ziele der Politik, die das Schwert gezogen hatte, trat einen Augenblick zurück, denn das Schwert hat ja sein eigenes Gesetz".[111]

Mit dem Sieg von Düppel setzte die Erosion der organisierten Nationalbewegung ein. Wie bereits der italienische Krieg begann der Krieg um Schleswig-Holstein als außenpolitischer Konflikt und mündete in den Antinomien des deutschen Dualismus. Verschärfend trat hinzu, daß weder das kleindeutsche Einigungsprojekt des Nationalvereins noch eine Bundesreform unter österreichischer Führung, wie sie der Reformverein vertrat[112], sich als konsensstiftende Konzepte erwiesen hatten. Die Frage nach der staatsrechtlichen Stellung der Fürstentümer entwickelte sich auf diese Weise nicht nur für den Deutschen Bund, sondern auch für die Nationalbewegung zum Sprengsatz für die ungelösten Strukturkonflikte der Nationsbildungsprozesse in Deutschland. Wie tief sich die regionalen, politischen und konfessionellen Konfliktlinien der zeitgenössischen Wahrnehmung eingeprägt hatten, läßt sich an der zunehmenden Emotionalisierung der inneren Feindbildung ablesen, die in eigentümlicher

---

[109] Preußische Jahrbücher 13, 1864, 100.
[110] Historisch-politische Blätter 54, 1864, 47.
[111] Preußische Jahrbücher 13, 1864, 293.
[112] Dazu *Willy Real*, Der deutsche Reformverein. Großdeutsche Stimmen und Kräfte zwischen Villafranca und Königgrätz, Lübeck 1966.

Spannung zu der weithin verbreiteten Sehnsucht nach der prästabilisierten Harmonie einer vorpolitischen Gemeinschaft stand. Mit dem Gasteiner Vertrag und den gescheiterten Bemühungen Österreichs, Zugang zum Zollverein zu bekommen, spitzte sich im Verlauf des Jahres 1865 die Krise des deutschen Dualismus zu. Parallel dazu vollzog sich die Polarisierung der Öffentlichkeit. Die Umdeutung des innerdeutschen Machtkonflikts in einen Nationalkrieg gegen einen äußeren Feind bediente sich in Preußen konfessionell und ethnisch aufgeladener Deutungsmuster. „Wäre der Krieg mit Österreich ein Bruderkrieg, so wäre das kleindeutsche Programm ein Verbrechen", so die „Preußischen Jahrbücher" kurz vor Kriegsausbruch. „Sollten die preußische und die österreichische Armee sich noch im Felde gegenübertreten, so wird in der großen Mehrzahl der österreichischen Regimenter das kriegerische Feuer angezündet werden durch den uralten Haß des Slaven, des Magyaren gegen die an Wohlstand und Bildung bevorzugte deutsche Nationalität. Mögen nur die Süddeutschen dafür sorgen, daß nicht durch ihre voreilige Parteinahme aus dem Kampf überwiegend verschiedener Racen ein Bruderkrieg werde."[113] Derartige Positionen blieben zwar die Ausnahme, zeigen jedoch an, daß die nationalpolitischen Gegensätze eine Stufe erreicht hatten, die eine Vermittlung zwischen den Positionen äußerst unwahrscheinlich machte.

Da sich die preußischen Konservativen der antikatholisch eingefärbten Kriegsdeutung der preußischen Öffentlichkeit anschlossen, wurden die im Umkreis der „Historisch-politischen Blätter" immer wieder aufkeimenden Hoffnungen auf einen christlich-konservativen Wertekonsens endgültig zunichte gemacht. Die katholischen Kommentatoren erklärten sich dies mit der Selbstentfremdung des preußischen Konservatismus und dessen zunehmender Übereinstimmung mit der Gedankenwelt der preußischen Nationalbewegung: „Eine politisch-conservative Partei in Preußen gibt es nicht mehr, die preußische Annexionspolitik hat diese Partei vollkommen aufgelöst und zersprengt. Der alte Herr von Gerlach ist aus den Spalten der Kreuzzeitung verbannt und Justizrath Wagener unterscheidet sich nurmehr durch die frommen Arabesken seiner Redensarten vom nächsten besten Nationalvereinler."[114] Dem Urteil Thomas Nipperdeys, im Bereich des Konservatismus habe „sich nicht so viel Neues zugetragen"[115], kann zumindest aus dieser Perspektive nicht zugestimmt werden.

Wie die katholische und die Wiener Publizistik machte der Großteil der süddeutschen Presse den preußischen Expansionismus für den bevorstehenden Krieg verantwortlich.[116] Die Kritik richtete sich dabei nicht nur auf Bismarck, sondern auch auf die „Machtraserei" der preußischen Linken und den „Gothaismus" des Nationalver-

---

[113] Preußische Jahrbücher 17, 1866, 574f.
[114] Historisch-politische Blätter 58, 1866, 793.
[115] *Thomas Nipperdey*, Deutsche Geschichte 1800-1866. Bürgerwelt und starker Staat, München ^{5}1991, 732.
[116] Augsburger Allgemeine Zeitung Nr. 165, 14. 6. 1866; Beobachter Nr. 103, 5. 5. 1866; Wiener Zeitung Nr. 146, 18. 6. 1866 u. Nr. 147, 19. 6. 1866.

eins. „Niemals wäre es Bismarck", so das Resümée des „Beobachters" kurz nach Königgrätz, „ohne die Schwätzer des Nationalvereins gelungen, das deutsche Vaterland in den Abgrund des Bürgerkrieges zu stürzen."[117] Der Vorschlag Bismarcks, ein deutsches Nationalparlament einzurichten, blieb innerhalb der württembergischen Demokratie weitgehend wirkungslos. Er galt als taktischer Winkelzug, „der großpreußischen über die deutsche Einheits-Idee den Sieg zu verschaffen."[118] Der „Bruderkrieg" erschien so als ein Abwehrkampf, den ein legitimes „deutsches Staatsbewußtsein" gegen „den abscheulichsten Partikularismus, gegen den preußischen" führte.[119]

Der Krieg gegen die preußischen „Sonderbündler" mobilisierte Erinnerungstraditionen, die das Alte Reich zur Bezugsgröße der Gegenwartsdeutung erhoben. Diesen Konsens teilte die württembergische Demokratie mit dem gemäßigten Liberalismus der „Augsburger Allgemeinen Zeitung" und der Wiener Regierungspresse. Als Ende Juni 1866 für wenige Tage die Falschmeldung eines österreichischen Sieges bei Königgrätz in der süddeutschen Presse kursierte, schien die Wiedergeburt des deutschen Reiches unter der Krone Habsburgs unmittelbar bevorzustehen. Die suggestive Kraft dieser Vorstellung verfehlte - ungeachtet der neoabsolutistischen Tendenzen der österreichischen Innenpolitik - auch in den Reihen der württembergischen Demokratie ihre Wirkung nicht: „Die Vergangenheit Oestreichs konnte uns daher, trotz aller Idealität unseres Standpunkts, nicht abhalten, da wo seine Interessen es auf die Seite des Rechtes neben die schwarzrothgoldene Fahne stellten, diese vorübergehend in Ein Lager mit der schwarzgelben zu pflanzen." Preußen hingegen habe „sein zweites Jena" verdient.[120]

Wie aussichtslos sich eine politische Lösung des preußisch-österreichischen Herrschaftskonflikts aus Sicht der Zeitgenossen darstellte, wird an der - grotesk anmutenden - Funktion des Feindbildes Frankreich deutlich. So wünschten sich die „Historisch-politischen Blätter" eine französische Invasion geradezu herbei, um den unmittelbar bevorstehenden Krieg zwischen Preußen und Österreich abzuwenden und gegen den gemeinsamen „Erbfeind" umzulenken. Eine Einmischung Frankreichs wäre „die Rettung Deutschlands noch in zwölfter Stunde", wenn sich die Nation einig gegen den „unberufenen Eindringling" stellen würde.[121] Nach dem Frieden von Nikolsburg, der das Ende des Deutschen Bundes besiegelte, wich diese Hoffnung der Forderung nach einem Angriffskrieg gegen Frankreich, von dessen Ausgang sich die „Historisch-politischen Blätter" eine gute Verhandlungsposition für die süddeutschen Mittelstaaten gegenüber Preußen versprachen: „Ich meinerseits würde es für ein gro-

---

[117] Beobachter Nr. 103, 5. 5. 1866 u. Nr. 151, 3. 7. 1866.
[118] Beobachter Nr. 98, 29. 4. 1866.
[119] Beobachter Nr. 103, 5. 5. 1866.
[120] Beobachter Nr. 149, 30. 6. 1866.
[121] Historisch-politische Blätter 58, 1866, 55; ähnlich Augsburger Allgemeine Zeitung Nr. 153, 2. 6. 1866 (Beilage).

ßes Glück erachten, wenn ein solcher Bruch mit Frankreich lieber heute als morgen einträte, während wir noch in voller Rüstung dastehen und unsere Minister in Berlin den Frieden verhandeln. Wir können dann den sofortigen Anschluß an Preußen unter annehmbaren Bedingungen erlangen und den neuen Bund mit Ehren einweihen durch einen mannhaften Kampf gegen den französischen Erbfeind."[122]

An den zeitgenössischen Kriegsdeutungen zwischen „Novemberkrise" und „Bruderkrieg" lassen sich die strukturell angelegten Krisen der deutschen Nationsbildung ablesen. Neben den verfassungspolitischen und konfessionellen Konfliktlinien wirkten vor allem regionalspezifisch verankerte Vorstellungswelten auf die Polarisierungsprozesse der Öffentlichkeit ein. Die Verschränkung dieser langfristig angelegten Wahrnehmungsdispositionen mit dem Hegemonialkonflikt zwischen Österreich und Preußen gab der Vorstellungswelt des Nationalismus die entscheidende Prägung. Die Bruchlinien zwischen den in Süddeutschland fortwirkenden föderativen Reichstraditionen und dem eher unitarisch ausgerichten preußischen Staatsbewußtsein traten vor allem in den Krisenphasen des Dualismus offen zutage und ließen sich durch verfassungspolitische Gemeinsamkeiten nicht überbrücken. Während sich die Spaltung der konservativen Gruppierungen entlang konfessioneller Vorurteile vollzog, bildeten sich die Gegensätze innerhalb der Nationalbewegung über die nationalpolitischen Optionen aus, die mit dem preußisch-österreichischen Dualismus vorgegeben waren.

Sowohl in der preußischen als auch in der süddeutschen Publizistik läßt sich für den gesamten Untersuchungszeitraum ein zutiefst bellifiziertes Nationsverständnis nachweisen. Die Strukturmuster, die sich der Kriegswahrnehmung des Reichsgründungsjahrzehnts einprägten, waren bereits zu Beginn der 1850er Jahre angelegt. So unterscheiden sich die Deutungen der preußisch-österreichischen Konflikte von 1850, 1859 und 1866 zwar in ihrer Intensität, nicht jedoch in ihrer grundsätzlichen Ausrichtung. Der zentrale Unterschied zwischen dem preußischen und dem süddeutschen Nationsverständnis lag in der Bereitschaft, für den angestrebten Nationalstaat auch das Risiko eines innerdeutschen Krieges einzugehen. Dies ergibt sich zunächst aus der Logik, die den territorialen Konzepten der jeweils damit verbundenen nationalpolitischen Optionen zugrunde lag. Hinzu kam, daß das in Süddeutschland vorherrschende föderative Nationsverständnis an die bestehenden Strukturen des Deutschen Bundes anknüpfen konnte. Auf diese Weise bestand bis in die 1860er Jahre hinein zumindest die Perspektive, eine staatliche Einigung Deutschlands über den Weg der Bundesreform zu erreichen.

Die Deutungsmuster der außenpolitischen Wahrnehmung reichten von diffusen Bedrohungsperzeptionen bis hin zu tief eingeschliffenen Vorurteilen, die sich insbesondere am Feindbild Frankreich nachweisen lassen. Aufgrund der symbolischen Be-

---

[122] Historisch-politische Blätter 58, 1866, 326.

deutung der „Befreiungskriege" für die Erinnerungstradition des deutschen Nationalismus konnte es jederzeit - auch ohne faktischen Anlaß - mobilisiert werden. Mit dem Auftreten Napoleons III. und dem Einflußgewinn Frankreichs seit dem Krimkrieg ließ sich die Deutung der Vergangenheit der Gegenwart umso leichter einschreiben. Dies verlieh der „Erbfeindschaft" einen quasi naturhaften Charakter. Angesichts unterschiedlicher Vorstellungen, die sich für die Zeitgenossen mit dem Begriff der deutschen Nation verbanden, wird man die integrative Funktion des Feindbildes Frankreich gar nicht hoch genug einschätzen können. Phasenweise reduzierte sich der nationale Konsens auf den gemeinsamen Feind, insbesondere wenn sich der deutsche Dualismus krisenhaft zuspitzte. Wahlweise ließen sich die außenpolitischen Feindbilder auch auf innenpolitische Gegner projizieren, etwa über den auf die Verfassungsbewegung gemünzten Begriff des „inneren Franzosenthums" oder das „deutsche Russenthum", das sich auf den preußischen Konservatismus und den österreichischen Neoabsolutismus bezog. In diesem Zusammenhang soll nicht unerwähnt bleiben, daß eine antisemitische Einfärbung des Nationsbegriffs innerhalb der demokratischen und der liberalen Publizistik kaum nachweisbar ist.

Neben Feindbildern, die sich auf einzelne Länder wie Dänemark, Rußland, Italien oder England bezogen, war die Außenwahrnehmung der zeitgenössischen Publizistik von Bedrohungsperzeptionen geprägt, die in unbestimmter Weise auf das europäische Umfeld gerichtet waren. Das Deutungsmuster der „Einklammerung" und der „Einkreisung" entstand keineswegs erst im Vorfeld des Ersten Weltkrieges, sondern diente bereits in den 1850er und 1860er Jahren der Legitimation territorialer und machtpolitischer Ansprüche: „Deutschland muß stark und mächtig sein; darauf kommt alles an; denn sind nicht zwei Czaaren, im Westen und Osten, unsere Nachbarn, und haben sie nicht schon 1829 das Uebereinkommen getroffen, die sogenannte Rheingrenze und die sogenannte Weichselgrenze zu nehmen?"[123] An Bedrohungsvorstellungen dieser Art knüpften sich weitreichende Expansionsphantasien, die von der Annexion Elsaß-Lothringens bis hin zu weltpolitischen Geltungssehnsüchten reichten.

Die Funktion des Kriegs innerhalb des modernen Nationalismus hat viele Facetten. Sie reichen von den sozialpsychologischen Implikationen der Gruppenbildung über die ethnologische Beziehung zwischen Gewalt und Herrschaft[124] bis hin zur Soziogenese des modernen Staates, wie sie von Norbert Elias und Michel Foucault beschrieben wurde.[125] Insbesondere die Gedanken Max Webers über die charismatische Bedeutung des Krieges für die nationale Selbstbeschreibung erscheinen in diesem Zusammenhang weiterführend. Alle Versuche hingegen, Nationsbildungsprozesse auf ein herrschafts- oder kommunikationssoziologisches Substrat zu reduzieren, weichen

---

[123] Gartenlaube Nr. 28, 1859.
[124] *René Girard*, Das Heilige und die Gewalt, Frankfurt a. M. 1992.
[125] *Norbert Elias*, Über den Prozeß der Zivilisation, 2 Bde., Frankfurt a. M. ¹⁹1995; *Michel Foucault*, Vom Licht des Krieges zur Geburt der Geschichte, Berlin 1986.

der Frage nach der spezifischen Ausprägung gewaltaffirmativer Vorstellungswelten aus, wenn sie sich kultursoziologischen, sozialpsychologischen und ethnologischen Gesichtspunkten versperren. Für Weber stellte sich die Nation als Gefühlsgemeinschaft dar, dessen Bindewirkung aus der Exklusivität und der Erfahrungsintensität des Gemeinschaftshandelns schöpfte.[126] In der Außeralltäglichkeit des Krieges verdichtete sich diese Vorstellung zu greifbaren Erfahrungswerten, die mit dem spezifischen Pathos nationalisierter Kriegsbegeisterung unterfüttert waren. Krieg erscheint aus dieser Perspektive als Selbstzweck der Nation, die auf dem Weg der charismatischen Erneuerung ihre eigene Wiedergeburt feierte. Bereits Clausewitz erkannte, daß der Krieg damit seinen rein instrumentellen Charakter verlor und zum Medium der kollektiven Selbsterhöhung wurde. In der zeitgenössischen Vorstellungswelt der 1850er und 1860er Jahre äußerte sich dies unter anderem in der Sakralisierung des Kriegstodes und einer affirmativen Gewaltästhetik, die ein „Bombardement in der Nacht" zu einem Schauspiel von „einer so großartigen, furchtbaren Schönheit" werden ließen, „daß es sich kaum beschreiben läßt".[127]

Die Teilhabeverheißungen der Nation schienen aufgrund des Krieges auf besondere Weise erfahrbar zu werden. In der imaginierten Gemeinschaft des Kampfes fielen die sozialen Schranken der Stände- wie der Klassengesellschaft, denn „der Mann ist nur das, was der Dienstrang ihm verleiht, einerlei, ob er einen bürgerlichen, einen adligen, gräflichen, fürstlichen Namen trägt".[128] Die sozialen Konflikte, die mit den Ausdifferenzierungsprozessen der Moderne, den verkrusteten Strukturen der Ständegesellschaft und nicht zuletzt mit den konfessionellen und nationalpolitischen Gegensätzen verbunden waren, versöhnten sich in der vorgestellten Gemeinschaftserfahrung des Krieges. Dieser Konsens blieb jedoch äußerst brüchig, denn erst das Bewußtsein des gemeinsamen Feindes führte die Nation zur Einheit zurück. Da sich der nationale Konsens angesichts der vielfältigen gesellschaftlichen Konfliktlinien auf die Abgrenzung nach außen reduzierte, wurde Krieg zum Hoffnungsanker für die nationalen Einheitssehnsüchte der Zeit. Die nach innen im „Parteienzwist" entzweite Nation feierte ihre Auferstehung als Waffenbruderschaft. Im Charisma des Krieges, so ließe sich zugespitzt formulieren, vollzog sich so das Ende der Politik.

---

[126] *Breuer*, Charisma (wie Anm. 98), 134.
[127] Gartenlaube Nr. 24, 1864.
[128] Gartenlaube Nr. 11, 1864.

Teilhabeverheißungen

Dieter Mertens

Nation als Teilhabeverheißung: Reformation und Bauernkrieg

I.

Das Durchmustern der neueren Literatur zu Reformation und Bauernkrieg und, korrespondierend, zum Problem der Nation am Beginn der Neuzeit dämpft die Erwartung, spezifische Hilfestellungen für die Behandlung der oben genannten Thematik zu erhalten, nämlich das Konzept „Nation als Teilhabeverheißung"[1] mit Bezug auf Reformation und Bauernkrieg zu erörtern.[2] Gewiß sind mit „Reformation" und „Bauernkrieg" und jetzt auch wieder mit „Nation" Großthemen bezeichnet, deren wechselseitige Beziehung heute sicher nicht an die Hochzeit der Diskussion über das Konzept der „frühbürgerlichen Revolution" anknüpfen kann, das jene drei Großthemen verbinden wollte. Gegenüber den sechziger und siebziger Jahren hat sich die Lage der Forschung in vieler Hinsicht gründlich gewandelt. Dazu hat wesentlich die Mediävistik beigetragen, die seinerzeit viel weniger an der Diskussion beteiligt war.

Die mediävistische Forschung hat in jüngerer Zeit die traditionellen Vorstellungen von Volk und Nation und dem Beginn der deutschen und französischen Geschichte völlig verändert.[3] Sie hat dadurch teils implizit und teils ausdrücklich die Bedeutung und den innovativen Charakter unterstrichen, die der Konzeptualisierung von Nation

---

[1] *Dieter Langewiesche*, Nation, Nationalismus, Nationalstaat: Forschungsstand und Forschungsperspektiven, in: NPL 40, 1995, 190-236, hier bes. 192ff.: „Partizipationsverheißung und Gewaltbereitschaft - das Doppelgesicht der Nation"; *ders.*, Nationalismus im 19. und 20. Jahrhundert: zwischen Partizipation und Aggression, Bonn 1994.

[2] Vgl. jedoch jüngst: *Georg Schmidt*, Luther und die frühe Reformation - ein nationales Ereignis?, in: *Bernd Moeller* (Hrsg.), Die frühe Reformation als Umbruch, Gütersloh 1998, 54-75. - *Horst Buszello* (Hrsg.), Der deutsche Bauernkrieg. 3., bibliographisch erweiterte Aufl., Paderborn 1995; *Peter Blickle*, Der Bauernkrieg. Die Revolution des gemeinen Mannes, München 1998; *Bernhard Giesen* (Hrsg.), Nationale und kulturelle Identität. Studien zur Entwicklung des kollektiven Bewußtseins in der Neuzeit 1, Frankfurt a. M. ²1991; *Helmut Berding* (Hrsg.), Nationales Bewußtsein und kollektive Identität. Studien ... 2, Frankfurt a. M. 1994; *ders.*, Mythos und Nation. Studien ... 3, Frankfurt a. M. 1996; *Herfried Münkler/Hans Grünberger/Kathrin Mayer* (Hrsg.), Nationenbildung. Die Nationalisierung Europas im Diskurs humanistischer Intellektueller. Italien und Deutschland, Berlin 1998.

[3] *Joachim Ehlers*, Die deutsche Nation des Mittelalters als Gegenstand der Forschung, in: *ders.*, (Hrsg.), Ansätze und Diskontinuität deutscher Nationsbildung im Mittelalter, Sigmaringen 1989, 11-58; *Carlrichard Brühl*, Deutschland - Frankreich. Die Geburt zweier Völker, Köln/Wien 1990 (2. verbesserte Aufl. 1995); *Karl Ferdinand Werner*, „Volk, Nation" (Mittelalter), in: Geschichtliche Grundbegriffe. Historisches Lexikon zur politisch-sozialen Sprache, hrsg. von *Otto Brunner/Werner Conze/Reinhart Koselleck*, Bd. 7, Stuttgart 1992, 171-245; *Langewiesche*, Nation (wie Anm. 1), 200ff.; *Reinhard Stauber*, Nationalismus vor dem Nationalismus. Eine Bestandsaufnahme der Forschung zu „Nation" und „Nationalismus" in der Frühen Neuzeit, in: GWU 47, 1996, 139-165.

seitens des Renaissance-Humanismus zuzusprechen sind. Auffällig ist indes, daß die in den 1980er Jahren verfaßten Darstellungen der deutschen Geschichte des 16. Jahrhunderts die Frage der „Nation" nur sehr beiläufig oder gleich gar nicht behandeln. Winfried Schulze bespricht die Rezeption der taciteischen „Germania" und den anonymen „Oberrheinischen Revolutionär" mit wenigen Sätzen und unter Vermeidung des Begriffs Nation.[4] Horst Rabe erinnert nur ganz knapp an das „lebhafte Nationalgefühl" und die kulturgeschichtlichen und quellenkritischen Bemühungen deutscher Humanisten um die deutsche Geschichte.[5] Um so auffälliger sticht davon das Bemühen von Heinrich Lutz ab, das Problem der deutschen Einheit zu thematisieren und in langfristiger Perspektive zu betrachten. Lutz hat rasch nacheinander Darstellungen gleich zweier Epochen geliefert, in denen er die nationale Einheit als Schlüsselproblem der deutschen Geschichte in den Mittelpunkt rückt: den Band zur langen ersten Hälfte des 19. Jahrhunderts in Siedlers Reihe „Die Deutschen und ihre Nation" und den in unserem Zusammenhang einschlägigen Band der Propyläen Geschichte Deutschlands über die Zeit von 1490 bis zum Westfälischen Frieden; „deutsche Einheit" und „kirchliche Erneuerung" nennt der Titel als diejenigen Probleme, die die Doppelsignatur dieser Epoche ausmachen soll.[6] Während der Fertigstellung dieses Bandes am Historischen Kolleg in München trug Heinrich Lutz dort Überlegungen über „die deutsche Nation zu Beginn der Neuzeit" vor, deren Untertitel[7] anachronistisch klingt und nicht leicht das Interesse evoziert, das der Beitrag aber durchaus verdient. Von Nation ist bei Lutz auf zwei Ebenen die Rede: vornehmlich auf der Ebene der sozialen, politischen und kulturellen Organisation, aber auch auf der des Bewußtseins und der Konzeptionen.[8] Diese beiden Ebenen in ihren wechselseitigen Relationen zu betrachten, ist ein berechtigter, ja notwendiger methodischer Imperativ. Ihn ignorieren die Forschungen zur Geschichte der politischen Ideen oftmals mit der Folge, daß der nationale Diskurs doppelt isoliert wird: erstens von konkurrierenden Diskursen wie z.B. dem dynastischen, zweitens vom gesellschaftlichen und politischen Kontext. Die Ausweitung der politisch-sozialen Basis in Kommunikation und Aktion über die Adels- und Elitennation hinaus, die in den Jahrzehnten um 1500 beobachtet werden kann, ist bereits ein Angeld auf die verheißene Teilhabe und eine wesentliche Dimension der Teilhabeverheißung selbst.

---

[4] *Winfried Schulze*, Deutsche Geschichte im 16. Jahrhundert, Frankfurt a. M. 1987, 59f.
[5] *Horst Rabe*, Reich und Glaubensspaltung. Deutschland 1500-1600, München 1989, 110; der Absatz in der ausführlichen Version lautet gleich: ders., Deutsche Geschichte 1500-1600. Das Jahrhundert der Glaubensspaltung, München 1991, 166.
[6] *Heinrich Lutz*, Zwischen Preußen und Habsburg. Deutschland 1815-1866, Berlin 1985 (²1990, ³1994), als Siedler Taschenbuch (Goldmann) 1998; ders., Das Ringen um deutsche Einheit und kirchliche Erneuerung, Berlin 1983. Zur Entstehung des politischen Konzepts „Einheit" im 18. Jahrhundert vgl. *Lothar Gall/Dirk Blasius*, „Einheit", in: Geschichtliche Grundbegriffe (wie Anm. 3), Bd. 2, 117ff.
[7] Die deutsche Nation zu Beginn der Neuzeit. Fragen nach dem Gelingen und Scheitern deutscher Einheit im 16. Jahrhundert, in: HZ 234, 1982, 529-559.
[8] *Lutz*, Ringen (wie Anm. 6).

Das Konzept „Nation als Teilhabeverheißung" läßt sich, wie noch auszuführen sein wird, mit der Reformation in deren Frühphase längstens bis zum „Bauernkrieg" in Zusammenhang bringen; allerdings muß man wegen mehrerer spezifischer Entwicklungen in dem - von Peter Moraw so benannten - Verdichtungsprozeß des Reiches die Zeit seit etwa 1470 in die Überlegungen mit einbeziehen.[9] Denn ohne die Verdichtung der politischen Aktivitäten von König und Ständen wesentlich mit Hilfe der noch jungen Gelehrten-Elite, ohne auch die Vermehrung und Verdichtung der Kommunikation über die Kreise der politisch Tätigen hinaus in Schrift und Bild - mit Hilfe derselben Elite - wäre die soziale Ausweitung des Nationsbegriffs und die erste Engführung von Nation und Reformation nicht möglich gewesen. In der Phase dieses Bündnisses - eines temporären Bündnisses -, als der Kampf gegen das römische System das vorrangige Thema war und noch nicht die institutionelle Ausgestaltung eines neuen Kirchenwesens, erschien die deutsche Nation als das entscheidende Forum der Kirchenreformation. Nach 1525 waren hingegen die Fürstentümer und die großen Städte die Foren der Reformation, die ihrerseits rasch einen festeren und geschlosseneren Charakter annahm, so daß der Elan sozialer und inhaltlicher Ausweitung der Partizipationsverheißung abgebremst wurde. Dies gilt erst recht für die Niederschlagung der bäuerlichen Erhebungen. Ich werde darum meine Ausführung auf die frühen Jahre bis etwa 1525 beschränken.

Die frühen Jahre der Regierung Karls V. erschienen den deutschen Zeitgenossen zunächst als eine Fortsetzung der Aetas Maximilianea. In der Zeit Maximilians hatte die „deutsche Nation" konzeptuelle Konturen erhalten, die sich durchaus mit der Kombination von Partizipationsverheißung und Gewaltbereitschaft beschreiben lassen[10] Denn der Begriff der Ehre - semantisch das Wortfeld „Ehre, Ruhm, Rang, Schmach, Spott, Schande, Zurücksetzung ('verdruckung')" - ist nicht erst in dieser Zeit, aber jetzt doch oft genug so pronociert mit dem Begriff der Nation verbunden (*honor nationis*) wie der Begriff der Erhaltung und Errettung mit dem der Heimat (*salus patriae, defensio patriae/lantwer*) zusammengeht.[11] *Patria* (Heimat, Vaterland, Vaterstadt) wird ursprünglich - vor aller uneigentlichen und übertragenen, metaphorischen oder synekdochischen Verwendung - durchweg kleinräumig und vor allem als eine Rechtsgemeinschaft gedacht, ein Land oder eine Stadt, denen zuzugehören mit Rechten und mit Pflichten verbunden ist, im Kern mit der Pflicht zur Verteidigung von Haus und Hof. Der *honor nationis* bedeutet hingegen einen Anspruch,

---

[9] *Peter Moraw*, Von offener Verfassung zu gestalteter Verdichtung. Das Reich im späten Mittelalter 1250-1490, Berlin 1985, 21ff., 389ff.
[10] Vgl. oben Anm. 1.
[11] Vgl. *Ernst H. Kantorowicz*, The King's Two Bodies. A Study in Mediaeval Political Theology. Princeton, New Jersey 1957, 232-272 (deutsch: Die zwei Körper des Königs, München 1990, 241-278). *Claudius Sieber-Lehmann*, Spätmittelalterlicher Nationalismus. Die Burgunderkriege am Oberrhein und in der Eidgenossenschaft. Göttingen 1995, 163ff., 171ff.; *Peter Diederichs*, Kaiser Maximilian I. als politischer Publizist. Phil. Diss. Heidelberg. Jena 1933, 85-98; *Alfred Schröcker*, Die Deutsche Nation. Beobachtungen zur politischen Propaganda des ausgehenden 15. Jahrhunderts, Lübeck 1974, 134f.

der Anerkennung heischt und gegen konkurrierende Ansprüche durchgesetzt werden will. Wer diesen Anspruch sich zu eigen macht und durchsetzt, erwirbt damit Teilhabe an dieser Ehre. Die Forschungen zur Bedeutung der Begriffe *patria* und *natio* heben oft auf die politisch-geographische, ethnische oder historische, aber wenig auf die moralische Dimension ab; diese zielt auf Pflichten und Werte und steht vielfach im Vordergrund eines evozierten Bedeutungsspektrums. Darum verweist die Verwendung des Nationsbegriffs um 1500 meist nicht auf das Versprechen praktisch-politischer, sondern moralischer Partizipation: auf die Teilhabe an Werten und Tugenden oder an einer werthaltigen Geschichte. Auf diese Weise kann die nationale Teilhabeverheißung der Ablenkung politischen Partizipationsbegehrens dienen.

In den Jahrzehnten um 1500 erlangte die Entwicklung des Nationskonzepts durch die Rezeption der „Germania" des Tacitus und die Ausbildung eines Germanenmythos als deutsche Frühgeschichte qualitativ eine ganz neue Stufe und erhielt einen kräftigen Schub. Dabei erfuhr auch der Terminus Nation eine gegenüber dem früheren 15. Jahrhundert, der Konzilszeit, spezifische Veränderung. Durch diese Entwicklung geriet der Nationsbegriff um 1500 in ein Zwielicht zwischen mittelalterlicher und (spät-)neuzeitlicher Bedeutung. Auf diesen Sachverhalt werde ich, weil er für das Thema wesentliche Implikationen birgt, in einem ersten Teil zu sprechen kommen. In einem zweiten Teil werde ich näherhin auf die humanistisch-frühreformatorische Schubphase und danach auf den Zusammenhang mit dem Bauernkrieg eingehen.

II.

Für die Frage nach der Bedeutung von Nation um 1500 ist sowohl die sehr reiche Forschung zur modernen Nation seit der Französischen Revolution wichtig geworden als auch die mediävistische Nationes-Forschung. Die Konzeption der gedachten Ordnung und imaginierten Gemeinschaft prägte dabei die Frage nach der modernen Nation entschiedener als sie die mediävistische Forschung bestimmt hätte. Diese insistierte vielmehr stärker darauf, auf der Ebene der politischen Organisation und der Basis herrschaftlicher Strukturen die Bildungen von Großgruppen herauszuarbeiten und historisch zu konturieren.[12]

Die Ergebnisse der mediävistischen Forschung haben die Sicht gerade des frühen und hohen Mittelalters grundlegend verändert. Nur an einige besonders wichtige Forschungen sei erinnert: Indem Karl Schmid die Vorstellung vom uralten Adelshaus,[13]

---

[12] Vgl. *Ehlers*, Nation (wie Anm. 3); zusammenfassend *ders.*, Die Entstehung der Nationen und das mittelalterliche Reich, in: GWU 43, 1992, 264-274; *ders.*, Die Entstehung des deutschen Reiches, München 1994.

[13] *Karl Schmid*, Zur Problematik von Familie, Sippe und Geschlecht, Haus und Dynastie beim mittelalterlichen Adel. Vorfragen zum Thema „Adel und Herrschaft im Mittelalter", in: Zeitschrift für Geschichte des Oberrheins 105, NF 66, 1957, 1-62; wieder in: *ders.*, Gebetsgedenken und adliges Selbstverständnis im Mittelalter. Ausgewählte Beiträge. Sigmaringen 1983, 183-244. Zur Wirkung der Adelsforschung Schmids vgl. *Karl Schmid*, Geblüt, Herrschaft, Geschlechterbewußtsein, hrsg. von *Dieter Mertens/Thomas Zotz*, Sigmaringen 1999, Einleitung der Herausgeber.

Reinhard Wenskus die tradierte Auffassung der Stämme,[14] Eckhard Müller-Mertens[15] und Karl-Ferdinand Werner[16] die Vorstellung von der Gründung des deutschen Reiches und Frankreichs jeweils durch genetische Konzepte ersetzten, wurde auch das Konstruktionsprinzip der so korrigierten bisherigen Auffassungen, ihre Abhängigkeit von romantischen Mythisierungen, deutlich. Karl-Ferdinand Werner hat die „Überlagerung früheuropäischer Geschichte durch spätnationale Geschichtsbilder"[17] besonders eindrücklich skizziert. Die von ihm eingeforderte Dekonstruktion jener mit wissenschaftlicher Methodik und Autorität, doch unter mythisierenden Prämissen erarbeiteten Frühgeschichten der „Stämme", Völker und Nationen ist keineswegs abgeschlossen - weder in der Mediävistik der Historiker noch der juristischen und philologischen Germanisten oder bei den Archäologen.

Die Nationsforschung zum 15./16. Jahrhundert ist von den angedeuteten Bewegungen der Forschungslandschaft unmittelbar betroffen. Denn die Mythisierungen der nationalen Frühzeit - wie die Gleichsetzung von Germanen und Deutschen, die Fundierung der Nationalgeschichte auf deutsche „Stämme", die Frühdatierung der Entstehung des deutschen Reiches, ja überhaupt die Idee einer deutschen Nationalgeschichte - hat das das 18./19. Jahrhundert von den Humanisten um 1500 rezipiert. Die Dekonstruktion der nationalen Mythisierungen trifft also die Humanisten um 1500 genauso wie ihre Rezipienten im 19. Jahrhundert.

Die mit dem Humanismus befaßte Nationsforschung hat darauf reagiert. Nach dem Aufweis der Mythifizierungen richtete sich das Forschungsinteresse auf die Methoden der Konzeptualisierung. Die Politologen Herfried Münkler und Hans Grünberger analysierten den Diskurs der deutschen Humanisten im Rahmen der kognitiv-kulturellen Nationalisierung Europas durch den Humanismus. Die Bedeutung des Humanisten-Diskurses wird dabei sehr hoch veranschlagt.[18] Die Nation als vorgestellte Ge-

---

[14] *Reinhard Wenskus*, Stammesbildung und Verfassung. Das Werden der frühmittelalterlichen gentes, Köln 1961, ²1977.
[15] *Eckhard Müller-Mertens*, Regnum Teutonicum. Aufkommen und Verbreitung der deutschen Reichs- und Königsauffassung im frühen Mittelalter, Berlin 1970.
[16] *Karl Ferdinand Werner*, Les nations et le sentiment national dans l'Europe médiévale, in: Revue Historique 244, 1970, 285-304; wieder in: *ders.*, Structures politiques du monde franc (VIe-XIIe siècles), London 1979, 285-304; *ders.*, Vom Frankenreich zur Entfaltung Deutschlands und Frankreichs, Sigmaringen 1984; *ders.*, „Deutschland" in: Lexikon des Mittelalters 3 (1986), Sp. 782-789 (der Artikel von *Philippe Contamine*, „Frankreich", ebd. 4 [1989], Sp. 747ff. enthält keine korrespondierenden Reflexionen); *ders.*, „Volk, Nation" (Mittelalter) (wie Anm. 3); *Brühl*, Deutschland - Frankreich (wie Anm. 3).
[17] *Werner*, „Volk, Nation" (Mittelalter) (wie Anm. 3), 176.
[18] *Klaus von See*, Deutsche Germanenideologie vom Humanismus bis zur Gegenwart, Frankfurt a. M. 1970; *Frank L. Borchardt*, German Antiquity in Renaissance Myth, Baltimore/London 1971; *Jacques Ridé*, L'image du Germain dans la pensée et la litterature allemandes de la redécouverte de Tacite à la fin du XVIème siècle, I-III, Lille/Paris 1977; *Ludwig Krapf*, Germanenmythus und Reichsideologie. Frühhumanistische Rezeptionsweisen der taciteischen „Germania", Tübingen 1979; *Herfried Münkler*, Nation als politische Idee im frühneuzeitlichen Europa, in: *Klaus Garber* (Hrsg.), Nation und Literatur im Europa der Frühen Neuzeit, Tübingen 1989, 56-86; *Herfried Münkler/Hans Grünberger*, Nationale Identität im Diskurs der Deutschen Humanisten, in: *Berding*

meinschaft gehe der Nation als Realität nicht nur systematisch und zeitlich voraus, vielmehr sei die Nation in ihrer je spezifischen Identität das Werk jener Intellektuellen, die sie als Idee entfaltet und propagiert haben. Die Intellektuellen rücken so in die Rolle eines unbewegten Bewegers. Der Übergang von der Idee zur Prägung der Realität wird nicht weiter dargetan; der Diskurs-Begriff deckt, so wie er verwendet wird, dieses Problem eher zu. Aber auf jeden Fall erscheint die Zugehörigkeit des humanistischen Diskurses zur modernen Nationsidee und dem modernen Nationalismus fraglos. Man dürfte demnach, vereinfacht gesagt, mit Bezug auf die Zeit um 1500 in einem eigentlichen, modernen Sinn von Nation sprechen, ohne das Wort in Anführungszeichen zu setzen. „Nation" (mit Anführungszeichen) ist nicht Nation (ohne Anführungszeichen) - so hat Hagen Schulze einen Abschnitt seines Buches „Staat und Nation" überschrieben,[19] um damit zu signalisieren, daß die Mediävisten, die über die vormodernen Großgruppen forschten, die als *gens, populus, regnum,* auch *natio* bezeichnet wurden, und speziell in ihren Untersuchungen zu den termini *„natio, natio Germanica,* deutsche Nation, deutsches Gezung, teutsch lande" zu anderen Formen von Nation gelangten als sie seit dem 18./19. Jahrhundert geläufig sind. Vom Mittelalter her, aus der Perspektive der Genesis betrachtet, könnte man Nation um 1500 aus mancherlei, gleich zu benennenden Gründen auch mit Anführungszeichen schreiben. Denn es macht einen beträchtlichen Unterschied aus, ob „Nation" aus der Perspektive der mittelalterlichen Genesis oder von der Warte der modernen Geltung aus betrachtet wird. Wenn der moderne Nationalismus sich den Äußerungen über „Nation" um 1500 zuwendete und zuwendet, um sich legitimierend auf sie zu berufen oder um sie zu erforschen, dann rationalisiert, selektiert und hierarchisiert er.

Die Humanisten haben die Nationsvorstellung historisch fundiert; dies ist Teil ihrer Entdeckung der Geschichte, und sie genießen darum den Ruf, die Begründer der neueren Historiographie zu sein. Die elsässischen Humanisten, insbesondere Jakob Wimpfeling, der Autor der *Epitome rerum Germanicarum,* der ersten „deutschen Geschichte" (1505), und Beatus Rhenanus, der unübertroffene Kritiker, gelten als die Begründer einer zugleich nationalen und wissenschaftlichen Geschichtsschreibung. Das nationale Thema und die methodischen Ansätze zur Quellenkritik ließen die Humanisten - jedenfalls ein Teil von ihnen - der modernen Geschichtsforschung als Verwandte im kritischen Geiste erscheinen.[20] Geschichte ließ sich von Fabel und

---

(Hrsg.), Bewußtsein (wie Anm. 2), 211-248; *Münkler/Grünberger/Mayer,* Nationenbildung (wie Anm. 2).
[19] *Hagen Schulze,* Staat und Nation in der europäischen Geschichte, München 1994, 108.
[20] *Eduard Fueter,* Geschichte der neueren Historiographie, München/Berlin ³1936 mit einem Vorwort von *Hans Conrad Peyer,* Zürich/Schwäbisch Hall 1985; *Heinrich Ritter von Srbik,* Geist und Geschichte vom deutschen Humanismus bis zur Gegenwart. 2 Bde., München/Salzburg 1950, ³1964; *Paul Joachimsen,* Geschichtsauffassung und Geschichtsschreibung in Deutschland unter dem Einfluß des Huamnismus, Leipzig 1910 (ND 1968); *Ulrich Muhlack,* Geschichtswissenschaft im Humanismus und in der Aufklärung. Die Vorgeschichte des Historismus, München 1991.

Mythos trennen. Irritierende Auffassungen wurden und werden weitgehend ausgeblendet oder als phantastisch disqualifiziert.[21] So wurde z.b. die im 16. Jahrhundert auch von hervorragenden Köpfen (jedoch nicht von Beatus Rhenanus) akzeptierte Überbietung der taciteischen „Germania" durch eine Art nationaler deutscher „Ur- und Frühgeschichte", eine Fiktion des Annius von Viterbo (1498), des historiographischen Feldes verwiesen.[22] Jakob Mennel wurde abqualifiziert als „einer der geringsten Geister, die damals den Trieb in sich fühlten, etwas Historisches zu schaffen",[23] weil er (1507, 1518) seinem Auftraggeber Maximilian I. eine elaborierte, von der Trojamythe hergeleitete Ahnenprobe als monarcha orbis verfaßte - die doch als eine konsequente Reaktion der übernationalen Großdynastie auf die Nationalisierung der europäischen Geschichte zu werten ist. Weitgehend „wegrationalisiert" oder doch beiseite gedrückt wurden ebenfalls die Schriften über die Zukunft, die sich absichtsvoll in die zeitgenössische Diskussion über Könige und Völker einschalteten, mochten sie astrologisch (d.h. natürlich) oder biblisch argumentieren.[24] Kennte man von Sebatian Brant weniger sein Narrenschiff und mehr seine Prognostiken, so würde er als Sonderling und Träumer gelten und nicht als ein Vernünftler, urteilte Dieter Wuttke.[25] Für die deutschen Autoren, die im 15./16. Jahrhundert über die Deutschen schreiben, ist die Bibel sehr wohl auch ein Geschichtsbuch, das sie in ihrer eigenen Geschichte betrifft. Denn sie verleiht dem Konzept der Vier-Reiche-Lehre und damit auch dem aktuellen Römischen Reich deutscher Nation eine immer wieder, wenngleich von Luther bestrittene, jedoch von Melanchthon und Sleidan erneuerte Autorität, die Vergangenheit, Gegenwart und eschatologische Zukunft betraf und die spezifische Teilhabe der Deutschen an der Geschichte verbürgte.[26] Für die Selbstdefinition der Deutschen kam der Heiligen Schrift darum eine fundamentale und breit akzeptierte Bedeutung zu. Aus der Bibel wurden außerdem Auffassungen speziell über die Deutschen deduziert, die ganz und gar phantastisch wirken, aber gleichwohl Traditionsgut darstellen, wenn auch unbeleuchtetes. Ein Autor wie der ungenannte sogenannte Oberrheinische Revolutionär - ein juristisch geschulter Mann der Verwaltungspraxis - gilt als Nationalphantast, weil er Adam als Deutschen und die deutsch

---

[21] Zu den Prozeduren der Ausschließung s. *Michel Foucault*, Die Ordnung des Diskurses, Frankfurt a. M. 1998, 11ff.
[22] *Joachimsen*, Geschichtsauffassung (wie Anm. 20), 161f.; *Münkler/Grünberger/Mayer*, Nationenbildung (wie Anm. 2), 242ff.
[23] *Joachimsen*, Geschichtsauffassung (wie Anm. 20), 200; *Dieter Mertens*, Geschichte und Dynastie - Zu Methode und Ziel der 'Fürstlichen Chronik' Jakob Mennels, in: *Kurt Andermann* (Hrsg.), Historiographie am Oberrhein im späten Mittelalter und in der frühen Neuzeit, Sigmaringen 1988, 121-153.
[24] Vgl. *Dietrich Kurze*, Nationale Regungen in der spätmittelalterlichen Prophetie, in: HZ 202, 1966, 1-23; *Georges Minois*, Histoire de l'avenir, Paris 1996 (deutsch: Geschichte der Zukunft, Düsseldorf/Zürich 1998, Kap. VIII und IX, 342ff.).
[25] *Dieter Wuttke*, Wunderdeutung und Politik, in: *Kaspar Elm u. a.* (Hrsg.), Landesgeschichte und Geistesgeschichte. FS für Otto Herding zum 65. Geburtstag, Stuttgart 1977, 217-244, hier 218.
[26] *Werner Goez*, Translatio Imperii. Ein Beitrag zur Geschichte des Geschichtsdenkens und der politischen Theorien im Mittelalter und in der frühen Neuzeit, Tübingen 1958.

Sprache als die Ursprache bezeichnet. Der Oberrheiner zieht indessen aus der Völkertafel des Buches Genesis (Gen. 10) - was vor ihm und nach ihm auch andere Gelehrte bis ins 18. Jahrhundert getan haben - die Konsequenz, daß Japhets Söhne Europa bereits vier Jahrhunderte vor der Babylonischen Sprachverwirrung besiedelt und folglich noch die allen Menschen anfänglich gemeinsame Ursprache gesprochen hätten, die in einigen Gegenden Afrikas und Asiens ebenfalls noch in Gebrauch sei. Daß dies die deutsche Sprache sei, sagt schon Hildegard von Bingen (12. Jahrhundert), und der Oberrheiner deduziert dasselbe mit weiteren Gründen.[27] Er war deshalb kein Sonderling. Auch das in den 1560er Jahren lateinisch und deutsch in Basel gedruckte „Teutscher Nation Heldenbuch" des Heinrich Pantaleon - der die Ehre hat, zu den humanistischen Intellektuellen gezählt zu werden - beginnt mit Adam als dem ersten Deutschen.[28] Kurzum: Wenn man dem rationalisierenden Filtern, das dem Zugriff des 19./20. Jahrhunderts auf die Vorstellungen von der deutschen Nation um 1500 eigen ist, nicht folgt, sondern in solcher Art Zugriff lediglich die Favorisierung eines den beiden Seiten gemeinsamen, an Tacitus' Germania anknüpfenden Mythos sieht, dann darf man auch die anderen Mythen nicht außer Betracht lassen. Dann muß man anerkennen, daß das Mythenspektrum, das die Deutschen auf sich und ihre Geschichte beziehen, sehr breit ist. Da es bis in das 16. Jahrhundert kein allgemein verbindliches und kanonisiertes, schulisch abgesichertes profangeschichtliches Wissen gibt, ist das Mythenspektrum nicht nur irritierend breit, sondern auch variabel und diffus.[29] Es sei beispielshalber an die Stadtgründungsmythen erinnert, die nicht nur fortleben wie bei Jakob Wimpfeling der Trierer, sondern auch neu kreiert werden wie durch Johannes Reuchlin der Pforzheimer Gründungsmythos.[30] Frank L. Borchardts Buch „German Antiquity in Renaissance Myth" hat den Begriff der Renaissance in angelsächsicher Tradition vornehmlich als Epochenbegriff gebraucht und nicht einen Humanismusbegriff als Filter verwendet. So konnte der seitens der deutschen Humanismusforschung erhobene Vorwurf mangelnder gedanklicher Durchdringung und fehlender Begriffsschärfe nicht ausbleiben.[31]

---

[27] Das Buch der hundert Kapitel und vierzig Statuten des sogenannten Oberrheinischen Revolutionärs, hrsg. von *Annelore Franke/Gerhard Zschäbitz*, Berlin 1967, 230; *Arno Borst*, Der Turmbau von Babel. Geschichte der Meinungen über Ursprung und Vielfalt der Sprachen und Völker, 4 Bände, Stuttgart 1957-1963 (ND München 1995), hier Bd. III,1, 1051; *Klaus H. Lauterbach*, Geschichtsverständnis, Zeitdidaxe und Reformgedanke an der Wende zum sechzehnten Jahrhundert. Das oberrheinische „Buchli der hundert Capiteln" im Kontext des spätmittelalterlichen Reformbiblizismus, Freiburg/München 1985, 162-180.
[28] *Hans Buscher*, Heinrich Pantaleon und sein Heldenbuch, Basel 1946. Zuletzt über Pantaleon: *Münkler/Grünberger/Mayer*, Nationenbildung, bes. 205ff., 256ff., 300ff. u. ö., doch, soweit ich sehe, ohne einen Hinweis auf den deutschen Adam.
[29] Einblicke in das breite Spektrum vermitteln z.B. *Borst*, Turmbau (wie Anm. 27), bes. Bd. III,1; *Borchardt*, Antiquity (wie Anm. 18); *Francesco Tateo*, I miti della storiografia umanistica, Roma 1990.
[30] *Johannes Reuchlin*, De verbo mirifico. Das wundertätige Wort (1494), hrsg. von *Widu-Wolfgang Ehlers* u.a. (Sämtliche Werke I,1) Stuttgart/Bad Cannstatt 1996, 22ff.
[31] *Borchardt*, Antiquity (wie Anm. 18); Rezension von *Otto Herding* in: HZ 217, 1973, 153-155.

Es verdient festgehalten zu werden, daß neben der mit Tacitus konstruierten ältesten germanisch-deutschen Geschichte die aus dem Buch Genesis deduzierte Anbindung des Ursprungs der Deutschen an Noahs Sohn Japhet und an Japhets Söhne hohe Autorität und breite Akzeptanz genoß. Der Oberrheiner geht einen Schritt weiter. Er erklärt Japhet für einen Christen - es gibt für ihn nur eine einzige, wenn auch fortschreitend vollständiger geoffenbarte und schließlich mit dem Namen Christi verbundene Religion -, und er beruft sich für sein Reformprogramm auf Japhet und dessen Nachfahren.[32] Es handelt sich bei dem Oberrheiner also um eine biblizistische Engführung von deutscher Geschichte und einem kirchlich-politisch-gesellschaftlichen Reformprogramm.

Der moderne Zugriff auf die Vorstellungen von der deutschen Nation im 15./16. Jahrhundert hat solche Darlegungen in den Bereich des Wirren, Irrationalen und Phantastischen verwiesen. Er hat aber nicht nur rationalisierend, sondern auch selektierend und hierarchisierend gewirkt. Der moderne Zugriff richtet an die Autoren des 15./16. Jahrhunderts die Frage nach der nationalen Identität, nach dem Konzept der deutschen Nation. Damit aber wird die Antwort bereits vorstrukturiert, denn die Frage geht von einer Hierarchie der kollektiven Identitäten aus. Der moderne Nationalismus verlangt eine Hierarchisierung der Identitäten und beansprucht die oberste Stelle. Der Nationsbegriff des 15./16. Jahrhunderts ist hingegen ständisch und funktional geprägt und innerhalb des Feldes der Identitäten nicht eindeutig gewichtet. Der Ausdruck „deutsche Nation" ist darum häufig als Glied von bestimmten Ausdruckssequenzen gebraucht und ist wohl auch dann, wenn er alleine steht, im Kontext anderer Begriffe, politischer, moralischer und anderweitig qualifizierender gedacht und gehört worden. Solche Kontextbegriffe und Ausdruckssequenzen lauten z.B. „löbliche (*inclyta*) deutsche Nation", „Ehre deutscher Nation", „Christenheit, Reich und deutsche Nation"; „König, Reich und deutsche Nation"; „König, alle Fürsten und ganze deutsche Nation". Regionale Identitäten stehen nicht unterhalb der deutschen Identität oder in Konkurrenz zu ihr, sondern ebenfalls in funktionaler Zuordnung. Man versteht sich z.B. als Schwabe und als solcher (nicht zusätzlich, sondern als solcher) in einer spezifischen rühmlichen, also werthaften Rolle für das Reich und die Deutschen. Man denkt nicht vom Ganzen zum Teil, von der Nation zur „Region", sondern umgekehrt vom engeren Erfahrungsraum zur imaginierten Gemeinschaft. Doch diese ist viel weniger mit einer Raumvorstellung verbunden als vielmehr auf Stände und Eigenschaften bezogen. Die Tatsache, daß *natio* im frühen und hohen Mittelalter gar kein genuiner Kollektivbegriff ist, sondern Teil einer geburtsständischen Formel, die angibt, was eine Person *natione*, von Geburt und Herkunft, ist, bleibt auch im 16. Jahrhundert noch immer mitzuhören. Der Terminus *natio* bzw. Nation ist spezifischer als das Konzept Nation, denn das Konzept kann auch ohne den Terminus in Anspruch genommen werden. So wendet sich Maximilians I. inten-

---

[32] *Lauterbach*, Geschichtsverständnis (wie Anm. 27), 166.

sive deutschsprachige politische Publizistik an alle Sprecher des Deutschen und wirbt um Zustimmung auch jenseits der Stände des Reichstages und über aller Herren Köpfe hinweg. Jakob Wimpfeling erweiterte um 1500 das Konzept „deutsche Nation" um Eliten, die nicht zur geburtsständischen *natio* zählten: um Gelehrte, Künstler und Erfinder (wie Gutenberg). Dabei verwendete er promiscue die Bezeichnungen *Germanus* und *natione Germanus, viri illustres Germaniam illustrantes, viri illustres nostrae Germaniae* und dehnte so die engere ständische Bedeutung des terminus *natio*. Wimpfelings *Epitoma Germanorum* oder *rerum Germanicarum* von 1505, ursprünglich *laudes Germanorum*, die erste deutsche Nationalgeschichte, definiert die Deutschen bzw. die deutsche Nation über ihre indigene, germanische Herkunft, ihre glorreiche Kaisergeschichte, ihre Kultur und ihre politischen Eigenschaften.[33] Auch sie richtet sich im Prinzip an alle Deutschen und verheißt ihnen Teilhabe an Ruhmestiteln wie dem Besitz des Kaisertums, an Tugenden und rühmenswerten Eigenschaften wie dem Scharfsinn des Erfinders, der Tapferkeit des Kriegers, der *pudicitia feminarum* - kurzum an der Ehre der Nation. Sie verheißt keine politische Partizipation, sondern eine Teilhabe am soeben andeutungsweise bestimmten symbolischen Kapital einer imaginierten Gemeinschaft. Dabei muß unterstrichen werden, daß die Ehre der Nation in der Person Kaiser Maximilians personifiziert erscheint; von ihm verspreche sich, so Wimpfeling, jeder - *omnis ordo, sexus, aetas* - so Großes und so viel wie von keinem König seit Karl dem Großen.[34] Karl Ferdinand Werner hat nachdrücklich auf die Tatsache hingewiesen, daß der „nationale Spätmythus" das Volk zum Substrat der Geschichte erhob und dadurch die „einstige Rolle der Dynastien als Kristallisationskerne für politische Loyalitäten" und die Bildung politischer Großgruppen zudeckte.[35] So wichtig es ist zu sehen, daß die habsburgische Großdynastie ihre Legitimation im Gegenzug zum nationalen Diskurs und ohne diesen definierte,[36] so richtig ist, daß sie die Funktion, als Kristallisationskern für nationale Loyalitäten zu dienen, nicht in Frage gestellt sehen wollte. Die Stilisierung Maximilians als *Hercules Germanicus* mag hier zu verorten sein.[37]

---

[33] Vgl. *Jakob Wimpfeling*. Briefwechsel. Kritische Ausgabe mit Einleitung und Kommentar, hrsg. von *Otto Herding/Dieter Mertens*, 2 Teilbände (= Jacobi Wimpfelingi opera selecta III, 1.2), München 1990, bes. 163-170, 464-468; *Jakob Wimpfeling*, Epithoma rerum Germanicarum, in: Hic subnotata continentur Vita M. Cathonis ..., Straßburg: Johannes Prüß und Matthias Schürer, 1505, fol. Hr-[PIV]r. Vgl. auch *Volker Reinhardt*, (Hrsg.), Hauptwerke der Geschichtsschreibung, Stuttgart 1997, 732-735.
[34] *Wimpfeling*, Epithoma (wie Anm. 33), fol. [O viii]v.
[35] *Werner*, „Volk, Nation" (wie Anm. 3), 178.
[36] Siehe oben bei Anm. 24.
[37] Vgl. *William C. McDonald*, Maximilian I of Habsburg and the veneration of Hercules: on the revival of myth and the German Renaissance, in: The Journal of Medieval and Renaissance Studies 6, 1976, 139-154; *Georg Braungart*, Mythos und Herrschaft: Maximilian I. als Hercules Germanicus, in: *Walter Haug/Burghart Wachinger* (Hrsg.), Traditionswandel und Traditionsverhalten, Tübingen 1991, 77-95.

III.

Die Konzeptualisierung einer deutschen Geschichte von den Germanen an und der kräftige Schub des Nationsdiskurses um 1500 ging einher mit der Ausbildung und Konturierung von Feindbildern. Den politischen Hintergrund und den Anlaß zur Publikation der wichtigsten „nationalen" Schriften Jakob Wimpfelings - der „Germania" von 1501[38] und der „Epithoma" von 1505 - bildet die Furcht vor der weiteren, über Basel (1501) hinausreichenden Ausdehnung der Schweizer Eidgenossenschaft - die Furcht, daß weitere Städte *sweytzer werden*, das ganze Rheintal nun *all ein commun* würde, die sich Kaiser und Reich mittels einer eigenen politischen Organisation verweigert.[39] Das Movens ist also eine soziale und politische Problematik; sie war im Südwesten des Reichs und speziell am Oberrhein seit dem Schlettstädter Bundschuh 1493, dem Beginn der „Voraufstände" des Bauernkriegs, akut. Die beiden Schriften Wimpfelings explizieren freilich nicht die Furcht der Herren und führenden städtischen Schichten, sondern überdecken den sozialen und politischen Zwiespalt durch das Wecken von Feindschaft und Gewaltbereitschaft, die gegen gemeinsame Feinde gelenkt werden: gegen Feinde von Nation und Christenheit. Die „Germania" erklärt, das Elsaß sei eine zwar linksrheinische, aber deshalb nicht etwa französische, sondern seit je von Deutschen bewohnte *Alsaticorum patria*[40] und sei folglich deutsch; aber es sei bedroht durch die französische Krone. Und Wimpfelings „Epithoma", die deutsche Geschichte, die auch die Elsaß-Thematik der „Germania" wieder aufnimmt, mündet (cap. LXI - LXIII) in einen Aufruf an alle Deutschen, an die Fürsten Deutschlands und den Römischen König, dem sie in den Türkenkrieg Folge leisten sollen.[41] Wimpfeling fordert, wegen der Uneinigkeit der Christen in Europa den Türkenkrieg als eine Sache der Deutschen allein zu betrachten. Er fordert nichts weniger als die Nationalisierung des Türkenkriegs. Er korreliert nicht, wie es dem Türkendiskurs entspräche, christianitas und Türken oder *Europa* und Türken, sondern Deutsche und Türken. Dies ist wiederum durch eine konkrete Situation bestimmt und auf sie gemünzt: auf den sog. bayerischen Erbfolgekrieg (1503-1505). In diesem auch am Oberrhein geführten Krieg bekämpften sich die zwei verbliebenen königsfähigen Dynastien im Reich, Habsburg und Wittelsbach. Das Konzept einer Nationalisierung des Türkenkrieges offeriert beiden Parteien die Möglichkeit, auf der Basis nationaler

---

[38] *Straßburg*, Johannes Prüß. - Zuletzt hrsg. von *Notker Hammerstein*, Staatslehre der Frühen Neuzeit, Frankfurt a. M. 1995, 10-95.
[39] *Thomas A. Brady, Jr.*, Turning Swiss. Cities and Empire, 1450-1550, Cambridge 1985, bes. 35ff.; vgl. auch *Tom Scott*, Regional Identity and Economic Change: the Upper Rhine 1450-1600, Oxford 1997.
[40] *Jakob Wimpfeling*, Germania (wie Anm. 38), 30. Der Begriff *Alsaticorum patria*, in zeitgenössischer Übersetzung das „gantz Land Elsaß", hat postulatorischen Charakter. Er überspielt die Tatsache, daß das herrschaftlich besonders stark zersplitterte Elsaß im rechtlichen Sinn eben kein 'Land' war, und postuliert statt dessen einen Verpflichtungscharakter der Nations- und Reichszugehörigkeit.
[41] Epithoma (wie Anm. 33), fol. [O vii]v, cap. LXI: *Solas quinque Germanorum gentes exercitum victorem in Thurcos suppeditare posse.*

Gemeinsamkeit, der Kriegstüchtigkeit, die Aggression zugunsten eines hehren Zwecks - *pro Christo*[42] - nach außen zu wenden.

Die Hinweise auf die Situationen der Entstehung und Publikation von Wimpfelings „Germania" und „Epithoma", zweier Basistexte des deutschen Nationalismus um 1500, und ihre daraus zu erschließende Intention scheinen methodologisch notwendig. Sie leiten aus dem musée imaginaire einer reinen politikfernen Geschichte der politischen Ideen hinaus. Denn es gilt erstens die Frage zu rekonstruieren, auf die die Texte antworten, und zweitens das Diskurssystem zu erkennen, innerhalb dessen der nationale Diskurs geführt wird und bestimmte Funktionen erfüllt. Es ist deutlich, daß die Texte auf Probleme der gesellschaftlichen und herrschaftlichen Ordnung antworten, daß dafür jedoch kein sozialer oder Herrschaftsdiskurs aufgerufen wird, sondern vielmehr ein nationaler. Dies geschieht zweifellos in stabilisierender Absicht. Denn eine akute oder auch nur latente Bedrohung des Elsaß durch Frankreich war 1501 nicht zu erkennen; zu erkennen war aber sehr wohl der soziale Zündstoff. Die Zusammenführung von Nations- und Türkendiskurs ist gegen die Kriege innerhalb der deutschen Nation gerichtet und soll ebenfalls stabilisierend wirken, denn die Folgen des Schweizerkrieges von 1499 und des kurz darauf geführten bayerischen Erbfolgekrieges (1503-1505) destabilisierten das soziale Gefüge.[43]

Einer Nationalisierung des Türkenkrieges redete auch Ulrich von Hutten 1518 das Wort, gleichfalls vor dem Hintergrund sozialer Spannungen; er verwies dafür auf einen niederrheinischen Vorgang als Beispiel.[44] Doch bereits 1518/19 änderte Hutten den Inhalt der Teilhabeverheißung und die Front der Aggression. An Stelle Frankreichs und der Türken wurde jetzt der Papst der Gegner, und die „deutsche Freiheit" wurde Gegenstand der Teilhabeverheißung.[45] Zur selben Zeit übernahm Karl V., den seine Abstammung von Maximilian, aber auch der Umstand, daß er gegen den Willen Frankreichs und des Papstes gewählt wurde, als Deutschen qualifizieren sollte, die Gravamina der deutschen Nation gegen den römischen Stuhl über die Verletzung der

---

[42] Epithoma (wie Anm. 33), fol. O[viii]r, cap. LXII.

[43] Vgl. *Dieter Mertens*, Maximilian I. und das Elsaß in: *Otto Herding/Robert Stupperich* (Hrsg.), Die Humanisten in ihrer politischen und sozialen Umwelt, Boppard 1976, 177-201; *ders.*, Reich und Elsaß zur Zeit Maximilians I. Untersuchungen zur Ideen- und Landesgeschichte im Südwesten des Reiches am Ausgang des Mittelalters. Habil. (Masch. Schr.) Freiburg 1977, 101-158; *Brady*, Turning Swiss (wie Anm. 39).

[44] Ad principes Germanos ut bellum in Turcas concorditer suscipiant, in: Ulrichs von Hutten Schriften, hrsg. von *Eduard Böcking*, Bd. 5, Leipzig 1861, 97-134 (Rede für den Augsburger Reichstag 1518). Vgl. das ausführliche Referat bei *David Friedrich Strauß*, Ulrich von Hutten, Leipzig 1914, 195-200 (Kap.10). Auch Luther rät, die deutsche Nation solle den Türkenkrieg allein führen: An den christlichen Adel (1520), WA 6, 419.

[45] Zuerst in der ungekürzten Ausgabe seiner Augsburger Rede, Mainz 1519, und der zugehörigen Widmung *Liberis omnibus ac vere Germanis*, in: Ulrichs von Hutten Schriften (wie Anm. 44), Bd. I, 240-242. Der Arminius-Dialog erschien erst postum im Druck (Hagenau 1529) und entfaltete erst von da an seine mythenstiftende Wirkung; die Zeit der Abfassung ist wohl 1516 und 1519; vgl. *Hans-Gert Roloff*, Der Arminius des Ulrich von Hutten, in: *Rainer Wiegels/Winfried Woesler* (Hrsg.), Arminius und die Varusschlacht. Geschichte - Mythos - Literatur, Paderborn u.a. 1995, 211-138.

1447 und in den Folgejahren abgeschlossenen Fürstenkonkordate in seine Wahlkapitulation. Nicht zuletzt dank Huttens Publizistik avancierte der Neugewählte zur Personifizierung der deutschen Freiheit.[46] Hatte Maximilian die deutsche Ehre verkörpert, so nun Karl die deutsche Freiheit. Maximilians letzter Reichstag 1518 hatte die Gravamina noch defensiv verhandelt; Hutten aber machte 1519 entschieden Front gegen Rom. Nochmals wirkungsvoller trat Luther 1520 in diese Frontstellung ein, insbesondere mit den Schriften „Von dem Papsttum zu Rom"[47], „An den christlichen Adel deutscher Nation"[48] und „Von der Freiheit eines Christenmenschen"[49] - dies sind von den großen deutschsprachigen Schriften dieses Jahres die hier einschlägigen. Luther nahm mit der Adelsschrift die Gravamina-Diskussion auf, entwickelte in der Papsttums-Schrift eine Theologie der Teilhabe und definierte in der Freiheitsschrift den Gegenstand der Teilhabeverheißung, den Hutten politisch verstand, theologisch. Mit diesen Schriften wählte Luther, anknüpfend an das Konkordat und die Gravamina der deutschen Nation, eben diese „deutsche Nation" als Forum. Doch indem er die Stellung der Konkordatspartner Kaiser, Adel und Papst und des von den Konkordaten betroffenen Klerus mittels einer neuen Ekklesiologie neu definierte, erweiterte er dieses Forum. Bis zu Luther waren die Gravamina „Standesklagen des deutschen Klerus" gegen die päpstlichen Rechte bei der Vergabe kirchlicher Ämter.[50] Luther handelte jetzt aber nicht von des geistlichen, sondern des christlichen Standes Besserung und legte theologisch dar, daß es unter Getauften keinen anderen Unterschied zwischen geistlich und weltlich gebe als den der Funktion und des Amtes, *dan sie sein alle geystlichs stands*.[51] Die Schrift „Von dem Papsttum" argumentiert für eine Christenheit als eine *gemeyne* oder *vorsammlung der hertzen in einem glauben*, aber ohne einheitliches Haupt.[52] Als Argumente für die Entbehrlichkeit des päpstlichen Hauptes führt Luther durchaus brisante Analogien aus dem Bereich der weltlichen Herrschaft an: die Entbehrlichkeit eines Weltkaisertums, die Mehrherrigkeit vieler Adelsherrschaften, die Eidgenossenschaft und die Kommunen: *Wer wolt weren, das nit ein gemeyn yhr selb vil uberhern unnd nit eynen allein erwelet zu gleycher gewalt?*[53] Luther wollte in den genannten Schriften nur zugunsten seiner Ekklesiologie argumentieren, aber er sprach mit einer einzigen argumentativen Bewegung der in jedem Fürstenspiegel und papalistischen Traktat vorgetragenen Naturgemäßheit

---

[46] Vgl. *Lutz*, Nation (wie Anm. 7), 549ff.; *Schmidt*, Luther (wie Anm. 2), 63ff., 70f.; *Bernd Schönemann*, „Volk, Nation (Frühe Neuzeit und 19. Jh.)", in: Geschichtliche Grundbegriffe (wie Anm. 3), 288ff.
[47] WA 6, 285-324.
[48] WA 6, 404-469.
[49] WA 7, 12-38.
[50] Vgl. *Eike Wolgast*, „Gravamina nationis germanicae", in: TRE 14, Berlin/New York 1985, 131-134; *Heinz Thomas*, Die Deutsche Nation und Martin Luther, in: Historisches Jahrbuch 105, 1985, 426-454, hier 445ff.
[51] WA 6, S. 408.
[52] WA 6, S. 292f.
[53] WA 6, S. 292.

monarchischer Herrschaft in Welt und Kirche die Plausibilität ab. Wenn aber weltliche Monarchie kein Argument mehr war für eine geistliche Monarchie, war dann die neue Ekklesiologie ein Argument für andere politische Ordnungen? In diesem Sinn konnte Luthers Schrift doch wohl gelesen werden. Die deutsche Nation, zu der Luther sprach, waren nicht nur die geistlichen und weltlichen Herrenstände der *Bischoff und Fursten,* also die Adelsnation, welche die Adelsschrift im Sinn der Gravamina und des Wiener Konkordats anredet, sondern ebenfalls das betroffene Kirchenvolk und insbesondere die bis 1524/25 sich rasant ausweitende Kommunikationsgemeinschaft der deutschen Leser der rasch aufeinanderfolgenden Auflagen seiner deutschsprachigen Schriften.[54] Und diese Schriften verhießen Teilhabe am allgemeinen Priestertum und Mitgliedschaft in der egalitären Gemeinde der Herzen, nicht ohne dabei einen Blick auf weltliche Partizipationsmodelle zu riskieren. Deutsche Nation ist also nicht bloß als Terminus im Sinne der Konkordate[55] oder der Reichsverfassung und damit des Reichstags und seiner Stände einschließlich der Städte zu verstehen.[56] Luther gibt oft genug Signale, daß er in unterschiedlichen Zusammenhängen über die soziale, politische und kirchenpolitische Begrenztheit der Reichsstände-Nation hinausdenkt: *wen deutsch land alle auff yhre knye fielen und betteten...*[57]; *wir deutschen*[58]; *land und leut (der edeln fursten und hern)*[59]; *das arm volck deutscher Nation*[60]; *in weltlichem regiment ist kein eyniger uberher ßo wir doch alle ein menschlich geschlecht von einem vatter Adam kommen sein ...*[61] Doch mit solcher sozialen Ausweitung auf das christliche Kirchenvolk hin, die sich räumlich auf Deutschland und sachlich auf eine Kirchenreform im Widerstand gegen die Papstkirche bezieht, ist keineswegs die „Volksnation" im modernen Sinn vorweggenommen. Diese wäre ihrer sachlichen Bezogenheit und ihrer Struktur nach etwas anderes. In ihr stünde prinzipi-

---

[54] Vgl. *Hans-Joachim Köhler* (Hrsg.), Flugschriften als Massenmedium der Reformationszeit, Stuttgart 1981; *Johannes Schwitalla,* Deutsche Flugschriften 1460-1525, Tübingen 1983, 112ff., 273ff.; *Mark U. Edwards Jr.*, Printing, Propaganda and Martin Luther, Berkeley u. a. 1994; *Bernd Moeller,* Die frühe Reformation als Kommunikationsprozeß, in: *Hartmut Boockmann* (Hrsg.), Kirche und Gesellschaft im Heiligen Römischen Reich des 15. und 16. Jahrhunderts, Göttingen 1994, 148-164.
[55] Das Wiener Konkordat vom 17. 2. 1448 und begleitende Dokumente unterscheiden um der zutreffenderen Beschreibung willen („propter competentiorem descriptionem") von der Konzilsnation („natio Germanica") als deren Teilmenge die „natio Alamanica" bzw. „Alamania" als natio; Raccolta di Concordati su materie ecclesiastiche tre la Santa Sede e le autorità civili, ed. *Angelo Mercati*, Vol. I, Città del Vaticano 1954, 177-181; vgl. auch 169, 185. Die *natio Alamanica* ist Vertragspartnerin des Papstes, und an ihrer Stelle („pro ipsa natione Alamanica") handelt König Friedrich III. unter Beistimmung mehrerer Kurfürsten und anderer geistlicher und weltlicher Fürsten „eiusdem nationis". Die Städte sind als Untertanen des Königs in keiner Weise Vertragspartei, wenngleich vom Konkordat betroffen. Nicht betroffen sind diejenigen Kirchen und Orden, die dem apostolischen Stuhl unmittelbar unterstehen, so z.B. Luthers Orden der Augustiner-Eremiten.
[56] *Schmidt,* Luther (wie Anm. 2), 67f.; auf die Bedeutung der Städte als den sozialen Raum des spätmittelalterlichen Nationalismus hebt ab *Sieber-Lehmann,* Nationalismus (wie Anm. 11).
[57] WA 6, 288.
[58] WA 6, 417, 464.
[59] WA 6, 421.
[60] WA 6, 428; vgl. *Schönemann*, „Volk, Nation" (wie Anm. 46), 299.
[61] WA 6, 292.

ell das Individuum unmittelbar zur Nation, alle Stufen sozialer und politischer Herrschaft blieben nachrangig, wenn nicht gar ausgeblendet, und die Nation würde von egalitären Individuen gebildet.[62] Egalität aber gibt es für Luther nur in der unsichtbaren und ubiquitären Versammlung der Herzen: *ein tauff, ein glaub, ein her*; doch „leibliche" Versammlungen, seien sie kirchlich oder weltlich, haben je ihre Orte, Häupter und Namen[63], die „leibliche" Vergesellschaftung beruht auf der Ungleichheit. Die Alternative Adelsnation - Volksnation greift also nicht, um die von Luther angesprochene und die von ihm medial erreichte Nation zu bestimmen. Sie ist von der Nation des regional und sozial begrenzten „spätmittelalterlichen Nationalismus", wie ihn Sieber-Lehmann herausgearbeitet hat, nach Ausdehnung, Sachbezug und Intensität verschieden, vom modernen Nationalismus aber kategorial getrennt. Vor dem Hintergrund aller bis dahin erreichten kommunikativen Konstituierung der deutschen Nation als Forum von Appellen und Verheißungen bildet das Jahrfünft von 1520 bis 1525 zweifellos einen Höhepunkt, der so bald nicht wieder erreicht wurde.

Johann Eberlin von Günzburg hat die Engführung von deutscher Nation und früher lutherischer Reformation 1521 im *Erst bundtsgenoß* expliziert - in einer Flugschrift, die dem erstmals ins Reich kommenden Kaiser Karl die *wunderbarlich und schon vorberait ... teütsche nation* wie eine Braut zuführt *als ain begirlich, schon, füglich volck*, das Karl *zu sunderem flyß und lieb zu teutscher nation* bewegen soll. Denn es habe Gott gefallen, daß, vorbereitet von den Humanisten Reuchlin, Erasmus, Wimpfeling u.a., nun dank Luther und Hutten *in teütscher nation wider ein ursprung hab in alle wält ein christlich wäsen, wie vormals auß Judea geschehen ist*.[64] Die Auserwähltheitsassoziation ist deutlich genug; Luthers Erneuerung gilt „aller Welt", aber die deutsche Nation ist das Instrument dazu; ihr anzugehören, verheißt Teilhabe an dieser Funktion.

Eberlins Nationskonzept greift wie dasjenige Luthers über die politischen Stände hinaus. Deshalb präzisiert er den Ausdruck „deutsche Nation" und spricht vom *christlich volck sunderlich der teütschen nation* oder - im kirchlichen, nicht im poli-

---

[62] *Wolfgang Hardtwig*, Ulrich von Hutten. Zum Verhältnis von Individuum, Stand und Nation in der Reformationszeit, in.: *ders.*, Nationalismus und Bürgerkultur in Deutschland 1500-1914, Göttingen 1994, 15-54, will „hier im Einzelfall die Epochenschwelle des Revolutionszeitalters" (27) nicht gelten lassen. Er sieht (25) den modernen Nationalismus durch seinen säkularen Charakter und die massenmobilisierende Funktion bestimmt und sieht diese Kriterien im Fall Huttens erfüllt. Doch aus der Sicht des Mittelalters und der Frühneuzeit tritt ein weiteres entscheidendes Kriterium für modernen Nationalismus in den Blick: die Konstituierung der (modernen) Nation aus egalitären Individuen anstatt aus ungleichen Gruppen. Eine solch konstituierende Bedeutung des Gleichheitsgedankens gibt es bei Hutten nicht. Wenn der Ritter Hutten seine Reichsunmittelbarkeit biographisch und literarisch umstilisiert in eine Unmittelbarkeit zur Nation, nimmt er damit keineswegs die französische Revolution für sich vorweg.
[63] WA 6, 293ff.
[64] *Johann Eberlin von Günzbur*g, Ausgewählte Schriften Bd. 1, hrsg. von *Ludwig Enders*, Halle 1896, 3.

tischen Sinn - vom *teütsch volck*. Er selber, der einfache Franziskaner, tritt als Autor seiner „Bundsgenossen" auf *in namen teütscher nation*.[65] Die Gegenprobe ermöglicht Thomas Murner mit seiner Antwort auf Luthers Adelsschrift, die ebenfalls an den Adel deutscher Nation gerichtet ist und Ende 1520 erschien; Luthers Schrift war Anfang August 1520 herausgekommen.[66] Murner legte Widerspruch ein gegen die Verbindung von deutscher Nation und Reformation. Er widersprach der Ekklesiologie, mit der Luther die Gravamina fundierte, und der Ausweitung der Nation auf alle Gläubigen in Deutschland. Vielmehr trennte er Theologie und Gravamina und reduzierte die Nation wieder auf die Stände. Übrig blieb ein Luther, der nur ein *Catilina* redivivus sei, ein politischer und sozialer Aufrührer, der anrate, mit dem Papsttum auch das Kaisertum preiszugeben, und der *hanß karsten und die unverstendig gemein* - die nicht zur Ständenation Gehörigen - zum Aufruhr anstifte und *der gemein geben wil, daz billich der oberkeit zugehört* wie die von Luther zunächst neben vielem anderen geforderte Pfarrerwahl durch die Gemeinde.[67] Daß die Teilhabeverheißungen einer Kirchenreformation und ihrer weltlichen Konsequenzen gerade den gemeinen Mann bewegen konnte, damit hat Murner kaum übertrieben.

IV.

Die Verheißungen Luthers sollten geistliche sein, sie waren Konsequenzen eines neuen Glaubens- und Kirchenverständnisses. Doch ihre Umsetzung betraf das gesamte kirchlich-weltliche System. Auf der Gemeindeebene betraf sie die Bestellung der Pfarrer.[68] Luther sprach Anfang 1523 in einer eigenen Schrift den Gemeinden das Recht und die Pflicht zu, evangelische Prediger auszuwählen und sie auch einzusetzen, so lange es keine evangelischen Bischöfe gebe. Er deduzierte dies hauptsächlich aus den paulinischen Briefen.[69] Der erste der Zwölf Artikel der Bauernschaft vom März 1525 fordert die Wahl evangelisch predigender Pfarrer und begründet dies ebenfalls aus den paulinischen Briefen. Der Biblizismus, der alle zwölf Artikel prägt, ermöglichte ihre große Verbreitung weit über die Organisation der Haufen und Vereinigungen hinaus. Im Vergleich zum historisch und juristisch gelehrten und beschwerten Biblizismus des Oberrheiners ist der Biblizismus der Zwölf Artikel theologisch klar und verrät die kundige Einwirkung.[70]

---

[65] Ebd., 13f., 84

[66] *Thomas Murner*, An den großmächtigsten und durchlauchtigsten Adel deutscher Nation, hrsg. von *Ernst Voss*, Halle 1899 (ND 1968).

[67] Ebd., 3, 5, 31.

[68] Vgl. *Peter Blickle*, Reformation und kommunaler Geist. Die Antwort der Theologen auf den Verfassungswandel im Spätmittelalter, in: HZ 261, 1995, 365-402, hier 391ff.

[69] *Martin Luther*, Dass eine christliche Versammlung oder Gemeine Recht und Macht habe, alle Lehre zu urteilen und Lehrer zu berufen, ein- und abzusetzen, Grund und Ursach aus der Schrift. WA 11, S. 408-416.

[70] *Martin Brecht*, Der theologische Hintergrund der Zwölf Artikel der Bauernschaft in Schwaben von 1525, in: ZKG 85, 1974, 174-208.

Die Frage nach einem Zusammenhang zwischen deutscher Nation und revolutionärer Bewegung des gemeinen Mannes schien nach den Bauernkriegsforschungen Horst Buszellos, denen sich Peter Blickle angeschlossen hat, negativ entschieden.[71] In Auseinandersetzung mit der seinerzeitigen marxistischen Lehre von der „frühbürgerlichen Revolution" und speziell der Auffassung von Max Steinmetz, es sei die „Hauptaufgabe" der „frühbürgerlichen Revolution" gewesen, einen deutschen Nationalstaat zu schaffen, verortete Buszello - auf der Basis der Programmschriften - den Bauernkrieg als eine restaurative, dem Spätmittelalter verhaftete politische Bewegung; er erkannte als deren Ziel allgemein die Vergrößerung der Gemeindeautonomie, in Süd- und Südwestdeutschland verschiedentlich verbunden mit der Forderung nach Reichsunmittelbarkeit. Der Vorrang der politischen Forderungen vor wirtschaftlichen wird gemeinhin kaum bestritten, wohl aber wird bestritten, daß all jene teilweise überregional, teilweise territorial bezogenen Zusammenschlüsse und Pläne ein Ganzes ergäben. Die regionale Zersplitterung der Aufstandsbewegung zu betonen, ist ein usus communis, er basiert auf einer Interpretation der Intentionen der Programmschriften. Doch er kontrastiert auffällig mit den Befürchtungen der Fürsten und auch Luthers, die Bauern würden ganz Deutschland in Brand stecken, und mit der nachfolgenden Behandlung der Unruhen auf den Reichstagen.[72] Das Partizipationsbegehren des gemeinen Mannes richtete sich zwar nur auf die je eigene Gemeinde und in einigen größeren Territorien auch auf die landständische Mitwirkung. Aber die Befürchtungen der Fürsten und Herren galten dem Aufruhr als Massenphänomen, galten der unsichtbaren Hand, die das Partizipationsbegehren in den einzelnen Kommunen und den regionalen Schwurbündnissen zum Untergang des ganzen Herrenstandes kombinierte. Eine intentionalistische Fragestellung erhält gewiß von seiten des gemeinen Mannes eine partikularistische Antwort, nicht aber von der Gegenseite.

Mittlerweile sind freilich auch jene übergreifenden Pläne herausgehoben worden, die sich des gemeinen Mannes annehmen und dabei zugleich auf das Reich zielen. Der von Klaus H. Lauterbach eindringlich untersuchte Oberrheiner arbeitete vor 1510 einen detaillierten Verfassungsentwurf aus, der auf der gleichberechtigten Teilhabe von Regenten, d.h. dem Adel, und von Bürgern und Bauern beruht.[73] Alle diese drei Stände - der Oberrheiner anerkennt in seinem Plan nur weltliche Stände - ernennen die Ritter, die das Reichsheer stellen, und wählen das *consistorium imperiale*, das oberstes Gericht und oberste Reichsbehörde sein soll und seinerseits den Kaiser wählt und richtet. Die weltliche Ständeordnung bleibt im übrigen erhalten, aber jede Auto-

---

[71] *Horst Buszello*, Der deutsche Bauernkrieg von 1525 als politische Bewegung, Berlin 1969; ders., Gemeinde, Territorium und Reich in den politischen Programmen des Deutschen Bauernkrieges 1524/25, in: *Hans-Ulrich Wehler* (Hrsg.), Der Deutsche Bauernkrieg 1524-1526, Göttingen 1975, 105-128; ders., Die Staatsvorstellung des „gemeinen Mannes" im deutschen Bauernkrieg, in: *Peter Blickle* (Hrsg.), Revolte und Revolution in Europa, München 1975, 273-295; ders. (Hrsg.), Bauernkrieg (wie Anm. 2); *Peter Blickle*, Die Revolution von 1525, München 1977, 16ff. u. ö.
[72] *Peter Blickle*, Gemeindereformation. München 1987, 205ff.
[73] *Lauterbach*, Geschichtsverständnis (wie Anm. 27), 202, 229-249.

rität steht unter dem Gebot der Brüderlichkeit und des gemeinen Nutzes. Die Durchführung einer solchen Reform kann sich der Oberrheiner nur so vorstellen, daß der gemeine Mann eine *gesellschaft* oder Bruderschaft bildet, die einen der ihren zum Ritter kürt und dann zum König krönt.

Bezüglich des „Bauernkriegs" als politischer Bewegung hat Klaus Arnold bereits 1982 betont, daß die politischen Ziele des gemeinen Mannes nicht nur auf die Kommunen und auf aktuelle Probleme der Aufständischen beschränkt waren, sondern „durchaus auch ein Kampf um staatspolitische Vorstellungen, um die Zukunft des Reiches und für eine überterritoriale, nationale Einheit" geführt worden sei.[74] Das maßgebliche Dokument, auf das er dieses Urteil stützt, ist der „Reichsreformentwurf" des Friedrich Weygandt für das Heilbronner „Bauernparlament" von 1525; Arnold hat Person und Plan neu eingeschätzt und die einschlägigen Texte erstmals nach der gesamten Überlieferung kritisch ediert. Weygandts Plan paraphrasiert, rafft und verarbeitet eine aus lutherischen Nürnberger Kreisen stammende Reformschrift *Teutscher nation notdurfft*, die Georg Rixner zugeschriebene sogenannte Reformation Kaiser Friedrichs III., die 1523 in Bamberg gedruckt erschien.[75] Entsprechend dieser seiner Vorlage sieht der Plan Weygandts die Reform aller Stände vor, der geistlichen wie der weltlichen. Gemeint sind erstens der gesamte Weltklerus und alle Regulierten beiderlei Geschlechts und zweitens *alle fursten graffen ritter edeln und knecht so vom reich oder derselben fursten belehent sein oder nit* sowie *alle stet comunen und gemaynd im hayligen reich, nyemant usgenommen*.[76] Weygandt plant, darin Rixner folgend, im institutionellen Rahmen des Reiches, das für ihn ganz selbstverständlich das Reich deutscher Nation ist; diesen Terminus verwendet er selten, zweimal in technischen Wendungen (*beschwerden Theutscher Nation, kayserlich camergericht im heyligen reich dewtscher nation*), einmal in weniger fixierter Verbindung (*alle strassen in dewtscher nation*).[77] Wie Luther denkt auch Weygandt über die ständische Zirkumskription der Reichstags-Nation hinaus und bezieht den niederen Adel und den gemeinen Mann der Stadt- und Landkommunen ein. Für Luther ist das soziale Ganze der deutschen Nation faßbar im Kirchenvolk ihrer Pfarrgemeinden, für Weygandt in der Summe ihrer Herren und Kommunen. Seine Reformvorschläge kommen vorrangig dem gemeinen Mann zugute; denn ihm verheißen sie Partizipation bei der Pfarrerwahl und am Gerichtswesen im Reich, das vom Kammergericht über die Hof- und Landgerichte zu den freien und den Stadt- und Dorfge-

---

[74] *Klaus Arnold*, 'damit der arm man vnnd gemainer nutz iren furgang haben' ... Zum deutschen „Bauernkrieg" als politischer Bewegung: Wendel Hiplers und Friedrich Weygandts Pläne einer „Reformation" des Reiches, in: ZHF 9, 1982, 257-313.

[75] Ebd., 283ff.; *ders./ F. Bittner* (Hrsg.), Reichsherold und Reichsreform. Georg Rixner und die sogenannte „Reformation Kaiser Friedrichs III.", in: FS für Gerd Zimmermann, Bamberg 1984, 91-109.

[76] Die kritische Ausgabe vom „Reichsreformentwurf (Friedrich Weygandts)" ebd. S. 296-307.

[77] Ebd. S. 301, 302; vgl. auch S. 292 Variante und S. 285. - Als Weygandt die geforderten 20 oder 21 Münzstätten „im gantzen reich" in Bezirke unterteilt, kennt er mit seiner Nürnberger Vorlage nur oberdeutsche (einschließlich Franken).

richten reicht. Die Verpflichtung auf *bruderlich ainigkeit*, auf „christliche Freiheit" bar „menschlicher Erdichtung" und die Unterbindung des Eigen- und die Förderung des gemeinen Nutzes bilden die Grundsätze der Verheißung. Für die bisher allein Privilegierten bedeutet sie Teilhabe an einer gerechten Gesamtordnung, doch ebenso eine deutliche Minderung ihrer bisherigen rechtlichen und materiellen Stellung; insbesondere trifft dies auf die geistlichen Herrenstände zu. Der Oberrheiner vorher und Balthasar Hubmaier nachher heben auf Wahlmodi ab, dank derer ein gemeiner Mann Kaiser werden kann; nichts dergleichen findet sich bei Weygandt.[78] Weygandt setzt den gemeinen Mann nirgends an die Stelle des Adels, sondern stets neben ihn, dies aber mit großem Nachdruck.[79] Den Planern des Heilbronner „Bauernparlaments" ging es offenbar um eine Partizipationsverheißung, die sie für einlösbar halten mochten, um eine Art historischen Kompromisses im Rahmen des Reiches deutscher Nation - bei völliger Verkennung der Gewaltbereitschaft, zugunsten des gemeinen Mannes die Reformvorstellungen auslösten, selbst wenn sie die Ungleichheit konservierten.

Weygandts Rekurs auf das Reich deutscher Nation besitzt eine zweifache Logik. Erstens: Weil die Ständeordnung konserviert wird, aber als Gegengewicht eine gemeinständische Gerichtsordnung erhält, wird eine höchste Appellationsinstanz erforderlich; die aber kann nur auf der Reichsebene angesiedelt sein. Zweitens: Um die geplanten Veränderungen, wenn sie auf regionaler Ebene begonnen werden, vor gewaltsamer Verhinderung durch Fürstenbündnisse zu schützen, müssen nacheinander alle geistlichen Fürsten, die weltlichen samt Grafen und Ritterschaft und die Reichsstädte auf der Basis der Zwölf Artikel in ein Bündnis mit den „gemeinen Haufen der Bürger und Bauern ... getrieben und gebracht" werden; *vnnd wurt furter vß diesem end vnd beschluß ein nuwer anfang wurtzeln vnnd volgen: das wer die reformacion*.[80] Der Rekurs auf das Reich deutscher Nation zielt allein auf dessen Funktion als institutionelles und politisches Forum zur Sicherung der Reform und ihrer Partizipationsverheißung. Es scheint aber keine Idee einer deutschen Nation auf, die als solche Teilhabe verhieße etwa an ihrer Ehre und Freiheit, Vergangenheit oder Zukunft.

Klaus Arnold hat herausgearbeitet, daß Weygandt und Hipler in die Aufstandsbewegung durchaus integriert waren und daß ihre Entwürfe, denen sie sich im Mai 1525 nur in einem äußerst engen Zeitrahmen widmen konnten, eine beachtliche Überlieferung gezeitigt haben, die auf einen hohen Bekanntheitsgrad nicht zuletzt bei den Gegnern der Aufständischen schließen lassen. Man wird die Bedeutung der Ent-

---

[78] Vgl. Balthasar Hubmayers Artikel und Geständnis, in: Quellen zur Geschichte des Bauernkrieges, gesammelt und hrsg. von *Günther Franz*, München 1963, Nr. 67, S. 231-234. - Im übrigen stimmen Weygandts Grundsätze vielfach mit denen des Oberrheiners überein (Erhaltung der Ständeordnung, Gebot der Brüderlichkeit und der Gemeinnützlichkeit).
[79] Dies zeigt die Sitzverteilung in dem Plan der Gerichtsverfassung.
[80] Friedrich Weygandts Schreiben an Wendel Hipler, 18. Mai 1525; *Arnold*, 'damit der arm man' (wie Anm. 74), 307-310, hier 309.

würfe nicht gering veranschlagen dürfen. Sie liegt freilich nicht darin, daß sie die Aufstandsbewegung noch in die anvisierte Richtung hätten lenken können, sondern daß sie die logische Notwendigkeit eines Rekurses auf das Reich formulieren.

V.

Resümierend kann festgehalten werden, daß im ausgehenden 15. und beginnenden 16. Jahrhundert bei den Autoren, die, bezogen auf die deutschen Verhältnisse, mit dem Terminus „Nation" und mit Nationskonzepten argumentierten, zwei Typen solcher Konzepte unterschieden werden können. Den ersten Typ kann man den historisch-mythographischen nennen, den zweiten den reformerisch-biblizistischen. Der erste verarbeitet die Neuigkeiten des Tacitus und adaptiert und entfaltet den Germanenmythos; er gibt der Nation eine Geschichte und verheißt Teilhabe an deren symbolischem Kapital - den in der Geschichte bewährten Tugenden, der ehrenvollen Errungenschaft des Kaisertums und der Funktion des Reiches für den Gang der Geschichte. Der erste Typus verlangt Bekenner, der zweite hat Benutzer. Das Bekenntnis zur Nation ist der Modus der Aneignung ihres symbolischen Kapitals. Doch das Bekenntnis zur Reformierung der kirchlichen oder der gesellschaftlichen Ordnung, das wesentlich mit der Bibel argumentiert, bedient sich der Nation als eines Forums, benutzt sie als eine vorhandene und weiter zu formende politische und linguistische Institution, ohne daß diese aber das eigentliche Ziel der Reformen wäre. Die Teilhabeverheißung gilt der gerechten Ordnung und sucht zu ihrer Verwirklichung den Weg über die Nation, die ihrerseits dadurch nur mittelbar Teilhabe verheißt.

Beide Typen lassen sich noch einmal ausdifferenzieren. Den ersteren Typ pflegen einerseits Autoren, die philologisch-historisch kontrolliert und mythographisch restriktiv verfahren, und andererseits solche, die eher mythographisch produktiv sind. Der zweite Typ findet sich sowohl bei den politisch-gesellschaftlichen als auch bei den kirchlich-geistlichen Reformern.

In der Wort- und Bildpropaganda um 1520 bilden Hutten und Luther ein Paar, vielleicht aufgrund eines durch Hutten geförderten synkretistischen Mißverständnisses, vielleicht aber auch eben deshalb, weil sie die beiden verschiedenen Typen des Konzepts der Nation als Teilhabeverheißung verkörpern und ein Zweifaches zu versprechen scheinen. Doch die beiden Konzepte gehen nicht zusammen. Der Oberrheiner argumentiert biblizistisch, aber wendet diese Argumentation zugunsten der Deutschen, und Eberlin von Günzburg personifiziert die deutsche Nation, jedoch zugunsten einer neuen gesellschaftlich-politischen und kirchlichen Ordnung.

Joachim Bauer

Student und Nation im Spiegel des „Landesvater"-Liedes

„Bleibt Deutsche, brav und gut!
Du stamst von Herman's Blut,
ädles Geschlecht!
Weh, wer für Sklavensold, für fremdes feiges Gold
sein deutsches Blut verzollt - Fluch sei dem Knecht!"[1]

Dieser Vers erinnert an die Lyrik der Befreiungskriege oder Lieder der Urburschenschaft. Doch er stammt weder von Körner, noch von Kleist oder Arndt. Die Zeilen sind auch nicht den „Lieder(n) von Deutschland's Burschen zu singen auf der Wartburg" aus dem Jahre 1817 entnommen. Ihr Entstehen reicht bis ins Jahr 1782 zurück. Verfasser war der 1761 in Altona als Sohn eines Advokaten geborene August Christian Heinrich Niemann.

Er besuchte in der Vaterstadt das Gymnasium und ließ sich am 14. April 1780 in Jena als Jurist immatrikulieren. Sein weiteres Studium führte ihn von Jena über Kiel 1782 nach Göttingen. Hier verdiente er sich seinen Unterhalt als Hofmeister beim Grafen Ahlefeld von Langeland. Dessen beabsichtigte Ausbildung zum Staatsmann veranlaßte Niemann, sich dem Studium der Staatswissenschaften zu widmen. Bald darauf schlug er eine akademische Laufbahn ein, promovierte und habilitierte sich in Kiel und wurde hier 1785 zum Privatdozenten, 1794 zum ordentlichen Professor ernannt. Niemann war an der Kieler Forstakademie tätig und veröffentlichte zahlreiche Schriften zu staatswissenschaftlichen, wirtschaftlichen, historischen und kulturellen Themen.[2] Zu letzteren gehört auch sein 1782 erschienenes „Akademisches Liederbuch", das 1795 durch einen zweiten Band erweitert wurde. In der Ausgabe von 1782 war das oben zitierte „Vaterlandslied bei entblößtem Haupt und Degen" aufgenommen worden. Es forderte nicht die Schaffung eines deutschen Nationalstaats, sondern feierte das Alte Reich.

---

[1] [*August Christian Heinrich Niemann*], Akademisches Liederbuch, Dessau und Leipzig 1782, 116; Edition vgl. *Hoffmann von Fallersleben*, Der Landesvater in seiner ursprünglichen Gestalt, in: Findlinge. Zur Geschichte deutscher Sprache und Dichtung, Bd. 1, Leipzig 1860, 36-51; *Erich Bauer*, Der ursprüngliche Text des Landesvaters von stud. August Niemann 1782, in: Einst und Jetzt. Jahrbuch des Vereins für corpsstudentische Geschichtsforschung (EuJ), 22, 1977, 235-238.
[2] Vgl. zu Niemann ADB, Bd. 23, Leipzig 1886, 673f.

"Josephs Söhne!
laut ertöne
unser Vaterlandsgesang!
Den Beglükker deutscher Staten,
den Vollender großer Thaten
preise unser Hochgesang.

Hab und Leben
ihm zu geben,
sind wir allzumal bereit!
Stürben gerne jede Stunde;
achten nicht der Todeswunde,
wenns das Vaterland gebeut.
[...]
Heil dem Bande,
Heil dem Lande,
Das mit Joseph uns vereint!
Jeder brave Deutsche trachte,
Das ihn einst sein Joseph achte, sei des Vaterlandes Freund!

Joseph lebe!
Joseph lebe!
Heil uns, die sein Land vereint!
Jedem Heil, der deutsch und bieder
ist wie wir, vereinte Brüder, und des Vaterlandes Freund!

Heil, Kaiser Joseph, Heil!
Dir, Deutschlands Vater, Heil!"[3]

Das läßt aufmerken, handelt es sich doch um ein studentisches Lied, nicht um Reichspublizistik oder Patriotische Lyrik. Bekannt ist, daß die Studenten seit dem Siebenjährigen Krieg öffentlich sowie in ihren Gesellungsrunden für Preußen oder Österreich Partei ergriffen und zunehmend Anteil am politischen Zeitgeschehen nahmen. Um 1763 häuften sich Beifallsbekundungen innerhalb der Studentenschaft einzelner Universitäten gegenüber der preußischen Reichspolitik.[4] Ein interessantes Beispiel

---

[3] Akademisches Liederbuch (wie Anm. 1), 112ff.
[4] Vgl. u.a. *Friedrich Schulze/ Paul Ssymank*, Das deutsche Studententum, München [4]1932, 173ff.; *Richard Keil/ Robert Keil*, Geschichte des Jenaischen Studentenlebens von der Gründung der Universität bis zur Gegenwart (1548-1858). Eine Festgabe zum dreihundertjährigen Jubiläum der Universität Jena. Leipzig 1858, 175ff.; *Wilhelm Fabricius*, Die Deutschen Corps. Eine historische Darstellung der Entwicklung des studentischen Verbindungswesens in Deutschland bis 1815, der Corps bis zur Gegenwart, Frankfurt a. M. 1926, 51ff.; *Horst Steinhilber*, Von der Tugend zur Freiheit.

dafür sind Stammbuchblätter, die jubelnde Studenten beim Einzug des preußischen Königs Friedrich II. im Dezember 1762 auf dem Jenaer Marktplatz zeigen.[5]

Das Jenaer Fest anläßlich des Hubertusburger Friedens im Mai 1763 demonstrierte wiederum die Vielfalt studentischer Auffassungen. Fünfzehn Landsmannschaften erhielten die Erlaubnis, öffentlich in ihren landsmannschaftlichen Farben aufzutreten.[6]

Niemanns Liederbuch von 1782 läßt keine propreußische Tendenz erkennen. Im Gegenteil, die Sammlung beinhaltet vier Abteilungen: Fröhliche Lieder im vertrauten Kreise (65), Vaterlandsgesänge und freundschaftliche Lieder (13), Tugendlieder (10) und Scheidelieder (10). In 8 Liedern und insgesamt 18 Strophen schenkt man vielmehr dem Habsburger Joseph II. Aufmerksamkeit. Es scheint, daß der nunmehr allein regierende reformwillige Kaiser von Studenten als Hoffnungsträger für Erneuerungen angenommen wurde und somit ein Gegengewicht zu Friedrich II. darstellte. Insbesondere die Reformen der Jahre 1781/82 hinterließen im ganzen Reich tiefen Eindruck. Johann Gottfried Herder hatte sich 1780 „An den Kaiser" mit dem Worten gewandt:

„... gib uns, wonach wir dürsten,
ein Deutsches Vaterland,
Und Ein Gesetz und Eine schöne Sprache
und redliche Religion..."[7]

Diese Hoffnungen spiegeln sich auch in studentischen Liedern und Stammbucheintragungen wider.[8]

Niemanns „Vaterlandslied" griff auf eine Tradition zurück. Unter dem Begriff „Landesvater" kursierten verschiedene Textvarianten. Seit der Mitte des 18. Jahrhunderts wurde der „Landesvater" Teil einer verstärkt nationale Wertvorstellungen aufgreifenden politischen Kultur. Der Text verschmolz mit einer rituellen Handlung, die nahezu sakralen Charakter besaß und zentrale Bedeutung im Korporationsleben erlangte. Seit dem ausgehenden 17. Jahrhundert wurden Freundschafts- bzw. Brüderlichkeitsrituale und öffentliche Loyalitätsbekundungen zum jeweiligen Landesherrn Bestandteil studentischer Festkultur. Man durchbohrte in feierlicher Form die Kopfbedeckung mit dem Degen, dem Bruder gegenüber aus „Liebe", dem Landesherren als Treuebekundung. Hut und Degen waren Zeichen der Freiheit, somit im Selbstver-

---

Studentische Mentalitäten an deutschen Universitäten 1740-1800, Hildesheim/Zürich/New York 1995, 77; *Hans Peter Hümmer*, Studentische Korporationen am Vorabend des Hubertusburger Friedens, in: EuJ, 40, 1995, 49-78.
[5] Vgl. *Keil*, Studentenleben (wie Anm. 4), 206; Herzogin Anna Amalia Bibliothek Weimar Stammbuch Nr. 368, Johann Heinrich Carolus Reinhardus, 84; Stammbuch Nr. 326, August Friedrich Carl Freiherr von Ziegesar, 238. Für die Hinweise danke ich Birgit Hellmann, Städtische Museen Jena.
[6] Vgl. *Keil*, Studentenleben, 206ff.; *Fabricius*, Corps (wie Anm. 4), 51ff.
[7] *Johann Gottfried Herder*, An den Kaiser/Dec. 1780, in: *Johann Gottfried Herder*, Sämtliche Werke, hrsg. v. *Bernhard Suphan*, Bd. 29, Berlin 1889, 551; vgl. auch ebd., Bd. 17, Berlin 1881, 46ff.
[8] Vgl. *Walter Rabe*, Kaiser Joseph II. und das Studentenlied, in: EuJ, 25, 1980, 141-148; *Richard Keil/Robert Keil*, Deutsche Studentenlieder des 17. und 18. Jahrhunderts, Lahr 1859, 180.

ständnis der Burschen von herausragender Bedeutung. Wie in den Freimaurerlogen des 18. Jahrhunderts legte man in studentischen Kreisen den Hut bzw. die Kopfbedeckung nicht unbedarft ab oder ließ sie gar beschädigen - es sei eben zum Zwecke höchster Achtung.[9]

Der Ordensstudent[10] Niemann hatte die unterschiedlichen Variaten der „Landesvater-Texte" aufgegriffen und seinem Zeitverständnis angepaßt. Damit liefen gesellschaftliche Reformvorstellungen und Erneuerungsversuche studentischen Lebens zusammen. Niemann versuchte vor allem über eine Aufwertung des Liedgutes bzw. gemeinschaftlichen Singens diesem Anliegen Rechnung zu tragen.[11]

Reformiert wurde der „Landesvater" nicht nur unter politischem Blickwinkel. Lied und Ritual waren im Laufe der Zeit, glaubt man den wenigen Hinweisen, durch „unflätige" Strophen verhunzt worden, der ganze Ablauf zum übermäßigen Saufgelage verkommen.[12] In der zweiten Hälfte des 18. Jahrhunderts vollzog sich offensichtlich ein Mentalitätswandel innerhalb der Studentenschaft. Vor allem in den studentischen Orden eigneten sich Studierende den „Patriotismus" und die Tugend- und Wertvorstellungen der entstehenden bürgerlichen Gesellschaft an. Studentenleben verstand man zunehmend als Vorbereitung für das spätere bürgerlich-öffentliche Leben.[13] Hier finden sich auch Parallelen zum politischen Zeitverständnis. Volker Press hat auf die gewachsenen Aktivitäten um das Reich in dieser Zeit verwiesen und dabei hervorgehoben, daß ein erneuertes deutsches Gemeinschaftsgefühl festzustellen sei. Diesem, an einen zu reformierenden Reichsverband angepaßten Nationalismus ging es nicht um die Schaffung eines Nationalstaates.[14]

---

[9] Vgl. *Eugen Lennhoff/ Oskar Posner*, Internationales Freimaurerlexikon, Wien 1932, Sp. 726f. (Hut), 326 (Degen); Landesvaterritual vgl. *Friedhelm Golücke*, Studentenwörterbuch, Würzburg [4]1987, 277f.; *Adam Joseph Uhrig*, Der akademische „Landesvater", ein Denkmal aus alter Ritterzeit, Würzburg 1887; *Aribert Schwenke*, Zur Geschichte des Landesvaters, in: EuJ, 35, 1990, 67-90, hier 68ff.; *Georg Schmidgall*, Herkunft und Sinn des „Landesvaters", in: Hochschulbeilage zum Schwäbischen Merkur, Nr. 24, 24. 7. 1928; *Oskar F. Scheuer*, Der Landesvater. Textkritische Untersuchung, in: Deutsche Hochschule, Heft 8, August 1930, 119-121; *Stephan Kekule von Stradonitz*, Der studentische „Landesvater", in: Württembergische Zeitung, 10.1.1929; *H. A. B.*, Der Landesvater, Frankfurter Zeitung, 8. Juli 1928.

[10] Vgl. Hinweis bei *Rabe*, Kaiser Joseph II. (wie Anm. 8), 144.

[11] Vgl. grundsätzlich: *Kurt Stephenson*, Das Lied der studentischen Erneuerungsbewegung 1814-1819, in: Darstellungen und Quellen zur Geschichte der deutschen Einheitsbewegung im neunzehnten und zwanzigsten Jahrhundert (DuQ), Bd. 5, Heidelberg 1965, 9-126, zu Niemann vgl. 25ff.; *Friedrich Harzmann*, Burschenschaftliche Dichtung von der Frühzeit bis auf unsere Tage. Eine Auslese, in: Quellen und Darstellungen zur Geschichte der Burschenschaft und der deutschen Einheitsbewegung (QuD), Bd. 12, Heidelberg 1930.

[12] Vgl. *Golücke*, Studentenwörterbuch (wie Anm. 9), 277f.; *Schulze/Ssymank*, Studententum (wie Anm. 4), 198ff; *Fabricius*, Corps (wie Anm. 4), 116ff.; *Schwenke*, Landesvater (wie Anm. 9), 68ff.

[13] Vgl. *Wolfgang Hardtwig*, Zivilisierung und Politisierung. Die studentische Reformbewegung 1750-1818, in: ders., Nationalismus und Bürgerkultur in Deutschland 1500-1914. Ausgewählte Aufsätze, Göttingen 1994, 96.

[14] Vgl. *Volker Press*, Das Ende des Alten Reiches und die deutsche Nation, in: Kleist-Jahrbuch, 1993, 31-55ff.

Göttingen - dort scheint der Niemannsche Liedtext entstanden zu sein - hatte eine eigene „patriotische" Komponente hervorgebracht. Junge Studenten fanden sich zwischen 1772 und 1774 im „Göttinger Hainbund" zusammen. Verpflichtet fühlten sie sich dem „germanischen Freiheitsideal", dem „Deutschtum" und einer Ablehnung französischer Kultur. In der älteren „Patriotismus"-Forschung wird ihr Tun überwiegend als „pathetisch-lyrischer Protest gegen die herrschende Unfreiheit", nicht als Frontstellung gegen andere Völker gewertet.[15] Dadurch zählt man sie meist, um Dieter Langewiesches kritische Sicht aufzugreifen, zur „hellen" Seite des deutschen Nationalismus.[16]

Offensichtlich gab es zu dieser Zeit in Göttingen ein bislang zu wenig beachtetes Phänomen. Studentische und national orientierte Kultur flossen zusammen. Der „Göttinger Hain" war auch eine studentische Sozialisationsform, die, wie andere Verbindungen dieser Zeit, von studentischer Tradition geprägt war. Ein Brief von J. H. Voß aus dem Jahre (3. November) 1772 erhärtet diese Annahme. „Bis um Mitternacht champagnerten und burgunderten wir und nun zogen wir mit Musik aus, Ständchen bringen... Nun mußte noch ein Landesvater gemacht werden, der erste für mich. In einer halben Stunde hatte ich Grafen und Fürsten und meinen Boie zu Brüdern. Den letzten hätten Sie sehen sollen mit dem behuteten Schwert in einer und dem Hut in der anderen Hand..."[17] Heinrich Christian Boie, Herausgeber des „Göttinger Musenalmanachs" und des „Deutschen Museums" bzw. „Neuen Deutschen Museums" war ein „alter Bursche". Schon in Jena geriet er wegen Mitgliedschaft in der „Loge zum rothen Stein" im Orden der „Harmonie" 1766/67 in die akademischen Untersuchungen.[18]

Verschiedene Liedüberlieferungen des 18. Jahrhundert belegen, daß der Reichsgedanke oder die Kaiserverehrung oft keine Rolle spielten. Vielmehr standen, wie auch beim Jenaer Friedensfest von 1763 deutlich wurde, landespatriotische Züge im Mittelpunkt, manifestiert im Lob des Landesfürsten. Dazu gab es eine spezielle Strophe im „Landesvater"-Lied:

---

[15] Vgl. u.a. *Christoph Prignitz*, Vaterland und Freiheitsliebe. Deutscher Patriotismus von 1750 bis 1850, Wiesbaden 1981, 31; neue Bewertung hingegen bei *Hans-Martin Blitz*, „Gieb, Vater, mir ein Schwert!" Identitätskonzepte und Feindbilder in der „patriotischen" Lyrik Klopstocks und des Göttinger „Hains", in: *Hans-Peter/ Herrmann /Hans-Martin Blitz/Susanna Moßmann* (Hrsg.), Machtphantasie Deutschland. Nationalismus, Männlichkeit und Fremdenhaß im Vaterlandsdiskurs deutscher Schriftsteller des 18. Jahrhunderts, Frankfurt a. M. 1996, 80-122.
[16] Vgl. *Dieter Langewiesche*, Nation, Nationalismus, Nationalstaat: Forschungsstand und Forschungsperspektiven, in: NPL 40, 1995, 190-236, hier 195.
[17] *Abraham Voß* (Hrsg.), Briefe v. J. H. Voß, Bd. I, Heidelberg 1833, 95; *Fabricius*, Corps (wie Anm. 4), 123f.
[18] Vgl. *Otto Götze*, Die Jenaer akademischen Logen und Studenten Orden des 18. Jahrhunderts, Jena 1932, 5ff.; 217.

„Landes-Vater
Schutz und Rather
Es lebe mein N.N. ..."[19]

Entscheidend für die Interpretation dieser Textvarianten ist aber vor allem die jeweils besungene Person und die ihr zugeordneten Werte als Landesvater und Mensch im Kontext aufklärerischen Gedankenguts.

Wolfgang Hardtwig hat mehrfach auf die Wirkungen der studentischen Reformbewegung, als Teil der übergreifenden bürgerlichen Sozietätsbewegung zwischen 1770 und 1819 aufmerksam gemacht. Reform der organisierten Studentenschaft vollzog sich über Zivilisierung, Disziplinierung und Politisierung. Der Burschenschafter, so Hardtwig, unterstellte schließlich seine individuellen Interessen der „Nation" und gewann das Gefühl, dies nur in der Gemeinschaft verwirklichen zu können.[20]

Es ist zu fragen, ob sich diese Verbindung nicht schon eher auszuprägen begann. Die Verehrung des Landesvaters und des jeweiligen Territoriums, aus welchem der Student stammte, vor allem die zugeordneten Wertkriterien, können möglichen Aufschluß geben. Ein Jahr vor Niemann hatte der Hallische Magister Christian Wilhelm Kindleben wohl das erste spezifisch studentische Liederbuch herausgegeben. Seine „Landesvater" - Version feierte Friedrich II. Von den reichlich 60 Liedern seiner Ausgabe wird in 15 Texten der König verehrt.[21] Der aus einer Berliner Handwerkerfamilie stammende Kindleben ließ sich als Neunzehnjähriger in Halle als Theologiestudent einschreiben. Hier übten der Aufklärungstheologe Johann Salomon Semler sowie Johann Georg Jacobi mit seinen Vorlesungen über die „schönen Künste" nachhaltigen Einfluß auf ihn aus. Nach kurzem Hofmeisteramt übernahm Kindleben 1773 eine Pfarrerstelle in Kladow bei Potsdam. Bereits drei Jahre später gab er das Amt wieder auf, wohl infolge einer außerehelichen Beziehung zu einer Bauerntochter. Nach Scheidung und erneuter Hofmeistertätigkeit wurde Kindleben 1778 Gehilfe am Basedowschen Philanthropin in Dessau. Immer wieder geriet er durch seinen ungezwungenen Lebenswandel in die Kritik. Nach dem Ausscheiden aus der Lehranstalt bemühte er sich 1779 um einen Magisterabschluß und die Erlangung der Doktorwürde in Wittenberg. Schließlich versuchte er sich um 1780 als Herausgeber verschiedener moralischer Wochenschriften u. a. in Halle. 1779 gab er hier seinen ersten Roman

---

[19] In den Liedern wurden u. a. Landgrafen Philipp, die Herzöge von Sachsen-Weimar Ernst August und Carl August, die württembergischen Herzöge Karl Eugen und Ludwig Eugen sowie der Fürstbischof von Würzburg Franz Ludwig von Erthal, der dänische König Christian VII. oder der russische Zar Alexander I. verehrt. Vgl. *Keil*, Studentenlieder (wie Anm. 8), 181; *Fabricius*, Corps (wie Anm. 4), 116ff; *Schwenke*, Landesvater (wie Anm. 9), 85f.

[20] Vgl. *Wolfgang Hardtwig*, Studentische Mentalität - Politische Jugendbewegung - Nationalismus. Die Anfänge der deutschen Burschenschaft, in: *ders.*, Nationalismus (wie Anm. 13), 133ff.

[21] Vgl. Studentenlieder aus den hinterlassenen Papieren eines unglücklichen Philosophen, Florido genannt, gesammelt und verbessert von C[hristian] W[ilhelm] K[indleben], o. O. [Halle] 1781 (Neudruck in: Studentensprache und Studentenlied in Halle vor hundert Jahren, Halle 1894, Teil 2, 2-127); *Schwenke*, Landesvater (wie Anm. 9), 72f.; *Rabe*, Kaiser Joseph II. (wie Anm. 8), 141ff.

„Leben und Abenteuer des Küsters zu Kummersdorf Willibald Schluterius" heraus. Kindleben rückte damit in die Nähe anderer, aus der Sicht der Zeitgenossen sehr auffälliger Hallenser Akademiker, so z. B. Karl Friedrich Bahrdt oder Magister Friedrich Christian Laukhard. Trotz einer verweigerten Druckerlaubnis für seine Kritik am Berliner Gesangbuch durch die Hallenser Universität, versuchte er 1781 an der Philosophischen Fakultät die Lehrerlaubnis zu erhalten. Professoren wie Reinhold Forster äußerten sich pikiert über Kindlebens Lebenswandel, konnten sich jedoch nicht behaupten. Kindleben erfüllte alle Bedingungen, um Privatdozent zu werden. In diese Zeit fallen die Veröffentlichung seines „Studenten-Lexikon" und der „Studentenlieder".

Ein seitens der Theologischen Fakultät ausgesprochenes Verbot des Studentenlexikons, welches zuvor ordnungsgemäß von der Philosophischen Fakultät genehmigt worden war, verursachte heftigen Streit, der erst durch ein königliches Reskript beigelegt wurde. Wichtig im hier verfolgten Zusammenhang ist, daß im Unterschied zum Studentenlexikon das Liederbuch auf wenig Kritik stieß. Der Dekan der Philosophischen Fakultät, Matthias Christian Sprengel, bescheinigte Kindleben vielmehr, daß er in seiner Liedersammlung durchaus gefährliche und anstößige Strophen beseitigt habe. Das Buch sei genehmigt worden, weil es im Unterschied zum Studentenlexikon zur moralischen Verbesserung der Studenten beitrage, die die alten Lieder mit ihren zotigen Texten bislang abgeschrieben hätten. Kindleben wandte sich selbst an den König. Es half ihm nichts. Das königliche Reskript bestätigte das Verbot seiner Schriften, da sie sittenverderbend und pöbelhaft seien. Kindleben erhielt das „Consilium abeundi" und mußte Halle für immer verlassen.[22]

Ein erster Blick auf Kindlebens „Landesvater"-Text zeigt, daß Friedrich II. als Landesvater im alten Sinne verehrt wurde. Beschäftigt man sich näher mit dem Autor, eröffnen sich auch andere Interpretationsvarianten. In seinem „Studenten-Lexikon" (1781) hob er hervor, daß er als „deutscher Gelehrter" seine „Pflicht" zur „Beförderung der deutschen Sprache und Literatur" leisten wolle.[23] Kindlebens Textsammlungen lassen deutliche Bemühungen um sittliche Reform bei gleichzeitigem Aufgreifen der nationalen Thematik erkennen. Die Verehrung Friedrich II. ist maßgeblich an veränderte Vorstellungen von „Tugend" und „Ehrhaftigkeit" gebunden. Der aufgeklärte Monarch und der reformierte Staat liefern ein Vorbild.[24]

---

[22] Vgl. Studentensprache und Studentenlied (wie Anm. 21), XVIIff.
[23] Studenten-Lexikon. Aus den hinterlassenen Papieren eines unglücklichen Philosophen, Florido genannt, ans Tageslicht gestellt von *Christian Wilhelm Kindleben*, Halle 1781, 13f.
[24] Vgl. *Steinhilber*, Tugend (wie Anm. 4), 77, 158ff.; Die geistesgeschichtlichen Grundlagen der Kösener Corps. Festschrift zum Kösener Congresse vom 6. bis zum 9. Juni 1962 in Würzburg, Würzburg 1962, 20f.; *Schwenke*, Landesvater (wie Anm. 9), 72f.

„Held und Philosoph und Dichter,
Und der strengste Sittenrichter,
Ehr und Hoheit krönen Dich ...

Vater Deiner Landeskinder,
Selbst Gelehrter, selbst Erfinder,
Ehr und Hoheit krönen Dich."[25]

Damit wurden herkömmliche Vorstellungen vom Landesvater modifiziert. Auch Niemanns Text läßt, wie die angeführten Stellen nahelegen, Schlußfolgerungen in diese Richtung zu. Mehr noch als bei Kindleben tauchen im Niemannschen „Landesvater"-Lied direkte Forderungen nach studentischer Reform, nach Versöhnung, Vereinigung und Selbstdisziplinierung auf. Das Bruderritual des „Landesvaters" wird direkt mit nationalen Wertvorstellungen verbunden.

„Wohlan, ihr deutsches Blutes Erben,
wohlan! - Gelobt mit Mund und Hand,
den Degen nimmermehr zu färben,
als fürs gekränkte Vaterland!
Wer anders thut, der fliehe fort,
und rücke nicht an deutschen Ort!"[26]

Zwei Elemente der „Nationsbildung" treffen somit bereits in der zweiten Hälfte des 18. Jahrhunderts zusammen:
1. Der Ausgleich nach innen und die überständische Integration werden durch freiwillige Aufgabe von Vorrechten ermöglicht. Man lehnt das Duell ab. Das ist bemerkenswert, wird doch der Ausgangspunkt dieser Entwicklung bislang im Revolutionsjahrzehnt unter ganz anderen Vorzeichen gesehen. Hier taucht er auch lange vor den Befreiungskriegen im nationalen Kontext auf.
2. Zugleich nimmt die Aggressionsbereitschaft - hier im verbalen Sinne gemeint - nach außen zu. Neuere Untersuchungen studentischer Stammbücher belegen für den Zeitraum zwischen 1740 und 1800 ein stetiges Anwachsen des Themas „Vaterland".[27] Dabei tauchen zunehmend antifranzösische Parolen auf, meist um die eigene Identität besser herausarbeiten zu können. Im Stammbuch eines Tübinger Studenten aus dem Jahre 1785 ist zu lesen:

---

[25] Studentenlieder (wie Anm. 21), 17f.
[26] *Niemann*, Akademisches Liederbuch (wie Anm. 1); weitere Textbeispiele vgl. *Keil*, Studentenlieder (wie Anm. 8), 181 (Jenaer Stammbuchblatt mit Landesvaterlied 1775); *Fabricius*, Corps (wie Anm. 4), 125ff.
[27] Vgl. *Steinhilber*, Tugend (wie Anm. 4), 297ff.

„Wer nicht bieder mit offnem Munde
Die Wahrheit sagt, der ist ein Gallier,
Und hat kein freies Vaterland!"

Die als „unfrei" definierten Verhältnisse im Frankreich Ludwigs XVI., dem „gedrückten Nationalcharakter der Franzosen", stellte der Schreiber seine Vorstellungen vom freien Vaterland entgegen. Noch konfrontativer und wohl durch den ersten Koalitionskrieg stimmuliert, ist eine Jenaer Stammbucheintragung von 1796:
„Römer besiegten die Völker durchs Schwerdt; dann folgte dem Siege Römersprache; doch wir - ha!
wir bestanden den Kampf. Gallier wechseln den Kampf.
Schon hörten wir Galliens Sprache, und nun folgte das Schwerdt. - Wieder bestehn wir den Kampf."[28]

Während die Römer erst kämpften, siegten und dann ihre Sprache verbreiteten, hätten die Franzosen erst ihre Sprache in Deutschland verbreitet, um dann schließlich das Schwert folgen zu lassen. Aber auch das bezwinge „Deutsche" nicht. 1806 benutzte jener Student erneut diesen Vers, der offenbar mehr als eine momentane Stimmung ausdrückte.[29] Der „Landesvater" war ebenso den Veränderungen der Zeit ausgesetzt. 1795 stellte der Verfasser der „Bemerkungen eines Akademikers über Halle" fest, daß sich der ehemals verschrieene „Landesvater" nunmehr in ein „patriotisches Vaterlandslied" verwandelt habe.[30]

Seit den neunziger Jahren nahm die Produktion studentischer Liedersammlungen erheblich zu. Tendenziell verringerte sich zugleich der Anteil der sogenannten Renommistenlieder. Kindleben hatte bereits gegen diese studentische Lebensart, die Saufen, Huren, Schlagen und Schwelgen, schlampiges Aussehen und Gesetzlosigkeit in den Mittelpunkt stellen würde, entschieden argumentiert, solche Lieder nicht mehr oder nur bearbeitet in sein Buch aufgenommen.[31] Nunmehr rezipierte man Lessing, Schiller, vor allem Gleim, Hagedorn, Ebert, bisweilen Bürger und den frühen Goethe oder auch schon Körner und Arndt.[32] Politisch motivierend und intensivierend wirkte schließlich die Befreiungskriegs- und Oktoberlyrik, worauf hier nur verwiesen werden kann.[33] Daraus freilich zu schließen, daß die Vorstellungswelten der Studenten uniform wären, ist fatal. Hier hilft der Mythos von einer national einheitlichen Studen-

---

[28] Vgl. ebd., 298f.; Thüringer Universitäts und Landesbibliothek. Handschriftenabteilung, Nr. 88, Stammbuch Georg Ludwig Schwenk.
[29] Vgl. *Steinhilber*, Tugend (wie Anm. 4), 298.
[30] Vgl. *Fabricius*, Corps (wie Anm. 4), 123.
[31] Vgl. *Kindleben*, Studenten-Lexikon (wie Anm. 23), 17ff.
[32] Vgl. *Stephenson*, Lied (wie Anm. 11), 26ff.
[33] Vgl. u. a. *Otto W. Johnston*, Der deutsche Nationalmythos. Ursprung eines politischen Programms, Stuttgart 1990; *Ernst Weber*, Lyrik der Befreiungskriege (1812-1815). Gesellschaftspolitische Meinungs- und Willensbildung durch Literatur, Stuttgart 1991.

tenorganisation wenig weiter. Zum einen waren bei weitem nicht alle Studenten Korporierte, schon gar nicht Burschenschafter. Zum anderen gab es nicht zu übersehende Unterschiede zwischen den Studenten bzw. den Einzelverbindungen und Hochschulen. Das zeigt die Analyse ihrer unmittelbar vor dem Wartburgfest von 1817 entwikkelten Vorstellungen und Erwartungen.[34] Ein Blick auf das Liedgut läßt erahnen, wie spannungsreich die Situation war. Viele Liedtexte wurden unter dem unmittelbaren Eindruck des Zeitgeschehens und mitunter in Situationen starker Emotionalisierung als Ausdruck des „Gewollten" produziert. Beispiele hierfür sind u.a. die „Lieder von Deutschland's Burschen zu singen auf der Wartburg" (Jena 1817), die „Teutschen Burschengesänge" (Leipzig 1819) oder Adolf Follens „Freie Stimmen" (1819). Vieles wirkte in der Situation, geriet aber schon nach wenigen Jahren völlig in Vergessenheit oder war von den Ereignissen überholt worden.

Den „Landesvater" betraf das aber nicht. Die Kombination von Lied und Ritual war überlebensfähig, weil sie einem Grundverständnis studentischer Sozialisation entsprang, aktuelles Zeitverständnis, studentische Tradition und Lebenskultur verband. Der „Landesvater" bildete in seiner Gesamtheit einen flexiblen Rahmen. Er vermochte „patriotische" oder „nationale" Vorstellungswelten mit studentischem Brauchtum fest zu verbinden.

Der Text wurde weiter bearbeitet. Die Melodie gehörte um 1817 zu den am häufigsten genutzten Tonvorlagen. Nach wie vor fröhnten Studenten „ihrem" Landesvater. In den in Halle herausgegebenen „Trink- und Commerschliedern" erschien 1810 sogar der westfälische König Jeromé Bonaparte in der Landesvaterrolle.[35] Unverständlich ist, daß dies bislang ausschließlich als „Zwangshuldigung" bezeichnet wurde, bieten sich doch auch ganz andere Interpretationen an. So wäre denkbar, daß die staatlichen und politischen Veränderungen gewürdigt und hierin eine Alternative zum untergegangenen Alten Reich gesehen wurde. Weniger ist wohl die Huldigung Jeromés als Landesvater im „alten" Sinne zu vermuten.

In einem vor 1808 entstandenem handgeschriebenen „Commers Lieder"-Buch der Gießener Landsmannschaft „Frankonia" griff man auf die Niemannsche „Landesvater"-Vorlage zurück. Sie wurde dem Gießener Verständnis angepaßt. Es ist nicht von „Josephs Söhnen", sondern nur von „Musensöhnen" die Rede. Den Landgrafen Ludwig von Hessen ließ man hochleben. Wenngleich die dem Landesherrn und hessischen „Vaterland" gezollte Hochachtung und Verehrung durch die „Landessöhne" im Lied deutlichen Ausdruck findet, beinhaltet der zweite Teil des „Landesvaters" auch veränderte nationale Gedanken. Es ist wie bei Niemann von „deutschen Söhnen",

---

[34] Vgl. für das Wartburgfest: *Joachim Bauer*, Studentische Festerwartungen. Das Wartburgfest 1817, in: Der Tag X in der Geschichte. Erwartungen und Enttäuschungen seit tausend Jahren, hrsg. v. *Enno Bünz/ Rainer Gries/ Frank Möller*, Stuttgart 1997, 145-168.
[35] Vgl. Die neuesten und besten Commerschlieder. Nachtrag zur Auswahl guter Trinklieder, [*J. Chr. Rüdiger*], [Halle 1810]; *Stephenson*, Lied (wie Anm. 11), 30; *Schwenke*, Landesvater (wie Anm. 9), 73.

„deutschen Männern", „Deutschlands Ehre" aber auch von „deutscher Freiheit" und „Menschenrechten" die Rede.

„Freiheit lebe
Rund umgebe
Glanz und Ton Teutonia!
Thut nach alter biedrer Sitte
Hut und Schwerdt in unsre Mitte
Teutscher Freiheit Symbolia"

„Seht ich leere
Ihn und schwöre
teutsche Treu und Redlichkeit.
Menschenrechte zu bewahren
Vaterland dir in Gefahren
sey mein teutsches Schwerdt geweiht."

„Reicht zum Bunde
dieser Stunde
Euch die biedre deutsche Hand.
Schwört im herzlichsten Vereine
schwört beym vaterländischen Weine
treu zu seyn dem Vaterland."[36]

Die Würzburger bzw. Erlanger besangen hingegen König Maximilian I. und Kronprinz Ludwig. Ebenso wie in Landshut dominierten die Nationalgesänge um 1815 noch nicht das Liedgut. Hier war im Unterschied zu anderen Universitäten kein eigenes spezifisches Studentenliederbuch erschienen. Vielmehr nutzte man vor allem die 1815 in Nürnberg herausgegebene „Auswahl der schönsten Lieder und Gesänge ... nebst einem Anhang der auf allen Universitäten Deutschlands üblichen Commerce-Lieder". In diesem „Anhang" fehlte Arndts „Bundeslied", der „Landesvater" huldigte dem bayrischen König. Hinter den Studentenliedern folgten aber „Lieder für den 18. Oktober", was die Verarbeitung des Zeitgeschehens dokumentiert.[37]

Insgesamt gesehen hatten jedoch Liederbücher Hochkonjunktur. Nach einer von Kurt Stephenson zusammengestellten Liste erschienen bis 1830 nachweislich 50 Liederbücher, die für Studenten Bedeutung gewannen.[38] Davon stammten nur zehn aus der Zeit vor 1810. Die meisten wurden in Halle (8) herausgegeben. Es folgen Leipzig

---

[36] Universitätsarchiv Gießen, Allg. Nr. 1296 Bl. 212f.
[37] Vgl. dazu *Stephenson*, Lied (wie Anm. 11), 115ff.
[38] Auflistung vgl. ebd., 122f.; grundsätzlich auch die ältere Darstellung von *Harzmann*, Dichtung (wie Anm. 11), VII-XIX.

(7)[39] und Jena in Verbindung mit Rudolstadt (3/3), Stuttgart, Tübingen und Berlin (4), Breslau, Frankfurt a. M., Zürich, (2) und Altdorf, Gotha, Greifswald, Nürnberg, Göttingen, Elberfeld, Bonn, Gießen, Heidelberg[40] und Kiel (1). Das belegt insgesamt den gewachsenen Stellenwert, den das Liedgut seit Kindlebens und Niemanns Veröffentlichungen im öffentlichen Bewußtsein einnahm.

Am radikalsten wandelten die Jenenser Studenten in ihrem Liederbuch „Deutsche Burschenlieder" (1817) die Aussage des „Landesvaters" und gaben ihm schließlich die noch heute übliche Form. Man folgte formal der Niemannschen Variante. Das Lied wurde aber „entterritorialisiert" und die „Landesvater"-Strophe ersatzlos gestrichen. Stand bei Niemann „Josephs Söhne! laut ertöne unser Vaterlandsgesang!" zu lesen, ist nunmehr von „Deutschlands Söhnen", von „Deutschen Brüdern" die Rede. Das „Vaterland", als „Land des Ruhmes", übernahm die Rolle des schützenden Landesvaters, die „Nation" bzw. „Deutschland" erhob sich zum obersten Wert. „Hab und Leben" opferte man nun Deutschland, dem Vaterland. Wer es wagte, den zum „Bruder" erhobenen Mitstreiter zu beleidigen, war wieder ein „Hundsfott".[41] Gerade dieser, durch Niemann und Kindleben zurückgenommene Gebrauch von Verbalinjurien im Liedgut, wurde über Jahnsches Sprachverständnis offensichtlich wieder aufgehoben. Freilich ging es nun um politisch motivierte Anwendung dieser Formulierungen.

In Kiel hielten die Studenten lange Zeit an der Niemannschen Variante des „Landesvaters" fest.[42] Erst 1821 erschien ein eigenes „Kieler Commers- und Liederbuch", in welchem traditionelle Lieder neben solchen der neuen Burschenschaftsbewegung standen. Man huldigte dem dänischen König Frederik und ließ „Kilia" hochleben. Die Landesvaterstrophe behielt ihren Platz. Ebenso besangen die Kieler die Farben ihrer Alma mater.[43] Das Beispiel der Kieler Studenten untermauert insgesamt, wie kompliziert die Interpretation „nationaler" Vorstellungen ist. Ihre spezifische Situation kann an dieser Stelle nur angedeutet werden. Sie studierten an einer zum dänischen Gesamtstaat gehörenden Universität, deren Professorenschaft überwiegend „deutsch" war. Viele der Studenten stammten aus Schleswig und Holstein. Sie nahmen bis auf ganz wenige Ausnahmen nicht am Befreiungskrieg teil. Geschah dies, dann in der Regel auf dänischer Seite. Die Studenten feierten entgegen den Gepflogenheiten 1814 nicht den Sieg bei Leipzig. Hingegen zogen 67, was den neu berufenen und mit der patriotischen und Verfassungsbewegung eng verbundenen Kieler Rechtsprofessor Karl Theodor Welcker arg verstimmte, am 11. Dezember 1814 an den alten Eiderkanal und begingen in würdiger Weise ihren Gedenktag an die Schlacht bei Sehestedt. Dort hatten die dänischen Truppen am 10./11. Dezember 1813 den Durchbruch zur

---

[39] Davon eins in Dessau/Leipzig, eins in Leipzig/Altona, eins in Helmstedt/Leipzig.
[40] Der „Liederkranz der Heidelberger Burschen" erschien 1818 in Frankfurt a. M.
[41] Vgl. Deutsche Burschenlieder mit vierstimmig gesetzten Weisen. Erste Sammlung, Jena 1817, 12ff.; Allgemeines Deutsches Kommersbuch, Lahr 1929, 135.
[42] Vgl. *Thomas Otto Achelis*, Geschichte des Corps Holsatia in Kiel 1813-1936, Kiel 1957, 16ff.
[43] Vgl. *Stephenson*, Lied (wie Anm. 11), 100ff.; ders., August Daniel von Binzer, Das Demagogenschicksal eines Unpolitischen, in: DuQ, Bd. 5, 1965, 127-182.

Festung Rendsburg gegen die Vorhut der verbündeten Nordarmee unter General Wallmoden erzwungen.[44] Der Senat hatte die Feier ohne Erfolg zu verbieten versucht. Demgegenüber gestattete der Kommandierende der dänischen Truppen, Prinz Friedrich von Hessen, die Feier und war selbst anwesend. Diese Aktionen in Kiel führten zu massiven Verstimmungen bei „national" und antinapoleonisch eingestellten Göttinger und Jenenser Studenten. Die 67 Kieler kamen in „Verruf", wurden somit für „ehrlos" erklärt, was im studentischen Selbstverständnis jeglichen Umgang mit ihnen verbot.[45] Dennoch wurden die Kieler zum Wartburgfest eingeladen und kamen dem in großer Zahl nach. Darin spiegelt sich nicht zuletzt die große Erwartungshaltung jener, vielleicht als zweite „Burschenschafter-Generation" zu bezeichnenden - Studenten gegenüber einer gemeinsamen nationalen Zukunft wider.[46] Sie stellten die meisten Liedtexte für das Wartburgliederbuch[47] von 1817. Die Delegation wurde, wie kaum eine andere Abordnung bei ihrem Eintreffen in Eisenach begrüßt. Einer von ihnen, Johann Christoph Biernacky, hatte auf die „Landesvater"-Melodie einen neuen Text („Deutsche Brüder, frei und bieder") geschrieben. Bei ihm tauchte eine weitere, integrationsfähige Variante der alten Kindlebenschen „Landesvater"-Strophe („Landesvater, Schutz und Rather") auf.

„Gott und Vater,
Schutz und Rather,
Dir gebührt der Freien Dank.
Alle, die für Wahrheit litten, Alle, die für Freiheit stritten,
Dein lebend'ger Hauch durchdrang."[48]

Offensichtlich gab es noch vor dem Wartburgfest innerhalb der Kieler Studentenschaft eine Auseinandersetzung um die einzusendenden Lieder. Im Protokoll vom 18.

---

[44] Vgl. *Manfred Jesse-Klingenberg*, Die Kieler Professoren und Studenten und das Wartburgfest vom Oktober 1817, in: Zeitschrift der Gesellschaft für Schleswig-Holsteinische Geschichte 112, 1987, 173-214, hier 174ff.; *Wolfgang Prange*, Die Siegesfeier der Kieler Universität 1815. Nachlese zu Dahlmanns Waterloo-Rede, in: ebd. 107, 1982, 327-346; *Achelis*, Geschichte (wie Anm. 42), 17f., 26f.; *Wolfgang Donat*, Die Anfänge der burschenschaftlichen Bewegung an der Universität Kiel (1813-1833), in: QuD, Bd. 14, 1934, 1-128, hier 22ff.
[45] Vgl. *Paul Wentzke*, Geschichte der deutschen Burschenschaft, Bd. 1, Vor- und Frühzeit bis zu den Karlsbader Beschlüssen, in: QuD, Bd. 6, 1919, S. 191.
[46] Vgl. für die Kieler Situation: *Jesse-Klingenberg*, Professoren, (wie Anm. 44), 177ff.; *Achelis*, Geschichte (wie Anm. 42), 29; *Friedrich Koch*, Wichtige Quellenstücke zur Geschichte der Kieler Burschenschaft vom Wartburgfest bis zum 1. Jenaer Burschentag (Ostern 1818), in: *Ludwig Andresen* (Hrsg.), Kieler Studenten im Vormärz. Festgabe der Stadt Kiel zum 275jährigen Bestehen der Christian-Albrechts-Universität Kiel, Kiel 1940, 184f. Vgl. auch Antwort auf Einladungsschreiben zum Wartburgfest in: *Karl von Raumer*, Die deutschen Universitäten, [4]1874, 252ff.; *Hugo Kühn*, Das Wartburgfest am 18. Oktober 1817. Zeitgenössische Darstellungen, archivalische Akten und Urkunden, Weimar 1913, 14ff.; *Dietrich Georg Kieser*, Das Wartburgfest am 18. Oktober 1817. In seiner Entstehung, Ausführung und Folgen. Nach Actenstücken und Augenzeugnissen, Jena 1818, 93ff.
[47] Lieder von Deutschland's Burschen zu singen auf der Wartburg, Jena 1817.
[48] Ebd., 11.

September 1817 heißt es zu Biernackys Lied: „daß wir es bei weitem für das schlechteste hielten, nicht dem Geiste nach, der in dem Ganzen weht, sondern nach den einzelnen, gar zu matten und fehlerhaften Stellen."[49] Der Grund für diese herbe Kritik lag offensichtlich in der nicht prononciert herausgearbeiteten „nationalen" Aufgabe und „Vorbildrolle" der geeinten deutschen Studentenschaft in Biernackys Lied. Auch die Anlehnung an Kindlebens „Landesvater"-Variante mag eine Rolle gespielt haben.

Die Kieler waren 1817 bemüht - das geht besonders aus den für das Wartburgfest eingesandten Liedern hervor - durch eine verstärkte religiöse, vor allem protestantische Argumentation, nationale Integrationsdefizite auszugleichen. Das konnte freilich nur gelingen, weil die überwiegende Mehrheit der korporierten Studenten Protestanten waren.

Den schwierigen Weg zur nationalen „Selbstfindung" unterstreicht eine Episode aus den Tagebuchaufzeichnung des aus Oldesloe/Holstein stammenden Kieler Studenten Wilhelm Olshausen. Als die Kieler Abordnung auf dem Wege zum Wartburgfest am 7. Oktober bei Artlenburg die Elbe überquert hatten, kamen sie mit zwei Soldaten ins Gespräch. Diese, von der lauenburgischen Polizei ausgewiesen, waren „höchlich auf die Dänen erbost ..., so daß der eine versicherte, er würde jedem, der in seine Hände fiele, es gedenken. Ich riet ihm, dann bei mir anzufangen, denn ich sei auch ein Däne."[50]

Die nach dem Wartburgfest sich deutlich differenzierenden politischen Optionen der verschiedenen Richtungen innerhalb der studentischen Korporationen - Burschenschaften, Landsmannschaften bzw. Corps - sowie das unterschiedliche Verhältnis zur Aufnahme und Pflege alter studentischer Traditionen brachte auch für das Liedgut und dessen Verwendung Veränderungen mit sich. Die Würdigung der Befreiungskriegs- und Oktoberlyrik war zwar mittlerweile Konsens. Dennoch unterschieden sich die Liedersammlungen erheblich. So nahm Albert Methfessel in sein „Allgemeines Commers- und Liederbuch" (Rudolstadt 1818), den politischen Ansichten des gemäßigteren liberalen Flügels der Jenaer Burschenschaft folgend, Lieder von Eduard Claudius, Ernst Moritz Arndt, Theodor Körner und Ferdinand (Max) Schenk von Schenkendorf ebenso auf wie von Burschenschaftern und Turnern, so Hans Ferdinand Maßmann, August Daniel von Binzer und Emil Wilhelm Krummacher. In dem breiten Angebot hatten auch studentische Liedtraditionen noch ihren Platz. Dafür spricht nicht zuletzt der Untertitel des Buches: „...enthaltend ältere und neuere Burschenlieder, Trinklieder, Vaterlandsgesänge, Kriegs- und Turnerlieder." Zur Über-

---

[49] Zitiert nach *Stephenson*, Lied (wie Anm. 11), 65. Zu den Kieler Liedern vgl. auch *Rudolf Bülck*, Das Wartburgliederbuch von 1817 und das Kieler Kommersbuch von 1821, in: *Andresen* (Hrsg.), Studenten, 218ff.
[50] *Walter Nissen*, Eine Wanderfahrt zum ersten Wartburgfest, in: DuQ, Bd. 2, 1959, 67-100, hier 78. Zur Interpretation der Kieler Positionen vgl. auch *Jesse-Klingenberg*, Professoren (wie Anm. 44), 178ff.

nahme der neuen Jenaer „Landesvater"-Fassung von 1817 hatte sich Methfessel nicht entschlossen.[51] Ein ganz anders Bild vermitteln die Liederbücher politisch radikalerer Gruppierungen, denkt man z. B. an die „Freye Stimmen frischer Jugend" (Jena 1819) der Gebrüder Follen. Adolf Ludwig Follen war nach seinen Universitätsverweisen in Gießen (1815) und Heidelberg (1817) Redakteur der Allgemeinen Zeitung in Eberfeld geworden. Sein Bruder Karl wirkte 1818 in Jena als Privatdozent. Im Mittelpunkt stand politische Agitation, das Liederbuch avancierte zum „politischen Kampfbuch". Der Adressatenkreis war nicht mehr nur auf die studentische Jugend beschränkt. Insofern spielten der „Landesvater" wie auch andere alte „Burschenlieder" keine Rolle mehr.[52]

Anders stellt sich die Liederbuchvariante des Reformflügels der Burschenschaft in Leipzig dar. Joachim Leopold Haupt gab 1819 die „Teutsche Burschengesänge" heraus. Ihm ging es auch um Erneuerung und „Empörung", nicht aber „der Völker gegen die Fürsten, sondern der Herzen gegen das Böse, gegen die Lüge und die Falschheit und Sittenlosigkeit." Man wolle, so Haupt, nicht die Gründung „einer teutschen Republik - aber eines besseren Sinnes unter den Teutschen." Es gehe nicht um den Sturz des Adels, sondern der Ungerechtigkeit sowie des Kastengeistes. Man wolle die „Erwerbung Sachsens - aber nicht für den preußischen Thron noch einen anderen, sondern für Teutschland, für die gemeinsame Sache des Vaterlandes." Sittlichkeit und wahre Burschenehre sei Voraussetzung für die „Beßrung des Volkes, durch die Beßrung des Geistes auf den Hochschulen."[53] Die Leipziger folgten zwar den bekannten Aufteilungen studentischer Liederbücher, ersetzten jedoch den alten Kanon durch völlig neue Lieddichtungen. Burschenschaft, „Ehre, Freiheit, Vaterland" und „Schwarz-Roth-Gold" wurden ebenso besungen, wie die Freuden studentischen Lebens. Obwohl der „Landesvater" keine Aufnahme fand, brachte man dem sächsischen König ein „Lebe hoch", denn er sei der „Sachsen Liebe" wert.[54] Dieses Verständnis läßt ebenso aufmerken, wie das der Kieler, denkt man an die Stellung der Sachsen als Verbündete Napoleons in den Befreiungskriegen.[55] Die Würdigung des Königs erhält

---

[51] Vgl. Allgemeines Commers- und Liederbuch mit Melodien enthaltend ältere und neuere Burschenlieder, Trinklieder, Vaterlandsgesänge, Kriegs- und Turnerlieder, hrsg. von *Albert Methfessel*, Rudolstadt 1818; *Stephenson*, Lied (wie Anm. 11), 67ff.; *Günter Steiger/ Hans-Joachim Ludwig* (Hrsg.), Gaudeamus igitur. Historische Studentenlieder, Leipzig 1986, 11ff.
[52] Vgl. Freye Stimmen frischer Jugend, Jena 1819; *Stephenson*, Lied (wie Anm. 11), 76ff.; *Thomas Pester*, Das Jenaer Liederbuch der Gebrüder Follen aus dem Jahre 1819, in: *ders.*, Zwischen Autonomie und Staatsräson. Studien und Beiträge zur allgemeinen deutschen und Jenaer Universitätsgeschichte im Übergang vom 18. zum 19. Jahrhundert, Jena/Erlangen 1992, 123-132. Zu Follen vgl. u. a. *Hermann Haupt*, Karl Follen und die Gießener Schwarzen. Beiträge zur Geschichte der politischen Geheimbünde und der Verfassungsentwicklung der alten Burschenschaft in den Jahren 1815-1819, Gießen 1907; *ders.*, Karl Follen (1796-1840), in: QuD, Bd. 7, 1921, 25-38.
[53] Teutsche Burschengesänge, Leipzig 1819, Vff.
[54] „Trinklied" (Nr.24), in: ebd., 79ff.; vgl. auch *Stephenson*, Lied (wie Anm. 11), 106ff.
[55] *Jesse-Klingenberg*, Professoren (wie Anm. 46), 180 macht unter Hinweis auf den von den Kieler Studenten auf die Wartburg mitgeführten Programmentwurf Franz Hermann Hegewischs „Vorschlag zu einigen Beschlüssen, welche am 18. Oktober auf der Wartburg gefaßt und ausgesprochen

durch die betonte Parteinahme gegen eine preußische Okkupation einen neuen Sinngehalt. Es geht um die Rolle des Landesvaters nach 1815 als Garant für eine gleichberechtigte Aufnahme Sachsens in ein geeintes Deutschland.

Schließlich bietet der „Liederkranz der Heidelberger Burschen" aus dem Jahre 1818 weiteren Aufschluß über die Vorstellungswelten der Studenten. Es wird als das erste Liederbuch der Heidelberger Burschenschaft angesehen. In der ersten Hälfte der Sammlung dominieren „Vaterlandsgesänge". Arndt, Schenkendorf und Körner fanden reichlich Erwähnung. Als zweite wichtige Gruppe gingen Lieder der Reformbewegung ein, so vom Führer der Heidelberger Burschenschaft Friedrich Wilhelm Carové oder auch der republikanisch gesinnten Gießener Karl Follen und Karl Christian Wilhelm Sartorius. Neben Goethe-Liedern, die nunmehr einen festen Platz gefunden hatten, standen Lieder, die in übertriebener deutschtümelnder Weise jegliches „Welschtum" ablehnten.[56] Auch hier wurde im Vorwort der Anspruch erhoben, „eine Sammlung theils älterer, theils neuerer Lieder und Gesänge, welche bestimmt sind, von teutschen Burschen bei ihren Fest- und Lustgelagen gesungen zu werden", zusammengestellt zu haben. Viele der Lieder seien dazu bestimmt, „die Singenden zu ruhigem und feierlichem Ernste" anzuhalten, dabei an die „Kraft unsrer ältesten Vorfahren" zu erinnern. Auch die „Schmach und Erniedrigung Teutschlands ... und die Befreiung aus derselben" sowie die „Thaten der Helden" sollten besungen werden. Damit erinnere man an die „Pflichten der Gegenwart" und die „Aussichten für die Zukunft und an die Hoffnungen, welche das Vaterland in seine Jugend setzt, und an die Opfer ..., welche es von derselben fordern wird." Die übrigen Lieder seien durchaus für „Lustgelage" gedacht. Die alten Liedsammlungen entsprächen nicht mehr dem „gegenwärtigen Geiste der teutschen Hochschulen" und deshalb wäre eine neue Zusammenstellung von Nöten.[57]

Der „Landesvater" fand im „Liederkranz" Aufnahme. Interessant ist die textliche Zusammenstellung. Man bewerkstelligte eine Synthese aus Biernackys „Landesvater"-Variante aus dem Wartburgliederbuch und der Neufassung in den „Deutschen Burschenliedern" der Jenenser von 1817.[58] Ein interessantes Phänomen weisen zwei Tübinger Liedersammlungen für „Burschen" aus den Jahren 1822 und 1823 auf. Während 1822 der „Landesvater" noch als „Das Lied vom Landesvater" bezeichnet wird, erscheint in der Ausgabe von 1823 die Bezeichnung „Das Lied vom Vaterlan-

---

werden mögen" darauf aufmerksam, daß „nicht die Existenz der Einzelstaaten des Deutschen Bundes ... wohl aber deren weitgehende Souveränität mit deren möglichen verhängnisvollen Folgen: z.B. dem Bruderkrieg" zur Diskussion stand. Zum „Vorschlag zu einigen Beschlüssen" vgl. *Heinrich von Treitschke*, Deutsche Geschichte im Neunzehnten Jahrhundert, 5. Teil, Leipzig 1928, 733-737.

[56] Vgl. Liederkranz der Heidelberger Burschen, Frankfurt 1818; *Stephenson*, Lied (wie Anm. 11), 87ff.
[57] Liederkranz (wie Anm. 56), IIIf.
[58] Vgl. ebd, 9 Nr. 4.

Student und Nation im Spiegel des „Landesvater"-Liedes 151

de".[59] Schließlich lassen sich im Vergleich zum 5. Teil des Niemannschen „Landesvaters" Veränderungen feststellen, die auf eine Wahrnehmung von Nationalem hindeuten. Der Niemannsche Text lautet:
„Ruhe von der Burschenfeier,
blanker Weihedegen, nun!
Jeder trachte wackrer, freier
bis zum nächsten Fest zu thun!
Jedem Heil, der sich bemühte
ganz zu sein der Feier werth!
Keiner taste je ans Schwert,
ist er deutsch nicht von Gemüthe!"[60]

Während in der Ausgabe des 1795 in Halle erschienen Liederbuches („Auswahl guter Trinklieder")[61] die Strophe eine Umdichtung im spätaufklärerischen Sinne - Wertmaßstäbe bilden nun „Tugend", „Edelmuth" und Attribute wie „bieder, brav und rein"[62] - erfuhr, ist in den 1810 in Halle erschienenen „Die neuesten und besten Commerslieder"[63] nunmehr formuliert: „Der nicht deutsch ist von Geblüthe". Diese Variante fand zwischen 1808 und 1821 Eingang u. a. in Liederbücher der Universitätsstädte Greifswald, Leipzig, Tübingen, Frankfurt, Heidelberg, Berlin, Göttingen, Bonn und Kiel. Schließlich wurde diese Zeile in der zweiten Auflage des „Leipziger Commersbuches"[64] 1816 erneut umgearbeitet und lautete nun: „Der aus deutschem Blut nicht stammte".[65] Im Jeneser Burschenliederbuch von 1817[66] findet sich schließlich - wohl in deutlicher Anlehnung an den ersten Wahlspruch der Urburschenschaft („Dem Biederen Ehre und Achtung") die auch bis 1897 im „Allgemeinen deutschen Commersbuch"[67] angeführte Zeile: „Der nicht edel ist und bieder".

---

[59] Lieder zur Feier des 18. Juny 1822 für Tübinger Burschen, Tübingen 1822; Lieder zur Feier des 18. Juny 1823 für Tübinger Burschen, Tübingen 1823.
[60] Niemann, Liederbuch (wie Anm. 1), 119
[61] Auswahl guter Trinklieder bzw. Trink- oder Commerschlieder bzw. Trink- oder Commerschlieder beim freundlichen Mahle anzustimmen, aus den besten Dichtern gesammelt, [J. Chr. Rüdiger] [Halle 1791] (mit Nachträgen 1793), 2.Auflage [Halle 1795] (mit Nachträgen 1801, 1803, 1805, 1810).
[62] Der Text lautet: „Der stets bieder, brav und rein, Nur für Edelmuth erglühte".
[63] Die neuesten und besten ... Nachtrag zur Auswahl guter Trinklieder (wie Anm. 35).
[64] Leipziger Commersbuch [K. Hinkel], Leipzig 1815.
[65] Vgl. dazu näher: Friedrich Harzmann, In dulce jubilo, nun singet und seid froh, München 1924, 17 mit dem Verweis der ersten Änderung bereits auf Greifswald 1808; Scheuer, Landesvater (wie Anm. 9), 119ff. Hier findet sich eine Analyse nachfolgender Liederbücher: Lieder im geselligen Kreise zu singen, Greifswald 1808; Leipziger Commersbuch, Leipzig 1815; Commersbuch. Germania, [G.Schwab], Tübingen (2.Auflage) 1816; Allgemeines Commersbuch, Frankfurt 1819; Neues vollständiges Teutsches Commersbuch, Heidelberg 1815; Berlinisches Commersbuch, Berlin 1817; Neues Commersbuch Germania, Göttingen 1818; [Hoffmann von Fallersleben], Bonner Burschenlieder, Bonn 1821; Kieler Commers- und Liederbuch, Kiel 1821.
[66] Deutsche Burschenlieder mit vierstimmig gesetzten Weisen (wie Anm. 41), 12ff.
[67] Allgemeines deutsches Commersbuch, Lahr 1843ff.

Die um 1808 einsetzenden Textänderungen dieser Passagen bestätigen die bereits oben aufgezeigten unterschiedlichen Wahrnehmungen von Nationalem. Wiederum gilt es verschiedene Absichten in Rechnung zu stellen. Abgrenzung vom „Welschen" ist ebenso zu vermerken wie erwartete „positive" Charaktereigenschaften eines „Burschen" im Prozeß studentischer Reformbewegung im nationalen Bezugsrahmen. Beide Komponenten prägten die zeitgenössischen studentischen Debatten, fanden in den Programmpunkten des Wartburgfestes von 1817, wo es gleichermaßen um nationales Gedenken, politischen Aufbruch und innerstudentische Reform ging, ihre Entsprechung.

Es gilt, auf die eingangs formulierte Frage zurückzukommen. Sicher ist, daß nicht erst mit der Entstehung der Burschenschaften die studentische Diskussion um nationale Identität begann und schon gar nicht ihren Abschluß fand. Dieser Prozeß hatte seinen Ausgangspunkt tief im Alten Reich. Das Wartburgfest von 1817 wurde in diesem Zusammenhang vor allem deshalb bedeutungsvoll, da es den direkten Austausch der unterschiedlichen Vorstellungen und Wahrnehmungen initierte, über das kollektive „korporationsübergreifendes" Erleben eine erneute Orientierung auf die nationale Problematik brachte. Den durch Kriegserleben verstärkten nationalen Empfindungen folgte das Bestreben, an der Neuformung nationaler Identität teilzuhaben, was innerhalb studentischer Sozialisationsformen besonders erfolgversprechend schien.

Dieser Prozeß vollzog sich nicht geradlinig. Vielmehr standen - und das zeigt die Formung des „Landesvaters" - immer unterschiedliche Auffassungen bei der Wahrnehmung des Nationalen nebeneinander. Auch in der Zeit nach 1815 kann nicht von einer homogenen Vorstellungswelt der studentischen Bewegung die Rede sein. Das schließt keinesfalls die Aufnahme, Anerkennung und Würdigung wesentlicher Zeitereignisse durch die Studenten aus, wie die Verarbeitung der Befreiungskriegs- und Oktoberlyrik zeigt. Besonders in der Zeit nach 1815 entstand ein sehr diffenziertes Spektrum an neuen Vorstellungen. Wahrnehmung von Nationalem konnte sich noch unter Rückgriff auf althergebrachte Traditionen, aber auch schon durch eine klare Trennung von diesen und über eine dezidiert formulierte politische Programmatik offenbaren.

Daß der „Landesvater" im Laufe des 19. Jahrhunderts zunehmend politisch instrumentalisiert wurde, dabei eine Brücke zwischen alter studentischer Tradition und politischem Anspruch bildete, ist nicht zu übersehen. Als 1848 die verschiedenen studentischen Fraktionen aufeinandertrafen und ihre unterschiedlichen Auffassungen zur Rolle studentischer Korporationen bzw. Hochschulpolitik lautstark in den Debatten äußerten, war das „Landesvater"-Ritual eines der letzten allgemein anerkannten und gepflegten Programmpunkte. Dafür zeugt u. a. der 30. Juni 1848, an dem die Jenenser Studentenschaft mit Ausnahme des „Burgkellers" das „300jährige Jubiläum der Universiät" feierlich beging. Studenten aus Halle, Leipzig, Göttingen, Berlin und Wien waren zugegen. Am Nachmittag hatte sich ein feierlicher Festzug formiert.

Fahnen mit dem Aufschriften „1548 - 1848", „Germania den 12.Juni 1848" bzw. „Leben und Streben dem Vaterland" schmückten die Veranstaltung. Neben zahlreichen politisch ausgerichteten Festreden bildete der feierlicher Kommers aller Studenten einen Höhepunkt. Hier feierten die Anwesenden auch den „Landesvater". „Mancher alte Bursche schwur hier wieder, 'treu zu seyn dem Vaterlande und der Ehre'. Und als der letzte Vers ertönte: 'Ruhe von der Burschenfeier, blanker Weihedegen, nun', da war wohl Keiner unter uns, der sich nicht gelobt hätte, den Anforderungen des Vaterlandes mit allen Kräften zu entsprechen."[68] Auch 1865, zum 50jährigen Jubiläum der Jenaer Burschenschaft, gehörte der „Landesvater" in der seit 1817 üblichen Jenenser Form zum Festprogramm.[69] Wiederum hatten schon 1844 Heidelberger Progreßstudenten in der „Zeitschrift für Deutschlands Hochschulen" eine Heidelberger „Landesvater"-Variante des Corps Suevia als den „Patent-Landesvater der Schwaben" bezeichnet und der Kritik unterzogen.[70]

Besondere Brisanz erhielten schließlich Ritual und Text im Zuge voranschreitender antisemitischer Entwicklungen seit den 90er Jahren des 19. Jahrhunderts. In der 51. Auflage des Allgemeinen deutschen Commersbuches" von 1897 wurde erneut die Strophe „Der nicht deutsch ist von Geblüte" aufgenommen, was schließlich den Korporierten und Studentenhistoriker Friedrich Harzmann in einer Rezension zur 150. Auflage (1928) bewog, davor zu warnen, mit der veralteten Fassung das Ritual enden zu lassen, denn sie wirke „heutzutage rassenpolitisch".[71]

Den entscheidenden Anstoß einer kritischen Auseinandersetzung hatte vor allem Heinrich Ludendorffs Aufsatz „Der 'Landesvater' - ein Judenhohn" im Jahre 1928 geliefert.[72] Die „Hörigkeit der freien Studenten von den Alten Herren" sei „jüdisch", die Studentenverbände freimaurerisch ausgerichtet. Die wenigen Ausnahmen, einige katholische oder protestantische Verbindungen, seien entweder jesuitisch oder rosenkreuzerisch gesteuert. Besonders deutlich sei der jüdisch-freimaurerische Charakter und die Verführung „deutscher Jugend" anhand des „Landesvater"-Rituals zu beweisen. Das Ritual demonstriere einen „symbolischen Fürstenmord". Freilich hätten nicht alle Studenten, zu denen auch Fürstensöhne gehörten, eine Ahnung vom so zu deutenden Sinn. Sie wären vielmehr unwissentlich zu Werkzeugen der Freimaurer und des dahinterstehenden „Judentums" geworden. Ludendorff folgt im wesentlichen einer antifreimaurerischen und antisemitischen Argumentationslinie.[73] Wichtiger ist im

---

[68] Vgl. Extra-Blatt zu den Privilegierten Jenaischen Wochenblättern, Nr. 15, 8.Juli 1848, 58f.
[69] Vgl. Lieder zum Fest-Commers beim 50jährigen Jubiläum der deutschen Burschenschaft. Jena, d. 16. August 1865. Es wurde das Exemplar aus der Sammlung *Georg Schmidgall*, Universitätsarchiv Tübingen, S.161 Nr. 652 benutzt.
[70] Vgl. Zeitschrift für Deutsche Hochschulen, Heidelberg 1844, 17ff.
[71] Burschenschaftliche Blätter, Jg. 44, 1930, H. 7, 179.
[72] Vgl.*Heinrich Ludendorff*, Der „Landesvater"- ein Judenhohn. In: Deutsche Wochenschau. Völkische Feldpost. Nr. 27, 5. Jg. Berlin 30. Rosenmond (Juni) 1928, Ausgabe A.
[73]Vgl. dazu u.a. *Helmut Neuberger*, Freimaurerei und Nationalsozialismus. Die Verfolgung der deutschen Freimaurerei durch völkische Bewegung und Nationalsozialismus 1918-1945, Hamburg 1980, Bd. 1, 104ff.

dargestellten Zusammenhang jedoch die sofort einsetzende Gegenargumentation von Korporierten bzw. Studentenhistorikern. Aus einem Brief an Georg Schmidgall, einem der bekanntesten unter ihnen, ist ersichtlich, daß Ludendorffs Aufsatz „Staub aufgewirbelt" hatte.[74] Schmidgall veröffentlichte am 24. Juli 1928 im Schwäbischen Merkur eine zusammenfassende Gegenargumentation.[75] Der „Landesvater" wurde in seiner historischen Entwicklung als altes studentisches (deutsches) Ritual und Lied vorgestellt[76] und dabei gezielt versucht, Ludendorffs Angriffe wissenschaftlich begründet zu widerlegen. Obwohl Schmidgall „General Ludendorff" als „von mir hochverehrte(n) Führer im Weltkrieg" bezeichnete, erteilte er diesem eine deutliche Abfuhr. Die Entwicklung des „Landesvater"-Liedes und -brauchs habe auf deutschen Hochschulen eine Jahrhunderte alte Tradition und sei zudem hier fest verwurzelt. Das Ritual, eines der wenigen, welche überlebt hätten, werde mit seinem „vaterländischen" Gehalt noch viele Feste zieren. Mit der Form des „Landesvaters", wie sie seit 1817 existiere, sei der Abschluß einer Entwicklung erreicht. „Dem deutschen Burschen ist das Durchbohren seiner Mütze weder ein mystischer Zauber noch ein undeutscher Ritus, sondern die feierliche Bekräftigung seines heiligen Treueschwurs zum Vaterland. Er wird diese deutsche Sitte in Ehren halten."[77]

Die Diskussion um den „Landesvater" zog sich bis 1936 hin. Wilhelm Fabricius, ein ebenfalls bekannter Studentenhistoriker, kritisierte u. a. eine flache nationalistische Instrumentalisierung hin zum „großdeutschen Landesvater".[78] Unter Bezug auf die Niemannsche Textvariante von 1782 beanstandete Fabricius Positionen, die eine „großdeutsche" Einordnung des „Landesvaters" behaupteten. Aufgrund des Herrschaftswechsels von 1773 sei Kiel an die Dänen gekommen und kein Holsteiner, also auch nicht Niemann, hätte ob ihrer Verfeindung den Dänenkönig hochleben lassen wollen. Überhaupt sei die Frage zu stellen, wo es vor 1800 einen „großdeutschen Personalhinweis" in „Landesvater"-Texten gegeben habe. Fabricius warnte davor, die jenaische Urburschenschaft und andere studentische Verbindungen, wenn auch gutwillig, zu Vorläufern des Nationalsozialismus zu machen. Dahin gehöre auch die Debatte um den „Landesvater". Die Ursache für Fehldeutungen läge wohl vor allem in den von Ludendorff verbreiteten Irrtümern.

Daß es sich bei all dem kaum um „kosmopolitische" Positionen handelte, belegt der bereits erwähnte Brief an Schmidgall augenscheinlich. Obwohl die unrichtigen Veröffentlichungen den Gegnern Ludendorffs „Befriedigung" brächten, schärfe der Arti-

---

[74] Vgl. dazu UA Tübingen, Nr. 214/117, Nachlaß Georg Schmidgall, u. a. Brief des Rechtanwalts Holz an Schmidgall sowie *Scheuer*, Landesvater, 119ff.; *Kekule von Stradonitz*, „Landesvater"; *H. A. B.*, Landesvater (alle wie Anm. 9).
[75] Vgl. *Schmidgall*, Herkunft (wie Anm. 9).
[76] Ausführlicher vgl. *Georg Schmidgall*, Ältere Tübinger Commersbücher und Burschenlieder. Besondere Beilage zum Staats-Anzeiger für Württemberg, Nr. 2, 27. Februar 1926, 39-48.
[77] *Schmidgall*, Herkunft (wie Anm. 9).
[78] Vgl. UA Tübingen Nr. 214/117, Nachlaß Georg Schmidgall, darin Briefwechsel mit Wilhelm Fabricius, und ungekürzte Druckfahnen von Fabricius' Aufsätzen zum „großdeutschen Landesvater" (Deutsche Korpszeitung, Nr. 1, Nr. 2, 1936).

kel dennoch vielen ein, „die Augen offen zu halten und auf die Vorgänge in unserem Volk" zu achten. Es sei dem „Ziel zuzustreben, unser Volk durch Ausmerzung von Fremdem der Einheit näher zu bringen." Das Volk lebe in Stumpfheit dahin. Vor allem dem „Kommunismus" bzw. dem „Bolschewikentum" schenke man zu wenig Beachtung. „Daran gebe ich Dir vollkommen recht", so der Verfasser an Schmidgall gerichtet, „Wir haben auch bei unserer 'Rasse' ungeheuer viel zu bessern". Es wäre sehr zu wünschen, wenn die „studentischen Verbände weniger stagnierten und mehr an ihrer Verbesserung arbeiten würden." Ludendorff mache den Corps zum Vorwurf, daß sie zu wenig „Führer" seien. Wenngleich er übertreibe, sei sicher: „Die Hochschulen müssen die Träger des nationalen Gedankens sein, des Willens der Selbstbehauptung unseres Volkes." Wenn sie erst einmal „verseucht und losgelöst von diesem Boden" wären, „dann ist Schluss mit Deutschland". Nach zehnjähriger Präsidentschaft Hindenburgs, so der Verfasser, würden immer noch jene am Ruder sein, welche den Versailler Vertrag unterschrieben hätten. Auf Ludendorff zurückkommend zog er das Fazit, daß jenem bei allem Widerspruch zumindest das Verdienst zukäme, die „Feinde unserer Freiheit" zu benennen. In einem müßten sich schließlich alle „Akademischen" einig sein: „Schindluder treiben mit dem vaterländischen Idealismus unserer Jugend lassen wir nicht mehr zu!"[79]

Inwieweit der Studentenhistoriker Schmidgall dieser Argumentation folgen wollte, bleibt offen. Auf den „Landesvater" bezogen und an Ludendorff gerichtet formulierte er jedoch: „Also - Hände weg von unserem Landesvater".[80]

---

[79] UA Tübingen, 214/117, Brief vom 17.7.1928.
[80] *Schmidgall*, Herkunft (wie Anm. 9).

Wolfgang Burgdorf

„Reichsnationalismus" gegen „Territorialnationalismus"
Phasen der Intensivierung des nationalen Bewußtseins in Deutschland seit dem Siebenjährigen Krieg

Am 6. August 1806 ließ der letzte erwählte Römische Kaiser, Franz II., in Wien die staatsrechtliche Auflösung des Heiligen Römischen Reiches Deutscher Nation verkünden. Am 7. August 1806 schreibt Goethe auf der Rückreise von Karlsbad in sein Tagebuch, der „Zwiespalt des Bedienten und Kutschers auf dem Bocke" habe die Reisegesellschaft „mehr in Leidenschaft versetzt als die Spaltung des Römischen Reichs".[1] Dieser Satz wird in nahezu allen Darstellung, die das Ende des Alten Reiches berühren, zitiert. Nimmt man den Satz ernst, drängt sich die Vermutung auf, daß das Reich für die deutschen Intellektuellen, zumindest aber für Goethe keine besondere Bedeutung mehr gehabt hat.

I.

Der Diskurs des Themas „Reich" in der zweiten Hälfte des 18. Jahrhunderts scheint jedoch gegen eine solche Annahme zu sprechen. In Reaktion auf den 1756 ausgebrochenen Siebenjährigen Krieg kam es zu einem erneuten Aufschwung des Reichspatriotismus, d. h. des nationalen Bewußtseins, denn „Reichspatriotismus ist frühneuzeitliches deutsches Nationalbewußtsein."[2] Für die Entwicklung eines deutschen Nationalbewußtseins im modernen Sinne war diese Phase von entscheidender Bedeutung. Die übliche Datierung dieses Vorgangs in die Zeit der Revolutions- und Befreiungskriege von 1792 bis 1815 ist ebenso abzulehnen, wie die These, die Entwicklung der „Idee eines deutschen Nationalstaates" sei erst in der Mitte des 19. Jahrhunderts, im Kontext der Märzrevolution von 1848/49 zu beobachten.[3]

---

[1] *Johann Wolfgang Goethe*, Sämtliche Werke. Briefe, Tagebücher und Gespräche, 40 Bde., II. Abt., Bd. 6 (33): Napoleonische Zeit, Briefe, Tagebücher und Gespräche vom 10. Mai 1805 bis 6. Juni 1816, T. I: Von Schillers Tod bis 1811, Frankfurt a. M. 1993, Tagebuch, 7.8.1806, 75. Für die Durchsicht und hilfreiche Anmerkungen danke ich Herrn Markus Friedrich, M.A. und Herrn Gerd Helm, M.A.
[2] *Georg Schmidt*, „Wo Freiheit ist und Recht ...", da ist der Deutsche untertan?, in: *Matthias Werner* (Hrsg.), Identität und Geschichte, Weimar 1997, 105-124, 118.
[3] *Heinz Angermeier*, Deutschland zwischen Reichstradition und Nationalstaat. Verfassungspolitische Konzeptionen und nationales Denken zwischen 1801 und 1815, in: ZRG GA

Ohne Zweifel gab es in Deutschland bereits vor dem Siebenjährigen Krieg ein nationales Bewußtsein.[4] Flugschriften aus den Zeiten kriegerischer Auseinandersetzungen mit dem Osmanischen Reich und mit Frankreich belegen dies für die gesamte Frühe Neuzeit. Die Publizistik des Dreißigjährigen Krieges hatte vielfach Vorbilder für Appelle an die nationale Solidarität während der Kriege gegen Ludwig XIV. geliefert, und der Wiener Hof entfaltete erneut im Österreichischen Erbfolgekrieg eine intensive nationale Agitation, die auf diese Vorbilder zurückgriff und selbst die Argumentationsschablonen für die antifranzösische preußische Propaganda während des Siebenjährigen Krieges aber auch für die nationalen Agitationswellen bis über die Zeit der Befreiungskriege hinaus lieferte. Titel, Pseudonyme, aber auch ganze Schriften wurden oft über Jahrhunderte immer wieder verwendet und wechselten dabei teilweise die Seiten. So konnte z. B. ein Pamphlet, das im Österreichischen Erbfolgekrieg an die nationale Solidarität appellierte und von Wien aus gegen Preußen gerichtet wurde, während des Fürstenbundes, diesmal gegen Österreich gerichtet, neu gedruckt werden - oder umgekehrt.[5] So geht der Refrain des Deutschlandliedes, „Deutschland über alles", auf den Titel einer reichsmerkantilistischen Flugschrift aus der Zeit Kaiser Leopolds I. zurück.[6] Philipp

---

107, 1990, 19-101; *ders.*, Nationales Denken und Reichstradition am Ende des alten Reiches, in: *Wilhelm Brauneder* (Hrsg.), Heiliges Römisches Reich und moderne Staatlichkeit, Frankfurt a. M. 1993, 169-186. Zur Datierung zwischen 1789 und 1815 zuletzt *Hans-Ulrich Wehler*, Nationalismus und Nation in der Deutschen Geschichte, in: *Helmut Berding* (Hrsg.), Nationales Bewußtsein und kollektive Identität. Studien zur Entwicklung des kollektiven Bewußtseins, Frankfurt a. M. 1994, 163-175. Auch die Mehrzahl der Beiträge in: *Ulrich Herrmann* (Hrsg.), Volk - Nation - Vaterland, Hamburg 1996. Hier neben *Wehler* besonders *Ernst Weber/Etienne François/Hans Jürgen Lüsebrinck/Heinrich Bosse/Hans Peter Herrmann*, Einleitung, in: *ders./Hans Martin Blitz/Susanna Moßmann* (Hrsg.), Machtphantasie Deutschland. Nationalismus, Männlichkeit und Fremdenhaß im Vaterlandsdiskurs deutscher Schriftsteller des 18. Jahrhunderts, Frankfurt a. M. 1996, 8. Wirkungsmächtig ist der erste Satz von *Thomas Nipperdeys* „Deutscher Geschichte" (München 1983) „Am Anfang war Napoleon", ebd. 11. Der von *Reinhart Koselleck* mitverfaßte Artikel „Volk, Nation, Nationalismus, Masse" in: *ders./ Otto Brunner/ Werner* Conze (Hrsg.), Geschichtliche Grundbegriffe, Bd. 7. Stuttgart 1992, 141-431 erklärt das Phänomen des modernen nationalen Bewußtseins aus der Epoche der Revolution und der Befreiungskriege. Zu der Annahme, der „moderne deutsche Nationalismus" sei besonders auf Herder zurückzuführen: *Otto Dann*, Herder und die Deutsche Bewegung, in: *Gerhard Sauder* (Hrsg.), Johann Gottfried Herder 1744-1803. Hamburg 1987, 308-340, 308, mit weiteren Literaturangaben. *Dann* vertritt die Auffassung, von einer nationalen Bewegung könne man „in Deutschland eigentlich erst ab 1806 sprechen", ebd. 316, ähnlich 339f.
[4] *Wolfgang Hardtwig*, Vom Elitebewußtsein zur Massenbewegung. Frühformen des Nationalismus in Deutschland 1500-1840, in: *ders.*, Nationalismus und Bürgerkultur, Göttingen 1994, 34-54.
[5] Z. B.: [*Johann Jakob Schmauß,*] Patriotischer Vorschlag zu einem Frieden zwischen Bayern und Oesterreich, wodurch nicht allein beyde Partheyen ihren besonderen Vorteil erreichen, sondern auch die Balance von Europa und die Sicherheit und Ruhe des Teutschen Reiches bevestigt wird. Eine die Vertauschung der Baierischen Lande beziehlende sehr seltene Piece, o. O. neu aufgelegt im Jahre 1785 [1. Aufl. 1743].
[6] *Philipp Wilhelm von Hörnigk*, Österreich über alles, wann es nur will [...]. Hörnigk bezog sich auf die Schrift „Teutschland über Frankreich, wenn es klug seyn will [...]", beide Schriften erschienen 1683/4. Von Hörnigks Schrift sind 13 Auflagen bekannt - bezeichnenderweise auch aus den Jahren 1708, 1750, 1764 und 1948, die auch die Erinnerung an ihr Vorbild wachhielten.

Wilhelm von Hörnigks bekannte Abhandlung „Österreich über alles, wann es nur will" bezog sich auf die Schrift „Teutschland über Frankreich, wenn es klug seyn will". Beide Schriften erschienen 1683/4. 1798 erschien dann, das ursprüngliche Konzept aufgreifend, jedoch auf der Höhe der zeitgenössischen Statistik und gegen die preußische Neutralität gerichtet, in zehn Fortsetzungen Philipp von Gemmingens Abhandlung „Deutschland über alles, wenn es nur will!".[7] Als Hoffmann von Fallersleben 1841 seinem Deutschlandlied die von Joseph Haydn 1797 komponierte populäre Melodie der österreichischen Kaiserhymne „Gott! Erhalte Franz den Kaiser" unterlegte, schloß sich der ambivalente Kreis der Wechselbeziehungen zwischen gesamtdeutschen und auf das Haus Österreich bezogenen Patriotismus. Die Umwidmung der Melodie war äußerst erfolgreich. In Verbindung mit dem neuen Text wurde sie zum festen Bestandteil des modernen deutschen Nationalbewußtseins.

Mit einem nationalen Bewußtsein im modernen Sinne ist hier ein Bewußtsein gemeint, das auf aktive Partizipation an den politischen Angelegenheiten der Nation zielt. Partizipation konnte im Verständnis der Zeitgenossen in der zweiten Hälfte des 18. Jahrhunderts durch eine verfassungsmäßige, ständische Vertretung oder durch das Medium der Öffentlichkeit zustande kommen. Immanuel Kants Vorstellung einer repräsentativen Regierung, wie sie in seinem Traktat „Zum ewigen Frieden" von 1795 zu finden ist, kam ohne verfassungsmäßige Volksvertretung, nicht jedoch ohne Publizistik aus.[8]

Die durch den Siebenjährigen Krieg ausgelöste Debatte um das Wesen der deutschen Nation war einerseits der ideologische Niederschlag des preußisch-österreichischen Dualismus im Alten Reich und andererseits Teil des seit der Antikenrezeption der Humanisten europaweit geführten Diskurses um die „Nationalcharaktere". Dieser ging letztlich auf die Charakterzeichnungen des Theophrast zurück. Für die Frühe Neuzeit grundlegend war Juan Huartes medizinische Nationentypologie von 1575, die 1752 von Gotthold Ephraim Lessing ins Deutsche übersetzt worden war.[9] Das Werk erlebte die für ein wissenschaftliches Buch dieser Zeit beispiellose Karriere von 77 Auflagen mit 81 Titelvarianten in sieben Sprachen.[10] Von Aristoteles ausgehend, vertrat Huarte die Ansicht, daß das Klima,

---

[7] [*Philipp von Gemmingen*,] Deutschland über alles, wenn es nur will!, o. O. 1798.
[8] *Immanuel Kant*, Zum ewigen Frieden. Ein philosophischer Entwurf, Königsberg 1795 [ND Berlin 1995], 1. Artikel zum ewigen Frieden: „Die bürgerliche Verfassung in jedem Staat soll republikanisch sein", Anhang 2. Artikel: „Alle auf das Recht anderer Menschen bezogene Handlungen, die sich nicht mit Publizität vertragen, sind unrecht". Kant unterscheidet zwischen „republikanisch" und „demokratisch" - in seinem Sinne kann auch eine Monarchie „republikanisch" sein.
[9] *Juan Huarte*, Prüfung der Köpfe zu den Wissenschaften. Übersetzt von Gotthold Ephraim Lessing, ND der Ausgabe Zerbst 1752, Einleitung und Bibliographie von *Martin Franzbach*, München 1968. Der Wittenberger Mathematikprofessor Johann Jakob Ebert gab eine revidierte und kommentierte zweite Auflage von Lessings Übersetzung heraus, schadete damit allerdings der weiteren Rezeption, ebd., LII.
[10] Ebd., VII.

neben anderen Faktoren, die Charaktere der Menschen beeinflusse.[11] Der Schweizer Beat Ludwig Muralt veröffentlichte 1727 mit seinen „Lettres sur les Anglais et les Français et sur les Voyages" die Charakterisierung zweier Völker, wobei die Engländer positiv und die Franzosen negativ, als dem Hof, der Mode und der Gefallsucht ergeben, dargestellt wurden. Letzteres mag den großen Erfolg der deutschen Übersetzung von 1761 erklären. 1752 erschien mit François Ingnace de Labordes „L´Ésprit des Nation eine weitere, von der Klimatheorie ausgehende Typologie der Nationalcharaktere. Auf Huartes Ausführungen beruhte letztlich auch die von Johann Kaspar Lavater ab 1772 entwickelte Physiognomik, welche später zur Rassenlehre ausgebaut wurde.[12] Voltaire beteiligte sich mit seinem „Essai sur les mœrs et l'esprit des nations" an der Diskussion.[13] Die Enzyklopädiker, Montesquieu, Voltaire, Gibbon und Robertson folgten der Ansicht, daß es feste Nationalcharaktere gäbe.[14] Claude Adrien Helvétius hingegen fand diese Vorstellung lächerlich und falsch. David Hume betrachtete den Glauben an Nationalcharaktere als geistige „Seuche".[15] Jene Autoren, die überzeugt waren, daß es Nationalcharaktere gebe, gingen in der Regel von einem bestimmenden Einfluß des Klimas nicht nur auf den Charakter der Menschen, sondern auch auf deren politische Verfassung aus. Hier schloß sich die Frage an, ob Vaterlandsliebe und Nationalstolz unter jeder Verfassung und bei jeder Größe des Landes gleichermaßen möglich war.

Auf die Berichte der antiken Schriftsteller von den griechischen Stadtstaaten und auf die Kenntnis der römischen Geschichte gründete sich die Ansicht, daß es eine berechtigte Vaterlandsliebe nur in kleinen überschaubaren Republiken geben könne. Wie Rousseau und Voltaire[16] teilte der Schweizer Arzt und Gelehrte Johann Georg Zimmermann diese Ansicht und wandte sich damit insbesondere gegen Montesquieu, der Ehre und Stolz zum besonderen Kennzeichen der Monarchie erklärt hatte. Nicht zufällig beteiligte sich Zimmermann später auch an dem medizinischen Diskurs um die sogenannte „Krankheit der Schweizer", dem Heimweh, einem Begriff, der 1765 unübersetzt als „Hemvé" ins Französische bzw. in die Encyclopédie übernommen wurde.[17] Zimmermann entwickelte eine Typologie des „eingebildeten", unbegründeten Nationalstolzes und unterschied davon die auf objektiven Leistungen

---

[11] Ebd., 154, 270, 401 u. 415.
[12] *Johann Kaspar Lavater*, Von der Physiognomik, Leipzig 1772; ders., Physiognomische Fragmente zur Beförderung der Menschenkenntnis und Menschenliebe, 4 Bde. Leipzig 1775-78 [ND Zürich 1969].
[13] Œuvres completes de Voltaire, Bd. 16. Paris 1785. Dazu: *Therese von Ladiges*, Herders Auffassung von Nation und Staat, Diss. München 1922, 14.
[14] *Notker Hammerstein*, Heiliges Römisches Reich deutscher Nation und Europa, in: *August Buck* (Hrsg.), Der Europagedanke, Tübingen 1992, 132-146, 142.
[15] *David Hume*, Vermischte Schriften, T. 4, Hamburg/Leipzig 1756, 333.
[16] *Voltaire*, 20 Artikel aus dem philosophischen Taschenwörterbuch, München 1985, Artikel „Vaterland", 117.
[17] *Johann Georg Zimmermann*, Von der Erfahrung in der Arzneikunst, Zürich 1764. Zur Übernahme des Begriffes „Heimweh" s. ders., Vom Nationalstolz. Zürich 1980, 144 [Anmerkungen].

beruhenden Formen des Stolzes auf die eigene Nation.[18] In Reaktion auf Zimmermann erklärte Thomas Abbt, er war Professor im preußischen Frankfurt an der Oder, die Liebe zum Vaterland auch in Monarchien für möglich und schuf damit einen grundlegenden Text des preußischen Staatspatriotismus.[19] Aber auch der Österreicher Joseph von Sonnenfels war der Auffassung, daß es liebenswerte Monarchien geben könne.[20] Die europäischen Bezüge sollen hier nicht weiter vertieft werden, wichtig ist jedoch, daß die deutsche Patriotismusdiskussion[21], ebenso wie die Auseinandersetzung mit der eigenen nationalen Identität nach 1763 - beides überschnitt sich, war aber nicht vollkommen identisch -, Teil einer europäischen Diskussion ist. Die deutsche Auseinandersetzung ist nicht zu verstehen, ohne die Schriften, welche die Gelehrten anderer Länder zur eigenen nationalen Selbstverständigung, aber als Teil dieser europäischen Diskussion um das Nationale, hervorbrachten. Die Definition der jeweils eigenen Nation war auch ein europäisches Produkt.

Eine Vorbildfunktion für die deutsche Patriotismusdiskussion im letzten Drittel des 18. Jahrhunderts hatte insbesondere Zimmermanns erstmals 1758 erschienene Schrift „Vom Nationalstolz" sowie weitere Schriften, die im Kontext der 1762 erfolgten Gründung der Helvetischen Gesellschaft publiziert worden waren.[22] Die Helvetische Gesellschaft war eine patriotische Vereinigung, die ein nationalpädagogisches Erziehungsprogramm propagierte, um den Gemeingeist und damit den Zusammenhalt der Eigenossenschaft zu fördern.

Ursächlich für die deutsche Auseinandersetzung mit der eigenen nationalen Identität nach 1756 war jedoch zunächst der als Bürgerkrieg empfundene Siebenjährige Krieg und insbesondere die preußische Kriegspropaganda. Diese Propaganda hatte nicht nur in ihrer schriftlichen Form quantitativ und qualitativ ein neues Niveau erreicht. Auch die massenhafte Produktion von Tabaksdosen, Tüchern[23], Stichen und Kalendern mit patriotischen Motiven sowie die Tatsache, daß neben die traditionelle

---

[18] *Johann Georg Zimmermann*, Vom Nationalstolz, Zürich 1758.
[19] *Thomas Abbt*, Vom Tode für das Vaterland, Frankfurt/O. 1761. Die am besten aufbereitete Edition des Textes findet sich in: *Johannes Kunisch* (Hrsg.), Aufklärung und Kriegserfahrung. Klassische Zeitzeugen zum Siebenjährigen Krieg, Frankfurt a. M. 1996, 589-650. Abbt hatte die Erstausgabe der Schrift Zimmermanns von 1758 gelesen, dieser wurde jedoch später ein Anhänger Friedrichs II. und änderte sein Buch entsprechend.
[20] *Joseph von Sonnenfels*, Über die Liebe des Vaterlandes, Wien 1771.
[21] *Rudolf Vierhaus*, „Patriotismus" - Begriff und Realität einer moralisch-politischen Haltung, in: *ders.*, Deutschland im 18. Jahrhundert. Politische Verfassung, soziales Gefüge, geistige Bewegungen, Göttingen 1987, 96-109.
[22] *Zimmermann*, Nationalstolz (wie Anm. 17). Eine Aneinanderreihung „geschichtlicher und völkerpsychologischer Kenntnisse", so *Konrad Beste*, der 1937 die Erstausgabe als Faksimiledruck herausgab, *ders.*, Einleitung zu: *Zimmermann*, Nationalstolz. Braunschweig 1937, II (unpaginiert). Bereits in seinem ersten literarischen Versuch, dem „Leben des Herrn Haller" von 1755, hatte sich Zimmermann gegen nationale Vorurteile gewandt, siehe *ders.*, Nationalstolz (wie Anm. 17), 144f. [Anmerkungen]. Zur Vorbildfunktion der Schweizer Debatte: *Ernst Weber*, Patriotische Essays, in: *Jürgen Zichmann* (Hrsg.), Panorama der Friedericianischen Zeit. Bremen 1985, 221-223, 221.
[23] *Horst Carl*, Okkupation und Regionalismus. Die Preußischen Westprovinzen im Siebenjährigen Krieg, Mainz 1993, 367.

Kriegslyrik Kriegslieder traten, die rückgreifend auf populäre Melodien, einen kommunikativen, gemeinschaftsstiftenden Effekt hatten, zielte auf die Identifikation breiter Bevölkerungsteile mit dem preußischen Gemeinwesen.[24] Diese Phänomene sind ambivalent, da sie Identifikation konstituierten und gleichzeitig bereits spiegeln. Hinzu kam die Selbstinszenierung Friedrichs II. als erster Diener des Staates, dessen selbstloser Einsatz für das Ganze die Kluft zwischen Herrscher und Untertan aufzuheben schien, sowie seine religiöse Toleranz und seine - zumindest theoretisch im Antimachiavell - gezeigte Verwerfung des Machtstaatsgedankens, während gleichzeitig der Aufstieg Preußens zur europäischen Großmacht Stolz erregte. Hierzu kam die Faszination, die von dem fast unglaublichen Feldherrnglück Friedrichs II. ausging. Auch ältere konfessionelle Loyalitäten, d. h. die Deutung Kurbrandenburgs als Vormacht und Verteidiger des protestantischen Glaubens, blieben wirksam. Sie wurden von der preußischen Kriegspublizistik auch direkt angesprochen. Eine große Zahl von Pamphletisten bemühte sich, den machtpolitischen Konflikt, der sich aus dem Dualismus von Preußen und Österreich im Reich ergeben hatte, als Religionskrieg und mithin als Verteidigung des Protestantismus darzustellen. All dies war für Teile der bürgerlichen Intelligenz Anreiz genug, sich mit dem preußischen Gemeinwesen zu identifizieren.[25] Es handelt sich um jene kulturellen Akte, die nach Simon Schama eine Nation kreieren können.[26] Preußen hatte nach dem Siebenjährigen Krieg in der kulturellen Sphäre jene „kritische Masse" erreicht[27], die geeignet war, eine nationale Identität hervorzubringen.

Eine wesentliche Bedeutung kam hierbei wie bereits erwähnt der preußischen Kriegspublizistik zu. Auch diese Publizistik erreichte quantitativ und qualitativ ein neues Niveau. Zwei herausragende Beispiele mögen dies verdeutlichen. Sie stammen beide aus dem Jahre 1761, in dem die publizistische Auseinandersetzung angesichts des erwarteten Friedenskongresses ihren Höhepunkt erreichte.[28] Großbritannien hatte seine Kriegsziele in Übersee weitgehend erreicht, Frankreich stand in Folge des Krieges vor dem finanziellen Kollaps und zudem war am 6. Februar 1761 Clemens August, der Herr der fünf Kirchen, Kurfürst-Erzbischof von Köln, Fürstbischof von Münster, von Paderborn, Hildesheim und Osnabrück sowie Hochmeister des Deut-

---

[24] *Thomas Abbt* äußerte später, „das erbauliche Lied, welches das preußische Heer auf dem Wege zum Angriff bei Lissa sang, war zehn Heldengedichte und auch eben so viele Bataillone wert." ders., Vom Verdienste, ND Königstein/Ts 1978, 284. *Martin Diesselkamp*, Die Würdigung wahrer Verdienste. Aspekte eines ungelösten Problems bei *Johann Joachim Winckelmann/ Thomas Abbt*, in: Germanisch-Romanische Monatsschrift N.F. 43, 1993, = Bd. 74 der Gesamtreihe, 19-35, 28.
[25] *Weber*, Essays (wie Anm. 22), 221.
[26] *Simon Schama*, Überfluß und schöner Schein. Zur Kultur der Niederlande im Goldenen Zeitalter, München 1988.
[27] *Eckhart Hellmuth*, Die „Wiedergeburt" Friedrichs des Großen und der „Tod fürs Vaterland". Zum patriotischen Selbstverständnis in Preußen in der zweiten Hälfte des 18. Jahrhunderts, in: ders./*Reinhard Stauber* (Hrsg.), Aufklärung 10 (1998), 23-54.
[28] *Alois Schmid*, Der geplante Friedenskongreß zu Augsburg 1761, in: *Andreas Kraus* (Hrsg.), Land und Reich. Stamm und Nation. Probleme und Perspektiven bayerischer Geschichte. Festgabe für Max Spindler zum 90. Geburtstag, Bd. 2, München 1984, 235-258.

schen Ordens, verstorben. Damit war die gesamte nordwestdeutsche Germania Sacra vakant und schien als Verhandlungsmasse zur Verfügung zu stehen. Dies motivierte insbesondere die Preußische Kriegszielpublizistik, die im wesentlichen Säkularisationsagitation war.

Als erstes ist hier die kommentierte deutsche Übersetzung der bekanntesten antikaiserlichen Flugschrift des Dreißigjährigen Krieges zu erwähnen, der von Philipp Bogislav von Chemnitz unter dem Pseudonym Hippolithus a Lapide 1640 veröffentlichten berühmten „Dissertatio".[29] Sie wurde im Auftrage des preußischen Königs von Johann Heinrich von Justi mit einem tausend Seiten umfassenden Kommentar versehen, um die Bezüge zur aktuellen Auseinandersetzung herzustellen, aber auch um Widersprüche zwischen den Absichten Chemnitz' und Friedrichs II. zu kaschieren. Chemnitz trat nämlich für einen aristokratischen Zentralstaat ein, während Friedrich II. letztlich die Auflösung des Reiches verlangte. Nach dem Kommentar war die Reichsverfassung nichts anderes als die „Konventionalverfassung" einer losen Konföderation. Es stand im Belieben eines jeden „souveränen" Reichsfürsten sich an sie zu halten oder nicht zu halten. Damit hatte die antikaiserliche Publizistik eine grundlegend neue Qualität erhalten. Nie zuvor - auch nicht in den größten Krisen, wie dem Österreichischen Erbfolgekrieg -, war die Auflösung des Reiches verlangt worden. Wie ernst diese Propaganda gemeint war, hat Friedrich II. später selbst bestätigt.[30]

Die zweite hier stellvertretend zu nennende Schrift ist Thomas Abbts „Vom Tode für das Vaterland". Beide Schriften zusammen sind als der reichszersetzende Katechismus des dynastisch orientierten preußischen Landespatriotismus anzusehen. Gleichzeitig griff Abbt aber auch auf den älteren Reichspatriotismus zurück, entkleidete ihn jedoch seiner reichischen Elemente und instrumentalisierte ihn für die Herstellung von Loyalität gegenüber dem preußischen Monarchen. So erinnerte Abbt z. B. durch das Zitat eines Gedichtes an den Ruhm der alten Germanen, die einst über die Legionen des römischen Kaisers gesiegt hatten.[31] Er verschwieg jedoch den Titel des Gedichtes „Das bedrängte Deutschland" und damit den Bezug der Verse auf den Österreichischen Erbfolgekrieg. Auch zitierte er nicht jene Strophen, welche die beständigen Bürgerkriege im Reich bedauerten. Das Zitat war auch insofern delikat, als der Verfasser Johann Peter Uz sich bereits 1757 öffentlich gegen die Heroisierung der menschenverzehrenden Kriegsführung Friedrichs II. gewandt hatte.[32] Der Vor-

---

[29] *Philipp Bogislaus v. Chemnitz, Hippolithi a Lapide*, Abriß der Staats-Verfassung, Staats-Verhältniß, und Bedürfnis des Römischen Reichs Deutscher Nation: Nebst einer Anzeige der Mittel zur Wiederherstellung der Grund-Einrichtung und alten Freiheit nach dem bisherigen Verfall, Mainz 1761. Die Zeitgenossen hatten den Propagandakrieg deutlich wahrgenommen, [*Johann Heinrich Eberhard*], Freie Gedanken über einige der neusten Staats-Streitigkeiten, geschrieben im H. R. Reich Deutscher Nation, o. O. 1767, 8.
[30] *Gustav Berthold Volz*, Friedrichs des Großen Plan einer Losreißung Preußens von Deutschland, in: HZ 122, 1920, 267-277. Die Darstellung beruht auf den Testamenten Friedrichs II.
[31] *Abbt*, Vom Tode (wie Anm. 19), 620f., 1000.
[32] *Ulrich Herrmann*, Individuum und Staatsmacht. Preußisch-deutscher Nationalismus in Texten zum Siebenjährigen Krieg, in: *ders.*, Machtphantasie (wie Anm. 3), 66-79, 73.

gang zeigt auch, daß in der zweiten Hälfte des 18. Jahrhunderts der Bezug auf Tacitus innerhalb eines gesamtdeutschen Patriotismus, der sich auf das Römisch-Deutsche Reich und den Kaiser bezog, problematisch war. All zu leicht konnte die Tacitustradition gegen das Reich und gegen den Kaiser gewendet werden.

Abbts Schrift ist darüber hinaus der Grundtext des deutschen Blut-und-Boden-Kultes. Es muß jedoch darauf hingewiesen werden, daß dergleichen Motive damals nicht nur in Preußen zu finden waren. Eckhart Hellmuth hat auf vergleichbare Phänomene in England verwiesen[33], und der Text der Marseillaise zeigt vollends, daß diese Topoi am Ende des 18. Jahrhunderts in ganz Europa verbreitet waren. Abbt begründete mit seiner Schrift aber auch jenen spezifisch deutschen Mutterkult, in dem sich die Mutterschaft im Gebären künftiger Helden erfüllt, die jedoch erst durch ihren Tod fürs Vaterland zu Helden werden.[34] Die von Abbt gezeichnete hingebungsvolle Heldenfigur ist der patriotische Vertreter der in der Sturm-und-Drangperiode entworfenen Geniefigur[35], an deren Gestaltung wiederum Juan Huarte und Johann Georg Zimmermann, die bereits in einem anderen Kontext erwähnt wurden, wesentlich beteiligt waren. Huartes „Examen de Ingenios" in der Lessingschen Übersetzung ist der maßgebliche spanische Beitrag zur Geniediskussion des Aufklärungszeitalters.[36] Für Zimmermann war das „Genie" die Verkörperung größter Phantasie und größten Verstandes, bei Abbts Helden tritt an ihre Stelle die Hingabe für das Vaterland.

Der ungläubige Thomas Abbt ersetzte die Offenbarungsreligion durch einen Kult um das Vaterland und forderte, daß die „Diener der Religion" den Tod fürs Vaterland predigen.[37] Dies geschah dann auch und wurde von Friedrich Nicolai literarisch verklärt.[38] Abbts Text illustriert, wie während des Säkularisierungsprozesses „politische Kollektive sakralisiert und zu Erben von Ewigkeitserwartungen wurden."[39] Insofern war es auch konsequent, daß, als die Nation an die Stelle der Religion trat, das Opfer des Sohnes wie im Judentum und Christentum nicht mehr für Gott, sondern für das Vaterland, gefordert wurde. Die Bereitschaft, sich für das Vaterland zu

---

[33] *Hellmuth*, „Wiedergeburt" (wie Anm. 27).
[34] *Abbt*, Vom Tode (wie Anm. 19), 597, 610, 612. Zum Mutterkult ebd., 594, 595, 605.
[35] Die Herausstellung des Geniebegriffes findet sich erstmals in Zimmermanns „Betrachtungen über die Einsamkeit" (1756), einer Vorstudie zu „Von der Erfahrung in der Arzneikunst" (1764), in welcher der Geniebegriff weiter ausgearbeitet wurde. *Zimmermann*, Nationalstolz (wie Anm. 22), VIII.
[36] *Juan Huarte*, Prüfung (wie Anm. 9), XLIV.
[37] *Abbt*, Vom Tode (wie Anm. 19), 594.
[38] *Friedrich Nicolai*, Das Leben und die Meinungen des Herrn Magister Sebaldus Nothanker (1773-1776), ND in: *ders.* Gesammelte Werke, hrsg. v. *Bernhard Fabian/Marie-Luise Spieckermann*. Hildesheim 1988, 28-32.
[39] *Dieter Langewiesche*, Rez. zu: *Peter Berghoff*, Der Tod des politischen Kollektives. Politische Religion und das Sterben und Töten für Volk und Rasse, Berlin 1997, in: HZ 266, 1998, 120. Ganz passend notierte *Gottfried Achenwall* später unter dem Stichwort „Vom Tode für das Vaterland", es sei von einem „patriotischen Priester" geschrieben worden. Staats- und Universitätsarchiv Göttingen, Cod. Ms. Achenw. 191, Bl. 256. Ich danke Herrn Paul Streidel, M.A. für den Hinweis.

opfern, entspricht Abrahams Bereitschaft zur Tötung Isaacs sowie der Opfertod Christus.

Das Motiv des ethisch wertvollen Todes für das Vaterland entnahm Abbt antiken Vorbildern. Die von Ernst Kantorowicz für den mittelalterlichen Pro-Patria-Mori-Gedanken aufgezeigten antiken Muster werden zum großen Teil auch von Abbt angeführt.[40] Auch der Frühen Neuzeit war die Aufforderung für das Vaterland zu sterben nicht unbekannt. Sie fand sich vereinzelt bereits in der deutschen Kriegslyrik des Dreißigjährigen Krieges.[41] In der Mitte des 18. Jahrhunderts war das Motiv von der germanophilen Bardendichtung aufgenommen worden, die als „Bardenmode", trotz ihrer antiaufklärerischen Züge, eine „gewisse Breitenwirkung beim gebildeten Publikum" erzielt hatte.[42] Ihr Erfolg erklärt sich daraus, daß sie Teil der populären Antikenrezeption war, und diese mit einem nationalen Identifikationsangebot verbinden konnte. Dies gilt auch für die beiden ersten großen Hermanns-Dramen des 18. Jahrhunderts, deren Verfasser Johann Elias Schlegel und Justus Möser waren.[43] Sie tradierten einen Motivkomplex, der seit Ulrich von Huttens Arminius-Dialog besonders im protestantischen Deutschland Bestandteil des vaterländischen Denkens war. Ihr Stoff bot für das protestantische Deutschland die Möglichkeit, die Konfliktstrukturen der eigenen Gegenwart im historischen Gewand zu betrachten und mit der Vision eines überwältigenden, befreienden Sieges zu verbinden. Die Interpretation des Stoffes konnte sich sowohl gegen den äußeren Feind, Frankreich und das Papst-tum, wie auch gegen den inneren Feind, in diesem Fall den Katholizismus und das römisch-deutsche Kaisertum, richten. Die Hermanns-Dramen stellten den Lesern und Zuschauern ein aggressives, fremdenfeindliches und machtbetontes Vaterlandsdenken vor. Zudem erhielten üblicherweise negativ bewertete Affekte als Bestandteil des

---

[40] *Ernst H. Kantorowicz*, Pro Patria Mori in Medieval Political Thought, in: The American Historical Review 56, 1951, 472-492.
[41] *Michael Weiser*, „Teutschland, ach ja Teutschland." Politische Dichtung - erdichtete Politik. Patriotismus und Reichsvision in der Literatur des Dreißigjährigen Krieges. Hausarbeit zur Erlangung des Grades eines Magister Artium an der Ludwig-Maximilians-Universität München, München (masch.) 1998, 36.
[42] *Herrmann*, Einleitung, in: *ders.*, Machtphantasie (wie Anm. 3), 28f.
[43] Schlegels „Hermann. Ein Trauerspiel" entstand 1740/41 und wurde 1743 gedruckt. Mösers „Arminius" wurde 1749 veröffentlicht. *Herrmann*, „Ich bin fürs Vaterland zu sterben auch bereit". Patriotismus oder Nationalismus im 18. Jarhundert? Lesenotizen zu den deutschen Arminiusdramen 1740-1808, in: *ders.*, Machtphantasie (wie Anm. 3), 32-65, 34. Die Gleichsetzung von Arminius mit Hermann erfolgte um 1530 im Wittenberger Kreis um Luther. Zur Rezeption des Mythos: *Horst Callies*, Arminius - Held der Deutschen, in: *Günther Engelbrecht* (Hrsg.), Ein Jahrhundert Hermannsdenkmal. 1875-1975, Detmold 1975, 33-42. *Jacques Ridé*, Arminius in der Sicht der deutschen Reformatoren, in: *Rainer Wiegels/Winfried Woesler* (Hrsg.), Arminius und die Varus-Schlacht. Geschichte - Mythos - Literatur, Paderborn 1995, 239-248. Zur Popularität der Arminius-Opern im 18. Jahrhundert: Hermann, Arminius und die Erfindung der Männlichkeit im 18. Jahrhundert, in: *Herrmann*, Machtphantasie (wie Anm. 3), 160-191, 162. Zum Germanendiskurs des 18. Jahrhunderts: *Klaus von See*, Deutsche Germanen-Ideologie vom Humanismus bis zur Gegenwart, Frankfurt a. M. 1970, 19-33; *Harro Zimmermann*, Freiheit und Geschichte. F. G. Klopstock als historischer Denker. Heidelberg 1987, 90-147.

Patriotismus jetzt eine positive Konnotation. Bei Schlegel gehört der Haß auf die Römer zu den Tugenden, die Hermann als nationalen Helden legitimieren, und bei Möser wird die Rache, die geplante Eroberung Roms, zum Leitmotiv der Schlußszene. Gefürchtet wird hier nur „des Friedens Hinterhalt" und die „verfluchte Friedenslust".[44]

Die Hermanns-Dramen Schlegels und Mösers sind als der Beginn eines aggressiven deutschen Nationalismus interpretiert worden.[45] Hierbei wurden jedoch ihr norddeutsch-protestantischer Hintergrund und ihre Entstehungszeit, der Österreichische Erbfolgekrieg, vernachlässigt. Die Verbindung von Hermannskult und einem spezifisch protestantischen Nationalbewußtsein zeigte sich noch Jahrzehnte später, am 2. Juli 1773, als es während der Geburtstagsfeier des Göttinger Hain-Bundes für Klopstock zu der berüchtigten Verbrennung der Schriften und des Portraits des „Kosmopoliten" Wielands kam. Johann Heinrich Voß plante den Tag zu „feiern, wie ein deutscher Bund das Fest eines der größten Deutschen, mit Hermann, Luther und Leibniz, feiern muß." Das Fest nahm seinen Anfang mit der Rezitation von Klopstock-Oden und Toasten mit Rheinwein auf Klopstocks Gesundheit, Luthers und Hermanns Andenken und die Gesundheit des Bundes.[46]

Johann Wilhelm Ludwig Gleim, der Autor der „Kriegs- und Siegeslieder von einem preußischen Grenadier"[47], und Abbt banden, anders als die Verfasser der Hermanns-Dramen, die Vorstellung vom Kampf und Opfertod fürs Vaterland an eine konkrete zeitgenössische Führergestalt, an Friedrich II. von Preußen. Eigentlich paßte die Vorstellung des freiwilligen Todes für das Vaterland überhaupt nicht in das Zeitalter der durch Werbung zustandegekommenen Soldheere. Es handelte sich um eine bewußte Verzerrung der Realität, die durch die Darstellung ihres Gegenteils verklärt wurde. Gleim und Abbt überwanden aber mit dieser Übertragung die Rezeptionshürden des gelehrten Germanendiskurses.

Eines war den in den Hermanns-Dramen entwickelten Patriotismuskonzeptionen mit jenen von Gleim und Abbt gemeinsam, sie waren potentiell separatistisch und antikaiserlich. Es handelte sich keineswegs um Ausdrücke eines gesamtdeutschen Nationalbewußtseins. Die Gleichsetzung der antiken Römer mit den zeitgenössischen Franzosen wurde erst verstärkt, als Frankreich nicht mehr mit Preußen, sondern mit Österreich verbündet war. Nicht eher als mit dem Untergang des alten Kaisertums 1806 konnte die Hermannsfigur zu einem wirklichen nationalen Symbol werden. 1808 mit Heinrich von Kleists „Hermannsschlacht" wurden dann die von Möser, Gleim, Abbt und anderen entwickelten aggressiven Feindvernichtungsphantasien Teil des gesamtdeutschen Patriotismus.

---

[44] *Herrmann*, „Ich bin ..." (wie Anm. 43), 35-37.
[45] Ebd., 32-65.
[46] *Blitz*, „Gieb Vater ...", in: ebd., 80-122, 99. *Johann Martin Millers* Gedicht „An meine Freunde in Göttingen": „Ihr, Freunde, seid noch Deutsche, wert des Lands,/Das Hermanns Schwert befreit, und Luthers Donnerwort/Vom Joche Roms befreit, und Klopstock sang", zit. nach ebd., 118.
[47] Erstmals 1758.

Abbts Schrift von 1761 diente hingegen lediglich der Herstellung bedingungsloser Loyalität gegenüber dem preußischen Monarchen. Ob das Handeln des Königs, der Krieg, den er führte, dem Recht entsprach, oder dieses brach, interessierte Abbt dabei nicht. Damit verwarf er eine Reihe von Vorstellungen, die bis dahin zum Kernbestand patriotischer Moralität gehört hatten und innerhalb des Reichspatriotismus auch weiterhin gehörten. Hier ist insbesondere die Vorstellung zu nennen, daß auch die Fürsten sich an die Gesetze zu halten haben.[48] Die Hermanns-Dramen des 18. Jahrhunderts, Gleims „Grenadierlieder" und Abbts Schrift bilden auch insofern eine Grundlage des modernen deutschen Nationalismus, als sie einen Wendepunkt in der neuzeitlichen Bewertung des Krieges darstellen. War die poetische und literarische Reflexion des Dreißigjährigen Krieges noch ganz von den Schrecknissen des Krieges geprägt, so wird nun der Krieg positiv gewertet, die Teilnahme am Krieg heroisiert und das konkrete, blutige Kampfgeschehen ästhetisiert[49], ja erotisiert.

Ein paar Beispiele mögen dies veranschaulichen: Kannten nicht die alten Römer - so fragt Abbt- „das Vergnügen - des Todes. Nicht des Todes, der auf dem weichlichen Sofa einen durch Wollüste ausgemergelten Körper vollends starr macht, [...], sondern des Todes, der sich in der Verteidigung des Vaterlandes darbietet." Des Todes, der endlich, „mit dem Blut, das aus unseren Adern quillt, das ächzende Vaterland tränkt, um es wieder auf aufleben zu lassen."[50] Hier wird das Blut der Helden zur Leben spendenden Flüssigkeit. Nichts überwindet, nach Abbt, die Furcht vor dem Tod leichter, als die Hoffnung auf die „Freuden des Paradieses".[51]

Diese Freuden beschreibt der zeitlebens unverheiratete Abbt vorrangig als intime Begegnung mit dem anderen Geschlecht. Ein nordischer König habe einst auf dem Schlachtfelde ausgerufen: „Was für eine unbekannte Freudigkeit bemächtigt sich meiner? Ich sterbe; ich höre die Stimme Odins: schon öffnen sich die Pforten seines Palastes: ich sehe halbnackte Mädchen herauskommen", welche mir „in dem blutigen Hirnschädel meiner Feinde ein kostbares Getränk" darbieten.[52] An anderer Stelle heißt es, ein Mohammedaner habe seinen Kameraden in der Hitze eines Gefechtes mitgeteilt, daß er achtzig schöne Mädchen sehe. Eine davon habe sich ihm genähert, und gerufen: „Komm hierher mein Geliebter!" Worauf der Kämpfer antwortete: „Ich komme, göttliches Mädchen; ich stürze mich unter die ungläubigen Haufen; ich teile

---

[48] *Herrmann*, Individuum (wie Anm. 32), 76. Hans Erich Bödecker und Klaus Bohnen vertreten die schwer nachvollziehbare Auffassung, daß Abbt in dieser Schrift aufklärerische Positionen vertritt, was von Sahmland bestritten wird. *Bödecker*, Thomas Abbt: Patriot, Bürger und bürgerliches Bewußtsein, in: *Rudolf Vierhaus* (Hrsg.), Bürger und Bürgerlichkeit im Zeitalter der Aufklärung. Heidelberg 1981, 221-253; *Bohnen*, Von den Anfängen des „Nationalsinns". Zur literarischen Patriotismusdebatte im Umfeld des Siebenjährigen Krieges, in: *Helmut Scheuer* (Hrsg.), Dichter und ihre Nation, Frankfurt a. M. 1993, 121-137; *Irmtraut Sahmland*, Ein Weltbürger und seine Nation. Christoph Martin Wieland, in: ebd., 88-102.
[49] *Herrmann*, Individuum (wie Anm. 32), 69.
[50] *Abbt*, Vom Tode (wie Anm. 19), 610.
[51] Ebd., 630.
[52] Ebd., 630.

den Tod aus, ich empfange selbst den tödlichen Streich, und bin in diesem Augenblick bei dir!"[53] Ebenso zitiert Abbt den Kalifen Omar, dessen Person für die kriegerische Expansion des Islam im 7. Jahrhundert steht. Omar teilte seinen Feinden mit, ich schicke euch Männer entgegen, „die ebenso begierig nach dem Tod sind, als ihr nach den Wollüsten seid."[54] Nun ergab sich die Todesbereitschaft in den geschilderten Fällen jedoch - wie Abbt meinte - aus der Anhänglichkeit an „falsche Religionen". Aus dieser Erkenntnis folgte für ihn die Notwendigkeit, der „Erfindung neuer Mittel", um die Furcht vor dem Tod zu überwinden. Und - fragte Abbt - könnte man „wohl ein bequemeres [Mittel] finden, als die Liebe für das Vaterland? Die Liebe für den König? Warum sollte man nicht auch von dieser Liebe sagen können: sie ist stärker als der Tod?," zumal, wenn sie von den Priestern der wahren christlichen Religion bekräftigt werde.[55] Der Text endet, mit Bezug auf Friedrich II. mit einem längeren Horazzitat: „So sehnt sich, von treuem Verlangen durchdrungen, das Vaterland nach dir, o König unserer Lust!"[56]

Man könnte nun fragen, warum für den homosexuellen Thomas Abbt[57], die Vorstellung orgastischer Erfüllung mit dem anderen Geschlecht mit dem Tod verbunden ist. Wichtiger ist hier aber der gesellschaftsgeschichtliche Kontext dieser Vorstellungen. Das Bürgertum wandte sich gegen die sexuelle Libertinage der Höfe und der Aristokratie. Sittlichkeit stand ganz oben in der Wertehierarchie, deren Durchsetzung mit dem Aufstieg des Bürgertums verbunden ist. Es scheint jedoch, daß auch das Bürgertum nicht auf die öffentliche Darstellung von Erotik verzichten konnte, sie wurde jedoch bewußt oder unbewußt verlagert. Johann Joachim Winckelmann sublimierte die Erotik Mitte des 18. Jahrhunderts parallel zur Durchsetzung der bürgerlichen Wertehierarchie in der Betrachtung der antiken Kunst. Anders als in den offensichtlich sinnlichen Allegorien des Barock und Rokoko, verschwand die Erotik nun unter dem Schutz der Wissenschaft. Bei Thomas Abbt finden sich orgiastische Vereinigungsszenarien als Teil des patriotischen Diskurses wieder, der ebenfalls eng mit der Antikenrezeption verbunden war. Damit verlieh er dem preußischen Gemeinwesen, auf dem sich dieser patriotische Diskurs bezog, eine bislang ungeahnte Anziehungskraft.

Dies ist einer der Gründe, warum die Wirkung von Abbts Schrift weit größer war, als die der offiziösen preußischen Kriegspublizistik. Darüber hinaus hatte sie gegenüber der Hippolithusschrift und den ungezählten anderen preußischen Propagandaschriften des Siebenjährigen Krieges den großen Vorteil, daß sie nicht überwiegend

---

[53] Ebd.
[54] Ebd., 649.
[55] Ebd., 631.
[56] Ebd., 650. Es folgen noch einige Zeilen aus den „Carmina".
[57] Zu Abbts Homosexualität bzw. „Androphilie" siehe *Wilhelm Ludwig Federlin*, Kirchliche Volksbildung und bürgerliche Gesellschaft. Studien zu Thomas Abbt, Alexander Gottlieb Baumgarten, Johann David Heilmann, Johann Gottfried Herder, Johann Georg Müller und Johannes von Müller, Frankfurt a. M. 1993, 30.

negativ war.[58] Sie war nicht hauptsächlich gegen den Kaiser, gegen das Reich, die Germania Sacra, die geistlichen Fürsten und die vermeintlich aggressiven katholischen Mächte, sondern sie war für etwas, für das preußische Vaterland, das im König personifiziert war, und in ihm geliebt werden sollte. Der Kaiser, das Heilige Reich, die geistlichen Fürsten und die katholischen Mächte kamen überhaupt nicht vor. Dies gab der Schrift etwas Zeitloses und führte dazu, daß sie sich bis weit ins 20. Jahrhundert großer Beliebtheit erfreute und immer wieder zur Kräftigung der patriotischen Gesinnung eingesetzt wurde.

II.

Abbts Schrift und die Anziehungskraft, die von ihr ausging, war eine ernsthafte Gefahr für das Reich, denn sie verursachte, daß nicht das Reich, sondern Preußen zum höchsten Wert zu werden drohte. Das Reich, das seit dem Dreißigjährigen Krieg wie selbstverständlich als das Reich der Deutschen, als Deutsches Reich, Staat der Deutschen galt, drohte seine mentale Verankerung in einer nationalen Identität zu verlieren. Dies und die bereits angesprochene Forderung der offiziösen preußischen Kriegspublizistik, das Reich aufzulösen oder zumindest seinen Charakter grundlegend zu ändern, führte zu einer heftigen Gegenreaktion, einer neuen Blüte des Reichspatriotismus.

Die zunächst anonym erschienene Schrift mit dem Titel „Von dem deutschen Nationalgeist" war die prominenteste Hervorbringung dieser Gegenbewegung.[59] Sie wurde zum Anlaß einer bis dahin nicht gekannten Politisierung der deutschen Öffentlichkeit. Der Verfasser einer Gegenschrift stellte fest, noch nie seien Schriften „so allgemein bekannt" gewesen, wie jene über den Nationalgeist. Nicht nur wie bislang üblich, die Staatsrechtsgelehrten, sondern Zivilisten und Kanonisten, Geistliche und Weltliche, sogar Frauen und Gastwirte würden „von der Strittigkeit, welche über den Nationalgeist der Deutschen entstanden" sei, reden.[60] Die entstehende Debatte wurde zum nationalen Diskurs, in dem sich vorrangig die Gelehrten Deutschlands mit der Identität ihrer Nation auseinandersetzten.

Die Schrift „Vom deutschen Nationalgeist" mahnte die Deutschen an ihre gemeinsame Sprache, Kultur, Geschichte, Verfassung und das sie verbindenden Interesse der Freiheit.[61] Ihr zunächst unbekannt gebliebener Verfasser war Friedrich Karl von Mo-

---

[58] Ein großer Teil des preußischen Auftragsschrifttums ist leicht zugänglich. *Reinhold Koser* (Bearb.), Staatsschriften aus der Regierungszeit Friedrichs II., Bde. 1-2, hrsg. v. *Johann Gustav Droysen/Maximilian Duncker*, Berlin 1877-1885. Teutsche Kriegs=Canzley auf das Jahr 1756 bis 1763: Bestehend in achtzehn Theilen, nebst einem Verzeichnis sämtlicher darinnen enthaltenen Pießen und doppelten Register, Frankfurt/O. 1757-1763. Neuauflagen von Abbts Schrift gab es im 20. Jahrhundert bezeichnenderweise u. a. 1915 und 1935.
[59] *Friedrich Karl von Moser*, Von dem deutschen Nationalgeist, Frankfurt a. M. ²1766 [ND Selb 1976].
[60] [*Eberhard*], Gedanken (wie Anm. 29), 14.
[61] *Moser*, Nationalgeist (wie Anm. 59), 5.

ser, Vertreter der Aufklärung und einer der bedeutendsten Publizisten seiner Zeit.[62] Er trat in dem ideologischen Kampf zwischen Reichs- und Landespatriotismus für das Reich als Identifikationsrahmen ein. Die Verfasser der reichsfeindlichen Pamphlete beschuldigte er des Hochverrates.[63] Bereits im ersten Satz der Schrift, nach den apodiktischen ersten Worten „Wir sind ein Volk", erklärt Moser, daß Sprachnation, Kulturnation, Erinnerungsgemeinschaft und die auf das Reich bezogene Staatsnation nicht getrennt sind, sondern gemeinsam den identitätsverbürgenden Rahmen des deutschen Volkes bilden. Allerdings mußte er angesichts der Lage im Reich feststellen: Wir sind „ein in der Möglichkeit glückliches, in der Tat selbst aber sehr bedauernswürdiges Volk."[64] Diesen Zustand galt es nach Moser zu überwinden, wenn die Deutschen als Volk überleben wollten. Ein erster Schritt dazu sollte sein Aufruf an die Nation sein. Ihm war bereits sein Appell an die Reichstagsgesandten vorausgegangen, den wiederhergestellten Frieden für den Entwurf einer Reichsverfassungsreform zu nutzen und ihre fürstlichen Dienstherren zu deren Umsetzung zu bewegen.[65]

Moser distanzierte sich von einer Form des Reichspatriotismus, der keine Ansätze für die Überwindung der gravierenden Verfassungsmängel bot.[66] Ohne sie im Detail zu benennen, wünschte Moser konkrete Reformschritte, die durch Mehrheitsentscheidungen auf dem Reichstag herbeigeführt werden sollten. Von daher ist es verständlich, daß er insbesondere das freie Stimmrecht der mindermächtigen Reichsstände verteidigte.[67] Freilich erwartete er keinen einmaligen, umfassenden Reformakt, sondern glaubte, daß sich die „Verbesserung" der Verfassung, wie zuvor ihre Korrumpierung, nur allmählich über einen Bewußtseinswandel erreichen lasse.[68] Durch die Aufforderung, sich an diesem Prozeß auch durch Vorschläge zur Verfassungsreform zu beteiligen, beinhaltete Mosers auf das Reich bezogene Patriotismuskonzept, im Gegensatz zu Abbts, ein klar erkennbares partizipatorisches Element. Mosers Forderung, sich an der Diskussion über die Reform der Reichsverfassung zu

---

[62] Zu Moser (1723-1798) siehe *Bruno Renner*, Die nationalen Einigungsbestrebungen Friedrich Karl von Mosers 1765-1767, Diss. Königsberg 1920; *Hans-Heinrich Kaufmann*, Friedrich Karl von Moser als Politiker und Publizist, Darmstadt 1931. Beide Monographien sind durch eine borussische Perspektive geprägt. *Helmut Rehder*, Fromme Politik: Zu den Essays von Friedrich Carl von Moser, in: Monatshefte. A Journal Devoted to the Study of German Language and Literature 67, 1975, 425-431; *Notker Hammerstein*, Das politische Denken Friedrich Carl von Mosers, in: HZ 212, 1971, 316-338 sowie ADB 22, 764-782.
[63] *Moser*, Nationalgeist (wie Anm. 59), 27.
[64] Ebd., 5f.
[65] *Ders.*, Neu-Jahrs-Wunsch an den Reichs-Tag zu Regensburg, 1765, ND als: (Ein aufgewärmter alter) Neu-Jahrs-Wunsch an den Reichs-Tag zu Regensburg vom Jahre 1765, in: Neues Patriotisches Archiv für Deutschland 1, 1792, 293-308.
[66] „Die besten begnügen sich, Deutschland vorzustellen, wie es sein sollte, gleich als ob dem Kranken mit der Beschreibung eines vollkommen gesunden Menschen [...] geholfen wäre", *Moser*, Nationalgeist (wie Anm. 59), 13.
[67] Ebd., 23f. u. 32. Moser sah es jedoch schon für einen großen Gewinn an, wenn nur die bestehenden Reichsgesetze eingehalten würden, ebd.
[68] Ebd., 41.

beteiligen, wurde bis zum Untergang des Reiches nicht nur oft wiederholt[69], ihr wurde auch vielfach nachgekommen.[70] Das wichtigste Mittel zu dem angestrebten Mentalitätswandel sah Moser in der Erziehung der Jugend, insbesondere der Erbprinzen.[71] Aber auch die universitäre Ausbildung sollte im reichspatriotischen Sinne neu konzipiert werden.[72] Dies implizierte, daß eine Besserung nur von den Fürsten kommen konnte. Sie sollten fähige junge Männer durch Deutschland reisen lassen, damit sie dessen Teile kennenlernen und mit richtigen Begriffen und ohne Vorurteile in den Dienst des Staates träten.[73] Junge Katholiken sollten nicht nur katholische Länder kennenlernen, sondern auch Berlin, Dresden, Hannover oder Kassel, Protestanten aus Nord- und Ostdeutschland auch die militärisch schwachen, aber wohlhabenden Territorien des Südwestens, wo die Reichsverfassung noch funktioniere und es „noch Spuren des Nationalgeistes" gäbe. Angehende Reichsjuristen sollten nicht nur nach Wetzlar und Regensburg reisen, sondern sich auch über die Ansichten der Höfe informieren.[74] Bitter klagte Moser auch über die negativen Folgen der konfessionellen Spaltung[75], die Kontroversliteratur bewirke, daß bereits der Jugend der „verkehrte und schädliche Begriff von einem gedoppelten Vaterland, einem katholischen und evangelischen" eingeprägt werde.[76] Mosers Appell an den Nationalgeist gipfelte in der Aufforderung, an das Vaterland wie an eine Kirche zu glauben.[77] Hier beschritt er einen ähnlichen Weg wie Thomas Abbt. Während Abbt jedoch, von einem archaischen Religionsverständnis ausgehend, die bedingungslose Hingabe, bis zum Opfertod verlangte, setzte Moser hier deutlich andere Akzente und forderte: Wie unser Gottesdienst vernünftig sein muß, so muß es

---

[69] Z. B.: Kritik der deutschen Reichsverfassung, Bd. 1: Kritik der Regierungsform des Deutschen Reiches, Germanien 1796, V: „Der echte Patriot verschließt seine Augen nicht vor den Fehlern, die in der Verfassung seines Vaterlandes liegen; eben wegen seines Patriotismus, wünscht er diese Verfassung von ihren Mängeln gereinigt und zu den möglichen Grade der Vollkommenheit erhoben zu sehen." Ebd., 17: Es dürfe „nicht unberührt bleiben, daß jene Verfassung selbst noch bei weitem nicht in dem Stande der Vollkommenheit ist, die Zwecke des deutschen Reiches und seiner besonderen Staaten zu befördern geschickt wäre."
[70] *Wolfgang Burgdorf*, Reichskonstitution und Nation. Verfassungsreformprojekte für das Heilige Römische Reich Deutscher Nation im Politischen Schrifttum von 1648 bis 1806, Mainz 1998; *ders.*, Imperial Reform and Visions of a European Constitution in Germany around 1800, in: History of European Ideas 19 ,1994, 401-408.
[71] Moser zitierte in diesem Sinne Friedrich II. und kommentierte süffisant: „Welch ein Zeugnis aus diesem Munde?". *Ders.*, Nationalgeist (wie Anm. 59), 42.
[72] Er zitierte Gundling: „In Deutschland ist zwar vieles kontrovers, aber es geht alles wider den Kaiser", ebd., 15.
[73] Ebd., 48.
[74] Ebd., 47-52.
[75] Ebd., 17-20.
[76] Ebd., 19. Später trat Moser, in der Beantwortung der Preisfrage des Fuldaer Regierungspräsidenten von Bibra, wie die Verfassung der geistlichen Territorien zu bessern sei, für die Trennung von geistlicher und weltlicher Verfassung ein. *Ders.*, Über die Regierung der geistlichen Staaten, Frankfurt a. M. 1787.
[77] *Moser*, Nationalgeist, (wie Anm. 59), 41.

auch unser Patriotismus sein."[78] „Die Nationalbewegung - und dies macht den entscheidenden Teil ihrer Wirkung aus - war eine Glaubensbewegung."[79] Die Säkularisierung und der Aufstieg des nationalen Bewußtseins verliefen parallel und der Nationalismus beerbte das Christentum in diesen Prozeß ikonographisch und rhetorisch.[80] Wie das Christentum bildete der Nationalismus in Deutschland unterschiedliche Konfessionen, hießen sie im 18. Jahrhundert Reichspatriotismus und Territorialpatriotismus, so wurden sie im 19. Jahrhundert großdeutsch und kleindeutsch genannt.

Wie Abbts Schrift, war die Schrift vom „Nationalgeist" keine staatsrechtliche oder historische Untersuchung, sondern ein politisches Manifest, dessen Ziel es war, das Reich in zeitgemäßen Formen wiederzubeleben.[81] Mosers Absicht war es, der gesamtdeutschen Funktionselite einen gemeinsamen Bildungshintergrund und einen gemeinsamen „Geist" zu vermitteln, der als Fundament verständnisvoller und fruchtbarer Interaktion und Identifikation zugunsten des Reiches dienen konnte. Moser stellte dem preußischen Absolutismus mit seiner „militärischen Regierungsform" und der dazu gehörenden „Lehre vom blinden Gehorsam", wie sie Abbt predigte, die Verhältnisse im Reich gegenüber: „Das schreckliche Wort: Ihr sollt nicht raisonnieren, ist in den Reichsgesetzen nicht anzutreffen, diese erlauben vielmehr jedem Deutschen Herrn und Mann, raisonnieren zu dürfen, und diese Vergünstigung ist in der Freiheit des menschlichen Willens und in der Deutschen Freiheit wesentlich und ursprünglich gegründet."[82] In der Sicht Mosers garantiert hier die Reichsverfassung ein Menschenrecht, lange bevor diese in Amerika und Frankreich erklärt wurden.

Die berühmtesten Kritiker besprachen das Werk.[83] Der dänische Minister Bernstorff und der hannoversche Minister Münchhausen beglückwünschten Moser, und auch der kaiserliche Gesandte in Frankfurt, Graf Pergen, und der Reichsvizekanzler Fürst Colloredo hielten ihren Beifall nicht zurück.[84] Aus dem partikularistischen Lager erhoben jedoch erneut die reichsständischen Patrioten, die Anwälte des Landespatriotismus, ihre Stimmen. Sie bezweifelten, daß es eine Identität zwischen dem Reich und der Nation gebe, da sich die Reichsgrenzen nicht mit denen der deutschen Sprachnation bzw. mit denen der Verbreitung der germanischen Völkerfamilie deck-

---

[78] [*Friedrich Karl von Moser*], Was ist: gut Kayserlich, und: nicht gut Kayserlich? Zweyte verbesserte Auflage, gedruckt im Vaterland [Frankfurt a. M.] 1766, 257. Auch diese Schrift war im Auftrage des kaiserlichen Hofes entstanden.
[79] *Hagen Schulze*, Der Weg zum Nationalstaat, München 1985, 7.
[80] *Werner Busch*, Das sentimentalische Bild. Die Krise der Kunst im 18. Jahrhundert und die Geburt der Moderne, München 1993, 58-64, über Benjamin Wests Darstellung „Tod des General Wolfe".
[81] *Kaufmann*, Moser (wie Anm. 62), 174. Der Vorwurf, daß Moser die Mängel der Reichsverfassung nur „durch eine alle Deutschen verbindende Vaterlandsliebe" verdecken wollte, vernachlässigt Mosers Aufgabenbeschreibung für die Patrioten, vgl. ebd., 169.
[82] [*Moser*], Was ist: gut Kayserlich (wie Anm. 78), 273; *ders.*, Nationalgeist, 1766, 24.
[83] *Kaufmann*, Moser (wie Anm. 62), 125. John G. Gagliardo, Reich and Nation. Bloomington 1980, 57. Zusammenfassung der Kritiken bei *Renner*, Einigungsbestrebungen (wie Anm. 62), 44-63.
[84] *Kaufmann*, Moser (wie Anm. 62), 127.

ten. Es wurde sogar die Existenz einer deutschen Nation und von daher auch die Möglichkeit eines deutschen „Nationalgeistes" bestritten.[85] Einen sicheren Existenzrahmen und Entwicklungsmöglichkeiten für das Bürgertum wollten die Landespatrioten nur in den Territorien sehen.[86] Hier standen verschiedene Konzepte der Nation gegeneinander und jedes Konzept, daß einen bestimmten Aspekt wie Sprache, germanische Völkerfamilie oder Reichsgrenzen betonte, wurden gegen Mosers Konzeption in Stellung gebracht, die von der weitgehenden Übereinstimmung zwischen Sprach-, Kultur- und Staatsnation innerhalb des Reiches ausging.

Dagegen hoben Moser, die ihn unterstützenden Schriftsteller wie zuvor bereits der Verfasser einer Gegenschrift zur deutschen Hippolithusedition hervor, daß allein die Reichsverfassung das Bürgertum vor dem Absolutismus der deutschen Fürsten schützen könne.[87] In diesem Zusammenhang warf Moser dem deutschen Bürgertum vor, daß es sich dem Absolutismus der Fürsten zu leicht beuge, und dadurch am Verfall der freiheitssichernden Reichsverfassung mitschuldig sei. Er verband dies jedoch an anderer Stelle auch mit der Forderung nach einem deutschen Unterhaus.[88] Es erscheint somit nicht verwunderlich, daß Moser in der modernen deutschen Historiographie stets „als publizistischer Wortführer der bürgerlichen Emanzipationsbewegung" angeführt wird.[89]

Abgefaßt wurde die Schrift „Von dem deutschen Nationalgeist" jedoch im Auftrage des kaiserlichen Hofes, der sie auch korrigierte und den Verfasser bezahlte. Am 20. Dezember 1764 war es Johann Anton Graf von Pergen, dem kaiserlichen Gesandten am oberrheinischen Kreis, gelungen, Moser gegen eine jährliche Pension von 1500 Gulden - sie wurde später erhöht - als Informanten und Publizisten für den kaiserlichen Hof zu gewinnen.[90] Das Ziel der Aktion bestand darin, die deutsche Nation nach dem Siebenjährigen Krieg, der auch auf der ideologisch-propagandistischen Ebene eine bislang unbekannte Intensität erreicht hatte, unter ihrem kaiserlichen Oberhaupt, Kaiser Joseph II., zu einen. Man wollte einen Begriff von der eigenen Nation zum Leben erwecken, der die Wirkungen der reichszersetzenden, die Autorität des Kaisers untergrabenden, antikaiserlichen Publizistik zu paralysieren ver-

---

[85] *Friedrich Casimir Karl von Creuz*, (Hrsg.), Versuch einer pragmatischen Geschichte von der merkwürdigen Zusammenkunft des deutschen Nationalgeistes und der politischen Kleinigkeiten auf dem Römer in Frankfurt nebst angehängten Anmerkungen, Gegenanmerkungen und Repliken sämtlich den berühmten Nationalgeist betreffend, Frankfurt a. M. 1767, 4, 23f. u. ö.; *Justus Möser*, Allgemeine Deutsche Bibliothek 6,1, 1768, 4.
[86] *Johann August Eberhard*, in: Allgemeine Deutsche Bibliothek 9,1, 1769, 228-230.
[87] *Moser*, Nationalgeist (wie Anm. 59), 38. [*Johann Friedrich von Troeltsch*], Unpartheyische Gedanken über die Anmerkungen des teutschen Hippolithus a Lapide, Cölln 1762, 5; [*ders.*], Fortgesetzte unpartheyische Gedanken über die Anmerkungen des teutschen Hippolithus a Lapide, Cölln 1763. Ganz ähnlich: Kritik ... (wie Anm. 69), 257.
[88] *Friedrich Karl von Moser*, Patriotische Briefe, Frankfurt a. M. 1767, 62-64.
[89] Stellvertretend: *Ursula A. J. Becher*, Politische Gesellschaft. Studien zur Genese bürgerlicher Öffentlichkeit in Deutschland, Göttingen 1978, 13.
[90] *Kaufmann*, Moser (wie Anm. 62), 108-112. Dieser Zusammenhang ist von der späteren Forschung nicht gesehen worden. Vgl. Dann, Herder (wie Anm. 3), 316, 324f., 331 u. 326, 329 u. 330f.

mochte.[91] Die Vorbereitung der Öffentlichkeitskampagne in Wien enthüllt zudem ihren engen Zusammenhang mit der unmittelbar bevorstehenden Reichskammergerichtsvisitation, die von 1766 bis 1776 währte.[92] Es handelte sich um die publizistische Einstimmung auf eine kaiserliche Politik, die darauf zielte, die Position des Kaisers bei der Ausschöpfung seiner verfassungsmäßigen Möglichkeiten zu stärken. Dies hoffte man durch eine Integrationsideologie zu erreichen, deren Bestandteile neben dem Kaiser als Oberhaupt der Nation und dem Reich als ihrem Rahmen der Rechts- und Freiheitsschutz für die nichtadligen Einwohner des Reiches waren. Der Kaiser und seine wichtigsten Berater glaubten, dieses Programm während der Reichskammergerichtsvisitation in eine für alle Reichseinwohner sichtbare Politik umsetzen zu können. Von daher liegt die Vermutung nahe, daß die in der zweiten Hälfte der 1770er Jahre beobachtete „Abschwächung der nationalen Akzentuierung"[93], unmittelbar mit dem endgültigen Scheitern der Reichskammergerichtsvisitation 1776 zusammenhing. Denn mit ihrem Scheitern brach die seit dem Regierungsantritt Josephs II. anhaltende patriotische Hochstimmung, die von der Person des jungen Kaisers inspiriert war und eine Reform der Reichsverfassung erhoffte, vorerst zusammen.

Somit ist die Nationalgeistdebatte Teil eines zunächst gescheiterten Versuches von „nation-building".[94] Die Übertragung des Schweizer Vorbildes auf das Reich war nicht zuletzt an den begrenzten finanziellen Möglichkeiten des kaiserlichen Hofes gescheitert. Während der einschlägigen Beratungen zwischen Kaiser Joseph II. und seinen wichtigsten Mitarbeiten wurde wiederholt betont, daß man sich einem Heer feindlich gesonnener Publizisten gegenüber sehe, die entweder in den Diensten der

---

[91] *Karl Otmar von Aretin*, Kaiser Joseph II. und die Reichskammergerichtsvisitation 1766-1776, in: Zeitschrift für neuere Rechtsgeschichte 13, 1991, 129-144.
[92] „21 Fragepunkte Kaiser Josephs II. zum künftigen System der Reichspolitik", vom 12. und 30. November 1766, in: *Johann Josef Fürst von Khevenhüller-Metsch, Aus der Zeit Maria Theresias. Tagebuch des Fürsten Johann Josef Khevenhüller-Metsch 1742-1778*, hrsg. v. *Hanns Schlitter*, Bd. 6: 1764-1767, Wien 1917, 479-482. Colloredo, der Reichsvizekanzler, antwortete am 12. November, ebd., 482-502. Kaunitz, der österreichische Staatskanzler, am 30. November, ebd., 502-518. Zu dem Gutachten Pergens siehe *Hans von Voltelini*, Eine Denkschrift des Grafen Johann Anton Pergen über die Bedeutung der römischen Kaiserkrone für das Haus Österreich, in: Gesamtdeutsche Vergangenheit. Festgabe für Heinrich Ritter von Srbik zum 60. Geburtstag am 10. November 1938, München 1938, 152-168.
[93] *Dann*, Herder (wie Anm. 3), 331.
[94] Damit sollen andere Erklärungsmodelle für das Entstehen eines qualitativ neuen nationalen Bewußtseins nicht bestritten, sondern nur ergänzt werden. Wichtig sind die Modelle von Schulin (Identitätssuche nach dem Verfall der feudalen Gesellschaft), Gellner (Übergang zur Industriegesellschaft), Winkler (Religionsersatz). Herrmann (Verbindung von gesellschaftlichen und persönlichen Umbruchssituationen; Individualisierung, Universitäts- und Nachuniversitätszeit). Siehe *Ernst Schulin*, Weltbürgertum und deutscher Volksgeist. Die romantische Nationalisierung im frühen 19. Jahrhundert, in: *Bernd Martin* (Hrsg.), Deutschland in Europa. Ein historischer Rückblick, München 1992, 105-125; *Ernest Gellner*, Nationalismus und Moderne, Berlin 1991; *Heinrich August Winkler*, Nationalismus und seine Funktionen, in: *ders.*, Nationalismus. Königstein/Ts. 1978, 5-48; *Herrmann*, Einleitung (wie Anm. 42), 21; *ders.*, Individuum (wie Anm. 32).

Reichsstände stünden oder deren freiwillige Parteigänger seien, während man selbst kaum über Mittel verfüge.[95] Dennoch hatte Moser durch seine teilweise im Auftrage des kaiserlichen Hofes verfaßten Schriften als Fürsprecher der Freiheit der Untertanen gegen reichsfürstliche Herrschaftsansprüche, als Vertreter einer Politik, die an ethische und religiöse Werte gebunden war, aber auch als Anwalt der Einheit der deutschen Nation ein so markantes Profil gewonnen, daß sein Name während der Rheinbundzeit als Pseudonym für Verfasser diente, die sich gegen den die nationale Einheit gefährdenden Souveränitätsanspruch der Fürsten wandten.[96] Mosers Nationalgeistschrift wurde zum grundlegenden Referenztext des nationalen Diskurses bis ins frühe 19. Jahrhundert.

Aber auch der preußischen Nationsbildung war kein Erfolg beschieden. Dies lag daran, daß das Konzept nicht konsequent verfolgt wurde. Während der Bayerischen Erbfolgekrise 1778/79 und massiv seit der Gründung des Deutschen Fürstenbundes 1785, die sich gegen Österreich und den Versuch Josephs II. richtete, Bayern gegen die österreichischen Niederlande zu tauschen, stilisierte sich Preußen gegenüber der deutschen Öffentlichkeit als Verteidiger, der deutschen Freiheit, des deutschen Reiches und seiner Verfassung. Dies vertrug sich nicht mit der Idee einer „preußischen Nation" oder der Losreißung Brandenburg-Preußens vom Heiligen Reich, wie sie während des Siebenjährigen Krieges erwogen worden war.[97] Konsequent verfolgt wurde nur die preußische Machtpolitik mit ihrer seit 1740 stets antikaiserlichen Haltung, die eine Folge der machtpolitischen und territorialen Rivalität der beiden deutschen Großmächte war.

---

[95] Kaunitz und Colloredos Beantwortung der „21 Fragepunkte Kaiser Josephs II. zum künftigen System der Reichspolitik", vom 12. und 30. November 1766, in: *Khevenhüller-Metsch*, Tagebuch (wie Anm. 92), Bd. 6, 481, 11. Frage: „Wie leicht mit einem mäßigen Aufwand einige geschickte Schriftsteller unter denen Protestanten selbst zu gewinnen sein werden, um die der Anständigkeit des kaiserl. Hofs gemäße [...] Principia zu verbreiten", die falschen Lehren der meisten protestantischen Publizisten „in ihrer ganzen Ungereimtheit darzustellen, dargegen aber bei beiden Religionsteilen das Vertrauen und den ehemaligen wahren Enthusiasmus gegen ihre kais. M. geheiligte Person und gegen das friedfertige billige und gemäßigte System des hiesigen Hofes immer tiefer zu machen". Die Fragen ebd., 479-482. Colloredo antwortete am 12. November, ebd., 482-502. Kaunitz am 30. November, ebd., 502-518. Zu dem Gutachten Pergens *Voltelini*, Denkschrift (wie Anm. 92), 152-168. Im Zuge der Beratungen wurde dem Kaiser mitgeteilt, daß man bereits ganz in seinem Sinne verfahren sei und Moser engagiert habe.
[96] Friedrich Carl von Moser's Sendschreiben d. d. Abrahamschooß im Juni p. chr. n. 1807 an Herrn Joseph Zintel, der Weltweisheit Dr., beider Rechte Lizentiaten und königlich oberbayerischer Hofgerichts-Advokaten, dann an Herrn Joh. Nik. Friedrich Brauer, beider Rechte Dr., Großherzoglich badischen geheimen Rath, in: Der Rheinische Bund 3,8, 1807, 286-295. Friedrich Carl von Moser's zweites Sendschreiben d. d. Abrahamschooß im August 1807 an den Herrn Geheimen-Rath Brauer zu Carlsruhe, in: Ebd., 4,11, 1807, 161-189. Danksagung eines mediatisierten deutschen Reichsstandes an Friedrich Carl Moser nebst dessen Antwort, in: ebd., 5,15, 1808, 402-411. *Gerhard Schuck*, Rheinbundpatriotismus und politische Öffentlichkeit zwischen Aufklärung und Frühliberalismus. Kontinuitätsdenken und Diskontinuitätserfahrung in den Staatsrechts- und Verfassungsdebatten der Rheinbundpublizistik, Stuttgart 1994, 248f.
[97] *Volz*, Friedrichs des Großen Plan (wie Anm. 30).

Betrachtet man das Verhältnis der drei deutschsprachigen Schlüsseltexte zum nationalen Bewußtsein in der zweiten Hälfte des 18. Jahrhunderts, die Schriften von Zimmermann, Abbt und Moser, so ist festzustellen, daß ihnen die Antikenrezeption gemeinsam war. Gemeinsam war ihnen auch ein neuer Stil, der nicht mehr mit Verweisen auf die Geschichte, auf Autoritäten und mit Anmerkungen überfrachtet war, wie es bislang im älteren Traktatenstil bei der Behandlung politischer Angelegenheiten üblich war. Während Zimmermanns Schrift, eine Typologie des Patriotismus, eher deskriptiv war, hatten die Texte von Abbt und Moser einen ausgesprochen appellativen Charakter. Wie Moser, so hatte auch Abbt sein Vorbild in der Schweiz gefunden. Nach der Fertigstellung seines Traktates schrieb Abbt an Zimmermann: „Im Jahre 1759 las ich Ihre Schrift vom Nationalstolz und fand an ihr das erste Modell im Deutschen, wie ich etwas zu schreiben wünschte. Im folgenden Jahre versuchte ich mich nach meinem Muster mit dem Tode fürs Vaterland."[98] Moser verwies seinerseits mehrfach auf das Schweizer Vorbild, auf den patriotischen Aufschwung, den die Eidgenossenschaft infolge der Gründung der Helvetischen Gesellschaft genommen hatte.[99]

Mosers Schriften hoben den Reichspatriotismus durch den Freiheits- und Partizipationsgedanken, die sich in vergleichbarer Deutlichkeit bei Abbt nicht finden, auf ein neues zukunftsweisendes Niveau. Die Gegenüberstellung von Reichspatriotismus und preußischen Territorialpatriotismus in der zweiten Hälfte des 18. Jahrhunderts widerlegt die übliche Auffasssung, die individuelle Bereitschaft zum Tod für das Vaterland, sei das Äquivalent für die Gewährung von politischer Teilnahme.[100] Abbt, der die Notwendigkeit der Monarchie, der ständischen Ordnung, und des unbedingten Gehorsams betonte und die Breitschaft forderte, für Preußen zu sterben, wurde später gebeten, „er solle vom Leben für das Vaterland schreiben", da „der Patriot nur selten durch seinen Tod dem Vaterlande nützlich werden" könne.[101] Daraufhin schrieb Abbt „Vom Verdienst", betonte jedoch erneut die Pflicht für das Vaterland zu sterben, und zwar besonders wenn der eigene Fürst ungerechte und unnötige Kriege angefangen habe, da zu erwarten sei, daß der Feind in diesen Fällen, wenn er nicht vom Lande abgehalten werde, grausame Rache nehmen werde.[102] Moser stellte das Reich dagegen kontinuierlich als freiheitssichernden Rahmen der potentiellen politi-

---

[98] Zit. nach: *Kunisch*, Aufklärung (wie Anm. 19), 975.
[99] Bereits das zur Einheit mahnende Motto der Schrift war ein Zitat von Iselin. Weitere Verweise, *Moser*, Nationalgeist (wie Anm. 59), 46, 55 u. 56.
[100] *Berghoff*, Tod (wie Anm. 39); *Jörg Echternkamp*, Der Aufstieg des deutschen Nationalismus (1770-1840), Frankfurt a. M. 1998. Echternkamp hat die Bedeutung der Nationalgeistdebatte nicht erkannt, da er sie nur über die ablehnende Rezension Justus Mösers zur Kenntnis nimmt, ebd., 55. Auch die Ansicht, der Fürstenbund habe „auch außerhalb Preußens ein Gefühl der Gemeinsamkeit der Reichsbürger" ausgelöst, widerspricht den Quellen, ebd., 84.
[101] *Friedrich Nicolai*, Ehrengedächtniß Herrn Thomas Abbt. An Herrn D[r]. Johann Georg Zimmermann, Berlin/Stettin 1767, 16f.
[102] *Thomas Abbt*, Vom Verdienste, Wien 1804, 272. Davon abgesehen entfaltete Abbt in dieser Schrift den gesamten patriotischen Tugendkanon der Aufklärung.

schen Teilhabe und Mitgestaltung der Bürger dar und war weit davon entfernt, deren Tod zu fordern.

III.

Zwei Jahrzehnte später griff die kaiserlich inspirierte Publizistik die Mosersche Konzeption erneut auf. Anlaß dafür waren die öffentlichen Auseinandersetzungen um den 1785 von Friedrich II. gegründeten Deutschen Fürstenbund. Nach dem Siebenjährigen Krieg und der sich anschließenden Diskussion um den deutschen Nationalgeist, war die von der Gründung des Fürstenbundes ausgelöste öffentliche Diskussion die letzte Gelegenheit der Deutschen, vor der Französischen Revolution, über ihre Nation und deren Verfassung zu reflektieren. Im Rahmen der Fürstenbundpublizistik entstand eine Freiheitsdiskussion, die inhaltlich an die zwei Jahrzehnte zuvor ausgelöste Nationalgeistdebatte anknüpfte. Erneut wurde um die Definition der deutschen Freiheit und um die Frage gestritten, wer ihr Nutznießer sei.[103] Während die Publizisten des Fürstenbundes sich mit den Argumenten der Sicherung des deutschen Gleichgewichts und der Freiheit der deutschen Fürsten gegen die von Joseph II. beabsichtigte Vereinigung Bayerns mit Österreich wandten, bemühte sich der kaiserliche Hof, die Ziele der Hausmachtpolitik und der Reichspolitik der Dynastie erneut zu synchronisieren. Dies spiegelt sich in der häufig in der kaiserlich gesinnten Publizistik wiederholten Formulierung, daß es sich bei dem beabsichtigten Tausch um eine „Konzentration der deutschen Verfassung" handle.[104]

Nach dem offiziellen Schlagabtausch der Höfe, dem Wechsel der diplomatischen Noten, begann die Schlacht der Hofpublizisten. Sie wurde durch den bekannten Dramaturgen Otto Heinrich von Gemmingen eröffnet[105], von dem bekannt war, daß er sein Talent in die Dienste des österreichischen Staatskanzlers Kaunitz gestellt

---

[103] Zur etymologischen Ableitung des Begriffs „Freiheit" siehe *Jürgen Schlumbohm*, Freiheitsbegriff und Emanzipationsprozeß. Zur Geschichte eines politischen Wortes, Göttingen 1973, 7.
[104] Moralisch-politische Betrachtungen über Assoziation und Ländertausch, Freiburg 1785, 4. *Wilhelm Ludwig Wekhrlin*, Aussichten ins Anspachische, in: Paragrafen 2, 1791, 153-156, 155; ähnlich: *ders.*, Ueber Bayerns Tausch. Mein Kontingent zur Tagesmaterie, in: Das Graue Ungeheuer 5, 1785, 220-227, 222. Von der Notwendigkeit eines zu versammelnden landständischen Kongresses in Oberschwaben und dessen nützlichen Folgen, Straßburg 1798, 5. Selbst *Johannes von Müller* verschloß sich dieser Einsicht nicht, er hoffte jedoch, daß die territoriale Konzentration der durch das Aussterben fürstlicher Häuser erfolgen werde, *ders.*, Darstellung des Fürstenbundes, Leipzig 1787. [Abdruck d. 2. verb. Aufl. 1788], in: *ders.*, Sämtliche Werke, hrsg. v. *Johann Georg Müller*, Tle.1-27, Tübingen 1810-1819, T. 9, 1811, 13-310, 288. Unabhängig von Bayern äußerte sich später auch *Wieland* in diesem Sinne, *ders.*, Ueber deutschen Patriotismus. Betrachtungen, Fragen und Zweifel, in: Der Neue teutsche Merkur, Mai 1793, 3-21, zuletzt abgedruckt in: *ders.*, Meine Antworten. Aufsätze über die Französische Revolution 1789-1793, hrsg. v. *Fritz Martini*, Marbach 1983, 123-131, 127. Johann Friedrich von Pfeiffer war von diesem Gedanken völlig durchdrungen.
[105] *Reichsfreiherr Otto Heinrich von Gemmingen*, Ueber die Königlich Preussische Assoziation zur Erhaltung des Reichssystems, Deutschland Juli 1785.

hatte.[106] Gemmingen stellte sich als freier Deutscher vor, der sich, da „von vaterländischer Freiheit die Rede" sei, zu Wort melden müsse.[107] Der Historiker Johannes von Müller, der im Dienst des Kurfürsten von Mainz und der vom preußischen Staatskanzler Hertzberg organisierten Publizistik des Bundes stand, reagierte auf Gemmingens aufsehenerregende Schrift mit einem Beitrag, der mit „Zweierlei Freiheit" überschrieben war[108], und räumte der Freiheitsthematik auch in seinen weiteren Publikationen breiten Raum ein.[109] Der kaiserliche Advokat Christoph Ludwig Pfeiffer griff die Materie in der Flugschrift „Was ist teutsche Volksfreiheit, teutsche Reichsfreiheit und teutscher Fürstenbund?"[110] auf, und kaum eine der folgenden Flugschriften vermied es, das Wesen der deutschen Freiheit zu erörtern.

Diese Flugschriften erlauben es, die Freiheitsdiskussion in Deutschland in einer entscheidenden Phase zu betrachten. Noch stärker als die Nationalgeistdebatte beschleunigte der Fürstenbund die Freiheitsdiskussion. Die Dynamik der Diskussion führte dazu, daß der Begriff der „Deutschen Freiheit", nicht mehr als Freiheit der Reichsfürsten, sondern als Freiheit der Individuen verstanden, aus dem „metapolitischen" Bereich der abstrakten politischen Theorie auf die konkreten Verfassungszustände im Reich bezogen wurde.[111] Die Argumentation Pfeiffers zeigt, daß man in Wien ver-

---

[106] Zu Gemmingen (1755-1836) NDB 6, 179f., ADB 8, 557f., DBA 378, 295-304 sowie *Wilhelmine Pillen*, Die Publizistik des deutschen Fürstenbundes, Diss. Frankfurt 1925, 44-46 mit borussischer Tendenz.
[107] *Gemmingen*, Assoziation (wie Anm. 105), 4.
[108] *Müller*, Sämtliche Werke (wie Anm. 104), T. 9, 3-10, ursprünglich im Juli 1786 im „Deutschen Museum" veröffentlicht.
[109] Die Vorrede und das erste Buch seiner „Darstellung des Fürstenbundes" war dem Thema Freiheit gewidmet, Leipzig 1787. [Abdruck d. 2. verb. Aufl. 1788], in: *ders.*, Sämtliche Werke, T. 9, 1811, 13-310.
[110] *Christoph Ludwig Pfeiffer*, Was ist teutsche Volksfreiheit? Teilweise identisch mit der auch selbständig erschienenen Schrift: Was ist der deutsche Fürstenbund?, [Speyer] 1786. 1789 erschienen anonym: Betrachtungen über die Freiheit und Wohlfahrt des deutschen Reichs, und über die Mittel zu deren Erhaltung von einem Patrioten, [Ulm] 1789.
[111] *Johann Heinrich von Justi*, der u. a. in seiner Abhandlung über „Natur und Wesen der Staaten" die bislang fortschrittlichsten Positionen zur bürgerlichen Freiheit in Deutschland formuliert hatte, bezeichnete sein Werk ebenso wie ein späterer Herausgeber, wahrscheinlich um sich gegenüber den Zensurbehörden zu salvieren, als „politische Metaphysik", *ders.*, Natur und Wesen der Staaten als die Quelle aller Regierungswissenschaften und Gesetze, mit Anmerkungen, hrsg. v. *Heinrich Godfried Scheidemantel*, Mitau 1771 [1. Aufl. 1759, ND Aalen 1969], S. X u. XXIV. *Karl von Rotteck* tradierte diese Methode der Rechts- und Staatsbetrachtung, als er die Staatslehre in drei Gebiete einteilte: theoretischer Teil (Metapolitik), praktischer Teil (Politik im engeren Sinne), historischer Teil (Staatenkunde), *ders.*, Lehrbuch des Vernunftrechts, Bd. 2, Stuttgart 1829, 9f. [2. Aufl. ebd. 1840, ND Aalen 1964]; *Eberhard Schmidt-Assmann*, Der Verfassungsbegriff in der deutschen Staatslehre der Aufklärung und des Historismus, Berlin 1967, 106; *Manfred Riedel*, Aristoteles-Tradition am Ausgang des 18. Jahrhunderts. Zur ersten deutschen Übersetzung der „Politik" durch Johann Georg Schlosser, in: Alteuropa und die moderne Gesellschaft. FS für Otto Brunner, Göttingen 1963, 278-317, ND in: *ders.*, Metaphysik und Metapolitik. Studien zu Aristoteles und zur politischen Sprache der neuzeitlichen Philosophie, Frankfurt a. M. 1975, 129-168. Zur bisherigen Erforschung des Freiheitsgedankens in Deutschland des 18. Jahrhunderts siehe *Schlumbohm*, Freiheitsbegriff (wie Anm. 103), vgl. Rez. v. *Peter Wende*, in: ZHF 3, 1976, 245f; *Jürgen Schlumbohm*, Freiheit. Die Anfänge der bürgerlichen Emanzipationsbewegung in Deutschland im Spiegel ihres Leitwortes, Düsseldorf

suchte, die deutsche Öffentlichkeit mit dem Schlagwort „Volksfreiheit" gegen den Fürstenbund zu mobilisieren. Dies verlieh der kaiserlichen Publizistik der Fürstenbundzeit eine neue Qualität, während das Argument, nur der Kaiser könne die Freiheit der mindermächtigen Reichsstände schützen, traditionell war. Wie zu Beginn des 19. Jahrhunderts Johann Gottlieb Fichte und Friedrich Schleiermacher, benutzte Pfeiffer den nationalen Gedanken als „Parole gegen Unterdrückung, Unterwerfung und Willkür durch eine sich selbst legitimierende Obrigkeit".[112]

Die konfessionelle Konfrontation - dies zeichnete sich bereits während der 1760er Jahre ab - war nun auf der Ebene der Reichspolitik weitgehend überwunden. Da die preußische Partei aber wiederholt den konföderativen Staatscharakter des Reiches, d. h. das angebliche deutsche Gleichgewicht betonte, wirkt die Auseinandersetzung wie eine entkonfessionalisierte, mit den Gedanken der Nationalgeistdiskussion der 1760er Jahre angereicherte Wiederholung der erbitterten Streitschriftenschlachten des Siebenjährigen Krieges.

Entgegen der älteren „borussischen" Geschichtsinterpretation zeigt sich hier, wie bei der Nationalgeistdebatte, daß die Idee des nationalen Einheitsstaats, der die bürgerliche Freiheit garantiert[113], nicht nur eine Forderung des politisch erwachenden Bürgertums war, sondern auch von der österreichischen Kaiserdynastie propagiert wurde und so ihren Weg in das Bewußtsein des deutschen Bürgertums fand.

Insgesamt zeigt sich, daß die Mehrzahl der hinsichtlich der Entwicklung des bestehenden Reiches weiterführenden Ideen von der kaiserlichen Publizistik propagiert wurde, während die bündisch oder preußisch orientierte Publizistik entweder auf der Konservierung der bestehenden Zustände beharrte oder, hinsichtlich der Reichseinheit, destruktive Ideen vertrat. Bezüglich der nationalen Perspektive der Reichsentwicklung befanden sich die Fürstenbundpamphletisten in der schlechteren Position; aufgrund der Gleichgewichtsargumentation vermochten sie nur die Beibehaltung des Bestehenden als nationales Interesse zu propagieren. Johannes von Müller versuchte, diese wenig attraktive Aussicht ideologisch zu überhöhen, indem er die Wahrung des deutschen und damit europäischen Gleichgewichts mit einem Dienst der deutschen Nation an Europa und der Menschheit identifizierte.[114]

1975; *Wolfgang Zorn*, Reichs- und Freiheitsgedanken in der Publizistik des ausgehenden 18. Jahrhunderts (1763-1792), in: *Paul Wentzcke* (Hrsg.), Darstellungen und Quellen zur Geschichte der deutschen Einheitsbewegung im 19. und 20. Jahrhundert, Bd. 2, Heidelberg 1959, 11-66.
[112] *Angermeier*, Nationales Denken (wie Anm. 3), 179.
[113] *Ludwig Pfeiffer*, Was ist der deutsche Fürstenbund?, [Speyer] 1786; *ders.*, Volksfreiheit (wie Anm. 110) und weitere Schriften Pfeiffers; *Burgdorf*, Reichskonstitution (wie Anm. 70), 256-351.
[114] Es sei Aufgabe der Publizistik, den Deutschen „vom Fürsten bis zum Bauern" gewahr werden zu lassen, daß seine Aufgabe darin bestehe, „Retter der Menschheit gegen wiederkehrenden Despotismus" zu sein, *ders.*, Darstellung, 107; *Zorn*, Reichs- und Freiheitsgedanken (wie Anm. 111), 53. Müllers Auffassung von der europäischen Funktion des Reiches stimmte mit jener überein, die Rousseau in 1761 im „Extrait du Projet de Paix perpétuelle" geäußert hatte. *Paul Stauffer*, Die Idee des europäischen Gleichgewichts im politischen Denken Johannes von Müllers, Basel 1960, 40.

In Müllers Konzeption konnte die deutsche Freiheit jedoch nur von den Fürsten wahrgenommen werden. Bevor er am Ende seiner letzten Schrift zum Fürstenbund seine „Erwartungen", vom Bund enttäuscht, auf Kaiser Joseph II. richtete, lief sein Entwurf auf ein antikaiserlich-kleindeutsches Gegenreich zur „Erfüllung der europäischen und menschheitlichen Aufgaben der deutschen Nation" hinaus.[115] Wie seit dem Mittelalter üblich, wurde während der Fürstenbundzeit mit der Fürstenlibertät gegen die Vorrechte des Kaisertums argumentiert, denn die von den Fürsten angestrebte Erweiterung ihrer Herrschaft in den Territorien bedeutete gleichzeitig die Entwicklung ihrer aristokratischen Rechte im Reich.[116]

Die kaiserlich gesinnte Publizistik propagierte dagegen ab 1785 erneut, wie bereits in den 1760er Jahren, eine Reform des Reiches durch das Kaisertum sowie das Reich als den idealen politischen Rahmen für die Nation.[117] Diese Reichsreform sollte durch das neu belebte Nationalgefühl der Reichseinwohner flankiert werden und gleichzeitig das Reich insbesondere für seine bürgerlichen und bäuerlichen Einwohner attraktiver werden lassen. Die Anwälte des Kaisertums betonten die Freiheitsansprüche der Untertanen und stellten den Kaiser als deren Garanten dar. Die kaiserliche Agitation versuchte so, im Gewand der Aufklärung dem Reich und dem Kaisertum eine neue, zeitgemäße Legitimation zu verschaffen, die auch zum Kristallisationspunkt der Ausbildung einer neuen, nationalen und emanzipatorischen Identität der nichtadeligen Reichseinwohner werden konnte.[118]

In dem vom Wiener Hof in der zweiten Hälfte des 18. Jahrhunderts propagierten Konzept, erscheinen die Reichsfürsten als hinderlich bis überflüssig, während das Kaisertum die seit dem Mittelalter erlittenen Positionsverluste innerhalb der Reichsverfassung kompensiert hätte. Vor allem die Idee der kaiserlichen Freiheitsgarantie war geeignet, die Gleichgewichtsargumentation der Fürstenbundpartei bedeutungslos werden zu lassen. Das angebliche Ziel dieser Publizistik war also nicht mehr die Wiederherstellung des zeitweise mächtigen mittelalterlichen Kaisertums im älteren Sinne des Begriffes „Reformation", sondern etwas qualitativ Neues.

---

[115] *Zorn*, Reichs- und Freiheitsgedanken (wie Anm. 111), 54.
[116] *Tadeusz Cegielski*, Das Alte Reich und die erste Teilung Polens 1768-1774, Stuttgart 1988, 15.
[117] Wenn *Reinhold Koser* zu einem entgegengesetzten Resümee gelangt, so beruht dies auf einer selektiven und verzerrten Wahrnehmung der Quellen, vgl. *ders.*, Brandenburg-Preußen in dem Kampf zwischen Imperialismus und reichsständischer Libertät, in: HZ 96, 1906, 193-242, 240.
[118] *Hansjakob Stehles* Auffassung, daß „erst als die ideellen Grundlagen des alten Reichsgedankens der Aufklärung zum Opfer gefallen waren, ein deutsches Nationalbewußtsein entstehen konnte", scheint sich zu bestätigen. Hinzu kam jedoch die Verschärfung der Verfassungskrise des Reiches. *Ders.*, Der Reichsgedanke in dem politischen Weltbild von Leibniz, Diss. Frankfurt a. M. 1950, 59.

IV.

Wie zügig der Konstituierungsprozeß der deutschen Nation voranschritt, zeigte sich, als Friedrich II. 1780 in seiner Schrift „De la littérature allemande" den berühmt gewordenen Versuch unternahm, die Entwicklung der deutschen Literatur auf die ästhetischen und inhaltlichen Vorgaben der französischen Literatur zu verpflichten.[119] In diesem Zusammenhang ist auch die 1783 von der Berliner Akademie der Wissenschaften gestellte Preisfrage zu sehen: „Was hat die französische Sprache zu einer Universalsprache gemacht, warum verdient sie diesen Vorzug? Darf man vermuten, daß sie ihn bewahrt?"

Ein letztes Mal ging es hier um die Bühnen-, Literatur- und Wissenschaftsfähigkeit der deutschen Sprache. Im Zeitalter des Barock hatten Dichter wie Andreas Gryphius, Gelehrte wie Christian Thomasius und Christian Wolff und die deutschen Sprachgesellschaften diese Diskussion zugunsten der deutschen Sprache entschieden. Zwar gab es mit der Latinität des Barock und der politischen und kulturellen Dominanz Frankreichs im Zeitalter des Rokoko starke Gegenströmungen, doch scheiterte Friedrich II. am massiven Widerspruch Mösers, Wielands, Hamanns und anderer, die sich übereinstimmend hinsichtlich der umfassenden Brauchbarkeit und des Wertes der deutschen Sprache äußerten und sich teilweise sogar anschickten, den Wert der von Friedrich II. geschätzten französischen Sprache in Frage zu stellen.

Der preußische König konnte sich in diesem „Kulturkampf" nicht durchsetzen. Da die französische Kultur im Deutschland des ausgehenden 18. Jahrhunderts zunehmend als Kultur des Adels und der Höfe verstanden wurde, erhielt die antifriderizianische Verteidigung der deutschen Sprache und der spätere Kampf gegen das „Welschtum" eine entschieden bürgerliche Note. In dem Maße, in dem sich der Nationalgedanke zum „ideologischen Konstrukt" des Bürgertums verfestigte, gewann auch der Gedanke an die Verwirklichung eines Nationalstaates langsam Kontur.[120] Hatte Preußen aufgrund der demonstrativen Frankophilie Friedrichs II. sowie seiner zeitweise reichsfeindlichen Politik Schwierigkeiten, sich als Kristallisationspunkt nationaler Hoffnungen darzustellen, so fehlten auch der traditionellen Kaisermacht geeignete Mittel und Wege für eine nationale Sinnstiftung.

Zunächst kamen bereits traditionelle Vorbehalte zum Tragen, die noch aus den Zeiten Karls V. und Ferdinands II. stammten. Sie lassen sich mit dem Topos des angeblichen „habsburgischen Dominats" zusammenfassen. Die preußisch gesinnten Publizisten zogen nach 1756 darüber hinaus, wann immer Österreich sich als deutsche Vormacht präsentierte, dessen Eignung in Zweifel, da Österreich mit dem deutschen

---

[119] Der vollständige Titel: De la littérature allemande; des défauts qu'on peut reprocher; quelles en sont les causes; par quels moyens on peut les corriger. Am besten zugänglich in: Friedrich der Grosse, De la littérature allemande, Französisch-Deutsch, mit der Möserschen Gegenschrift, kritische Ausg., hrsg. v. *Christoph Gutknecht/Peter Kremer*, Hamburg 1969; *Wienfried Woesler*, Die Idee des deutschen Nationalliteratur in der zweiten Hälfte des 18. Jahrhunderts, in: *Klaus Garber* (Hrsg.), Nation und Literatur im Europa der Frühen Neuzeit, Tübingen 1989, 716-733, 716-733.
[120] Ebd., 722.

"Erbfeind" Frankreich verbündet sei. Der Begriff „Erbfeind" war bereits seit den Zeiten Franz I. und Ludwigs XIV. tradiert. Dies war wenig glaubwürdig, da Preußen neben Bayern bis 1756 der traditionelle Verbündete Frankreichs im Reich gewesen und zudem Berlin, wegen des Hofes und der großen Zahl der Hugenotten, von der französischen Sprache und Kultur geprägt war. Erst 1783 stellte die „Berlinische Wochenschrift" fest, daß nun das Deutsche in der Stadt die Oberhand gewinne.[121] Beide Seiten hatten daher Schwierigkeiten, den Nationalgedanken erfolgreich als sinnstiftendes Element ihrer Politik zu vereinnahmen. Ihre Rivalität hatte zur Folge, daß sich der nationalen Loyalität kein überragender dynastischer Kristallisationspunkt anbot.

Aber auch die bürgerlichen Gelehrten, die ihre Literatur und Sprache so energisch gegen Friedrich II. verteidigt hatten, vermochten die Nation nicht in eigener Regie zu konstituieren. Dies war sicherlich auch eine Folge der territorialen Fragmentierung des alten Reiches, die auch die Dynasten in Berlin und Wien daran hinderte, die Führung der Nation zu übernehmen. Auch die konfessionelle Spaltung behinderte, wenngleich sie in der Reichspolitik nach der Gründung des Fürstenbundes kaum noch Bedeutung hatte, die Ausbildung eines bürgerlichen Nationalbewußtseins. Das im protestantischen Bereich erfolgreiche Bewußtseinskonglomerat aus Taticusrezeption, Luther- und Reformationskult sowie 'fritzischer Gesinnung' fand im katholischen Reich zunächst kaum einen Resonanzboden. Die Bemühungen um ein deutsches Nationaltheater hingegen stießen nicht an konfessionelle Grenzen. Hier ging es um die Definition einer nicht länger von Monarchen und Adel, sondern vom Bürgertum und seinen spezifischen Werten geprägten Definition des Nationalgeistes, die mittels der Schaubühne propagiert werden sollte. In Lessings „Hamburgischer Dramaturgie" heißt es über die „Liebe des Vaterlandes", wir leben nun „in einer Zeit, in welcher die Stimme der gesunden Vernunft zu laut erschallte, als daß jeder Rasende, der sich mutwillig, ohne alle Not, mit Verachtung aller seiner bürgerlichen Obliegenheiten in den Tod stürzt, den Titel eines Märtyrers sich anmaßen dürfte".[122] Lessings „Minna von Barnhelm" (1766) war zwar als kritische Auseinandersetzung mit dem das preußische Staatswesen tragenden Prinzip der Ehre angelegt, aber bereits Goethe erinnerte sich in „Dichtung und Wahrheit" an das Stück als der „wahrsten Ausgeburt des Siebenjährigen Krieges, von vollkommensten norddeutschen Nationalgehalt" und so wurde es auch später rezipiert.[123] Lessing und seine Mitstreiter fanden zunächst mit dem Konzept eines bürgerlichen Nationaltheaters keinen Widerhall beim Publikum. Dieses wollte nicht im nationalpädagogischen Sinne erzogen werden, es verlangte nicht nach bürgerlichen Werten, sondern weiterhin nach Haupt- und Staatsaktionen, nach Hanswurststücken und Zoten. Das erste bürgerliche Nationaltheater in Hamburg

---

[121] Ebd., 721.
[122] *Gotthold Ephraim Lessing*, Hamburgische Dramaturgie [zuerst in 2 Bden. 1767/69], hrsg. v. *Klaus L. Berghahn*, Stuttgart 1990, 130.
[123] Ebd., 2. T., 7. Buch.

mußte sein Programm sehr bald in diesem Sinne wieder umstellen. Bezeichnenderweise waren die ersten beständigen Nationaltheater keine bürgerlichen, sondern fürstliche Gründungen.[124] Auch eine Literatur, die einen nationalen Aufbruch vermitteln konnte, war nicht zu sehen. Die Reichspublizistik mit ihrem umständlichen Traktatstil war nicht geeignet, die Emotionen breiter Schichten zu binden. Reichspatriotische Manifeste wie die Mosers, Gemmingens oder Pfeiffers bewirkten nicht nur nationale Zustimmung zum Reich, sondern auch abwehrende Reaktionen.

Österreich und Preußen vermochten ihre Schwierigkeiten bei der nationalen Sinnstiftung jedoch zu überwinden, als sie zu Beginn der Revolutionskriege und am Ende der napoleonischen Epoche die Nation vereint gegen Frankreich führten. Bis in diese Epoche blieben dem Reichspatriotismus die im norddeutsch-protestantischen Kulturraum entwickelten chauvinistischen patriotischen Motive fremd, er blieb patriotisch im Sinne der Tugendlehre der Aufklärung. Die ab 1792 zu beobachtende nationale Aufbruchstimmung, die sich unter anderem in einer umfangreichen Kriegszielpublizistik ausdrückte[125], ist ein eindrucksvoller Beleg für Dieter Langewiesches These, daß sich Nationen im Krieg konstituieren.[126] Das verbreitete Gefühl eines gesamtnationalen Aufbruchs litt jedoch mit dem zunehmend ungünstigen Kriegsverlauf und verlor sich, als Preußen 1795 den Nordosten des Reiches verfassungswidrig in die Neutralität führte und den Kaiser und die südwestdeutschen Territorien ihrem Schicksal überließ. Aber dennoch war ein unbekannter Kritiker der Reichsverfassung noch 1796 der Überzeugung, daß ein deutscher Mann „nur um der Reichsverfassung willen deutscher Patriot sein" könne.[127]

Der Rheinbundpatriotismus hätte vielleicht zu einer gefestigten Identität des Dritten Deutschlands, der Trias, d. h. des eigentlichen ehemaligen Reiches, ohne Öster-

---

[124] *Roger Bauer/Jürgen Wertheimer* (Hrsg.), Das Ende des Stehgreifspieles - Die Geburt des Nationaltheaters. Ein Wendepunkt der Geschichte des europäischen Dramas, München 1983; *Wilfried Baner/Albert M. Reh* (Hrsg.), Nation und Gelehrtenrepublik. Lessing im europäischen Zusammenhang, München 1984; *Ute Daniel*, Hoftheater. Zur Geschichte des Theaters und der Höfe im 18. und 19. Jahrhundert, Stuttgart 1995.
[125] *Conrad Alois Bauer*, Erörterung der Archiv-Ansprüche des teutschen Reichs auf die Bestandtheile des ehemaligen Königreichs Burgund und Arelat, zum Behuf einer Grenzberichtigung zwischen Teutschland und Frankreich, o. O. 1793; Reichskriegs Operations- und Friedensplan wider Frankreich. Gedanken und Wünsche eines deutschen Patrioten am Rheinstrome, Worms im Monat Oktober 1792, nach dem Einfall der Neufranken in die hiesige Gegend 1792. Was ist das deutsche Reich zu thun schuldig? Und Wozu ist es noch weiter berechtigt? In Absicht auf die Beschwerden deutscher Unmittelbarer und Mittelbarer gegen Frankreich, als auf die französische Staatsreligion überhaupt; nach dem deutschen Staats- und allgemeinen Völkerrecht von einem deutsch-patriotischen Rheinländer, o. O. 1791. 1795 hieß es dann, „wir wollten Paris in einen Steinhaufen verwandeln, und fürchten nun selbst für unsere Hauptstädte." Gedanken und Vorschläge über den Frieden, in Briefen von einem Patrioten, o. O. 1795, 6.
[126] *Dieter Langewiesche*, Mit Gewalt zum Glück. Die Zusammengehörigkeit von Nation und Krieg in der europäischen Geschichte, in: Frankfurter Allgemeine Zeitung, 1. Februar 1997 (Bilder und Zeiten).
[127] Kritik ... (wie Anm. 69), 73. Der Kritiker forderte allerdings gleichzeitig die Parlamentarisierung der Gesetzgebung.

reich und Preußen führen können.[128] Er konnte aber nicht in eine gesamtdeutsche nationale Bewegung münden, da der Rheinbund die beiden deutschen Vormächte ausschloß und darüber hinaus eng mit dem „Erbfeind" Frankreich verbunden war. Die österreichische Publizistik versäumte es nicht, letzteres beständig hervorzuheben.

Zu einem erneuten Aufschwung des gesamtdeutschen nationalen Bewußtseins kam es erst als Österreich und Preußen die Nation gegen das napoleonische Frankreich in die Befreiungskriege führte. Die extrem chauvinistische preußische Publizistik dieser Zeit, stellvertretend sei nur Ernst Moritz Arndt genannt, läßt sich zum Teil auch als Kompensationshandlung verstehen. Das als schändlich empfundene preußische Verhalten seit 1795 sollte aus der Erinnerung getilgt werden. Auch die öffentliche Agitation der Befreiungskriege würde erneut Langewiesches These bestätigen. Auffällig ist die starke Übereinstimmung der Beratungen, die der Freiherr vom Stein im Vorfeld der offiziösen preußischen Pressekampagne während der Befreiungskriege führte, mit jenen, die am kaiserlichen Hof 1766 im Kontext der Nationalgeistagitation geführt worden waren. Kaunitz äußerte damals gegenüber Kaiser Joseph II., daß die Schriftsteller zu allen Zeiten einen großen Einfluß auf „den Geist und die Denkungsart" der Nation gehabt hätten. Als Beleg führte er den Erfolg der großen antikaiserlichen Publizisten des 17. und 18. Jahrhunderts, Monzambano, Hippolithus a Lapide, Thomasius und Ludewig an, die sogar akademische Schulen gegründet hätten, während an vielen katholischen Universitäten das Reichsstaatsrecht nicht gelehrt würde. Da in allem, was die „Meinungen" beträfe, nicht Gewalt, sondern nur Überzeugung etwas ausrichten könne, gäbe es kein anderes Mittel als die „so allgemein ausgestreuten und so tief eingewurzelten Irrlehren nach und nach" auf demselben Wege auszurotten, nämlich mit Hilfe der Publizistik, wie sie ehedem entstanden seien.[129]

Stein war nach der vernichtenden Niederlage Preußens bei Jena und Auerstedt am 14. Oktober 1806 der Auffassung, daß sich die Wiederherstellung Preußens nur im Rahmen einer gesamtdeutschen Erhebung gegen Napoleon verwirklichen lasse. Allerdings mußte er den Mangel eines gesamtdeutschen Nationalbewußtseins konstatieren. Es ist nicht ohne Ironie, daß Preußen nun zum Verhängnis zu werden schien, was erst das friderizianische und ab 1795 das neutralistische Preußen mitbewirkt hatte. Um dem abzuhelfen, versammelte Stein bereits 1806 in Königsberg einen Kreis von Schriftstellern wie Arndt, Körner, Arnim und Kleist um sich, da er überzeugt war, daß nur Schriftsteller in der Lage seien, die bislang unzureichend entwickelte Vorstellung eines gesamtdeutschen Vaterlandes zu propagieren und in breiteren Schichten zu verankern. „Auf den Deutschen wirkt Schriftstellerei mehr als auf an-

---

[128] *Schuck*, Rheinbundpatriotismus (wie Anm. 96).
[129] *Kaunitz*, Beantwortung, in: *Khevenhüller-Metsch*, Tagebuch (wie Anm. 92), 502-518, 515. Auch *Colloredo* wies auf die Bedeutung der Universitäten hin, ebd., 493.

dere Nationen, wegen ihrer Leselust und der großen Menge von Menschen, auf die die öffentlichen Lehranstalten einen Einfluß" haben.[130] Dies führte dazu, daß während des Kampfes gegen die napoleonischen Truppen die martialischen Argumentationsmuster, die ursprünglich gegen die reichische, nationale Gesamtstaatsidee gerichtet waren, endgültig Teil des gesamtdeutschen Patriotismus wurden. Voraussetzung dafür war, daß der Dualismus zwischen dem katholischen, nun österreichischen Kaiser und den protestantischen Fürsten bzw. zwischen Österreich und Preußen in dieser Situation erneut aufgehoben war.

V.
Zusammenfassend ist festzustellen, daß die Publizistik, die in der zweiten Hälfte des 18. Jahrhundert zunächst als nationale Selbstfindung des Volkes erschien, in wesentlichen Teilen eine Inszenierung der konkurrierenden deutschen Obrigkeiten war.[131] Das Schweizer Vorbild wurde in Deutschland von Publizisten aufgegriffen, die im Dienste konkurrierender Obrigkeiten standen und die Politik dieser Obrigkeiten legitimieren wollten und sollten. Hierbei läßt sich beobachten, wie zunächst innerhalb einer schmalen Bildungselite konkurrierende Konzepte der nationalen Identität entwickelt wurden, die spätestens in der Propaganda der Befreiungskriege verschmolzen und eine große Breitenwirkung erzielten.

Damit eine Gemeinschaft, eine Nation, sich als solche vorstellen konnte,[132] mußte ihr diese Vorstellung selbst erst vorgestellt werden. Die interessierten Zeitgenossen in der zweiten Hälfte des 18. Jahrhunderts waren sich dessen bewußt. Dies zeigen die intensiven Beratungen des Kaisers mit seinen wichtigsten Mitarbeitern zu Beginn der Nationalgeistdebatte. Aber auch Abbt hat dies klar formuliert. Es gebe „gewisse Stempel", so schrieb er, „die jeder Seele können aufgedrückt werden, wenn sie nur nicht ganz von Kot ist. Sie braucht eben nicht die Polierung zu haben, dadurch der Abdruck glänzend wird. Und wenn es einmal 12.000 gibt, die dieses Zeichen an sich tragen: wer wird sich wohl so sehr beschimpfen, daß er nicht gleiches Verlangen danach zeigte?"[133] Hier wird ein weiteres Element deutlich, das Schema von Inklusion und Exklusion. Goethe kommentierte 1811 rückblickend, daß der Siebenjährige Krieg die größten Auswirkungen auf die deutsche Literatur gehabt habe. Es sei deutlich geworden, daß es für die Entstehung eines Nationalepos solcher Ereignisse be-

---
[130] *Karl Freiherr vom Stein*, Briefe und amtliche Schriften, hrsg. v. *Erich Botzenhardt/Walter Hubatsch*, Bd. 3. Stuttgart 1961, 818; *Susanne Moßmann*, Das Fremde ausscheiden. Antisemitismus und Nationalbewußtsein bei Ludwig Achim von Arnim und in der „Christlich-deutschen Tischgesellschaft", in: *Herrmann*, Machtphantasie (wie Anm. 3), 123-159, 127.
[131] Es ist nicht zwangsläufig, daß „ein Bedürfnis nach Information und Diskussion" am „Beginn jeder Politisierung" steht. Am Beginn kann auch Agitation stehen, ihre Erfolgsaussichten sind jedoch um so größer, wenn sie auf eine entsprechende Disposition trifft. Insofern möchte ich *Dann*s Ausführungen ergänzen, vgl. *ders.*, Herder (wie Anm. 3), 330.
[132] *Benedict Anderson*, Die Erfindung der Nation. Zur Karriere eines erfolgreichen Konzepts, erw. Neuaufl., Frankfurt a. M. 1996, 15.
[133] *Abbt*, Vom Tode (wie Anm. 19), 612f.

dürfe, in denen die Völker und ihre Hirten „für einen Mann stehen". Durch die Heroisierung Friedrichs II. hätten die Preußen und mit ihnen das protestantische Deutschland einen Schatz für ihre Literatur gewonnen, den die Gegenseite ermangelte und den sie „durch keine nachherigen Bemühungen hat ersetzen können. An den großen Begriff, den die preußischen Schriftsteller von ihrem König hegen durften, bauten sie sich erst heran, und um so eifriger, als derjenige in dessen Namen sie alles taten, ein für allemal nichts von ihnen wissen wollte."[134] Bereits 1788 hatte Johann Wilhelm von Archenholz ebenso auf „Geistesrevolution" hingewiesen, die sich in Deutschland während des „außerordentlichen Krieges" ereignet hatte, wie auf das Unverständnis des preußischen Königs für die deutsche Literatur seiner Zeit.[135] Moser hatte bereits unmittelbar nach dem Krieg konstatiert, „die preußischen Publizisten der neusten Generation übertrafen aber alle anderen ebenso, wie" das Manöver der preußischen Armee die Kunst der alten Bogenschützen.[136]

Die Publizistik der Nationalgeist- und Fürstenbunddiskussion erlaubt es, den Strukturwandel der Öffentlichkeit in einer Phase dynamischer Beschleunigung zu beobachten und zu verfolgen, wie die politische öffentliche Meinung in Deutschland entstand. Sie bildete sich nicht nur in Opposition gegen Regierungen und Obrigkeiten, sondern diese selbst schufen sie mit, um ihre Politik gegenüber anderen Regierungen und Obrigkeiten und in zweiter Linie auch gegenüber den Einwohnern zu legitimieren. Die öffentliche politische Meinung im Deutschen Reich war zunächst ein intergouvernementaler Diskurs, an dem eine regierungsunabhängige Publizistik anschloß, die an der Reichsverfassung und der kaiserlichen wie reichsständischen Politik Kritik übte. Dieser Prozeß der Ausweitung der Öffentlichkeit wurde dadurch unterstützt, daß aus dem öffentlichen Diskurs der Obrigkeiten heraus an die Untertanen appelliert wurde, die eigene Politik zu unterstützen und jene der konkurrierenden Obrigkeiten abzulehnen. Die gegnerischen Parteien präsentierten sich zu diesem Zweck jeweils als Anwälte des Patriotismus und appellierten an den Patriotismus der Deutschen. Der zunächst intergouvernementale Charakter des politischen Diskurses im Reich wirkte so den Arkanansprüchen der einzelnen Obrigkeiten entgegen und ließ Zensurbemühungen gegenstandslos werden. Es zeigt, daß im vorrevolutionären Deutschland patriotische Gesinnung und politische Opposition keineswegs „so gut wie gleichbedeutend" waren.[137]

---

[134] Goethe im siebten Buch von „Dichtung und Wahrheit", hier zit. nach: *Kunisch*, Einleitung, in: *ders.*, Aufklärung (wie Anm. 19), 737-751, 742.
[135] *Johann Wilhelm von Archenholz*, Geschichte des Siebenjährigen Krieges in Deutschland von 1756 bis 1763, Frankfurt 1793 [1. Aufl. 1788], hier in der Edition von *Kunisch*, Aufklärung (wie Anm. 19), 9-515, 399-403, 497f.
[136] [*Moser*,] Was ist: gut Kayserlich (wie Anm. 78), 194.
[137] Vgl. *Werner Krauss*, Zur Konstellation der deutschen Aufklärung, in: *ders.* (Hrsg.), Perspektiven und Probleme, Neuwied 1965, 143-265, 171 und *Christoph Prignitz*, Vaterlandsliebe und Freiheit. Deutscher Patriotismus von 1750 bis 1850. Wiesbaden 1981, 36.

Es läßt sich freilich nur schwer ermitteln, welche Bedeutung solche intergouvernementalen Diskurse, aber auch die damit verbundenen Diskurse der deutschen Gelehrten über das Wesen der eigenen Nation und ihrer Beziehung zum Alten Reich für die Masse der „einfachen Bevölkerung" und deren nationales Bewußtsein hatten. Immerhin äußerte mindestens ein Teilnehmer an der Nationalgeistdebatte sein Erstaunen, daß nicht nur Gelehrte, sondern auch das Volk sich für die Auseinandersetzung interessiere.[138] Nach Schätzungen Nicolais gab es 1770 vielleicht 20.000 Menschen, die sich für die deutsche Nationalidee interessierten.[139] Darunter ist natürlich ein breites Spektrum unterschiedlicher Konzeption zuverstehen. Im Verlauf der Diskussion zeigte sich ein fundamentaler Konflikt um Identifikationsmuster: Sollte das Reich oder sollten die Territorien des Reiches, z. B. Preußen, der Bezugsrahmen sein, indem sich die Einwohner als Nation konstituierten? Justus Möser z. B., der 1749 in seinem Hermann-Drama einen der nationalen Gründungsmythen behandelt hatte, steht für eine vermittelnde Position. Für ihn war nationale Einheit nur in föderalistischer Form erstrebenswert. Die kaiserlichen Publizisten der Fürstenbundzeit hingegen waren Unitarier. Aber allein die Intensität der Auseinandersetzung mit dem Thema Reich und Nation seit dem Siebenjährigen Krieg, dokumentiert, daß Reich und Nation für die Identität zumindest der deutschen Gelehrten ein neues Gewicht erhalten hatten.

VI.

In welchem Verhältnis steht nun der eingangs zitierte Satz von Goethe zu diesem Befund. Der vielzitierte Satz sagt weniger über Goethes Bewertung der Katastrophe des Reiches aus, als über den Umgang ganzer Historikergenerationen mit ihren Quellen. Der bekannte Satz ist ein aus dem Zusammenhang gerissenes Zitat, das populär wurde, weil es gleich zwei Vorurteile zu bestätigen schien: Die Belanglosigkeit des Reiches und Goethes unpolitischen Charakter.[140]

Daß Goethe so unpolitisch nicht war, zeigt schon die Tatsache, daß er und seine Begleitung schon tags zuvor die Rheinbundgründung intensiv erörtert hatten[141], und die dramatischen weltpolitischen Ereignisse beschäftigten die Gedanken des Klassikers und seiner Reisegesellschaft auch weiterhin.[142] Noch Jahre später, 1819, heißt es

---

[138] *[Eberhard,]* Gedanken (wie Anm. 29), 14.
[139] *Woesler,* Idee (wie Anm. 119), 718.
[140] Hierauf hat bereits Georg Schmidt hingewiesen. *Ders.,* Goethe: Politisches Denken und regional orientierte Praxis im Alten Reich, in: Goethe-Jahrbuch (1996), 197-212, 211.
[141] „Nachricht von der Erklärung des Rheinischen Bundes und dem Protektorat. Reflexionen und Diskussionen" steht im Tagebuch Goethes. *Goethe,* Sämtliche Werke (wie Anm. 1), II. Abt., Bd. 6 (33), Tagebuch, 6.8.1806, 75.
[142] „Unterwegs politisiert und neue Titel Napoleons ersonnen" steht im Tagebuch vom 8. August. Goethes Reisebegleiter *Friedrich Wilhelm Riemer,* der einst die Kinder Wilhelm von Humboldts erzogen hatte und nun seit 1803 Hofmeister von Goethes Sohn August war, schreibt später dazu: „Es war am 8. August 1806 unterwegs von Pößneck nach Kahla zu, wo Goethe und ich neue Titel für Napoleon ersonnen. Wo wir den Spaß von subjektiven Prinzen machten und Fichtes Lehre in

wegweisend zu Beginn von Goethes West-östlichem Divan: „Nord und West und Süd zersplittern, Throne bersten, Reiche zittern." Auch der „Faust" ist, wenn man ihn politisch-historisch deutet, wofür einiges spricht, als eine monumentale Elegie auf das Alte Reich zu interpretieren, und in „Dichtung und Wahrheit" wird die Liebeserklärung an das entschwundene Römische Reich der Deutschen mehr als einmal geäußert. Um so mehr stellt sich die Frage, warum Goethe, als ihn die entscheidende Nachricht vom Ende des Reiches ereilte, den notorischen Satz schrieb, der den Händeln der Domestiken mehr Leidenschaft widmet, als den Läufen der Welt. Wie läßt sich der Satz vom Ende des Reiches, vom Bediensteten, vom Kutscher und von der Leidenschaft der Goethischen Reisegesellschaft also erklären?

Einen Tag nachdem Goethe den Satz notierte, am 8. August 1806, schrieb er an die fürstliche Polizeikommission zu Jena und beantragte die Inhaftierung seines Bedienten Gensler. Gensler habe sich „äußerst rauh, störrisch, grob und auffahrend" gegen seine Familie und Hausgenossen sogar in Goethes Gegenwart verhalten, steht in dem Schreiben. „Bedrohliche Verweise" Goethes hätten in der Vergangenheit nur „augenblickliche Wirkung" gezeigt, während die Gewöhnung und die Güte Goethes dazu geführt hätten, daß der Bediente bislang nicht entlassen worden sei. Nun habe sich aber, so Goethe, seine unbändige Gemühtsart während der Reise nach Karlsbad ganz grenzenlos bewiesen. Er habe sich nicht nur gegenüber den Reisegefährten „schnöde" verhalten, wovon Herr Major von Hendrich das Nähere zu den Akten geben werde, sondern auch auf der Rückreise seine Bosheit und Tücke auf allerlei Weise an dem Kutscher ausgelassen, daß es zuletzt auf dem Bock zwischen beiden zu „einem heftigen Wortwechsel und ohnerachtet aller herrschaftlichen Inhibitionen, endlich zu Schlägen kam, wobei, so viel mir bekannt ist, gedachter Gensler ausschlug, und ungeachtet aller Verweise und Bedrohungen sein gewöhnliches Betragen bis Jena auf eine dem Wahnsinn sich nähernde Weise fortsetzte." Es war also auf dem Führerbock der großen Reisekutsche zu einer Rauferei gekommen, wodurch das Leben aller Insassen gefährdet werden konnte. Doch die Geschichte ging noch weiter. Goethe berichtete: „Da ich mich nun in dem Fall sah, durch Zorn und Ärger die ganze Wirkung meiner vollbrachten Badekur zu verlieren, auch auf dem Punkt stand, zu einer unschicklichen und sträflichen Selbsthülfe genötigt zu werden; so blieb mir nichts übrig, als diesen Burschen bei meiner Ankunft in Jena in militärische Haft bringen zu lassen."[143].

Man bedenke, Goethe, der Geheimrat, die Exzellenz, im Handgemenge mit seinen Domestiken und das vor den Augen seiner Familie und der mitreisenden Bekannten, welch eine Sensation! Während in der großen Welt ein tausendjähriges Reich in die Geschichte zurücksank, ereignete sich auch in der kleinen Welt der Reisegesellschaft

---

Napoleons Taten und Verfahren wiederfanden. Goethe hat es auch in seinem Tagebuch angemerkt. 'Wir Napoleon, Gott im Rücken, Mohamet der Welt, Kaiser von Frankreich, Protektor von Deutschland, Setzer und Schätzer des empirischen Rechts'", ebd., 76.
[143] Ebd., 76-78.

Goethes das schlichtweg Sensationelle, eine tatsächliche Revolution: Der Herr vermochte den renitenten Diener nicht mehr zu bändigen; mündliche und körperliche Verweise halfen nicht mehr, die Selbstregulierung der Ständegesellschaft hatte versagt und das Militär mußte einschreiten. Dies fand seinen Niederschlag in dem bekannten Satz, dessen scheinbare Aussage eigentlich sehr unwahrscheinlich ist, der jedoch Generationen von Historikern gut gefallen hat.

Wie immer man über Reichs- und Nationalbewußtsein in den letzten fünf Dekaden des Reiches urteilen mag, der bekannte Satz von Goethe taugt nicht dazu, die Abwesenheit eines solchen Bewußtseins zu belegen. Die intensive Auseinandersetzung mit dem Thema „Reich und Nation" in der Zeit vor 1806 hat vielmehr dazu geführt, daß sich die Sehnsucht nach nationaler Einheit in Deutschland nach 1815 als Sehnsucht nach einem neuen Reich artikulierte.

Maiken Umbach

Reich, Region und Föderalismus als Denkfiguren in politischen Diskursen der Frühen und der Späten Neuzeit

Die Geschichte des deutschen Nationalismus von der Frühen zur Späten Neuzeit wird gewöhnlich als ein Prozeß beschrieben, in dem die 'Rechts- und Friedensordnung' des vormodernen, dezentralisierten Heiligen Römischen Reiches Deutscher Nation schrittweise durch einen von Preußen dominierten, modernen, zentralisierten und außenpolitisch aggressiven Machtstaat verdrängt wurde. In diesem Beitrag soll es darum gehen, auf eine föderalistische Entwicklungslinie hinzuweisen, die in der auf Preußen konzentrierten Geschichtsschreibung zu sehr an den Rand gedrängt worden ist. Nicht alle Aspekte des politischen Verbandes 'Altes Reich' wurden mit dem Ende der sogenannten Frühen Neuzeit obsolet. Vor allem die Reichsreformbewegung des 18. Jahrhunderts bot zahlreiche Ansatzpunkte für jene unter den Nationalisten des 19. Jahrhunderts, die einen föderal organisierten, aber 'modernen' Rechtstaat anstrebten, der den individuellen Charakter der einzelnen Territorien unverletzt lassen sollte, diese aber in einer verfassungsmäßigen Ordnung dauerhaft zusammenschließen würde.

In der jüngeren Forschung ist bereits darauf hingewiesen worden, daß im ausgehenden 18. Jahrhunderts versucht wurde, die dezentrale Ordnung des Reiches gegen den Angriff der Unzeitgemäßheit, wie ihn vor allem Friedrich der Große selbst formulierte, zu verteidigen. Dabei behielt die französisch inspirierte zentralistische Staatskonzeption Friedrichs und seiner Nachahmer kein Monopol auf eine aufklärerische Terminologie. Zunehmend werden auch die Schriften der Reichsreformer, deren Ziel es war, die staatliche Vielfalt Deutschlands 'vernünftig' zu regeln, als Teil eines komplexen aufklärerischen Diskurses gesehen, der in neuerer Sicht sogar Partikularisten wie Justus Möser einschloß, die in der älteren Forschung als 'bloß konservativ' bzw. antiaufklärerisch eingestuft wurden.[1] Insofern sich also seit den 1770er

---

[1] Aus der umfangreichen Historiographie zur Neubewertung des 'Alten Reiches' im Sinne einer post-nationalistischen Geschichtsschreibung kann hier nur stellvertretend auf einige klassische Werke verwiesen werden, so etwa *Karl Otmar Freiherr von Aretin*, Heiliges Römisches Reich 1776-1806. Reichsverfassung und Staatssouveränität, Wiesbaden 1967; *John G. Gagliardo*, Reich and Nation: The Holy Roman Empire as Idea and Reality, 1763-1806, Bloomington 1980; *Volker Press*, Das Römisch-Deutsche Reich - ein politisches System in verfassungs- und sozialgeschichtlicher Fragestellung, in: *Grete Klingenstein/Heinrich Lutz* (Hrsg.), Spezialforschung und 'Gesamtgeschichte': Beispiele und Methodenfragen zur Geschichte der frühen Neuzeit, Wien 1981, 221-42. Zur Reichsreformdiskussion der Spätaufklärung ist auf den umfassenden Überblick von *Wolfgang Burgdorf*, Reichskonstitution und Nation: Verfassungsreformprojekte für das Heilige Römische

Jahren in der Diskussion über das 'Alte Reich' eine rechtstaatliche Begrifflichkeit herausbildete, liegt es nahe, auf Kontinuitäten bis in die Zeit des Rheinbundes und des Vormärz zu verweisen.[2]

In diesem Beitrag soll es vor allem darum gehen, solche Föderalismuskonzepte nicht nur rechtlich bzw. begrifflich zu fassen, sondern sie als Teil des kulturellen Prozesses zu begreifen, der in der Forschung unter dem Begriff 'Erfindung der Nation' verhandelt wird. Ziel der folgenden Skizze ist, die rhetorischen und symbolischen Muster politischer Sprache zu entschlüsseln, die dem föderalistischen Pluralismus in Deutschland erst den Status eines eigenständigen Nationsentwurfes verliehen. Dabei soll und kann es um keine durchgehende Entwicklungsgeschichte des deutschen Föderalismus über zwei historische Epochen gehen. Statt dessen will dieser Beitrags knapp umreißen, wie sich in der Spätphase des 'Alten Reiches' einige charakteristische föderalistische 'Denkfiguren' entwickelten, und wie diese, unter veränderten Umständen und mit veränderten Konnotationen, in den politischen Auseinandersetzungen um die innere Struktur des wilhelminischen Reiches wieder aktiviert werden konnten.

Seit dem 18. Jahrhundert trat zwischen dem nationalistischen und dem einzelstaatlich-partikularistischen Lager zunehmend ein dritter Weg hervor, propagiert von jenen - zumeist liberalen - Nationalisten, die das Spezifische deutscher Identität gerade in der Vielfalt der Territorien und Regierungsformen erkennen wollten, ohne dabei eine anti-nationale Position einzunehmen. Der Rechtsstaatsgedanke war notwendiger Überbau für eine Kultur der 'kleinen Einheiten', aber keineswegs einziger Inhalt des föderalistischen Nationsentwurfes. Wie dieser kulturell definiert werden konnte, soll hier zunächst am Beispiel der Konzeption des deutschen Fürstenbundes in seiner vorpreußischen Phase, d.h. vor 1785, gezeigt werden.

Seit Leopold von Ranke haben Historiker die Geschichte des Deutschen Fürstenbunds vor allem als Teil des deutschen Einigungsprozesses untersucht.[3] Schon Rankes Sicht wurde dabei durch eine innere Widersprüchlichkeit gekennzeichnet. Einerseits erscheint ihm der von Preußen initiierte Bund von 1785 als zukunftsweisender Vorläufer der kleindeutschen Nationalstaatskonzeption unter preußischer Führung.

Reich Deutscher Nation im politischen Schriftum von 1648 bis 1806, Mainz 1998, sowie auf die wegweisende Spezialstudie von *Karl H.L. Welker*, Rechtsgeschichte als Rechtspolitik. Justus Möser als Jurist und Staatsmann, Osnabrück 1996, hinzuweisen.

[2] Vergleiche dazu *Volker Press*, Altes Reich und Deutscher Bund. Kontinuität in der Diskontinuität, Müchen 1995; *Georg Schmidt*, Der napoleonische Rheinbund - ein erneuertes Altes Reich?, in: *Volker Press/Dieter Stievermann* (Hrsg.), Alternativen zur Reichsverfassung in der Frühen Neuzeit?, München 1995, 227-45; *Gerhard Schuck*, Rheinbundpatriotismus und politische Öffentlichkeit zwischen Aufklärung und Frühliberalismus: Kontinuitätsdenken und Diskontinuitätserfahrung in den Staatsrechts- und Verfassungsdebatten der Rheinbundpublizistik, Stuttgart 1994, besonders 215-29, 256-78.

[3] *Leopold von Ranke*, Die deutschen Mächte und der Fürstenbund. Deutsche Geschichte von 1780 bis 1790, 2 Bde., Leipzig 1871-72.

Gleichzeitig wird jedoch, getreu dem konventionellen Epochenschema, die tatsächliche Planung und Umsetzung des Fürstenbundes ausschließlich in den Kategorien typischer ancien-régime Diplomatie verhandelt, durch die sich Friedrich II. im Verbund mit einigen deutschen Mittelstaaten gegen die Korruption der Reichsverfassung durch Joseph II. zur Wehr setzte.[4] Dieses Schema läßt sich über Treitschke und A.W.Schmidt[5] bis in die moderne Historiographie verfolgen.[6]

Eine solche Einschätzung des Fürstenbundes beruht u.a. auf der Annahme, die Idee zu dieser Allianz sei erst 1785 und damit durch preußische Initiative entstanden. Tatsächlich läßt sie sich aber mindestens bis 1779 zurückverfolgen, und damit auf einen politischen Diskussionszusammenang, in dem, im Kontext des 'Alten Reiches', sozusagen die kulturellen Bausteine für eine erstaunlich 'moderne' föderalistische Kultur geschaffen wurden. Schauplatz waren die Kleinstaaten des Reiches, allen voran Anhalt-Dessau und Sachsen-Weimar. Zeitgenossen wie der bekannte Badener Minister Wilhelm Freiherr von Edelsheim, selbst ein wichtiger Befürworter des kleinstaatlichen Fürstenbundes, betrachteten den regierenden Fürsten von Dessau, Leopold III. Friedrich Franz, als den eigentlichen Begründer der Fürstenbundidee:[7]

„Die Kurfürsten sind keine Stütze Deutschlands mehr in unseren Zeiten. Wer wird aber an die Wege gehen, um jedermann zur Mahlzeit einzuladen? Das tut der Fürst

---

[4] Ebd., I, 19.
[5] *W. Adolf Schmidt*, Geschichte der preußisch-deutschen Unionsbestrebungen seit der Zeit Friedrichs des Großen, nach authentischen Quellen im diplomatischen Zusammenhange dargestellt, Berlin 1851.
[6] Meist erscheint der Fürstenbund als zweitrangiger Ersatz für ernstzunehmende preußische Verbündete bzw. als konventionelles Beispiel jener „Interessengegensätze und Rivalitäten, mit denen sich die Staatsmänner und Diplomaten des alten Europa beschäftigten, [die] rein machtpolitischer Art [waren] und sich im Rahmen eines an der absolutistischen Staatsräson orientierten Mächtesystems [hielten]". *Heinz Duchhardt*, Das Zeitalter des Absolutismus, München 1992, 153; ähnlich bei: *Dieter Stievermann*, Der Fürstenbund von 1785 und das Reich, in: *Press/Stievermann* (Hrsg.), Alternativen zur Reichsverfassung (wie Anm. 2), 209-26; bei *Elisabeth Fehrenbach*, Vom Ancien Régime zum Wiener Kongreß, München 1993, 41, 126 sowie in den relevanten Spezialstudien von *Walter Schleicher*, Fürst Leopold Friedrich Franz von Anhalt - Dessau und der Fürstenbund, unpubl. Diss., (Jena 1924); *Ulrich Crämer*, Carl August von Weimar und der deutsche Fürstenbund 1783-1790, Wiesbaden 1961; *Bernhard Erdmannsdörffer* (Hrsg.), Politische Correspondenz Karl Friedrichs von Baden, 1783 - 1806, Bd. 1: 1783 - 1792, Heidelberg 1888; *Willy Andreas/Hans Tümmler* (Hrsg.), Politischer Briefwechsel des Herzogs und Großherzogs Carl August von Weimar, Bd. 1: Von den Anfängen der Regierung bis zum Ende des Fürstenbundes 1778-1790, Stuttgart 1954.
[7] Edelsheim selbst wird oft fälschlicherweise als Initator der Fürstenbundidee genannt, so z.B. *Friedrich Sengle*, Das Genie und sein Fürst, Stuttgart/Weimar 1993, 65. Sengle beruft sich damit auf den bekannten Brief von Edelsheim an Carl August von Sachsen-Weimar-Eisenach vom 24. Oktober 1782: „Jedem deutschem Herzen und einem freiem Fürstensinn muß es wehe tun, die Sclaverei mit so starken Schritten auf das Vaterland zustürmen zu sehen und zu fühlen, daß kein Band mehr unter den Gliedern des ganzen Körpers existirt, die, wenn sie verbunden wären, einerlei Sinn hätten, und Gut und Böse zur Freiheit wagen wollten." Thüringisches Hauptstaatsarchiv Weimar (ThHStAW), A XIX, fol.32.

von D[essau] [...] Er, der von seinen Nachbarn ohnehin so unendlich gedrückt wird, kann denken: was bleibt mir übrig? Einer muß sich exponieren."[8]

Während Edelsheims Argumentation, auch in seinem 'Unionsentwurf' von 1783,[9] noch vorwiegend von taktischen Motiven geleitet war, strebten Franz von Dessau und sein enger politischer Freund Carl August von Weimar eine Art föderalistische Reform der politischen Kultur Deutschlands insgesamt an. Dieses Projekt blieb in der Geschichtsschreibung bisher vor allem deswegen unbeachtet, weil die Protagonisten es selbst nicht auf eine konzeptionell leicht greifbare Formel brachten. Ganz im Gegensatz zu der Philosophie des 'Aufgeklärten Absolutismus', die von führenden Philosophen und politischen Leitfiguren der Zeit auf höchstem intellektuellen Niveau explizit gemacht wurde, handelt es sich bei der Enstehung der Kultur der Föderalismus um eine 'leise' Revolution im politischen Diskurs des ausgehenden 18. Jahrhunderts, deren Spuren sich nur indirekt erschließen lassen. Dasselbe gilt für die Archivlage im Bezug auf die von England inspirierte innenpolitische Reformpolitik, die mit dem kleinstaatlichen Föderalismusverständnis eng zusammenhing, und die sich weniger über physiokratische Wirtschaftstheorien definierte als über einen praxisnahen, experimentellen Reform-Modus, in dem die Förderung privater Initative ein Hauptziel war.[10] Kurt von Raumer hat darauf hingewiesen, daß die Art von Schriftlichkeit, die zur Grundlage akademischer, d.h. quellenkritischer Geschichtsschreibung im Sinne Rankes wurde, spezifisch für relativ große absolutistische Systeme ist und dadurch automatisch konkurrierende Politikformen der Spätaufklärung marginalisiert.[11] Um dieser Verzerrung historischer Realität zugunsten des bürokratischen Absolutismus zu entgehen, lohnt es sich, die Methoden der neueren Kulturgeschichtsschreibung auf den Entstehungszusammenhang des Fürstenbundes anzuwenden, die das Augenmerk des Historikers auf die Funktionsweisen von Sprache als einer Art politischem Code lenkt.[12]

Eine sprachliche Analyse vor allem der Korrespondenz, die die Entstehung der Fürstenbundidee zur Zeit des Bayrischen Erbfolgekrieges an den Höfen von Sachsen-Weimar und Anhalt-Dessau dokumentiert, kann hier nur knapp angedeutet werden;

---

[8] Ebd.
[9] Edelsheim, in *W. A. Schmidt*, Geschichte (wie Anm. 5), 18-19. Vergleiche dazu *Aretin*, Reich (wie Anm. 1), 173.
[10] Eine umfassende Darstellung der anglophilen Reformpolitik, in deren Kontext die relative Modernität dieser Fürstenbundkonzeption erst voll zur Geltung kommt, findet sich in *Maiken Umbach*, Federalism and Enlightenment in Germany, 1740-1806, London 1999.
[11] *Kurt von Raumer*, Absoluter Staat, korporative Libertät, persönliche Freiheit, in: *Hanns Hubert Hofmann* (Hrsg.), Die Entstehung des modernen souveränen Staates, 1967, 173-99, besonders 178; zuerst in HZ 183, 1957, 55-95.
[12] Die Theoriedebatte über den 'linguistic turn' vor allem in der angelsächsischen Geschichtsschreibung ist in den einschlägigen Zeitschriften nachzuvollziehen. Als paradigmatische Anwendung dieser Perspektive auf die hier verhandelte Epoche ist *Lynn Hunt*, Politics, Culture and Class in the French Revolution, London 1984 sowie, auf theoretischerem Niveau, *dies*. (Hrsg.), The New Cultural History, Berkeley/London 1989, zu nennen.

sie ist an anderer Stelle ausführlich nachzulesen.[13] Ich beschränke mich hier auf einige wenige paradigmatische Beispiele, in denen die neuartigen föderalistischen Argumentationsmuster besonders deutlich werden. Dazu gehört ein Brief Carl Augusts von Weimar, der die Konzeption des kleinstaatlichen Fürstenbundes im Moment ihres Scheitern, d. h. der preußischen Intervention, noch einmal zusammenfaßt. Er soll hier genauer betrachtet werden:

„[Es haben mich die politischen Entwicklungen] die angenehme Hoffnung [haben] fassen machen, daß alter deutscher Sinn und Denkungsart noch unter uns zu erwekken sei [...] Vorzüglich hoffte ich, es würde ein engeres Band der Freundschaft unter den ersten Fürsten Deutschlands die mancherlei zerteilten Absichten, Interessen und Kräfte in unserm Reichssystem mehr vereinigen und solche auf einen Punkt regerer und zugleich zuverlässigerer Wirksamkeit bringen. Das System der Union schien mir hierzu [...] vorzüglich geschickt und als eine feste und unerschütterliche Grundlage, welche dem Charakter der deutschen Nation angemessen wäre und als ein würdiges Denkmal derselben bestehen könnte [...] Alle diese Entwürfe aber waren nur [...] gerichtet [...] zur Vereinigung der verschieden wirkenden Kräfte auf einen Punkt, um das ohngefähr im Ganzen auszurichten, was jeder einzelne Fürst in seinem eigenen Lande zu bezwecken suchen muß, nämlich angemessene und weise Einrichtung der Dinge, ohne welche kein Staat bestehen und kein Fürst einen Anspruch auf die Ehre seines Jahrhunderts erhalten kann [...] schmeichelte man sich nun, daß der Nationalgeist in unserm Vaterlande erwecket werden könnte [...] Man hoffte [...] daß mit diesem Kranze die Deutsche Union sich, als ein wahres wirkliches Korps zu Aufrechterhaltung deutscher Freiheiten, Sitten und Gesetze, zuletzt schmücken sollte. Demohngeachtet halte ich es für notwendig und gut, daß [...] gutdenkende, einsichtsvolle und patriotische Fürsten, denen das allgemeine Wohl am Herzen liegt, auch hierzu sich verbunden haben und sich in jedem Falle kräftig unterstützen werden. Klare Wirkungen müssen hiervon zum Teil sichtbar werden, um so viel aufgelöste und schwache Glieder des Reichs zu ermuntern [...] Mein Wunsch ist, dem Einsturz eines Gebäudes zuvorzukommen, dessen Grundfesten eben erst gelegt worden, das unserer Denkungsart, unserem Jahrhundert Ehre machen sollte."[14]

Zunächst fällt an dieser Quelle ein neues Patriotismusverständnis auf. Es ist die Rede von „deutschem Sinn und Denkungsart", „Nationalgeist [der] in unserm Vaterlande erwecket werden könnte", und von der „Aufrechterhaltung deutscher Freiheiten, Sitten und Gesetze". Stellt man diese Terminolgie in den Kontext zeitgenössischer Texte aus demselben kulturellen Umfeld — wie etwa Goethes *Von deutscher Baukunst* von 1771, Herder's *Fragmente über die neuere deutsche Literatur* von 1767/68 oder Klopstocks *Hermanns Schlacht* von 1769 - wird klar, daß es sich hier

---

[13] Vergleiche dazu meine ausführliche Analyse The Politics of Sentimentality and the German Fürstenbund, 1779-1785, in: The Historical Journal 41, 1998, 679-704.
[14] Carl August an Otto Ferdinand Freiherr von Loeben, 30. März 1788, zitiert nach *Andreas/Tümmler* (Hrsg.), Politischer Briefwechsel (wie Anm. 6), Bd. 1, 465-66, 169-70.

um einen normativen Patriotismus handelt, der sich keineswegs gegen den moralischen Universalismus klassischer Politikauffassungen stellt. Dabei findet eine interessante Synthese griechischer und altrömischer Vorbilder statt. Der Freundschaftsbegriff etwa, der für Carl August zum Modell für politische Beziehungen wird - er wünscht ein „engeres Band der Freundschaft unter den ersten Fürsten Deutschlands" - entsprach dem klassischen Ideal der Freundschafts-Politik in Ciceros *Res Publica*. Er steht in enger Verbindung mit dem anderen Kernbestand der römischen Verfassungstradition, der Rechtsstaatlichkeit, die ein zentrales Motiv in Carl Augusts Äußerungen zur Reichsreform bildet. Diese Argumentation verbindet sich nun aber auf neue Weise mit griechischer Begrifflichkeit. Das gilt vor allem für das Motiv der „Angemessenheit", das hier in Formulierungen wie „dem Charakter der deutschen Nation angemessen" oder „angemessene und weise Einrichtung der Dinge" nicht zweckorientiert, sondern als selbständige moralische Kategorie fungiert, d.h im Sinne des griechischen *prepon*.[15] Das gleiche gilt für die Begriffe 'gut' und 'gutdenkend', griechisch *agathon*, das dort gleichbedeutend ist mit 'was Ehre verdient'; so sind denn auch Carl Augusts „gutdenkende, einsichtsvolle und patriotische Fürsten" dieselben, die durch die angemessene und weise Einrichtung der Dinge „Anspruch auf die Ehre [ihres] Jahrhunderts erhalten". Entscheidend ist, daß diese sozusagen 'griechische' Komponente im 'römischen' Neoklassizismus Carl Augusts nicht zu einer Entpolitisierung führt.[16] Im Gegenteil: *agathon* bezeichnet, in der Antike ebenso wie in Carl Augusts Argumentation, nicht nur private Moral, sondern auch politische Tugend, das, was für die Polis insgesamt von Nutzen ist.

Das Spezifische dieser Argumentation tritt deutlicher hervor, wenn man Carl Augusts Text vor dem Hintergrund der vorangegangenen Debatten und besonders der Rolle Franz von Dessaus sieht. Dessen Briefe zeichnen sich zunächst durch ein erhebliches Maß an 'Geheimnis' aus, die ihre politische Analyse zunächst zu erschweren scheint. Selbst relativ harmlose Sachverhalte werden nur indirekt und mit äußerster Vorsicht angesprochen, und entscheidende inhaltliche Diskussionen bleiben privaten Treffen vorbehalten. „Was ich sagen könnte waren nur Erwägungen die wenn

---

[15] Wieland benutzte den Begriff 'angemessen' für die deutsche Reichsverfassung in demselben Sinne: „Die dermalige deutsche Reichsverfassung ist, ungeachtet ihrer Mängel und Gebrechen, [...] ihrem [der deutschen Nation] Charakter und der Stufe der Kultur, worauf sie steht, angemessener, als die französiche Demokratie." *C. M. Wieland*, Betrachtung über die gegenwärtige Lage des Vaterlandes, in: Sämtliche Werke, 49 Bde. in 38 Bdn., hrsg. von *J. G. Gruber*, Leipzig, 1818-1823, Bd. 31, 237.
[16] Die Dämonisierung eines spezifisch deutschen 'griechischen' Klassizismus als krypto-totalitär läßt sich bis zu *E.M. Butler*, The Tyranny of Greece over Germany: A Study of the Influence Exercised by Greek Art and Poetry over the Great German Writers of the 18th, 19th and 20th Centuries, Cambridge 1935, zurückverfolgen, findet sich aber, in milderer From, auch vielfach in der modernen Literatur, wie etwa bei *Conrad Wiedemann*, Römische Staatsnation und griechische Kulturnation, in: Kontroversen, alte und neue, Akten des VII. Internationalen Germanisten-Kongresses, Göttingen, 1985, 177-78, für den das Griechenbild der deutschen Winckelmann-Ära eine „Absage an die römisch-politische Tradition" darstellt, die „resistent gegen [...] Politik und Gesellschaft" gewesen sei.

sie nicht beurtheilet, beantwortet und zusammen überlegt und erwogen werden können, nichts fruchten können."[17] Dies mag zunächst nur als taktische Vorsicht gegenüber Preußen erscheinen. Gleichzeitig handelt es sich aber um einen kulturellen Code, der zwischen den kleinstaatlichen Fürsten Deutschlands eben jenen Ton politischer Intimität herstellen sollte, die Carl August dann mit dem Freundschaftsbegriff umschreibt. Doch auch dieser neue Code war nicht frei von sozialen Statussymbolen. Der Grad der Verschlüsselung der Namen der Beteiligten war zum Beispiel streng hierarchisch geordnet. In der Fürstenbund-Korrespondenz des Franz von Anhalt-Dessau verdiente der Preußische Kronprinz, der zu diesem Zeitpunkt in den beteiligten Kleinstaaten als Verteidiger der Reichsordnung und Kontrahent seines Onkels Friedrich angesehen wurde, die vollständige 'Tarnung' durch das Synonym „der bewußte Freund". In der zweiten Kategorie finden sich die kleineren Regenten, wie zum Beispiel der „Herzog von Br"[aunschweig]. Die Identität einfacher Minister wie Edelsheim dagegen wurde in keiner Weise verschlüsselt.[18] In Anbetracht dieser hierarchisierenden Funktionen verwundert es nicht, daß die Verschlüsselung auch dann durchgehalten wurde, als seit April 1784 feststand, daß Friedrich bereits voll über die anti-preußischen Fürstenbundpläne informiert war.[19]

Trotz ihrer sozialen Differenziertheit unterscheidet sich diese Codierung gerade in ihrer Losgelöstheit von jeglicher 'praktischen' Geheimhaltung jedoch deutlich von der klassischen Geheimdiplomatie des ancien régime. Es ist aufschlußreicher, die Fürstenbund-Korrespondenz in den Kontext der zeitgenössischen aufklärerischen Geheimnis-Kultur zu stellen, die bisher in der Forschung fast ausschließlich im Zusammenhang der Freimaurerei untersucht wurde. Lange Zeit galt auch hier das Arcanum als „Gegenteil" der Aufklärung: Es kompromittierte die Entstehung der idealtypischen Habermasschen Öffentlichkeit und trug damit zur 'Pathogenese' der bürgerlichen Gesellschaft bei.[20] Diese Sicht findet sich bereits bei den Zeitgenossen. Das Geheimnis setzte die Freimaurer immer wieder politischen Anfeindungen aus und gab Anlaß zu den wildesten Verschwörungstheorien. Gerade deshalb stellt sich die Frage

---

[17] Franz an Carl August, Dessau, 18. Dezember 1783. ThHStAW, D 1653, fol.11.
[18] Franz an Karl Friedrich, Dessau, 11. Dezember 1783, in: *Erdmannsdörffer* (Hrsg.), Correspondenz (wie Anm. 6), 44-45.
[19] Am 16. April 1784 schrieb Edelsheim in einem Memorandum nach Weimar und Dessau: „So versicherte Hofenfels [...] Nachrichten von Versailles erhalten zu haben, daß der französische Hof von dem ganzen Vorhaben der patriotischen Stände unterrichtet sei [...] Er gab vor, der kgl. preußische Gesandtschaftssekretär zu Paris, Sandoz, wäre von allem informirt, würde also dem Könige von Preußen eben auch den Verdacht beibringen, daß der Herzog [von Zweibrücken] nicht aufrichtig gegen ihn handle". *Erdmannsdörffer* (Hrsg.), Correspondenz (wie Anm. 6), 61-66.
[20] Siehe dazu *Michael W. Fischer*, Die Aufklärung und ihr Gegenteil. Die Rolle der Geheimbünde in Wissenschaft und Politik, Berlin 1982. Konzeptioneller *Reinhart Koselleck*, Kritik und Krise. Studien zur Pathogenese der bürgerlichen Gesellschaft, Freiburg/München 1976. Eine ausgewogenere Darstellung des freimaurerischen 'Geheimnisses' findet sich bei *Rudolf Vierhaus*, 'Aufklärung und Freimaurerei in Deutschland', in: *Rudolf von Thadden/Gert von Pistohlkors u. a.* (Hrsg.), Das Vergangene und die Geschichte, Göttingen 1973, 23-41.

nach der positiven Funktion des freimaurerischen Arcanums um so dringender. Es ersetze traditionellere Statusindikatoren, zu dem auch der Verzicht auf aristokratische Titel unter den 'Brüdern' gehörte, und war damit notwendige Bedingung für den Freundschafts-Diskurs innerhalb der Logen. Das Arcanum stiftete eine neue Art von Soziabilität: Es ermöglichte scheinbar 'bürgerliche' Umgangsformen in einer Gesellschaft, die zu großen Teilen von Aristokraten und sogar regierenden Prinzen bestimmt wurde. Im Kontext der föderalen Fürstenbundkonzeption erfüllte dieselbe Terminologie eine durchaus vergleichbare Funktion: der Verzicht auf traditionelle Statusunterschiede zwischen den deutschen Territorien, der von Franz von Dessau immer wieder als notwendige Bedingung für seine föderale Utopie bezeichnet wurde,[21] wurde durch die subtilen Unterschiede der Geheimhaltung kompensiert, aber eben auch erst ermöglicht.[22]

In engem Zusammenhang zu diesem Politikentwurf steht der Einfluß der Empfindsamkeit. Die extreme Emotionalisierung politischer Sprache fällt besonders in den den Fürstenbund betreffenden Briefen zwischen Franz von Dessau und Carl August von Weimar auf. Sie sind durchzogen von Formulierungen wie:

„Lieber! Sie wissen ohne, daß, ich wie es zu sagen brauche wie gerne ich Sie sehe, also immer so oft Sie nur wollen [...]"[23]

„Lieben Sie ich [i.e. mich] wie ich Sie dieses kann ich nicht oft genug wiederholen."[24]

„Mein Verlangen Sie wieder zu sehen ist unbeschreiblich gros, den es ist wirklich eines meiner größten Freude, mit Ihnen zu leben, und da hätte ich jetzt so vieles zu fragen und zu sagen als man schwerlich auf vielen Bogens bringen könte."[25]

Auch negative Erfahrungen, wie zum Beispiel der gescheiterte Versuch, Zweibrükken für den Fürstenbundplan zu gewinnen, wurden primär in den Kategorien gefühlsmäßiger Enttäuschung diskutiert, die ambivalenten Reaktionen anderer Fürsten, wie zum Beispiel des Herzogs von Braunschweig, in der sentimentalen Dichotomie von „Wärme" und „Lauigkeit" beschrieben.[26] Die Anwendung empfindsamer Sprach-

---

[21] Zum Beispiel in Franz an Carl August, Wörlitz, 13. Februar 1785. ThHStAW, D 1654, fol. 46.
[22] Vergleiche dazu auch Aretin: „War bis dahin die hierarchische Ordnung ein Maßstab für den Grad der Bedeutung eines Fürsten und seines Landes gewesen, so wurde es nun die Bündnisfähigkeit. [...] Es tauchten daher in der Diskussion um den Fürstenbund zwei Gedanken auf, die künftig in der deutschen Geschichte eine wesentliche Rolle spielen sollten. Der eine war der Föderalismus [...] Diese Bündnisfähigkeit schloß die Ranggleichheit ein, die lange ein Wunsch der kleinen Stände blieb, in der von Friedrich verwirklichten Form des Fürstenbundes aber nicht berücksichtigt wurde. Der andere ist die damit eng zusammenhängende Idee vom dritten Deutschland." *Aretin*, Reich (wie Anm. 1), 163.
[23] Franz an Carl August, 25. Dezember 1783. ThHStAW, D 1653, fol. 15.
[24] Franz an Carl August, Dessau, 15. Juni 1784. ThHStAW, D 1653, fol. 65.
[25] Franz an Carl August, Dessau, 22. Dezember 1784. ThHStAW, D 1653, fol. 153.
[26] Franz an Karl Friedrich von Baden, Dessau, 23. November 1782, in: *Erdmannsdörffer* (Hrsg.), Correspondenz (wie Anm. 6), 35. Betreffend Zweibrücken schrieb Franz an Carl August: „Eine jede Unannehmlichkeit, die Ihnen, Lieber, durch der Sache zuwächst, tuht mir weher, als wenn ich sie selbst leiden müßte, da ich unschuldig die Veranlassung mit dazu gegeben habe, daß Sie sich so

und Interpretationsmuster beschränkte sich aber nicht auf die einzelnen Beteiligten, sondern wurde auch auf die politischen Konzepte selbst angewandt. So wird der Fürstenbundplan vorwiegend als „die gute Sache" bezeichnet,[27] und die, die sie unterstützen, bilden den Kreis „der Guten". Ein Beispiel: „Werthester treugeliebter Markgraf! Diese ist keine Schmeichelei, sondern Ausdruck meines Herzens, und ebenso wahr ist es, daß ich es für eine meiner größten Freuden rechnen würde, wenn ich öfter den persöhnlichen Genuß Ihrer Freundschaft haben thäte... Es wäre für uns zu wünschen, ich wiederhole es noch einmal, wenn sich die Guten aus uns sich einander öfters nähern könnten."[28] Karl Friedrich von Baden nahm diese Rhetorik zumindest ansatzweise auf: „Wie fangen wir's an, um Ihren Wunsch zu erfüllen, daß sich die guten unter uns einander öfters nähern können, entweder persöhnlich oder zum wenigsten ganz offenherzig und ohne scheu schriftlich. Sollten wir uns nicht zuweilen am dritten Orth ganz incognito, ohne das geringste aufsehen zu machen, sehen können!"[29]

Bei Franz von Dessau blieb die sentimentale Komponente jedoch am deutlichsten. 'Gut' taucht hier weniger in Verbindung mit antiker politischer Rhetorik als mit Floskeln aus dem zeitgenössischen Vokabular der Empfindsamkeit auf: „viel geliebt, „treu geliebt", „Herz", „Freude", „Genuß der Freundschaft". Dem gegenüber treten klassische Begriffe wie Patriotismus in den Hintergrund. Dabei fällt auf, daß zum Beispiel Franz den Begriff nicht selbst benutzt, aber dennoch von seinen politischen Freunden stets als einer der führenden deutschen Patrioten bezeichnet wird.[30] Das ist nicht zuletzt auf seine kulturelle Selbststilisierung in dem berühmten Wörlitzer Landschaftsgarten zurückzuführen, dessen politische Ikonographie durch dieselbe Kombination von sentimentalem Freundschaftskult und aufklärerischer Reichsikonographie ge-

---

herzlich für uns anwenden. Es muß und wird allens zum Guten gereichen [...] Friedrich Wilhelm wollte diese Tage bei mich kommen, er hat aber, glaube ich, in der Hoffnung Sie vielleicht hier zu finden, sein Herkommen bis gegen Mitte des Monats aufgeschoben. Wenn doch Gott wollte, daß Sie, nachdem Sie schon bei unserem Lavater gewesen wären, diese Zeilen bei ihrer Rückkunft in Karlsruhe erhielten und den Entschluß fassen könnten, Friedrich Wilhelm hier zu sehen! Ich hoffe, es sollte uns allen recht wohl tun, und der kleine Mißverstand würde allens noch enger und freundschaftlicher zusammen verbinden." Wörlitz, 29. Oktober/1. November 1784, abgedruckt in *Andreas/Tümmler* (Hrsg.), Briefwechsel (wie Anm. 6), Bd. 1, 110.
[27] Beispiele in Franz an Karl Friedrich, Dessau, 11. Dezember 1783, in: *Erdmannsdörffer*, Correspondenz (wie Anm. 6), 44-45, und ebenso an den Kronprinzen Friedrich Wilhelm, 19. Februar 1786, ThHStAW, D 1656, fol. 24-25.
[28] Franz an Karl Friedrich, undat., nach seinem Besuch in Karlsruhe bis zum 19. Juli 1782, in *Erdmannsdörffer*, Correspondenz (wie Anm. 6), 34. Franzens enge Verbindungen mit dem Markgrafen Karl Friedrich von Baden und dessen Minister, Schlosser, die sich aus zahlreichen Übereinstimmungen in innenpolitischen Reformfragen ergaben, werden u.a. von Franzens Biographen thematisiert: *Friedrich Reil*, Leopold Friedrich Franz, und Fürst von Anhalt-Dessau, ältestregierender Fürst von Anhalt, nach seinem Wirken und Wesen, Dessau 1845, ND Wörlitz 1995, 63-64.
[29] Karl Friedrich an Franz, Briefentwurf, undat. [14.10.1782], nach *Erdmannsdörffer*, Correspondenz (wie Anm. 6), 34.
[30] So zum Beispiel in einem Brief von Hertzberg an Franz, Berlin, 7. Februar 1786, abgedruckt bei *Andreas/Tümmler* (Hrsg.), Briefwechsel, Bd. 1, 216.

kennzeichnet war wie die Korrespondenz zwischen Franz und Carl August von Sachsen-Weimar. Indem der Wörlitzer Garten zudem als Treffpunkt für zahlreiche Fürstenbundverhandlungen diente, unterstützte er in kultureller Symbolsprache den politischen Entwurf einer föderativen Nation auf eine Weise, die in ihrer Prägnanz durchaus der konstitutiven Bedeutung von Versailles für den Staatsentwurf des französischen Absolutismus gleichkommt. Während die Anlagen von Versailles den territorialen Machtanspruch des Zentralstaates verkörperten,[31] fand der Besucher in Wörlitz eine ganze Reihe kleinteiliger, empfindsam-humanistischer Gartenszenen vor, die mit Appellen an Bildung, Tugend und Toleranz das einzelne Individuum herausforderten, während gleichzeitig andere Gartenteile gesamtgesellschaftliche 'Fortschrittsmodelle' anschaulich machten, die speziell auf kleine politische Einheiten zugeschnitten waren.[32] Wichtigster Wörlitzer Beitrag zu einer aufklärerischen Föderalismuskonzpetion war jedoch die vielfältige visuelle Bezugnahme auf das Vorbild des englischen Landschaftsgartens, genauer auf jene politische Bildersprache, die zuerst auf den Landsitzen der Anti-Walpole Opposition der 1730er Jahre entwickelt worden war. In Gartenanlagen wie Lord Cobham's berühmtem Stowe mit seinem 'Temple of Gothic Liberty' gewannen anti-absolutistische Topoi aus der zeitgenössischen englischen Verfassungsdiskussion wie 'ancient gothic liberties' ein dem Individualismus der Aufklärung verpflichtetes 'modernes' Gepräge.[33] Indem er direkt an diese Bildersprache anknüpfte, wurde es für Franz von Dessau möglich, die Idee korporativer Freiheiten der Stände bzw. Kleinstaaten des Alten Reiches mit einem spezifisch aufklärerischen Föderalismusideal zu verbinden.[34] Den englischen 'liberties' entspricht der wiederholte Plural-Gebrauch von 'Freiheiten' in Franzens Briefen: „Ich habe mein Vertrauen [...], es werden unsere Rechte und Freiheiten nicht fallen, sondern erhalten werden."[35] Durch deren nicht mehr nur traditionale Auslegung entsteht ein fließender Übergang zu einem neuartigen patriotischen Freiheitsbegriff, wie er vor allem bei Edelsheim immer wieder auftaucht: „ [...] einem freien Fürstensinn muß es wehe tun, die Sklaverei mit so starken Schritten auf das Vaterland zustürmen zu sehen [...] Gut

---

[31] Eine methodisch über die traditonelle politische Ikonographie weit hinausgreifende Studie zu diesem Thema bietet *Chandra Mukerji*, Territorial Ambitions and the Gardens of Versailles, Cambridge 1997.
[32] Ein prägnantes Beispiel hierfür ist die politische Instrumentalisierung der Neptunismus-Vulkanismus-Kontroverse im sogenannten Wörlitzer 'Stein'; sie ist Thema meines Aufsatzes Visual Culture, Scientific Images and German Small-State Politics in the Late Enlightenment, in: Past and Present 158, 1998, 110-145.
[33] Für das englische Vorbild soll hier nur beispielhaft auf die Analyse von *George Clarke*, Grecian taste and Gothic Virtue: Lord Cobham's gardening programme and its iconography, in: Apollo 97, 1973, 566-571, verwiesen werden.
[34] Eine detaillierte Untersuchung der Reichsikonographie des Wörlitzer Gotischen Hauses findet sich in: *Umbach*, Federalism (wie Anm. 10).
[35] Franz an Carl August, Dessau, 18. Juni 1784, in: *Erdmannsdörffer*, Correspondenz (wie Anm. 6), 76.

und Blut zur Freiheit wagen wollten [...] durch den Ansbachischen Anfall wird die Freiheit Deutschlands ohnglaublich geschwächt."[36]

Doch nur die enge Verbindung dieses Freiheitsbegriffs mit korporativen Libertäten, also den 'gothic liberties', erklärt, warum diese Rhetorik resistent gegenüber Friedrichs Versuchen blieb, den Kampf um die nun nur noch abstrakt verstandene 'Freiheit Deutschlands' in einen preußischen Feldzug gegen Habsburg umzumünzen. Aus der Sicht der föderalen Aufklärer war ein solches nationales Engagement Preußens kein 'Fortschritt', sondern Rückschritt in die 'Sklaverei': „Auch ich trete bald einen Weg an, welcher mich aber, statt freier zu machen, auf einige Zeit *meiner häuslichen und partikularen Freiheit berauben* wird. Ich gehe heut über acht Tage nach Berlin. Sobald als möglich werde ich mich des Anblicks der vielen blauen *Sklaven* entziehen und gewiß vor Ende Januar wieder zu Hause sein.[...] Das zusammengeschmolzene Licht fängt an, seinen Leuchter glühend zu machen; einzelne aufschlagende Strahlen und eine große Schnuppe kündigen die nahe Verlöschung an."[37]

So wurde die preußische Übernahme der Fürstenbundidee von 1785 folgerichtig als Scheitern der föderalen Konzeption betrachtet: „Man ist [in Berlin] gewohnt, die Sachen sehr en gros zu traktieren, das Reich dort draußen liegen zu lassen [...] Der Sinn dieser Verbindung also war [...] daß es keine bloße Allianz der drei mächtigen Höfe sein sollte, sondern daß es eine Union des Reichs in dem möglichst weitesten Sinne werden sollte. Es sollten [...] alle beigetretenen zusammen einen Körper ausmachen, eine Reichsunion bilden, die die Erhaltung Deutschlands in seiner Verfassung befestigte und ihm die Stärke gäbe, welche das deutsche Reich haben kann, wenn es zusammen verbunden nach einerlei patriotischen Zwecken handelt."[38]

Damit war die unmittelbare Umsetzung der Fürstenbundidee, wie sie die föderalistisch gesinnten Kleinfürsten konzipiert hatten, gescheitert. Es gab keine einfache Fortsetzung der föderalen Aufklärung in der nachrevolutionären Epoche. Angesichts der dramatischen Veränderungen der gesellschaftlichen Rahmenbedingungen im 19. Jahrhundert kann es, vor allem für die Zeit nach dem Napoleonischen Rheinbund, nicht mehr darum gehen, Kontinuitäten im Sinne kausalgenetischer Entwicklungslinien zwischen Früher und Später Neuzeit aufzuzeigen. Trotzdem ist es interessant zu beobachten, daß in den bisher analysierten Zusammenhängen visuelle und metaphorische Bilder der 'Reichsnation' entwickelt wurden, auf die man in späteren Diskussionen über Staat und Nation zurückgreifen konnte. Dadurch war die weitere Entwicklung im 19. Jahrhundert keineswegs determiniert. Doch der aufklärerische Föderalismus stellte zum ersten Mal eine Verbindung zwischen 'moderner' politischer Terminologie und bestimmten Elementen der frühneuzeitlichen Reichsverfassung her,

---

[36] Edelsheim am 24. Oktober 1782, zitiert nach *W. A. Schmidt*, Geschichte (wie Anm. 5), 18.
[37] Carl August an Knebel, 26. Dezember 1785, zitiert nach *Andreas/Tümmler* (Hrsg.), Briefwechsel (wie Anm. 6), Bd. 1, 211.
[38] Carl August an seinen Erzieher Graf Görtz, 20. Februar 1786, zitiert nach *Andreas/Tümmler* (Hrsg.), Briefwechsel (wie Anm. 6), Bd. 1, 223-24.

die es liberalen Nationalisten des 19. Jahrhunderts ermöglichte, diese Traditionen für ihr spätneuzeitliches Föderalismus-Verständnis zu benutzen.

Dazu gehört zunächst die Berufung auf die rechtlichen Institutionen des Alten Reiches, allen voran das Reichskammergericht von Wetzlar, die eine entscheidende Rolle bei der Herausbildung liberalen Rechtsstaats-Denkens im Vormärz spielte - Rotteck und Welckers berühmtes *Staatslexicon* ging sogar so weit, eine direkte Wiederbelebung der alten Reichsgerichtsbarkeit zu fordern. Durch den historischen Bezug ließ sich die liberale Vorstellung von Nation als 'Teilhabeverheißung' vom Gedanken unmittelbarer Volksherrschaft lösen, indem man argumentierte, daß das Recht selbst als eine Form der Teilhabe anzusehen sei, indem die verfassungmäßige Ordnung Grundrechte garantiert, durch die 'Untertanen' zu 'Staatsbürgern' wurden. Dies bot den Liberalen die Möglichkeit, sich gegen absolutistische Herrschaft zu stellen und sich gleichzeitig von dem radikaleren Nationsverständnis der Demokraten zu distanzieren - eine Trennung, die spätestens 1848 entscheidend wurde. Die liberale Berufung auf das Alte Reich als Föderalismus-Entwurf ging also auch auf Kosten demokratischerer Teilhabemodelle und beinhaltete soziale Ausschlußmechanismen, die aufgrund der veränderten gesellschaftlichen Rahmenbedingungen nun deutlicher hervortraten, als das in der Spätaufklärung möglich und, aus Sicht der politischen Protagonisten, nötig war. Dennoch darf man die Berufung auf das Alte Reich nicht als 'unpolitisch' mißverstehen. Die angestrebte 'Verrechtlichung' mußte nicht automatisch zu einer Entpolitisierung politischer Konflikte führen, denn Recht war nicht nur praktisches Mittel zur Konfliktlösung - es war vor allem ein Vehikel, um in den Machtkämpfen des 19. Jahrhunderts der liberalen Idee des Rechtsstaates eine historische Dimension und damit eine zusätzliche politische Legitimation zu verleihen.[39]

Wie also konstituierte sich nun die kulturelle Vorstellung der föderativen Nation, die in der Spätaufklärung so eng mit der Idee des Reiches als Rechtsordnung verbunden gewesen war? Im Vormärz konnte Karl von Rotteck, ausgehend von der Politikerfahrung der liberalen Vereinskultur dieser Epoche, die Nation als Art Meta-Verein definieren: „Der Staat ist der Verein, der alle menschlichen Bestrebungen umschließt, so wie sie von einer Nation in einem bestimmten Stadium ihrer Entwicklung verstanden und ausgeübt werden." Die Analogie Staat - Verein paßte zu der stark föderalistischen Ausrichtung des Nationsverständnisses vor allem der südwestdeutschen Kammer-Liberalen. Ihre Nation war nicht der zentralistische Wirtschaftsraum unter preußischer Hegemonie, wie ihn etwa Friedrich List forderte, sondern ein Rechtsverband der Einzelstaaten, die, wie Mitglieder eines Vereins, ihre Individualität behielten. Ohne Zweifel geriet dieser föderalistisch-individualistische Nationalismus jedoch spätestens 1848 in die Defensive. Die organisatorische Formierung der Arbeiterbewegung, die Auswirkungen der Reichs-Einigungskriege auf das öffentliche Bewußt-

---

[39] Für das 16. Jahrhundert formuliert diese Kritik am Verrechtlichungsprozeß zum Beispiel Horst Raabe, Reich und Glaubensspaltung. Deutschland 1500-1600, München 1989.

sein, das allgemeine Männer-Wahlrecht von 1871 sowie die Entstehung rechter nationalistischer Massenverbände im Wilhelminismus schien liberale Ideale eines individualistischen Föderalismus *ad absurdum* zu führen. Dennoch wurde gerade im neuen Reich von 1871 wieder an die Verbindung zwischen föderalem Rechtsstaatdiskurs und bewußt kleinen, fast intimen politischen Handlungsräumen angeknüpft. Die Erforschung der politischen Funktion regionaler Identitäten im Kaiserreich steckt insgesamt erst in den Anfängen.[40] Es wäre daher verfrüht, ohne entsprechende Spezialstudien allgemeingültige Aussagen treffen zu wollen. Hier soll anhand eines charakteristischen Beispiels eine mögliche Forschungsrichtung angedeutet werden.

Die Freie und Hansestadt Hamburg stellte innerhalb des Deutschen Reiches einerseits einen Sonderfall dar. Hamburg war die einzige alte Hansestadt des Reiches, die, anders als etwa das benachbarte Lübeck, auf dem Höhepunkt der Industrialisierung Deutschlands zu einem florierenden Wirtschafts-Zentrum wurde. Doch gerade aufgrund dieser besonderen Stellung wurde Hamburg zum Schauplatz eines ideologischen Konflikts, der symptomatisch für die Identitätsproblematik des Wilhelminischen Reiches insgesamt war. Als größter Freihafen des Kontinents wurde Hamburg zur Speerspitze des wilhelminischen Projektes, das Deutsche Reich zu einer 'seagoing nation' zu machen. Die forcierte Kriegsflottenrüstung der Tirpitz-Ära war ein Teilaspekt dieser Neuorientierung. Aber wenn auch die Finanzierung der Kriegsflotte im Vordergrund der politischen Kontroversen im Reichstag stand, bedeutsamer war wahrscheinlich der rasante Auf- und Ausbau der zivilen Flotte. Anders als in England mußte die neue Flottenideologie in Deutschland als ein traditionsfreies Projekt der Moderne angesehen werden; ideologisch ließ sie sich mit den liberalen Vorstellungen eines weltoffenen Handelsbürgertums verbinden. Auch in England wurde oft weniger Tirpitz als Albert Ballin, der Chef der HAPAG, der damals größten Reederei, als ernsthafter Konkurrent des eigenen Vorherrschaftsanspruchs gesehen. In diesem von der deutschen und der internationalen Öffentlichkeit mit Spannung verfolgtem Wettrennen war der sich geradezu überschlagende Ausbau der Passagierdampferflotte der beiden deutschen Großreedereien, der HAPAG und des Bremer Lloyds, die spektakulärste Entwicklung. Die Namen der neuen Dampfer reflektieren den Reichspatriotismus bzw. die monarchistische Gesinnung der Auftraggeber. Als 1873 die Adler-Linie (die später mit der HAPAG fusionierte) mehrere moderne Transatlantikschiffe in England bestellte, griff man bei der Namensgebung noch einmal auf die deutsche Klassik zurück: »Goethe«, »Herder«, »Klopstock«. Zwischen 1881 und 1891 ließ der Norddeutsche Lloyd 11 Schiffe des neuen, auch noch in England entwickelten Typs der Schnelldampfer bauen. Diese Schiffe trugen Flußnamen (wie »Elbe«, »Werra«, »Aller«, »Trave«, »Lahn«), 'vaterländische' Evo-

---

[40] Eine beispielhafte Analyse, die die kulturelle 'Konstruktion' von Regionalbewußtsein im Kaiserreich als integralen Bestandteil des nationalen Diskurses versteht, bietet *Alon Confino*, The Nation as a Local Metaphor: Württemberg, Imperial Germany, and National Memory, 1871-1918, Chapel Hill 1997.

kationen. Als Antwort darauf bestellte die HAPAG unter dem wachsenden Einfluß des noch jungen Albert Ballin vier noch größere und schnellere Zweischrauben-schnelldampfer und ließ zum ersten Mal zwei davon in Deutschland bauen. Die Namen bezeichnen die monarchisch-imperiale Wende: »AUGUSTA VICTORIA« (1889), »NORMANNIA« (1890), »FÜRST BISMARCK« (1891). Der Norddeutsche Lloyd antwortete mit noch größeren, noch schnelleren Dampfern: 1896 »FRIEDRICH DER GROSSE«, 1897 »BARBAROSSA«, 1897 »KAISER WILHELM DER GROSSE«. Die auf der Stettiner Vulcan-Werft gebaute »Kaiser Wilhelm der Große« wurde von Wilhelm II. selbst getauft; der Vier-Schornstein-Dampfer gewann das Blaue Band und war mit einer unerhört prunkvollen Rokoko-Dekoration ein Höhepunkt historischer Schiffsausstattung. Damit besaß Deutschland das größte und schnellste Schiff der Welt. Obgleich dieser Schiffstyp wegen des hohen Kohleverbrauchs nicht wirtschaftlich war, ließ auch Ballin aus Prestigegründen einen Renommierdampfer mit vier Schornsteinen bauen: die »DEUTSCHLAND« (1900), die auch prompt das Blaue Band gewann. Die Antwort auf diesen 16500 BRT-Dampfer kam vom Norddeutschen Lloyd umgehend: »KAISER WILHELM II« (1903, 19300 BRT).

Die paradoxe Mischung zwischen stolz vorgezeigter technischer Moderne und historischem Rekurs auf traditionelle Vorstellungen imperialer Größe charakterisierte nicht nur die Flottenbauprogramme in Hamburg und Bremen selbst. Je mehr die Handelsflotte zum Symbol für das neue Deutschland stilisiert wurde, desto mehr entstand für die nationalen Historiker der Kaiserzeit ein prinzipielles Legitimationsproblem. Während der Wilhelminismus terminologisch und symbolisch in vielfacher Hinsicht auf das 'Alte Reich' als Legitimationsmythos zurückblickte, war doch eben dieses Alte Reich ein rein binnenländischer Staat gewesen; seine großen Handelsmetropolen und Messeplätze, Nürnberg und Augsburg, dann Leipzig und Frankfurt a. M. hatten eher Verbindung nach Süden und Osten, nach Venedig, Triest oder Prag, als nach London oder Amsterdam. Eine Ausnahme bildeten die 'randständigen' Hansestädte Lübeck, Hamburg und Bremen. Wollte man also weiterhin die Implikationen der technologischen Modernisierung für die politische Kultur Deutschlands durch ein konservatives ideologisches Gegengewicht balancieren, mußte ein 'historistisches' Konzept gefunden werden, das diese maritime Ergänzung des Reichsgedankens als legitim, als geschichtlich gerechtfertigt erscheinen ließ. Dafür bot sich die ideologische Wiederbelebung der Hanse an. Die politische Funktion dieses Geschichtsmythos ist bisher zu wenig beachtet worden; noch manche moderne historische Darstellung des Themas Hanse zeigt deutliche Spuren dieser wilhelminischen Propagandaerfindung.

„Um die Bedeutung der Überseeschiffahrt und des ungehinderten Überseehandels der Hansestädte für das Reich zu propagieren, wurde auch die vermeintlich große Rolle der mittelalterlichen Hanse für das mittelalterliche Deutsche Reich in zahllosen Monumenten, Bildern und rhetorischen Metaphern so nachhaltig beschworen und durch eine neu entstehende Hanse-Forschung untermauert, daß der Eindruck, den solche Geschichtspädagogik reichsweit gemacht hat, noch heute spürbar ist."[41] „Erst die kaiserliche Geschichtsschreibung wandte sich dem mittelalterlichen Seehandel und der mittelalterlichen Seefahrt zu. Sie schuf den Mythos von dem mächtigen Städtebund der Hanse als einer Seehandel und Seefahrt treibenden Organisation des mittelalterlichen Kaiserreiches. Er fand sehr schnell Niederschlag in populären Publikationen und war offenbar bald so allgemein bekannt, daß Architekturformen und Ikonographie zahlreicher Bauten - etwa der Speicherstadt oder der Elbbrücken in Hamburg - sowie öffentlicher Denkmäler offenbar wohlverstanden darauf anspielten: Die Hafenstädte hatten ein Interesse daran, ihre Bedeutung für das gesamte Kaiserreich auf einen solchen Mythos von der Hanse zu gründen. Das 'binnenländische' Reich legte sich nur zu gern eine ins frühe Mittelalter zurückreichende Seefahrtstradition zu."[42]

Was eine überseeorientierte Handelsstadt wie Hamburg allgemein für das 'binnenländische' Reich bedeuten konnte, das konnte die 'hansische' Weltanschauung besonders für die Flotte liefern.[43] Das heißt, daß sich der Partikularismus, der sich in Hamburgs Berufung auf seinen speziellen Status als Freie und Hansestadt ausdrückte, nicht einfach nur gegen das Reich wandte - im Gegenteil, er bezog seine Legitimation gerade aus der positiven Identifikation mit dem Wilhelminischen Staat. Das drückte sich zum Beispiel in den Zollanschlußverhandlungen der 1880er Jahre aus. Nach der Reichsgründung war Hamburg, gemäß seiner 'historischen' Sonderrolle, zunächst außerhalb der Reichszollgrenzen verblieben, d.h. die ganze Stadt hatte Freihafenstatus. Als sich Hamburg 1888 dem Reichszollgebiet anschloß und damit Zollinland wurde, wollte man die Freihafenvorteile für die Schiffswirtschaft bewahren und setzte innerhalb des Hafengebietes einen speziellen Freihafenbezirk durch. Der Zollanschluß wurde von Bismarck, der auf die Zolleinnahmen für das Reich nicht verzichten wollte, mit ziemlich brachialer Methode erzwungen, indem er Altona ins Zollgebiet einschloß, um damit den Hamburger Hafenverkehr zu blockieren. Doch die Motive waren nicht nur fiskalisch. Aus nationalen Kreisen wurde oft kritisiert, daß Städte wie Hamburg 'Brückenköpfe des Auslandes auf deutschem Boden' seien.[44]

Gegen diesen Verdacht des Reichsfeindlichkeit wehrte man sich in Hamburg mit der Freihafen- und Speicherstadtkonzeption, die vielleicht den spektakulärsten Ausdruck für den 'Hanseatischen Kompromiß' zwischen Freier Stadt und Reich, zwischen Föderalismus und nationalstaatlicher Reichseinheit darstellte: man verhielt sich durch den Zollanschluß reichskonform, mit dem Freihafen und der neuen Speicherstadt aber diente man den Sonderinteressen der nach Übersee orientierten Handels-

---

[41] *Volker Plagemann*, Einleitung: Zur Hinwendung Deutschlands nach Übersee, in: ders. (Hrsg.), Übersee: Seefahrt und Seemacht im deutschen Kaiserreich, München 1988, 13.
[42] *Ders.*, Kultur, Wissenschaft, Ideologie, in: *ebd.*, 299-308, Zitat 306.
[43] Vergleiche dazu *Rudolf Kroboth*, Flottenbau, Finanzkrise und Reichssteuerreform, 1898 bis 1914, in: *ebd.*, 37-40.
[44] Vierteljahrsschrift für Volkswirtschaft, Politik und Kulturgeschichte, Bd. C, Berlin 1888, 38.

stadt. Wilhelm II. setzte am 29.Oktober 1888 den Schlußstein am heute noch stehenden Eingangstor an der Brooksbrücke, dem Haupteingang in die Hamburger Speicherstadt. Dieses Brookstor integriert romanische Elemente in die die Speicherstadt bestimmende Backstein-Neugotik und knüpft deutlich an mittelalterliche hansestädtische Toranlagen an. Der Kaiser bescheinigte dem Hamburger Publikum die zukunftsweisende Funktion dieser hansestädtischen Ideologie, die sich mit dem wilhelminischen Imperialismus verband: „Sie sind ja Diejenigen, die das Vaterland mit unsichtbaren Banden an die fernen Weltheile weithin verknüpfen, seine Erzeugnisse herüberbringen und nicht nur das; Sie sind es, die auch unsere Gedanken und Ideen der fernen Welt mittheilen, wofür Ihnen das Vaterland seinen besonderen Dank schuldet".[45]

Es war Ausdruck des Selbstbewußtseins des Hamburger Handelsbürgertums, wenn auf der Brooksbrücke eine Statue der Hamburger Stadtgöttin 'Hammonia' gleichgroß und bedeutungsmäßig gleichrangig neben der Figur der Germania aufgestellt wurde. Hamburg präsentierte sich als 'Hafen des Reiches'. Der Neubau des Hamburger Rathauses, der zur gleichen Zeit stattfand, wurde zu einer institutionellen wie physischen Verkörperung dieser Fusion von Nationalismus und Partikularismus. Alfred Lichtwark, der damalige Direktor der Hamburger Kunsthalle - einer weiteren Gründung des Hamburger Stadtpatriziats - formulierte das 1889 so: „Das Rathaus dient nicht als Sitz einer Kommunalbehörde, sondern der Regierung eines selbständigen Staates." Der anstehende Rathausneubau wurde deshalb entsprechend symbolisch aufgeladen. Nach mehrfach unbefriedigenden Wettbewerben ging der Bauauftrag für das neue Hamburger Rathaus 1885 an ein Team von zehn Hamburger Privatarchitekten, die dem Senat einen gemeinschaftlichen Entwurf im Stile der deutschen Renaissance vorgelegt hatten und ein dazu passendes ikonographisches Programm präsentierten, in dem sich hansestädtische und Reichs-Symbolik genial miteinander verbanden.[46] Dies war kein Einzelfall. Seit den 1880er Jahren fanden in zahlreichen Städten im Deutschen Reich ähnliche Rathausneubauten statt, die der Grundkonzpetion des Hamburger Rathauses folgten.[47] Städtischer Partikularismus wurde

---

[45] Zitiert bei *Karin Maak*, 'Die Freihäfen', in: *Plagemann* (Hrsg.), Übersee (wie Anm. 41), 107-110, Zitat 110.

[46] Eine ausführliche Dokumentation des Planungsprozesses findet sich bei *Joist Grolle* (Hrsg.), Das Rathaus der Freien und Hansestadt Hamburg, Hamburg 1997.

[47] Während das Rote Rathaus von Berlin, gebaut von 1859-1870, ebenso wie das Münchener Rathaus (1867-74) und das Wiener Rathaus (Entwurf 1868/69, Bau 1872-83) noch mehr oder weniger streng neogotisch waren, folgte bald eine ganze Serie neuer Rathäuser in dem in Hamburg ikonographisch so signifikant gewordenem Stil der deutschen Renaissance. Eine Auflistung dieser Renaissance-Rathäuser kann einen Eindruck vermitteln: Wiesbaden (1882-87), Elbing (1891-94, heute zerstört), Erweiterungsbau in Krefeld (1891-93), Elberfeld/Wuppertal (1895-1900), Dessau (1896-1901), Altona (Erweiterungsbau 1896-98), Stuttgart (Wettbewerb 1895, Bau 1898-1905, mit einem Mischstil zwischen Gotik und Renaissance), Leipzig (1897-1905), Hannover (1901-13), Remscheid (1902-06), Duisburg (1902, heute zerstört), Bielefeld (1902-04, Mischstil aus Gotik und Renaissance), Lippstadt (Umbau des barocken Rathauses 1904), Karlsruhe (1905-09), Kassel (1905-09), Recklinghausen (1905-08), Dresden (neues Rathaus, 1905-10) und Kiel (1907-11). Interessanter-

dabei stets in föderalistischer Verbindung mit der Nation gedacht. Wie einer der beteiligten Hamburger Architekten, Wilhelm Hauers, es ausdrückte: „So lange die großen Anschauungen unseres Reichskanzlers von der Bedeutung kleiner, kräftig geleiteter, lebensfähiger Staaten, im deutschen Föderativstaate Geltung haben, solange ist unser Projekt gesichert".[48]

Daß die Hamburger Rathausbauer selbst als ein Verein auftraten, d.h. als eine freiwillige Vereinigung unabhängiger Architekten mit gewissen gemeinsamen Grundüberzeugungen, die sich „Rathausbaumeisterbund" nannten, ist eine zeitgerechte Pointe am Rande. Ziel der Architekten war es, durch die Struktur des Gebäudes die Verfassung der Stadtrepublik anschaulich zu machen. Zu diesem Zweck wurden alle nicht-politischen Funktionen, namentlich die Verwaltungsorgane, ausgegliedert und in Bezirksämter verlegt. Übrig blieben die Räume, die unmittelbar auf die Verfassung bezogen waren, mit dem Senat auf der einen und der Bürgerschaft auf der anderen Seite, beide im symbolischen Gleichgewicht, verbunden im Erdgeschoß durch das Bauglied einer altdeutschen Diele als Lobby. Im piano nobile gab es, im Turm des Rathauses gelegen, den 'Saal der Republiken', der in allegorischen Wandbildern die Stadtrepubliken Athen, Rom, Venedig und Amsterdam präsentierte. Dahinter lag der Festsaal, dessen Eingang durch eine Sallust-Inschrift geschmückt wurde, die sich gut in den Hamburger Partikularismus einfügte: „Concordia parvae res crescunt, discordia maximae dilabuntur" - durch Eintracht wächst auch das Kleine, durch Zwietracht zerbricht selbst das Größte. Als Wanddekoration waren für den Festsaal zunächst, in Übereinstimmung mit der Gesamtikonographie des Hauses, historische Allegorien geplant, die in der Apotheose der Stadtgöttin Hammonia über der Senatsestrade gipfeln sollten. Nach dem Tod des beauftragten Historienmalers kam es jedoch zu einer interessanten Planänderung. Man trennte sich vom Modus der Allegorie und entschied sich für eine realistischere Konzeption des Berliner Malers Hugo Vogel, der 1908 versuchte, in vier großen Wandbildern die Entwicklung Hamburgs vom Urstromtal zur modernen Hafenstadt darzustellen; statt der Hammonia sah man nun ein realistisches Bild des Hafens, in dem moderne Dampfschiffe die Segelschiffe ablösten.

Noch aufschlußreicher für das symbolische Verhältnis Nation - föderales Selbstbewußtsein ist die Außenseite des Rathauses. Auf der einen Seite zeigt sie eine explizite Reichs-Ikonographie. Die Fassade enthält große Nischen mit zwanzig bronzenen

---

weise blieben zwei Rathausneubauten derselben Epoche in Berlin (Berlin-Steglitz, 1896-97 und Berlin-Charlottenburg, Wettbewerb 1897, Bau 1899-1905) einem, z. T. allerdings jugendstilhaft eingefärbten, gotischen Stil. Ausnahme ist das Renaissance-Rathaus von Spandau von 1910-13. Eine ausführliche Dokumentation zu Renaissance-Rathäusern im Wihelminismus bietet *Martin Damus*, Das Rathaus: Architektur- und Sozialgeschichte von der Gründerzeit zur Postmoderne, Berlin 1988; vergleiche auch *G. Ulrich Großmann*, Die Renaissance der Renaissance-Baukunst, in: ders./*Petra Krutisch* (Hrsg.), Renaissance der Renaissance: Ein bürgerlicher Kunststil im 19. Jahrhundert, Bd. 1: Aufsätze, München 1992, 201-19.

[48] Wilhelm Hauers, 1885, zitiert nach *Hermann Hipp*, 'Das Rathaus der Freien und Hansestadt Hamburg', in: *Grolle*, Rathaus (wie Anm. 46), 15-5, Zitat 24.

Kaiserstatuen.[49] Dieser Demonstration der Reichsmacht wurde jedoch im rustizierten Sockelgeschoß ein bürgerliches Gegengewicht geschaffen, indem man auf die Schlußsteine der Fenster die Wappen der Hamburger Senatsmitglieder des Jahres 1892 setzte. Auf die Fenstergiebel des Hauptgeschosses stellte man außerdem Halbfiguren mit Attributen der verschiedenen Handwerke, die die wirtschaftliche Kraft der Stadt verkörpern sollten. Hinzu traten die Schutzheiligen der sieben alten Hamburger Kirchspiele und Tugendallegorien. Der Turm, ausdrücklich als Wahrzeichen der Bürgerfreiheit konzipiert, zeigte nach allen Seiten das Wappen Hamburgs, aber auf der Spitze saß wiederum der Reichsadler.

Diese Synthese von Nation als rechtlichem Rahmen einerseits und kleiner Einheit, in der eine bürgerliche Politik der Intimität noch möglich schien, andererseits war auf die Bedürfnisse des Hamburger Stadtpatriziats im Wilhelminismus zugeschnitten. Doch sie war keineswegs eine Erfindung dieses Zeitalters. Eine ganz ähnliche Berufung auf ein aus der Renaissance abgeleitetes föderales Nationsverständnis, das einzelstaatliche Individualität im Rechtsverband des Reiches zum Ziel hatte, gab es bereits im 18. Jahrhundert. In diesem Zusammenhang sei noch einmal an das sogenannte 'Gotische' oder 'Altdeutsche Haus' in Wörlitz erinnert. Als Franz von Anhalt-Dessau 1765 damit begann, die Umgebung von Wörlitz in eine klassizistische Kultur- und Nutzlandschaft zu verwandeln, entstand zuerst ein palladianisches Schloß. Diese klassizistische Norm-Architektur und ein elaboriertes Bildprogramm, das sie begleitete, drückten das idealistische und universalistische Konzept eines aufklärerischen Humanismus aus. Unmittelbar nach Fertigstellung des Schlosses wurde dieses kosmopolitische Architektursymbol durch ein nationales ergänzt. Das sogenannte Altdeutsche Haus war ein politisch-programmatischer Stilverbund aus englischer Tudor-Gotik und norddeutscher, stadtbürgerlicher Backsteinarchitektur aus der Renaissance. Im Inneren des Altdeutschen Hauses wurde dieses Programm durch eine Ausstattung und Kunstsammlung ergänzt, die die historische Rolle der Kleinstaaten im deutschen Reich thematisierte, und außerdem durch eine umfangreiche Sammlung emblematischer Glasscheiben die Schweizer Kantonalverfassung als Modellfall für ein föderale politische Ordnung vorführte.

Wie wir bereits im Zusammenhang mit Fürstenbund und Reichsreformbewegung gesehen haben, wurde in Wörlitz Föderalismus aber keineswegs nur in abstraktrechtlichem Sinne verstanden. Er verband sich mit einem Ideal von Politik, das die empfindsame Intimität des Freundschaftsbundes auf politische Beziehungen proje-

---

[49] Mit dieser Reichsikonographie knüpfte man ebenfalls an eine alte lokale Tradition an. 1473 schmückte man das gotische, am alten Hafen der Stadt gelegene Vorgänger-Rathaus mit siebzehn auf Holz gemalten Figuren antiker römischer Kaiser. „Sie sollten die Ergebenheit der Stadt gegenüber den Oberhäuptern des Reiches anschaulich machen, zugleich aber auf angeblich garantierte Rechte und Freiheiten hinweisen." *Volker Plagemann*, Kunstgeschichte der Stadt Hamburg, Hamburg 1995, 65. Nach Anerkennung der Reichsunmittelbarkeit Hamburgs durch das Reichskammergericht 1618 wurden die Nischen zwischen den Fenstern des 1599 errichteten Erweiterungsbaus mit fünfzehn Statuen deutscher Kaiser ausgestattet. Ebd., 171.

zierte. Auch die bürgerlichen Lese- und Debattiergesellschaften des frühen 19. Jahrhunderts operierten noch in sehr überschaubaren Dimensionen, die einen individualistischen Diskussionsstil ermöglichten - wie ihn Habermas für die idealtypische bürgerliche Öffentlichkeit postuliert - aber gleichzeitig größere Teile der Bevölkerung von diesem politischen Diskurs ausschlossen. Als das Vereinswesen im Wilhelminismus jedoch selbst zu einem Massenphänomen wurde, in dessen Rahmen die Dialektik zwischen Individuum und Gemeinschaft einseitig zu Gunsten der letzteren auszuschlagen schien, übernahmen traditionalistischere Symbole bürgerlicher Herrschaft wie die Freie Reichsstadt die Funktion des freiwilligen Bundes. Der Zweck war ähnlich. Wie unterschiedlich diese Modelle von Soziabilität auch definiert waren, und wie sehr sie auch selbst einem breiten gesellschaftlichen Wandel unterworfen waren - sie behaupteten doch, in immer wieder neuer Form, ihre konstitutive Rolle für den föderalen Nationalismus in Deutschland.

Es ist also wenig überraschend, daß die sozialen Ausschlußmechanismen diese politischen Denkungsart zunehmend offensichtlicher wurden. Im ausgehenden 19. Jahrhundert wurden sie sogar bewußt gegen die Massengesellschaft mobilisiert. Auf der einen Seite verteidigte man in Hamburg das Ideal eines gebildeten und paternalistischen Dilletantismus, das der interventionistischen Politik der professionellen preußischen Verwaltung bewußt entgegengesetzt wurde. Dazu bietet der von Richard Evans dokumentierte hamburgisch-preußische Streit um die Cholera-Bekämpfung reiches Anschauungsmaterial.[50] Doch die Auseinandersetzung mit Preußen darf nicht darüber hinwegtäuschen, daß es den Hamburger Stadtvätern auf innenpolitischer Ebene darum ging, die Hamburger Politik exklusiv bürgerlich zu halten, d.h. konkret, die Sozialdemokratie von der Regierung auszuschließen. Diese soziale Auseinandersetzung war eng mit der Föderalismus-Frage verbunden. Das relativ konservativ-elitäre Regierungssystem der Hansestadt wurde ja gerade deswegen so erbittert verteidigt, weil ein massiver Zustrom von Arbeitern jedes Jahr das Hamburger Proletariat anwachsen ließ und die Arbeiterbewegung stärkte - der lange und bis dahin im Reich beispiellose Hamburger Hafenarbeiterstreik von 1896/7 war nur ein Symptom dieser Entwicklung; die Tatsache, daß schon 1890 alle direkt gewählten Reichstagsmandate aus Hamburg an die SPD gingen, ein anderes.

Die Arbeiterbewegung war ihrem Wesen nach universalistisch. Das hatte nicht nur abstrakt-ideologische, sondern auch ganz praktische Gründe. 1910 waren 53,5 % der im Stadtgebiet Hamburg lebenden Einwohner Zugezogene, die meisten davon ungelernte Arbeiter.[51] Bei aller Abneigung gegen den preußischen Konservativismus lag es doch in der Natur der Sache, daß die politischen Vertreter der Arbeiterbewegung national dachten und sich damit klar von der partikularen Stellung der besitzbürgerlichen Repräsentanten Hamburgs unterschieden. Selbst wo das Bürgertum in Gestalt

---

[50] *Richard Evans*, Death in Hamburg. Society and Politics in the Cholera-Years, 1830-1910, Oxford 1987.
[51] *Ilse Möller*, Hamburg, Stuttgart 1985, 71.

der Reeder und Fernhandelskaufleute über den Horizont der Stadt hinaus dachte und handelte und damit auch das Reich nach außen öffnete, in seinem Selbstverständnis blieb es auf die Stadtrepublik als seine politische, wirtschaftliche und gesellschaftliche Basis bezogen. Anders die Gewerkschaftler. Als Vertreter von Arbeitsimmigranten, die die Not und die Hoffnung auf ein erträgliches Leben nach Hamburg geführt hatte, mußten sie nicht nur der Legitimierung von Macht durch Geld in Form des auf Besitz gegründeten Wahlrechts widersprechen, sondern ebenso der Legitimierung von Macht durch Tradition, Herkommen und Historizität. Insofern mußten die Arbeiter und ihre Gewerkschaften auch dem Legitimationsversuch eigener Macht, den das Besitzbürgertum im Rathausneubau mit all seinen Traditionszeichen und -bezügen vorführte, verständnislos oder feindlich gegenüberstehen.

Föderalismus konnte für die Arbeiterschaft kein Thema sein; subkutan nahm sie die zentralstaatliche Tendenz des Wilhelminismus auf, und indem der rasant wachsende Wirtschaftsstandort Hamburg auch ein Sammelpunkt von neuen Arbeitermassen wurde, konnte Hamburg zum Zentralstandort der deutschen Arbeiterbewegung werden. 1891 hatten sich die Hamburger Gewerkschaften zum sogenannten Hamburger Gewerkschaftskartell zusammengeschlossen. Das Kartell begann 1900 mit der Planung eines zentralen Versammlungsgebäudes, das dem universalistisch-antipartikularistischen Geist der Arbeiterbewegung Ausdruck geben sollte. Im Führer durch das Hamburger Gewerkschaftshaus von 1914 heißt es: „Hamburg, das von jeher eine große Anziehungskraft auf die Binnenländer ausgeübt hat und in das darum auch die Arbeiter aus allen deutschen Gauen zusammenströmten, war der beste Nährboden für die zentralistische Richtung der Gewerkschaftsbewegung. Mancher gewerkschaftliche Zentralverband ist unter heißen Kämpfen in Hamburg zusammengeschweißt, und auch die Spitze der deutschen gewerkschaftlichen Arbeiterbewegung, die Generalkommission der Gewerkschaften Deutschlands, hatte nach ihrer Gründung lange Jahre in Hamburgs Mauern ihren Sitz."[52]

Gemäß der ursprünglichen Planung sollte das Gewerkschaftshaus auch ein Arbeiterhotel aufnehmen. Die Finanzierung kam erst zustande, als sich die sehr zögerliche SPD zur Beihilfe bereitfand. Man erwarb in der ehemaligen Vorstadt St. Georg ein Grundstück an der Straße Besenbinderhof, die auf der Oberkante des hier ziemlichen steilen Geesthangs verlief. Unterhalb des Geesthangs lag der seit 1842 durch Aufschüttungen aus dem Schutt des Hamburger Brands erschlossene Stadtteil Hammerbrook mit einem der dichtesten Etagenhausquartiere Hamburgs – hierher zogen viele der durch den Bau der Speicherstadt vom Freihafen verdrängten Menschen.[53] Eine Ausrichtung der Architektur auf die Arbeiterquartiere Hammerbrooks ist aber offenbar niemals in Erwägung gezogen worden. Man wollte nicht der Arbeiterschaft ihre

---

[52] Das Hamburger Gewerkschaftshaus. Ein Führer durch das Hamburger Gewerkschaftshaus, Hamburg 1914, 6.
[53] Vergleiche dazu *Hermann Hipp*, Freie und Hansestadt Hamburg: Geschichte, Kultur und Stadtbaukunst an Elbe und Alster, Köln 1989, 267.

Trutzburg vor Augen stellen, sondern 'adressierte' das Haus an die Stadt Hamburg, der man eine historistische Imponierfront entgegenstellte. So gesehen ist leicht verständlich, daß das 1905/06 durch den Architekten Heinrich Krug errichtete erste Gewerkschaftshaus in einer ästhetisch eher mißratenen Symbiose von Kontorhaus- und Schloßarchitektur mit barockisierendem Dekor zu beeindrucken suchte: Kontorhaus in der extrem engen Achsenstellung und der dichten Durchfensterung, Schloß in der axialsymmetrischen Anlage mit der Betonung des Mitteltraktes durch eine Kolossalordnung unten, einem dem barocken Walmdach vorgelegten Schweifgiebel oben, und in den durch barocke Turmhauben hervorgehobenen Seitenrisaliten des Mittelteils. Eine imperiale Machtgeste zeichnete vor allem den Eingang aus: monolithische Säulen aus dunkelrotem polierten Granit.

Dieser pompöse Stil stieß bei einigen Zeitgenossen auf Kritik. Selbst der von der Gewerkschaft herausgegebene Führer sprach 1914 davon, daß „die elegante Üppigkeit eines etwas wilden, modernen Barock [...] nur wenig den einfachen und schönen Gedanken von der überragenden Kraft der Organisation der Arbeiterklasse, der gerade in diesem Bau verkörpert sein sollte, charakterisieren [konnte]".[54] Auch die an der Finanzierung beteiligten SPD-Zeitung »Hamburger Echo« äußerte sich kritisch: „Die üppige Pracht eines modernisierten Barocks will nicht recht zu der Idee eines Gebäudes passen, das die Arbeiterschaft sich selbst und späteren Geschlechtern als Denkmal des Kampfes um die Besserung der sozialen Ordnung errichtete".[55]

Aber diese ästhetische Kritik, so gerechtfertigt sie 'objektiv' war, verkannte ein entscheidendes sozialpolitisches und sozialpsychologisches Motiv: Das Gewerkschaftshaus verstand sich als bewußte Antithese zum Hamburger Rathaus und benutzte dazu denselben architektonischen 'Machtgestus' des bürgerlichen Vorbildes. Der Gewerkschaftshaus-Führer von 1914 macht die beabsichtigte Stoßrichtung deutlich, indem er auf zwei ganzseitigen Fotos Abbildungen des ersten Gewerkschaftshauses und des Rathauses kommentarlos gegenüberstellte.[56] Dem entsprach die aggressive Diktion, in der der Hamburger Reichstagsabgeordnete August Bebel in seiner berühmten Einweihungsrede des Gewerkschaftshauses von 1906 das Haus als „unsere geistige Waffenschmiede" bezeichnete.[57]

---

[54] Hamburger Gewerkschaftshaus (wie Anm. 52), 13-14.
[55] 'Hamburger Echo', anläßlich der Einweihung des Gewerkschaftshauses 1906, zitiert nach 75 Jahre Gewerkschaftshaus Hamburg, hrsg. vom DGB, Hamburg 1982, 14.
[56] Der Architekt des Gewerkschaftshauses, Heinrich Krug, baute 1906/07, also unmittelbar anschließend, das benachbarte Hauptverwaltungsgebäude für die den Gewerkschaften nahestehende 'Großeinkaufsgesellschaft Deutscher Konsumvereine' (GEG). Die Architektur des GEG-Hauses ist sehr viel zurückhaltender und moderner. Das belegt noch einmal, daß der Pomp des ersten Gewerkschaftshauses weniger auf den Geschmack dieses Architekten als auf die ideologischen Wünsche der Auftraggeber zurückzuführen ist. Zur Konfrontation zwischen Rathaus und Gewerkschaftshaus vergleiche auch *Elisabeth Domansky*, Das Hamburger Gewerkschaftshaus, in: *Arno Herzig/Dieter Langewiesche/Arnold Sywottek* (Hrsg.), Arbeiter in Hamburg, Hamburg 1983, 373-384.
[57] *August Bebel*, Einweihungsrede am 29. Dezember 1906, zitiert nach: Das Haus der Hamburger Gewerkschaften, hrsg. vom DGB, Ortsausschuß Hamburg, Hamburg 1956, 23.

Natürlich gab es auch unter den Linken Kritiker, die die Problematik dieser Adaption bürgerlicher Herrschaftsarchitektur erkannten. Clara Zetkin bemerkte 1911 in einem Vortrag vor dem Bildungsausschuß der Stuttgarter Arbeiterschaft: „Unsere Gewerkschafts-, Volks- und Geschäftshäuser unterscheiden sich in ihrem Stil - Stil als äußere Form inneren Lebens gefaßt - in nichts von irgendwelchen bürgerlichen Geschäfts- oder Verkehrshäusern ... Kurz, das geistige Leben der Arbeiterklasse hat bis jetzt noch nicht den geringsten Ausdruck in der architektonischen Formensprache gefunden."[58]

Dazu kamen praktische Mängel. Das Hamburger Gewerkschaftshaus war nicht nur als ein Ort politischer Arbeit und Begegnung geplant, es sollte nicht nur Versammlungen dienen, den zahlreichen Organisationen der Arbeiterschaft Büroräume, ankommenden Arbeitern auch eine erste, wenn auch zeitlich begrenzte preiswerte Unterkunft bieten, es wollte auch ein 'Kulturhaus' sein. Doch man holte die Betriebskosten nicht annähernd herein. Ein Ergänzungsbau des Architekten Heinrich Schröder von 1912/13 war der Versuch, durch eine wirtschaftlichere Gestaltung und bessere Angebote dem Konkurs zu entgehen. Aber auch der Neubau bzw. dann der Gesamtbau wurde nicht rentabel. Das 'Hotel Gewerkschaftshaus' mußte in ein Bürohaus umgewidmet werden. Die groß ausgelegten Restaurants und das Café litten unter schlechter Auslastung. Das Problem hing eng mit der als politisches Symbol gewollten zentralistischen Konzeption des Hauses zusammen. Die meisten Hafenarbeiter wohnten viel zu weit vom Gewerkschaftshaus entfernt, um dort abends die Gastronomie oder Kulturangebote wahrzunehmen - kein Arbeiter aus Altona oder Langenhorn konnte sich die einstündige Hochbahnfahrten leisten, um zu 'seinem' Gewerkschaftshaus zu kommen.

Das Dilemma des Hamburger Gewerkschaftshauses war für die Beziehung der Arbeiterbewegung zum Reich insgesamt symptomatisch. Für die universalistische Einstellung der Gewerkschaften stand in diesem Moment noch keine realistische Alternative zum zentralistischen Nationalismus des Kaiserreiches zur Verfügung, der sich schließlich auch in der Verlagerung der Zentrale der Gewerkschaftsbewegung von Hamburg nach Berlin ausdrückte. Genauswenig wie die Sozialistische Internationale die Bewilligung der Kriegskredite verhindern konnte, genausowenig konnte sich das Hamburger Gewerkschaftskartell im Kontext des Wilhelminismus zu einer 'modernen' Architektur durchringen, wie sie Clara Zetkin forderte. „Gestalterisch blieb das überladene Gebäude [gemeint ist der Altbau] mit seinen ursprünglich helmbekrönten Risaliten und den schwellenden Barockformen, die mit jugendstiligem Dekor verschmolzen, jedoch noch kleinbürgerlichen Vorstellungen von Repräsentativität und Selbstdarstellung verhaftet [...]. Es sollte noch zwei Jahrzehnte dauern, bis das Selbstbewußtsein der Gewerkschaften mit Entwürfen wie denjenigen von Max Taut,

---

[58] *Clara Zetkin*, zit. nach *Romana Schneider*, Volkshausgedanke und Volkshausarchitektur, in: *Vittorio Magnago Lampugnani/Romana Schneider* (Hrsg.), Moderne Architektur in Deutschland 1900 bis 1950: Reform und Tradition, Stuttgart 1992, 184-99, hier 189.

Erich Mendelsohn oder Hannes Meyer auch in architektonischer Hinsicht zu einem eigenständigen Ausdruck fand."[59] Zwar gab es im Wilhelminismus schon alternative Architekturformen, die vor allem im Kontext des deutschen Werkbundes propagiert wurden. Doch die aus der Heimatbewegung entwickelte, und erst später und auch dann nur zu Teilen industriefreundlich gewendete Reformarchitektur eines Hermann Muthesius in Berlin oder Fritz Schumachers in Hamburg war zu sehr dem bürgerlichen Verständnis von Regionalismus verhaftet, um für die Gewerkschaften annehmbar zu sein.[60]

Dieselbe Problematik läßt sich auch an dem Umgang mit einem anderen prominenten National-Symbol erkennen. Durch die Burschenschaften war der Deutsche Bund von 1848-1852 zur schwarz-rot-goldenen Bundesfahne gekommen. Noch 1866 erhielt das unter Befehl des Prinzen Alexander von Hessen stehende 8. Armeekorps, die sogenannte Reichsarmee, schwarz-rot-goldene Armbinden als Erkennungszeichen. Der Norddeutsche Bund entwarf sich eine neue Fahne aus dem Schwarz-Weiß Preußens und dem Rot-Weiß der Hansestädte bzw. der reichsunmittelbaren Städte; diese schwarz-weiß-rote Fahne wurde dann 1870/71 vom Deutschen Reich übernommen, das Schwarz-Rot-Gold war als demagogisch verpönt. Die Hamburger hißten an den Masten ihrer Schiffe im Kaiserreich mit Begeisterung die schwarz-weiß-rote Flagge, weil sie ja eine Vereinigung ihrer eigenen Farben mit denen Preußens darstellte. 1924 fand im Hamburger Gewerkschaftshaus die Gründungsfeierlichkeit des Hamburger Verbandes einer Kampforganisation mit dem so rechts klingenden Namen 'Reichsbanner Schwarz-Rot-Gold' statt. Diese war von der SPD als Abwehrkraft gegen die wachsenden rechten Parteien und Organisationen gegründet worden. Natürlich wollte die SPD mit ihrem 'Reichsbanner' an die demokratischen Traditionen von 1848 anknüpfen, aber es war auch ein deutliches Bekenntnis zum Reich, denn man verstand diese Farben ja als die alten Reichsfarben.

Der Grundkonflikt zwischen bürgerlich-regionalistischem Reichspatriotismus einerseits und der zentralistischen Variante der Arbeiterbewegung andererseits läßt sich nicht als einfache Dichotomie zwischen Moderne und Anti-Moderne bestimmen. Aus unterschiedlichen Gründen waren die Argumentationsmuster beider Richtungen zumindest formal relativ traditionalistisch. Gleichzeitig eröffneten beide Varianten aber auch den Brückenschlag in die Moderne. So wie der Partikularismus des Hamburger Stadtpatriziats eben kein bloß rückwärtsgewandter Lokalpatriotismus war, sondern sich qua historisch legitimierter Sonderstellung der Hansestadt unmittelbar mit der

---

[59] *Ralf Lange*, Architekturführer Hamburg, Hamburg 1995, 78.
[60] Zu dem Zusammenhang zwischen den Modernisierungsvorstellungen des Deutschen Werkbundes und regionalistischer Reformarchitektur: Zwischen Kunst und Industrie. Der Deutsche Werkbund, Ausstellungskatalog, München 1975, 25-84; *Joan Campbell*, The German Werkbund: The Politics of Reform in the Applied Arts, Princeton 1978, bes. 3-81; *Frederic J. Schwartz*, The Werkbund: Design Theory and Mass Culture before the First World War, New Haven, Conn./London 1996; *Hermann Hipp*, Fritz Schumachers Hamburg: Die Reformierte Großstadt, in: Lampugnani/Schneider (Hrsg.), Architektur (wie Anm. 58), 151-83.

'modernen' Ideologie der Welthandelsmetropole verband, ebenso war der nationale Zentralismus der Gewerkschaften, bei aller Abhängigkeit von traditionellen Machtsymbolen und nationalem Pathos des Wilhelminismus, gleichzeitig auch die Grundlage für einen modernen Universalismus, der weder lokale noch nationale Sonderrechte gelten ließ.

Bei diesen Beobachtungen kann es nicht darum gehen, Kausalverbindungen zwischen Föderalismusentwürfen verschiedener Epochen zu suggerieren - solche gab es nicht. Die politische Entwicklung Deutschlands war nicht nur von dem Bruch zwischen Früher und Später Neuzeit durch Napoleon, sondern von einer ganzen Kette tiefgreifender Brüche und Diskontinuitäten gekennzeichnet. Im Untersuchungszeitraum dieses Beitrages verschoben sich die gesellschaftspolitischen Grundlagen für die Diskussion um nationale Identität praktisch in jedem Jahrzehnt fundamental und unwiderruflich. Nicht nur der fragmentarische Charakter der Forschungslage verbietet deswegen jeglichen Versuch, hier eine durchgehende Entwicklungsgeschichte des deutschen Föderalismus zu entwerfen. Der Begriff der Kontinuität muß anders verstanden werden. Im Mittelpunkt des Interesses steht hier die Frage nach der Entstehung bestimmter föderalistischer Argumentationsschemata innerhalb des nationalen Diskurses und, daran anschließend, die Frage, unter welchen Bedingungen solche vorhandenen historischen Muster aktiviert und gemäß den spezifischen Bedingungen der Zeit neu ausgelegt werden konnten. In dieser, und nur in dieser Hinsicht, geht dieser Beitrag von einer Verbindung zwischen den beiden hier thematisierten Epochen der Spätaufklärung und des Wilhelminismus aus. In beiden Fällen kristallisierte sich ein Föderalismusverständnis heraus, das einerseits im Sinne der Aufklärung individualistisch und damit gesellschaftlich relativ elitär war, sich aber andererseits nicht als partikularistische Alternative zur nationalen Einheit, sondern als integraler Bestandteil nationaler Identität verstand. In beiden Fällen richtet sich das so definierte Föderalismusverständnis gegen einen zentralistischen Nationsentwurf, der sich mit der preußischen Vorherrschaft des Reiches verband. Und in beiden Fällen verband der Gegenentwurf bestimmte politische *Topoi* aus der Verfassungsgeschichte des Heiligen Römischen Reiches der Frühen Neuzeit mit spezifisch 'modernen' Vorstellungen von wirtschaftlichem Fortschritt und Weltoffenheit, die sich nicht zuletzt in der ausgeprägten Anglophilie sowohl der Fürstenbundplaner wie auch des hamburgischen Handelsbürgertums ausdrückten. Es war diese Verbindung von Tradition und Moderne, die es ermöglichte, daß der anti-zentralistische Reichsentwurf eine konstruktive Rolle bei der Genese des spätneuzeitlichen Nationalstaates Deutschland spielen konnte.

Dieter Langewiesche

Föderativer Nationalismus als Erbe der deutschen Reichsnation
Über Föderalismus und Zentralismus in der deutschen Nationalgeschichte

I.

Föderativer Nationalismus ist kein eingebürgerter Begriff. Er wird hier verwendet, um auf eine Entwicklungslinie in der deutschen Geschichte aufmerksam zu machen, die es nicht gestattet, den Wunsch nach nationaler Einheit mit der Forderung nach einem Nationalstaat gleichzusetzen. Erst mit dessen Gründung endete sie. Zuvor gab es einen Nationalismus, der zwar nach 'Einheit der deutschen Nation' rief, darunter jedoch nicht verstand, aus der staatlichen Vielfalt, in der die deutsche Nation im Unterschied etwa zur französischen oder zur spanischen seit ihren Anfängen bis 1871 existierte, einen Nationalstaat zu formen, der alle deutschen Staaten zusammenfaßt, nach außen scharf abgrenzt und nach innen kulturell homogenisiert.[1] Die Entwicklung verlief zwar in diese Richtung, am Ende der deutschen Nationsbildung stand der kleindeutsche Nationalstaat, doch nicht alle zuvor beschrittenen Wege führten dorthin und die nicht zu Ende gegangenen müssen keine historischen Sackgassen gewesen sein. Die Gründung des Nationalstaates als 'Sinn' der deutschen Nationalgeschichte vorgezeichnet zu sehen und sie nur auf dieses Ergebnis hin zu befragen, hieße, den föderativen Grundzug der deutschen Geschichte nationalstaatlich zu verzerren. Die Geburt des deutschen Nationalstaates aus drei Kriegen und der daraus erwachsene übermächtige Einheitsmythos, dessen Monumente in der wilhelminischen Ära Deutschland überzogen, haben zwar bereits im ausgehenden 19. Jahrhundert die Erinnerung an die föderativen Wurzeln der Idee einer deutschen Nation verdrängt, ihre Wirkungen jedoch nicht auslöschen können. Im Föde-

---

[1] Der Forschungsstand zur Geschichte europäischer Nationen wird in meinem einführenden Beitrag in diesem Band dargelegt. Die allgemeine Literatur wird deshalb hier nicht mehr angeführt. Vorzüglicher knapper Überblick zu Deutschland: *Elisabeth Fehrenbach*, Verfassungsstaat und Nationsbildung 1815-1871, München 1992. Zur Föderalismusforschung mit umfangreichen Literaturangaben: *Karl Möckl*, Föderalismus und Regionalismus im Europa des 19. und 20. Jahrhunderts, in: *Fried Esterbauer* u.a. (Hrsg.), Von der freien Gemeinde zum föderalistischen Europa. FS für Adolf Gasser zum 80. Geburtstag, Berlin 1983, 529-549. In europäischer Perspektive: *Heinz-Gerhard Haupt/Michael G. Müller/Stuart Woolf* (Hrsg.), Regional and National Identities in Europe in the XIXth and XXth Centuries, The Hague u.a. 1998.

ralismus des Kaiserreichs, der Politik, Gesellschaft und Kultur gleichermaßen durchdrang, lebte die Vorstellung einer Reichsnation fort, deren Besonderheit darin lag, nie staatlich geeint gewesen zu sein. Diese Vergangenheit einer Vielzahl von Staaten unter dem Dach des Heiligen Römischen Reiches Deutscher Nation schuf einen föderativen Nationalismus, den selbst der Zentralisierungsschub in Gestalt des Deutschen Reiches von 1871 nicht gänzlich brechen konnte. Diese kurze Phase des ersten deutschen Nationalstaates, die bis heute die deutschen Geschichtsbilder beherrscht,[2] obgleich sie nur einen Augenblick in der langen Geschichte der deutschen Nation umfaßt, soll hier im Mittelpunkt stehen. Die Zeit davor wird nur mit wenigen Strichen umrissen, um die Veränderungen nach 1871 charakterisieren zu können.[3]

II.

„Kein besonnener Mann erwartet wohl je in aller Zukunft einen einheitlichen deutschen Staat, das verbietet die Gegenwirkung des Auslandes, der Gegensatz der Katholiken und Protestanten, die Macht Preußens, die noch vorhandene Eigenthümlichkeit der süddeutschen und norddeutschen Stämme, aber ein stärkerer deutscher Bund ist recht wohl denkbar, ein Bund, der die nationalen Lebensbedürfnisse (nationales Recht, nationale Oekonomie, nationale Politik) befriedigt und dem Spotte der Fremden über D[eutschland] ein Ende macht."[4] Dieser nationalpolitische Kurs, den 1854 ein katholisches Lexikon als den einzig realisierbaren vorschlug, konnte noch jetzt, kurz nach dem gescheiterten Versuch, einen bundesstaatlichen Nationalstaat in Kooperation zwischen Nationalrevolution und Landesfürsten, aber ohne die angestammte deutsche Kaisermacht Österreich zu gründen, in weiten Teilen der Nationalbewegung auf Zustimmung rechnen. Zuvor dürfte sie ihn mehrheitlich verfolgt haben. Die Motive waren im einzelnen sehr unterschiedlich. Gemeinsame Grundlage war jedoch meist die Erinnerung an das viel-

---

[2] An der historiographischen Bewertung des Deutschen Bundes tritt dies markant hervor; vgl. die Einleitung in: Quellen zur Geschichte des Deutschen Bundes. Abt. III, Bd. 2: Der Deutsche Bund zwischen Reaktion und Reform 1851 - 1858. Bearb. *Jürgen Müller*, München 1998.
[3] Die Entwicklung des *föderativen Nationalismus* in der ersten Hälfte des 19. Jahrhunderts und in der Reichsgründungsära der sechziger Jahre habe ich näher ausgeführt in: Kulturelle Nationsbildung im Deutschland des 19. Jahrhunderts, in: *Manfred Hettling/Paul Nolte* (Hrsg.), Nation und Gesellschaft in Deutschland. Historische Essays, München 1996, 46-64; für einzelne Bereiche der föderal orientierten nationalen Bewegung in den vor-nationalstaatlichen Jahrzehnten des 19. Jh.s s. meine Aufsätze: „...für Volk und Vaterland kräftig zu würken..." Zur politischen und gesellschaftlichen Rolle der Turner zwischen 1811 und 1871, in: *Ommo Grupe* (Hrsg.), Kulturgut oder Körperkult? Sport und Sportwissenschaft im Wandel, Tübingen 1990, 22-61; Die schwäbische Sängerbewegung in der Gesellschaft des 19. Jahrhunderts - ein Beitrag zur kulturellen Nationsbildung, in: ZWLG 52, 1993, 257-301; in weiterer zeitlicher Perspektive: Reich, Nation und Staat in der jüngeren deutschen Geschichte, in: HZ 254, 1992, 341-381, und der Einführungsaufsatz zu diesem Band.
[4] Artikel „Deutschland" in: Herders Conversations-Lexikon Bd. 2, Freiburg i. Br. 1854, 355-364, 364.

staatliche, als Rechtsordnung aber handlungsfähige Alte Reich.[5] 'Einheit' zu fordern und zugleich die „alte Mannigfaltigkeit der Staaten deutscher Nation"[6] - so ein Anonymus im Jahre 1813 - zu preisen, schloß sich keineswegs aus. Im selben Jahr zeigte sich Wilhelm von Humboldt überzeugt, daß Deutschland immer „eine Nation, ein Volk, ein Staat bleiben" werde, ohne jedoch wie Spanien oder Frankreich „in eine Masse zusammengeschmolzen" zu werden.[7] Man konnte den „Zwergmonarchien" des Alten Reiches den Untergang wünschen, ohne die ersehnte Einheit der Nation mit Einheitsstaat zu übersetzen.[8] Der Deutsche habe eine „zweifache Nationalität". Als Teil einer aus „selbständigen Völkerstämmen zusammengesetzten Nation" sei er „Preuße, Sachse, Bayer, Hesse, Nassauer" und dann erst „Teutscher".[9] Der „homo nationalis" des „Liberalnationalismus" der ersten Hälfte des 19. Jahrhunderts war ein föderaler.[10] An der Lyrik der Befreiungskriege und in den badischen Verfassungsfesten des Vormärz läßt sich dies ebenso erkennen wie an der schwäbischen Sängerbewegung oder der süddeutschen Polenbegeisterung in den Jahren 1830 bis 1832[11]. Erst die politische Reformverweigerung der Regierungen und

[5] Grundlegend zu den Reformdebatten, in denen sich die Idee einer Reichsnation fassen läßt: *Wolfgang Burgdorf*: Reichskonstitution und Nation. Verfassungsreformprojekte für das Heilige Römische Reich Deutscher Nation im politischen Schrifttum von 1648 bis 1806, Mainz 1998; für die anschließende Phase vgl. insbes. *Gerhard Schuck*: Rheinbundpatriotismus und politische Öffentlichkeit zwischen Aufklärung und Frühliberalismus. Kontinuitätsdenken und Diskontinuitätserfahrung in den Staatsrechts- und Verfassungsdebatten der Rheinbundpublizistik, Stuttgart 1994 sowie *Jörg Echternkamp*, Der Aufstieg des deutschen Nationalismus (1770-1840), Frankfurt a. M./New York 1998. Immer noch lesenswert: *Arnold Berney*, Reichstradition und Nationalstaatsgedanke (1789-1815), in: HZ 140, 1929, 57-86. *Otto Dann*, Die Tradition des Reiches in der frühen deutschen Nationalbewegung, in: *Reinhard Elze/Pierangelo Schiera* (Hrsg.), Das Mittelalter. Ansichten, Stereotypen und Mythen zweier Völker im 19. Jh.: Deutschland und Italien, Bologna - Berlin 1988, 65-82, verengt den Bezug auf das Reich in der nationalen Bewegung des 19. Jh.s auf ein rückwärts gewandtes Denken. Dies trifft, wie hier zu zeigen versucht wird, nicht zu. Wie offen und vielgestaltig der Blick zurück war, belegen *Matthias Klug*, Rückwendung zum Mittelalter? Geschichtsbilder und historische Argumentation im politischen Katholizismus des Vormärz, Paderborn 1995 und *Stefan J. Dietrich*, Christentum und Revolution. Die christlichen Kirchen in Württemberg 1848-1852, Paderborn 1996, 103ff.
[6] Zur politischen Reformation, Germanien, 1813; zit. n. *Echternkamp*, Aufstieg (wie Anm. 5), 282. Echternkamps Studie bringt für den föderativen Grundzug in der Frühzeit der deutschen Nationalbewegung viele Belege.
[7] *Wilhelm von Humboldt*, Denkschrift über die deutsche Verfassung, in: ders., Gesammelte Werke, Bd. 11, 95-116, 98, zit. n. *Echternkamp*, Aufstieg (wie Anm. 5), 282.
[8] Das Zitat aus *Arnold Mallinckrodt*s Schrift „Was thun bey Teutschlands, bey Europa's Wiedergeburt?" (1814) nach *Echternkamp*, Aufstieg (wie Anm. 5), 283.
[9] Ueber die teutschen Gesellschaften, in: Allemannia 1815, zit. n. *Echternkamp*, Aufstieg (wie Anm. 5), 352.
[10] Dazu vor allem (mit den Zitaten) *Echternkamp*, Aufstieg (wie Anm. 5), 352 u. ö.; *Lawrence J. Flockerzie*, State-Building and Nation-Building in the „Third Germany": Saxony after the Congress of Vienna, in: Central European History 24, 1991, 268-292, spricht vom „Stamm-nationalism" (284).
[11] *Ernst Weber*, Lyrik der Befreiungskriege (1812-1815). Gesellschaftspolitische Meinungs- und Willensbildung durch Literatur, Stuttgart 1991, 147; *Paul Nolte*, Die badischen Verfassungsfeste im Vormärz. Liberalismus, Verfassungskultur und soziale Ordnung in den Gemeinden, in: *Manfred Hett-*

Fürsten führte zum Konflikt zwischen der Forderung nach 'Einheit der Nation' und der Loyalität zum Staat, in dem man lebte.[12] Dies dürfte auch für „die Mehrzahl der in den deutschen Staaten lebenden Juden" gegolten haben, die politisch eine „eher konservative Haltung" einnahm.[13] Wer für die Emanzipation kämpfte, bekannte sich zur deutschen Nation, um die einzelstaatlichen Blockaden zu umgehen. Als jedoch die erhoffte Liberalisierung 1848 erreicht schien, verlor - dies hat Mosche Zimmermann für Hamburg gezeigt - „der nationale Gedanke den größten Teil seiner Anziehungskraft".[14] Der Stadtstaat wurde wieder zum vorrangigen Handlungsraum der „Nationalhamburger", wie 1844 ein entschiedener Reformer die in Hamburg geborenen Juden genannt hatte.[15]

Da in der ersten Hälfte des 19. Jahrhunderts 'Einheit der deutschen Nation' nicht 'deutscher Nationalstaat' bedeuten mußte - das Wort *Nationalstaat* tauchte noch in der Revolution 1848/49 nicht einmal in der 'Deutschen Zeitung', „dem publizistischen Sammelbecken seiner eifrigsten Verfechter", auch nur ein einziges Mal auf[16] -, konnten der gesellschaftliche und der dynastische Nationalismus durchaus miteinander harmonieren. So arbeitete die bayerische Reichshistoriographie an einem Staatsbewußtsein, in dem die

---

ling/Paul Nolte (Hrsg.), Bürgerliche Feste. Symbolische Formen politischen Handelns im 19. Jh., Göttingen 1993, 63-94, insbes. Anm. 93: Man sprach zwar von der deutschen Nation, zeigte aber nur die badischen Landesfarben und zielte nicht auf einen deutschen Nationalstaat. *Langewiesche*, Sängerbewegung (wie Anm. 3); *ders*., Humanitäre Massenbewegung und politisches Bekenntnis. Polenbegeisterung in Südwestdeutschland 1830 - 1832 (im Druck).

[12] Beispiele dafür bieten die Entwicklung Uhlands in Württemberg und Gabriel Riessers in Hamburg; vgl. *Dieter Langewiesche*, Der deutsche Frühliberalismus und Uhland, in: *Hermann Bausinger* (Hrsg.), Ludwig Uhland. Dichter, Politiker, Gelehrter, Tübingen 1988, 135-148; *Mosche Zimmermann*, Hamburgischer Patriotismus und deutscher Nationalismus. Die Emanzipation der Juden in Hamburg 1830-1865, Hamburg 1979, 36ff.

[13] *Michael Brenner*, Vom Untertanen zum Bürger, in: *ders./Stefi Jersch-Wenzel/Michael A. Meyer*, Deutsch-Jüdische Geschichte in der Neuzeit, 2. Bd.: 1780-1871. Emanzipation und Akkulturation, München 1996, 260-284, 275.

[14] *Zimmermann*, Patriotismus (wie Anm. 12), 175. Zu 1848 vgl. *Michael Brenner*, Zwischen Revolution und rechtlicher Gleichstellung, in: Deutsch-Jüdische Geschichte 2, 288-298; *Arno Herzig*, Die Juden, in: *Christoph Dipper/Ulrich Speck* (Hrsg.), 1848 Revolution in Deutschland, Frankfurt a. M. 1998, 286-297; *Dieter Langewiesche*, Revolution und Emanzipation 1848/49: Möglichkeiten und Grenzen, in: *Franz D. Lucas* (Hrsg.), Geschichte und Geist. Fünf Essays zum Verständnis des Judentums, Berlin 1995, 11-34; *Reinhard Rürup*, Der Fortschritt und seine Grenzen. Die Revolution von 1848 und die europäischen Juden, in: *Dieter Dowe/Heinz-Gerhard Haupt/Dieter Langewiesche* (Hrsg.), Europa 1848. Revolution und Reform, Bonn 1998, 985-1005.

[15] Die Äußerung stammt von *J. G. Gallois*, Beleuchtung der Broschüre: das schwarze Buch für Christ und Jud' von B. Carlo, Hamburg 1844, 48, zit. n. *Zimmermann*, Patriotismus (wie Anm. 12), 100.

[16] *Ulrike von Hirschhausen*, Liberalismus und Nation. Die Deutsche Zeitung 1847-1850, Düsseldorf 1998, 123. Erstmals nachgewiesen wurde das Wort Nationalstaat bislang in einer Schrift Paul Pfizers von 1841; vgl. *Manfred Meyer*, Freiheit und Macht. Studien zum Nationalismus süddeutscher Liberaler 1830-1848, Frankfurt a. M. 1994, 196. Der umfangreiche Artikel „Nation, Volk, Nationalismus, Masse" in: Geschichtliche Grundbegriffe, Bd. 7, Stuttgart 1992, 141-431, achtet nicht auf die Geschichte dieses Wortes.

Dynastie und die 'bayerische Nation' nach 1806 zu Garanten einer Eigenstaatlichkeit wurden, in der sich ein spezifisch „bayerisches nationales Selbstbewußtsein" entwickelte, das die Existenz einer 'deutschen Nation' anerkannte, einen Nationalstaat jedoch als Bruch mit der Geschichte verabscheute.[17] Die Breitenwirkung, die von diesem aus der Tradition der Reichsnation geschöpften föderativen Nationalbewußtsein ausging, wurde sichtbar, als 1830 der bayerische König Ludwig I. den Grundstein zur Walhalla legte. In der Symbolik der Feiern in Regensburg verschmolzen die Stadtgeschichte mit der Geschichte des Hauses Wittelsbach und der Reichsgeschichte. Die Gipsstatue der Germania harmonierte mit einem Umzug der Schützen, die in Kostümen, die nach historischen Vorlagen geschneidert waren, reichsstädtische Wehrhaftigkeit inszenierten, und einem „vaterländischen Drama", das bayerische Geschichte vorführte. „Eine ungeheure Menge Volks", berichtet ein Augenzeuge, sah einen Festzug, in dem die „schönsten Bayerjungfrauen" mit Trachten und Erzeugnisse die „Kreise" des Landes sinnfällig machten. Wie in den Reden der bürgerlichen Honoratioren verband auch der Monarch das Bekenntnis zu den Bayern und den Deutschen: „In dieser sturmbewegten Zeit lege ich den Grundstein zu diesem Gebäude, in felsenfestem Vertrauen auf die Treue meiner Bayern; - mögen, so wie diese Steine sich zusammenfügen, alle Teutsche kräftig zusammenhalten."[18] Nach der Revolution von 1848/49, die zwar vor den Thronen und den Einzelstaaten Halt machte, sie aber zugunsten eines gemeinsamen deutschen Staates zu schwächen beabsichtigte, verfolgte Maximilian II. entschlossener als sein Vater eine Politik, die konsequent darauf zielte, „das bayerische Nationalgefühl auf alle Weise zu heben."[19]

Stärker als in allen anderen deutschen Staaten wird in Bayern erkennbar, daß sich der Prozeß der Nationsbildung in Deutschland im 19. Jahrhundert auf zwei Ebenen vollzog - „auf der gesamtdeutschen wie auf der partikularstaatlichen"[20]. Beiden stand der kirchlich

---

[17] *Ferdinand Seibt*, Die bayerische „Reichshistoriographie" und die Ideologie des deutschen Nationalstaates 1806-1918, in: ZBLG 28, 1965, 523-554, 532. Vgl. dazu auch *Wolfgang Altgeld*, Akademische 'Nordlichter'. Ein Streit um Aufklärung, Religion und Nation nach der Neueröffnung der Bayerischen Akademie der Wissenschaften im Jahre 1807, in: Archiv für Kulturgeschichte 67, 1985, 339-388.
[18] *Emanuel Schmidt*, Die Feierlichkeiten anläßlich der Grundsteinlegung zur Walhalla 1830, in: Feste in Regensburg. Von der Reformation bis in die Gegenwart, Regensburg 1986, 443-488, Zitate 451, 453.
[19] Vgl. dazu *Manfred Hanisch*, Für Fürst und Vaterland. Legitimitätsstiftung in Bayern zwischen Revolution 1848 und deutsche Einheit, München 1991, Zitat S. 1 (aus einem Schreiben Maximilians II. an Minister Theodor von Zwehl vom 9.1.1857); vgl. ders., Nationalisierung der Dynastien oder Monarchisierung der Nation? Zum Verhältnis von Monarchie und Nation in Deutschland im 19. Jh., in: *Adolf M. Birke/Lothar Kettenacker* (Hrsg.), Bürgertum, Adel und Monarchie. Wandel der Lebensformen im Zeitalter des bürgerlichen Nationalismus, München 1989, 71-91.
[20] *Volker Sellin*, Nationalbewußtsein und Partikularismus in Deutschland im 19. Jh., in: *Jan Assmann/Tonio Hölscher* (Hrsg.), Kultur und Gedächtnis, Frankfurt a. M. 1988, 241-264, 257. Die übliche negative Konnotation, die dem Begriff Partikularismus in der deutschen Sprache anhaftet, fehlt bei Sellin. Er könnte deshalb, ohne den Sinn zu verändern, durch 'Föderalismus' ersetzt werden. Zur Fundierung der dynastisch-preußischen Staatsnation in der napoleonischen Ära, die später zu einem gesamtdeutsch-nationalen Erweckungserlebnis stilisiert wurde, vgl. grundlegend *Bernd von Münchow-*

gebundene Katholizismus bis über die Mitte des 19. Jahrhunderts hinaus ablehnend gegenüber. Der „katholische Glaube", war 1848 in Württemberg zu lesen, sei „für alle Zeiten und für alle Länder bestimmt". „Er ist von allen Nationalunterschieden durchaus unabhängig [...] Gegen den Glauben der Kirche stehen keine Grenzsteine". Religiös sei der Katholik „Weltbürger", als Bürger hingegen „ein Kind seines Vaterlandes" und „begeisterter Patriot", der sich jedoch dem „Götzendienst" vor dem „goldenen Kalbe" der „Nationalität" entziehe.[21] Deshalb unterstützte die katholische Kirche in Bayern nach 1849 zwar den antirevolutionären Kurs ihres Monarchen, lehnte es jedoch ab, an einer Politik zur „Hebung des Nationalgefühls" mitzuwirken - auch nicht eines bayerischen! Hätten doch die gerade überstandenen europäischen Revolutionen in „einem unchristlichen, nationalen Gefühle ihren Ursprung" gehabt.[22] Die „Wiedergeburt des alten Reichs" fiel nicht unter dieses Verdikt gegen den modernen Nationalismus.[23] Die katholische Idee einer Reichsnation verschloß sich dem gesamtdeutschen wie dem einzelstaatlich-dynastischen Nationalismus, ohne sich jedoch der Forderung nach 'Einheit der deutschen Nation' zu versperren. Indem sie sich dabei am vielstaatlichen Alten Reich orientierte, stärkte sie den Antizentralismus in der deutschen Nationalbewegung.

Diese Haltung war nicht auf den Katholizismus begrenzt. Auch nach der Revolution von 1848/49 konnte 'Nation' auf den Einzelstaat gemünzt sein, und wenn gefordert wurde, die deutsche Nation zu einen, so darf dies nicht ohne weiteres als Vorgriff auf den späteren kleindeutschen Nationalstaat verstanden werden. Im sächsischen Landtag der fünfziger Jahre zum Beispiel bezogen Abgeordnete 'Nation' weiterhin auf den eigenen Staat, und vom Deutschen Bund erwartete man, „auch auf politischem Felde die deutschen Völker [...] wenn nicht zur Einheit, doch zur Einigkeit zu führen."[24] In der Öffentlichkeit wurde zwar über die „Duodez- oder vielmehr Centesimalstaaten" im „Lilliput-Revier Deutschlands" gespottet,[25] doch die Hoffnung auf eine Reorganisation des Deutschen Bundes, um „mehr Einheit" nicht nur in Bereichen wie Militär, Recht und Wirtschaft, sondern auch politisch durch eine gemeinsame Volksvertretung zu verwirklichen, konnte einhergehen mit der Überzeugung, die „Centralisation" sei die „unerträglichste aller Staatsformen". „Das Gemeinsamdeutsche", fuhr der anonym erschienene

Pohl, Zwischen Reform und Krieg. Untersuchung zur Bewußtseinslage in Preußen 1809-1812, Göttingen 1987.
[21] Alle Zitate aus dem „Kirchlichen Wochenblatt aus der Diöcese Rottenburg" vom 31.12. und 21.5. 1848 sowie 9.9.1849; zit. n. *Dietrich*, Christentum (wie Anm. 5), 110f.
[22] So der Erzbischof von München am 5.7.1850, zit. n. *Hanisch* , Fürst (wie Anm. 19), 271.
[23] Dies zeigt überzeugend *Dietrich*, Christentum (wie Anm. 5), Zitat 109.
[24] Vgl. dazu *Andreas Neeman*, Landtag und Politik in der Reaktionszeit. Sachsen 1849/50 bis 1866, phil. Diss. Tübingen 1998, 188, 191, 224, 415, 417 (Zitat; Sitzung v. 18.2.1858).
[25] Augsburger Allgemeine Zeitung v. 12.2.1851, zit. in: Quellen zur Geschichte des Deutschen Bundes. Abt. III, Bd. 1: Die Dresdener Konferenz und die Wiederherstellung des Deutschen Bundes 1850/51. Bearb. *Jürgen Müller*, München 1996, 209-211.

Artikel der „Deutschen Vierteljahrsschrift" von 1851 fort, „hatte bisher kein Vaterland, im Inlande und in der Fremde keine Vertretung und seit langer Zeit - keine Geschichte. Was deutsch war und deutsch bleibt, war und blieb es, weil es mit dem Staate nicht zusammenhing. Will sich deßhalb der Bund ein Daseyn gründen, das auch Bestand haben soll, will er sich ein Leben schaffen, das auch Fleisch und Blut hat, so muß ein Kreis des deutschen Thuns ausgeschieden und ihm selbständig zugewiesen werden." Dieses „Gemeinsamdeutsche" sah der Autor in einer alle Staaten übergreifenden „Nationalgesetzgebung", nicht in einem Nationalstaat, der die Einzelstaaten auslöscht.[26] Er hoffte auf eine föderativ geeinte deutsche Nation, die bereits Goethe als die einzig wünschenswerte Form der „Einheit Deutschlands" gepriesen und viele andere Dichter im 19. Jahrhundert vor Augen hatten.[27] Kultur und Wohlstand in Deutschland sah Goethe als ein Werk der staatlichen Vielfalt, die keine übermächtigen Zentren und damit auch keine rückständigen Provinzen habe aufkommen lassen.

Föderative Vielgestaltigkeit, um soziale und kulturelle Entwicklungsgefälle zu vermeiden, zugleich aber Kampf dem „verruchten Douanen- und Torhüterwesen" und gemeinsame „Volksrepräsentationen", um die deutsche Nation, „wenngleich in viele einzelne Stämme und Staaten zerteilt, dennoch durch Eintracht [...] im Innern fest, und nach außen stark" zu machen[28] - diese Sicht eine bei allen großen Unterschieden im einzelnen

---

[26] Der umfangreiche Artikel (1851, H. 3, 273-309) ist abgedruckt in: Quellen zur Geschichte des Deutschen Bundes III, 2 (wie Anm. 2), 6-38, Zitate 28, 12, 32f.

[27] *Johann Peter Eckermann*, Gespräche mit Goethe in den letzten Jahren seines Lebens, München 1984, 605 f. (23. Oktober 1828): „Mir ist nicht bange, daß Deutschland nicht eins werde; unsere guten Chausseen und künftigen Eisenbahnen werden schon das ihrige tun. Vor allen aber sei es eins in Liebe untereinander und immer sei es eins gegen den auswärtigen Feind. Es sei eins, daß der deutsche Taler und Groschen im ganzen Reich gleichen Wert habe; eins, daß mein Reisekoffer durch alle sechsunddreißig Staaten ungeöffnet passieren könne. Es sei eins, daß der städtische Reisepaß eines weimarischen Bürgers von dem Grenzbeamten eines großen Nachbarstaates nicht für unzulänglich gehalten werde, als der Paß eines *Ausländers*. Es sei von Inland und Ausland unter deutschen Staaten überall keine Rede mehr. Deutschland sei ferner eins in Maß und Gewicht, in Handel und Wandel und hundert ähnlichen Dingen, die ich nicht alle nennen kann und mag. Wenn man aber denkt, die Einheit Deutschlands bestehe darin, daß das sehr große Reich eine einzige große Residenz habe und daß diese eine große Residenz wie zum Wohl der Entwickelung einzelner großer Talente, so auch zum Wohl der großen Masse des Volkes gereiche, so ist man im Irrtum. [...] Wodurch ist Deutschland groß als durch eine bewunderungswürdige Volkskultur, die alle Teile des Reichs gleichmäßig durchdrungen hat. Sind es aber nicht die einzelnen Fürstensitze, von denen sie ausgeht und welche ihre Träger und Pfleger sind? - Gesetzt, wir hätten in Deutschland seit Jahrhunderten nur die beiden Residenzstädte Wien und Berlin oder gar nur eine, da möchte ich doch sehen, wie es um die deutsche Kultur stände, ja auch um einen überall verbreiteten Wohlstand, der mit der Kultur Hand in Hand geht." Zu Deutschlandbildern anderer Schriftsteller s. *Wilhelm Gössmann/Klaus-Hinrich Roth* (Hrsg.), Poetisierung - Politisierung. Deutschlandbilder in der Literatur bis 1848, Paderborn 1994.

[28] *H. F. Kohlrausch*, Erinnerungen aus meinem Leben, Hannover 1863, zit. nach: *Helmut König*, Zur Geschichte der bürgerlichen Nationalerziehung in Deutschland zwischen 1807 und 1815, T. 2, Berlin 1973, 332. Die beiden Bände Königs sind eine Fundgrube für die deutschen Nationsvorstellungen im frühen 19. Jh.

den föderativen Nationalismus vor der Gründung des Nationalstaates. Diese 1871 in Vergessenheit geratene Form nationalen Einheitswillens konnte bundesstaatlich oder auch staatenbündisch gewichtet sein. Daß die Idee einer föderativen Nation sich auch einem Nationalstaat einfügen würde, zeichnete sich erstmals in der Revolution von 1848/49 ab. Auf diese Herausforderung reagierten vor allem die Mittelstaaten mit dem Bestreben, ihre eigene Leistungsfähigkeit, aber auch den Deutschen Bund zu stärken, um die Widerstandskraft im „Gesammtverbande Deutschlands" gegen den „Mediatisirungsversuch" durch die deutschen Großmächte, insbesondere Preußens, zu erhöhen.[29]

Auch in der Nationalbewegung blieb nach der Revolution die föderative Grundhaltung ungebrochen. Noch 1866 zielte die Forderung, „daß Preußen an die Spitze von Deutschland gelangen muß, weil es schon die Hälfte Deutschlands unter seinem Szepter vereinigt", nicht zwangsläufig auf einen zentralistischen großpreußischen Nationalstaat, in dem die einzugliedernden Staaten zu Provinzen mediatisiert würden. Im kurhessischen Landtag erläuterte ein Befürworter dieses Weges: „Ich wünsche deshalb die Schaffung einer Zentralverfassung, welche die einzelnen Landesverfassungen ganz unter ihre Obhut, unter ihre Garantie nimmt und sie gegen Gewaltstreiche schützt. Hiernach strebt die Partei, die man die preußische nennt. Sie wollen nicht etwa einen einzigen Staat, genannt Preußen, sondern sie wollen sich unter gewissen Bedingungen Preußen anschließen. Es soll gewisse Hoheitsrechte haben, die den einzelnen kleineren Staaten doch nichts nützen. Was nützen diesen z.B. das Recht, Krieg und Frieden zu schließen oder mit auswärtigen Staaten Verträge abzuschließen? Sie können doch für sich allein keinen Gebrauch davon machen. Deshalb muß dieses Recht in eine Hand kommen, die einen würdigen Gebrauch davon machen kann. Daß man uns aus Mißverständnis oder aus bösem Willen vorwirft, wir wollten preußisch werden, ist ganz unrichtig, das fällt den Leuten unserer Partei gar nicht ein. Wir wollen auch deutsche sein und bleiben, aber wir wollen mit den anderen deutschen Staaten und namentlich mit dem größten deutschen Staate in ein innigeres Verhältnis eintreten, wir wollen die Wohltaten im weiteren Bereich genießen, welche schon die Verbindung mit Preußen durch den Zollverein hat."[30]

---

[29] Zitate aus der Denkschrift des Ministers Ludwig Frhr. von der Pfordten an den bayerischen König v. 2.3.1852, in: Quellen zur Geschichte des Deutschen Bundes III, 2 (wie Anm. 2), 725f.; die Einleitung *Müllers* bietet den besten Überblick über den dürftigen Forschungsstand zur nachrevolutionären Geschichte des Deutschen Bundes.

[30] *Hellmut Seier* (Hrsg.), Akten und Dokumente zur kurhessischen Parlaments- und Verfassungsgeschichte 1848-1866. Bearb. v. *Ulrich von Nathusius/H. Seier*, Marburg 1987, 490f. Der Abgeordnete Heinrich Henkel fügte hinzu: „Der Bismarck ist eine vorübergehende Person, und ich muß mich wundern daß auf eine solche Persönlichkeit so groß Gewicht gelegt werden kann. Es geschieht ihm damit viel zu viel Ehre. Jetzt vielleicht fällt ein Ziegel vom Dach, weg ist er. Lassen Sie uns nicht vor solchen Gespenstern erschrecken, und lassen Sie uns nicht durch ganz untergeordnete vorübergehende Rücksichten die Hauptsache aus dem Auge verlieren."

Diese Bereitschaft, sich an Preußen als Einigungsmacht anzuschließen, ohne in ihm als Provinz aufzugehen, markiert den einen Extrempol des föderativen Nationalismus seit 1848 und verweist voraus auf den Föderalismus nach 1871. Auf dem anderen Pol der nationalen Bewegung, den ein Teil der entschiedenen Linken verkörperte, sprach man von den Deutschen als einem „Föderativvolk", dessen „Genius" „keine Centralisirung und Uniformirung nach französischem Muster" zulasse. Nur wenige gingen allerdings so weit wie Ludwig Bamberger, der 1850 schrieb: „Es gibt keine deutsche Geschichte, insofern als ein Deutschland als politische Einheit in der Geschichte unbekannt ist."[31] Selbst die nationalen Feste Anfang der sechziger Jahre feierten die ersehnte Einheit der deutschen Nation in der überlieferten föderativen Gestalt.[32] Dies gilt auch für Symbolisierung der Nation im Denkmal: Es blieb in „regionalen Beziehungen und Loyalitäten" verankert.[33] Man findet diese Verbindung von Nation und Land, Region oder Stadt auch in Bereichen abseits der Politik. Als 1850 eine erste Welle von Zoogründungen einsetzte, waren sie Zeichen einer bürgerlichen Weltoffenheit, gekoppelt mit nationalem Selbstbewußtsein und städtischem Stolz auf die eigene 'Modernität'. Erst nach 1870 verengte sich diese Haltung.[34]

III.

„Nein, hier stand eine Scheidewand zwischen Stamm und Stamm. Und die Isolierung der Gruppen ging noch viel weiter, man fühlte nicht nur regional, sondern jede Stadt, jedes Dorf hatte ein eigenes Gefühl der Zusammengehörigkeit, eine eigene Prätention, eine eigene Antipathie den andern Städten und Dörfern gegenüber. Vielleicht war das bei den Süddeutschen stärker ausgeprägt als bei den Norddeutschen, aber vorhanden war es auch bei diesen."[35] Als Victor Klemperer dies erlebte, mitten im Ersten Weltkrieg, geriet

---

[31] Beide Zitate (das erste stammt von Franz Schuselka) nach *Christian Jansen*, Einheit, Macht und Freiheit. Die Paulskirchenlinke und die deutsche Politik in der nachrevolutionären Epoche, Habil. Bochum 1997, 197f. (im Druck). Jansen untersucht erstmals detailliert die nachrevolutionären Haltungen der linken Abgeordneten der Paulskirche.
[32] Vgl. *Langewiesche*, Kulturelle Nationsbildung (wie Anm. 3) und die Aufsätze von *Leo Haupts* (Die Kölner Dombaufeste 1842-1880) und *Thomas Parent* (Die Kölner Abgeordnetenfesten im preußischen Verfassungskonflikt) in: *Dieter Düding/Peter Friedemann/Paul Münch* (Hrsg.), Öffentliche Festkultur. Politische Feste in Deutschland von der Aufklärung bis zum ersten Weltkrieg, Hamburg 1988, 191-211, 259-277; zur Verbindung zwischen Huldigung an die Nation und den Landesfürsten s. auch *Hans-Walter Schmuhl*, Die Tausendjahrfeier der Stadt Braunschweig im Jahre 1861, in: *Hettling/Nolte* (Hrsg), Feste (wie Anm. 11), 124-156, 135.
[33] *Charlotte Tacke*, Denkmal im sozialen Raum. Nationale Symbole in Deutschland und Frankreich im 19. Jh., Göttingen 1995, 290. Vgl. die in Anm. 60 genannte Literatur.
[34] *Annelore Rieke-Müller/Lothar Dittrich*, Der Löwe brüllt nebenan. Die Gründung Zoologischer Gärten im deutschsprachigen Raum 1833-1869, Köln u.a. 1998. Die Autoren skizzieren auch, wie später die Idee einer deutschen Weltpolitik die Konzeption der Zoos verändert.
[35] *Victor Klemperer*, Curriculum Vitae. Jugend um 1900, Band II, Berlin 1989, 365-367; dort auch die folgenden Zitate. Die Entwicklungen, die der Abschnitt III darstellt, werden in anderer Perspektive be-

ihm „die Idee der Vaterlandsliebe" in „grausames Schwanken". Daß es „Partikularismen in Deutschland" gab, war ihm bewußt gewesen, doch sie galten ihm als eine „im Grunde überlebte, harmlose und komische Tatsache". Er selber trug „bei aller eigenen stolzen Vorliebe für mein Preußen [...] das Kartenbild des ganzen Deutschland als eine unantastbare Selbstverständlichkeit in Kopf und Herzen, sympathisierte auch stark mit dem großdeutschen Gedanken und fand es gar nicht ungerecht und ausschweifend, wenn man jetzt hier und da die Angliederung des Baltikums erwog." Nun aber zeige ihm „jeder Tag, wie stark und instinkthaft diese Spannung zwischen Preußen und Bayern in den einfachen Leuten lebte." „Was geht uns überhaupt Ostpreußen an? Gerad so viel wie China. Es liegt nicht in Bayern." Und von der Gegenseite hörte er: „Was soll man mit den Bayern anfangen? Sie sind roh, sie haben keinen Verstand, sie haben keinen guten Willen, sie sind wie die Kinder ... Deutschland? Das ist doch bloß Preußen."

Solche Äußerungen des Widerwillens, einer gemeinsamen Nation zugerechnet zu werden, hörte er nicht nur von Bayern und Preußen. Ausschlaggebend, so mußte er erfahren, waren Gruppengefühle: Aus welcher Region man komme, welcher Religion man angehöre, welchen Beruf man habe. „Man war Bauer, man war Handwerker, man war Fabrikarbeiter. Dies alles und dies allein war man mit dem Herzen; Deutscher hingegen war man nur, weil man es so in der Schule gelernt hatte, Deutschland war ein bloßes Schulwissen, ein bloßer Begriff und ein jetzt wenig beliebter" - so jedenfalls nahm der Akademiker es bei den einfachen Soldaten wahr: „Vaterland war ein Allgemeines, das die Gebildeten erdacht hatten und das nur sie im Herzen tragen konnten."

Die deutsche Nation - ein Gebildetenkonstrukt? Das ist sicher überzogen. Aber diesen innerdeutschen kulturellen und gesellschaftlichen Grenzlinien künftig nachzugehen, wäre wichtig, um das Verhältnis von Zentralismus und Föderalismus im ersten deutschen Nationalstaat angemessen ausloten zu können. Dabei wird ein föderativer Nationalismus sichtbar, der die Gründung des Nationalstaates überlebt hatte, bislang jedoch nur höchst unzureichend erforscht wurde. Die Frage nach Föderalismus und Zentralismus im deutschen Kaiserreich wird meist auf die staatliche Ordnung des jungen Nationalstaates bezogen. Verfassungskonstruktion und Verfassungsrealität werden dann untersucht, die 'Verpreußung' des Reiches oder die 'Verreichlichung' Preußens und die 'Staatssekretarisierung' seiner Regierung werden als Gegenpole betrachtet.[36]

---

handelt in: *Dieter Langewiesche*, Federalismo e centralismo nell'Impero tedesco: Stato, economia, società, cultura. Un panorama, in: Centralismo e federalismo tra Otto e Novecento. Italia e Germania a confronto, a cura di *Olive Janz/Pierangelo Schiera/Hannes Siegrist*, Bologna 1997, S. 107-123.

[36] Vgl. etwa *Richard Dietrich*, Foederalismus, Unitarismus oder Hegemonialstaat? in: *Oswald Hauser* (Hrsg.), Zur Problematik 'Preußen und das Reich', Köln 1984, 49-81; *Hans Boldt*, Deutsche Verfassungsgeschichte, Bd. 2, München ²1993, Kap. 10.

Der Blick auf die staatliche Ordnung und ihre Entwicklung ist zweifellos wichtig, doch er genügt nicht. Wer die Reichweite von Prozessen wie Unitarisierung oder Nationalisierung erkennen will, aber auch die fortdauernde Kraft einzelstaatlicher oder regionaler Traditionen[37], deren Überlebensfähigkeit durch Wandel und deren Funktionen für den neuen Nationalstaat, - wer danach fragt, darf sich nicht auf die Staatsordnung und ihre Veränderung beschränken. Um die Bedeutung von Zentralismus und Föderalismus für die Entwicklung des ersten deutschen Nationalstaates angemessen einschätzen zu können, muß vielmehr der gesamte Komplex von Staat und Politik, Wirtschaft, Gesellschaft und Kultur betrachtet werden.[38] Die folgende Skizze kann lediglich einige Problemfelder umreißen, zumal der Forschungsstand für die verschiedenen Bereiche höchst unterschiedlich ist.

1. Zentralismus und Föderalismus in der nationalstaatlichen Ordnung

Dieser Abschnitt kann kurz gehalten werden, denn neue Einsichten tauchen dazu in der Fachliteratur schon seit längerem nicht mehr auf. Den Stand der Forschung hat Thomas Nipperdey in seiner „Deutschen Geschichte" präzise zusammengefaßt, mit abwägenden und doch zugleich entschiedenen Urteilen.

Den ersten deutschen Nationalstaat charakterisiert er als ein bundesstaatliches „Gefüge von föderalen und unitarischen Zügen"[39], geprägt durch den Dualismus zwischen Preußen und dem Reich, doch mit einer preußischen Hegemonie als dem „Kernelement" der Reichsverfassung. In Preußen lagen „die Wurzeln der Macht", dennoch sei das Reich kein „Großpreußen" geworden.[40]

Eine zentrale Sperre gegen die Verpreußung des Reiches war dessen Verfassung. Als ihr „eigentliches Geheimnis" begreift Nipperdey - darin die Mehrheitsmeinung pointiert zusammenfassend - „die Konstruktion des Bundesrates als Gegenpart des Reichstags"[41]: „eine feste Barriere gegen jede Parlamentarisierung oder Quasi-Parlamentarisierung des Kanzleramtes und der Reichsleitung [...], Bollwerk des deutschen konstitutionellen, also

---

[37] Zur Unterscheidung der Begriffe Föderalismus und Regionalismus vgl. *Möckl*, Föderalismus (wie Anm. 1). In meiner Skizze steht die Frage nach der politischen, ökonomischen und soziokulturellen Spannweite einzelstaatlich-föderativer Prägungen im Nationalstaat im Vordergrund. Es geht also um die gesellschaftlichen Fundamente der föderativen Staats- und Gesellschaftsordnung, nicht um die regionale Binnendifferenzierung des Föderativen.
[38] Den wohl besten Gesamtüberblick mit Schwerpunkt auf der staatlichen Ordnung, aber doch darüber hinausblickend gibt *Thomas Nipperdey*, Der Föderalismus in der deutschen Geschichte, in: ders., Nachdenken über die deutsche Geschichte, München 1986, 60-109. Knapp, aber mit weiter Perspektive: *Reinhart Koselleck*, Diesseits des Nationalstaats. Föderale Strukturen der deutschen Geschichte, in: Transit. Europäische Revue, H. 7, 1994, 63-76.
[39] *Nipperdey*, Deutsche Geschichte 1866-1918, Bd. II, München 1992, 85.
[40] Ebd. 97.
[41] Ebd. 92; das folgende Zitat 93.

nichtparlamentarischen Systems, des monarchisch-bürokratischen Obrigkeitsstaates, der monarchischen Herrschaft über Parlament und Parteien." Föderalismus erscheint hier als Parlamentarisierungsblockade, eingeschrieben in die Reichsverfassung, faßbar vor allem an der Institution des Bundesrates, der derart konstruiert war, daß die Reichsgewalt in einem föderalistischen Verantwortungsnebel dem Zugriff des Reichsparlaments entzogen blieb.

Im einzelnen unterscheidet Nipperdey mit Blick auf die staatliche Ordnung vier große Komplexe im *Reichsföderalismus*: den Verwaltungsföderalismus, den Finanzföderalismus, den Kulturföderalismus und den Verfassungsföderalismus.[42] Überall verlief die Entwicklung in die gleiche Richtung: Die Reichsgewalt wurde gestärkt, die zentralisierende Unitarisierung schritt voran. Den Hauptgrund wird man - wie in der föderativen Schweiz, wo gegen Ende des 19. Jahrhunderts ebenfalls der Bund gegenüber den Kantonen neue Aufgabenfelder erhielt[43] - darin sehen dürfen, daß in der verfassungsrechtlichen Kompetenzverteilung zwischen Reich und Bundesstaaten die dynamischen Entwicklungsbereiche dem Reich zugewiesen worden sind: Recht, Wirtschaft, Militär und Soziales vor allem.

Der Interventionsstaat, der damals entstand, wurde auf der Reichsebene ausgebildet, wenngleich er in weiten Bereichen dank der föderalistischen Grundstruktur in der Verwaltung der Bundesstaaten blieb. Diese föderative Brechung der Unitarisierung gilt selbst für den Sozialversicherungsstaat, dessen Grundlagen in den achtziger Jahren durch Reichsgesetze gelegt wurden. Der Wandel von der traditionellen Armenfürsorge zur modernen Sozialversicherung, den das Reich als Gesetzgeber vorantrieb, bedeutet einen Zentralisierungsschub, doch die Last der Durchführung oblag den Kommunen. Es war für die soziale Absicherung weiterhin wichtig, wo man wohnte, denn die kommunale Sozialpolitik entschied über die Art und die Höhe der Leistungen. Welche Hilfen etwa ein alteingesessener Handwerker fand, der in wirtschaftliche Probleme geriet, oder ob seiner Witwe ein Absturz in ein Armenschicksal erspart blieb, hing nicht vom Reich ab, sondern von der Kommune, in der sie lebten.[44]

---

[42] Ebd. 86.
[43] Vgl. *Peter Stadler*, Der Föderalismus in der Schweiz. Entwicklungstendenzen im 19./20. Jahrhundert, in: *J.C. Boogman/G.N. van der Plaat* (Hrsg.), Federalism. History and Current Significance of a Form of Government, The Hague 1980, 177-188, 182ff.
[44] Vgl. etwa *Hans-Peter Jans*, Sozialpolitik und Wohlfahrtspflege in Ulm. Stadt, Verbände und Parteien auf dem Weg zur modernen Sozialstaatlichkeit, Ulm 1994 und die Beiträge in *Dieter Langewiesche* (Hrsg.), Kommunale Sozialpolitik in vergleichender Perspektive (GG 21, 1995, Heft 3). Zu den zentralen Entwicklungslinien s. vor allem *Gerhard A. Ritter*, Der Sozialstaat. Entstehung und Entwicklung im internationalen Vergleich, München ²1991. Der Forschungsstand zum Kaiserreich (auch zum Verhältnis Reich - Kommunen in der Sozialpolitik) wird vorzüglich dargestellt von *Thomas Kühne*, Das Deutsche Kaiserreich 1871-1918 und seine politische Kultur: Demokratisierung, Segmentierung, Militarisierung, in: NPL 43, 1998, 206-263.

Auch der Steuerstaat blieb im Kaiserreich weiterhin stark föderalistisch geprägt. Seit der Reichsfinanzreform von 1909 griffen zwar direkte Reichssteuern erstmals in stärkerem Maße auf den Steuerbürger durch. Doch gewichtiger waren weiterhin die bundesstaatlichen Steuern und die kommunalen Steuerzuschläge, die jeweils nach höchst unterschiedlichen Maßstäben erhoben wurden. Trotz aller Tendenzen zur Vereinheitlichung der Steuern hing das Wohlbefinden des Steuerbürgers noch gegen Ende des Kaiserreichs davon ab, in welchem Staat und in welcher Kommune er lebte. Wer 1905 über ein Einkommen von 10.000 Mark verfügte, mußte mit einem Steuersatz zwischen 3 und 15 Prozent rechnen - je nach Wohnort.[45]

Es ist also ein Unterschied, so lassen sich diese Beobachtungen verallgemeinern, ob man das Spannungsfeld nationalstaatlicher Zentralismus und bundesstaatlicher Föderalismus auf der Institutionenebene betrachtet oder zugunsten einer Wirkungsanalyse diese Ebene verläßt. In einer wirkungsgeschichtlichen Perspektive ließen sich auch dem konservativen Institutionenansatz noch neue Seiten abgewinnen. Doch dazu gibt es wenig Forschung.

2. Wirtschaftsräume

Der Nationalstaat vollendete den nationalen Wirtschaftsraum und schuf eine nationale Wirtschaftsordnung, doch „im Raumbild der Industrialisierung" findet sich „jenes der älteren Territorialstaaten" wieder, wenn auch „vielfach modifiziert".[46] Das Kaiserreich wurde zum Industriestaat, aber die ökonomischen Unterschiede zwischen den Regionen schwanden nicht, sondern wuchsen.[47] Es bestand ein wirtschaftliches Entwicklungsgefälle zwischen Ost und West in Preußen und zwischen Nord und Süd im Reich. Im Pro-Kopf-Einkommen wurden diesen regionalen Entwicklungsunterschiede für den einzelnen fühlbar, und über die Migrationsprozesse kamen sie in Gestalt von 'Regionalcharakteren' in Konflikt untereinander und damit zu Bewußtsein - etwa wenn sozialistische Gewerkschafter die 'verdammte Bedürfnislosigkeit' der gen Westen ziehenden Arbeiter aus den Ostprovinzen als Organisationshemmnis für ihre Gewerkschaftsarbeit beklagten. Dem an „Jammerlöhne gewohnten Ostelbier", der an den Niederrhein ziehe, erscheine seine dortige „Lohnsklaverei" als eine „Dorado für den Arbeiter".[48]

---

[45] Denkschriftenband zur Begründung des Entwurfs eines Gesetzes betreffend Änderungen im Finanzwesen, Teil 1, Berlin 1908, S. 781ff.; vgl. *Hans-Peter Ullmann*, Die Bürger als Steuerzahler im Deutschen Kaiserreich (Manuskript).
[46] *Gerhard A. Ritter/Klaus Tenfelde*, Arbeiter im Deutschen Kaiserreich 1871 bis 1914, Bonn 1992, 74.
[47] S. vor allem *Frank B. Tipton, Jr.*, Regional Variations in the Economic Development of Germany during the nineteenth Century, Middletown, Connecticut 1976; die Entwicklungsunterschiede „carried regions apart instead of bringing them together" (151).
[48] Aus *Otto Hues* Artikelserie „Die Metallarbeiterorganisation am Niederrhein und ihre Hemmnisse" (Metallarbeiter-Zeitung, Dezember 1896), zit. n. *Klaus Schönhoven*, Expansion und Konzentration. Stu-

Unter den sozialdemokratisch orientierten Freien Gewerkschaften, der größten Organisation unter den damaligen Gewerkschaftsrichtungen, kam es im späten Kaiserreich zwar zu einem entschiedenen Zentralisierungsprozeß, doch noch 1914 hatten von den 47 Zentralverbänden nur 30 ihren Sitz in Berlin.[49] Die anderen blieben dort, wo das Zentrum ihrer Branche war, und sechs saßen weiterhin in Hamburg. Diese „plutokratische Republik", wie sie ein Hamburger Sozialdemokrat genannt hatte, galt bis ins späte 19. Jahrhundert als die sozialdemokratische Hauptstadt des Kaiserreichs.[50] Bis 1902 hatte hier auch die Gewerkschaftszentrale, die 1890 gegründete Generalkommission, ihren Sitz. Erst 1903 zog sie nach Berlin.[51] Die neue Reichshauptstadt nahm also an Bedeutung für die beruflichen Interessenorganisationen der Arbeiter zu, aber sie wurde keineswegs zum Zentralpunkt.

Die Gewerkschaftsorganisationen lassen das Raumbild, das aus den alten Einzelstaaten erwuchs und als regionale Wirtschaftsstruktur im Kaiserreich weiterlebte, ebenso erkennen wie die Unternehmerverbände und die Verbände der Landwirte. Preußische und nichtpreußische Industrielle, so beschreibt Hans-Peter Ullmann die „regionalen Konfliktlinien" im Unternehmerlager, standen sich in den Verbänden der Schwerindustrie und der Fertigindustrie gegenüber.[52] Letztere, seit 1895 im Bund der Industriellen zusammengeschlossen, waren dezentral organisiert. Dieser Verbandsföderalismus galt als sein Markenzeichen im Kontrast zum Zentralismus der Schwerindustrie.

Der Organisationsgegensatz Zentralismus - Föderalismus findet sich auch beim Bund der Landwirte, protestantisch und im Kern ostelbisch, verglichen mit den strikt dezentral aufgebauten Bauernvereinen, die vor allem Katholiken erfaßten.[53]

3. Die Parteienlandschaft und der Föderalismus der politischen Kultur

Mit dem Reichstag war ein neues politisches Kraftfeld entstanden, das zweifellos die nationalstaatliche Zentralisierung förderte. Das gilt auch für die Parteien. Gleichwohl wurden sie keine reinen Reichsparteien. Selbst die Liberalen, die sich wie keine andere

---

dien zur Entwicklung der Freien Gewerkschaften im Wilhelminischen Deutschland 1890 bis 1914, Stuttgart 1980, 88; zu den obrigkeitsstaatlichen Organisationshemmnissen im Osten vgl. 84ff.
[49] Adressenbeilage des Correspondenzblatts der Generalkommission der Gewerkschaften Deutschlands Nr. 1. v. 2.1.1915. Grundlegend zu dem Konzentrationsprozeß: *Schönhoven*, Expansion (wie Anm. 48).
[50] Vgl. *Helga Kutz-Bauer*, Arbeiterschaft und Sozialdemokratie in Hamburg vom Gründerkrach bis zum Ende des Sozialistengesetzes, in: *Arno Herzig/Dieter Langewiesche/Arnold Sywottek* (Hrsg.), Arbeiter in Hamburg. Unterschichten, Arbeiter und Arbeiterbewegung seit dem ausgehenden 18. Jahrhundert, Hamburg 1983, 179-192, 179.
[51] Vgl. *Schönhoven*, Expansion, 305.
[52] *Hans-Peter Ullmann*, Interessenverbände in Deutschland, Frankfurt a. M. 1988, 81.
[53] Ebd. 89f.

politische Organisation mit dem neuen Nationalstaat identifizierten und ihn als ihr Werk betrachteten, besaßen weiterhin ihr Zentrum in den Einzelstaaten.[54] Der deutschen Parteienregionalismus war vor der Reichsgründung entstanden, und er wurde durch die föderalistische Grundordnung des neuen Nationalstaates gefestigt. Darin stimmt die Parteienforschung überein.[55] Karl Rohe hat diese Deutung weitergeführt. Er unterscheidet für das Kaiserreich zwischen regionalisierten Fünfparteiensystemen und einem nationalisierten Drei-Lager-System. Sie „koexistierten gleichsam nebeneinander", wobei letzteres in der milderen „süddeutschen politischen Kultur" „weniger schroff" ausgeprägt gewesen sei.[56]

Die Überzeugung, eine höhere politische Kultur zu besitzen als die Preußen, gehörte zum föderativen Glaubenskern des Süddeutschen. Man findet ihn sogar in der Sozialdemokratie, der am stärksten zentralisierten unter den deutschen Parteien und stärker auch als alle anderen Parteien auf die nationale Handlungsebene ausgerichtet. Zentralisation, so erklärte Georg von Vollmar 1893 für die bayerischen Sozialdemokraten, sei „in jeder Form freiheitsschädlich [...]. Wir sind Föderalisten, natürlich auf demokratischer Grundlage"[57].

Der Liberale Friedrich Naumann sprach 1904 von der „preußischen Polizei- und Herrenmoral", die den deutschen Süden abstoße, und er suchte nach Möglichkeiten, die „süddeutsche Lebensdemokratie" gegen die „allgemeine Zeitmoral", die er im Gleichschritt mit der preußischen Polizei- und Herrenmoral voranmarschieren sah, abzuschirmen. Er propagierte als Schutz die Förderung der kleinen und mittleren Betriebe, da die großbetriebliche Rohstoffindustrie die „Alleinherrschaft" fördere und deshalb die „demokratische Moral" zerdrücke.[58] Den möglichen Zusammenhang von Wirtschaftsstruktur und politischer Kultur und das föderative Grundmuster dieser Beziehung hatten also schon Zeitgenossen des Kaiserreichs erkannt.

In den Blick geriet ihnen auch, daß im Nationalstaat und in den Ländern zwei unterschiedliche Typen von Monarchien im Entstehen waren. Auch sie ein Indiz für die fortdauernde Prägekraft des Föderalismus in der nationalen politischen Kultur des Kaiser-

---

[54] Vgl. als Überblick die Beiträge in *Lothar Gall/Dieter Langewiesche* (Hrsg.), Liberalismus und Region. Zur Geschichte des deutschen Liberalismus im 19. Jahrhundert, München 1995; *Dieter Langewiesche*, Liberalismus in Deutschland, Frankfurt a. M. 1988, 142ff.
[55] Vgl. als Überblick mit Literaturangaben *Simone Lässig/Karl Heinrich Pohl/James Retallack* (Hrsg.), Modernisierung und Region in wilhelminischen Deutschland. Wahlen, Wahlrecht und Politische Kultur, Bielefeld 1995.
[56] *Karl Rohe*, Wahlen und Wählertraditionen in Deutschland, Frankfurt a. M. 1992, 108, 116 (Zitate). Zur Einschätzung der Position Rohes s. den Forschungsbericht *Kühnes*, Kaiserreich (wie Anm. 44).
[57] Zit. nach *G. A. Ritter*, Die Arbeiterbewegung im Wilhelminischen Reich, Berlin ²1963, 130.
[58] *Friedrich Naumann*, Der deutsche Süden, abgedruckt in: *Walter Schmitz* (Hrsg.), Die Münchner Moderne. Die literarische Szene in der 'Kunststadt' um die Jahrhundertwende, Stuttgart 1990, 81-85.

reichs. Diese beiden Typen sollen an Wilhelm II., preußischem König und deutschem Kaiser, und an seinem württembergischen Namensvetter kurz erläutert werden.[59]

Dem Württemberger war die Aura eines Herrschers von Gottes Gnaden fremd. Sein Standbild in Stuttgart trifft das recht genau: ein biederer Bürger mit zwei Spitzen, die er an der Leine führte, in der Nähe seiner Stadtvilla, die den Vergleich mit großbürgerlichen Villen nicht bestehen konnte. Der letzte württembergische König amtierte präsidial. Er entzog sich dem hochadligen Lebens- und Repräsentationsstil, den der letzte preußische König und deutsche Kaiser gegen die bürgerliche Welt zu bewahren und zugleich zeitgemäß zu erneuern suchte. Beide fügten sich auf unterschiedliche Art in die neuen Bedingungen, unter denen monarchische Amtsführung zu geschehen hatte. Der Württemberger und mancher seiner einzelstaatlichen Kollegen näherten sich einem neuen Amtsverständnis, das die künftige Rolle des Monarchen in einem demokratisierten und parlamentarisierten Staat auslotete. Der Preuße hingegen suchte die Demokratisierung von Staat und Gesellschaft zu blockieren und nutzte virtuos den Glanz höfischer Repräsentation, um die Monarchie auf die Anforderungen des neuen politischen Massenmarktes einzustellen. Beide Monarchen hatten Erfolg, obwohl beide in der Revolution untergingen. Wilhelm II. von Württemberg wurde geachtet als zurückhaltender „Bürgerkönig", eine Art gekrönter Staatspräsident mit Erbberechtigung, wie ihn 1848 viele Demokraten gewünscht, aber nicht erreicht hatten. Wilhelm II. von Preußen verkörperte als Medienkaiser ebenfalls einen neuen monarchischen Typus, der zur gleichen Zeit mit Kaiserin Victoria auch in Großbritannien entstand: als oberster Repräsentant der Nation allgegenwärtig - im großen öffentlichen Auftritt, über den die Zeitungen ausführlich berichteten, ebenso als Nippes in der guten Stube und als Habituskopie im bürgerlichen Leben. Die Öffentlichkeit honorierte beides. König und Kaiser repräsentierten zwei Typen des modernen Monarchen, die sich nicht wechselseitig ausschlossen. In ihrer Gegensätzlichkeit lassen sie vielmehr die Spannweite gesellschaftlicher Erwartungen an den Monarchen der Zukunft erkennen und an welche politischen Bedingungen die beiden Typen gebunden waren.[60]

---

[59] Der folgende Abschnitt folgt der ausführlicheren Darstellung bei *Dieter Langewiesche*, Die politische Klasse im Kaiserreich und in der Weimarer Republik (im Druck).

[60] Vgl. zur britischen Monarchie *David Cannadine*, The context, performance and meaning of ritual: the British monarchy and die 'Invention of tradition', 1820-1977, in: *Eric Hobsbawm/Terence Ranger* (Hrsg.), The Invention of Tradition, Cambridge 1983, S. 101-164; *Tom Nairn*, Britain's royal romance, in: *Raphael Samuel* (Hrsg.), Patriotism: The Making and Unmaking of British National Identity, Vol. III, London/New York 1989, 72-86. Für den Vergleich waren mir zwei unveröffentlichte Tübinger Examensarbeiten hilfreich: *Christiane Wolf*, Königin Viktoria und Kaiser Franz Joseph. Eine Untersuchung zum nationalen Symbolgehalt zweier Herrscher (1998); *Heike Schlatterer*, Wilhelm II. als Medienfigur. Der deutsche Kaiser in der Darstellung des Stuttgarter Neuen Tagblatts 1888 - 1914 (1997). Zum pseudotraditionalen Herrschaftsstil Kaiser Wilhelms II. und zu seiner 'modernen' Öffentlichkeitsarbeit vgl. auch *Rudolf Braun/David Guggerli*, Macht des Tanzes - Tanz der Mächtigen. Hoffeste und

Lebensstil und Amtsführung des Württembergers entsprachen dem Bedeutungsverlust seines Landes wie aller anderen Einzelstaaten, einschließlich Preußens, seit der Gründung des Deutschen Reiches. Die föderative Ordnung sicherte ihnen erhebliche Kompetenzen vor allem in der inneren Verwaltung, bei den Finanzen und vor allem der Kultur. Die Entwicklungsdynamik ging jedoch vom Reich und seinen wachsenden Institutionen aus. Der württembergische König akzeptierte dies und gewann damit Handlungsspielräume, die er zur Stärkung der föderativen Grundstruktur Deutschlands nutzte. Die württembergische Monarchie ging unter, obwohl keine der entscheidenden politischen Kräfte dies für notwendig hielt, doch das Bild des „monarchischen Systems" wurde im Reich geformt, nicht in den Einzelstaaten. Darin dokumentiert sich deren politischer Bedeutungsschwund. Gleichwohl blieben sie als Hort des historisch gewachsenen Föderalismus im Bewußtsein der Bevölkerung so stark verankert, daß sie die nationalstaatlichen Zentralisierungstendenzen wirksam begrenzten.

Zu diesen Grenzen gehörte, daß in Einzelstaaten wie Württemberg oder Baden parlamentarische Spielregeln besser eingeübt werden konnten als auf der Reichsebene. Gegen die Parlamentsmehrheit zu regieren, wurde nicht mehr versucht. Liberale traten in Regierungen ein und bestimmten sie, und auch die Sozialdemokratie erhielt weit bessere politische Handlungsmöglichkeiten als im Reich oder gar in Preußen. Die föderative Gestalt des ersten deutschen Nationalstaates schuf also der politischen Klasse eine Vielfalt von Bühnen. Auf ihnen waren zwar Haupt- und Nebenrollen ungleich verteilt, gleichwohl wird im föderativen Blick das Bild der politischen Klasse bunter als im zentralistischen. Allerdings erschwerte ihr die Vielzahl der Bühnen auch, in der Öffentlichkeit als stark politische Entscheidungskraft aufzutreten und wahrgenommen zu werden.

4. 'Reichsnation' und föderative Kultur

Aus dem großen Themenbereich 'Nation und Föderalismus', in dem die Forschung in den letzten Jahren stark in Bewegung gekommen ist,[61] wird hier ein einzelner, allerdings zentraler Aspekt in den Mittelpunkt gerückt. In ihm bündeln sich viele Entwicklungslinien und das Neue wird deutlich sichtbar: das Verhältnis der 'Reichsnation' zum föderativen Grundmuster der deutschen Geschichte. Es bildete sich im kulturellen Leben noch markanter ab als in den zuvor skizzierten Bereichen von Politik und Wirtschaft. Die Kernidee des am Alten Reich orientierten föderativen Nationalismus - eine geeinte deut-

---

Herrschaftszeremoniell 1550-1914, München 1993, 275ff. Die Berliner Adelsgesellschaft scheint jedoch offener für bürgerliche Kreise gewesen zu sein als etwa die Münchener oder gar die Wiener; vgl. *Christa Diemel*, Adelige Frauen im bürgerlichen Jahrhundert. Hofdamen, Stiftsdamen, Salondamen 1800-1870, Frankfurt a. M. 1998, 185ff.
[61] Vgl. mit Literaturverweisen *Dieter Langewiesche*, Nation, Nationalismus, Nationalstaat: Forschungsstand und Forschungsperspektiven, in: NPL 40, 1995, 190-236; insbes. 218f. (Region und Nation).

sche Nation ohne zentralisierenden oder gar unitarischen Nationalstaat - ging als politische Option des außerpreußischen Deutschlands mit der Gründung des Nationalstaates zwar verloren, doch ihr föderativer Grundgehalt überlebte insbesondere kulturell und trug dazu bei, den ersten deutschen Nationalstaat föderal auszugestalten.

Wie gesellschaftlich und kulturell durchdringend, alle sozialen Schichten und alle politischen Kreise erfassend, dieser Föderalismus war, läßt sich an einer Fülle von Einzelheiten erkennen. Der Föderalismus der Parteienlandschaft und der Interessenorganisationen wurden schon genannt, ebenso das Meinungsklima im außerpreußischen Deutschland, das in der politischen Kultur ein Süd-Nord-Gefälle wahrnahm. Es dokumentiert sich auch in der unterschiedlichen Anfälligkeit des Nordens und des Südens für die „Denkmalwut" und „Denkmalpest", wie manche Zeitgenossen die Flut nationaler Denkmäler nannten. Nahezu vier Fünftel aller im Kaiserreich errichteten Nationaldenkmäler entstanden in Preußen, Sachsen und den thüringischen Ländern, während der Süden sich stark zurückhielt.[62] Er verschloß sich auch dem architektonischen Wandel der Denkmäler zum völkisch-monumentalen.[63]

Als nach der Reichsgründung über angemessene ästhetische Formen von Siegesmalen debattiert wurde, mahnte ein württembergischer Föderalist: „Vor Allem nichts von diesen Kolossalprojekten, in denen die erhitzte Einbildungskraft centralisirter romanischer Völker schwelgen, die aber dem Deutschen fremdartig sind und bleiben." Es gelte, „bei uns in erster Linie das individuelle Gefühl der einzelnen Stämme, Städte, Gemeinden zum Ausdruck kommen" zu lassen.[64] Diese Stimme sprach nicht für einen schwäbischen Sonderweg. Die meisten Reichsgründungs- und Siegesdenkmäler blieben „unmittelbar lokal gebunden". Sie standen in der Stadt; national wirkten sie nur als „Gesamtmenge".[65] Die Erinnerung an die staatliche Einigung sollte weder kulturell noch politisch nivellieren. In diesem Sinne gedachte man 1872 auch in Tübingen der im 'Einigungskrieg' Gefallenen. Die Stadt und ebenso die Universität wählten württembergische Daten - den Geburtstag des 'Landesvaters und der 'Landesmutter' -, um die beiden Erinnerungstafeln in der Stiftskirche und im Universitätsgebäude der Öffentlichkeit vorzustellen. Zwei Jahre später, 1873, wurde in Tübingen das Uhland-Denkmal am 14. Juli, dem Nationalfeiertag des

---

[62] *Reinhard Alings*, Monument und Nation. Das Bild vom Nationalstaat im Medium Denkmal - zum Verhältnis von Nation und Staat im deutschen Kaiserreich 1871-1918, Berlin 1996, 87. Vgl. *Friedmann Schmoll*, Verewigte Nation. Studien zur Erinnerungskultur von Reich und Einzelstaat im württembergischen Denkmalkult des 19. Jahrhunderts, Tübingen 1995. Was die Stärke des Bismarckkultes angeht, kommen beide Studien zu unterschiedlichen Ergebnissen.
[63] *Schmoll*, Nation, 332.
[64] Wilhelm Lübke, Professor für Kunstgeschichte in Stuttgart, in: Schwäbische Kronik v. 25.8.1871, zit. n. *Schmoll*, Nation, 221. Vgl. zum Verhältnis von Nation und Land in Württemberg vor allem den Beitrag von Alon Confino in diesem Band und *ders.*, The Nation as a Local Metaphor. Württemberg, Imperial Germany, and National Memory, 1871-1918, Chapel Hill 1997.
[65] *Alings*, Monument (wie Anm. 62), 96.

besiegten 'Erbfeindes', eingeweiht und der Geehrte wurde zum Künder des deutschen Nationalstaates stilisiert, obwohl er ihn 1848 in seiner kleindeutschen Gestalt kompromißlos abgelehnt hatte. Dieser Widerspruch bestimmte auch jetzt den Festverlauf: Schwarz-Rot-Gold, die Farbe der Opposition zum preußisch-hegemonialen Reich, schmückte das Haupt Uhlands und den Festsaal, und der Demokrat Carl Mayer, die Führungsgestalt der antipreußischen, württembergischen Volkspartei, feierte die Enthüllung des Denkmals als einen „Sieg des Geistes und der Geister", der „kein Blut gekostet" habe und an den sich „kein Haß und kein Racheruf knüpft".[66] Die Distanz zum jungen Nationalstaat schwächte sich zwar in den folgenden Jahrzehnten ab, verschwand aber nicht. Der politische Kampfruf der württembergischen Demokraten „Im Reich wider das Reich" wich dem Versuch, sich föderativ zu behaupten.[67] Dies blieb weiterhin auch im Denkmal sichtbar.

Als in Tübingen 1891 ein Kaiser-Wilhelm-Turm eingeweiht wurde, verwies der Baustil auf die Bürgerlichkeit italienischer Stadtstaaten und die Ikonographie mit den Büsten Kaiser Wilhelms, Kaiser Friedrichs und König Karls auf die Verbindung von Reichs- und Landesbewußtsein.[68] Die überstaatliche Reichsnation wurde hier nicht mehr dem Nationalstaat entgegengestellt, wohl aber blieb ihre föderative Erinnerungskraft erhalten. Sie erlaubte es, vom Einzelstaat und auch von der einzelnen Stadt eine direkte Linie zum neuen Kaiser zu ziehen. Indem man ihn in die Tradition des Alten Reiches stellte, wurde der junge Nationalstaat nicht nur historisch geadelt, sondern auch entborussifiziert. Es ist deshalb kein Zufall, daß in Württemberg, das gegenüber dem Einigungskult zurückhaltend war, die Kaiserdenkmäler vor allem in den früheren Reichsstädten entstanden.[69] Doch auch in Tübingen versuchte man, die Stadt mit dem Land und dem Reich zu einer symbolischen Einheit zu verbinden, die nicht zentralistisch und unitarisch war. Als 1872

---

[66] *Kathrin Hoffmann-Curtius*, Denkmäler für Krieg und Sieg, in: Mit Gott für Kaiser, König und Vaterland. Krieg und Kriegsbild Tübingen 1870/71, Tübingen 1986, 45-58, insbes. 50-58, Zitat 56. Zu Uhland und dem Wandel des Uhland-Kultes s. die Beiträge in: *Hermann Bausinger* (Hrsg.), Ludwig Uhland. Dichter, Politiker, Gelehrter, Tübingen 1988. Zum Uhland-Denkmal in Tübingen s. auch *Schmoll*, Nation, 159-163.
[67] Vgl. als Skizze *Dieter Langewiesche*, Julius Hölder (1819-1887) und der württembergische Liberalismus zwischen Vormärz und Kaiserreich, in: Das Tagebuch Julius Hölders 1877-1880. Zum Zerfall des politischen Liberalismus in Württemberg und im Deutschen Reich, Stuttgart 1977, 1-40; Württembergische Liberale und Demokraten im 19. Jahrhundert, in: liberal 22, 1980, 513-522.
[68] *Hoffmann-Curtius*, Denkmäler (wie Anm. 66), 56; *Schmoll*, Nation (wie Anm. 61), 285-291.
[69] *Schmoll*, Nation (wie Anm. 62), 302f.: von den mehr als 400 Kaiser-Wilhelm-Denkmälern entfielen auf Württemberg nur knapp fünf Prozent. Ob man allerdings, wie Schmoll meint (303), in den überproportional zahlreichen Denkmälern in ehemaligen Reichsstädten, die erst in der napoleonischen Ära zu Württemberg kamen, ein Scheitern der württembergischen Integrationsbemühungen erkennen kann, erscheint mir zweifelhaft. Der Reichskult ließ sich in die Lokalgeschichte einfügen und wertete die Stadt nationalpolitisch auf. Nach wie vor wichtig für das Spektrum, das der Kaiserkult abdeckte: *Elisabeth Fehrenbach*, Wandlungen des deutschen Kaisergedankens 1871-1918, München 1969.

zur üblichen Feier des Geburtstages des Landesherrn an Reichsgründung und Sieg über die französischen Truppen erinnert wurde, übergaben drei Frauen im Rathaus vor der Büste des Königs dem frisch gegründeten Veteranenverein eine Fahne, die auf der Vorderseite das Stadtwappen mit den Namen von vier Schlachtorten des deutsch-französischen Krieges vereinte und auf der Rückseite Reichsadler und Kaiserkrone zeigte.[70] Die Feier zum königlichen Geburtstag geriet zwar mehr und mehr zu einer Veranstaltung städtischer Honoratioren und der Universität, doch sie trug dazu bei, das Land im Leben der Stadt kulturell gegenwärtig zu halten. So brachte das Stadttheater 1886 ein Festspiel mit Szenen aus der Geschichte Württembergs, die Landes- und Nationalgeschichte verbanden, und auch später bot das Theater zum Geburtstag des Landesherrn inszenierte Geschichtsbilder. Die Schulen blieben an diesem Tag geschlossen, Vereine feierten, die Museumsgesellschaft, das kulturelle Zentrum der Stadt, veranstaltete bis 1906 stets einen Königsball, und danach führte die Garnison diese Tradition fort. Nicht nur die christlichen Kirchen gedachten in Gottesdiensten des königlichen Geburtsfestes, auch in der Synagoge geschah dies. Zu Festessen und Bällen, weltlichen und religiösen Feiern separierte sich die Bürgerschaft, während anderes sich an alle richtete: Ausfall des Schulunterrichts und Beflaggung der Häuser, morgendliches Glockenläuten und Kanonenschüsse oder Marsch von Truppen durch die Stadt und abendlicher Zapfenstreich. Man bekannte sich zu Württemberg, seiner Geschichte und seinem Monarchen. Die Feiern der Militärvereine banden auch kleinbürgerliche Kreise und deren Familien in die Loyalitätsbezeugungen gegenüber Württemberg ein. Dies blieb bis zum Ersten Weltkrieg unverändert. Bei den Sedanfeiern trat der Verweis auf das Land sogar mit zeitlichem Abstand von der Reichsgründung verstärkt hervor. War der Festsaal zunächst mit den Reichsfarben und einer Büste des Kaisers geschmückt worden, fügten ihnen die Militärvereine, als sie ab 1890 die Organisation übernahmen, die Landesfarben und die Büste des Landesherrn hinzu. Nicht mehr „Heil Dir im Siegerkranz" wurde angestimmt, sondern die Hymne des württembergischen Königs. In Hamburg trat zur gleichen Zeit in den Festzügen das Standbild der städtischen Hammonia neben das der Germania und verdrängte es schließlich in den letzten Jahren vor dem Ersten Weltkrieg.[71] Noch vor der Jahrhundertwende

---

[70] Eine Abbildung in: *Benigna Schönhagen*, „Ich wüßte keinen besseren Wegweiser als den Sedanssieg". Reichsgründung und Militarisierung in Tübingen, in: Mit Gott (wie Anm. 66), 31. Die folgenden Informationen verdanke ich der unveröffentlichten Magisterarbeit von *Sibylle Scheuerle-Kraiss*, Königs- und Reichskult in Tübingen 1871-1913. Nationale und einzelstaatliche Feste im Vergleich. Königs- und Kaisergeburtstag, Sedantag und Bismarckgedenktage. Eine Auswertung der Tübinger Chronik, Tübingen 1998.

[71] *Gisela Jaacks*, Hermann, Barbarossa, Germania und Hammonia. Nationalsymbole in Hamburger Festzügen des Kaiserreichs, in: Beiträge zur deutschen Volks- und Altertumskunde 18, 1979, 57-66, 65f. Die Rückbesinnung auf Hamburger Traditionen zeigte sich auch darin, daß die Hamburger Senatoren zu Feierlichkeiten ab den 1890er Jahren verstärkt die alte Amtstracht trugen. Vgl. *Tobias von Elsner*, Kaisertage. Die Hamburger und das Wilhelminische Deutschland im Spiegel öffentlicher Festkul-

verkümmerte die Tübinger Sedanfeier zu einer Veranstaltung der nationalliberalen Deutschen Partei. Vor dem Ersten Weltkrieg trat schließlich die Militärparade der örtlichen Garnison an die Stelle des bürgerlichen Festzuges. Die Tübinger waren von Teilnehmern zu Zuschauern geworden. Dies galt jedoch nur für den Sedantag, während bei den jährlichen Feiern des Geburtstages des württembergischen Königs und des deutschen Kaisers die aktive Partizipation von Teilen der Einwohnerschaft nicht nachließ und sich Reichs- und Landeskult mit städtischer Selbstdarstellung verbanden.[72] Erst der Bismarck-Kult der wilhelminischen Ära verlor Württemberg aus dem Blick. Er zelebrierte den Reichsgründer als Nationalheros, der sich jeder konkreten historischen Zuordnung entzog und zum zeitlosen Symbol nationaler Eigenart geriet, vergleichbar der 'deutschen Eiche': „deutscher Mann vom Kopf bis zur Zehe, unsterblicher Staatsmann, Stamm unserer deutschen Volksart, Stolz und Hort deutschen Namens", feierte ihn 1893 Ludwig von Schwabe, Professor für klassische Philologie und Archäologie.[73] Er habe „dem deutschen Michel den Panzer angezogen, in welchem er dreinschlug wie der Erzengel Michael", hieß es in der Tübinger Festrede von 1890.[74]

tur, Frankfurt a. M. u.a. 1991, 545. Die Kölner Bürgerschaft zierte ihr 1897 eingeweihtes Denkmal Kaiser Wilhelms I. mit einer Colonia und verband so das Bekenntnis zum neuen Reich mit städtischem Traditionsbewußtsein. Weder Germania noch Victoria waren auf diesem im II. Weltkrieg zerstörten Denkmal zu sehen. Vgl. *Heiko Steuer*, Ein Reiterstandbild und seine Enthüllung. Zum ehemaligen Denkmal Kaiser Wilhelms I. in Köln, in: Bulletin der Kölner Museen 3, 1982, 27-30. Zum Denkmal und zur Einweihungsfeier vom 18. Juni 1897: Illustrierte Zeitung 2817 v. 24.6.1897 sowie die Berichte in Kölnische Zeitung, Kölnische Volkszeitung, Rheinische Zeitung sowie *Johannes Penzler* (Hrsg.), Die Reden Kaiser Wilhelms II. in den Jahren 1896.1900, Teil 2, Leipzig 1904, 52f. und die Hinweise bei *Thomas Parent*, Die Hohenzollern in Köln, Köln 1981, 110ff.
[72] Auch dies nach *Scheuerle-Kraiss*. Zum Sedanfest in Württemberg s. vor allem *Confino*, Nation (wie Anm. 64), 52ff. Allgemein dazu und zu Kaisergeburtstagen u.a. *Fritz Schellack*, Nationalfeiertage in Deutschland von 1871 bis 1945, Frankfurt a. M. u.a. 1990, Kap. II; ders. Sedan- und Kaisergeburtstage, in: *Düding/freidemann/Münch* (Hrsg.), Festkultur (wie Anm. 32), 278-297; *Monika Wienfort*, Kaisergeburtstagsfeiern am 27. Januar 1907. Bürgerliche Feste in den Städten des Deutschen Kaiserreichs, in: *Hettling/Nolte* (Hrsg.), Feste (wie Anm. 11), 157-191. Auf den föderativen Gehalt der Feiern gehen diese Studien nur beiläufig ein - im Unterschied zu *Werner Blessing*, Der monarchische Kult, politische Loyalität und die Arbeiterbewegung im deutschen Kaiserreich, in: *Gerhard A. Ritter* (Hrsg.), Arbeiterkultur, Königstein 1979, 185-203, der die Spannungen zwischen Kaisertum und Landesmonarchie in Bayern untersucht.
[73] Tübinger Chronik v. 5.4.1893, zit. n. *Scheuerle-Kraiss*, 86. Zu den Bismarcksäulen in Tübingen und Stuttgart vgl. *Schmoll*, Nation (wie Anm. 62), 322-330.
[74] Tübinger Chronik v. 3.4.1890 (Hugo von Wolf), zit. n. *Scheuerle-Kraiss*, 86. *Aribert Reimann* (Der Große Krieg der Sprachen. Untersuchungen zur historischen Semantik in Deutschland und England zur Zeit des Ersten Weltkrieges, phil. Diss. Tübingen 1997) analysiert, wie im 1. Weltkrieg der Eiserne Roland in Deutschland zu einem zentralen Element im Kriegsdiskurs wird. Im durch Bismarck gepanzerten Michel hat diese Vorstellung einen Vorläufer. Zum Bismarckkult vgl. insbes. *Hans-Walter Hedinger*, Der Bismarckkult, in: *Gunther Stephenson* (Hrsg.), Der Religionswandel unserer Zeit im Spiegel der Religionswissenschaft, Darmstadt 1976, 201-215; *Lothar Machtan* (Hrsg.), Bismarck und der deutsche Nationalmythos, Bremen 1994.

Der in Säulen und Feuertürmen „gegenwärtige Bismarck [...] ließ jede historische Konkretion und damit auch jede Begrenzung hinter sich."[75] Daraus spricht nicht nur Wille zur Weltpolitik, die über die angestammten Grenzen der Nation hinaustreibt, sondern auch, wie Wolfgang Hardtwig hervorhebt, ein „Bedrohungsgefühl", das im Völkerschlachtdenkmal von 1913 Gestalt gewann. Föderative Strukturen haben in ihm keinen Platz mehr. Deshalb konnte der Föderalismus zum Antipoden von Visionen nationaler Weltpolitik werden, denn er konstruierte eine Vorstellung von deutscher Nation, die historisch und räumlich konkret verankert blieb.

Die föderalistische Grundstruktur des Kaiserreichs, die sich an kulturellen Differenzen lebensweltlich erfahren ließ, wurde durch den Fortbestand der Einzelstaaten als Bundesstaaten institutionell gefestigt. Sie versuchten, sich gegen das wirtschaftlich, politisch und militärisch übermächtige Preußen kulturell zu behaupten. Und das mit erheblichem Erfolg. Auf den neuen Typus einer demokratiefähigen Monarchie in manchen Ländern wurden schon verwiesen. Ihren stärksten Rückhalt fanden die Landesfürsten in der Kulturpolitik. Erwähnt sei nur, daß der Großherzog von Hessen-Darmstadt sich als Kunstmäzen profilierte und seinem Bundesstaat als deutsches Zentrum des Jugendstils ein innovationsfreudiges Gesicht zu geben suchte.[76] Auch der württembergische Monarch Wilhelm II. entwickelte sich zu einer Art Kunstkönig. Als Mäzen blieb er als eigenständige Kraft wahrnehmbar, und er konnte sich zugleich von den kunstautokratischen Allüren seines preußischen Namensvetters, dem er gerne aus dem Wege ging, sichtbar absetzen.[77] Diese durch den Nationalstaat mediatisierten Fürsten fanden in der Kulturpolitik ein Refugium, in dem sie einen Ausgleich für den Verlust an politischem Einfluß suchten. Damit stärkten sie nicht nur den Kulturföderalismus, sondern untermauerten generell die föderative Grundstruktur der deutschen Gesellschaft.

Kulturpolitik war keineswegs ein Nebengleis nationaler Politik. Im späten 19. Jahrhundert entstand vielmehr als Teil eines umfassenden Interventionsstaates die Idee des Kulturstaates. Sie auszuführen war eine Leistung der Länder, wie Winfried Speitkamp an der Geschichte der Denkmalpflege gezeigt hat. Denkmalpflege wurde nicht nur eingesetzt, historisches Kulturerbe zu bewahren und in einer Zeit raschen Wandels 'Identität' zu stiften, sondern entwickelte sich zu einer „Handlungswissenschaft" und zu einer Säule moderner Staatlichkeit. Als „praktizierte Zivilisationskritik" verband sich die Denkmalpflege mit der schon vor der Jahrhundertwende florierenden Heimatschutzbewegung, trug zu neuen Theorien im Städtebau bei und organisierte sich in einem breiten Vereins-

---

[75] *Wolfgang Hardtwig*, Bürgertum, Staatssymbolik und Staatsbewußtsein im Deutschen Kaiserreich 1871-1914, in: GG 16, 1990, 269-295, 295 (auch das nächste Zitat).
[76] Vgl. etwa: Darmstadt - Ein Dokument deutscher Kunst 1901-1976, Darmstadt 1976.
[77] Vgl. *Brigit Janzen*, König Wilhelm II. als Mäzen. Kulturförderung in Württemberg um 1900, Frankfurt a. M. 1995.

wesen. Es entstanden auch neue Berufsgruppen, die sich diesen Aufgaben widmeten und gemeinsam mit dem dichten Netz von Rechtsvorschriften dazu beitrugen, daß der föderativ organisierte Denkmalschutz als Glied eines „intervenierenden Kulturstaat" auch dem Zentralisierungsschub der Weimarer Republik widerstand, die den Denkmal- und Umweltschutz erstmals als nationales Staatsziel definierte. Im Kaiserreich hingegen war dies „Vorrecht" und „Motivationsinstrument der Einzelstaaten".[78] In ihnen und den Kommunen formierte sich die Heimatbewegung, die - wie zur gleichen Zeit auch in Frankreich - die Landschaft als schützenswertes nationales Gut entdeckten. Regionale und lokale Identität wurde unter Berufung auf die Vergangenheit neu konstruiert. Damit entwarf man kein Gegenkonzept zur Nation, trug aber dazu bei, ihre kulturelle Vielgestaltigkeit zu legitimieren und zu bewahren.[79]

Kulturelle Selbstbehauptung im Nationalstaat war als Leitlinie politischen Verhaltens und als gelebter Habitus besonders ausgeprägt in Bayern. München zählten Zeitgenossen gemeinsam mit Berlin und Wien zu den deutschen Hauptorten der Moderne, und vielen galt es als die wahre deutsche Kunsthauptstadt, die ein Gegengewicht zur Hohenzollernmetropole bilde und stärker nach Frankreich als nach Preußen blicke. Dieses Gegenbild wurde von Einheimischen und Zugereisten, von Künstlern und der Tourismusbranche gleichermaßen gepflegt.[80] „München leuchtete", schrieb Thomas Mann 1903: „Die Kunst blüht, die Kunst ist an der Herrschaft, die Kunst streckt ihr rosenumwundenes Scepter über die Stadt hin und lächelt."[81] Moderner Kunstsinn und ein Volksleben, das sich dem Diktat der Zivilisationsmoderne - noch - nicht beuge: Diese Verbindung wurde immer wieder an München gerühmt und Berlin, dem „Schlußstein im gigantischen Ausbau eines eisernen Reiches", entgegengestellt: „In Berlin steht das moderne Leben auf seiner Höhe, automatisch, tadellos und blitzend wie ein vervollkommnetes Geschütz. [...] Hier steht das reine Bild des ehemaligen einfachen und gesunden Lebens vor dir." „Hier hast du den genauen Begriff von dem, was man früher als Süddeutschland bezeichnete."[82] Was bei Marcel Montandon 1902 wie ein elegischer Abschied an die „abendländische Vergangenheit" klingt - bewahrt im süddeutschen Lebensstil, der in München noch nicht untergegangen sei, feierte Theodor Lessing 1896 in seiner Hymne an Mün-

---

[78] *Winfried Speitkamp*, Die Verwaltung der Geschichte. Denkmalpflege und Staat in Deutschland 1871-1933, Göttingen 1996, Zitate S. 25, 44, 156.
[79] Vgl. *Danny Trom*, Natur und nationale Identität. Der Streit um den Schutz der 'Natur' um die Jahrhundertwende in Deutschland und Frankreich, in: *Etienne François/Hannes Siegrist/Jakob Vogel* (Hrsg.), Nation und Emotion. Deutschland und Frankreich im Vergleich. 19. und 20. Jahrhundert, Göttingen 1959, 147-167.
[80] Vgl. die Einleitung zu *Schmitz* (Hrsg.), Münchner Moderne (wie Anm. 67).
[81] Aus „Gladius Dei", zit. n. ebd., 36.
[82] *Marcel Montandon*, Das „andere Deutschland" - München (Walhalla, 1902), zit. n. *Schmitz* (Hrsg.), Münchner Moderne, 28-30; auch das folgende Zitat.

chen als die katholisch-süddeutsche Verweigerung gegenüber dem protestantisch-norddeutschen Spießbürger, der sein geordnetes Leben zur nationalen Norm erheben wolle: „Dieses Volk wusch sich nicht und badete nicht und war doch kunstnäher als die gewaschene Menschheit des Nordens, wo der Spießbürger die erste Geige spielt. Deutschlands gewaschene Bevölkerung ist nicht deutsch; sie zerfällt in feindliche Klassen, Pöbel und Bourgeoisie, aber in Baiern lebt das einige drekete Volk, von Herzen auch nicht schöner als unsre norddeutschen Proleten, aber welch schöne Namen hatten sie: Aloysius, Genoveva, Bartholomäus und Veronika [...] Katholischer Himmel goß Süßigkeit über die Grobiane."[83]

Was Theodor Lessing verklärte, empfand Victor Klemperer als peinlich. Doch in einem stimmten die beiden Norddeutschen überein: München ist ganz anders als Berlin. Als Klemperer nach der Jahrhundertwende zum Studium nach München kam, überwältigte ihn der Katholizismus des Alltags. Überall sichtbar, „färbte er auffallend, und unmittelbar nach dem Bier, das Volksleben. Mönche und Nonnen waren häufig auf der Straße zu sehen." Die erste Münchner Fronleichnamsprozession, die Klemperer miterlebte, beeindruckte ihn zutiefst, wenngleich er gemeint hatte, „so etwas könnte man nur in Italien oder Spanien, allenfalls in Österreich zu sehen bekommen." Hoch und niedrig vereine sich im Kultus. Daß jedoch auch der Universitätsrektor, geschmückt mit Talar und Amtskette, teilnahm, empfand er als Entwürdigung der Wissenschaft. Protestantisch und wissenschaftlich setzte er ebenso gleich wie deutsch und protestantisch: „wo der Katholizismus begann mit seinen Dogmen und seinem Gepränge, da begann für mich schon das Ausland." „München, so sagte ich mir, liege in Bayern, und die Bayern seien nun einmal nicht so ganz richtige Deutsche wie die Preußen, und das müsse man hinnehmen." Doch leicht fiel es ihm nicht, zumal ihn die „Masse der Feiertage", die auch die Universität eifrig in Freizeit umsetzte, stets an das andersartige Lebensgefühl des katholischen Südens erinnerte.[84]

Als der assimilierte Jude Victor Klemperer in München in die katholische „Sonderwelt"[85] eintauchte und dabei einen süddeutschen Kulturschock erlebte, hatte im deutschen Nationalstaat bereits eine „Gegenbewegung zur Rückbesinnung auf die alte Vielfalt der regionalen Kulturtraditionen" eingesetzt.[86] Durchgesetzt hat sich dieser Versuch

---

[83] Ebd. 37f.
[84] *Victor Klemperer*, Curriculum Vitae. Jugend um 1900, Bd. I, Berlin 1989, 285-288.
[85] Ebd. Bd. II, 1989, 458.
[86] *Dieter Breuer*, Deutsche Nationalliteratur und katholischer Kulturkreis, in: Klaus Garber (Hrsg.), Nation und Literatur im Europa der Frühen Neuzeit. Akten des I. Internationalen Osnabrücker Kongresses zur Kulturgeschichte der Frühen Neuzeit, Tübingen 1989, 701-715, 703; vgl. *Dieter Breuer*, Warum eigentlich keine bayerische Literaturgeschichte? Defizite der Literaturgeschichtsschreibung aus regionaler Sicht, in: *Klaus Grubmüller/Dieter Hess* (Hrsg.), Bildungsexklusivität und volkssprachliche Literatur vor Lessing - nur für Experten? Tübingen, 5-13.

des Widerrufs gegen die protestantische Verengung der deutschen Nationalliteratur, die im 18. Jahrhundert begonnen hatte und zu Beginn des 19. Jahrhunderts vollendet war, allerdings nicht - bis heute nicht. Erst die jüngere Germanistik beginnt die verschütteten Spuren, die durch die stammesbiologischen Geschichtskonstruktionen des Nationalsozialismus zusätzlich diskreditiert schienen, freizulegen.[87] Im frühneuzeitlichen Deutschland, so konnte sie zeigen, war das literarische Leben in zwei auch sprachlich getrennte Kulturkreise zerfallen. Das „Lutherisch Deutsch", das Jakob Grimm noch 1819 in der Vorrede zu seiner *Deutschen Grammatik* „den protestantischen dialekt" genannt hatte,[88] triumphierte spätestens seit der Klassik als nationale Hochsprache über die oberdeutsche Schriftsprache, die im katholischen Deutschland, ausgehend von Bayern und Österreich, gepflegt worden war. Dem „poetischen Rang der deutschen Klassik" unterlagen die anderen regionalen Idiome, die sich dem „normsetzenden Mitteldeutschen" als Schriftsprache beugen mußten. Doch die regionalen Dialektdichtungen florierten auch im 19. Jahrhundert. Und im Alltag ließ die „Normierung der deutschen Standardsprache" ohnehin viel Raum für Regionalsprachen. „Nord- und süddeutsche Intonation koexistierten gleichberechtigt. Die deutsche Sprache dient nicht im gleichen Maße wie das Englische als Kennzeichen von Klassenzugehörigkeit. Die regionale Färbung des Hochdeutschen wirkt ausgleichend gegenüber sozialen und Bildungsbarrieren." Und die deutsche Literatur bewahrte stärker als die Germanistik das „Bewußtsein des Eigenwerts der Regionen und ihrer Idiome".[89]

Auch das Bildungswesen blieb im Kaiserreich trotz aller Angleichungsprozesse föderalistisch. Und selbst im Universitätsbereich gelang es Preußen keineswegs, Berlin zum obersten Maßstab zu erheben. Im Kaiserreich bildete sich zwar ein preußisches Beziehungsnetz aus, in dem Berlin den Spitzenplatz einnahm, doch das außerpreußische Deutschland fügte sich nicht der preußischen Universitätshierarchie, sondern konkur-

---

[87] Vgl. neben den Studien Breuers und die dort zitierte Literatur auch *Norbert Mecklenburg*, Literaturräume. Thesen zur regionalen Dimension deutscher Literaturgeschichte, in: *Alois Wierlacher* (Hrsg.), Das Fremde und das Eigene. Prolegomena zu einer interkulturellen Germanistik, München 1985, 197-211.
[88] Zit. nach *Breuer*, Nationalliteratur (wie Anm. 86), 710.
[89] *Paul Hoffmann*, 'Regionalismus' und 'Weltsprache der Poesie' in der deutschen Gegenwartslyrik, in: *Lothar Fiez/Paul Hoffmann/Hans-Werner Ludwig* (Hrsg.), Regionalität, Nationalität und Internationalität in der zeitgenössischen Lyrik, Tübingen 1992, 94-113, Zitate 103f. Zum Umgang mit Dialekten in bürgerlichen Kreisen vgl. *Angelika Linke*: Sprachkultur und Bürgertum. Zur Mentalitätsgeschichte des 19. Jahrhunderts. Stuttgart-Weimar 1996. In württembergischen Gesangsvereinen wurde im späten 19. Jahrhundert zwar die dialektfreie Intonation beim Singen verlangt, doch im geselligen Leben respektierte und begrüßte man die landschaftliche Alltagssprache, den „schwäbischen Dialekt". Vgl. mit Quellenbelegen *Langewiesche*, Sängerbewegung (wie Anm. 3), 299. In Frankreich galt hingegen der Dialekt als nationalkulturell defizitär. Vgl. *Brigitte Schlieben-Lange*, Idéologie, révolution et uniformité de la langue, Liège 1996.

rierte erfolgreich.[90] Daß bis heute die Universitätsreform, die in der zweiten Hälfte des 19. Jahrhunderts die deutsche Universität zu einem internationalen Erfolgsmodell machte, ausschließlich mit dem Namen Wilhelm von Humboldt verbunden wird, zeigt einmal mehr, wie nachhaltig auch in diesem Bereich der kulturelle Föderalismus, der als nationales Grundmuster deutscher Geschichte auch noch im Zeitalter des ersten Nationalstaates vorherrschte, verdrängt worden ist. Die süddeutschen Universitäten wurden nämlich nicht minder gründlich reformiert, ohne sich an Humboldts Leitbild ausgerichtet zu haben.[91]

Gefestigt wurde dieser kulturelle Föderalismus auch durch den Fortbestand des protestantischen Kirchenföderalismus, und selbst für den Katholizismus hat man von einer „episkopalen Mainlinie"[92] gesprochen, wie auch in der jüdischen Orthodoxie des Kaiserreichs die inneren Spaltungen als „eine neue Mainlinie" galten[93]. Sichtbar wird sie nicht nur in der 'großen' Kirchen- und Religionspolitik, sondern auch in Kleinigkeiten. So besaß im Kaiserreich jede katholische Diözese ihr eigenes Kirchenliederbuch. Den Zusammenhang mit der föderativen Grundstruktur Deutschland erkannte man damals durchaus: „buntfarbig wie die Karte Deutschlands ist auch das Gesamtbild des deutschen Kirchenliedes", schrieb 1912 ein katholischer Autor.[94] Er empfand das jetzt allerdings als ein Hemmnis. „Wie schmerzlich empfindet ein jeder, der durch das Schicksal in eine andere Diözese verschlagen wird, daß er dort selten ein Lied in der gleichen Weise singen kann, wie er es von Jugend auf gelernt und geübt hat. [...] Und wie sehr gar ist uns die Möglichkeit genommen, bei gemeinsamen Kongressen, seien es nun Katholiken-, Caritas- und sonstige Verbandstage, bei allen Teilnehmern das Gefühl der Zusammengehörigkeit von innen heraus durch gemeinsame Kirchenlieder zu erwecken. Gerade in dem Punkte des Kirchengesanges mangelt den deutschen Katholiken das, was sie doch sonst vor allen andern Religionsgemeinschaften voraus haben, - die Einheit in der Allgemein-

---

[90] Vgl. *Marita Baumgarten*, Die Geistes- und Naturwissenschaften an der Universität Göttingen 1866-1914: Die Universität unter preußischer Führung, in: *W. Strobel* (Hrsg.), Die deutsche Universität im 20. Jahrhundert. Die Entwicklung einer Institution zwischen Tradition, Autonomie, historischen und sozialen Rahmenbedingungen, Greifswald 1994, 30-46, 42; *dies.*, Professoren und Universitäten im 19. Jahrhundert, Göttingen 1997.

[91] Vgl. dazu grundlegend *Sylvia Paletschek*, Die Universität Tübingen im Kaiserreich und in der Weimarer Republik. Der Wandel einer Institution und die permanente Erfindung einer Tradition, Habil. Tübingen 1997 (im Druck).

[92] *P. Ludwig Volk* SJ, Die Kirche in den deutschsprachigen Ländern (Deutschland, Österreich, Schweiz), in: Handbuch der Kirchengeschichte, Bd. VII, Hrsg. v. *Hubert Jedin/Konrad Repgen*, Freiburg u.a. 1985, 540.

[93] *Jacob Rosenheim*, Erinnerungen 1870-1920. Hrsg. *Heinrich Eisemann/Herbert N. Kruskal*, Frankfurt a. M. 1970, 39 (Zitat), ähnlich S. 81, 86.

[94] *Joseph Theele*, Vom katholischen deutschen Kirchenliede, in: Akademische Bonifatius-Correspondenz Nr. 4 v. 4.5.1912, 225; dort auch die folgenden Zitate.

heit." Der Cäcilienverein beriet deshalb, wie in allen deutschsprachigen Diözesen ein gemeinsamer Kanon von „wenigstens 25 Liedern" erreicht werden könne.

Ob der Militärdienst, der oft als ein Nationalisierungsvehikel angeführt wird, dies wirklich gewesen ist, müßte erst noch erforscht werden. Wer zum Militär einrücken mußte, blieb in bundesstaatlicher Obhut und damit eingehegt in die föderative Grundstruktur der deutschen Geschichte. Wie sehr sie noch mitten im Ersten Weltkrieg das Verhalten von Soldaten bestimmte, ist an Victor Klemperers Beobachtungen bereits illustriert worden. Als er erstmals mit dem sogenannten 'kleinen Mann' täglich in enge Berührung kam, mußte er zu seiner großen Überraschung erkennen, daß die deutsche Nation für diesen kein Leitwert war. Sollte „das Kartenbild des ganzen Deutschland", das er, der gebildete Deutsche jüdischer Herkunft - so empfand er sich damals noch, bevor ihm der antisemitische Rassismus des nationalsozialistischen Deutschland die Rückkehr zur jüdischen Identität mit Gewalt aufzwang - wie „eine unantastbare Selbstverständlichkeit in Kopf und Herzen" trug, nichts als ein Gebildetenkonstrukt sein? Victor Klemperers „Idee der Vaterlandsliebe" geriet angesichts dieser Entdeckung in „grausames Schwanken".[95] Die Forschung zur Geschichte der deutschen Nation hat sich diesem Zweifel noch nicht ausgesetzt. Den föderativen Nationalismus genauer zu erhellen, würde dazu beitragen.

IV.

Wie wird wohl das Ergebnis solcher Untersuchungen lauten? Meine Hypothese lautet: Der historisch überkommene Föderalismus hat mit der Nationalstaatsgründung seine Zielrichtung radikal geändert. Föderativer Nationalismus richtete sich jetzt nicht mehr gegen einen Nationalstaat, der die historisch gewachsene staatliche Vielfalt überwindet, indem er die Einzelstaaten zu Ländern mediatisiert. Im Gegenteil, weil er regionale und einzelstaatliche Traditionen kulturell verteidigte, trug der föderative Nationalismus nun wesentlich dazu bei, daß der neue Nationalstaat in der deutschen Gesellschaft breit und schnell akzeptiert wurde. Man wuchs in den Nationalstaat hinein, indem man sich als Föderalist oder Regionalist bekannte. Die Heimatbewegungen stritten nicht gegen den Nationalstaat, sondern machten ihn annehmbar, weil sie ihn föderativ ausgestalteten.[96] Vielleicht ist hier ein zentraler Unterschied zu der Entwicklung im italienischen Nationalstaat zu sehen. Der deutsche wurde schneller in der breiten Bevölkerung anerkannt als der italienische, und auch die Verlierer der nationalen Einigung fanden sich rascher mit ihm ab und lernten schließlich, ihn zu schätzen. An den kirchentreuen Katholiken ist die-

---

[95] Wie Anm. 35.
[96] Vgl. bislang insbes. *Confino*, Nation (wie Anm. 64); *Speitkamp*, Verwaltung (wie Anm. 78); *Trom*, Natur (wie Anm. 79); *Celia Applegate*, A Nation of Provincials. The German Idea of Heimat, Berkeley 1990; weitere Literatur bei *Langewiesche*, Nation (wie Anm. 61).

ser Unterschied am besten zu erkennen. Den 'Raub des Patrimonium Petri' durch den italienischen Nationalstaat beklagten auch deutsche Katholiken,[97] doch die Faszination des eigenen, so überaus dynamischen Nationalstaates wirkte. Es gelang ihm jedoch nicht, das historisch eingeschliffene und alltäglich erlebte föderative Grundmuster der deutschen Staats- und Gesellschaftsordnung auszulöschen. Nicht einmal der gemeinsam durchlittene Erste Weltkrieg vermochte dies. Als der Kapp-Lüttwitz-Putsch die Weimarer Republik erschütterte, kommentierte das Organ des Bistums Württemberg, die „Rottenburger Zeitung": „Für die Berliner Experimente hat das Schwäbische Volk absolut keinen Sinn. Allerwärts begegnet man im Volke einmütiger Ablehnung des Berliner Gewaltstreichs wegen seiner ungünstigen Rückwirkung nach innen und außen. Der Ruf nach dem Schwergewicht der Mainlinie wird wieder laut. Das deutsche Volk ist dem Herrenmenschentum des Ostens entwachsen. Die klein-deutsche, großpreußische Idee hat seit 60 Jahren zu viel gesündigt ob ihrer Einseitigkeit, Kurzsichtigkeit und Weltfremdheit. Kein Großpreußen mehr!"[98]

---

[97] Belege bei *Dieter Langewiesche*, Vom Gebildeten zum Bildungsbürger? Umrisse eines katholischen Bildungsbürgertums im wilhelminischen Deutschland, in: *Martin Huber/Gerhard Lauer* (Hrsg.), Bildung und Konfession. Politik, Religion und literarische Identitätsbildung 1850-1918. Tübingen 1996, 107-132. Als Überblick zum bisher völlig unzureichend erforschten Nationsvorstellungen im deutschen Katholizismus *Albrecht Langer* (Hrsg.), Katholizismus, nationaler Gedanke und Europa seit 1800, Paderborn u.a. 1985.

[98] Rottenburger Zeitung 61, 15.3.1920; zit. nach der unveröffentlichten Tübinger Magisterarbeit von *Renate Best*, Bürgerkrieg als neue gesellschaftliche Erfahrung in der Weimarer Republik, 1996, 30.

Sprache und Nation

Wilhelm Kühlmann

Sprachgesellschaften und nationale Utopien

I.

In seiner 1979 erschienenen Erzählung „Das Treffen in Telgte"[1] inszenierte der Schriftsteller Günter Grass ein fiktives, ein historisch undenkbares Ereignis: Im Schatten der Friedensverhandlungen von Münster und Osnabrück treffen sich im Jahre 1647 - gleichsam also im Vorentwurf der „Gruppe 47" - die bedeutendsten deutschen Barockautoren, selbstverständlich ohne die großen Repräsentanten der immer noch lateinischen Jesuitenkultur. Jenseits aller feinsinnig nachgezeichneten Spannungen zwischen den bizarren Persönlichkeiten, zwischen literarischen Programmen, Vorlieben, Temperamenten und regionalen Gruppierungen, erst recht in Opposition zu den Machtspielen der Dynastien und Territorien fühlen sich die Autoren in dem Bewußtsein verbunden, in ihnen und in ihren Werken, im Schaffen der ohnmächtigen Literaten also, sei das zerrissene Deutschland als Sprach- und Kulturnation vertreten. Grass hat die Quellen gründlich studiert, und mit einiger Bewunderung kann man verfolgen, wie genau in dieser Novelle auch manche (gewiß nicht alle) Impulse und Bewußtseinslagen jener - in sich freilich durchaus zu differenzierenden - Sozietäten des 17. Jahrhunderts getroffen sind, die wir mit dem Sammelbegriff der 'Sprachgesellschaften' zu benennen gewohnt sind.[2]

Freilich war jede Rede über die deutsche Sprache im 17. Jahrhundert aufgeladen mit Konnotationen, die eine lange Vorgeschichte besitzen. Sie führt mit wichtigen Argumentationsmustern geradewegs zurück auf den gelehrten Patriotismus humanistischer

---

[1] *Günter Grass*, Das Treffen in Telgte. Eine Erzählung, Darmstadt/Neuwied 1979. Das Werk wurde mittlerweile eingehend im Blick auf die Verwendung barockliterarischer Quellen und auf die „Situationsanalogie" des älteren und aktuellen Sprachpatriotismus untersucht. Genannt sei *Hartmut Laufhütte*, Die Gruppe 47 - Erinnerungen an Jüngstvergangenes im Spiegel der Historie. Günter Grass: 'Das Treffen in Telgte', in: *Hartmut Laufhütte* unter Mitwirkung von *Jürgen Landwehr* (Hrsg.), Literaturgeschichte als Profession. FS für Dietrich Jöns [...], Tübingen 1993, 359-384 (mit weiteren Literaturhinweisen).

[2] Einen Überblick bieten *Karl F. Otto, Jr.*, Die Sprachgesellschaften des 17. Jahrhunderts, Stuttgart 1972; *Martin Bircher/Ferdinand van Ingen* (Hrsg.), Sprachgesellschaften, Sozietäten, Dichtergruppen [...], Hamburg 1978; *Christoph Stoll*, Sprachgesellschaften im Deutschland des 17. Jahrhunderts, München 1973; *Klaus Garber/Heinz Wismann* unter Mitwirkung von *Winfried Siebers* (Hrsg.), Europäische Sozietätsbewegung und demokratische Tradition. Die europäischen Akademien der Frühen Neuzeit zwischen Frührenaissance und Spätaufklärung, 2 Bde., Tübingen 1996. Aus literaturgeschichtlicher Sicht etwas knapp geraten der einschlägige Abschnitt in der großangelegten Darstellung von *Wolfgang Hardtwig*, Genossenschaft, Sekte, Verein in Deutschland. Bd. I: Vom Spätmittelalter bis zur Französischen Revolution, München 1997, spez. 207-224.

Provenienz, auf jenes Amalgam von „Germanenmythos und Reichsideologie"[3], das mindestens bis zu den Reichstagen Karls V. die politisch-gelehrte Publizistik in Vers und Prosa durchdrang und anschließend auch jenseits der konfessionellen Verhärtungen in einem breiten Strom des kulturkritischen Schrifttums bis zu den Sprachmanifesten des Barockjahrhunderts weiterwirkte.[4]

Was im 17. Jahrhundert von wenigen Potentaten unterstützt, in Manifesten wie Opitz' Aristarchus-Rede (1617)[5] gefordert und von den großen Dichtern verwirklicht wurde, entsprach zunächst dem romanischen umanesimo volgare, sollte also im notorisch deutschen Nachholbedarf vollziehen, was in Italien, Frankreich und dann in den Niederlanden als Übergang der lateinischen Literarizität in die Muttersprache unter Beweis gestellt war.[6] Weder in den lockeren sodalitates des Frühhumanismus[7] noch in der internationa-

---

[3] Zusammenfassend u. a. *Ludwig Krapf*, Germanenmythos und Reichsideologie. Frühhumanistische Rezeptionsweisen der taciteischen „Germania", Tübingen 1979; aus französischem Blickwinkel die monumentale Darstellung von *Jacques Ridé*, L' Image du Germain dans la Pensée et la Litterature Allemande de la Rédecouverte de Tacite à la Fin du XVIeme Siècle (Contribution à l' Étude de la Genèse d' un Mythe), Tom. I-III, Lille/Paris 1977; die außerordentlich üppige Forschung zur patriotischen Tacitusrezeption ist erfaßt von *Kühlmann*, Nationalliteratur (wie Anm. 10), spez. 201-203.

[4] Den Versuch einer Systematisierung unternimmt *Andreas Gardt*, Sprachreflexion in Barock und Frühaufklärung. Entwürfe von Böhme bis Leibniz, Berlin/New York 1994; vgl. ferner *Wolfgang Huber*, Kulturpatriotismus und Sprachbewußtsein. Studien zur deutschen Philologie des 17. Jahrhunderts, Frankfurt a. M. 1984; *Björn H. Jernudd/Michael J. Shapiro* (Hrsg.), The Politics of Language Purism, New York 1989; wertvoll die ausgreifende Textsammlung mit sorgfältiger Bibliographie der Forschungsliteratur von *William Jervis Jones*, Sprachhelden und Sprachverderber. Dokumente zur Erforschung des Fremdwortpurismus im Deutschen (1478-1750), Berlin/New York 1995.

[5] *Martin Opitz*, Aristarchus sive de contemptu linguae Teutonicae, in: *George Schulz-Behrend* (Hrsg.), Martin Opitz. Gesammelte Werke. Kritische Ausgabe, Bd. 1. Die Werke von 1614 bis 1621, Stuttgart 1968; dazu *Heinz Entner*, Zum Kontext von Martin Opitz' Aristarchus, in: Germanica Wratislaviensia 47, 1982, 3-58; vgl. auch *Wilhelm Kühlmann*, Martin Opitz: Deutsche Literatur und deutsche Nation, Herne 1991; sowie *Klaus Garber*, Martin Opitz, in: *Harald Steinhagen/Benno von Wiese* (Hrsg.), Deutsche Dichter des 17. Jahrhunderts. Berlin 1984, 116-184, spez. 134-137; *Volker Sinemus*, Poetik und Rhetorik im frühmodernen deutschen Staat. Sozialgeschichtliche Bedingungen des Normenwandels im 17. Jahrhundert, Göttingen 1978, 14-26.

[6] Zum Hintergrund der humanistischen Sprachreflexion, auch zur Programmatik in Italien und Frankreich (Sperone Speroni, Joachim du Bellay u. a.) s. bes. *Heinz Entner*, Der Weg zum „Buch von der Deutschen Poeterey". Humanistische Tradition und poetologische Voraussetzungen deutscher Dichtung im 17. Jahrhundert, in: Studien zur deutschen Literatur im 17. Jahrhundert. Berlin/Weimar 1984, 11-144; ferner *Klaus Garber* (Hrsg.), Nation und Literatur im Europa der Frühen Neuzeit [...], Tübingen 1989.

[7] Den Forschungsstand bezeichnen und diskutieren neuerdings *Wilhelm Kühlmann*, Ausblick: Vom humanistischen Contubernium zur Heidelberger Sodalitas Litteraria Rhenana, in: *ders.* (Hrsg.), Rudolf Agricola 1444-1485. Protagonist des nordeuropäischen Humanismus zum 550. Geburtstag, Bern/Berlin u.a. 1994, 387-412, sowie die Aufsätze von *Jan-Dirk Müller* (Konrad Peutinger und die Sodalitas Peutingeriana) und *Hermann Wiegand* (Phoebea sodalitas nostra. Die Sodalitas litteraria Rhenana - Probleme, Fakten und Plausibilitäten), in: *Stephan Füssel/Jan Pirozynski* (Hrsg.), Der polnische Humanismus und die europäischen Sodalitäten, Wiesbaden 1997, 167-186 bzw. 187-210 (Lit.!). *Müller* betont

len Reichstagsdichtung der neulateinischen Oratoren, Diplomaten und Poeten des 16. Jahrhunderts insgesamt war der nationale Gedanke an die kulturelle Apotheose der deutschen Sprache gebunden. Wer sich in der Nachfolge eines Konrad Celtis (1459-1508) bewegte, nahm den internationalen kulturellen Wettbewerb vorab auf der Ebene des Lateinischen auf, gestützt auf die Vorstellung einer mit der translatio imperii geschichtsmetaphysisch garantierten translatio artium[8] über die Alpen hinweg. Gerade die größte Emphase reichspatriotischer Vergewisserung stimulierte zunächst lateinische Eloquenz, und die Ode „Ad Phoebum, ut Germaniam petat" (1513, zuerst 1486 erschienen unter dem Titel „Ode ad Apollinem repertorem poetices: ut ab Italis cum lyra ad Germanos veniat") des Konrad Celtis darf in der Tat als Grundurkunde patriotisch-lateinischer Dichtung in Deutschland gelten[9]:

Phoebe qui blandae citharae repertor,
Linque delectos Helicona, Pindum &,
Ac veni in nostras vocitatus oras
 Carmine grato.
Cernis vt laetae properent camaenae,
Et canant dulces gelido sub axe.
Tu veni incultam fidibus canoris
 Visere terram.
Barbarus quem olim genuit, vel acer,
Vel parens hirtus, Latij leporis
Nescius, nunc sic duce te docendus
 Dicere carmen.
Orpheus qualis cecinit Pelasgis,
Quem ferae atroces, agilesque cerui,
Arboresque altae, nemorum secutae
 Plectra mouentem.

(183 f.) das Interesse am Reich und seiner Geschichte als „roten Faden" der im Umkreis Peutingers geplanten Publikationen.
[8] Dazu *Franz Josef Worstbrock*, Über das geschichtliche Selbstverständnis des deutschen Humanismus, in: *Walter Müller-Seidel* (Hrsg.), Historizität in Sprach- und Literaturwissenschaft [...], München 1974, 499-518; ders., Translatio artium. Über die Herkunft einer kulturhistorischen Theorie, in: Archiv für Kulturgeschichte 47, 1965, 1-22.
[9] Text und Übersetzung nach *Wilhelm Kühlmann/Robert Seidel/Hermann Wiegand* (Auswahl, Übersetzung, Hrsg.), Humanistische Lyrik des 16. Jahrhunderts. Lateinisch und deutsch [...], Frankfurt a. M. 1997, 68-71; s. hier den Kommentar zu Celtis (mit der gesamten Literatur) 920-1019, spez. 977-979; zur Interpretation des Gedichts s. *Eckart Schäfer*, Conrad Celtis' Ode an Apoll. Ein Manifest neulateinischen Dichtens in Deutschland, in: *Volker Meid* (Hrsg.), Gedichte und Interpretationen. Bd. 1, Renaissance und Barock, Stuttgart 1982, 83-93 (zur Erstfassung von 1486); vgl. auch *Stephan Füssel*, „Barbarus sermo fugiat...". Über das Verhältnis der Humanisten zur Volkssprache, in: Pirckheimer-Jahrbuch 1, 1985, 71-110.

Tu celer vastum poteras per aequor
Laetus a Graecis Latium videre,
Inuehens musas, voluisti gratas
    Pandere & artes.
Sic velis nostras rogitamus oras
Italas ceu quondam aditare terras,
Barbarus sermo fugiatque, vt atrum
    Subruat omne.

(An Apollo, daß er Deutschland aufsuchen möge.
Phoebus, Erfinder der schmeichelnden Leier, verlasse die von dir erwählten Berge Helikon und Pindus und erscheine in unseren Gegenden, immer wieder gerufen mit dir willkommenem Liede! Du siehst, wie die Kamenen fröhlich eilen und lieblich unter dem kalten Himmelsstrich singen. Komme du, das barbarische Land mit klingenden Saiten zu besuchen! Der Barbar, den einst ein rauher Vater zeugte, oder ein Ungebildeter, der die Anmut Latiums nicht kannte, soll unter deiner Führung nun lernen, ein Lied zu dichten, wie Orpheus es einst den Pelasgern sang, dem die wilden Tiere, die behenden Hirsche und die hohen Bäume der Haine folgten, wenn er die Leier schlug. Du vermochtest, rasch über das weite Meer froh von den Griechen kommend, Latium zu besuchen und führtest die Musen mit dir und warst willens, die willkommenen Künste zu lehren. So mögest du, bitten wir dringlich, unsere Gegenden aufsuchen wie einst die italischen Länder, und die barbarische Sprache weiche, daß alles Dunkel vergehe!)

Nur punktuell und eher unter publikumssoziologischen oder funktionalen denn unter patriotischen Gesichtspunkten brachte sich nach und nach das Unbehagen an der Universalität und Vorherrschaft des Lateins zu Wort.[10] Es bedurfte des Blicks auf die französische Renaissancekultur und schließlich des Vorbildes der politischen Selbstbehauptung der Niederländer[11], um schließlich selbst unter Gelehrten die Rückständigkeit muttersprachlicher Literatur in Deutschland als Makel erkennbar zu machen.

---

[10] Dazu umfassend *Wilhelm Kühlmann*, Nationalliteratur und Latinität: Zum Problem der Zweisprachigkeit in der frühneuzeitlichen Literaturbewegung Deutschlands, in: *Garber* (Hrsg.), Nation und Literatur (wie Anm. 6), 164-206.
[11] Wegweisend die große, an Daniel Heinsius gerichtete Huldigungselegie in Martin Opitz' 1624 erschienenen Teutschen Poemata; dazu *Leonard Forster*, Notes towards a Commentary on Opitz's 'Vber des Hochgelehrten und weitberümbten Danielis Heinsij Niderländische Poemata', in: *Barbara Becker-Cantarino* (Hrsg.), Martin Opitz. Studien zu Werk und Person, (Daphnis, Bd. 11, Heft 3) 477-490; zum literarischen und kulturpolitischen Kontext s. auch *Ulrich Bornemann*, Anlehnung und Abgrenzung: Untersuchungen zur Rezeption der niederländischen Literatur in der deutschen Dichtungsreform des 17. Jahrhunderts, Assen 1976.

Der Wettbewerb mit der italienischen Latinität vor allem, getragen vom Widerstand gegen den Vorwurf nordischer Barbarei[12], verschmolz seit der aetas Maximilianea mit dem Kampf um die Stabilität und Dignität des Reiches, eines Reiches vorerst ohne die Homogenität einer alle kleinräumigen Identitäten überwindenden und auch literarisch wie sprachlich faßbaren muttersprachlichen Kulturgesinnung und Kulturtheorie. Luthers Sprachleistung war eher heilsgeschichtlich-katechetisch als literarisch motiviert, und so hoch seine Wirkungen auf die Entwicklung der deutschen Dichtung in Vers und Prosa auch einzuschätzen sind[13], so eindeutig öffnete sich bis ins 18. Jahrhundert eine auch idiomatisch faßbare Kluft zur Literatursprache der katholischen, vor allem oberdeutschen Territorien - von der Dominanz der lateinischen Jesuitenkultur ganz abgesehen.[14] Opitz konnte und wollte in seinem Reformprogramm weder auf Luther noch auf die ältere stadtbürgerliche Literatur des 15. und 16. Jahrhunderts zurückgreifen. Vielfach suchte man sich an Normen etwa der gehobenen Kanzleisprache zu orientieren (was für poetische Eleganz und poetologische Reflexionen wenig einbrachte).[15] Führungsfiguren der

---

[12] Dazu hervorragend im größeren Zusammenhang *Peter Amelung*, Das Bild des Deutschen in der Literatur der italienischen Renaissance (1400-1559), München 1964.
[13] Johann Claj feierte Luthers Sprachleistung in der Vorrede seiner Grammatica germanicae linguae (1578) als Tat des Heiligen Geistes, die eine Grammatik des Deutschen allererst möglich gemacht habe: s. das Zitat im Kontext eines erhellenden Aufsatzes von *Jörg Jochen Berns*, der die vier sprachprogrammatischen, sprachphilosophischen und literaturtheoretischen Referenzebenen der künftigen, der projektierten deutschen Sprachnation scharfsinnig differenziert: Maximilian und Luther. Ihre Rolle im Entstehungsprozeß einer deutschen Nationalliteratur, in: *Garber* (Hrsg.), Nation und Literatur (wie Anm. 6), 640-668; das Zitat 659; hier 668 das Fazit: „Obschon Luther und Maximilian deutsch schrieben und schreiben ließen, näherten sich doch beide dem deutschen Publikum von verschiedenen Seiten. Genauer: sie imaginierten und erzogen sich in ihren Schriften ihr eigenes Publikum. Erst wenn diese beiden Publikumsbilder sich überblenden und die beiden Poesievorstellungen sich verbinden, kann eine Literaturgesellschaft entstehen, die zum Träger einer deutschen National-Literatur wird. Doch soll damit nicht behauptet sein, daß etwa in Opitz beiden Literaturlinien ihren versöhnenden Ausgleich gefunden hätten. Vielmehr beginnt in Opitz eine dritte, eine akademische Traditionslinie wirksam zu werden, die sich an Poesie und Poetologie von Italienern und Franzosen einerseits und von Niederländern andererseits aufgeladen hat. In Maximilian, Luther und Opitz werden demnach unterschiedliche Traditionen und Fraktionen prominent. Doch muß betont werden, daß auf dem Wege zu einer deutschen National-Literatur noch eine vierte Linie höchst fruchtbar beteiligt war: die der katholischen Tradition und zumal die der tridentinisch-jesuitischen Kulturoffensive, die per se durchaus nicht konservativer ist als die protestantische. Schon in der deutschen und deutschsprachigen Literatur des 17. Jahrhunderts wirken alle vier Traditionslinien mit ihren unterschiedlichen moralischen Legitimationen und ästhetischen Konzeptionen nicht nur gegeneinander oder nebeneinander, sondern auch bereits in mannigfaltiger Überschneidung und Verwicklung miteinander."
[14] Dazu umfassend *Dieter Breuer*, Oberdeutsche Literatur 1565-1650. Deutsche Literaturgeschichte und Territorialgeschichte in frühabsolutistischer Zeit, München 1979, spez. 44-91 („Die Herausbildung eigener sprachlicher Normen in den katholischen Territorien"); ferner *ders.*, Deutsche Nationalliteratur und katholischer Kulturkreis, in: *Garber* (Hrsg.), Nation (wie Anm. 6), 701-715.
[15] Vgl. *Dirk Josten*, Sprachvorbild und Sprachnorm im Urteil des 16. und 17. Jahrhunderts. Sprachgesellschaftliche Prioritäten, Sprachautoritäten, sprachimmanente Argumentation, Bern/Frankfurt a. M. 1976.

deutschen 'Spracharbeit' wie Justus Georg Schottelius (1612-1676) wandten sich einer quasi naturrechtlichen Sprachsystematik zu, die sich in Einzeltheoremen (Stammwortemphase, Anlehnungen an Vorstellungen der 'adamischen' oder auch 'natürlichen' Sprache, Kombination von Reinheitspostulaten und Leistungsnachweisen etwa in Vorstellungen poetisch sanktionierter Klangmalerei) mit sprachmystischen Ideologemen berührte.[16] Virtuose Dichtung ließ sich dadurch begründen und beflügeln, auch die seit dem 16. Jahrhundert immer wieder neu ansetzenden Arbeiten an einem Lexikon der deutschen Sprache[17] ermutigen - der Abstand zwischen akademischen Bemühungen (auch in Form von Spekulationen zum Sprachursprung) und einer weder historisch noch empirisch einzulösenden Einheit des literatur- wie standardsprachlichen 'usus' auf nationaler Basis blieb unübersehbar.

Die ethnologische, territorialpolitische wie konfessions- und literaturpolitische Verlegenheit des humanistischen Patriotismus wurde zunächst mit der aus Tacitus' Germania ausgesponnenen, ebenso moral- wie kulturkritischen Vision bzw. Rückprojektion germanischer und damit gemeindeutscher Ursprünglichkeit notdürftig überwunden. In Gang gesetzt wurde so - mit Fernwirkungen bis ins 19. Jahrhundert - ein Syndrom eindeutiger Aggressions- und Abgrenzungsmechanismen: gegen die römische Kurie, gegen den katholischen Universalismus, gegen die inneren 'politischen' oder 'alamodischen' Feinde der Reichsgesinnung, schließlich auch - schon sehr früh (etwa bei Wimpfeling und Brant) - gegen Phänomene des französischen Polit- und Kulturimperialismus.[18] Die Erfindung der deutschen Volksnation als Reichsnation und ihr mentales Profil waren ein Konstrukt philologischer Tacitusexegese und entwickelten sich spiegelbildlich zu den schmerzlichen Erfahrungen reichspolitischer Schwäche - bis hin zu den immer wieder beschworenen Stereotypen deutscher=germanischer (etymologisch bestätigter) 'Treue', 'Libertät' und 'biedermännischer' Rechtlichkeit. In diesem Sinne verstanden sich auch die Sprachgesell-

---

[16] Zu Schottelius und zur vielfach behandelten Sprachreflexion des 17. Jahrhunderts möchte ich hier nur auf den zitierten Band von *Gardt*, Sprachreflexion (wie Anm. 4) sowie auf die resümierende Darstellung von *Peter von Polenz* verweisen: Deutsche Sprachgeschichte vom Spätmittelalter bis zur Gegenwart, Bd. II: 17. und 18. Jahrhundert, Berlin/New York 1994.
[17] Siehe die Zusammenfassung bei *von Polenz*, Sprachgeschichte, 181-199; sowie *Oskar Reichmann*, Geschichte lexikographischer Programme in Deutschland, in: *Franz-Josef Hausmann/Oskar Reichmann/Herbert Ernst Wiegand/Ladislav Zgusta* (Hrsg), Wörterbücher. Ein internationales Handbuch zur Lexikographie, Erster Teilband, Berlin/New York 1989, 230-246.
[18] Daß Huttens Schriften hierbei eine Vorreiterrolle zukam, ist bekannt; vgl. zusammenfassend von historiographischer Seite *Wolfgang Hardtwig*, Nationalismus und Bürgerkultur in Deutschland 1500-1914. Ausgewählte Aufsätze, Göttingen 1994, 15-33; vgl. auch aus der weitläufigen Hutten-Literatur *Barbara Könneker*, Germanenideologie und die Anfänge deutschen Nationalbewußtseins in der Publizistik Ulrichs von Hutten, in: Ulrich von Hutten. Ritter, Humanist, Publizist 1488-1523, Ausstellungskatalog. Kassel 1988, 279-291. Heranzuziehen ist immer auch die glänzende und materialreiche, bis ins 20. Jahrhundert perspektivierende Untersuchung von *Wilhelm Kreutz*, Die Deutschen und Ulrich von Hutten. Rezeption von Autor und Werk seit dem 16. Jahrhundert, München 1984.

schaften als 'Tugendgesellschaften'[19], bildeten das Netzwerk einer in ihrer Intensität verschiedenartig gefärbten und gestuften Rückbesinnung bis hin zu den Extremen einer auch im sprachlichen Archaismus berufenen Reichsromantik, wie sie am politisch verelendeten Westsaum des Reiches, in der 1633 gegründeten Straßburger Tannengesellschaft, zu beobachten war.[20] In den idiomatischen Symbolismen und in literarischen Beschwörungen vergangener Reichsherrlichkeit, manchmal wie bei Grimmelshausen und Moscherosch ironisch, satirisch und verzweifelt gebrochen, dazu vom Glanz der höfischen Literaturpflege in Frankreich zu Bewunderung und Neid gleichzeitig erregt[21], wurde die sich auch in einer Dissoziation der urbanen Gesellschaft manifestierende Schwäche verarbeitet. Kompensatorisch konnte sich die ästhetische Projektion deutscher Einigkeit mit der revitalisierten Erinnerung an vergangene, innen- und ordnungspolitisch stabilisierte Reichsmacht zusammenschließen - als eine Herausforderung, die sich nicht nur bei dem Gründer der Tannengesellschaft in verzweifelten Appellen an „Das Rasend Teutschland" (1634) Bahn brach[22]:

[...]
Só-so hat/ laider! ietz dein wesen sich verkheret/
Du uneütsch-Teütsches land! du bist durchauß entehret.
Da kommt ein volck herein/ daß forhin/ gegen dir/
Ein wildfang noch gewest/ entzieht dir schmuck und ziehr.
Die säbel-reitter dort/ auß gräntzen der Sclavonen
Die rännen auff dich zu und wollen nicht verschonen/
Biß du ein Sclav auch seyst. Dan schickt ein anders land
Sein auffgeblasnes hér/ daß gleichfalls auff dich spannt;
Versucht/ ein eisens joch dir auff den hals zulegen/
Und Wält-herr gar zu seyn. Indem sich nun dargegen
Ein förtig-leichter hauff fast sprungs- und tanzweiß rott/
Gereicht dir alles das zuschaden und zuspott.

---

[19] Dazu *Ferdinand van Ingen*, Die Sprachgesellschaften des 17. Jahrhunderts. Versuch einer Korrektur, in: Daphnis 1, 1972, 14-23.

[20] Dazu mit der gesamten Forschung die Darstellung in der Neuausgabe der lyrischen Werke des Gründers der „Tannengesellschaft": *Wilhelm Kühlmann/Walter E. Schäfer* (Hrsg.), Des Jesaias Romplers von Löwenhalt erstes gebüsch seiner Reim-getichte 1647, Tübingen 1988, 3-116 (Anhang). Zu Johann Michael Moscherosch (1601-1669), Mitglied der Tannengesellschaft, ergänzend *Wilhelm Kühlmann*, Moscherosch und die Sprachgesellschaften des 17. Jahrhunderts - Aspekte des barocken Kulturpatriotismus, in: Bibliothek und Wissenschaft 16, 1982, 68-84.

[21] Kennzeichnend für die zwiespältige mentale Lage ist die Bewunderung, die Moscherosch, Satiriker, Alamode-Kritiker und Reichspatriot, für die Kulturpolitik Ludwigs XIV., ja selbst für Richelieu, in einem 1645 aus Paris geschriebenen Brief an den Nürnberger Georg Philipp Harsdörffer artikuliert: s. die Übersetzung im Kontext in: *Wilhelm Kühlmann/Walter E. Schäfer* (Hrsg.), Frühbarocke Stadtkultur am Oberrhein. Studien zum literarischen Werdegang J. M. Moscheroschs, Berlin 1983, spez. 118-123.

[22] *Rompler von Löwenhalt* (wie Anm. 20), 87-9, hier im Auszug 89f.

Dié letzen dich so wol/ auff die du dich verlassen/
Als die/ an denen du ein offenbahres hassen
Hast allezeit gespührt; doch beyde stehts geiiebt;
In ihrer bösen art der sitten dich geliebt;
Den alten Hölden-muth zu boden lassen sincken;
Dein angesicht/ und härtz falsch-weibisch lernen schmüncken;
Das hár mit staub bestreut; den Teutschen bart geschändt;
Die kappen jetzund só/ dan wider só verwändt;
Dich läppischer gestellt als kinder oder affen.
  Nun zeigt der Himel recht/ wie wol ihm dein vergaffen/
In eitelkeit/ behagt. Gelt-gelt! sie ziehen dir
Die narrenkappen ab/ und gerben dir darfür
Das leder also blós! Da ligst du gantz beraubet/
Und ist dir freilich wol das auffsatz-hár bestaubet.
Mit füssen tritt man dich auff deinem eygnen mist/
Darauff doch ieder hán sonst herr und maister ist.
  Es komt mir gräulich for/ darff nicht genug betrachten/
Waß dérgestalt geschieht. Wiewol noch mehr zuachten
Daß deine Tob-sucht dich durch dich selbs stehts bekriegt/
Da sonsten niemand wol dir so hätt obgesigt;
Die Tob-sucht/ welche dir die sinne so verrukket/
Daß du schon oft auff dich das mässer hast gezukket;
Verfolgst dein fleisch und blut/ wilst selbs dein mördtr seyn/
Und sinnst unsinnig noch auff mehrung deiner pein.
Es lasst sich keines wegs zur besserung ansehen/
Nicht weys ich/ waß zu letzt dir weiter kan geschehen/
Weil sonderlich kein Artzt sich mehr bei dir befindt
Der deinen wundten leib ein wenig nur verbind.
[...]

Freilich umschloß die literarisch immer wieder von neuem - etwa bei Opitz - postulierte Interdependenz von deutscher Sprachpflege und politischer Macht[23] eine peinliche Leerstelle: die des Kaisers, der sich ja aus der Sicht der protestantischen Patrioten in den Klauen der inneren und äußeren Reichsfeinde, der Jesuiten und der Spanier, befand. Nur als blasse Reminiszenz konnte im 17. Jahrhundert noch jene Konstellation gelten, in der

---

[23] Diesen im Rückblick auf altrömisches Mäzenatentum akzentuierten Gesichtspunkt der Opitzschen Vorrede zur 1625 erschienenen Ausgabe der Gedichte hebt mit Recht *Klaus Garber*, Martin Opitz (wie Anm. 5), 141-145 hervor.

sich der vom Kaiser - meist auf den Reichstagen - zum poeta laureatus geadelte Dichter durch eben diesen Akt der nationalen Öffentlichkeit als Mitglied der kaiserlichen Klientel präsentierte, gleichsam als Teilhaber und literarischer Sachwalter einer - etwa im Schmalkaldischen Krieg oder im Kampf gegen die Türken - zu bewährenden, oft auch zwischen den Konfessionen vermittelnden Reichsgesinnung.[24] Der Dichter als Sprachrohr der Germania[25], das ließ sich gewiß noch zitieren, auch noch mitten im Dreißigjährigen Krieg[26], doch der soziale Ort des Literaten in einer nur imaginären Gemeinschaft der Sprach- und Kulturnation war so nicht weiter abzusichern. Als gegen Ende des Dreißigjährigen Krieges Johann Rist vom Kaiser zum Dichter gekrönt wurde (1646), war dies für Rompler von Löwenhalt Anlaß genug, die düsteren Perspektiven der alten Reichsherrlichkeit - freilich noch in der Erinnerung an den Kaiser als Ebenbild des 'rex iustus et pacificus' - auszumalen[27]:

[...]
Ach/ elend-Teutsches land/ wan hat man doch zuhoffen/
Daß die gemeyne straf/ die iederman betroffen/
Ein end gewinnen werd? Ei komm/ gold-währter Frid!
Es seuftzt das gantze Reich/ es seuftzt ein iedes glid
Nach dir/ dem höchsten gut. Du/ du kanst Länder mehren
Und alles gut darinn: der Krieg geht mit verhéren
Und grimmem morden um. O/ würd' es frid imm land/
Und blühet' auf ein näus bei einem ieden stánd
Die alte Teutsche Träu/ der aufrecht-redlich handel/
Gott sägnet' iederman in seinem thun und wandel/

---

[24] Dazu exemplarisch die dichten Analysen von *Dieter Mertens*, Maximilians gekrönte Dichter über Krieg und Frieden, in: *Franz Josef Worstbrock* (Hrsg.), Krieg und Frieden im Horizont des Renaissancehumanismus, Weinheim 1986, 105-122; ders., „Bebelius... patriam Sueviam.. restituit." Der poeta laureatus zwischen Reich und Territorium, in: Zeitschrift für Württembergische Landesgeschichte 42, 1983, 145-173; *Alois Schmidt*, „Poeta et Orator a Caesare Laureatus". Die Dichterkrönungen Kaiser Maximilians, in: Historisches Jahrbuch 109, 1989, 56-108.
[25] So nicht selten in der neulateinischen Dichtung; vgl. exemplarisch die Elegie des Melanchthon-Schülers und -Schwiegersohns Georg Sabinus Ad Germaniam (1563), zweisprachig mit Kommentar abgedruckt in: Humanistische Lyrik (wie Anm. 9), 526 f. mit dem Kommentar 1262-1264.
[26] So der bekannte Dichter Paul Fleming in seinem zweisprachigen, auch als Flugschrift erschienenen „Schreiben vertriebener Fr[au] Germanien an ihre Söhne [...]" (1631), verfaßt u. a. im Rückgriff auf taciteische Motive aus Anlaß des Leipziger Konvents nach der Landung Gustav Adolfs in Deutschland; vgl. die ausführliche Darstellung von *Heinz Entner*, Paul Fleming. Ein deutscher Dichter im Dreißigjährigen Krieg, Leipzig 1989, 193-205; im weiteren Kontext *Wilhelm Kühlmann*, Krieg und Frieden in der Literatur des 17. Jahrhunderts, in: Katalog der Europaausstellung zum Jubiläum des Westfälischen Friedens, Münster/Osnabrück 1998, Bd. 2, 329-337.
[27] *Rompler von Löwenhalt*, An Johann Risten, als er (neben anderen verehrten Kaiserlichen freihejten) auch mit dem lórbärkrantz zu einem Tichter gekrönt worden/ imm 1646.ten jar Chr. zahl, in: Erstes gebüsch seiner Reim-getichte, Nachdruck (wie Anm. 20), 160-162, hier im Auszug 161f.

Und gäb (ich weys es wol) bald widerum genad/
Daß sich das land verjüngt'; und daß der alte schad
Würd' unvermärckt gehailt. O/ du Allmächtigs wäsen/
Daß über alles herrscht/ hilf/ daß wir doch genäsen!
Wer/ daß kein giftigs maul die obrigkeit an-hätz:
Und daß sich keinsen Schwert in deinem blut mehr nätz/
In deinem blut/ HERR Christ! und deiner Christen glider!
Schlag Aigennutzen/ Stoltz/ und böse Räth' darnider!
Erleucht die Christenheit in diser deiner sach/
Aufdaß man Friden such und jag ihm ämmsich nach!
Vornehmlich wollest du der hochgesalbten kronen/
Des hailgen Oberhaupts/ des Adlars/ alzeit schonen/
Daß ihm von niemand nichts unbillichs widerfahr:
Hingegen/ daß er auch der allgemeynen schár
Vilmehr mit lindigkeit/ als stränge/ fürzustehen
Sich immerdar befleiß! So kan es leicht geschehen/
Daß Frid wird; und verbleibt. Wie hätt er größer' ehr/
Als wan er (nebenst Gott) der Friden-stifter wär?

Auch hier also eine Lücke, eine Kluft zwischen Tatsächlichkeit und Gesinnungsethos. In diese Lücke traten im 17. Jahrhundert die Sprachgesellschaften, Gesellschaften mit nationalem Kulturanspruch und doch gleichzeitig überwiegend Gesellschaften, die sich aus regionalen Zusammenschlüssen bürgerlicher Gelehrter bildeten[28] - mit einer Ausnahme, mit Ausnahme der größten, schließlich über weite Teile des deutschen Sprachraums verbreiteten „Fruchtbringenden Gesellschaft", 1617 von Ludwig von Anhalt-Köthen bei einer Zusammenkunft sächsischer Adeliger gegründet.[29] Die größte deutsche Sprachgesellschaft führte in ihrer Mitgliederliste allerdings einen beachtlichen Anteil an „Gesell-

---

[28] Zur Zusammensetzung der Gesellschaften s. die Feststellungen bei *Hardtwig*, Genossenschaft (wie Anm. 2), 211 f.
[29] Neben der o. g. Literatur (wie Anm. 2) sind zu den einzelnen Gesellschaften neuere Darstellungen und - z. T. weitläufige - Quellenpublikationen heranzuziehen; für die „Fruchtbringende Gesellschaft" ist auszugehen von *Klaus Conermann* (Hrsg.), Die Fruchtbringende Gesellschaft, Der Fruchtbringenden Gesellschaft geöffneter Erzschrein. Das Köthener Gesellschaftsbuch Fürst Ludwigs I. von Anhalt-Köthen 1617-1650. 3 Bde. Leipzig/Weinheim 1985 (mit umfangreichen Bilddokumentationen, Erläuterungen und einführenden Untersuchungen). Auf ein mehrteiliges Ensemble von Quellenpublikationen angelegt ist *Klaus Conermann/Martin Bircher* (Hrsg.), Die deutsche Akademie des 17. Jahrhunderts. Fruchtbringende Gesellschaft. Kritische Ausgabe der Briefe, Beilagen und Akademiearbeiten (Reihe I), Dokumente und Darstellungen (Reihe II), Tübingen 1992 ff. (bisher erschienen 4 Bde.) Dazu kommt der Ausstellungskatalog: *Martin Bircher* (Hrsg.), Im Garten der Palme. Kleinodien aus dem unbekannten Barock: die Fruchtbringende Gesellschaft und ihre Zeit, Berlin 1992.

schaftern, denen auch bei einiger Weitherzigkeit geistige Bemühungen oder literarische Interessen nicht anzumerken sind" (G. Hoppe).[30] Diese nach dem Ableben Ludwigs noch zunehmende Tendenz einer standespolitisch motivierten, gewiß auch auf Motive höfischer Adelspädagogik und prudentistischer Allianzstrategie zurückzuführende Ausweitung markiert Unterschiede zur Akademiewirklichkeit der Romania, zugleich beachtenswerte Profildifferenzen zu jenen nachfolgenden Sozietäten, die sich landesfürstlicher Patronage und Initiative nicht zu erfreuen hatten:
- die im studentischen Milieu gegründete kurzlebige Straßburger „Tannengesellschaft" (1633)[31],
- die von dem Berufsschriftsteller und sprachpatriotischen 'Puristen' Philipp von Zesen ins Leben gerufene, nach Zünften gegliederte „Deutschgesinnte Genossenschaft" (1643)[32],
- der von dem lutherischen Geistlichen Johann Rist gegründete „Elbschwanenorden" (1658)[33],
- der „Pegnesische Blumenorden" der Nürnberger Literaten[34] - mit weiter Ausstrahlung, avancierter ästhetischer Programmatik und der gewiß bedeutendsten, in den europäischen Kulturtransfer ausgreifenden literarischen Leistung; auch hier - abseits des städtischen Magistrats - die Gründung eines Berufsschriftstellers (Sigmund von Birken) in Allianz mit einem bedeutenden Patrizier (Georg Philipp Harsdörffer) und Johann Klaj,

---

[30] Dazu im einzelnen - u. a. in der Auseinandersetzung mit Conermanns Akzentuierung des Akademiecharakters - die erhellende Studie von *Günther Hoppe*, Traditions- und Spannungsfelder um die Fruchtbringende Gesellschaft im Spiegel ihres Alltags (1617-1629), in: *Garber/Wismann* (Hrsg.), Sozietätsbewegung (wie Anm. 2), 1230-1260 [im Anhang eine Statistik der konfessionellen Zuordnung der Gesellschaftsmitglieder].
[31] Der Forschungsstand ist repräsentiert in der o. g. Ausgabe der Gedichte Romplers von Löwenhalt (wie Anm. 20).
[32] Vgl. *Karl F. Otto*, Soziologisches zu den Sprachgesellschaften: Die Deutschgesinnte Genossenschaft, in: *Bircher/van Ingen* (Hrsg.), Sprachgesellschaften (wie Anm. 2), 151-162; zu Zesen s. das Porträt mit weiteren Literaturhinweisen von *Wilhelm Kühlmann*, in: *Gunter E. Grimm/Frank Rainer Max* (Hrsg.), Deutsche Dichter, Bd. 2, Reformation, Renaissance und Barock, Stuttgart 1988, 266-276.
[33] S. *Eberhard Mannack*, Hamburg und der Elbschwanenorden, in: *Bircher/van Ingen* (Hrsg.), Sprachgesellschaften (wie Anm. 2), 163-180.
[34] Die weitläufige Literatur auf der Basis neuerer extensiver Quellenforschungen nun greifbar in: *Renate Jürgensen*, Utile cum dulci. Mit Nutzen erfreulich. Die Blütezeit des Pegnesischen Blumenordens in Nürnberg 1644 bis 1744, Wiesbaden 1994; dies., Johann Michael Dilherr und die Pegnesische Blumenorden, in: *Garber/Wismann* (Hrsg.), Sozietätsbewegung (wie Anm. 2), 1320-1360; dazu die Arbeiten *Klaus Garbers*, u. a., Sigmund von Birken: Städtischer Ordenspräsident und höfischer Dichter. Historisch-soziologischer Umriß seiner Gestalt - Analyse seines Nachlasses und Prolegomenon zur Edition seiner Werke, in: *Bircher/van Ingen* (Hrsg.), Sprachgesellschaften (wie Anm. 2), 223-254; zum Forschungsstand, spez. zur Erschließung des Birken-Nachlasses und des Archivs des Pegnesischen Blumenordens vgl. jetzt *Hartmut Laufhütte*, Der Editor als philologischer Detektiv. Die Geschichte eines kürzlich abgeschlossenen Projekts und was daraus zu lernen ist, in: *Hans-Gert Roloff* (Hrsg.), Editionsdesiderate zur Frühen Neuzeit [...], 2 Bde., Amsterdam/Atlanta GA 1997, 935-958.

einem virtuosen Dichter, der sich recht mühsam in die Rolle des evangelischen Geistlichen fügte.[35] Während die hier genannten wichtigsten Sozietäten zwar mit allerlei Ritualen und Requisiten ihren inneren Zusammenhalt kultivierten und in ihren hervorragenden Vertretern die Leistungsfähigkeit der deutschen Literatur in einem Strom sprachpflegerischer, sprachtheoretischer und poetologischer Manifeste beglaubigten, ermangelte es ihnen offensichtlich an Rückendeckung dort, wo politische Entscheidungen fielen. Gewiß, auch die von Literaten getragenen, oft von Mitgliedern der Bürokratie und Geistlichkeit unterstützten Assoziationen wußten sich überregionalen Zuspruch zu verschaffen und ggf. - so bei Rist, so bei Zesen - die geographisch fernstehenden Mitglieder in regionalen Gruppen zu organisieren. Jedoch war es allein die „Fruchtbringende Gesellschaft", die von Anfang an eine politisch gestützte Autorität nach Maßgabe romanischer Vorbilder in Anspruch nahm, auch wenn bedeutende Dichter oft recht spät in ihre Reihen berufen wurden. Ludwig von Anhalt-Köthen (1579-1650), Calvinist, Bruder des militärischen und politischen Führers der protestantischen Union (Christian von Anhalt) und über ihn gewiß vertraut mit dem pfälzischen Radikalismus, dazu im geistigen Verbund mit den Niederlanden und den französischen Hugenotten[36], strebte nicht mehr und nicht weniger an als die Gründung einer deutschen Akademie.[37] Schon vor 1613 hatte er Verbindung mit Wolfgang Ratke (1571-1635), dem bekannten Reformpädagogen[38], aufgenommen und ihn zum Leiter einer im Köthener Schloß untergebrachten Druckerei bestimmt. Hier erschien, betreut von einer Gruppe auswärtiger Gelehrter, gefördert auch von Ludwigs Neffen Herzog Ernst von Sachsen-Weimar, seit 1618 eine Fülle zunächst von Lehrbü-

---

[35] Zu Klaj in diesem Zusammenhang wichtig *Ferdinand van Ingen*, Dichterverständnis, Heldensprache, städtisches Leben. Johann Klajs 'Lobrede der teutschen Poeterei', in: *Barbara Becker-Cantarino/Jörg-Ulrich Fechner* (Hrsg.), Opitz und seine Welt. FS für George Schulz-Behrend [...], Amsterdam/Atlanta GA 1990, 251-266.

[36] Vgl. zur Vita das Porträt bei *Conermann* (Hrsg.), Fruchtbringende Gesellschaft (wie Anm. 29), Bd. 3, Nr. 2, 6-8.

[37] Der „Kurtze Bericht der Fruchtbringenden Gesellschafft Zweck und Vorhaben" (Köthen 1622) teilt mit: „Jst also zu wissen: daß im Jahr 1617. bey einer vornehme[n]/ wiewohl traurigen Fürstlicher und Adelicher Personen zusammenkunfft/ zu ergetzung vorgangenen Leids/ und anreitzung der löblichen Jugend/ zu allerley hohen Tugenden/ unterschiedener Academien, die in frembden Landen/ beydes zuerhaltung guten vertrawens/ erbawung wolanstendiger Sitten/ als nützlicher außübung jeden Volcks LandsSprachen/ auffgerichtet/ erwehnung geschehen [...]." Zit. nach *Conermann* (Hrsg.), Fruchtbringende Gesellschaft (wie Anm. 29), Bd. 2, 23.

[38] Vgl. *Gerhard Michel*, Wolfgang Ratke, Die Muttersprache in Schule, Staat und Wissenschaft, in: *Albrecht Schöne* (Hrsg.), Stadt - Schule - Universität - Buchwesen und die deutsche Literatur im 17. Jahrhundert [...]. München 1976, 185-197; im weiteren Zusammenhang auch *Wilhelm Kühlmann*, Pädagogische Konzeptionen, in: *Notker Hammerstein* unter Mitwirkung von *August Buck* (Hrsg.), Handbuch der deutschen Bildungsgeschichte, Bd. I: 15.-17. Jahrhundert. Von der Renaissance und der Reformation bis zum Ende der Glaubenskämpfe, München 1996, 153-196, spez. 172-180.

chern, darunter Ratkes' Werke, die Ludwig teilweise selbst ins Italienische übersetzte,[39] auch von antiken Texten sowie von Übersetzungen der aktuellen französischen und italienischen Literatur. Ludwig ging es sichtlich zunächst um die Verwirklichung eines schulreformerischen Programms, das sich im Widerstand gegen akademische Exklusivität mit den harschen Appellen berührte, in denen der zuletzt in Hamburg wirkende Prediger und Schriftsteller Johann Balthasar Schupp (1610-1661) für die universale Verbreitung und Pflege der Muttersprache eintrat.[40]

Daß Ludwig sich besonders um den italienischen Literaturaustausch bemühte, hat plausible Gründe. Denn die „Fruchtbringende Gesellschaft" imitierte zunächst die italienische Academia della Crusca, die wichtigste italienische Sprachakademie, als deren Mitglied Luwig schon 1600 aufgenommen worden war. Von Ratkes' reformpädagogischem Memorial[41] aus dem Jahre 1612 ließ sich die trügerische Hoffnung ableiten, im ganzen Reich nicht nur eine „einträchtige Sprache", sondern auch eine „einträchtige Regierung", ja sogar eine „einträchtige Religion bequemlich einzuführen und friedlich zu erhalten". Dieser Botschaft blieb Ludwig auch nach dem Bruch mit Ratkes treu, indem er die innerprotestantischen Demarkationslinien demonstrativ mißachtete, ja sogar ab 1626 von Fall zu Fall auch Katholiken, dazu Adelige und Feldherren aus fast allen politischen Lagern, berücksichtigte. Im Zuge einer reichspolitisch instrumentierten konfessionellen Irenik fanden freilich nur wenige Geistliche Zugang zur Gesellschaft. Diese Vorsicht gegenüber Repräsentanten der konfessionellen Zwietracht entsprach auch Ludwigs spätere Ablehnung einer Umwandlung der Gesellschaft in einen aristokratischen Ritterorden. Worum es ihm ging, war die von höfischen Integrationsbestrebungen geleitete, in der eleganten Konversationskultur der Romania geschulte Versuch, die höfisch-militärischen Führungsschichten für ein sprachlich-patriotisches-allgemeinchristliches Programm zu gewinnen, für das der Gründer selbst in Lehrdichtungen[42] zusammen mit den federfüh-

---

[39] Darunter Ratkes' Grammatica universalis (Köthen 1619); von Ludwig stammte auch die deutsche Übersetzung mehrerer Werke von Giovanni Battista Gelli; vgl. im einzelnen *Gerhard Dünnhaupt*, Die Fürstliche Druckerei zu Köthen […], in: Archiv für Geschichte des Buchwesens 20, 1979, 895-950 mit einer Bibliographie der Köthener Drucke von 1618-1650; Einzelheiten sind jetzt zu entnehmen aus dem hervorragend edierten und kommentierten Briefwechsel Ludwigs (1618-1626) in der von *Martin Bircher* hrsg. Reihe: Die deutsche Akademie (wie Anm. 29), spez. *Klaus Conermann* unter Mitarbeit von *Dieter Merzbacher* (Hrsg.), Reihe I, Abt. A: Köthen, Bd. 1: Briefe der Fruchtbringenden Gesellschaft und Beilagen: Die Zeit Fürst Ludwigs von Anhalt Köthen 1617-1650. Bd. 1 1617-1626, Tübingen 1992; die Gelli-Übersetzungen nun greifbar in derselben Reihe: Fürst Ludwig von Anhalt-Köthen. Werke. Reihe II, Abt. A: Köthen, Bd. 1, Tübingen 1992.
[40] Vgl. *Klaus Schaller*, Johann Balthasar Schupp: Muttersprache und realistische Bildung, in: *Schöne* (Hrsg.), Stadt (wie Anm. 38), 198-209.
[41] Vgl. die Zitate mit Quellennachweisen bei *Michel*, Wolfgang Ratke (wie Anm. 38), 186 f.
[42] So die 1640 zu Köthen erschienene „Kurtze Anleitung Zur Deutschen Poesi oder Reim-Kunst mit ihren unterschiedlichen Arten und Mustern Reimweise verfertiget und vorgestellet"; vgl. den Auszug in: *Christian Wagenknecht* (Hrsg.), Epochen deutscher Lyrik, 1600-1700, München 1969, 90-92.

renden Autoren den Beweis des Gelingens liefern wollte. Förderung der deutschen Sprache und Sorge für die 'gemeine Wohlfahrt' jenseits territorialer, ständischer, religiöser Beschränkungen, mithin ein organisatorischer Nucleus deutscher Selbstbehauptung, zumal im späteren Kräftedreieck zwischen den Großmächten (Habsburg, Frankreich, Schweden), dies Programm fand Resonanz bei fast allen protestantischen Schriftstellern, zumal es sich Ludwig nicht nehmen ließ, seine kulturpatriotischen Direktiven bis ins Detail auch in Briefen und Ermahnungen zu vertreten und zu verbreiten.

Daß die Initiative der Fruchtbringer im späteren Jahrhundert zwar noch weiterwirkte, schließlich aber doch von Leibniz als zu wenig „fruchtbringend", als belletristische Prestigeunternehmung ohne größeren nationalen Nutzen abgemacht wurde[43], unterschlägt aus der späteren Sicht des Merkantilismus die Notwendigkeiten einer Zeit, in der Opitz und seine Nachfolger noch nicht hervorgetreten waren, ja die ästhetische Konkurrenzfähigkeit der Muttersprache erst noch zu beweisen war. Gerade Ludwigs früher Konnex mit den reichsreformerischen Plänen Radtkes belegt sehr deutlich, daß die in kleinen Kreisen der mitteldeutschen Fürstenmacht geborene Idee einer deutschen, immer auch moralisch propagierten Sprachakademie den Gedanken der Kulturnation als Sprachnation in mentaler Überwindung des Territorialismus, zugleich aber im endgültigen Abschied vom katholischen Reichspatriotismus neu zu begründen trachtete. Dies war inso-

---

[43] In seiner „Ermahnung an die Deutschen ihren Verstand und ihre Sprache besser zu üben, samt beigefügtem Vorschlag einer deutschgesinneten Gesellschaft" erschienen Leibniz poetisch-ästhetische Bemühungen um die vaterländische Heldensprache, alle Übungen in literarischer „Zierlichkeit", symptomatisch für den mangelnden „Ernst" kulturpatriotischer Anstrengungen: „Allein das ist nicht genug, unserer Heldensprache Ehre bei den Fremden zu retten oder der unartigen Landeskinder Neid und Leichtsinnigkeit zu überwinden, dieweil diejenigen, so selbst nichts Gutes tun, auch der besten Anschläge so lange spotten, bis sie durch den unwidersprechlichen Ausgang des Nutzens überzeugt worden sind. Daraus folgt, daß keine Verbesserung hierin zu hoffen ist, so lange wir nicht unsere Sprache in den Wissenschaften und Hauptmaterien selbst üben, welches das einzige Mittel ist, sie bei den Ausländern in hohen Wert zu bringen und die undeutsch gesinnten Deutschen endlich beschämt zu machen. Denn unser deutscher Garten muß nicht nur anlachende Lilien und Rosen, sondern auch süße Äpfel und gesunde Kräuter haben. Jene verlieren bald ihre Schönheit und ihren Geruch, diese lassen sich zum Gebrauch erhalten. Man hat sich also nicht zu verwundern, warum so viele hohe Standespersonen und andere vortreffliche Leute das Werk, so sie angegriffen, nicht genugsam gehoben, dieweil man ungeachtet des Namens der „fruchtbringenden Gesellschaft" sich gemeiniglich nur mit solchen Gewächsen beholfen, welche zwar Blumen bringen, aber keine Früchte tragen; maßen die Blumen der zierlichen Einfälle ihre Annehmlichkeit gleichsam unter den Händen verlieren und bald Überdruß machen, wenn sie nicht einen nährenden Saft der unvergänglichen Wissenschaften in sich haben; welches ich nicht darum gedenke, als ob ich dieses herrliche Vorhaben unsrer Vorgeher, denen wir, was noch von der deutschen Reinigkeit übrig geblieben, größtenteils schuldig sind, tadeln wolle. Denn ich weiß wohl, daß anfangs sich nicht alles tun läßt; sondern ich werde gezwungen, Obstehendes nur zu meiner Verteidigung anzuführen, damit man zwei Dinge zugleich sehe, nämlich nicht allein warum bisher noch nicht genugsam ausgerichtet worden, sondern auch warum gleichwohl noch Hoffnung übrig sei." Zit. nach der Sonderausgabe, Darmstadt 1967, 15 f. Ähnliche Bedenken hegte schon Schupp; s. *Schaller*, Johann Balthasar Schupp (wie Anm. 40), 207.

fern nicht 'utopisch', als der Kampf um protestantische 'Libertät' - vorläufig jedenfalls und immer wieder auch in der Literatur der verschiedenen Kriegsphasen[44] - als Ringen um deutsche Autonomie verstanden wurde, und es war auch deshalb nicht utopisch, als - begründet in mentalen Mustern des taciteischen Kulturpatriotismus - über die Sozietäten des 17. Jahrhunderts hin viele Argumente vorformuliert wurden, die sich dann im 19. Jahrhundert mit Theoremen des Sprach- und Volksgeistes zu neuen Argumentationssystemen der nationalen Integration verbanden.[45]

So oft sich auch deutsche Literaten in archaisch-elitäre Rollenbilder des Barden oder Druiden verkleideten[46], so aporetisch der Nürnberger Versuch anmutet, die literarische Kommunikationspraxis und die irenische Programmatik reichsstädtischer Intellektueller in die allegorisierenden Hüllen eines christlich gefärben Schäferkostüms zu verkleiden, so deutlich muß doch gesagt werden, daß es die Sprachgesellschaften, an ihrer Spitze die Fruchtbringende Gesellschaft, in ihrer Blütezeit vermochten, die kulturelle Borniertheit, die verrufene Provinzialität und lokale Isolation der deutschen Literatur ein gutes Stück weit zu überwinden und die deutschschreibenden Dichter und Gelehrten zu Repräsentanten einer nationalen Mission aufzuwerten. Diese Form eines nationalen Kulturprogramms hatte nichts zu tun mit kulturellen Abgrenzungen gegenüber ausländischer - italienischer, französischer - Vorbildlichkeit, sondern mit dem Bewußtsein eines immensen Nachholbedarfs im Konzert der europäischen Nationalsprachen und Nationalkulturen. So überhitzt auch in manchen patriotischen Manifesten die Huldigungen an die deutsche „Haupt- und Heldensprache" wirken mögen, so unmißverständlich und intensiv wandten sich gerade die Größen der Sprachgesellschaften (Harsdörffer in Nürnberg, Zesen in Norddeutschland) den Leistungen der Nachbarländer zu. In den Theoremen einer von 'Natur' und 'Vernunft' diktierten Sprachorganisation, etwa in der Doktrin einer deutschen 'Natursprache', ging es um die Neubegründung sprachlicher Souveränität, um thematisch fundierte Ablösung von den alten Sprachen, um ein sprachtheoretisches Analogon zur Querelle des anciens et des modernes, freilich auch um die Zurückdrän-

---

[44] So der württembergische Dichter Georg Rudolf Weckherlin (1584-1653), später Staatssekretär in London, in seinem Sonett „An das Teutschland" (Erstdruck 1641): „Zerbrich das schwere Joch/ darunter du Gebunden/ O Teutschland/ wach doch auff/ faß wider einen muth/ Gebrauch dein altes hertz/ und widersteh der wuht/ Die dich/ und die freyheit durch dich selbs überwunden [...]"; s. Text und Interpretation von *Volker Meid*, Ein politischer Deutscher. Zu Weckherlins Sonett „An das Teutschland", in: *Meid* (Hrsg.), Gedichte (wie Anm. 9), 148-158.
[45] Vgl. *Herbert Blume*, Die Sprachgesellschaften des 17. Jahrhunderts in der Sicht des Allgemeinen Deutschen Sprachvereins, in: *Klaus Garber* in Verbindung mit *Ferdinand van Ingen/Wilhelm Kühlmann/Wolfgang Weiß* (Hrsg.), Europäische Barock-Rezeption, Wiesbaden 1991, 605-616.
[46] Zu dieser weit ins 18. Jahrhundert (Klopstock, Göttinger Hainbund) reichenden keltisch-nordischen Literatenmythologie s. *Conrad Wiedemann*, Druiden, Barden, Witdoden. Entwurf eines Indentifikationsmodells, in: *Bircher/ van Ingen* (Hrsg.), Sprachgesellschaften (wie Anm. 2), 131-150.

gung vor allem des Französischen als Idiom des Adels, der pragmatischen Machtpolitik und der die Ständeordnung destabilisierenden Dynamik höfischer Monopolansprüche.

II.

Es kann in diesem kurzen Referat nicht meine Aufgabe sein, auch nur einen skizzenhaften Überblick über die - von Historikern vielleicht unterschätzte - Fülle, Verbreitung, Ausstrahlung und innere Differenzierung der kulturpatriotischen Literatur zu geben, die im Umkreis der Sprachgesellschaften publiziert wurde. Auch nur im Vorbeigehen kann hier daran erinnert werden, daß in der satirischen Literatur nach 1640 die reichspatriotischen Denkfiguren des 16. Jahrhunderts zunehmend als 'Mythos', als historisch gegenstandsloses Kopfprodukt, als Literatentraum behandelt wurden. Johann Michael Moscherosch in Straßburg (als der „Träumende" Mitglied der Fruchtbringenden Gesellschaft) konnte die Fruchtbringende Gesellschaft mit aggressiven Tönen feiern[47], doch es war auch Moscherosch, der den Helden seiner „Gesichte" auf der Suche nach einem poetischen Friedensreich vor einen altdeutschen Heldenrat unter Führung des Königs „Ehrenfest", des durch Cäsar bekannten Ariovist, geladen werden läßt.[48] Nur im sichtlich ironisierten Geschehen dürfen sich die grobianisch agierenden Leitfiguren der Germanen- und Reichsromantik zu Richtern über das Barockjahrhundert aufwerfen - Projektionsgestalten regressiver Sehnsüchte, literarische Stimmen eines atavistischen Protestes gegen die um sich greifende Alamode-Kultur. Grimmelshausen schließlich fügte Ende der sechziger Jahre die Versatzstücke der älteren Reichsromantik (Zitate der spätmittelalterlichen Reichsform, der Kaiserprophetie, des stadtbürgerlichen Geltungswillens, versetzt mit krausen Figuren eines vagen Parlamentarismus und einer eschatologisch gestimmten Friedensutopie) zu einem bewegenden Plädoyer zusammen, das allerdings einem Narren, einem sich gottgleich dünkenden, in der Poesie „verstiegenen" Verrückten in den Mund gelegt ist (sog. Jupiterepisode, Simpl. III, 3-6).[49] In der ganzen Ambivalenz dieser literarischen Verkapselung erscheint die gelehrtenbürgerliche Reichsromantik als historisch ortlos, als eine zwar weiterlebende, aber nur noch literarisch gestützte 'Utopie' im wahrsten Sinn des Wortes.

---

[47] So in einem Vorspanngedicht im Blick auf die Fruchtbringende Gesellschaft zu Carl Gustav von Hilles „Der Teutsche Palmbaum" (Nürnberg 1647), 57: „[...] Der Gesellschaft/ die den Teutschen Treibet von dem Rukken weit/ Fremder Zungen Joch und Peutschen/ Welscher Sprachen Dienstbarkeit: Ohne Schwertstreich/ ohne Kriegen/ Können wir jetzt obesiegen."
[48] Dazu neuerdings *Wilhelm Kühlmann*, Kombinatorisches Schreiben - „Intertextualität" als Konzept frühneuzeitlicher Erfolgsautoren (Rollenhagen, Moscherosch), in: *Wilhelm Kühlmann/Wolfgang Neuber* (Hrsg.), Intertextualität in der Frühen Neuzeit. Studien zu ihren theoretischen und praktischen Perspektiven, Frankfurt a. M./Berlin usw. 1994, 111-139, spez. zum Gedicht „Alamode-Kehrauß" 127-132.
[49] Vgl. *Frank Ganseuer*, „Teutscher Held" und „Teutsche Nation" - Die Ironisierung der Kaiserprophetie in der Jupiter-Episode von Grimmelshausens Simplicissimus Teutsch, in: Simpliciana 10, 1988, 149-177.

Hohen historischen Erörterungswert besitzt ein 'diskursintegratives' Thema, das wie kaum ein zweites die gesamte Publizistik der Sprachgesellschaften bewegte: der Kampf gegen die sogenannte Alamode-Kultur. Ich möchte abschließend und in exemplarischer Konzentration einige Thesen und Perspektiven zusammenfassen, die das diesbezügliche Schrifttum sowohl als kulturpatriotischen Protest wie auch als Indiz kontrovers bewerteter Differenzierungs- und Distinktionsbedürfnisse im Veränderungsprozeß der altständischen Gesellschaft bewerten. Der sprachkritische, zugleich auf die materielle Semiotik sozialen Handelns abzielende Argumentationsgehalt des 'Alamode'-Schrifttums steht dabei in engem Zusammenhang mit ordnungs- und 'policey'-rechtlicher, teilweise theologisch fundierter Anweisungsliteratur. Gleichzeitig lassen sich im Einzugsbereich der Alamodekritik genau jene historischen Impulse ablesen, die eine Opposition hierarchisierender und pragmatisch-funktionaler Kulturkonventionen andeuten und in der Semiotik des 'modischen' Wandels (zum Teil im Kontext der Geschmacksdiskussion) auf eine Pluralisierung und Historisierung des kulturellen Habitus verweisen.

Das Schrifttum der Alamodekritik[50] entfaltete bzw. integrierte in je zu analysierender argumentativer Konzentration, historischer Anbindung und thematischer Varietät folgende, hier stichwortartig zu charakterisierende Diskurse:

1. Sprachkritischer Diskurs: Zusammenhang von Sprachpurismus (Fremdwortproblem, Appelle zur Homogenisierung und 'Reinheit' des Deutschen usw.) auf der Basis eines impliziten oder expliziten Sprachpatriotismus, mithin in der Integration sprachhistorischer und sprachtheoretischer, zumeist auch auf die Sprachpragmatik abzielender Theoreme und Postulate.

2. Moralischer Diskurs: Besetzung sprach- und verhaltenstypologischer Befunde mit dezidiert moralischen Wertungen in der Antinomie z. B. 'altdeutscher Redlichkeit' und politisch-höfischer Lebenstaktik, oft ausgerichtet auf die Internalisierung kommunikativer Verhaltensnormen in klar umrissenen Lebensräumen und Lebenssituationen der Stadt und des Hofes.

3. Religiös-theologischer Diskurs: Begründung und Überlagerung der verhaltensethischen Beschreibungen, Appelle und Beschwerden mit - zumeist lutherisch geprägten - Vorstellungen einer theokratisch begründeten Ständegesellschaft und Amtsethik.

4. Politischer Diskurs: Einlagerung der Alamodekritik in den Protest gegen reichspolitische 'Dekadenz', demgemäß gegen den Verlust von 'Freiheit' und politischer Selbstbehauptung etwa im Gefolge des französischen Imperialismus am Oberrhein. Dabei

---

[50] Im folgenden kann nur das Untersuchungsfeld künftiger Forschung im Zusammenhang von Textfeldern und Argumentationslinien entworfen werden. Viele der hier implizierten oder genannten Verfasser des sprachtheoretischen oder auch satirischen Schrifttums sind berücksichtigt in der oben genannten Anthologie von *Jervis Jones* (Hrsg.), Sprachhelden (wie Anm. 4).

Rückgriff auf den politischen wie kulturellen Argumentationskomplex von 'Germanenmythos und Reichsidee'.

5. Sozialgeschichtlicher Diskurs: Kritische Deskription inkriminierter sprachlicher Verhaltensweisen, oft in parodistisch-satirischen Darstellungsmustern, im Gefolge politisch-höfischer Rollenzwänge (Komplimentierwesen, sprachliche und literarische 'Codierung' von Geschlechterkonfigurationen: Preziosentum, Petrarkismus usw.), aber auch - und hier oft generalisiert - als Indiz eines die ständische Hierarchie sprengenden oder unterlaufenden Prestigedenkens und Aufstiegswillens, letzterer vor allem in den Städten.

6. Ökonomisch-merkantilistischer Diskurs: Auswirkungen veränderten Verhaltens (Luxuskonsum, Attraktivität ausländischer Waren und Gebrauchsmuster) auf die - merkantilistisch oder kameralistisch verstandene - Handelsbilanz, dabei nicht selten Reflexion vor allem innerstädtischer Auswirkungen neuer Nachfragetendenzen und Warenströme.

7. Kulturtheoretischer/kulturhistorischer Diskurs: Reflexion der Veränderungssymptomatik innerhalb der Antinomie von 'alt' und 'neu', 'modern' und 'unmodern', nicht selten in der Modellierung interpretativer Geschichtskonzeptionen und Geschichtsbilder (Dekadenzfigur, Kreislaufschema u. a. m.).

Die hier skizzenhaft angedeutete Untersuchung dieser Diskurse in ihrer jeweiligen Lagerung und historischen Varietät, d. h. auch die sozialgeschichtliche Frage nach den Ursachen, Zielen, Entwicklungsstadien und literarischen Modalitäten des Alamode-Schrifttums in der Interdependenz von ständestaatlicher Krise und nationaler Identitätsbildung setzt eine texttypologische, literatursoziologische und historisch-funktionale (auch regional- und stadthistorische) Bestandsaufnahme und genaue Beschreibung der Quellen unter Einschluß der Bildpublizistik[51] und im Blick auf gegenseitige Bezugnahmen voraus. Dabei können vorläufig etwa folgende Textsorten und Textsektoren unterschieden werden:

1. Juristische, d. h. vor allem administrative (polizeirechtliche) Anweisungsliteratur in Territorien und Städten (darin einbezogen Kleiderordnungen, Festordnungen, Luxusverbote, Schulordnungen) und ständespezifische Kodifikationen z. B. in Form von Decorum-Lehren, Sekretariats- und Titularbüchern.

2. Sozialethische und sozialpädagogische, teilweise theologisch fundierte Didaxe (Predigten, geistliche Prosaschriften z.B. in Gestalt der sog. Teufelbücher) sowie praeskriptive oder adhortative Gebrauchsliteratur im Rahmen der 'philosophia moralis' (Ständelehren, Fürsten- und Regimentsspiegel, Handbücher des 'Politicus', Anstandsliteratur wie

---

[51] Einblicke in die urbane Flugblattpublizistik bieten die von *Wolfgang Harms* u. a. (Hrsg.) abgedruckten und kommentierten Blätter: Deutsche illustrierte Flugblätter des 16. und 17. Jahrhunderts. Bd. I-III. Die Sammlung der Herzog August Bibliothek in Wolfenbüttel. 1. Teil/Bd.: Ethica. Physica. Tübingen 1985, hier u. a. Nr. 120, 123, 130, 132; dazu kommen Text-Bildpublikationen wie die auf den „Teutschen Michel"; s. mit dem Kommentar *Wolfgang Harms* (Hrsg.), bearb. von *Beate Rattay*, Illustrierte Flugblätter aus den Jahrhunderten der Reformation und der Glaubenskämpfe, Ausstellungskatalog Coburg 1983, Nr. 134.

Hof- und Tischzuchten, Wegweiser zur 'Höflichkeit', Komplimentier- und Konversationsanleitungen).

3. Sprachkritische, sprachhistorische und sprachtheoretische Schriften, darunter
- Paränetische, panegyrische oder deliberative Deklamations- und Traktatliteratur zur Begründung, Praxis, Reformation und Positionierung des Deutschen im Rahmen der nationalen und internationalen Sprachenkonkurrenz
- Schriften zur sozialen, oft situativ umrissenen Handhabung des Deutschen und anderer Sprachen in spezifischen Gebrauchssituationen (etwa der Konversation, der Briefkultur, des höfischen Zeremoniells)
- Schriften zur wissenschaftlichen (teils systematischen, teils historisch ableitenden) Beschreibung und Normierung des Deutschen in Fortschreibung humanistischer Theoreme, aber auch im Einzugsbereich naturrechtlicher Ansätze und politisch-pragmatischer Konventionalisierung oder Inventarisierung
- Schriften mit sprachkritischer, dabei meist auch sprachbeschreibender Ausrichtung - hier vor allem im Umkreis der (in sich weiter zu differenzierenden) Reform- und Programmliteratur der sog. Sprachgesellschaften
- Sprach- und stilregulative Anleitungsliteratur im weiten Feld der Rhetoriken und Poetiken sowie der hier ausdifferenzierten Traktatpublizistik.

4. Genera der zumeist kritisch-polemischen Publizistik wie Flugblätter und Flugschriften.

5. Formen der ästhetischen, teilweise fiktionalen Literarisierung des Alamode-Themas, darunter
- Formen der menippeischen, aber auch der antikisierenden Verssatire (u. a. Moscherosch und Moscheroschnachfolge, Schupp, J. Lauremberg, Rachel, Balde, Reuter)
- Formen der satirisch instrumentalisierten Komödie (Gryphius, Weise, Rist, Dramatik der Frühaufklärung) und der Epigrammliteratur (Logau, Wernicke, Grob u. a.)
- Formen des sog. niederen bzw. 'politischen' Romans (Grimmelshausen, Weise, Riemer) und Teilsektoren der sog. galanten Literatur des Spätbarock.

6. Thematisch ausgreifende kulturhistorische oder kulturkritische Traktat- und Dissertationsliteratur.

Eine kulturhistorisch konzipierte, methodisch reflektierte, nach Notwendigkeit interdisziplinär ausgerichtete Gesamtdarstellung des Alamode-Themas im Kontext sozialer Veränderungsprozesse und nationaler Bewußtseinsbildung der Frühen Neuzeit liegt nicht vor.

Die Sprachgesellschaften als Träger einer nationalen Utopie? Ja und Nein, muß die Antwort wohl lauten. Denn nur in verwischten Spuren hielt sich in den Sozietäten die Vision einer politischen Identität von Sprachnation und Reichsnation. Daß allerdings 'Nation' als Sprachnation und als Inbegriff moralischer Verantwortung überhaupt in Erscheinung trat, daß Literatur als Signum nationaler Identität im Miteinander der europäischen Mächte propagiert und von Teilen auch der Machtelite so angenommen und verstanden wurde, dieses Verdienst darf man den Sprachgesellschaften zusprechen. Insofern bildeten sie die Brücke zur späteren Akademiebewegung und zur bürgerlichen Literaturreform in der Zeit Gottscheds[52], damit auch die Voraussetzung der wie auch immer zu klassifizierenden, jedenfalls im nachhinein als nationalgeschichtliches Telos gerühmten Weimarer Klassik.

---

[52] Zur Perspektive des frühen 18. Jahrhunderts, auch zu Gottscheds Deutschen Gesellschaften s. *Wilhelm Kühlmann*, Frühaufklärung und Barock. Traditionsbruch - Rückgriff - Kontinuität, in: *Garber* u. a. (Hrsg.), Barock-Rezeption (wie Anm. 45), 187-214.

Klaus Manger

„Klassik" als nationale Normierung?

Was ist Klassik, was klassisch? Wir finden vergleichsweise klare Vorstellungen davon in den Zeugnissen aus der Zeit um 1800. Die kultische, dem Nationalgeist und der nationalen Identität dienende Übertragung - Rietschel und die Folgen[1] - geschah *post festum*. Zum ersten Mal erschienen Goethe und Schiller als Klassiker, ihre Werke als die der Klassik erst 1887, wie uns René Wellek belehrt.[2] Deshalb wende ich mich in einem ersten Schritt zunächst jener Zeit zu, über die nachmals, so recht erst im 20. Jahrhundert, die Glocke der deutschen oder Weimarer Klassik gestülpt worden ist. Das soll uns sodann in einem zweiten Schritt beschäftigen. Tatsächlich kann ja die Bestimmung des Zenits erst erfolgen, wenn die Bahn sich schon wieder abwärts geneigt hat. Es war offensichtlich ein Bedürfnis des 19. Jahrhunderts, die beiden Dichter

---

[1] Vgl. zu Ernst Rietschels Doppelstandbild vor dem Deutschen Nationaltheater Weimar *Georg Rietschel*, Das Goethe-Schiller-Denkmal in Weimar. Zur Geschichte seiner Entstehung, in: Westermanns Monatshefte 52, 1904, 98-107 und 435-448; *Werner Deetjen*, Die Entstehung des Goethe-Schiller-Denkmals in Weimar, in: Mitteilungen des Deutschen Schillerbundes Weimar, Nr. 70, Februar 1935, 14-24; *Hans Ernst Mittig/Volker Plagemann* (Hrsg.), Denkmäler im 19. Jahrhundert. Deutung und Kritik, München 1972. In dem „Freundschaftsdenkmal" trete die Vorstellung einer de facto nicht mehr vorhandenen „bürgerlichen Einheit" zutage, schreibt *Helmut Scharf*, Kleine Kunstgeschichte des deutschen Denkmals, Darmstadt 1984, 203. In den Rietschels Ausführung vorausgegangenen Entwürfen von Christian Daniel Rauch mit dem hinter Goethe und Schiller sichtbaren Altar war bereits eine Antikisierung und Sakralisierung vorgegeben, „die Heiligkeit des Ortes und der Personen zugleich zu bezeichnen", wie Ernst Rietschel 1849 schrieb (*Georg Rietschel*, Denkmal, 102). Dazu *Rolf Selbmann*, Dichterdenkmäler in Deutschland. Literaturgeschichte in Erz und Stein, Stuttgart 1988, 82ff.

[2] *René Wellek*, Das Wort und der Begriff „Klassizismus" in der Literaturgeschichte, in: *ders.*, Grenzziehungen. Beiträge zur Literaturkritik, Stuttgart u. a. 1972, 44-63 und 170-175, hier 55f. Demnach ist gegenüber dem die Nachahmung einer als mustergültig aufgefaßten Antike berücksichtigenden Begriff des Klassizismus der der 'Klassik' der spätere und im allgemeinen allein auf Goethe und Schiller eingeengte Begriff; ebd., 55; *Heinz Otto Burger* (Hrsg.), Begriffsbestimmung der Klassik und des Klassischen, Darmstadt 1972. Vgl. *Beda Allemann*, Das Klassische, in: Historisches Wörterbuch der Philosophie [...], hrsg. v. *Joachim Ritter/ Karlfried Gründer*, Basel 1976, 853-856; *Rudolf Bockholdt* (Hrsg.), Über das Klassische, Frankfurt a. M. 1987; *Hans-Joachim Simm* (Hrsg.), Literarische Klassik, Frankfurt a. M. 1988; *Hans-Joachim Summ* (Hrsg.), Literarische Klassik, Frankfurt a. M. 1988. Die Diskussion: Weimarer Klassik und europäische Romantik: ein Perspektivproblem, in: Jahrbuch der Deutschen Schillergesellschaft 32, 1988, 347-374; 33, 1989, 399-408; 36, 1992, 409-454; sowie: *Wilhelm Voßkamp* (Hrsg.), Klassik im Vergleich. Normativität und Historizität europäischer Klassiken. DFG-Symposion 1990, Stuttgart/Weimar 1993. - Vgl. jetzt den Versuch, das Geschehen topologisch als Ereignis zu verstehen: *Klaus Manger*, Aufklärung in der Literaturwissenschaft. Ereignis Weimar-Jena, in: *Rainer Enskat* (Hrsg.), Wissenschaft und Aufklärung, Opladen 1997, 97-118. Unterdessen firmiert der 1998 eingerichtete Jenaer Sonderforschungsbereich unter dem Titel „Ereignis Weimar-Jena. Kultur um 1800".

aus der Fürstengruft zu alleinigen Dichterfürsten[3] zu erheben. Zeitgenössisch unkte schon Goethes Mutter: „und du und Schiller Ihr seid hernach Classische Schrieftsteller - wie Horatz Lifius - Ovid u wie sie alle heißen [...] was werden alsdann die Professoren Euch zergliedern - auslegen - und der Jugend einpleuen"[4]. Katharina Elisabeth Goethe spricht 1807 nicht von Klassikern, sondern, wie in der Zeit üblich, von „classischen Schriftstellern". Gleichwohl führt das „Athenaeum" 1798 Dante, Shakespeare und Goethe auch schon als „Klassiker der neuern Dichtkunst".[5] Doch sind auch diese Klassiker noch nicht national normiert, sondern aufgrund ihrer Mustergültigkeit hervorgehoben.

I

Wir haben Goethes Überzeugung aus dem Aufsatz über „Literarischen Sansculottismus" (1795) im Ohr, daß kein deutscher Autor sich selbst für klassisch halte.[6] Auf die Frage, wann und wo ein „klassischer Nationalautor" entstehe, antwortet Goethe mit den Bedingungen, unter denen er möglich werde. „Wenn er in der Geschichte seiner Nation große Begebenheiten und ihre Folgen in einer glücklichen und bedeutenden Einheit vorfindet; wenn er in den Gesinnungen seiner Landsleute Größe, in ihren Empfindungen Tiefe und in ihren Handlungen Stärke und Consequenz nicht vermißt; wenn er selbst, vom Nationalgeiste durchdrungen, durch ein einwohnendes Genie sich fähig fühlt, mit dem Vergangnen wie mit dem Gegenwärtigen zu sympathisiren; wenn er seine Nation auf einem hohen Grade der Cultur findet, so daß ihm seine eigene Bildung leicht wird; wenn er viele Materialien gesammelt, vollkommene oder unvollkommene Versuche seiner Vorgänger vor sich sieht, und so viel äußere und innere Umstände zusammentreffen, daß er kein schweres Lehrgeld zu zahlen braucht, daß er in den besten Jahren seines Lebens ein großes Werk zu übersehen, zu ordnen und in Einem Sinne auszuführen fähig ist."[7] Dieses komplexe Phänomen läßt sich nicht knapper fassen. Vor allem wird daraus deutlich, daß viele glückliche Umstände zu der Kulturverdichtung eines goldenen Alters[8] gehören, die einen Autor in seiner Selbstbildung begünstigen, aus der er als „klassischer Schriftsteller" hervorgehen soll.

---

[3] Vgl. Eberhard Lämmert, Der Dichterfürst, in: *Victor Lange/Hans-Gert Roloff* (Hrsg.), Dichtung, Sprache, Gesellschaft. Akten des IV. Internationalen Germanisten-Kongresses 1970 in Princeton, Frankfurt a. M. 1971, 439-455.
[4] Katharina Elisabeth Goethe im Brief an ihre „Tochter" Christiane von Goethe am 25. Dezember 1807, in: *Albert Köster* (Hrsg.), Die Briefe der Frau Rath Goethe, Leipzig 1968, 576.
[5] In: Athenaeum. Eine Zeitschrift von *August Wilhelm Schlegel* und *Friedrich Schlegel*. Ersten Bandes Zweytes Stück, Berlin 1798, 244.
[6] Zuerst in: Die Horen (1795). Goethes Werke, hrsg. im Auftrage der Großherzogin Sophie von Sachsen (= Weimarer Ausgabe; im folgenden WA), I. Abtheilung, 40 Bd., Weimar 1901, 196-203, hier 197.
[7] WA I, 40, 198.
[8] *Vergil*, Aeneis 6, 792f.; vgl. zu Geschichte und Bild *Hans-Joachim Mähl*, Die Idee des goldenen Zeitalters im Werk des Novalis. Studien zur Wesensbestimmung der frühromantischen Utopie und zu ihren ideengeschichtlichen Voraussetzungen, Heidelberg 1965.

Wir kennen Goethes Apotropaion: „Wir wollen die Umwälzungen nicht wünschen, die in Deutschland classische Werke vorbereiten könnten",[9] angesichts einer Gefahr der Zentralisierung und Vernichtung der kleinen deutschen Staaten im Grunde eine antirevolutionäre Warnung vor der Beseitigung des Alten Reiches. Mit „classisch" ist hier eine Ebene angedeutet, von der aus der Blick auf die Einheit, wenigstens die Spracheinheit einer Nation fallen kann. Christian Gottfried Körner hatte Goethes Aufsatz in den „Horen" gelesen, als er am 8. Juli 1796 an Schiller schrieb: „Für den deutschen Dichter giebt es keine Hauptstadt. Sein Publikum ist zerstreut und besteht aus einzelnen Köpfen die seinen Werth zu schätzen wissen, aber deren Stimme selten laut wird. Die unsichtbare Kirche bedarf eines Repräsentanten, sonst glaubt der Dichter in einer Wüste zu seyn, und zu diesem Repräsentanten schickt sich niemand besser als Du."[10] Dieser auf Schiller damit übertragene Anspruch eines Repräsentanten für das Publikum, das Schiller seinen „Souverain" nennt[11], geht allerdings bereits weit über den an einen „classischen Schriftsteller" hinaus, ist aber auch erst spiritual und noch nicht national orientiert.

Was also sind „classische Schriftsteller"? Zwei zeitverwandte Autoritäten greife ich hierfür heraus, Johann Christoph Adelung (1732-1806) im „Grammatisch-kritischen Wörterbuch der hochdeutschen Mundart" und Johann Georg Sulzer (1720-1779) in der „Allgemeinen Theorie der Schönen Künste". „Classisch" gilt Adelung (zuerst 1774-1786) als in seiner Art vortrefflich, so daß es andern zum Muster und zur Richtschnur dienen kann. „Classisch" dient so der Kanonbildung. Im strengen Sinn, Adelung sagt „in engerer Bedeutung", befolgen classische Schriftsteller die Regeln des Schönen, und zwar in Rücksicht auf die Gedanken wie auf den Ausdruck. So wiederum dienen sie anderen zum Muster und heißen auch wohl „Classiker", nicht weil sie in den Schulklassen gelesen werden, sondern weil sie sich als *classici* im alten Rom als obere Klassen von den *proletarii*, den Gliedern des gemeinen Volkes, unterscheiden.[12] „Idealklassik" und „Normalklassik", wovon Ernst Robert Curtius spricht, sind so kaum auseinanderzuhalten.[13] „Ein classischer Geschmack" habe „den möglichsten Grad der Richtigkeit und Feinheit".[14]

In dieser klassischen Normierung von „classisch" erkennen wir keinerlei nationale Komponente. Deshalb nehme ich Sulzers Bestimmung von „Claßisch" zu Hilfe. Seine Darlegungen unterliegen dem Ziel einer „Allgemeinen Theorie der Schönen Künste" (zuerst 1771-74). Ich erinnere an Goethes Vorbehalte gegen dieses Werk, da er sei-

---
[9] WA I, 40, 199.
[10] Schillers Werke. Nationalausgabe (im folgenden NA), Bd. 36, Teil I: Briefwechsel. Briefe an Schiller 1.11.1795 - 31.3.1797 (Text), hrsg. von *Norbert Oellers*, Weimar 1972, 259.
[11] Vgl. die Ankündigung zur Rheinischen Thalia 1785: NA 22, 94.
[12] *Johann Christoph Adelung*, Grammatisch-kritisches Wörterbuch der Hochdeutschen Mundart, mit beständigem Vergleiche der übrigen Mundarten, besonders aber der Oberdeutschen, 4 Bde., Leipzig ²1793-1801, hier: *Adelung* 1, 1338.
[13] *Ernst Robert Curtius*, Europäische Literatur und lateinisches Mittelalter, Bern/München ⁶1967, Kap. 14: Klassik, 253-276, sowie Kap. 15: Manierismus, 277-305, hier 278.
[14] *Adelung* (wie Anm. 12) 1, 1338.

ner in der „Italienischen Reise" unter dem 15. November 1786 gedenkt. Man lese darin, wenn das Gespräch ausgehen wolle, und „wenn man gleich von einem höhern Standpuncte mit diesem Werke nicht ganz zufrieden sein kann, so bemerkt man doch mit Vergnügen den guten Einfluß auf Personen, die auf einer mittlern Stufe der Bildung stehen".[15] Ungleich schärfer dringt Goethes Ablehnung gleichfalls in der „Italienischen Reise" unter dem 15. März 1787 durch: „Sulzers Theorie war mir wegen ihrer falschen Grundmaxime immer haßt".[16] Diese entschiedene Ablehnung beruht auf Sulzers beabsichtigter und von Goethe komplementär in ein Verhältnis zu dem Maler Hackert gestellter Wirkung, überhaupt auf der Art seiner Belehrung. Während Hackert sich von innen heraus auferbaue, wolle Sulzer auf die Welt wirken und sie zum Hausgebrauch belehren. Goethe anerkennt die vielen von ihm ausgebreiteten Kenntnisse und überlegt allerdings nachdenklich, ob diese Denkart nicht für Weltleute hinreichend sei. Sulzers falsche Grundmaxime hatte er schon 1772 in einer Rezension gegeißelt, da dieser die „*Nachahmung der Natur*" durch die „*Verschönerung der Dinge*" verdrängen wolle.[17] Die Natur bleibt für Goethe das Maß aller Dinge. Auch die Nachahmung der Griechen ist deshalb nur insofern empfehlenswert, als ihr Ideal eine zweite Natur ist. Noch für Friedrich August Wolf sind „Ilias" und „Odyssee" zwei Werke der Zeit und der Natur.[18] Und wer ihr in den Künsten so, wie ihre Gradation im Aufsatz „Über einfache Nachahmung der Natur, Manier, Stil" von 1789 benannt ist,[19] am nächsten kommt, ist der wahre Meister. Aber ist dieser auch schon ein Klassiker?

Um darauf antworten zu können, müssen wir zu Sulzer zurückkehren. Seiner Theorie zufolge sind „Claßische Schriftsteller" in Übereinstimmung mit Adelung solche, „die als Muster der *guten* und *feinern Schreibart* können angesehen werden".[20] Gründlich gedachte und treffend ausgedrückte Sachen erweckten erst ein Vergnügen an auf Verstand und feineren Empfindungen ruhenden Gegenständen. Und dann nennt Sulzer die Voraussetzung dafür: „Nur die Nationen können solche Schriftsteller haben, bey denen die Vernunft sich auf einen hohen Grad entwikelt hat; wo das gesellschaftliche Leben und der tägliche Umgang zu einer Vollkommenheit gestiegen ist, daß der Verstand und der feine Geschmak die Sinnlichkeit weit überwiegt."[21] Das ist indessen erst die Basis, auf der Sulzers Gipfelleistungsmodell, fortgeführt in der Wellenkammphilologie des 19. und 20. Jahrhunderts, aufruht. Denn er fügt hinzu: „Es scheinet, daß der Mensch ein gewisses Maaß von Verstandeskräften habe, in die

---

[15] WA I, 30, 216.
[16] WA I, 31, 51.
[17] WA I, 37, 208.
[18] Abgedruckt in: *Oscar Fambach*, Ein Jahrhundert deutscher Literaturkritik (1750-1850). Ein Lesebuch und Studienwerk, Bd. III: Der Aufstieg zur Klassik in der Kritik der Zeit [...], Berlin 1959, 665.
[19] WA I, 47, 77-83.
[20] *Johann Georg Sulzer*, Allgemeine Theorie der Schönen Künste [...], 4 Theile, Frankfurt und Leipzig ³1798, 1, 514-516, hier 514.
[21] Ebd.

„Klassik" als nationale Normierung? 269

Beschaffenheit sittlicher Gegenstände einzudringen, welches er nicht überschreiten kann, und" - fährt Sulzer fort, indem er ein nationales Ausleseverfahren startet, das zugleich eine bemerkenswerte Aussage zu der im 18. Jahrhundert so häufig genannten Perfektibilitätsproblematik oder, wie sie der Arzt Christoph Wilhelm Hufeland nennt, „Vervollkommnungsfähigkeit" macht[22] - „daß die besten Köpfe jeder Nation, die sich die Cultur des Verstandes ernstlich hat angelegen seyn lassen, den höchsten Grad dieses Maaßes erreichen."[23] Unabhängig von Zeitalter und Nation müßten die Schriften solcher Personen (Sulzer sagt natürlich „Männer") allen anderen, die auch den höchsten Grad der Vernunft erreicht haben, notwendig gefallen. Das ist genau das, - ich sage dies zur Illustration -, was für Wieland sein über Zeiten und Völker hinweg geführtes „Geistergespräch" ist (beispielsweise mit Xenophon, Aristophanes, Euripides, Lukian, Horaz, Cicero, Shakespeare, um nur die von ihm übertragenen Autoren zu nennen). Allerdings blickte Goethe auf die teils mit Emphase betriebene Vervollkommnung mit Skepsis, da er unter dem 27. Mai 1787 in Neapel den dritten Teil von Herders „Ideen" erwartete, der gewiß den „schönen Traumwunsch der Menschheit, daß es dereinst besser mit ihr werden solle," trefflich ausgeführt habe, indem er hinzufügte: „Auch muß ich selbst sagen, halt' ich es für wahr, daß die Humanität endlich siegen wird, nur fürcht' ich, daß zu gleicher Zeit die Welt ein großes Hospital und einer des andern humaner Krankenwärter sein werde."[24]

Der von Sulzer geäußerte Gedanke vom „höchsten Grad" der Vernunft, auch wenn er nicht an der Natur orientiert bleibt, ist insofern bahnbrechend, als er aus dem nationalen Kontext ausbricht und den Weg freimacht für das Phänomen, das Wieland um 1790 „Weltliteratur" genannt hat[25] und worin ihm Goethe eine Generation später, 1827, folgte.[26] Gleichwohl ist Sulzers Gipfelleistungsmodell damit immer noch nicht erschöpft. Denn es setzt noch etwas anderes frei. Sulzer bemerkt nämlich, daß die besten Schriftsteller einer Nation, die jenen hohen Grad der „Cultur" noch nicht erreicht habe, ihr zwar sehr wohl gefallen können, aber deshalb noch keineswegs „claßische Schriftsteller" sein müssen. „Nicht die besten jeder Nation sind claßische Schriftsteller, sondern die besten der Nation, welche die Cultur der Vernunft auf das höchste gebracht hat."[27] Was Goethe hieran wiederum mißfiele, wäre der Formalismus, der keinerlei Gedanken auf eine Rückbindung an die Natur verschwendet. Deshalb ist auch Sulzers Folgerung so fadenscheinig, eben nicht von der einfachen Nachahmung der Natur hin zum eigenen Stil zu finden, sondern „durch den bloßen lebendigen oder todten Umgang mit wahrhaftig claßischen Köpfen, sich selbst zum cla-

---

[22] Christoph Wilhelm Hufeland, Die Kunst das menschliche Leben zu verlängern, Wien/Prag 1797, 234-237.
[23] Sulzer, Allgemeine Theorie (wie Anm. 20) 1, 515.
[24] WA I, 31, 253.
[25] Vgl. Hans-Joachim Weitz, 'Weltliteratur' zuerst bei Wieland, in: Arcadia 22, 1987, 206-208.
[26] Gegenüber Eckermann am 31. Januar 1827. Vgl. Klaus Manger, Weltliteratur, in: Das Fischer Lexikon Literatur, hrsg. v. Ulfert Ricklefs, Frankfurt a. M. 1996, Bd. 3, 1999-2002.
[27] Sulzer, Allgemeine Theorie (wie Anm. 20) 1, 515.

ßischen Schriftsteller" zu bilden. Das nämlich vermöchte, wie er sich das vorstellt, jedes glückliche Genie. Wenn das aber richtig sei, so noch ein letztes Mal Sulzer, liege darin auch der Grund dafür, daß sich bislang „so wenig deutsche Schriftsteller" hervorgetan haben und als Klassiker in Erscheinung getreten sind.[28] Der wahre kulturchauvinistisch angepeilte Gipfel sind demnach die Klassiker, die nicht nur selbst Gipfelleistungen vollbracht haben, sondern aus Nationen kommen, die sich bereits auf das höchste entwickelt haben und im Wettstreit mit anderen diese überragen. Dies weiterverfolgend, käme uns in Rietschels Weimarer Denkmal der Mount Everest des Geistes vor Augen. Wenn wir indessen die Rückbindung an die Natur nicht verlieren, dann bekommen wir hier eine Kette jener Autoren zu Gesicht, die für alle Art Geistergespräch taugen, ja selbst noch dem Anspruch der romantischen Schriftsteller standhalten. Denn wenn Schlegel von Wieland als von einem „negativen Classiker" spricht,[29] ist auch in diesem Urteil noch die Skala erkennbar, nur eben über den Nullpunkt hinaus in Richtung Minus verlängert. Schon Goethe wehrt sich gegen das verhältnismäßig oberflächliche Vergleichen. Auch für Schiller klingt es lächerlich genug, „wenn man einen Milton oder Klopstock mit dem Nahmen eines neuern Homer beehrt sieht".[30] Dieses Vergleichen hatte im 18. Jahrhundert mit dem deutlichen Hinaustreten aus der Befangenheit der Nationalliteratur zugenommen. Die Vorbilder der eigenen Werke waren nicht mehr nur Bodmer, Brockes, Haller, Hagedorn, Gottsched, Uz, Pyra, Lange, sondern wurden jetzt, da man den deutschen Pindar, Homer, Horaz miteinbezog, nachdem man ja mit Luther schon längst eine deutsche Bibel gewonnen hatte, gewissermaßen aus aller Welt herangeholt. Und das Kriterium hierfür war einzig Qualität. Denken wir an Wielands Wort im „Brief an einen jungen Dichter" von 1784, demzufolge der damals noch nicht genannte Verfasser einer Prosa-"Iphigenie", nämlich Goethe, verspreche, ein Sophokles, Racine und Shakespeare in einer Person zu werden,[31] oder daran, daß Goethe dann selbst am Ausgang des Jahrhunderts beispielsweise zum direkten Agon mit Homer in „Hermann und Dorothea" oder der „Achilleis" antritt.[32] Das ist nicht *imitatio*, sondern *aemulatio*. Zwar beobachten wir vor allem nach dem Siebenjährigen Krieg und auch herausgefordert durch Friedrichs II. Schrift über den vermeintlich desolaten Zustand der deutschen Literatur zahlreiche u. a. auch im Namen Hermanns (*Arminius*) koinzidierende Symptome einer Deutschen Bewegung.[33] Aber während mit der Selbstbesinnung auf die eigene Tradition eine weltliterarische Dynamisierung der deutschen Lite-

---

[28] Ebd., 516.
[29] Friedrich Schlegel an Caroline, 26. Oktober 1798. Vgl. *Curtius*, Literatur (wie Anm. 13), 278.
[30] NA 20, 439.
[31] Teutscher Merkur (1784, März), 228-253.
[32] Vgl. *Dieter Martin*, Das deutsche Versepos im 18. Jahrhundert. Studien und kommentierte Gattungsbibliographie, Berlin/New York 1993, 247-314.
[33] Vgl. *Friedrich Meinecke*, Die deutsche Bewegung, in: Die Entstehung des Historismus, 2. Buch, München 1936 (^{2}1946). *Herman Nohl*, Die Deutsche Bewegung [1908]. Vorlesungen und Aufsätze zur Geistesgeschichte von 1770-1830, hrsg. v. O. F. Bollnow und F. Rodi, Göttingen 1970.

ratur erfolgt, werden die Muster zunehmend aus den europäischen Nationalliteraturen gewonnen. Das erste Künstlerdrama gilt dem italienischen Renaissanceautor Tasso. In seiner im Drama vollzogenen Krönung zum *poeta laureatus* beerbt Tasso Vergil und tritt so neben Ariost.[34] Den einzigen Lorbeer, den Goethe einem Zeitgenossen zugeeignet hat, empfing Wieland als Verfasser des ganz neuartigen, die europäischen Karlssagen, Shakespeares Elfenmärchen von Oberon und Titania und das komische Epos Ariosts sowie die digressive Erzähltechnik Laurence Sternes ineins schlingenden Epos „Oberon".[35] Lessing hatte schon Gottsched seiner Bevorzugung des französischen Klassizismus wegen attackiert und propagierte selbst das Theater Diderots.[36] Und Goethe fand, als er nach einem „nationellen Stoff" suchte, diesen in der Lebensgeschichte des „letzten Ritters" Gottfried von Berlichingen, hat aber daraus schließlich doch ein shakespearisierendes Drama gestaltet.[37] Dieses aber wiederum folgt der Maxime: „Natur! Natur! nichts so Natur als Shakespeares Menschen."[38] Anders gesagt, besann sich die Deutsche Bewegung wohl teilweise noch auf nationale Stoffe, aber auch dort, wo sie das tat, setzte sie sie bereits mit internationalen - und das heißt jetzt „classischen" - Mustern in Verbindung. So kommt jeder classische Schriftsteller zwar aus einer Nation, sein Weg aber führt immer ins übernational Weltbürgerliche.[39]

Auch der aus seinem gotischen Zimmer über die Gretchentragödie ins 18. Jahrhundert versetzte Faust veranschaulicht diesen über die „Römischen Elegien", „Venetianischen Epigramme", „Egmont", „Iphigenie", „Tasso" ins Weltliterarische ausgreifenden Drang. Wielands im Mexikanischen, Chinesischen, Griechischen, Spanischen, in der Spätantike und im Frühchristentum sowie im englischen Roman des 18. Jahrhunderts wurzelndes Erzählwerk zieht eine Summe des europäischen Erzählens, und zwar stofflich wie erzähltechnisch.[40] Lessing zielt schon auf die „Erziehung des Men-

---

[34] In I/3, v. 457ff. WA I, 10, 123f.
[35] Vgl. die zeitliche Nähe von Übersendung des Lorbeers am 23. März 1780 und der Tagebuchnotiz vom 30. März, in der es heißt: „Gute Erfindung 'Tasso'." Vgl. *Hans Gerhard Gräf,* Goethe über seine Dichtungen. Versuch einer Sammlung aller Äußerungen des Dichters über seine poetischen Werke, Bd. 6, Frankfurt a. M. 1908, 289.
[36] *Lessings* Werke, Elfter Teil: Das Theater des Herrn Diderot (1760), hrsg. v. *Julius Petersen,* Berlin u.a. [1925].
[37] Vgl. *Gräf,* Goethe (wie Anm. 35), Bd. 5, Frankfurt a. M. 1906, 20-123.
[38] Zum Schäkespears Tag (1771): WA I, 37, 133.
[39] Vgl. *Wielands* Aufsatz: Das Geheimniß des Kosmopolitenordens, in: Teutscher Merkur (1788, August), 95-115 und (1788, November), 121-143. Dazu *Klaus Manger,* Wielands Kosmopoliten, in: *Klaus Garber/Heinz Wismann* unter Mitwirkung v. *Winfried Siebers* (Hrsg.), Europäische Societätsbewegung und demokratische Tradition. Die europäischen Akademien der Frühen Neuzeit zwischen Frührenaissance und Spätaufklärung, Tübingen 1996, Bd. 2, 1637-1667.
[40] Vgl. *Wielands* mexikanische Erzählung „Koxkox und Kikequetzel" (1770), die fingierte Übersetzung aus dem Scheschianischen mit Kommentaren des chinesischen und lateinischen Übersetzers im „Goldnen Spiegel" (1772), die griechische „Geschichte des Agathon" (1766/67) oder „Aristipp und einige seiner Zeitgenossen" (1800/01), die Verknüpfung von „Don Quijote"-Parodie und Feenmärchen in „Don Sylvio von Rosalva" (1764) oder den spätantiken „Peregrinus Proteus" (1791) in Anlehnung an Lukian sowie den frühchristlichen „Agathodämon" (1799) in Anlehnung an des Philostratos Biographie des Apollonios von Tyana. Zu Wielands Rezeption des englischen

schengeschlechts".[41] Herder schreibt sich Humanität als Ziel der Menschheit auf die Fahne[42]. Und programmatisch tritt Schiller in Jena mit einer ganz klaren Universalisierung an. Im Blickfeld der Geschichte liege „die ganze moralische Welt".[43] Von dem deutschen Regiment des Grafen Moor der „Räuber", der italienischen Polis Genua des Fiesco, dem spanischen Königreich Philipps II. im „Don Karlos", Böhmen und Habsburg im „Wallenstein", der „Jungfrau von Orleans" in Frankreich, „Maria Stuart" in England führt Schiller bis hin zum Schweizer Wilhelm Tell und dem in die polnischen Intrigen verwickelten falschen russischen Zaren Demetrius. Da fällt, auch wenn wir uns auf die Werke der großen Weimarer Vier beschränken, kaum noch auf, indem wir die weltliterarische Entgrenzung der Nationalliteratur weiterverfolgen, daß im „Faust II" von der antiken Mythologie über die christliche Erlösung bis in die Zeiten von Maximilians und Fausts Gegenwart ein alle historischen und nationalen Grenzen übersteigendes, vielleicht sogar besser ignorierendes Panorama aufgeführt wird, das merkwürdigerweise gerade im Typus des „Faustischen" am stärksten national konnotiert worden ist.[44] Den Deutschen aber ein Nationaltheater zu verschaffen, hält Schiller für einen gutherzigen Einfall, „da wir Deutsche noch keine Nation sind".[45]

Um auf diese Eigentümlichkeit eine Antwort zu finden, frage ich zum Schluß dieser Überlegungen zum Klassischen um 1800 danach, wieso die mit 1483 Versen längste Szene von „Faust II", die „Classische Walpurgisnacht" (v. 7005-8487), eigentlich klassisch ist.[46] Hierfür ist nützlich mitzubedenken, daß die „Classische Walpurgisnacht" den Dritten Akt vorbereitet, dessen Vorabdruck Goethe unter dem Titel „Klassisch-romantische Phantasmagorie" veröffentlichte.[47] Hat uns Sulzer gezeigt, daß unter dem Klassischen mustergültige Werke mustergültiger Autoren mustergültiger Nationen zu verstehen sind, so zeigt Goethe, daß das Klassische über die *Querelle des anciens et des modernes* hinaus jetzt auch seinen Gegenbegriff, das Romantische, absorbiert. Attizismus und Asianismus oder Klassizismus und Manierismus

---

Romans vgl. *Peter Michelsen*, Laurence Sterne und der deutsche Roman des achtzehnten Jahrhunderts, Göttingen ²1972.

[41] „Oder soll das menschliche Geschlecht auf diese höchste Stufen der Aufklärung und Reinigkeit [des Herzens] nie kommen? Nie?" Die Erziehung des Menschengeschlechts (1780). In: *Lessings Werke*, Sechster Teil, hrsg. v. *Waldemar v. Olshausen*, Berlin u.a. [1925], § 81.

[42] Vgl. *Johann Gottfried Herder*, Ideen zur Philosophie der Geschichte der Menschheit. Erster bis Vierter Theil, Riga/Leipzig 1784-91, sowie: Briefe zu Beförderung der Humanität, 1.-10. Sammlung, 1793-97.

[43] NA 17, 359. Vgl. *Klaus Manger*, Schillers „Don Karlos" - ein Universalhistoriendrama, in: *Christine Maillard* (Hrsg.), Friedrich Schiller „Don Karlos". Théâtre, psychologie et politique, Presses Universitaires de Strasbourg 1998, 41-54.

[44] Vgl. *Hans Schwerte* (alias *Hans Ernst Schneider*), Faust und das Faustische. Ein Kapitel deutscher Ideologie, Stuttgart 1962.

[45] NA 21, 245 und 20,22f.

[46] WA I, 15.1, 110-176. Vgl. *Thomas Zabka*, Faust II - Das Klassische und das Romantische. Goethes 'Eingriff in die neueste Literatur', Tübingen 1993.

[47] Vgl. *Johann Wolfgang Goethe*, Faust. Texte und Kommentare, hrsg. v. *Albrecht Schöne* (Sämtliche Werke, Bd. 7/1,2), Frankfurt a. M. 1994, Bd. 7/1, 519-576.

liegen im Verhältnis dazu unversöhnlich gegenüber. Klassik und Romantik aber werden in der „Classischen Walpurgisnacht" und im „Helena"-Akt, eben jener „klassisch-romantischen Phantasmagorie", eng aufeinander bezogen.

Das Fragment „Helena im Mittelalter" bricht ab, bevor die 'klassische' Heroine auf den mittelalterlich-'romantischen' Ritter trifft.[48] Schiller riet, „von dem Reinen mit Bewußtseyn ins Unreinere" zu gehen, und entwarf ein den „Faust" auf Helena konzentrierendes Arbeitsprogramm: „Gelingt Ihnen diese Synthese des Edeln mit dem Barbarischen, wie ich nicht zweifle, so wird auch der Schlüßel zu dem übrigen Theil des Ganzen gefunden seyn, und es wird Ihnen alsdann nicht schwer seyn, gleichsam analytisch von diesem Punkt aus den Sinn und Geist der übrigen Parthien zu bestimmen und zu vertheilen. Denn dieser Gipfel, wie Sie ihn selbst nennen, muss von allen Punkten des Ganzen gesehen werden und nach allen hin sehen."[49]

Diese Gipfelstellung und Schlüsselfunktion hat Goethe vermieden. Aber aus dem ursprünglichen Titel erkennen wir die Absicht, nämlich mit dem „Helena"-Akt nicht ein klassizistisches Ausgrenzungskonzept, sondern ein das Romantische integrierendes Kontrastkonzept zu verfolgen. Im Oxymoron der von Goethe erfundenen „Classischen Walpurgisnacht" wird dieses vorbereitet. Denn sie reagiert ihrerseits auf das Blocksbergfest im „Faust I". 'Klassisch' heißt hier erst einmal, wie das Paralipomenon andeutet, „Antike Walpurgisnacht".[50] „Es ist ein altes Buch zu blättern: | Vom Harz bis Hellas immer Vettern!"[51] Obwohl klassisch, läßt Goethe seine Spukgestalten in unklassischen gereimten Versen, in Blocksberg-Metren sprechen: „Die klassische Walpurgisnacht muß in Reimen geschrieben werden, und doch muß alles einen antiken Charakter tragen."[52] Eine solche Versart, die nicht leicht zu finden war, hat Goethe aufgegeben. Daß aber Faust in der „Classischen Walpurgisnacht", „Drama im Drama",[53] wie im „Helena"-Akt einen „ahnungsvolle[n] Traum"[54] träumt, ja die großen Szenen sich wie Traumringe ineinanderlegen, ohne daß man mehr unterscheiden kann, was jetzt wirklich, was geträumt ist oder was auf einen höheren Grad an Wirklichkeit verweist, kennzeichnet Goethes neues, ältere Dramenformen in sich aufnehmendes Drama.

Das Shakespeare und Calderón gemeinsame Traum-Motiv macht diese aus der Sicht der Brüder Schlegel auch und gerade zu romantischen Dichtern.[55] Daran knüpft

---

[48] Ebd., 580.
[49] Schiller an Goethe am 13. September 1800: NA 30, 196, und am 23. September 1800: NA 30, 198.
[50] *Schöne* (wie Anm. 47, Bd. 7/1), 630, 11.
[51] Faust II, v. 7742f.
[52] Zu Eckermann unter dem 15. Januar 1827.
[53] *Goethes Werke*. Hamburger Ausgabe in 14 Bänden, hrsg. v. *Erich Trunz*, München [11]1981, Bd. 3, 565.
[54] So Homunculus in Faust II, v. 6933.
[55] „Shakespeare's Universalität ist wie der Mittelpunkt der romantischen Kunst. Goethe's rein poetische Poesie ist die vollständigste Poesie der Poesie." Als „Klassiker der neuern Dichtkunst" gelten hier Dante, Shakespeare und Goethe. In: Athenaeum (wie Anm. 5), 244. Vgl. *Swana L. Hardy*, Goe-

Goethe an und projiziert mit dem über das Heidnische und Christliche hinausführenden Klassischen und Romantischen zwei Bewußtheitszustände als Widerspiegelungen äußerer und innerer Wirklichkeiten ineinander. Schon deshalb konnte er Schillers Rat zum Helena-Gipfel nicht befolgen. Zugleich kommt in seinem Formwillen zum Ausdruck, daß im Klassischen alles Romantische gebunden erscheint. In diese Richtung zielte Hegels Versuch, das Klassische, „die zu freier Totalität in sich abgeschlossene Einigung des Inhalts und der ihm schlechthin angemessenen Gestalt", damit das *„sich selber Deutende"*, als Vollendung der Kunst zu bestimmen, die historisch vergangen ist.[56] Wenn Sainte-Beuve 1850 danach fragt, „Qu'est-ce qu'un classique?", so weist er über das einzelne Werk, über seine Zuordnung zu Klassizismus oder Romantik hinaus auf einen Autor, der generell zum geistigen Reichtum der Menschheit beigetragen hat, und versammelt so ein Pantheon aller edlen Menschen.[57] Goethe aber hat in der „Classischen Walpurgisnacht" wie in „Faust II" überhaupt Stoff-, Motiv-, Form- und Stilmerkmale zu einer neuen, vormals nicht gekannten Einheit gebündelt. Wenn wir diese jetzt klassisch beziehungsweise mustergültig nennen wollen, müssen wir bemerken, daß die Nachfolger ausgeblieben sind, denen sie zum Muster hätte dienen können.

II

Da wir eingangs danach fragten, was Klassik, was klassisch sei, müssen wir, nachdem wir uns unter den Autoren um 1800 umgesehen und ermittelt haben, daß aus ihrer Sicht das klassische Werk oder den klassischen Autor die Mustergültigkeit auszeichne, nun danach fragen, was dann Klassik sei. Außerdem müssen wir uns darüber verständigen, worin „Klassik" als nationale Normierung ihre Wurzeln habe. Der bisher vorgetragene Befund kann für Liebhaber oder Verfechter einer deutschen oder Weimarer Klassik schließlich nur unbefriedigend sein.[58] Deshalb soll im folgenden die andere Seite der Klassikmedaille betrachtet werden, auf die in dem oben gegebenen Hinweis auf Rietschel und die Folgen bereits ein Blick gefallen ist.

Bislang haben wir ja nur von den classischen Autoren her oder auf sie hin argumentiert. In Ergänzung dazu ist jetzt nach ihrer Funktionalisierung und Nationalisierung zu fragen. Dazu muß sich unser Augenmerk zunächst auf patriotisch oder na-

---

the, Calderon und die romantische Theorie des Dramas, Heidelberg 1965; *Henry W. Sullivan*, Calderón in the German Lands and the Low Countries. His reception and influence 1654-1980, Cambridge 1983; *Claudia Albert*, Umrisse eines „Deutschen Calderón". Max Kommerells Beitrag im Kontext der Rezeptionsgeschichte, in: Jahrbuch der Deutschen Schillergesellschaft 38, 1994, 364-378.

[56] *Georg Wilhelm Friedrich Hegel*, Ästhetik. Nach der zweiten Ausgabe *Heinrich Gustav Hothos* (1842) redigiert und mit einem ausführlichen Register versehen von *Friedrich Bassenge*, Berlin/Weimar ²1965, Bd. 1, 413.

[57] *Charles-Augustin de Sainte-Beuve*, Œuvres, Bd. 1, hrsg. v. *M. Leroy*, Paris 1949.

[58] Vgl. dazu *Dieter Borchmeyer*, „Gibt es 'deutsche Klassiker'?" in: *ders.*, Weimarer Klassik. Portrait einer Epoche, Weinheim 1994, 13-43; *ders.*, Klassik, in: Das Fischer Lexikon Literatur (wie Anm. 26), Bd. 2, 878-896.

„Klassik" als nationale Normierung? 275

tional angelegte Goethe- und Schiller-Feiern richten, die, nachdem Schiller 1805 und Goethe 1832 gestorben waren, einsetzten und sich im Laufe der Zeit häuften. In der ersten Hälfte des vorigen Jahrhunderts nämlich erfolgte die Transformation, die aus classischen Autoren Schriftsteller einer zunehmend national normierten Klassik werden ließ, so daß Otto Harnack 1887 diese Klassik dann zum ersten Mal auch als solche benennen konnte.[59]

Gewiß rückten Goethe und Schiller, von dem die Initiative ausgegangen war, im „Xenien"-Streit des Jahres 1797 in den Rang von *praeceptores* in der deutschen Gelehrtenrepublik. So lautet das Xenion „*Das deutsche Reich*": „Deutschland? aber wo liegt es? Ich weiß das Land nicht zu finden, | Wo das gelehrte beginnt, hört das politische auf."[60] Indem sie die Zuchtrute der Kritik schwangen und ein Gewitter in Distichen über ihren Zeitgenossen ergehen ließen, polarisierten sie diese scharenweise und setzten sich selbst ihnen gegenüber. Vom „*Deutsche[n] Nationalcharacter*" heißt es: „Zur *Nation* euch zu bilden, ihr hoffet es, Deutsche, vergebens, | Bildet, ihr könnt es, dafür freyer zu Menschen euch aus."[61] Das meiste, was sich davon sagen läßt, ist, daß Goethe und Schiller damit in eine Sonderrolle hineinwuchsen, wenn man nicht zugestehen will, daß sie diese mit Wieland und Herder nicht sowieso schon innehatten. Das „Athenaeum" der Romantiker separierte unter ihnen eindeutig Goethe, als habe es gegolten, einen Keil zwischen ihn und die übrigen, vor allem aber zwischen Goethe und Schiller, zu treiben.[62]

Gerade den Verfechtern einer „Kernzone der deutschen Klassik",[63] angesetzt zwischen 1794 und 1805, also Goethes erster Bekanntschaft mit Schiller und Schillers Tod, muß aber auffallen, daß diese vermeintlich hohe Phase nationaler Klassik eine sonderbare Asymmetrie in der Entstehungsgeschichte beider literarischen Werke aufweist. Sie umfaßt nämlich Schillers gesamtes dramatisches Werk ab dem „Wallenstein" (1798/99), mit „Maria Stuart" (1801), „Die Jungfrau von Orleans" (1802), „Die Braut von Messina" (1803), „Wilhelm Tell" (1804) und dem „Demetrius"-

---

[59] *Otto Harnack*, Goethe in der Epoche seiner Vollendung, Leipzig 1887, 133, 152, ders., Deutsches Kunstleben im Zeitalter der Klassik (1896). Vgl. dazu *Wellek*, Wort (wie Anm. 2), 55f.
[60] NA 1, 320. Vgl. *Franz Schwarzbauer*, Die Xenien. Studien zur Vorgeschichte der Weimarer Klassik, Stuttgart 1993.
[61] NA 1, 321.
[62] Vgl. *Ernst Behler*, Das Wieland-Bild der Brüder Schlegel, in: *Hansjörg Schelle* (Hrsg.), Christoph Martin Wieland. Nordamerikanische Forschungsbeiträge zur 250. Wiederkehr seines Geburtstages 1983, Tübingen 1984, 349-392; ders., Die Wirkung Goethes und Schillers auf die Brüder Schlegel, in: *Wilfried Barner/Eberhard Lämmert/Norbert Oellers* (Hrsg.), Unser Commercium. Goethes und Schillers Literaturpolitik, Stuttgart 1984, 559-583; *Sven-Aage Jørgensen*, Ist eine Weimarer Klassik ohne Wieland denkbar?, in: ebd., 187-197; *Friedrich Sengle*, Die 'Xenien' Goethes und Schillers als Dokument eines Generationskampfes, in: ebd., 55-77; *Christian Juranek*, Ahndung künftiger Bestimmung. Miszellen zu einer Rezeptionsgeschichte, in: Johann Gottfried Herder: Ahndung künftiger Bestimmung, hrsg. v. der Stiftung Weimarer Klassik/Goethe-Nationalmuseum, Stuttgart/Weimar 1994, 217-272.
[63] *Hans-Georg Werner*, Über den Terminus „Klassische deutsche Literatur", in: *Voßkamp* (Hrsg.), Klassik (wie Anm. 2), 12-24, hier 14.

Fragment (1805), während Goethes literarisches Werk nach „Wilhelm Meisters Lehrjahren" (1795) in diesen Jahren um 1800 nahezu auf „Hermann und Dorothea" (1798), „Achilleis" (1800) und „Die natürliche Tochter" (1803) beschränkt bleibt. Und was seinen Kunstgeschmack angeht, so sei Goethe mit seinem Programm der Preisschriften für bildende Künstler sogar, wie gelegentlich argumentiert wurde,[64] unter dem unheilvollen Einfluß von Johann Heinrich Meyer, auf einen Tiefpunkt des Geschmacks gesunken.

Freilich fällt ein anderes Licht auf diese Phase, wenn wir berücksichtigen, daß der Rechtsdenker Goethe in dieser Zeit zunächst einmal, nicht anders übrigens als Wieland, gedanklich und literarisch auf die Französische Revolution reagierte. Da lassen sich mit einem Male Kontinuitäten vom „Groß-Cophta" (1791/92) über die „Unterhaltungen deutscher Ausgewanderten" (1795), „Hermann und Dorothea" und dem von Achill vor dem geröteten Himmel nicht nur Trojas, sondern wohl auch schon dem über Paris, für seinen Freund Patroklos errichteten Grab im Ersten und einzigen Gesang der „Achilleis" bis zur „Natürlichen Tochter" erkennen, die von großer Bedenklichkeit gegenüber den politischen Vorgängen geprägt sind. Gleichzeitig kommentierte Wieland, ebenfalls Rechtsdenker und genauso bedenkenvoll wie Goethe, die revolutionären und politischen Ereignisse in Paris im „Teutschen Merkur", bevor er zu einer gründlichen Auseinandersetzung mit Platons „Politeia" in seinem Roman „Aristipp und einige seiner Zeitgenossen" (1800/01) ausholte, der damit an der Gattung des Staatsromans, wie beispielsweise „Der Goldne Spiegel" (1772) auch, teilhat.[65] Goethes Beschäftigung mit der Revolution hingegen führte anfänglich vom Lustspiel „Der Groß-Cophta" um die Depravationen des Adels, indem er Halsbandaffäre, Erscheinen Cagliostros und Französische Revolution ineinanderfügte,[66] zu den, gattungshierarchisch gedacht, hohen Formen seines Klassizismus, nämlich Epos und Tragödie, zunächst sogar der als Tragödientrilogie geplanten „Natürlichen Tochter". In diesen Anstrengungen war das Ziel unverkennbar, den unterminierten, instabilen Zuständen Festigkeit und Maß, antikisierende Plastizität vor die Augen zu rücken. Schließlich schien in Frankreich mit der Revolution die Gesellschaftsordnung

---

[64] Vgl. *Walther Scheidig*, Goethes Preisaufgaben für bildende Künstler 1799-1805, Weimar 1958, 3: „mehr die Kleinlichkeit und Enge Meyers als Goethes Denken und Urteilen"; *Ernst Osterkamp*, „Aus dem Gesichtspunkt reiner Menschlichkeit". Goethes Preisaufgaben für bildende Künstler 1799-1805, in: Goethe und die Kunst, hrsg. v. *Sabine Schulze*, Katalog Frankfurt a. M./Weimar 1994, 310-322, hier 310.

[65] Vgl. *Klaus Manger*, Klassizismus und Aufklärung. Das Beispiel des späten Wieland, Frankfurt a. M. 1991, 169-202; *Bernd Auerochs*, Platon um 1800. Zu seinem Bild bei Stolberg, Wieland, Schlegel und Schleiermacher, in: Wieland-Studien 3, 1996, 161-193; *Jan Cölln*, Philologie und Roman. Zu Wielands erzählerischer Rekonstruktion griechischer Antike im „Aristipp", Göttingen 1998, 188-205.

[66] Vgl. *Klaus Manger*, „... nach Wundern schnappen". Goethes Mahnmal „Der Groß-Cophta", in: *Klaus Manger* (Hrsg.), Die Wirklichkeit der Kunst und das Abenteuer der Interpretation. Festschrift für Horst-Jürgen Gerigk, Heidelberg 1999, 207-230.

„Klassik" als nationale Normierung? 277

beseitigt, die in Deutschland noch mehr als hundert Jahre über das Ende des Alten Reiches hinaus dauern sollte.[67] Neben seinen literarischen Werken und einer um 1790 verstärkten Hinwendung zur Naturforschung war es auch das Programm der Weimarischen Kunstfreunde, mit dem Goethe und einige seiner Zeitgenossen wie Johann Heinrich Meyer oder Carl Ludwig Fernow ausgangs des 18. und zu Beginn des 19. Jahrhunderts tätig wurden.[68] Und gegenüber jenem vermeintlich gesunkenen Geschmack, dessen man Goethe zieh, sollte man mitbedenken, daß er gerade den auf Homer bezogenen Preisaufgaben selbst mit gutem Beispiel vorangegangen war, da er eben mit der „Achilleis" den schmalen Raum zwischen „Ilias" und „Odyssee" für einen Agon mit Homer ermittelt hatte.[69] Es waren allesamt aufklärerische Bemühungen, mit denen Goethe, wie manche anderen seiner Zeitgenossen auch, wie auf schlingerndem Schiff sich auf die andere Seite legte. In jener besorgniserregenden, vielfach als instabil erfahrenen Zeit war es Wieland, der seine „Kosmopolitische Addresse an die Französische Nationalversammlung" (1789) richtete, um davor zu warnen, weiter von der „Majestät des *Volks* zu faseln".[70] Das einzige, so mahnte er an, das Majestät beanspruchen dürfe, sei das Gesetz. In dieser Form von „Verfassungspatriotismus", wie Dolf Sternberger das nennt, dürften sich Wieland und Goethe einig gewesen sein.

Unabhängig und abseits solcher Rechtsbedenken formierten sich vor allem im Blick auf Goethe und Schiller mehr und mehr konzentrierende Bestrebungen, die zwar auch noch nicht das, was nachmals Klassik genannt wurde, verfolgten, aber doch schon anfingen, die beiden Dichterfürsten ausschließlich ins Zentrum zu rücken. Vor dem Hintergrund dieser Entwicklung war es ein bemerkenswerter Akt, daß Friedrich Schlegel ausgerechnet Goethes „Wilhelm Meister" neben die Französische Revolution und Fichtes „Wissenschaftslehre" stellte und darin die größten Tendenzen des Zeitalters erkennen wollte. Gegen solche Einvernahme wuchs, wenn auch die Schlagworte mit ungleich leiserem Ton pariert wurden, die Abwehr. Ausgelöst durch Schillers Tod aber brach ein nationaler Taumel los, der seinen Höhepunkt sicher in den Schillerfeiern 1859 zum Gedenken an des Dichters 100. Geburtstag fand und

---

[67] Vgl. *Herbert Kraft*, „... alle Jahre einmal als ein Wahrzeichen". Goethes Lustspiel 'Der Groß-Cophta', in: *Barner u. a.* (Hrsg.), Unser Commercium (wie Anm. 62), 275-288.
[68] *Ines Boettcher/Harald Tausch*, Meyer, Johann Heinrich (1760-1832). Weimarische Kunstfreunde, in: Goethe-Handbuch, Bd. 4/2, hrsg. v. *Hans-Dietrich Dahnke/Regine Otto*, Stuttgart/Weimar 1998, 702-706. Vgl. dazu jetzt *Klaus Manger*, Fernow als Weimarischer Kunstfreund zwischen Goethe und Meyer (im Druck).
[69] Vgl. *Wolfgang Schadewaldt*, Goethes Achilleis, in: *ders.*, Goethe-Studien, Zürich/Stuttgart 1963, 301-395, sowie *Martin*, Versepos (wie Anm 32).
[70] *Christoph Martin Wieland*, Politische Schriften, insbesondere zur Französischen Revolution, in: *C. M. Wieland*, Werke in Einzelausgaben, hrsg. v. *Jan Philipp Reemtsma/Hans und Johanna Radspieler*, Nördlingen 1988, Bd. II, 48f.

alles in den Schatten stellt, was bis dahin und wohl auch danach an Dichter- und Künstlerfeiern bekannt geworden ist.[71]

Seinen Trinkspruch zur Schillerfeier, den er, weil er die Tendenz des Festes mißbilligte, nicht öffentlich äußern durfte, eröffnet Franz Grillparzer - wenn nicht schon in Reaktion auf den Schillerrummel seiner Zeit, so doch in weiser Voraussicht - mit der Aufforderung: „Lassen Sie uns Schiller feiern als das was er war: als großen Dichter, als ausgezeichneten Schriftsteller, und nicht bloß zum Vorwand nehmen für weiß Gott! was für politische und staatlichen Ideen."[72] Die Gefahr einer Instrumentalisierung, den Dichter national zu vereinnahmen, vor der Grillparzer warnte, erkannte auch Fontane, da er seinen „Toast" im selben Jahr schloß: „Und Schiller kam - und Deutschland war geeinigt."[73]

Der eine von zwei hier zu verfolgenden Strängen der nationalen Normierungsgeschichte führt also über die Vorgeschichte seit der ersten Stuttgarter Schillerfeier am 9. Mai 1825 und der 1835 erfolgten Gründung des Marbacher Schillervereins hin zu den nationalen Schiller-Feiern, der andere durch die nach Goethes Tod einsetzende Vorgeschichte der Goethe-Gesellschaft, die allerdings erst 1885 gegründet worden ist. In beiden Strängen läßt sich verfolgen, wie sich die Klassik-Doktrin formierte.

Schillers verklärtes Wesen empfinde nur einen Wunsch, wenn es herüberschaue, womit Goethe seinen „Epilog zu Schillers 'Glocke'" unmittelbar nach seinem Tod 1805 beschließt: „O! möge doch den heil'gen, letzten Willen | Das Vaterland vernehmen und erfüllen!"[74] Das ließ sich als Auftrag an das Vaterland verstehen. Er, dessen Werk „Den Wert der Kunst, des Künstlers Wert erhöht",[75] hat es als Vermächtnis hinterlassen. Schon Jean Paul mischte in seine „Wünsche für Luthers Denkmal" 1805, unmittelbar nach Schillers Tod am 9. Mai 1805, den Gedanken an einen „andern Reformator auf der Bühne", den „ewigen *Schiller*".[76] Und die in Jena erschienene „Allgemeine Literatur-Zeitung" eröffnete ihren Nachruf im Todesjahr Schillers: „Der Mann der Nation gehört nicht bloß der Zeit, worin sein Streben wirkte, er gehört der Nachwelt an, welcher die Frucht seiner Mühe als herrliches Vermächtnis anheimfällt."[77] Diesem Nachruf war der im „Journal des Luxus und der Moden" verwandt, in dem es auch heißt, Schiller gehöre nicht nur Weimar, sondern der Nation an. Und mit

---

[71] Vgl. *Norbert Oellers*, Schiller. Geschichte seiner Wirkung bis zu Goethes Tod. 1805 bis 1832, Bonn 1967.
[72] Schiller - Zeitgenosse aller Epochen. Dokumente zur Wirkungsgeschichte Schillers in Deutschland Teil I: 1782-1859, hrsg., eingel. u. komm. v. *Norbert Oellers*, Frankfurt a. M. 1970, 428 und 583f. sowie 51.
[73] Ebd., 507.
[74] Taschenbuch für Damen auf das Jahr 1806, Tübingen [1805]. Ebd., 484-486 und 591.
[75] Ebd., 485. Vgl. *Helmut Brandt*, „Die 'hochgesinnte' Verschwörung gegen das Publikum". Anmerkungen zum Goethe-Schiller-Bündnis, in: *Barner u. a.* (Hrsg.), Unser Commercium (wie Anm. 62), 19-35.
[76] Wünsche für Luthers Denkmal, zuerst in: Der Nordische Merkur (1805), Bd. 3, 144f. Hier nach: Schiller - Zeitgenosse aller Epochen (wie Anm. 72), 146.
[77] Der Nachruf erschien anonym. Vgl.: Schiller - Zeitgenosse aller Epochen (wie Anm. 72), 181 und 541.

dem Hinweis auf eine Schiller-Ehrung in Leipzig ist zu lesen: „Schiller freilich kann dadurch nicht geehrt werden, die Nation selbst aber muß sich ehren."[78] Sein schönstes Denkmal stehe in seinen Werken und in Millionen Herzen. Gleichwohl mehrten sich die Stimmen für ein Denkmal. Und dieses galt von Anfang an als „ein National-Denkmal",[79] wie es schließlich zuerst vom Schillerverein, ausgeführt von Bertel Thorvaldsen, 1839 in Stuttgart errichtet worden ist.[80] Schiller, dem „Lieblingsdichter Deutschlands",[81] wurde sein Bild als ein Geschenk der ganzen Nation dargebracht, das „Schillerfest" aber zu einem „religiösen Akt".[82] Wenn Johann Gottfried Fischer bei Gelegenheit von Schillers fünfzigjähriger Totenfeier 1855 in Stuttgart bemerkte, in allen deutschen Landen habe man „sein Hinscheiden wie das eines Königs gefeiert",[83] so war der Gedanke an den Dichterfürsten nicht fern.

Diesem Gedanken hatte Heinrich Laube schon 1844 gehuldigt, als er Schiller und Goethe nebeneinander stellte, „die beiden größten Dichter unsers Vaterlandes [...] als die beiden Könige deutscher Literatur".[84] In der Liebe zu unsern Dichtern seien wir doch ein unbehindert einiges und ganzes Deutschland. Diese beiden Dichter, den einen aus dem Frankenlande, den anderen aus dem Schwabenlande, habe das Schicksal Deutschland gewährt, „welche das ganze deutsche Vaterland vor aller Welt vertreten mächtig und schön".[85] Im Grunde war damit bereits die Einengung auf Goethe und Schiller, auch wenn sie noch nicht den Namen Klassik trug, endgültig vollzogen. Schon Ludwig Tieck hatte in seiner Darstellung „Goethe und seine Zeit" (1828) bemerkt, daß sich Goethe und Schiller ergänzten, weil Schiller das Denken und Grübeln traf, das die Deutschen angeblich wollten. „Er erkannte den Sinn seiner Nation und er fühlte in sich selbst den Deutschen."[86] Daraus folgerte Tieck: „Mit diesem Dichter mußte Goethe wohl die Herrschaft über die Nation teilen", wenn auch offenbar in ungleichen Hälften.[87]

Derlei Komplementaritäten hinsichtlich einer gemeinsamen Wirkung von Goethe und Schiller tauchen wiederholt auf. 1815 bereits beobachtete Karl Ludwig von Woltmann angesichts der „Barbarei der deutschen Literatur", Schiller sei eigentlich ein Denker und Goethe ein Dichter.[88] Zwei Jahre später dichtete Karl Holtei: „So will

---

[78] Vielleicht von Johann Gottfried Gruber. Ebd., 200.
[79] So *Christian Wilhelm Oemler* im Vorbericht zu: Schiller, oder Szenen und Charakterzüge aus seinem spätern Leben, Stendal 1805. Ebd., 206.
[80] Vgl. *Selbmann*, Dichterdenkmäler (wie Anm. 1), 68ff. mit Abb.
[81] *Oemler*, Vorbericht (wie Anm. 79), 206.
[82] Vgl. den Bericht von C[hristian] Reinhold [Köstlin], Das Schillerfest in Stuttgart (1839), in: Schiller - Zeitgenosse aller Epochen (wie Anm. 72), 347-361, hier 347. Der Verfasser dieses Berichtes war angesehener Tübinger Strafrechtler und Novellist.
[83] Ebd., 407-413, hier 408.
[84] Ebd., 374.
[85] Ebd., 375, 385.
[86] Ebd., 177.
[87] Ebd.
[88] Memoiren des Grafen von S - a (1815). Ebd., 222.

ich *Goethen* nun das *Leben* nennen | Und *Schiller* sei die *Liebe* in dem Leben."[89] Das Bedürfnis, das Dichterpaar zu erheben, schien also lange, bevor Rietschel sein Doppelstandbild verwirklichte, schon ausgeprägt zu sein. Dabei paßte es zum Charakter der zu erhebenden Nationalheiligen, daß man sich von kirchlicher Seite durchaus dagegen wandte, zum Schillerfest die Glocken läuten zu lassen.[90] Diese Opposition erwuchs in Stuttgart aus der protestantischen Stadtgeistlichkeit, „die deutlich genug darauf ausgeht, einen protestantischen Papismus ins Werk zu richten". Dem vermuteten Frevel am Christentum entgegnete indes die Partei der Glocken - ohne das Muster Abdera sind solche Vorformen der Volksfeste kaum denkbar -, daß die Glocken ja nicht bloß zu kirchlichem, sondern auch zu bürgerlichem Gebrauch bestimmt seien. Schließlich hätten sie auch nach der Schlacht bei Austerlitz oder beim Einzuge Napoleons geläutet. Zudem habe man die Geistreicheren daran erinnern können, „wie sie ja selbst auf dem Boden der hauptsächlich durch Schiller vermittelten Kultur und auf der Schulter des großen Dichters stehen".[91] Wenn man einem von ihren Heiligen ein Denkmal aufgerichtet haben würde, hätten sie fraglos keinesfalls protestiert. „Wir werden unter Schillers Standbilde christlicher beten können, als an dem Altar der Liebe, wenn ihr die Flammen des Zorns darauf schüret."[92]

Natürlich waren Goethe und Schiller, wenn die Glocken nun doch zu ihrem Gedenken läuteten, keineswegs kirchlich, sondern national kanonisierte Größen. Bei allem Enthusiasmus für Schiller schien man auf Goethe nicht verzichten zu können. Bei aller Unvergleichbarkeit ihrer beider asymmetrischen Wirkungsgeschichte, die bis zum Ende des 19. Jahrhunderts anhielt und weit in das 20. Jahrhundert reicht, rechnete man sogar beider Elternhäuser noch gegeneinander auf. So habe Goethes Mutter durchaus auf den Erfolg ihres Sohnes geschielt, während Schillers fromme Mutter immer nur das Wohlergehen ihres Sohnes im Auge gehabt habe.[93]

Zwar hatte sich zuerst 1835 in Marbach am Neckar, Schillers Geburtsstadt, zur Pflege seines Andenkens, zur Verbreitung des Studiums und der Verehrung seiner Werke der Marbacher Schillerverein als erste deutsche Dichtergesellschaft gegründet, der im Gründungsjahr die Marbacher Schillerhöhe anlegte und 1853 Schillers Geburtshaus erwarb. Das Schillerstandbild auf der Schillerhöhe von Ernst Rau aber wurde erst 1876, lange nach dem Stuttgarter, errichtet. Auf Anregung des Königs von Württemberg wurde 1895 der Schwäbische Schillerverein ins Leben gerufen, mit dem sich der Marbacher Schillerverein zu einem Landesverein erweiterte. Gleichzeitig wurde das Schiller-Nationalmuseum in Marbach gegründet, dem 1903 das Schwäbische Literaturarchiv, gleichfalls mit Sitz in Marbach, folgte. Aus dem Verein ging 1947 die Deutsche Schillergesellschaft hervor, die ihren Sitz in Marbach behielt,

---

[89] Schiller und Goethe (1817). Ebd., 488.
[90] Ebd. (wie Anm. 82), 353.
[91] Ebd.
[92] Ebd., 354.
[93] Vgl. J. Wychgram, Schiller. Dem Deutschen Volke dargestellt, Bielefeld/Leipzig [4]1901, 9f.

aber auf den gesamten deutschsprachigen Raum ausgeweitet wurde. Aus dem Archiv wurde das Deutsche Literaturarchiv. Ihre Aufgaben sind seither Verwaltung und Ausbau des Schiller-Nationalmuseums, Förderung und Verbreitung der Schiller-Forschung sowie die Sammlung und Erforschung der deutschen Literatur vom 18. Jahrhundert bis in die Gegenwart.[94]

In aller Knappheit sei auch Goethes Weg in die nationale Zuständigkeit verfolgt. Schon drei Wochen nach Goethes Tod am 22. März 1832 war Frédéric Soret (1795-1865), der Erzieher des Erbprinzen Carl Alexander, so taktlos, der Großherzogin von Sachsen-Weimar-Eisenach, Maria Pawlowna, den Plan einer Goethe-Gesellschaft zu unterbreiten. Weimar, war sein Argument, sei „Brennpunkt deutscher Kultur" und dürfe seine Weltgeltung nicht verlieren.[95] Sachlich ging es darum, die von Goethe redigierten Zeitschriften fortzusetzen. Doch mahnte Johann Heinrich Meyer, Goethes vormaliger Mitstreiter in der von den Weimarischen Kunstfreunden ausgegangenen Geschmacksreform, eine anfänglich „ganz stille" Prüfung solcher Pläne an,[96] die dann erst zwei Jahre später wieder aufgenommen wurden, als Varnhagen von Ense am 8. September 1834 eine Denkschrift unter dem Titel „Andeutungen zu einer Goethe-Gesellschaft in Weimar" verfaßte. Er dachte daran, „Goethen ein lebendiges, die Wirkungen seines Geistes und Sinnes unter seinem Namen versammelndes und sie durch vereinte Tätigkeit weiterbildendes Denkmal zu stiften".[97] Vom Klassiker oder von Klassik ist in diesen Überlegungen so wenig wie in jenen zu Schiller die Rede. Von Goethe her denkend ging es Varnhagen darum, sein geistiges Einwirken „auf die deutsche Nation" fortzusetzen. „Die von Weimar ausgegangene Wirkung, der Geist Goethes hauptsächlich, haben sich über Deutschland, über die Welt verbreitet, allgemein wie diese Wirkung, muß auch die Stiftung eingreifen, welche jenen Erfolg und Ruhm ehren und erhalten soll."[98]

Unklar war zu jener Zeit noch, ob der Verein eine Gesellschaft oder Akademie werden und wer ihm außer dem Großherzoglichen Paar, Familienangehörigen, Freunden, Verehrern Goethes unter den Talenten, „die sich in der Nation hervorheben", zugehören sollte. „Die Hauptsache bliebe, die edelsten Gesinnungen der Deutschen um eine feste und ehrwürdige Mitte literarisch zu vereinen, einen großen Namen als erhaltende Autorität aufzustellen".[99] Goethes im Sansculotten-Aufsatz geäußerte Befürchtung drohte, wie sich hier andeutete, wenn auch postum, Wirklichkeit zu werden. Dem heterogenen Aggregat deutscher Staaten wuchs hierdurch ein geistiger

---

[94] Vgl. *Ulrich Ott/Friedrich Pfäfflin*, 1895-1995. Hundert Jahre, in: Marbach. Rückblick auf ein Jahrhundert 1895 - 1995, Marbach am Neckar 1996, 11-78. Vgl. *Margot Pehle*, Die Veröffentlichungen des Schwäbischen Schillervereins und der Deutschen Schillergesellschaft 1895 - 1980, Marbach 1980.
[95] *Wolfgang Goetz*, Fünfzig Jahre Goethe-Gesellschaft, Weimar 1936, 1.
[96] Ebd., 2.
[97] Ebd., 3.
[98] Ebd.
[99] Ebd., 4.

Mittelpunkt zu, eben der classische Nationalautor, allerdings, obschon Varnhagen das in einem unpolitischen Sinne entworfen haben dürfte, bereits unter dem Aspekt weltweiter Wirkung. Das konnte man auch als Kosmopolitismus verstehen. National jedoch war seine Perspektive schon, da er „auch für den politischen Zustand wesentliche Vorteile" erwartete,[100] die bereits eine wenn auch zunächst geistige Zentrierung erkennen ließen. Festliche Anordnungen zu bestimmten Jahrestagen böten „ein weites Feld für höheren Geselligkeitssinn und Geschmack".[101] Weil schon in Aussicht genommen war, den Kronprinzen von Preußen, die Könige von Bayern und Württemberg, Prinz Johann von Sachsen, den Fürsten Metternich dafür zu gewinnen, wurde obendrein, mehr oder weniger reichsromantisch, eine Vereinigung im Namen Goethes sichtbar.

Der Kanzler von Müller schlug vor, der Deutsche Bundestag sollte das Haus am Frauenplan ankaufen. Ein Archiv sollte gegründet werden, als dessen erster Direktor Eckermann bzw. der von ihm vorgeschlagene Ferdinand Freiligrath im Gespräch waren. Die Goethe-Enkel dachten 1841 daran, den Nachlaß zu verkaufen, der, wie wir das von Schiller her schon kennen, jetzt ein „Goethe-Nationaldenkmal" hätte werden können. Doch der Großvater hatte testamentarisch verfügt, seine „sämtliche Sammlungen an eine öffentliche Anstalt und zwar womöglich eine Weimarische" zu veräußern. Daraus wurde jedoch noch nichts. Ein großes Fest zum hundertsten Geburtstag Goethes am 28. August 1849 beschloß man in Berlin erst am 5. Juli des Jahres. Offensichtlich inspiriert von den Feiern, griff Franz Liszt, der Komponist der späteren Faust-Symphonie (1855, uraufgeführt in Weimar 1857), die Ideen auf, denen aber ein kluger Gegner erwuchs. Adolf Schöll, mit der Herausgabe Goethescher Werke und Briefe befaßt, erkannte, daß alle diese Entwürfe mit Goethe selbst nichts zu tun hatten.[102] Wenn indessen Goethe geehrt werden sollte, mußten zuerst einmal das Goethehaus erworben und eine Stiftung zur Bewahrung des Werkes ins Leben gerufen werden. Gedächtnisstiftungen gebildeter Völker unterschieden sich von solchen der Barbaren, daß sie nicht Namen und Gebeine in geistloser Weise feierten, sondern „einen geistigen Ausdruck ihres bestimmten Werkes hervorzubringen wissen".[103] Diesen Wert müsse die Stiftung ausdrücken, wenn sie Beweis sein soll, „daß die Nation ihn ehren will und ehren kann".[104] Es ist dem Verfasser der Geschichte der ersten fünfzig Jahre der Goethe-Gesellschaft, Wolfgang Goetz, zuzustimmen, daß Schölls verheißungsvolles Programm insofern in einen enttäuschenden Vorschlag mündete, als dieser lediglich die Errichtung des Doppel-Standbildes von Goethe und Schiller nach Christian Daniel Rauchs Entwurf vorgesehen hatte,[105] das schließlich Ernst Rietschel verwirklichte.

[100] Ebd.
[101] Ebd., 5.
[102] Ebd., 9.
[103] Ebd., 10.
[104] Ebd.
[105] Ebd.; vergl. Anm. 1.

„Klassik" als nationale Normierung?

Vereinzelt bildeten sich bereits Goethe-Vereine unter dem Dach der Goethe-Stiftung. Wirkliche Folgen aber hatte die von Franz Liszt betriebene Ernennung Franz Dingelstedts 1857 zum Generalintendanten des Weimarer Hoftheaters, der zu Shakespeares 300. Geburtstag in Weimar 1864 dessen Historien auf die Bühne brachte. Die Unternehmungen führten zur Gründung der Shakespeare-Gesellschaft, die für die noch zu gründende Goethe-Gesellschaft zum Vorbild werden sollte. Zwischendurch hatte Karl Gutzkow 1853 den Einfall, die frühere „Fruchtbringende Gesellschaft" in Weimar neu zu beleben und ihr die Goethe-Stiftung anzugliedern. Unterdessen wurde Goethes Geburtstag 1859 mit der Gründung des Freien Deutschen Hochstifts in Frankfurt gefeiert, dem vor allem die Aufgabe zukam, Goethes Geburtshaus zu pflegen. 1878 tat sich in Wien ein Goethe-Verein zusammen, um Mittel für ein Goethe-Denkmal zu sammeln, das jedoch erst 1900 errichtet wurde. Woldemar von Biedermann verfolgte indessen den Gedanken der Goethe-Gesellschaft weiter, dem Gustav von Loeper entgegenhielt: „Von der zu gründenden Goethe-Gesellschaft erwarte ich mir nur Ärger und Parteiwesen. Die Goethekirche besteht wie die christliche in der Gemeinschaft der Gläubigen, mögen sie stecken, wo sie wollen", schrieb er ihm am 19. November 1869.[106] Dreizehn Jahre später sah er seine Beteiligung in anderem Lichte, als ein Goethe-Jahrbuch ins Leben gerufen werden sollte.[107] Seiner Empörung über das während der Shakespeare-Tage verschlossene Goethehaus machte Adolf Stahr 1864 Luft, da er das Haus, „Nationaleigentum" auf deutscher Erde, dem Verfall entgegengehen sah, „ein Heiligtum Weimar's und der deutschen Nation".[108] Von diesem nationalen Anspruch an Goethes Wohnhaus war es nurmehr ein kleiner Schritt zum nationalen Anspruch an den Klassiker.

Allem Unmut über die Weimarer Verhältnisse machte das Testament Walthers von Goethe, des letzten Goethe-Enkels, der am 15. April 1885 gestorben war, ein Ende.[109] Denn das Testament vom 24. September 1883 setzte das Großherzogtum von Sachsen, „den Staat" also, zum Erben des Immobilienbesitzes und der im Goethehaus verwahrten Sammlungen ein. Großherzogin Sophie wurde so zur Erbin des Goetheschen Familien-Archivs und von Goethes Privat-Archiv. Sie sagte dazu: „Ich habe geerbt, und Deutschland und die Welt soll mit mir erben."[110] Die Angelegenheiten einer Werkausgabe, des zu gründenden Archivs, des Museums waren fortan eine nationale Sache: „Die deutsche Nation soll ihren größten Dichter voll besitzen in einer definitiven Ausgabe und in dieser Beziehung nicht Engländern, Franzosen etc. nachstehen. Eine patriotische Tat und Aufgabe ist es daher, mitzuhelfen, dieses Ziel zu erreichen. An die patriotischen deutschen Gefühle appeliere ich."[111]

---

[106] Ebd.
[107] Ebd.
[108] Ebd., 14.
[109] Vgl. *René Jacques Baerlocher*, Nachsommer in Weimar: Walther von Goethe. Zur Ausstellung im Goethe- und Schiller-Archiv, Stiftung Weimarer Klassik 1997.
[110] *Goetz*, Fünfzig Jahre (wie Anm. 95), 17.
[111] Ebd.

Bereits zwei Monate nach der Testamentseröffnung und der dadurch erfolgten Übernahme des Goetheerbes erschien unter dem Datum vom 9. Juni 1885 ein Aufruf zu der in Weimar nach dem Vorbild der Statuten der Deutschen Shakespeare-Gesellschaft zu gründenden Goethe-Gesellschaft. In seiner Eröffnungsansprache sagte August Freiherr von Loën am 20. Juni 1885, alle Freunde und Verehrer seien willkommen, die erkennen, was sie dem Dichter, Denker und Forscher schuldig sind, „der ebenso für unser nationales Leben [...] wie für die Weltliteratur Großes und Gewaltiges schuf".[112] Damit sollte dem verödeten Haus Goethes eine neue Familie zugeführt werden, die geistige „Familie der Goethe-Freunde".[113] Die langverschlossenen Pforten der Stätten der Goethe-Forschung seien dank einer großdenkenden Fürstin geöffnet worden, „damit die Nation den größten ihrer Dichter vollständig kennen lerne".[114] Mit dem neuen deutschen Reich sei die Zeit einer großen nationalen und politischen Denkart gekommen: „Ein großes nationales Reich weiß den größten seiner Dichter in seinem vollen Werte zu schätzen."[115] Dagegen wehrte sich einzig Gustav Rümelin, der betonte, daß das schon fünfzehn Jahre bestehende Reich mit dieser Goethe-Verehrung nichts zu tun habe. Das Reich sei kleindeutsch, Goethe aber gehöre der ganzen Nation in und außerhalb des Reiches an.

Damit war Goethe wohl ein Vehikel für zentrierende Gedanken gewesen. Letztlich aber hat sich nicht der politische, sondern vorrangig der familiäre Gedanke einer Goethe-Gemeinde durchgesetzt. Aus unterschiedlichen Interessen, insbesondere durch das von der Großherzogin angetretene Erbe aber, war der Weg für die am 21. Juni 1885 gegründete Goethe-Gesellschaft, für das am 8. August 1885 gegründete Goethe-Nationalmuseum, für das am 28. Juni 1896 eingeweihte Goethe- und Schiller-Archiv, für das Goethe-Jahrbuch sowie für die bereits 1887 zu erscheinen beginnende Sophienausgabe von Goethes Werken freigemacht. Deren Vorwort eröffnet Herman Grimm feierlich: „Die Werke Goethes gehören zu den kostbarsten Besitzthümern des deutschen Volkes. Was Homer für Griechenland, Dante für Italien, Shakespeare für die Länder bedeutet, in denen englisch gesprochen wird, das ist Goethe für alle die, welche wohnen, 'soweit die deutsche Zunge klingt'."[116] Damit wurde Goethe, wenn man T. S. Eliots Unterscheidung berücksichtigt, jedoch auch erst zu einem relativen Klassiker. Denn der absolute Klassiker sei klassisch im Verhältnis zu mehreren anderen Sprachen.[117] Wenn auch Goethe vor allem in der Funktion eines nationalen Heros vereinnahmt wurde, standen doch die Arbeitsunternehmen im Vordergrund, von denen wir fraglos heute noch profitieren. Archiv, Bibliothek und Museen wurden in der 1953 gegründeten wissenschaftlichen und kulturellen

---

[112] Ebd., 17.
[113] Ebd., 27f.
[114] Ebd., 29.
[115] Ebd., 33.
[116] WA I, 1, XI.
[117] T. S. Eliot, What is a Classic? (1944). Vgl. *Borchmeyer*, Weimarer Klassik (wie Anm. 58), 14-16.

„Klassik" als nationale Normierung? 285

Institution der Nationalen Forschungs- und Gedenkstätten der klassischen deutschen Literatur in Weimar zusammengeführt und am 15. Oktober 1991 in die Stiftung Weimarer Klassik überführt.

Aus den unterschiedlichen, doch überraschenderweise mehrfach parallelen Vorläufen von Goethe-Gesellschaft und Schillergesellschaft, aus der Arbeit dieser Gesellschaften, ihren nützlichen Einrichtungen, ihren Arbeitsunternehmungen erwuchsen nicht nur Denkmäler. Dagegen waren es von Anfang an die auf ein National-Denkmal, auf ein nationales Zeichen gerichteten nationalen Interessen, die zugleich den Boden für die nationale Normierung bereitet haben. Aus der nationalen Vereinnahmung beider classischen Schriftsteller heraus war es nurmehr konsequent, Goethe und Schiller zu nationalen Klassikern zu erheben. Das aber geschah, wie noch einmal zu betonen ist, lange nachdem der Zenit überschritten war. Deshalb sagt die Entwicklung wohl auch mehr über die Bedürfnisse des 19. Jahrhunderts als über jene hohe Zeit um 1800 aus, da im Ereignisraum von Weimar und Jena die weltordnenden Vorstellungen der noch der Aufklärung verbundenen Autoren auf die weltentwerfenden Vorstellungen der Frühromantiker prallten. Angesichts der vom 19. bis in das 20. Jahrhundert zu beobachtenden Emphase der Schillerfeiern - noch 1955 sprach Thomas Mann von Schiller als „Apotheose der Kunst"[118] - überrascht es von heute aus vielleicht sogar, daß die Nation schließlich doch Goethe und Schiller gemeinsam auf den Sockel gehoben hat.

Den „Gleichgewichtsannahmen"[119] gingen aufschlußreiche Unterscheidungen voraus, wie sie beispielsweise in Holteis zitierter Komplementarität von Goethe als Leben und Schiller als Liebe bereits anklangen und in Entgegensetzungen von Allegorie und Symbol[120] oder von Männlichkeit und Weiblichkeit[121] begriffen worden sind. Selbst die groteske Vorstellung von Goethe und Schiller „gleich dem Götterbilde des Janus im Tempel der Zeiten"[122] vermittelte eine pseudoreligiöse Erhebung des Dichterpaares, die in Rauchs nicht verwirklichtem Entwurf für das dann in Weimar von Rietschel ausgeführte Doppelstandbild dadurch zum Ausdruck gebracht worden

---

[118] Versuch über Schiller, Festrede am 8. Mai 1955 in Stuttgart und am 14. Mai 1955 in Weimar, in: *Thomas Mann*, Gesammelte Werke in dreizehn Bänden, Frankfurt a. M. ²1974, Bd. 9, 873. Vgl. Schiller - Zeitgenosse aller Epochen. Dokumente zur Wirkungsgeschichte Schillers in Deutschland Teil II: 1860-1966, hrsg., eingel. u. komm. v. *Norbert Oellers*, München 1976. Außerdem: Klassiker in finsteren Zeiten 1933-1945. Eine Ausstellung des Deutschen Literaturarchivs im Schiller-Nationalmuseum Marbach am Neckar, Bd. 1 und 2, Marbach 1983, vor allem Bd. 1, 366ff.
[119] *Jürgen Fohrmann*, „Wir besprächen uns in bequemen Stunden ...". Zum Goethe-Schiller-Verhältnis und seiner Rezeption im 19. Jahrhundert, in: *Voßkamp* (Hrsg.), Klassik (wie Anm. 2), 570-593, hier 584. Vor dem Hintergrund der von Rudolf Kassner für das vorige Jahrhundert diagnostizierten „Gleichgewichtsstörung" wären die Sonderrolle Goethes oder Schillers einmal gesondert zu untersuchen, vgl. *Rudolf Kassner*, Das neunzehnte Jahrhundert. Ausdruck und Größe, Erlenbach/Zürich 1947, 208-286.
[120] *Fohrmann*, Goethe-Schiller-Verhältnis (wie Anm. 119), 577f.
[121] Ebd., 584.
[122] Ebd., 586.

wäre, daß Goethe und Schiller antikisiert vor einem Altar stehen sollten.[123] In solchen Apotheosen trat aber noch ein anderes Bedürfnis zutage, das einer in den Entgegensetzungen, Ergänzungen, komplementären Konzeptionen aufscheinenden Harmonie galt. Schiller als Verfechter einer „Anti-Natur", die für Goethe an den Kantianismus gekoppelt war, Schiller, der auf die Universalität, auf die Idee setzte, und Goethes von der Natur ausgehendes, nach Ordnungen suchendes, auf Erfahrung beruhendes sinnlich-sittliches Denken ließen sich als wenn auch asymmetrische Komplementarität erfassen.

Aus dieser komplementären Konstruktion folgt, leicht nachvollziehbar, Karl Robert Mandelkow das „Synthesemodell der deutschen Klassik".[124] Mit Georg Gottfried Gervinus läßt er eine neue Phase der Goethekritik beginnen. Deren archimedischer Punkt liege in dem ersten Versuch „einer radikalen Historisierung Goethes und Schillers als den Gipfel- und Endpunkten der deutschen Nationalliteratur". Mit ihrer Geschichte, deren erster Band 1835 erschien, habe Gervinus den „Totalitätsanspruch der Weimarer Klassik" begründet.[125] „Nie hat die Welt vielleicht zwei so total und in aller Hinsicht verschiedene Menschen in so naher und in einer so ganz eigentümlichen Verbindung gesehen."[126] Gervinus, der selbst wohlgemerkt noch nicht von „Klassik" spricht, versteht Goethe und Schiller als ein „doppelseitiges Wesen", das erst in verschlungener Gestalt ein gemeinsames Ganzes darstelle, und fragt rhetorisch: „Wer wollte zwischen beiden wählen!"[127]

So konnte das 19. Jahrhundert Goethe und Schiller zu einem Bund zusammenschwören und geradezu zu einer Apotheose auch des Nationalcharakters stilisieren. Klassik wurde in dieser Form zu einem universalen Repräsentationsmodell menschlicher Natur.[128] Diese Erhebung zweier Geistesgrößen gehört zur innersten Geschichte des vorigen Jahrhunderts. Sie hat mit Plutarchs Typus von Parallelbiographien kaum etwas zu tun, der bekanntlich Vertreter verschiedener Nationen, hier Griechen und Römer, exemplarisch einander gegenüberstellt.[129] Vielleicht läßt sich überhaupt nur, so man an ein Muster zu denken für nützlich hält, das Philosophenpaar Aristoteles und Platon anführen, die Begründer verschiedener Schulen, wie sie Raffael symbolisch aus der perspektivischen Verjüngung seiner „Schule von Athen"

---

[123] *Selbmann*, Dichterdenkmäler (wie Anm. 1), 84f. mit Abb.
[124] *Karl Robert Mandelkow*, Goethe in Deutschland. Rezeptionsgeschichte eines Klassikers, Bd. 1: 1773-1918, München 1980, 120-125; vgl. *Thomas Zabka*, Klassik/Klassisches, in: Goethe-Handbuch, Bd. 4/1: Personen Sachen Begriffe A-K, hrsg. v. *Hans-Dietrich Dahnke/Regine Otto*, Stuttgart/Weimar 1998, 603-606.
[125] *Mandelkow*, Goethe (wie Anm. 124), 121 und 123.
[126] *Gervinus*, Ueber den Göthischen Briefwechsel, hier nach *Mandelkow*, Goethe (wie Anm. 124), 122.
[127] Ebd., 123.
[128] *Fohrmann*, Goethe-Schiller-Verhältnis (wie Anm. 119), 583.
[129] Vgl. *Mandelkow*, Goethe (wie Anm. 124), 126, der Plutarch aufgrund von Friedrich Schlegels Rezension von Schillers „Musenalmanach für das Jahr 1796" mit einbezieht, wo es heißt: *„Schiller und Goethe nebeneinander zu stellen, kann ebenso lehrreich wie unterhaltend werden"* (Kritische Friedrich Schlegel Ausgabe, Bd. 2, 8).

hervorgehen läßt. Darüber sollte freilich nicht vergessen werden, was die nationale Stilisierung zuweilen außer acht ließ. Die Begegnung am 20. Juli 1794, die Goethe und Schiller nach einer Sitzung der Naturforschenden Gesellschaft in Jena zusammenführte, die bei dieser Gelegenheit erläuterte „Metamorphose der Pflanze", das wie eine Blüte auf diese Metamorphose folgende „Glückliche Ereigniß", der gemeinsam betriebene Xenienstreit, das Balladenjahr 1797, die verbindende Theaterarbeit, der Briefwechsel können nicht darüber hinwegtäuschen, daß das durch Schillers Tod jäh beendete „Commercium"[130] zwar eine herausragende, aber doch von unzähligen anderen Interessen und Verpflichtungen begleitete und zuweilen auch überlagerte Phase war. Daß Goethe selbst von einem Bund sprach, „der ununterbrochen gedauert, und für uns und andere manches Gute gewirkt hat",[131] läßt jedenfalls auf durch das gemeinsame Wirken gesteigerte aufklärerische Absichten schließen.

Gegen die wirklichen Leistungen der Autoren um 1800 standen immer wieder Versuche, sie für etwas zu instrumentalisieren, was mit ihnen gar nichts zu tun hatte. Deshalb ist die hier vorgenommene Gegenüberstellung von klassisch und Klassik, die der zeitgenössischen Wahrnehmung um 1800 nachspürt, unumgänglich. Conrad Wiedemann hat recht, wenn er darauf hinweist, daß im Vergleich der Nationen ein Nachweis nationaler Klassik die Voraussetzung für das Renommé bildet und der Klassikstreit obendrein als nationales Prestigeobjekt zu betrachten ist.[132] Dabei geht es weniger um Wertschätzung, sondern um Machtanspruch. Gottfried Willems hat schon auf den Kurzschluß hingewiesen, der zwischen der angeblichen „Wiedergeburt" Goethes in Italien und jener der deutschen Nation nach 1806 ausgelöst wurde.[133] Wenn Klassik als ein Kanon monumentaler Kunst verstanden wird,[134] so muß man dem auch zugute halten, daß Klassik ein Bedürfnis einer nachklassischen Zeit war, der man obendrein das Gütesiegel der Epigonalität aufgedrückt hat.

Auch die Reprojektion einer Kulturnation auf die Zeit um 1800 verträgt sich, von heute aus betrachtet, schlecht mit den damals wirklich arbeitenden Kräften und war nur aus einer Dissoziation von Staats- und Kulturnation heraus zu postulieren, die so weder mit Goethe noch mit Schiller geschweige mit Wieland oder den anderen klassischen Autoren der Zeit aufrechtzuerhalten ist. Wiedemann hat auf die Doppelgründung des modernen Zentralstaates als politischer und kultureller Macht hingewie-

---

[130] Vgl. Schillers Briefe an Goethe vom 21. Juli 1797 und 1. März 1799 sowie die Vorbemerkung zu dem Band: *Barner u. a.* (Hrsg.), Unser Commercium (wie Anm. 62).
[131] Erste Bekanntschaft mit Schiller. 1794. WA I, 36,252.
[132] *Conrad Wiedemann*, Deutsche Klassik und nationale Identität. Eine Revision der Sonderwegs-Frage, in: *Voßkamp* (Hrsg.), Klassik (wie Anm. 2), 541-569, hier 542.
[133] *Gottfried Willems*, „Ich finde auch hier leider gleich das, was ich fliehe und suche, nebeneinander". Das Italien-Bild in Goethes *Römischen Elegien* und *Venetianischen Epigrammen* und die Klassik-Doktrin, in: *Klaus Manger* (Hrsg.), Italienbeziehungen des klassischen Weimar, Tübingen 1997, 127-149, hier 128.
[134] Vgl. Friedrich Nietzsches Unterscheidung einer monumentalischen, antiquarischen und kritischen Art der Historie in: Unzeitgemässe Betrachtungen II,2: Kritische Studienausgabe, hrsg. v. *Giorgio Colli/Mazzino Montinari*, München/Berlin/New York 1988, Bd. 1, 258 und 263.

sen.[135] Man braucht tatsächlich erst dieses historische Faktum, wenn man es so verstehen will, um die Reprojektion leisten zu können. Die kulturpolitische Entwicklung sowie die Vereinnahmung der Dichter beschreiben ausschließlich Rezeptionsphänomene aus dem späten 19. Jahrhundert, also aus derselben Zeit, aus der die Klassik-Doktrin erwuchs. Dem Traum von der Erwartung des exemplarischen Absterbens des eigenen Staats und des Übergehens der nationalen Repräsentanz auf die geistige Elite, wie Wiedemann Kulturnation faßt,[136] kamen weder Goethe noch Schiller entgegen. Anders gesagt, ließen sich Argumentationshilfen schaffen, die Ursachen und Folgen ineinanderwarfen, so daß, was eigentlich gesagt wurde, nur etwas über die Rezeption sagen kann, nicht aber über den Gegenstand dieser Rezeption. Es ist der umgekehrte Fall des Barockproblems. Adorno sagte, daß, wenn Johann Sebastian Bach als größter Exponent der Barockmusik selbst nicht mehr zum Barock gehöre, dies mehr aussage über die Barock-Rezeption als über das Barock.[137] Wenn also Goethe und Schiller das sein sollen, was man Weimarer Klassik nennt, so sagt das wenig aus über Goethe und Schiller. Wenn Wiedemann das bemerkenswerte Wort von Fichte, der Staat sei auf seine eigene Vernichtung aus, als Indiz von Klassik bewertet,[138] so tritt dieses Indiz in so eklatanten Gegensatz zur Staatsauffassung von Goethe und seinen Zeitgenossen, daß Goethe so mit dieser Art von Klassik genau genommen gar nichts zu tun haben kann.

Natürlich muß es heute als kleinlich erscheinen, nochmals hinter die Vorentscheidung für Klassik als nationale Normierung zurückzugehen. Doch soll sichtbar bleiben, daß, immer wieder, Zeugnisse einer Zeit, da sie nicht zu übergehen sind, dem Zwang unterworfen werden, wider ihre Vereinnahmung und Entfremdung auszusagen. Als herausragendes Dokument ist hier das wiederholt berücksichtigte umfängliche Fragment Schillers anzuführen, das seit seiner ersten kommentierten Publikation durch Bernhard Suphan 1902 den Titel „Deutsche Größe" trägt. Schiller macht darin klare Aussagen, deren Verfälschung zu einer hypertrophen patriotisch nationalistischen Instrumentalisierung ohnegleichen führte.[139]

Wenn wir der Reihenfolge der Entwürfe folgen, beginnt Schiller mit einer dreifachen Frage, der eine kriegerische Niederlage und ein Friedensschluß vorausliegen: „Darf der Deutsche in diesem Augenblicke | wo er ruhmlos aus seinem thränenvollen | Kriege geht, wo zwey übermüthige Völker | ihren Fuß auf seinen Nacken setzen, und

---

[135] *Wiedemann*, Klassik (wie Anm. 132), 541.
[136] Ebd., 564.
[137] *Theodor W. Adorno*, Der mißbrauchte Barock, in: *ders.*, Ohne Leitbild. Parva Aesthetica, Frankfurt a. M. 1967, 133-157, hier 143. Übrigens nimmt Adorno für den Barockbegriff in Anspruch, es sei ein Prestigebegriff, wie *Wiedemann* vom Klassik-Streit sagt, er sei ein „nationales Prestige-Objekt": Klassik (wie Anm. 132), 542. Zu dieser Art der Argumentation vgl. jetzt *Volker Bischoff*, Anmerkungen zum Peter-und-Paul-Prinzip, in: *Manger* (Hrsg.), Wirklichkeit (wie Anm. 66), 9-22.
[138] *Wiedemann*, Klassik (wie Anm. 132), 559.
[139] Vgl. *Christian Grawe*, Schillers Gedichtentwurf „Deutsche Größe": „ein Nationalhymnus im höchsten Stil"? Ein Beispiel ideologischen Mißbrauchs in der Germanistik seit 1871, in: Jahrbuch der Deutschen Schillergesellschaft 36, 1992, 167-196, hier 183.

der Sieger sein Geschick bestimmt - | darf er sich fühlen? darf er sich seines Nahmens rühmen und freun? Darf | er sein Haupt erheben und mit Selbst- | gefühl auftreten in der Völker Reihe?"[140] Dagegen wird die Antwort gesetzt: „Ja er darfs!" Der Kampf ist wohl verloren, nicht aber das, was seinen Wert ausmacht. Zum einen seien das Deutsche Reich und die deutsche Nation zweierlei, und zum anderen beruhe der eigene Wert auf der „deutsche[n] Würde", die eine „sittliche Größe" sei und in der Kultur und im Charakter der Nation unabhängig von politischen Schicksalen wohne. Diese deutsche Würde bleibt folglich ein unverlierbarer Besitz. Ihr sei das Höchste bestimmt, „die Menschheit die allgemeine | in sich zu vollenden".[141] Natürlich ist es mißlich, im Hinblick auf Schillers vielfach perspektivierende Dichtung auf ein Fragment angewiesen zu sein. Aber aus dem Fragment, unvoreingenommen betrachtet, läßt sich doch einiges erkennen. „Dem, der den Geist bildet, beherrscht, | muß zuletzt die Herrschaft werden".[142] Daraus sind keine hegemonialen Absichten ablesbar. Denn „des Deutschen Tag wird scheinen | Wenn die Scha[ren?] sich vereinen | In der Menschheit schönes Bild!"[143] Aus der zur Entstehungszeit des Fragments darniederliegenden politischen Macht erwächst in kultureller Selbstbesinnung ein Ideal, in dem die Deutschen sich mit allen übrigen zu der Menschheit schönem Bild vereinen.

„Unsre Sprache wird die Welt | beherrschen."[144] Was hier in kulturchauvinistischer Emphase anklingt, beruht auf dem Stolz, das „köstliche Gut der deutschen Sprache | die alles ausdrückt, das tiefste und | das flüchtigste, den Geist, die Seele, | die voll Sinn ist", als das eigene zu wissen. Das konnte auch angesichts des darniederliegenden Reiches keine in reichsromantischer Verklärung alle anderen Sprachen dominierende Sprache sein, sondern eine herausgebildete Sprache, der es dank zahlreichen Anstrengungen von Gebildeten gelingen mochte, alles denken und auch ausdrücken zu können. Im Hintergrund erkennen wir Schillers universalen Perspektivismus, den Universalhistoriker, dem „die ganze moralische Welt" vor Augen liegt und der im Besonderen der Nationalsprache das Vermögen entdeckt, das Allgemeine, „der Menschheit schönes Bild", sichtbar werden zu lassen. Das ist freilich eine andere Er-

---

[140] NA 2/I, 431-436, hier 431 und 433. Vgl. NA 2/II B, 257-262. Hier heißt es, Schiller reagiere auf die politischen Verhältnisse seiner Gegenwart - Campo Formio 1797, Lunéville 1801 - und beziehe dabei einen nationalen und künstlerischen Standpunkt, von dem aus der Gedanke nationaler Identität durch Kunst und Kultur entfaltet werden sollte. Weil der Kommentar auf die „Idee der Kulturnation" hinweist, die im Gedicht mit der „Humanitätsidee" verbunden werde (259), seien doch erhebliche Zweifel angemeldet, ob sich Schiller überhaupt mit einer Vorstellung von Kulturnation verträge. Das „neu lebendig Reich" dient ja wohl „dem ewgen Bau der Menschenbildung" (436/433). Sobald eine Nation Kultur und Charakter habe, sei ihre Würde eine sittliche Größe (431). In diesem Sinne wäre sicher ein Titel „[D]eutsche Würde" vorzuziehen gewesen.
[141] NA 2/I, 433.
[142] Ebd., 432.
[143] Ebd., 433.
[144] Ebd., 432.

kenntnis als die: „Am deutschen Wesen mag die Welt genesen".[145] Daß die Interpretationsgeschichte von Schillers Gedichtentwurf damit über die philologisch literaturwissenschaftlich gebahnten Zugänge hinaus nationale und nationalistische Absichten verfolgt hat, dürfte außer Frage stehen. Aus den Verfälschungen heraus darf deshalb das Fragment „nicht als Votum für eine autonome Kulturnation" mißverstanden werden.[146]

In der schon erwähnten Feier zu Schillers fünfzigstem Todestag in Stuttgart hieß es, man habe Schillers Hinscheiden in allen deutschen Landen wie das eines Königs gefeiert.[147] Johann Georg Fischer, der Stuttgarter Redner, ein schwäbischer Lyriker, der wiederholt bei Stuttgarter Schillerfesten gesprochen hat, sprach zum ersten Mal völlig hellsichtig aus, worum es bei den meisten im Namen Schillers veranstalteten Kundgebungen ging. Er sagte, es sei nicht nur „ihre formelle Mustergültigkeit",[148] deretwegen man die großen Schriftsteller klassisch nenne. Denn diese Mustergültigkeit sei wandelbar, könne im Kredit steigen oder fallen. Vielmehr betonte er: „es ist der unangefochtene Glaube, daß sie in der besten Form auch das Beste *dem Inhalt nach* - und wäre es nur das von ihrer Zeit als das Beste geglaubte - mit einer Gewalt ausgesprochen haben, die für alle Zeiten den Zauber der Unwiderstehlichkeit besitzt".[149] Der paränetisch beschworene Glaube sei es. Es wird nicht klar unterschieden, ob der Glaube der Autoren um 1800 oder der jener Beobachter aus späterer Zeit gemeint ist. „Dieses Gefühl vollkommener Sättigung, diese gegenseitige Anziehungsmacht des Lebens und der Poesie ist es, was die klassische Zeit, was die klassischen Dichter ausmacht."[150]

Zum einen absorbiert diese Wertung die Mustergültigkeit des classischen Schriftstellers. Zum anderen holt sie Sulzers Gipfelleistungsmodell ein, das eine Koinzidenz von persönlicher, nationaler und internationaler Meisterschaft anpeilt, so daß ein Klassiker nicht nur selbst Gipfelleistungen vollbringt, sondern aus einer Nation kommt, die sich selbst bereits auf das höchste entwickelt hat und im Wettstreit mit anderen auch diese noch einmal überragt. Darüber hinaus sind hier in Fischers Rückblick auf das „Gefühl vollkommener Sättigung" Leben und Poesie in ihrer Komplementarität völlig ausbalanciert, während schon um 1800 die Verklärung der Poesie zuungunsten der Prosa der Verhältnisse das Übergewicht und somit die Fiktionen die Prädominanz über die Lebenswirklichkeit gewannen. Diese größte Störung, die zum Komplex des von Goethe als Krankem charakterisierten Romantischen gehört, bildet

---

[145] *Emanuel Geibel*, Deutschlands Beruf (1861), in: Gesammelte Werke. In acht Bänden, Stuttgart 1883, Bd. 4, 214, endet wörtlich: „Und es mag am deutschen Wesen | Einmal noch die Welt genesen." Vgl. *Grawe*, Gedichtentwurf (wie Anm. 139), 190.
[146] *Georg Schmidt*, Geschichte des Alten Reiches. Staat und Nation in der Frühen Neuzeit (1495-1806), München 1999 (im Druck).
[147] Schiller - Zeitgenosse aller Epochen (wie Anm. 72), 408.
[148] Ebd., 410.
[149] Ebd.
[150] Ebd.

seither ein die Wahrnehmung der Wirklichkeit schwer beeinträchtigendes Problem. Der schmale zwischen Phantasie und Erfahrung verlaufende Grat, der in Verkennung seiner Bedeutung zugunsten einer Panfiktionalisierung in den vergangenen zweihundert Jahren seit der frühromantischen Programmatik immer wieder und zunehmend liquidiert wurde, entfiel auch zwischen Leben und Poesie.

Wenn Goethe forderte, der bildende Künstler solle dichten und nicht poetisieren[151], so warnte er zum einen vor den romantischen Vermischungskonzepten der Dichtarten, zum andern vor den Übergriffen einer rege gemachten Einbildungskraft. Schließlich errichtete er seine „Propyläen" (1798) in symbolischer Anlehnung an das Tor von Athen, durch das der Weg aus der Stadt in den Tempelbezirk und das Heiligtum der Athene führte, auf jener zwischen der Welt der Kunst und der Welt der Erfahrung verlaufenden Grenze. Daß der Dichter, der moderne zumal, sich indessen zwischen Wirklichkeit und Ideal zu entscheiden schwer tun mußte, hat Schiller scharf gesehen, da er bemerkt, der sentimentalische Dichter habe es immer mit zwei streitenden Vorstellungen und Empfindungen, „mit der Wirklichkeit als Grenze und mit seiner Idee als dem Unendlichen zu thun, und das gemischte Gefühl, das er erregt, wird immer von dieser doppelten Quelle zeugen".[152] Nur durch die Liquidation dieser wirklichen Grenze konnte das spätromantische Konzept der Kulturnation die Dichterfürsten der Klassik-Doktrin leuchtturmartig verklären, ohne zu bemerken, daß sie sich damit den Rückweg aus der Fiktionsgeschichte in die Erfahrungsgeschichte selbst abgeschnitten hatte.

---

[151] WA I, 47, 95.
[152] NA 20, 441.

Ingo Reiffenstein

Deutsch in Österreich vom 18. bis ins 20. Jahrhundert
Das problematische Verhältnis von Sprache und Nation

1. Voraussetzungen

Seit dem 16., intensiver seit der Mitte des 17. Jahrhunderts, wird in den protestantischen Ländern Mittel- und Norddeutschlands ein lebhafter Diskurs um das Hochdeutsche geführt, um die eine gemeinsame Hochsprache für alle Deutschen. Dem mitteldeutschen Osten kommt in diesem Diskurs, angefangen bei Fabian Frangk und Johannes Clajus im 16. bis zu Johann Christoph Gottsched und Johann Christoph Adelung im 18. Jahrhundert und mit der bis ins 16. Jahrhundert zurückreichenden Gleichsetzung des Hochdeutschen mit dem Meißnischen, eine zentrale Rolle zu. Die regionalen Varianten, das heißt die Vielfalt der Dialekte, erfuhren eine starke Abwertung. Dieser Diskurs begleitet einen Sprachprozeß, in dessen Verlauf sich eine die Dialekte überdachende Gemein- und Hochsprache entwickelte, die erst die Voraussetzung für die Ausbildung einer literarischen Öffentlichkeit schuf, deren Vorhandensein ihrerseits für das Gelingen der Aufklärung unerläßlich war. Das Bedürfnis nach öffentlicher Kommunikation beschleunigte den Sprachprozeß. Im 18. Jahrhundert konnte sich Deutsch auch als Wissenschaftssprache etablieren, zunächst noch neben dem universalistischen Latein, bald über dieses dominierend. Schon 1697 hielt Christian Thomasius an der Universität Leipzig die ersten Vorlesungen in deutscher Sprache. Die Ausbildung einer deutschen Wissenschaftssprache ist in hohem Maße das Verdienst des Aufklärungsphilosophen Christian Wolff.

Nach heutiger Auffassung ist die deutsche Hoch- und Schriftsprache das Ergebnis komplexer Ausgleichsprozesse auf der Ebene der geschriebenen Sprache, vornehmlich der Kanzleisprachen, an denen bis ins 16. Jahrhundert auch der deutsche Südosten, das Bayerisch-Österreichische, maßgeblich beteiligt war. Die entscheidende Ausbildung erhielt das moderne Hochdeutsche allerdings seit dem 17. Jahrhundert im protestantischen Mittel- und Norddeutschland (vorausgegangen war die Ablösung des Mittelniederdeutschen, der Sprache der Hanse, durch das Hochdeutsche ostmitteldeutscher Prägung). Bis ins 16. Jahrhundert reichen, vor allem in der Ausbildung protestantischer Prediger, auch Ansätze zu einer an der Schreibung orientierten mustergültigen Aussprache (Schriftlautung, reading pronounciation) zurück. Schriftgestützte Hochlautung („nach der Schrift reden" sagt man in Österreich) ist bis heute ein Charakteristikum gesprochener deutscher Hochsprache geblieben.[1]

Österreich wie der ganze katholische deutsche Süden waren seit dem ausgehenden 16. Jahrhundert an der Diskussion über die Hochsprache praktisch nicht mehr und an der mittel- und norddeutschen Sprachentwicklung nur peripher beteiligt.[2] Volkssprachliche Literatur in Süddeutschland und Österreich, z.B. Predigt- und Erbauungsbücher, Chroniken, Rechtsliteratur usw.,[3] bediente sich einer Schreib- und Drucksprache, die in zweifacher Hinsicht ein eigenes Gepräge aufwies: Erstens in ihrer äußeren Form (Orthographie, Morphologie); in dieser Hinsicht stellte sie eine Weiterführung der spätmittelalterlich-frühneuzeitlichen ostoberdeutschen Schreibsprache dar, die sich von dem sich allmählich festigenden Hochdeutschen ostmitteldeutscher Prägung vor allem dadurch unterschied, daß sie ausgeprägtere Korrespondenzen mit der phonologischen Struktur der gesprochenen regionalen Sprache aufwies, das heißt gleichzeitig, daß sie die Kontinuität der Entwicklung besser wahrte. Einige ostmitteldeutsche orthographische Einflüsse auf die oberdeutschen Schreibsprachen (z.B. *o* für vor *n* in *sonder, sonne* u.a., Übernahme des unetymologischen Dehnungs-*h*, z. B. in *jahr, ihn* usw.) reichen allerdings bis ins 15./16. Jahrhundert zurück; gleichzeitig wurden auch die auffälligsten oberdeutschen Merkmale (z.B. *p*- für *b*- , *ch-/kh*- für *k* z. B. in *perg, chind, stuckh* u.ä.) allmählich zurückgedrängt. Oberdeutsch geprägt war auch der Wortschatz. Das zweite Charakteristikum der oberdeutschen Literatursprache war die starke Einbindung in barocke und kanzleisprachliche Traditionen vor allem des 17. Jahrhunderts auf der stilistisch-syntakti-

---

[1] Natürlich können hier nur sehr allgemeine Hinweise gegeben werden, auch mit den folgenden Literaturangaben: *Peter von Polenz*, Deutsche Sprachgeschichte vom Spätmittelalter bis zur Gegenwart. Bd. 1: Einführung. Grundbegriffe. Deutsch in der frühbürgerlichen Zeit, Berlin 1991, 166ff. Bd. 2: 17. und 18. Jahrhundert, Berlin 1994, passim; *Ingo Reiffenstein*, Metasprachliche Äußerungen über das Deutsche und seine Subsysteme bis 1800 in historischer Sicht, in: *Werner Besch u. a.*(Hrsg.), Sprachgeschichte. Ein Handbuch zur Geschichte der deutschen Sprache und ihrer Erforschung. Berlin 1985, 2. Halbbd., 1727-1750, hier 1739ff. (Neubearbeitung im Druck). Zu Christian Wolff vgl. *Wolfgang Walter Menzel*, Vernakuläre Wissenschaft. Christian Wolffs Bedeutung für die Herausbildung und Durchsetzung des Deutschen als Wissenschaftssprache, Tübingen 1996 und meine Rezension im Jahrbuch für Internationale Germanistik (im Druck). Zu den Anfängen der Schriftlautung vgl. *Hans Moser*, Geredete Graphie. Zur Entstehung orthoepischer Normvorstellungen im Frühneuhochdeutschen, in: Zeitschrift für deutsche Philologie 106, 1987, 379-399 und *Peter von Polenz*, Martin Luther und die Anfänge der deutschen Schriftlautung, in: *Rudolf Große* (Hrsg.), Sprache in der sozialen und kulturellen Entwicklung, Berlin 1990 (= Abhandlungen der Sächsischen Akademie der Wissenschaften, Phil.-hist. Kl. 73,1), 185-194.

[2] Die letzten süddeutschen Grammatiken bis zum 18. Jhd. erschienen 1573/74 in Augsburg bzw. Straßburg von L. Albertus und von A. Ölinger, vgl. *Max Hermann Jellinek*, Geschichte der neuhochdeutschen Grammatik von den Anfängen bis auf Adelung, 1. Halbbd., Heidelberg 1913, 64ff. Die Reihe der ostmittel- und niederdeutschen Grammatiken beginnt mit jener von J. Clajus (Erfurt 1578), der sich als erster Grammatiker ausdrücklich auf die Sprache Luthers beruft, vgl. ebd., 73ff.

[3] Vgl. auch die von Johann Pezzl in seiner „Skizze von Wien" (1787) angeführten Literaturgattungen, zit. nach *Robert Mühlher* (Hrsg.), Dichtung aus Österreich. Prosa. 1. Teilbd., Wien/München 1969, 53.

schen Ebene, die im Süden um fast ein Jahrhundert länger lebendig blieben als im übrigen deutschsprachigen Gebiet. Viele Phänomene, die Adelung später pauschal als „oberdeutsch" stigmatisierte, gehörten einfach einer älteren Sprachschicht an, die im 17. Jahrhundert noch allgemein gültig gewesen war.

2. Durchsetzung des Hochdeutschen in Österreich im 18. Jahrhundert

Seit dem 18. Jahrhundert begann nun auch der Süden nachzuziehen. Vor allem im Kontext der katholischen Aufklärung wurde das Bedürfnis wach, dem als unzulänglich empfundenen Status des eigenen Sprach- und Schreibgebrauchs abzuhelfen. Hauptziel der aufgeklärten katholischen Kritik war das veraltete und erstarrte jesuitische Bildungssystem. Ein früher Vorläufer in Bayern war der von den Pollinger Augustiner-Chorherren begründete „Parnassus Boicus" (1723 ff.), der sich um Volksaufklärung und um die Verbesserung der deutschen Sprache bemühte, den neuen Akademiegedanken also mit dem älteren der Sprachgesellschaften verband.[4] Diesem Programm fühlten sich ausdrücklich auch die Gründer der Bayerischen Akademie der Wissenschaften (1759) verpflichtet.[5] In Wien begann mit der „Kayserlichen deutschen Sprachtabelle" des gebürtigen Niederbayern Johann Balthasar Antesperger (1734) eine zunächst noch eigenständige österreichische Grammatikographie (1747 Antesperger, Kayserliche Deutsche Grammatick; 1754 Johann Siegmund Valentin Popowitsch, Die nothwendigsten Anfangsgründe der Teutschen Sprachkunst; 1764 Ignaz Weitenauer, Zweifel von der deutschen Sprache; 1768 Franz Joseph Bob, Anleitung zu deutschen Rechtschreibung), die in Maria Theresias Schulreform und dem Wirken des Schlesiers Ignaz Felbiger seit 1774 ihre volle Wirkung und nun ganz im Sinne der gottschedischen Normen entfaltete.[6] 1761 wurde in Wien eine wenn auch kurzlebige „Deutsche Gesellschaft", eine Sprachgesellschaft nach dem Muster der Leipziger „Deutschen Gesellschaft" gegründet. Die programmatische Rede zur Eröffnung der

---

[4] *Ingo Reiffenstein*, Der „Parnassus Boicus" und das Hochdeutsche. Zum Ausklang des Frühneuhochdeutschen im 18. Jahrhundert, in: *Peter Wiesinger* (Hrsg.), Studien zum Frühneuhochdeutschen. FS für Emil Skála, Göppingen 1988, 27-45, hier 28ff.

[5] *Ingo Reiffenstein*, „Oberdeutsch" und „Hochdeutsch" in Bayern im 18. Jahrhundert, in: *Andreas Gardt u.a.* (Hrsg.), Sprachgeschichte des Neuhochdeutschen, Tübingen 1995, 307-317, hier 312ff.

[6] *Paul Roessler*, Die deutschen Grammatiken der 2. Hälfte des 18. Jahrhunderts in Österreich, Frankfurt a. M. 1997; *Peter Wiesinger*, Zur Entwicklung der deutschen Schriftsprache in Österreich unter dem Einfluß Gottscheds in der 2. Hälfte des 18. Jahrhunderts, in: *Dieter Nerius* (Hrsg.), Entwicklungstendenzen der deutschen Sprache seit dem 18. Jahrhundert, Berlin 1983, 227-248; *ders.*, Die Anfänge der Sprachpflege und der deutschen Grammatik in Österreich im 18. Jahrhundert. Zu Joh. Balth. Antespergers „Kayserlicher deutscher Sprachtabelle" von 1734, in: *Elvira Glaser/Michael Schlaefer* (Hrsg.), Grammatica Ianua Artium. FS für Rolf Bergmann, Heidelberg 1997, 337-355; *Kurt Faninger*, Johann Siegmund Valentin Popowitsch. Ein österreichischer Grammatiker des 18. Jahrhunderts, Frankfurt a. M. 1996.

neuen Gesellschaft hielt Joseph von Sonnenfels.[7] 1784 erschien von dem gleichen Verfasser das im Auftrag Josephs II. verfaßte Lehrbuch „Über den Geschäftsstil", das sprachliche Grundbuch für die Ausbildung der österreichischen Beamten bis weit in 19. Jahrhundert hinein, gottschedisch, aufgeklärt, aber doch auch in Weiterführung österreichischer Traditionen.[8] Seit Felbiger und Sonnenfels setzten sich die Normen Gottscheds und bald Adelungs voll durch. Zwar wies man die ideologische Anmaßung der Leipziger, die Heimat des Hochdeutschen sei Meißen-Obersachsen, zurück und bezog, freilich ohne sich darauf zu berufen, die Position der Niederdeutschen Schottel und Bödiker, „die hochteutsche Sprache ist keine Mundart eines einigen (=einzigen) Volks oder einer Nation der Teutschen, sondern aus allen durch Fleis der Gelehrten zu solcher Zierde erwachsen".[9] Aber materialiter stimmte schon die von Popowitsch in seinen „Nothwendigsten Anfangsgründen der Teutschen Sprachkunst" (1754) normierte Hochsprache weitgehend mit den Leipziger Normen überein.[10] Das mündete in den 70er und 80er Jahren konsequent ein in eine intensive Rezeption der Lehrbücher von Gottsched und vor allem von Adelung, die bis ins 19. Jahrhundert hin anhielt, nicht zuletzt gesichert durch zahlreiche Wiener Nachdrucke (z.B. durch Trattner, Kurzböck).[11]

Der Modernisierungsschub in den letzten Jahrzehnten des 18. Jahrhunderts fand seinen Niederschlag nicht nur in der raschen Übernahme des modernen überregionalen Hochdeutschen, sondern, nicht zum geringsten auch dadurch bewirkt, in einem rasanten Anstieg der Buchproduktion. Lag Wien um 1750 an 9. Stelle der Druckorte im deutschsprachigen Gebiet (nach einer anderen, aber schlechter begründeten Zählung gar an 43.!), so rückte es bis 1800 auf den 3. Platz vor.[12] Eine andere Zahl: der österreichische Buchexport stieg in 20 Jahren von 1773 bis 1792 von 135.000 Talern auf 3.260.000, um mehr als das 24-fache![13] Das josephinische Jahrzehnt führte zu einer Flut des Broschüren- und Flugschriftenwesens, ausgelöst natürlich auch durch

---

[7] *Peter Wiesinger*, Die theoretischen Grundlagen der österreichischen Sprachreform des 18. Jahrhunderts, in: *Michael Benedikt u.a.* (Hrsg.), Verdrängter Humanismus - Verzögerte Aufklärung, Bd. 1, 2. Tlbd., Klausen/Leopoldsdorf 1997, 723-758, hier 726, 747ff.

[8] Sonnenfels über den Geschäftsstil. Die ersten Grundlinien für angehende österreichische Kanzleybeamten, Wien 1784; letzte Auflage: *Joseph von Sonnenfels*, Über den Geschäftsstyl. Die ersten Grundlinien für angehende österreichische Kanzleybeamten. Nebst einem Anhange von Registraturen, 4. sorgfältig durchgesehene Aufl. Wien 1820.

[9] *Johann Bödiker*, Grundsätze der Teutschen Sprache, 5. Aufl. bearb. von *Johann Jakob Wippel*, Berlin 1746, ND Leipzig 1977, 351; *Reiffenstein*, „Parnassus Boicus" (wie Anm. 4), 31ff.

[10] *Faninger*, Popowitsch (wie Anm. 6); *Roessler*, Grammatiken (wie Anm. 6). Antesperger ist hingegen in seiner „Sprachtabelle" (1734) wie in der „Kayserlichen Deutschen Grammatick" (1747) der oberdeutschen Tradition noch deutlich verpflichtet.

[11] Über die Bedeutung des auch von Maria Theresia und Joseph II. geförderten Nachdruckwesens vgl. *Peter R. Frank*, Der deutsche Buchhandel im Österreich des 18. Jahrhunderts, in: Das 18. Jahrhundert in Österreich. Jahrbuch der Österreichischen Gesellschaft zur Erforschung des 18. Jahrhunderts 7/8, 1991, 111-129, hier 112ff.

[12] Ebd., 111 mit Anm. 1.

[13] Ebd., 115.

die Lockerung der Pressezensur.[14] Das alles ist die materielle Seite der „Leserevolution" des 18. Jahrhunderts.[15] Das Medium dieser Leserevolution war das „Hochdeutsche", das die oberdeutsche Schriftsprachevariante jedenfalls in der Druckproduktion seit den 60er-Jahren völlig verdrängt hatte (im privaten Schreibgebrauch war das bis ins späte 18. Jahrhundert keineswegs so vollständig der Fall[16]). Wie weit die durch Sonnenfels' „Geschäftstil" maßgeblich neu geprägte österreichische Amtssprache stilistisch auf die Sprache der österreichischen Literatur (bis heute?) durchschlägt, lasse ich offen. Natürlich waren viele Angehörige der Intelligenz und auch nicht wenige Schriftsteller Beamte (man denke nur an Grillparzer und Stifter), und sie werden ihren Sonnenfels studiert haben.[17]

Die Schriftsprachereform des 18. Jahrhunderts betraf zunächst nur die geschriebene Sprache, Schriftsprache im engeren Sinn. Aber das ist nur die eine Seite. Ganz anders lagen die Verhältnisse bei der gesprochenen Sprache. Hier galt als Forderung zwar auch die Maxime „Sprich, wie du schreibst" (nach der Schrift reden), daß man das aber nicht wirklich durchsetzen konnte, darüber gaben sich auch die Grammatiker keinen Illusionen hin. So heißt es z.B. in der „Anleitung zur deutschen Sprachkunst" des Bayern Heinrich Braun (1765): „Da man eine in ganz Deutschland durchaus gleichförmige Mundart (=Aussprache) niemals (!) wird einführen können: so ist doch eine Gleichheit im Schreiben, und im Drucke allerdings zu hoffen: und es ist in diesem Stücke schon sehr weit gekommen (S. 8) ... Im Reden darf und soll man von der Gewohnheit seines Vaterlandes nicht abweichen, wenn man nicht dadurch lächerlich werden will" (S. 115).[18] Ähnlich lautende Äußerungen sind aus Österreich belegt, allerdings auch Kritiken an zu stark dialektal gefärbtem öffentlichen Sprechen, z. B.

---

[14] *Leslie Bodi*, Tauwetter in Wien. Zur Prosa der österreichischen Aufklärung 1781-1795, 2., erw. Aufl. Wien/Köln/Weimar 1995, 48ff., 117ff.; *Frank*, Buchhandel (wie Anm. 11), 114. Vgl. auch die Charakterisierung der „Broschüristen" durch *Johann Pezzl*, Skizze von Wien, zit. nach *Mühlher*, Dichtung (wie Anm. 3), 57ff.
[15] *Frank*, Buchhandel (wie Anm. 11), 113.
[16] Vgl. z. B. *Ingo Reiffenstein*, Sprachvariation in den Briefen der Familie Mozart, in: *Klaus J. Mattheier u.a.* (Hrsg.), Vielfalt des Deutschen. FS für Werner Besch, Frankfurt a. M. 1993, 361-381.
[17] *Leslie Bodi*, Traditionen des österreichischen Deutsch im Schnittpunkt von Staatsräson und Sprachnation, in: *Rudolf Muhr/Richard Schrodt/Peter Wiesinger* (Hrsg.), Österreichisches Deutsch. Linguistische, Sozialpsychologische und sprachpolitische Aspekte einer nationalen Variante des Deutschen, Wien 1995, 17-38, 25ff. Wie weit man hier wirklich von Einfluß sprechen kann, ist weder für das ausgehende 18. und für das 19. Jahrhundert noch für die österreichische Gegenwartsliteratur untersucht. Daß der gelernte Historiker Heimito von Doderer einen an die österreichische Amtssprache angelehnten Stil funktional in seinen Romanen verwenden kann, beweist noch keinen allgemeinen Einfluß des „Geschäftsstils" auf die Sprache der österreichischen Literatur.
[18] *Heinrich Braun*, Anleitung zur deutschen Sprachkunst zum Gebrauche der Schulen in den Churlanden zu Baiern, München 1765, 8, 115; *Ingo Reiffenstein*, Heinrich Brauns Anleitung zur deutschen Sprachkunst (1765). „Hochdeutsch", „Oberdeutsch" und „Mundart" im 18. Jahrhundert, in: Zagreber Germanistische Beiträge 2, 1993, 163-178, hier 166.

in Predigten.[19] Man darf sicher bis weit ins 19. Jahrhundert hinein mit einem mehr oder weniger stark ausgeprägten Dialektgebrauch in allen Sozialschichten rechnen. Es gibt hinreichend Belege, in denen das Aufeinanderprallen von gesprochenem Hochdeutsch und Wienerisch für parodistische Zwecke eingesetzt wurde, und auch Belege für die Ablehnung des Hochdeutsch-Sprechens, freilich nicht nur aus Österreich.[20] Sonnenfels berichtet, „daß ein Mann von Ansehen, dem er sich zur Beförderung in ein Amt vorstellte, und seine Fähigkeit dazu mit einigen gedruckten Stücken darthun wollte, ihn anfuhr: 'Ich dächte der Herr ist wohl gar ein Lutheraner - wenigstens ist es des Herrn sein Deutsch. - Ein Autor gar! Der Herr ist in meine Kanzley zu gescheid!'".[21] Für Maria Theresia wie für Franz II. (I.) ist Dialektgebrauch ausdrücklich bezeugt.[22]

3. Österreich als Teil der deutschen Literaturnation

Die Verhältnisse im 19. Jahrhundert sind noch unzureichend erforscht.[23] Ich muß mich daher auf einige allgemeine Grundlinien beschränken. Die Rezeption der

---

[19] *Peter Wiesinger*, Die Aussprache des Schriftdeutschen in Österreich in der 2. Hälfte des 18. und am Beginn des 19. Jahrhunderts, in: *Klaus J. Mattheier u.a.* (Hrsg.), Vielfalt (wie Anm. 16), 383-411, hier 384f. und 407f.

[20] *Sigurd Paul Scheichl*, Konnte Grillparzer Deutsch? Gedanken zu einer Geschichte der deutschen Literatursprache in Österreich seit 1800, in: Jahrbuch der Grillparzer-Gesellschaft, 3. Folge, 19, 1996, 147-169, hier 150ff.; *Heribert Raab*, „Lutherisch-Deutsch". Ein Kapitel Sprach- und Kulturkampf in den katholischen Territorien des Reiches, in: Zeitschrift für bayerische Landesgeschichte 47, 1984, 15-42, hier 32ff. bringt Belege für eine konfessionell begründete Ablehnung des gesprochenen „lutherischen" Deutsch aus dem katholischen Süddeutschland, vor allem aus Franken (Würzburg) und Bayern.

[21] *Friedrich Nicolai*, 'Kritik ist überall, zumal in Deutschland, nötig'. Satiren und Schriften zur Literatur, hrsg. von *Wolfgang Albrecht*, München 1987, 294; *Raab*, „Lutherisch-Deutsch" (wie Anm. 20), 22.

[22] Karoline Pichler berichtet in ihren „Denkwürdigkeiten aus meinem Leben" (1844), „die Kaiserin (Maria Theresia, I. R.) bediente sich des ganz gemeinen österreichischen Jargons", und zur Illustration die von ihrer Mutter überlieferte Anekdote, ein „Fräulein aus Sachsen", das als Kammerdienerin bei der Kaiserin angestellt wurde, sei in Verlegenheit geraten, als die Kaiserin „das *Blabe Buich* verlangt" habe; Karolines Mutter konnte helfen und „gab der Sächsin ein *blaues Buch*, in welchem die Kaiserin eben zu lesen pflegte", zit. nach *Mühlher*, Dichtung (wie Anm. 3), 138. - J. A. Schmeller überliefert in seinen Tagebüchern zum 10. 6. 1814 eine Äußerung Kaiser Franz' I. anläßlich einer Audienz bayerischer Jäger-Offiziere in Memmingen; der Kaiser habe „mit gutmüthiger Stimme in Wienerton" gesprochen, der Sprachform nach (die Schmeller in phonetischer Transkription wiedergibt) in Wiener Umgangssprache. Vgl. *Johann Andreas Schmeller*, Tagebücher 1801-1852, hrsg. von *Paul Ruf*, München 1954, 1. Bd., 51.

[23] Für Deutschland vgl. die Sammelbände Studien zur deutschen Sprachgeschichte des 19. Jahrhunderts. Existenzformen der Sprache. 2 Bde. Naturwissenschaftliche und technische Fachlexik. Berlin 1980 (= Linguistische Studien, Reihe A. Arbeitsbereiche 66/I-III) des Berliner Zentralinstituts für Sprachwissenschaft sowie diejenigen von *Dieter Cherubim/Klaus J. Mattheier* (Hrsg.), Voraussetzungen und Grundlagen der Gegenwartssprache. Sprach- und sozialgeschichtliche Untersuchungen zum 19. Jahrhundert, Berlin 1989 und *Rainer Wimmer* (Hrsg.), Das 19. Jahrhundert. Sprachgeschichtliche Wurzeln des heutigen Deutsch, Berlin 1991 (= Institut für deutsche Sprache. Jahrbuch 1990).

Sprachwerke Adelungs (Grammatiken, Wörterbücher) hält zunächst ungebrochen an, die Schulbücher Felbigers sind gar bis 1848 in Gebrauch.[24] Sonnenfels' „Geschäftsstil" erscheint noch 1820 in einer 4. Auflage. Vielleicht noch wichtiger ist, daß, schon seit dem 18. Jahrhundert, die deutsche protestantische Literatur auch in Österreich zum festen Bestandteil des bürgerlichen Lesekanons geworden war, von Gellert und Wieland über die deutsche Klassik bis zu Iffland und Kotzebue. An der Verbreitung dieser Literatur waren wieder die Nachdrucker maßgeblich beteiligt. Auch die eigene poetische Produktion von Michael Denis, Johann Baptist von Alxinger, Joseph Schreyvogel, Cornelius von Ayrenhoff bis zu Franz Grillparzer und Eduard von Bauernfeld bediente sich selbstverständlich des Hochdeutschen. Das heißt natürlich nicht, daß es keine stilistischen Unterschiede gegeben hätte - ob sie wirklich ausreichen, von einer österreichischen Sprachprägung zu sprechen, lasse ich wieder offen. Natürlich gab es neben der neuen hochsprachlichen Literatur und dem hochsprachlichen Theater auch weiterhin die überaus lebendige Tradition des Wiener Volkstheaters, dessen Beliebtheit auch die scharfe Kritik Sonnenfels' in seinen „Briefen über die Wienerische Schaubühne" (1768) nichts anhaben konnte. Es gab auch den Versuch eines Wiener Literaturdialekts in den von Josef Richter herausgegeben und sehr populären „Eipeldauerbriefen" (Briefe eines Eipeldauers an seinen Herrn Vettern in Kakran, 1785-1797). Aber das blieb eher vereinzelt. Vorherrschend war das literarische Leben Österreichs seit dem späten 18. Jahrhundert zweifellos durch das Hochdeutsche geprägt. Ein lebendiges Bild dieser Umbruchzeit von Maria Theresia bis weit ins 19. Jahrhundert hinein vermitteln Johann Pezzls „Skizze von Wien" (1787) und vor allem die „Denkwürdigkeiten" der Karoline Pichler (1769-1843), selbst Schriftstellerin und Mittelpunkt des wichtigsten literarischen Salons in Wien.

Pochte man im 18. Jahrhundert im Süden noch auf die im Verhältnis zum Meißnischen ältere Kontinuität der oberdeutschen Literatursprache, auf ihre „deutsche Körnigkeit" im Gegensatz zur eleganten Leichtigkeit des Sächsischen, das sich für die modernen Romane, nicht aber für ernsthafte Gegenstände eignen mochte[25] und sprach auch Adelung, wenn auch nicht ohne Herablassung, vom Oberdeutschen als der „älteren Schwester" des neuen Hochdeutschen, so sind mir aus dem 19. Jahrhundert keine Zeugnisse eines solchen Eigensprachbewußtseins mehr bekannt. Freilich gibt es in Österreich Spitzen gegen das „Sächsische" und gegen die sächsischen Sprachmeister, aber die gibt es sonst in Deutschland auch (am bekanntesten Goethes Kommentar über seine Leipziger Erfahrungen in „Dichtung und Wahrheit")[26]. Wenn Grillparzer in seiner Selbstbiographie vom „verhaßten Adelung der Sprachlehre" aus

---

[24] *Wiesinger*, Aussprache (wie Anm. 19), 387.
[25] Vgl. z. B. die bei *Reiffenstein*, „Parnassus Boicus" (wie Anm. 4), 37 zitierte Äußerung von Agnellus Kandler im Parnassus Boicus.
[26] *Johann Wolfgang Goethe*, Werke, hrsg. von *Erich Trunz* (Hamburger Ausgabe), Bd. 9, Hamburg 1955, 250ff.

seiner Schulzeit spricht,[27] dann findet er sich damit in bester Schriftstellergesellschaft auch außerhalb Österreichs (wenngleich sie sein Wörterbuch fleißig benützten). Seit der Jahrhundertwende und bis zum Ende der Metternich-Ära (1848) gab es von oben geförderte Bemühungen um ein stark dynastisch grundgelegtes, die ethnische und sprachliche Vielfalt überdachendes Österreich-Bewußtsein.[28] Es mag hier genügen, auf Joseph Haydns Kaiserhymne (1797) auf den „guten Kaiser Franz" und auf die propagandistischen Schriften Joseph von Hormayrs und anderer hinzuweisen. Träger dieser neuen Staatsideologie war vor allem das josephinische Beamtentum und das Militär. Die österreichische Variante der deutschen Sprache konnte für dieses neue übernationale Nationalbewußtsein natürlich nicht in Anspruch genommen werden. Wenn Grillparzer in „König Ottokars Glück und Ende" den Reimchronisten Ottokar (von Horneck) sagen läßt,

's ist möglich, daß in Sachsen und beim Rhein
es Leute gibt, die mehr in Büchern lasen;
allein, was not tut und was Gott gefällt,
der klare Blick, der off'ne, richt'ge Sinn,
da tritt der Österreicher hin vor jeden,
denkt sich sein Teil und läßt die andern reden! (3. Akt),[29]

dann ist damit der Unterschied in der literarischen Bildung und allenfalls in der Elaboriertheit des Sprachgebrauchs thematisiert, nicht aber eine abweichende sprachliche Varietät. Die deutschsprachigen Schriftsteller Österreichs und ihr gebildetes bürgerliches Publikum verstanden sich als Teil der deutschen Literaturnation.[30] Hochdeutsch wurde auch in Österreich jedenfalls seit der Mitte des Jahrhunderts zu einem Identifikationssymbol des Bildungsbürgertums. Man war stolz auf das Wiener Burgtheater als führende deutsche Bühne und auf das auf ihr gesprochene Deutsch (Theater besaß in Österreich immer, bis in unsere Tage, einen hohen Stellenwert). Das gleiche Bewußtsein einer jetzt freilich nicht mehr nur literarischen, sondern eklatant ins Politische umschlagenden bürgerlichen deutschen Einheit spiegelte sich in den Schillerfeiern 1859 und 1905 (Grillparzer, der sich durchaus als deutscher Dichter verstand, wandte sich scharf gegen diese nationalistische Instrumentalisierung Schillers, wie im übrigen gegen jeden Nationalismus, auch gegen den tschechischen oder magyarischen).[31] Die Beziehungen zwischen Österreich und den anderen deutschen Staaten,

---

[27] *Franz Grillparzer*, Werke, hrsg. von *Stefan Hock*, Bd. 14, Berlin o.J. (Bongs Klassikerausgaben), 22.
[28] *Ernst Bruckmüller*, Nation Österreich. Kulturelles Bewußtsein und gesellschaftlich-politische Prozesse, Wien/Köln/Graz ²1996, 224ff. und 336f.
[29] *Grillparzer*, Werke (wie Anm. 27), Bd. 5, 84.
[30] *Bruckmüller*, Nation (wie Anm. 28), 282ff.
[31] Ebd., 292; *Mikoletzky*, Bürgerliche Schillerrezeption im Wandel: Österreichische Schillerfeiern 1895-1905, in: *Hanns Haas/Hannes Stekl* (Hrsg.), Bürgerliche Selbstdarstellung. Städtebau, Architektur, Denkmäler. Wien/Köln/Graz 1995, 165-183, hier 167ff.; *Grillparzer*, Werke (wie Anm. 27), Bd. 13, 368f. (Studien III, Nr. 321), Bd. 2, 328 (Gedichte III, Schillerfest). Bemerkenswert ist der

später Deutschland, waren auch auf der persönlichen Ebene stark, wobei die deutsche Präsenz in Österreich naturgemäß stärker war als umgekehrt die von Österreichern in Deutschland. In Wien waren seit der Jahrhundertmitte prominente deutsche Journalisten tätig (vor allem an der liberalen „Neuen Freien Presse"), an der Universität gab es bedeutende deutsche Professoren (z.B. in Wien den Chirurgen Theodor Billroth, in Innsbruck den Historiker Julius von Ficker).[32] Zwischen 1849 und 1910 hatten nicht weniger als vier Deutsche die Direktion des Burgtheaters inne, einer nationalen Institution Österreichs par excellence, (Heinrich Laube 1849-67, Franz Dingelstedt 1870-81, Adolf Wilbrandt 1881-87, Paul Schlenther 1898-1910). Claus Peymann steht also in einer sehr ehrwürdigen Tradition! - An dem „nationalen" Unternehmen des Deutschen Wörterbuches der Brüder Grimm waren umgekehrt die österreichischen Germanisten Matthias Lexer, Viktor Dollmayr und Dietrich von Kralik beteiligt. Der führende Kopf einer forciert deutschnationalen Germanistik, Wilhelm Scherer, war Österreicher. Österreich wirkte kooperativ bei der Regelung der Rechtschreibung in den 60er- und 70er-Jahren mit und schloß sich den 1901 festgelegten Normen an. Auch in der Siebs-Kommission, die 1898 die hochsprachliche Aussprache („Bühnensprache") normierte, war Österreich mit dem Wiener Anglisten und Phonetiker Karl Luick und mit dem Germanisten Joseph Seemüller vertreten.

4. „Die Sprache des Österrreichers"

Eine entscheidende Zäsur in der Geschichte und in der Entwicklung des nationalen Selbstbewußtsein Österreichs markieren die Jahre 1866/1871, das definitive Ausscheiden Österreichs aus Deutschland. Das forcierte *einerseits* die bis in die napoleonische Zeit zurückreichenden deutschnationalen Tendenzen bis hin zur Radikalisierung unter Georg Ritter von Schönerer und den Alldeutschen. Das braucht hier nicht weiter verfolgt zu werden. Es bewirkte *andererseits* aber auch - notgedrungen - eine Neuorientierung und eine Stärkung des österreichischen Patriotismus, eines ausdrücklich supranationalen Österreichbewußtseins. Dieses Österreichbewußtsein hatte es freilich schwer. Seine Träger waren in erster Linie die Konservativen. Keine der aus dem Liberalismus herauswachsenden Gruppierungen (die noch 1882 im „Linzer Programm" gemeinsam auftraten)[33] identifizierte sich damit, weder die Christlichsozialen Karl Luegers noch die Sozialdemokraten Viktor Adlers und schon gar nicht die offen staatsfeindlichen Deutschnationalen Georg von Schönerers. Aber auch die nichtdeutschen Bürger der Monarchie verstanden sich in erster Linie als Ungarn, als

---

von *Mikoletzky* herausgearbeitete stimmungsmäßige Umschwung bei den Wiener Schillerfeiern 1859, 1876 (Denkmalenthüllung) und 1905, von bürgerlich-nationaler Selbstfindung hin zu immer schärfer nationalistischen Tönen 1876 und 1905.
[32] *Scheichl*, Grillparzer (wie Anm. 20), 160.
[33] *Markus Erwin Haider*, Im Streit um die österreichische Nation. Nationale Leitwörter in Österreich 1866-1938, Wien/Köln/Graz 1998, 111; *Helmut Rumpler*, Eine Chance für Mitteleuropa. Bürgerliche Emanzipation und Staatsverfall in der Habsburgermonarchie, Wien 1997, 455.

Tschechen oder Böhmen, als Slowenen usw., höchstens in zweiter Linie als Österreicher.[34] Das Konzept des „Nur-Österreichertums"[35] war nicht mehrheitsfähig. Hingegen entwickelten diejenigen deutschen Österreicher, die weder ihre kulturelle und sprachliche Bindung an „deutsch" noch ihre Loyalität zur Monarchie aufgeben wollten, eine Alternative, die in der Formulierung Karl Luegers (1897) folgendermaßen lautete: „Wir sind gute Deutsche, aber vor allem gute Österreicher".[36] In der Opposition zum preußischen Deutschland nach 1866/71 wurde aus dem guten österreichischen Deutschen sehr rasch der bessere Deutsche. Was im späten 19. Jahrhundert Antithese zu Preußen gewesen war, das wurde im Ständestaat 1933-38 unter Engelbert Dollfuß und Kurt von Schuschnigg zur Staatsideologie gegen Nazideutschland, Österreich verstand sich als „Hort des wahren Deutschtums".[37]

In Kontext des Preußen-Österreicher-Klischees gewann nun auch die österreichische Variante des Deutschen einen neuen, positiven Stellenwert. Allerdings wird das erst im 1. Weltkrieg und danach faßbar. Das erste neuere Buch (das heißt seit den Grammatiken des 18. Jahrhunderts) über „das österreichische Hochdeutsch" von Hermann Lewi (Wien 1875) war noch eine „Darstellung seiner hervorstechendsten Fehler und fehlerhaften Eigenthümlichkeiten" (so der Untertitel), die aus einer eng normativen unösterreichischen Position verurteilt wurden.[38] Auf der gleichen Linie liegt es, wenn die Kärntner landeskundliche Zeitschrift „Carinthia" in den 60er-Jahren in ihrer Datumangabe den in Österreich völlig unüblichen Wochentagsnamen *Sonnabend* verwendete. Immerhin gab es Ende des Jahrhunderts aber an der stark norddeutsch dominierten Siebs-Regelung der deutschen Standardaussprache (Bühnensprache) von 1898 Kritik, den österreichischen Vertretern in der Siebs-Kommission (Karl Luick und Joseph Seemüller) wurde Verrat an der österreichischen Tradition vorgeworfen. Ein aufschlußreiches Beispiel norddeutscher Normenpenetranz schildert der Wiener Germanist Jakob Minor in seiner Kritik an Wustmanns „Sprachdummheiten" („Allerhand Sprachgrobheiten", Stuttgart 1892, zuerst in der Wiener Zeitung erschienen): Der Korrektor einer norddeutschen Druckerei habe, „gestützt auf die unfehlbare Berliner Schulgrammatik", zu Minors Manuskript eine Reihe von „Verbesserungsvorschlägen" gemacht (zu *jedesfalls, einstellen, geschmalzt*); „es war mir natürlich leicht möglich, den Diensteifer des Mannes auf die Druckfehler einzu-

---

[34] Ebd., 403ff. und 486ff.; *Ernst Hanisch*, Der lange Schatten des Staates. Österreichische Gesellschaftsgeschichte im 20. Jahrhundert, Wien 1994, 154ff.
[35] *Haider*, Streit (wie Anm. 33), 118ff.
[36] Ebd., 84.
[37] Ebd., 84ff.
[38] Das österreichische Hochdeutsch. Versuch einer Darstellung seiner hervorstechendsten Fehler und fehlerhaften Eigenthümlichkeiten, Wien 1875. Über Hermann Lewi war den biographischen Lexika nichts zu entnehmen. Wenn er, wie der Name nahelegt, Jude war, dann steht er in einer bemerkenswerten Reihe jüdischer Sprachkritiker, von Joseph von Sonnenfels bis zu Karl Kraus und Hans Weigel, denen bei allen Unterschieden ihres Ranges gemeinsam ist, daß sie sich für ein überregionales Hochdeutsch einsetzten.

schränken, aber ich habe mich doch gefragt, was ein junger, vielleicht nicht ganz unabhängiger süddeutscher Autor an meiner Stelle gethan hätte und welchen Druck solche Bemühungen auf das Sprachgefühl auszuüben vermöchten".[39] Es ist nicht bekannt, wie oft süddeutsche und österreichische Autoren sich solchen Beanstandungen gefügt haben; daß sie es häufig getan haben, scheint mir ganz sicher, und nur die Prominenten werden sich erfolgreich zur Wehr gesetzt haben. Aus solchen Widersprüchen zwischen dem eigenen Sprachgebrauch und rigiden norddeutschen Normen erwuchs das für die Österreicher und Süddeutschen charakteristische Minderwertigkeitsgefühl ihrem eigenen Sprachgebrauch gegenüber, das in einer interessanten Äußerung Richard Beer-Hofmanns von 1933 seinen Ausdruck findet: „Wer in südlicherem, in österreichischem Land sitzt, wird, mit norddeutschem, ihm fremden Sprachgebrauch konfrontiert, entweder sich überzeugen lassen, daß der norddeutsche - nicht sein eigener Sprachgebrauch der richtige sei (...), oder er wird ihn zwar weiterhin (...) innerlich ablehnen, aber dennoch - sozusagen 'wider die Natur' - eingeschüchtert, mit schlechtem Gewissen, dem norddeutschen Sprachgebrauch sich fügen."[40] In Österrreich wurde dieses sprachliche Minderwertigkeitsgefühl erst durch die Entwicklungen seit 1945 abgebaut.

„Die Sprache des Österreichers", die dem „preußischen" Deutsch gegenübergestellt werden sollte, ist in einem schmalen Büchlein von Carl Friedrich Hrauda (mit dem obigen Titel) beschrieben, das 1938 unter dem Druck der Ereignisse nicht mehr erscheinen konnte und erst 1948, versehen mit einem Vorwort von Leopold von Andrian-Werburg, im Österreichischen Kulturverlag Salzburg gedruckt wurde.[41] Es geht dabei vor allem um die dem Süden fremde norddeutsche Hochlautung und um Eigentümlichkeiten des österreichischen Wortschatzes. In den Kontext dieser antipreußisch-deutschen Österreich-Ideologie gehört auch das freilich zum Klischee erstarrte Schema „Preusse und Österreicher" (1917) von Hugo von Hofmannsthal[42] und gehören literarische Figuren von Hofmannsthal (Baron Neuhoff im „Schwierigen"), Robert Musil (Arnheim im „Mann ohne Eigenschaften") und Heimito von Doderer (Rittmeister Eulenfeld in der „Strudelhofstiege" und in den „Dämonen").[43] Nennenswerte Wirkungen haben solche konservativen Versuche zur Begründung einer eigenen österreichischen Position, etwa der katholischen Publizisten Ernst Karl Winter und Alfred Missong, in der Zwischenkriegszeit nicht gehabt.[44] Immerhin wurde in der

---

[39] *Jakob Minor*, Allerhand Sprachgrobheiten. Eine höfliche Entgegnung, Stuttgart 1892, 30ff.
[40] Zit. nach *Scheichl*, Grillparzer (wie Anm. 20), 149.
[41] *Carl Friedrich Hrauda*, Die Sprache des Österreichers, Salzburg 1948.
[42] *Hugo von Hofmannsthal*, Gesammelte Werke in Einzelausgaben, hrsg. von *Herbert Steiner*, Prosa III, Frankfurt a. M. 1964, 407ff.
[43] *Walter Weiss*, Zum Deutschen in der österreichischen Literatur, in: *Werner M. Bauer u. a.* (Hrsg.), Tradition und Entwicklung. FS für Eugen Thurnher, Innsbruck 1982, 47-58, hier 52ff.
[44] Vgl. z. B. *Hanisch*, Schatten (wie Anm. 34), 157ff., *Bruckmüller*, Nation (wie Anm. 28), 234ff., *Haider*, Streit (wie Anm. 33), 179ff. über das Konzept des „österreichischen Menschen" als Antithese zum „Preußen".

Frühzeit der 2. Republik mit dem „Österreichischen Wörterbuch" (1951) noch einmal versucht, an solche Traditionen anzuknüpfen. Nachdem aber bei Versendung von Probebögen des Wörterbuches dieser Versuch auf heftige Kritik gestoßen war, änderte man das ursprüngliche Konzept und bemühte sich um „ein Wörterbuch der guten, richtigen deutschen Gemeinsprache", allerdings unter besonderer Berücksichtigung der österreichischen Besonderheiten.[45] Die vorausgegangenen Erfahrungen mit der großdeutschen Einheit hatten zur Folge, daß ein österreichisches Nationalbewußtsein und eine ungebrochene Loyalität zum eigenen Staat (vor allem seit 1955) so weit gefestigt waren, daß es einer sprachfundierten österreichischen Ideologie nicht mehr bedurfte.[46]

5. Zusammenfassung

Im 18. Jahrhundert fand in Süddeutschland und Österreich ein erheblicher sprachlicher Traditionsbruch auf der Ebene der Schriftsprache statt. Spätestens ab 1800 galt im ganzen deutschen Sprachgebiet das neue Hochdeutsche und bildete eine wichtige Voraussetzung für die Ausbildung des neuen Nationalbewußtseins. Gesprochene Hochsprache setzte sich erst ab der Mitte des 19. Jahrhunderts und sozial eng begrenzt (Bildungsbürgertum) durch. Die Tradition des dialektalen oder dialektnahen Sprechens blieb im Süden in allen Sozialschichten lebendig. Widerstände gegen die nördliche Norm der geschriebenen und vor allem der gesprochenen Sprache gab es, sie bewirkten aber kaum mehr als das schlechte Gewissen der unzureichenden Normerfüllung. Versuche in der Zwischenkriegszeit, vor allem im österreichischen Ständestaat 1933-1938, die Besonderheiten des eigenen Sprachgebrauches zur Stützung des Österreichbewußtseins ideologisch zu nützen, fruchteten wenig bis nichts. Erst die veränderten politischen, sozialen und pragmatischen Verhältnisse nach dem 2. Weltkrieg, vor allem nach 1955, lassen Formen des dialektalen (umgangssprachlichen) Sprachgebrauchs auch in den gesprochenen Standard aufsteigen. Vom

---

[45] *Ingo Reiffenstein*, Das Österreichische Wörterbuch: Zielsetzungen und Funktionen, in: *Rudolf Muhr u. a.* (Hrsg.), österreichisches Deutsch (wie Anm. 17), 158-165, hier 158ff.

[46] Anachronistisch erscheint mir daher der Versuch insbesondere von *Rudolf Muhr*, Deutsch in Österreich als eigene Sprache („Österreichisch") zu definieren. Dem mündlichen Sprachgebrauch wird damit überzogenes Gewicht beigemessen. Die Hypothese, die österreichische Nation müsse sich auch über eine eigene Sprache definieren lassen, greift auf Konzeptionen zurück, die im 19. und 20. Jahrhundert viel Unheil angerichtet haben. Vgl. dazu den Sammelband von *dems. u. a.* (Hrsg.), österreichisches Deutsch (wie Anm. 17), insbesondere die Beiträge von Muhr, Wiesinger, Michael Clyne u.a., ferner *Norbert R. Wolf*, Österreichisches zum österreichischen Deutsch. Aus Anlaß des Erscheinens von Wolfgang Pollak: Was halten die Österreicher von ihrem Deutsch?, in: Zeitschrift für Dialektologie und Linguistik 61, 1994, 66-76 und *Hermann Scheuringer*, Sprachvarietäten in Österreich, in: *Gerhard Stickel* (Hrsg.), Varietäten des Deutschen. Regional- und Umgangssprachen. Berlin 1997 (= Institut für deutsche Sprache. Jahrbuch 1996), 332-345, insbes. 339ff.

mündlichen Sprachgebrauch her gibt es dann auch Rückwirkungen auf die geschriebene Standardsprache. Mit einem gewissen Recht kann man jetzt von einer nationalen Variante des Deutschen in Österreich, besser freilich von arealen Varianten sprechen, deren es im Deutschen viele und in Österreich auch mehrere gibt.[47]

---

[47] Vgl. dazu auch jüngst *Ulrich Ammon*, Plurinationalität oder Pluriarealität? Begriffliche und terminologische Präzisierungsvorschläge zur Plurizentrizität des Deutschen - mit einem Ausblick auf ein Wörterbuchprojekt, in: *Peter Ernst/Franz Patocka* (Hrsg.), Deutsche Sprache in Raum und Zeit. FS für Peter Wiesinger, Wien 1998, 313-322.

Eigen- und Fremdkonstruktionen

Michael Maurer

Außenwahrnehmung
Deutschland und die Deutschen im Spiegel
ausländischer Reiseberichte (1500-1800)

In diesem Beitrag gehe ich der Frage nach, wie Deutschland und die Deutschen von außen - durch Fremde, Nicht-Deutsche, Ausländer - wahrgenommen worden sind. Dabei beschränke ich mich auf Berichte von Ausländern, die tatsächlich in Deutschland gereist sind; ich klammere also fiktive Reiseberichte und Romane von vornherein aus, ebenso Theaterstücke, Karikaturen, Zeitschriften und Zeitungen. Damit ist nicht gesagt, daß diese Medien nicht ihrerseits großen Einfluß auf die berühmten und berüchtigten Nationalcharaktervorstellungen und Klischees gehabt hätten - eher das Gegenteil ist der Fall.[1] Doch eignet sich die Spezialisierung der Untersuchung auf eine bestimmte Quellengattung, die (nicht-fiktiven) Reiseberichte, besonders zu einer methodisch kontrollierten Vorgehensweise, zu einer seriellen Auswertung. Die chronologische Ordnung gleichartiger Quellen erlaubt einen (relativ) gesicherten Zugang

---

[1] Aus der umfangreichen Forschungsliteratur zur literarischen Imagologie nenne ich hier nur: *Hugo Dyserinck*, Zum Problem der „images" und „mirages" und ihrer Untersuchung im Rahmen der Vergleichenden Literaturwissenschaft, in: Arcadia 1, 1966, 107-120; *Klaus Heitmann*, Das französische Deutschlandbild in seiner Entwicklung, in: Sociologia Internationalis 4 ,1966, 73-100, 165-195; *Franz K. Stanzel*, Der literarische Aspekt unserer Vorstellungen vom Charakter fremder Völker, in: Anzeiger der Österreichischen Akademie der Wissenschaften. Phil.-Hist. Klasse, 111. Jg., 1974, 63-83; *Peter Boerner*, Das Bild vom anderen Land als Gegenstand literarischer Forschung, in: Sprache im technischen Zeitalter 56, 1975, 313-321; *Günther Blaicher*, Zur Entstehung und Verbreitung nationaler Stereotypen in und über England, in: Deutsche Vierteljahrsschrift für Literaturwissenschaft und Geistesgeschichte 51, 1977, 549-574; *Manfred Koch-Hillebrecht*, Das Deutschenbild. Gegenwart, Geschichte, Psychologie, München 1977; *Roger Bauer*, Das Bild des Deutschen in der französischen und das Bild des Franzosen in der deutschen Literatur, Bonn 1977; *Manfred S. Fischer*, Komparatistische Imagologie. Für eine interdisziplinäre Erforschung national-imagotyper Systeme, in: Zeitschrift für Sozialpsychologie 10, 1979, 30-44; *Thomas Bleicher*, Elemente einer komparatistischen Imagologie, in: Literarische Imagologie - Formen und Funktionen nationaler Stereotype in der Literatur. Komparatistische Hefte 2, 1980, 12-24; *Manfred S. Fischer*, Nationale Images als Gegenstand Vergleichender Literaturgeschichte. Untersuchungen zur Entstehung der komparatistischen Imagologie, Bonn 1981; *Gonthier-Louis Fink*, Baron Thunder-ten-tronckh und Riccaut de la Marlinière. Nationale Vorurteile in der deutschen und französischen Aufklärung, in: Interferenzen Deutschland - Frankreich, Düsseldorf 1983, 24-50; *Gonthier-Louis Fink*, Von Winckelmann bis Herder. Die Klimatheorie in europäischer Perspektive, in: *Gerhard Sauder* (Hrsg.), Johann Gottfried Herder 1744-1803, Hamburg 1987, 156-176; *Günther Blaicher* (Hrsg.), Erstarrtes Denken. Studien zu Klischee, Stereotyp und Vorurteil in der englischsprachigen Literatur, Tübingen 1987; *Emer O'Sullivan*, Das ästhetische Potential nationaler Stereotypen in literarischen Texten, Tübingen 1989; *Wolfgang Leiner*, Das Deutschlandbild in der französischen Literatur, Darmstadt ²1991; *Günther Blaicher*, Das Deutschlandbild in der englischen Literatur, Darmstadt 1992; *Franz K. Stanzel*, Europäer. Ein imagologischer Essay, Heidelberg 1997.

zu einem ansonsten ideologisch besetzten Themenfeld; durch einfache vergleichende Verfahren lassen sich Unterschiede erkennen und Entwicklungsmerkmale, sei es der Quellengattung, sei es der darin ausgeformten Urteile, kontrastiv beschreiben.

Die Auswertung von Reiseberichten bedeutet von vornherein eine spezifische Form der Zuwendung zur Lebenswirklichkeit.[2] Denn wenn auch niemand vermuten wird, Reisende kämen ohne Klischees aus, ist es doch etwas anderes, ob sich einer mit der immer vielgestaltigen und uneindeutigen Erfahrung von Fremde, von Außenwelt, konfrontiert und diese zu erfassen sucht, oder ob er, beispielsweise als Komödienautor oder Zeitungskarikaturist, nur auf der Klaviatur der Vorurteile spielt.

Die Darstellung beschränkt sich auf die Frühe Neuzeit, von Antonio de Beatis zu Beginn der Reformation bis zu Madame de Staëls Deutschlandbuch aus der Napoleonischen Zeit – das Werk, von dem Goethe sagte, es habe eine Bresche in die Mauer ausländischer Vorurteile über die Deutschen geschlagen.[3]

Methodisch interessieren mich dabei folgende Fragen:

1. Auf welche historische Realität waren verallgemeinernde Urteile bezogen? Lassen sich Ereignisse und Hintergründe feststellen, die in den Projektionen noch durchscheinen?

2. Welche Bereiche prägten das Deutschlandbild bzw. den Wandel des Deutschlandbildes? Kultur? Religion? Politik?

3. Welche Vorstellungen von Grenzen der Zugehörigkeit werden deutlich? Wird Zugehörigkeit nach Herrschaftszusammenhängen, nach Landschaften, Naturräumen, Sprache oder Konfession definiert?

4. Unterscheiden sich die Deutschlandbilder beispielsweise der Franzosen und Engländer? Oder gibt es ein einheitliches Deutschlandbild bei Ausländern?

5. Lassen sich Entwicklungsphasen abgrenzen und Zäsuren erkennen, oder beherrschen langfristige Kontinuitäten bzw. Stereotype das Bild über Jahrhunderte?

6. Gibt es überhaupt ein Bild des Deutschen, in welchem sich die Bilder der Sachsen, Bayern usw. vereinigen, oder sehen Ausländer vorwiegend Teile des Ganzen? Oder nehmen sie die jeweils erfahrenen Teile für das Ganze? Damit hängt schließlich die Frage zusammen, ob man in bezug auf die Frühe Neuzeit überhaupt von einer deutschen Nation sprechen kann.

---

[2] Anstelle der sehr umfangreichen neueren Literatur zur Reiseforschung sei hier nur auf zwei neuere Forschungsberichte verwiesen: *Peter J. Brenner*, Der Reisebericht in der deutschen Literatur. Ein Forschungsüberblick als Vorstudie zu einer Gattungsgeschichte, Tübingen 1990, sowie *Michael Maurer*, Reisen interdisziplinär – ein Forschungsbericht in kulturgeschichtlicher Perspektive, in: *Michael Maurer* (Hrsg.), Neue Impulse der Reiseforschung, Berlin 1999 [im Druck].

[3] In den „Tag- und Jahresheften" notierte Goethe unter „1804" über Madame de Staël (u.a.): „Jenes Werk über Deutschland [...] ist als ein mächtiges Rüstzeug anzusehen, das in die Chinesische Mauer antiquierter Vorurteile, die uns von Frankreich trennte, sogleich eine breite Lücke durchbrach, so daß man über dem Rhein und in Gefolg dessen über dem Kanal endlich von uns nähere Kenntnis nahm, wodurch wir nicht anders als lebendigen Einfluß auf den fernern Westen zu gewinnen hatten." (Goethes Werke, hrsg. v. *Erich Trunz* [Hamburger Ausgabe], Bd. 10, München [6]1976, 466).

Diese Komplexe werden zunächst aber nicht systematisch behandelt, sondern vielmehr anhand einer Kette von Beispielen dargestellt, die in chronologischer Folge von der Reformationszeit bis in die nachrevolutionäre Umbruchszeit führen soll. Der Übersicht halber gliedere ich das Material grob in drei Phasen: 1. bis zum Dreißigjährigen Krieg, 2. bis zur Mitte des 18. Jahrhunderts, 3. bis zum Ende des Alten Reiches.

Antonio de Beatis begleitete im Jahre 1517 den Kardinal Luigi d'Aragona auf seiner Deutschlandreise und hinterließ ein lateinisch geschriebenes Reisetagebuch. Hatte ein Italiener der Renaissance überhaupt ein „Deutschlandbild"? Wenn er klischeehafte Vorstellungen mitbrachte, waren sie am ehesten von Tacitus-Lektüre geprägt.[4] Aber de Beatis bezog sich nicht explizit auf diese Quelle. Er sprach auch nicht allgemein von Deutschland oder den Deutschen. Trotzdem sah er, als ein Mann klaren Geistes, auch nicht irgendeine diffuse, unstrukturierte Fremde vor sich. Seine Reise gliederte sich ihm durch Schwellen: Nach seinem Bewußtsein verließ er in Trient Italien; seine Reise durch Tirol und Schwaben, am Rande der Schweiz entlang und den Rhein hinunter begriff er als einheitlichen Verlauf bis Köln; in dieser Stadt zog er ein erstes verallgemeinerndes Resümee mit folgender Begründung: „Da nun Köln nach der Ansicht vieler das Ende von Oberdeutschland und der Anfang der Niederlande oder von Flandern ist [...]".[5] Ein entscheidendes Merkmal scheint dabei die Sprache zu sein, denn bereits Köln wird dadurch hervorgehoben, daß dort neben Deutsch viel Französisch gesprochen werde - was er später auch in den Niederlanden feststellen konnte.[6] „Andere Sitten und andere Sprache, bessere Kleider und feineres Wesen sind bemerkbar. Die Frauen und Männer sind von größerer Schönheit als in Oberdeutschland."[7] Oberdeutschland insgesamt ist für den Italiener das Land, wo man nicht mit Olivenöl brät, sondern mit Butter; ein Land der Öfen (statt offener Kamine); ein Land der Federbetten und des Sauerkrauts.[8] Diese Charakteristika kennen auch sonst fast alle Reisenden der Zeit. Auffallend ist nur, was fehlt: Es gibt keinen Hinweis auf das gewohnheitsmäßige Trinken und auf die notorische Neigung der Deutschen zur Trunkenheit.

Das Deutschland des de Beatis ist ausgezeichnet durch kunstvolle und preisgünstige Handwerksprodukte; schon in Brixen bestellt der Kardinal eine Orgel, in Innsbruck werden die unvergleichlichen Rüstungen bewundert, in Augsburg die Wasserwerke.[9] Zwar bemerkt der Italiener, daß man selten Häuser aus Stein finde, doch

---

[4] Vgl. *Herbert Jankuhn/Dieter Timpe* (Hrsg.), Beiträge zum Verständnis der Germania des Tacitus, Göttingen 1989.
[5] *Ludwig Pastor* (Hrsg.), Die Reise des Kardinals Luigi d'Aragona durch Deutschland, die Niederlande, Frankreich und Oberitalien, 1517-1518, beschrieben von *Antonio de Beatis*, Freiburg i. Br. 1905, 48.
[6] Ebd., 72.
[7] Ebd., 53.
[8] Ebd., 49.
[9] Ebd., 29, 30, 34.

nimmt er daran keinen Anstoß.[10] Sein Deutschlandbild ist fast uneingeschränkt positiv!

Am meisten verwundert in historischer Perspektive, daß de Beatis voll des Lobes ist über die Frömmigkeit und den Glaubenseifer der Deutschen: „Dem Gottesdienst und den Kirchen wenden sie viele Aufmerksamkeit zu, und so viele Kirchen werden neu erbaut, daß ich, wenn ich damit die Pflege des Gottesdienstes in Italien vergleiche und daran denke, wie viele arme Kirchen hier ganz in Verfall geraten, diese Länder nicht wenig beneide und im innersten Herzen Schmerz empfinde über das geringe Maß von Religion, die man bei uns Italienern findet."[11] Geschrieben im Jahr des Thesenanschlags!

Die Reformation bildet den entscheidenden Umschlagspunkt im Wandel des Deutschlandbildes aus italienischer, aus katholischer Sicht. Man kann dies deutlich machen durch einen Vergleich mit dem Reisebericht eines anderen Italieners, des Sekretärs Fulvio Ruggieri, der den päpstlichen Nuntius Commendone 1560-62 auf einer Reise durch Deutschland begleitete. Nun, im Geiste der Gegenreformation, gilt Deutschland als Ketzerland, in dem man die Gemüter aller Einheimischen mit höchster Vorsicht sondieren muß. Vor allem schlägt das italienische Bewußtsein kultureller Überlegenheit in Ruggieris Reisebericht nun ungehindert durch, wo das Band der Religion zerschnitten ist: Die Holzhäuser in Deutschland sind Zeichen der Barbarei; wo man bemerkenswerte Architektur findet, waren italienische Architekten am Werk.[12] Als Barbaren weisen sich die Deutschen aus, indem sie sich hemmungslos der Völlerei und dem Trunk hingeben; Ausnahmen werden eigens notiert und auf höhere Bildung einzelner Persönlichkeiten zurückgeführt.[13] Das Muster eines gebildeten Mannes ist Johann von der Leyen, Erzbischof von Trier; warum? - er war in Italien und spricht gut Italienisch.[14] Da man im Bereich des Luthertums nun in der Muttersprache predigt, läßt unweigerlich - so Ruggieri - die Lateinkenntnis nach; wo diese fehlt, sinkt die Bildung überhaupt.[15]

Binnen einer einzigen Generation ist die grundlegende Einschätzung der Deutschen also ins Negative umgekippt; als Schlüsselereignis läßt sich die Reformation Martin Luthers ausmachen.

---

[10] Vgl. ebd., 52.

[11] Ebd., 52.

[12] Der Reisebericht des Fulvio Ruggieri [Italienisch], in: Nuntiaturberichte aus Deutschland nebst ergänzenden Aktenstücken. II. Abteilung 1560-1572, Bd. 2: Nuntius Commendone 1560 (Dezember) - 1562 (März), hrsg. v. *Adam Wandruszka*, Graz und Köln 1953, 57-170 (passim), siehe auch 76.

[13] Z. B. ebd., 98.

[14] Ebd., 96.

[15] „L'uso della quale [lingua latina] è però mancato in gran parte di Germania, perche havendo per l'heresie stampati tanti libri nella sua lingua, e messo tanto in uso le prediche, l'hanno con questa occasione ampiata talmente, ch'ogn'uno mette studio per farsi eloquente in essa per poter meglio persuader al populo, ò in publico ò in privato, que li pare" (ebd., 104).

Die Konfessionsfrage wirkte sich im Reisebericht des Franzosen Michel de Montaigne, der 1580/81 durch Oberdeutschland reiste, ganz anders aus. Ohne Zweifel war Montaigne selbst, obwohl aus einer zu jener Zeit konfessionell gespaltenen Gegend kommend, ebenfalls Katholik; er war aber, als Humanist, offen für andere Konfessionen. Die Hitze der Auseinandersetzungen in seinem Heimatland klang nach, wo die Reisenden unterwegs überall den Konfessionsstand erforschten, sich die aktuellen Bekenntnisschriften verschafften und die Lebensformen im konfessionell gespaltenen Deutschland sondierten, wobei ihnen etwa die Tausende von Mischehen in Augsburg auffielen.[16] Im Hintergrund der Reise stehen überdeutlich die Religionskriege in Frankreich; in Deutschland erlebten die Franzosen als Kontrast, wie konfessionelle Pluralität die Alltagswirklichkeit bestimmte und sich ein friedliches Miteinander herauskristallisiert hatte. Sie lernten ein Deutschland mit auffallend guter Rechtspflege und einem hohen Sicherheitsstandard schätzen. Neben der Höflichkeit der Bewohner und der Bequemlichkeit der Gasthäuser pries Montaigne vor allem die allgemeine Reinlichkeit und den mechanischen Kunstfleiß der Deutschen. An Hotman in Basel schrieb er: „Am Besuch Deutschlands habe er so großen Gefallen gefunden, daß er es mit großem Bedauern verlasse, obschon es Italien sei, wohin er nun komme."[17] Auch zu Montaignes Deutschlandbild gehören die unvermeidlichen Charakteristika Sauerkraut und kräftiges Trinken, doch treten die negativen Züge insgesamt in den Hintergrund. Wichtig für die Einschätzung der Nationen ist die Rivalität der Franzosen mit den Italienern: Alle Urteile über Italien werden offenbar vor dem Hintergrund eines allgemeinen Bewußtseins von der kulturellen Überlegenheit der Italiener der Renaissance gefällt; indem Montaigne an diesem damals geläufigen Bild Korrekturen anbringt, kann er auch eher als andere den Deutschen gerecht werden, die ja von den Italienern gewohnheitsmäßig herabgesetzt zu werden pflegten.

Montaignes Bild blieb - im Blick auf die Gesamtentwicklung - episodisch, weil sich Deutschland selbst änderte: Mit den wohlhabenden, reinlichen, friedlichen und sicheren Städten Oberdeutschlands, die auf Montaigne solchen Eindruck machten, von Straßburg und Basel über Kempten und Augsburg bis München und Innsbruck, versank eine alte Kulturwelt in den Strudeln des Dreißigjährigen Krieges. Dies ist am deutlichsten ausgedrückt durch die Aussparung, durch das Umgehen Deutschlands in den folgenden Jahrzehnten. Auf den Punkt gebracht hat es der gelehrte Engländer John Evelyn, der jahrzehntelang auf dem europäischen Kontinent reiste, aber infolge der Kriegsläufte deutsches Gebiet nur am Rhein streifte und auch sicher war, daß es in Deutschland nichts zu holen gäbe: In Neapel kehrte er nämlich um mit der denkwürdigen Begründung - „since from the report of divers experienc'd and curious persons, I have been assur'd there was little to be seene in the rest of the (civil) World, after Italy, France, Flanders & the Low-Country, but plain and prodigious Barba-

---

[16] *Michel de Montaigne*, Tagebuch einer Badereise, Stuttgart 1963, 95.
[17] Ebd., 120.

risme".[18] Auch wenn sich diese Stelle nicht explizit gegen Deutschland richtet, ist doch auffallend, daß ihn deutsche Handelsgüter wie der Rheinwein, den er in Dordrecht erwähnt[19], oder die deutschen Kunsthandwerker, die er in anderen Ländern antrifft - ein Vergolder in Florenz, ein Uhrmacher in Rom, ein Lautenmacher in Bologna, ein Waffenschmied in Brescia[20] - in keiner Weise auf Deutschland neugierig machen.

In seiner Anleitung zur „Grand Tour", einem Programm für immerhin drei Jahre und vier Monate Reisen durch Europa, sah der englische Reisehofmeister Thomas Howell 1642 zwar auf der Rückreise nach England einen Abschnitt „Of crossing the Alpes, and passing through Germany" vor; da er aber nur klischeehaft „the Stately proud Cities of Germany" anzuführen wußte, dürften die Benutzer dieses vielgebrauchten Werkchens wenig Grund gehabt haben, Deutschland zu besuchen.[21]

Einschätzungen wie die Evelyns und Howells hängen offensichtlich mit dem Dreißigjährigen Krieg zusammen; sie sind um so erstaunlicher, wenn man bedenkt, daß noch 1611 Thomas Coryate sein Reisebuch unter dem Titel „Crudities" in London publiziert hatte, in dem er nicht nur über eine Reise durch Frankreich und die Schweiz nach Venedig berichtet, sondern auch Deutschland in hohen Tönen gepriesen hatte. Über den Turm des Straßburger Münsters und die astronomische Uhr schrieb er, dies seien „zwei unvergleichliche Kunstwerke, so unerreichbar großartig, daß keine Stadt in Europa Ähnliches aufweisen kann".[22] Das Heidelberger Faß (schon das damalige!) rechnet er unter die Weltwunder, und die Palatina ist für ihn die „Bibliothek aller Bibliotheken".[23] Die Maingegend wird gepriesen als ein „zweiter Garten Eden"[24], und auch Baden scheint ihn wegen seines reichen Anbaus und der Großzügigkeit seiner Bewohner besonders beeindruckt zu haben.[25] Die Frankfurter Messe läßt ihn staunen: „weder Saint Paul's Churchyard in London noch die Rue de Saint-Jacques in Paris, noch die Mercerie in Venedig können soviel anbieten".[26] Explizit setzt er sich mit einem Klischee auseinander: „Ehe ich die Deutschen kennenlernte, hörte ich oft, daß man sie wegen ihrer Trunksucht schmähte. Doch ist diese, soweit ich wahrnehmen konnte, in Deutschland nicht mehr verbreitet als in anderen Ländern. Ich sah keinen Betrunkenen hier, und ich bin durch viele große Städte gekommen und habe mich oft in heiterer Gesellschaft befunden. Bei Gott! Ich wünschte, daß der Vorwurf, diesem

---

[18] *E. S. de Beer* (Hrsg.): The Diary of John Evelyn, 6 Bde., Oxford 1955; Bd. 2, 354.
[19] Ebd., Bd. 2, 32.
[20] Ebd., Bd. 2, 192, 254, 426, 489.
[21] *Thomas Howell*, Instructions for Forreine Travell (1642), hrsg. v. *Edward Arber*, Westminster 1895, 59.
[22] *Thomas Coryate*, Die Venedig- und Rheinfahrt 1608, Stuttgart 1970, 259.
[23] Ebd., 274.
[24] Ebd., 306.
[25] Ebd., 271.
[26] Ebd., 309.

Laster zu frönen, meinem Volk mit so wenig Recht gemacht werden könnte wie den Deutschen."[27]

Die Auseinandersetzung um das Nationallaster der Trunksucht tritt in dieser Zeit merkwürdig in den Vordergrund.[28] Gleichzeitig mit der Verteidigung der Deutschen durch den Engländer Coryate findet sich die ausschweifendste Schilderung deutscher Trinksitten und Orgien durch den Engländer Fynes Moryson. Seine seitenlangen Darlegungen zu diesem Thema lassen sich nicht als bloße Tacitus-Reminiszenz abtun; ohne Zweifel liegt diesen Ausführungen erfahrene Wirklichkeit zugrunde. Um diesen offenkundigen Widerspruch aufzulösen, gibt es zwei Möglichkeiten: entweder eine veränderte Einstellung des Beobachters oder ein verändertes Beobachtungsfeld. Moryson war vielleicht eher puritanisch angehaucht als Coryate. Vor allem aber reiste Moryson mehr in Nord- und Mitteldeutschland; seiner eigenen Aussage zufolge war das Trinken dort verbreiteter als in Oberdeutschland, auf das sich Coryate bei seiner Einschätzung einzig stützen konnte.[29] Ebenfalls zu dieser Zeit verteidigt der in Lothringen groß gewordene Schotte John Barclay die Deutschen gegen den Vorwurf der Trunksucht mit folgendem Argument: Trinken sei zwar in Deutschland sehr verbreitet, es sei aber kein Problem des Alkoholismus, sondern eine Frage der Höflichkeit und Gesellschaft.[30]

Was steht diesem Negativum gegenüber? Bei Moryson ist es die große Fruchtbarkeit des Landes, der Überfluß aller Lebensmittel, die in allem übrigen sparsame Lebensweise, die Zurückhaltung bei Glücksspielen, der Verzicht auf Luxus.[31] Barclay lobt die schönen Städte und die sauberen Plätze, die Sittlichkeit und Friedlichkeit der Bewohner; daneben hebt er nun allerdings auch die deutsche Servilität und Nachahmungssucht hervor.[32] Den Gelehrten schreibt er großen Fleiß zu - bei langsamem und schwerfälligem Verstand.[33] Barclay beklagt die Schwäche des Kaisertums und die kleinstaatliche Zersplitterung, betont aber auf der positiven Seite die konfessionelle Verträglichkeit, und zwar im Gegensatz zu den inneren Konflikten vor allem Frankreichs.[34] Howell schrieb den Deutschen (speziell den Holsteinern) eine spezifische Ähnlichkeit und Sympathie mit den Engländern zu; die gemeinsame Abstammung und

---

[27] Ebd., 255.
[28] Witzig und eindrücklich etwa *Charles Patin*, Relations historiques et curieuses de voyages, en Allemagne, Angleterre, Hollande, Boheme, Suisse, &c., Lyon ²1676, 38-40.
[29] *Fynes Moryson*, An Itinerary, Containing His Twelve Yeeres Travell through the Twelve Dominions of Germany, Bohmerland, Switzerland, Netherland, Denmarke, Poland, Italy, Turky, France, England, Scotland & Ireland, 4 Bde., Glasgow 1907/1908; Bd. 4, 33-41.
[30] *John Barclay*: Icon animorum, London 1614, hier nach der deutschen Übersetzung: Anton Weddige (Hrsg.), Johann Barklais's Gemälde der menschlichen Charaktere nach Verschiedenheit der Alter, Zeiten, Länder, Individuen und Stände, Münster 1821, 120, 217.
[31] *Moryson* (wie Anm. 29), Bd. 4, 17.
[32] *Barclay* (wie Anm. 30), 126.
[33] *Barclay*, 128f.
[34] *Barclay*, 71.

Sprache war dabei ein wichtiges Argument.[35] Auch Howell beklagte bewegt die Schwächung Deutschlands durch Herrschaftszersplitterung.[36]

Die zweite Phase vom Dreißigjährigen Krieg bis zur Mitte des 18. Jahrhunderts ist dadurch gekennzeichnet, daß sich ausländische Reisende kaum für die Mitte Europas interessierten. Weiterhin liegen die Autoren im Kampf mit den klassischen Stereotypen. Oft wird der Vorwurf wiederholt, die deutschen Gelehrten seien zwar fleißig, aber bloße Kompilatoren. Immer öfter werfen Franzosen die Frage auf, ob Deutsche überhaupt Geist und Witz aufbringen könnten. Das klassische französische Maß dafür war der „bel esprit"; Dominique Bouhours meinte 1671 süffisant, ein deutscher „bel esprit", das sei etwas Einzigartiges.[37] Andere Autoren, wie der Pariser Arzt Charles Patin 1674, suchten das Charakteristische der Deutschen herauszuarbeiten, indem sie verschiedene geistige Fähigkeiten differenzierten – „esprit" hätten die Deutschen mehr als „imagination"; eher wollte er ihnen „jugement" zuerkennen als „delicatesse".[38]

Ein überraschend positives Deutschlandbild entfaltete der englische Arzt Edward Brown in seinem Reisewerk von 1677: Das kriegszerstörte Land sei weitgehend wiederhergestellt, die Städte seien schön und die Leute freundlich und umgänglich. Die Menschen hätten nun wieder viele Kinder in Deutschland. Seit den Zeiten des Tacitus habe sich das Land unglaublich entwickelt, auch in seiner Kunst und Gelehrsamkeit. Brown resümiert: „Now having made a so long walk in Germany, I must confess I returned with a better Opinion of the Country, than I had before of it; and cannot but think it very considerable in many things."[39]

Über Staat und Politik ist in diesen Quellen wenig zu finden. Ein Grund dafür liegt sicher in der Komplexität, welche es ausländischen Reisenden schwer machte, die Herrschaftsverhältnisse und gestuften Kompetenzen zu durchschauen. Damit hängt die Uneinheitlichkeit zusammen, welche zur Folge haben mußte, daß gerade bei verallgemeinernder Schilderung eines Nationalcharakters der Deutschen über Staat und Politik wenig gesagt werden konnte. Allgemeine Aussagen über die Schwäche des Reiches oder der kaiserlichen Gewalt finden sich teilweise. In dieser Phase kommen nun erstmals in massiverer Form Bemerkungen zum deutschen Untertanentum auf, zur Servilität, Titelsucht und Obrigkeitsfrömmigkeit. Bemerkenswert ist daran nur, daß dieser Charakterzug noch nicht in allen Fällen negativ belegt wird, sondern daß diejenigen Autoren, welche den Konfessionshader noch als eigenen Hintergrund prä-

---

[35] *Howell* (wie Anm. 21), 48, 57f.
[36] „How Germany cut out into so many Principalities, into so many Hanseatic and Imperiall Townes, is like a great River fluced into sundry Channels, which makes the main streame farre the weaker." (Ebd., 45).
[37] „C'est une chose singulière qu'un bel esprit Allemand". Vgl. dazu *Erich Haase*, Zur Frage, ob ein Deutscher ein 'bel esprit' sein kann, in: Germanisch-Romanische Monatsschrift N. F. 9, 1959, 360-375.
[38] *Patin* (wie Anm. 28), 41.
[39] *Edward Brown*, A Brief Account of Some Travels in Divers Parts of Europe, viz. Hungaria, Servia, Bulgaria, Macedonia, Thessaly, Austria, Styria, Carinthia, Carniola and Friuli. Through a great part of Germany and the Low-Countries [...], London ²1685, 177.

sent haben, trotz der negativen Ausprägungen des Untertanentums noch immer die allgemeine Verträglichkeit der Deutschen und die bürgerliche Sicherheit der Städte und der Landstraßen hervorheben.

Im Vergleich mit fiktionaler Literatur ergibt sich zunächst der Befund, daß die Reisenden viel wirklichkeitsoffener sind, viel differenzierter, weniger mit Klischees und Vorurteilen behaftet. Wenn sie unter dem Einfluß allgemeiner Nationalcharaktervorstellungen nach Deutschland kamen, waren sie nicht selten bereit, diese anhand ihrer empirischen Erfahrung zu revidieren, wie wir dies besonders deutlich bei Edward Brown gesehen haben. Andererseits darf auch nicht verschwiegen werden, daß Reisende, welche eine Reihe von Ländern gesehen hatten und ihren Ehrgeiz in eine abgrenzende Typisierung der Völkerschaften setzten, einer Klischeebildung wiederum ihrerseits Vorschub leisteten. Dies läßt sich etwa über Fynes Moryson sagen, der nationale Kollektiveigenschaften sogar sprichwörtlich zusammenstellte.

Während im 17. Jahrhundert immer weniger Italiener durch Deutschland reisten und im 18. Jahrhundert fast völlig verschwanden, ging die Funktion kulturstolzer Überlegenheit nun auf die Franzosen und später auf die Engländer über. In dieser Entwicklung manifestiert sich so etwas wie ein europäisches Gemeinschaftsbewußtsein - nämlich eine deutliche Vorstellung von der Blüte des gemeinsamen Erbes im Italien der Renaissance, im Frankreich Ludwigs XIV. und im England der Aufklärung. Reisende aus diesen jeweils als führend angesehenen Ländern hatten die Grundtendenz, auf Deutschland herunterzusehen, und sie konnten sich darin sogar bestätigt fühlen, wenn sie wahrnahmen, daß die Deutschen dazu neigten, diese kulturelle Überlegenheit anzuerkennen und die betreffenden Völker nachzuahmen.

Diejenigen, welche kein grundsätzlich negatives Deutschlandbild pflegten, konnten der beobachteten Rückständigkeit der Deutschen im Zivilisatorischen und Kulturellen immerhin die Nuance angewinnen, die Deutschen seien von Natur aus gut oder gar (so Charles Patin) „les meilleurs gens du monde, pourvu qu'en excepte ceux qui ne le sont pas"; an positiven Talenten nennt er „probité", „honneur", „franchise", „un esprit d'équité".[40] Obwohl der Franzose wußte, daß sich die Deutschen durch ihre Religionszwistigkeiten an den Rand des Abgrunds manövriert hatten, bemerkte er doch mit Staunen, daß alle drei Konfessionen - jede auf ihre Art - fromm und gottesfürchtig seien und daß ein staunenswertes Zusammenleben der Konfessionen die Lebenswirklichkeit in vielen Gegenden Deutschlands präge.[41]

Ein Charakterzug der Deutschen, der sich durch die Jahrhunderte zieht, wurde bisher noch nicht erwähnt und muß hier nachgetragen werden: ihre Körperstärke und soldatische Tauglichkeit. Der Topos findet sich schon bei Tacitus, davon unabhängig aber auch in der französischen Literatur des Mittelalters.[42] Immer sind die Deutschen zwar roh und irgendwie barbarisch, aber unerschrocken tapfere Recken. In der Frü-

---

[40] *Patin* (wie Anm. 28), 40.
[41] Ebd., 36f.
[42] Vgl. *Leiner*, Deutschlandbild (wie Anm. 1), 17-33.

hen Neuzeit scheint dieses Bild durch die vielen im Ausland dienenden Söldner aufgefrischt worden zu sein, zumal die Schweizer oft nicht von den Deutschen unterschieden wurden. Auch im 18. Jahrhundert wußte man davon noch zu erzählen; zur Zeit des hessischen und hannoverschen Soldatenhandels gewann das Thema neue Aktualität.[43]

Eine hübsche Phänomonologie aller im frühen 18. Jahrhundert im Schwange befindlichen Vorurteile bietet der (in Norwegen geborene) Däne Ludvig Holberg: „Die Deutschen erreichen alles durch Fleiß, aber in Maßen; sie gehen in keinem zu weit, wenn es nicht im Essen und Trinken ist. Sie weichen sehr selten von der ordentlichen Bahn ab, sie gehen langsam zum Ziel und erreichen dasselbe glücklich. Ihre Tugenden sind nicht selten heroisch. Sie sind tapfer, aber sie eilen dem Tode nicht wie die Engländer mit offenen Armen und auf eine vermessene Art entgegen. Sie lieben die Wissenschaften, aber sie sind denselben nicht so eifrig ergeben, daß sie darüber ihren Verstand verlieren. [...] Wenn man aber auf die Regierungsform, auf die Gesetze und auf einige Gewohnheiten sieht, so ist Deutschland unter allen Reichen am seltsamsten eingerichtet. Die Regierung wird auf solche Art geführet, daß man bei keiner Nation eine solche Verfassung antrifft. Es ist keine Monarchie und auch keine Aristokratie. [...] Wenn sich demnach jemand nach der Regierungsform in Deutschland erkundigen sollte, so muß man ihm antworten: Deutschland wird auf deutsch regiert. [...] Übrigens sind die Deutschen edelmütig, tapfer und aufrichtig. Um die Wissenschaften haben sie sich sehr verdient gemacht. Einige reden zwar mit Verachtung von den Schriften der Deutschen, weil solche nur Sammlungen, nicht aber wohleingerichtete Werke zu sein scheinen, aber diesen Streit will ich nicht entscheiden. Dies müssen doch die strengen Richter selbst gestehen, daß sie vieles aus den Schriften der Deutschen entlehnt haben. Wenn andre Nationen zierlicher schreiben, so schreiben die Deutschen gelehrter und gründlicher. [...] Wenn jemand behaupten wollte, daß die Deutschen keine guten Köpfe hätten, dem muß die Geschichte der Künste und Wissenschaften ganz unbekannt sein."[44]

In solcher Weise setzt sich der dänische Komödienautor und Geschichtsprofessor mit dem Kaleidoskop der Klischees auseinander, und er läßt dabei durchblicken, daß er die Einschätzung der Franzosen etwa durchaus kennt; andererseits kann er sich aber aufgrund seiner Herkunft von der europäischen Peripherie nicht gleichermaßen absprechend äußern wie manche Schriftsteller in Paris, die sich im Zentrum der europäischen Kultur fühlten.

In mentalitätsgeschichtlicher Hinsicht ist auch das Jahrhundert nach dem Westfälischen Frieden noch dem Konfessionellen Zeitalter zugehörig: Die Wahrnehmung des Nationalen wird geformt durch die Wahrnehmung des Konfessionellen. Je mehr im 18. Jahrhundert die Engländer an die Stelle der Franzosen treten und deren europäi-

---

[43] *Frauke Geyken* (Göttingen) bereitet eine Dissertation über das englische Deutschlandbild des 18. Jahrhunderts vor, in welcher dieser Aspekt gebührend berücksichtigt werden wird.
[44] *Ludvig Holberg*, Nachricht von meinem Leben, Leipzig 1982, 260-263.

sche Meinungsführerschaft übernehmen, desto mehr werden deutsche Zustände durch die protestantische Brille wahrgenommen. Dies gilt nicht nur für die frühere Zeit und für berühmte Reisende wie den späteren Bischof Gilbert Burnet[45], den Schriftsteller Joseph Addison[46] oder die Diplomatengattin Mary Wortley Montagu[47]; es gilt noch mindestens bis zur Mitte des 18. Jahrhunderts. Als Zeuge dafür kann James Taylor gelten, der in seinem 1745 erschienenen Reisewerk in typisch englischer Weise den Komplex von Katholizismus, Absolutismus und materiell-zivilisatorischer Rückständigkeit ausgestaltet. Die erlebte Wirklichkeit wird von dieser Seite her interpretiert, wo er etwa über Düren notiert: „The Demands of the Prince are so large on the one hand, and the Oppressions of the Church so heavy on the other, that the poor Peasants and their Families go almost naked [...]".[48] Dieser Zusammenhang von Armut, Unterdrückung und „falscher" Religion verbindet sich stets mit dem Vorwurf der Intoleranz an die Katholiken, wo er etwa dem Kölner Erzbischof vorhält, in Bonn wohl Juden zu dulden, nicht aber Lutheraner und Katholiken,[49] oder die antikatholische Religionspolitik des hessischen Landgrafen in Hanau damit rechtfertigt, die umliegenden katholischen Fürsten seien ständig dabei, die hessischen Untertanen zu bekehren und zur Illoyalität zu verführen.[50] In Mannheim notiert er zwar die religiöse Toleranz, beklagt aber gleichzeitig die katholisierenden Tendenzen des bigotten Pfälzer Kurfürsten.[51] Am deutlichsten wird Taylor in seinem zusammenfassenden Abschnitt über den Rhein, wo er zunächst die Fruchtbarkeit und die Naturschönheiten rühmt, um dann anzuschließen: „[...] but I think no Englishman can travel through these Countries, or ever after remember them without making this Observation: In all those Countries which are confined to Popery, especially where the Church has the supreme Power, one sees every where the Face of Poverty, Distress, Oppression, and Despair; the Country seems to sigh and the Towns mourn, the Women and Children go for the most part without Shoes or Stockings, and many of them almost naked [...]. Whereas on the contrary, in all those Places where Toleration of Conscience is allowed, and all Religions admitted to the same Privileges and Advantages, Trade lifts up its Head, and variety of Commerce is by such means supported, the Country smiles and the Town rejoice, their Poor are fed and cloathed, their Streets are neat and handsome, their Churches decent, and their Houses magnificent; but how poor and

---

[45] Des berühmten Englischen Theologi, D. Gilberti Burnets, Durch die Schweitz/ Italien/ auch einige Orte Deutschlands und Franckreichs im 1685. und 86. Jahre gethane Reise/ Und derselben Curieuse Beschreibung [...], 3 Bde., Leipzig 1687/1688; Bd. 1, 27, 112 u. ö.
[46] [*Joseph Addison*] Remarks on Several Parts of Italy etc. In the Years 1701, 1702, 1703, London 1705, passim.
[47] *Robert Halsband* (Hrsg.), The Complete Letters of Lady Mary Wortley Montagu, Bd. 1 (1708-1720), Oxford ²1967, 245, 255, 276f., 284.
[48] *James Taylor*, Remarks on the German Empire. With a Historical Account of the Towns on the Rhine, and the Operations of the Campaign, 1743, London 1745, 131.
[49] Ebd., 155.
[50] Ebd., 199f.
[51] Ebd., 225f.

contemptible are even the best of these Countries when compared with Old England, where every Man has freedom of Speech, where all Complaints are fairly heard, and no Man can be oppressed, where even Justice is accomplished with Mercy, where every Subject enjoys himself under his own Vine and his own Fig-tree, where Trade has fixt her eternal abode, and Peace and Plenty sit every where smiling, crown'd with the Blessings of a pure Religion, Liberty and Wealth."[52] Diese für Engländer typische Art der Wahrnehmung akzentuiert in Deutschland positiv die als kongenial empfundenen Züge - das Protestantische, die Freien Reichsstädte, den Handel - und distanziert sich schaudernd von der anderen Hälfte. Eine solche konfessionell bestimmte Grundeinstellung konnte Deutschland nicht anders als fragmentiert wahrnehmen; ein einheitliches Bild des Deutschen war unter diesen Prämissen schon vom Ansatz her ausgeschlossen.

Daß es gleichzeitig möglich war, ein neutraleres, weniger konfessionsbestimmtes Deutschlandbild zu gewinnen, wird aus dem Kompendium des aus Irland gebürtigen Thomas Nugent deutlich, mit dem er den Gentleman auf seiner „Grand Tour" begleiten wollte. Die Faktenfülle ist so beeindruckend, daß die Urteile weniger hervorstechen. Gleichwohl sind sie vorhanden: „Though the Germans are generally of large bodies, yet it has been observed, that their spirit is not equal to their bulk. They are generally good natured, free from malice and subtlety. The peasants are laborious, sincere, honest, and hospitable [...]."[53] Die im Volk vorhandenen positiven Grundeigenschaften sieht er beeinträchtigt durch den Hang zum Trinken und zu übermäßigen Mahlzeiten[54]; im übrigen schreibt Nugent den deutschen Fürsten eine Vernachlässigung ihrer Untertanen und übertriebene Ausbeutung zu.[55] Explizit setzt er sich mit der Meinungsführerschaft der Franzosen im Diskurs über den deutschen Nationalcharakter auseinander, wo er etwa bemerkt: „The Germans are frequently represented as a dull and heavy people; but those who characterise them in this manner, have seldom any other knowledge of them than what they borrow from the French, who hardly allow either wit or sense to any other nation but themselves. Were we to judge of their intellectuals by their improvements in the mechanical arts, we should never charge a people with heaviness and stupidity, to whom we are indebted for many useful and valuable discoveries."[56] Die Erwähnung der deutschen Erfinder (Schießpulver, Buchdruck, Taschenuhr usw.) bedeutet einerseits einen Rückgriff auf das Deutschlandbild der Zeit vor dem Dreißigjährigen Krieg, wie wir es bei Montaigne oder Coryate fanden, andererseits stellt sie aber auch eine Umpolung der Grundlagen des Urteils dar, eine Abkehr vom Ästhetischen und Geistreichen, das die Franzosen in ihrer großen Epoche so sehr in den Vordergrund gestellt hatten. Nugent würdigt die

---

[52] Ebd., 271-273.
[53] [*Thomas*] *Nugent*, The Grand Tour, Or, A Journey through the Netherlands, Germany, Italy, and France, 4 Bde., London ²1756; Bd. 2, 43.
[54] Ebd., Bd. 2, 45f..
[55] Ebd., Bd. 2, 46.
[56] Ebd., Bd. 2, 50.

Vielzahl deutscher Universitäten, die stupende sprachliche Gelehrsamkeit aller derjenigen, die in Deutschland für gebildet gelten wollten, sowie ihre unvergleichliche Reiselust; trotzdem diagnostiziert er (in der Mitte des 18. Jahrhunderts) letztlich einen Niedergang der Bildung, eine gewisse Veräußerlichung und ein Vorherrschen metaphysischer Spekulationen. Man könnte sagen, daß er einen Mangel an Aufklärung feststellte, wenngleich er diesen Begriff nicht zur Verfügung hatte; stattdessen reklamierte er „polite and useful learning".[57]

Die zweite Hälfte des 18. Jahrhunderts bringt zunächst keinen grundsätzlichen Bruch. Einerseits hat man richtig bemerkt, daß die Engländer weniger als andere, vor allem die Franzosen, zu verallgemeinernden Konzepten fremder Nationalcharaktere neigten; sie bevorzugten offenbar den geringeren Abstraktionsgrad.[58] Andererseits haben sie oft so hohe Vorstellungen von ihrer eigenen kulturellen und zivilisatorischen Überlegenheit, daß die Urteile, die sie daraus in der Empirie des Reisens ableiten, nicht weniger verletzend scharf ausfallen. Ein Musterbeispiel dafür ist der - aus Irland gebürtige - Joseph Marshall. Komisch-satirisch beschreibt er seine Unterkunft in einem westfälischen Gasthaus - zwischen Ochsen, Menschen und Schweinen.[59] Nach dieser Erfahrung zog er es vor, in ähnlicher Lage lieber in der Kutsche zu schlafen. Daß er sich dem Heimatland des Voltaireschen Herrn Thunder-ten-tronckh aber nicht ohne Vorurteile genähert hatte, geht schon daraus hervor, daß er sich in Köln zur Expedition in eine unzivilisierte Gegend eine eigene bequeme Kutsche anschaffte und in Duisburg, Celle und anderwärts sich mit haltbaren Lebensmittelvorräten versah - als ob er eine Expedition durch unbewohnte Gegenden unternähme.[60] Das charakteristische Verfahren dieses Reisenden besteht darin, irgend etwas an Deutschland als hervorragend zu loben, um es dann im zweiten Zug weit unter das Englische herabzusetzen. So schreibt er zunächst über das - nach der Durchquerung des wüsten westfälischen Landstrichs - positiv aufgebaute Osnabrück: „It is famous for its bread and beer, being the best in all Westphalia; and I allow their beer is tolerable, and their bread middling, but neither of them comparable to what is met with in every county of England."[61] Hamburg wird zuerst gelobt: „Hamburgh is incomparably the finest city I have seen since I entered Germany; and it is well known to be the most flourishing and populous in the whole Empire." Aber wenig später schon fügt er hinzu: „Upon the whole, the city, though much larger, does not exceed Bristol in elegance".[62] Hannover, als Hauptstadt des Heimatlandes des englischen Königs,

---

[57] Ebd.
[58] Vgl. *W. H. Bruford*, Germany and the Germans - Eighteenth-Century English Travellers' Tales, in: German Life and Letters 1, 1936/37, 81-95; hier 92f.
[59] *Joseph Marshall*, Travels through Holland, Flanders, Germany, Denmark, Sweden, Lapland, Russia, The Ukraine, and Poland, in the Years 1768, 1769, and 1770. In which is particularly Minuted, The Present State of Those Countries, respecting their Agriculture, Population, Manufactures, Commerce, The Arts, and Useful Undertakings, 4 Bde., London 1772; Bd. 2, 78-86.
[60] Ebd., Bd. 2, 76, 78, 100.
[61] Ebd., Bd. 2, 89.
[62] Ebd., Bd. 2, 106, 108.

wird tendenziell günstig beurteilt - aber die Gärten in Herrenhausen sind eben doch altfränkisch: „nothing in these gardens [...] will be admired, or even endured by those who have viewed the master-pieces in this art, which are now to be seen in England."[63] Auch Berlin und Sanssouci locken ihm nur den Kommentar ab: „nothing of this sort that I have seen abroad, is comparable to a number of places we have in England, nor do I think any of these palaces and boxes in the neighbourhood of Berlin are tolerable in taste".[64] Ebenso Dresden: Vor seiner Zerstörung mag es eine der schönsten Städte Europas gewesen sein, die Elbbrücke galt als die schönste in ganz Deutschland - „but no person who has seen that at Westminster, will think there is either beauty or magnificence in it".[65] Bei dieser grundsätzlichen Art des Urteilens von erhöhter Warte braucht man keine groben Stereotypen mehr zu formulieren - obwohl auch diese nicht ganz fehlen; immerhin nennt Joseph Marshall die Deutschen gelegentlich „a heavy, phlegmatic people".[66] Erst nach seiner Reise durch Nord- und Osteuropa sieht er Deutschland in anderem Licht; Schlesien ist nun ein wahres Paradies.[67]

Im Blick auf die Einschätzung deutscher Literatur im Ausland erscheint die Mitte des 18. Jahrhunderts als Einschnitt; seit etwa 1750, heißt es, seien neue Töne vernehmbar.[68] Im Blick auf die Reiseliteratur liegt diese Grenze offenbar erst Jahrzehnte später: So lange dauerte es, bis sich die grundlegenden Stereotypen auch in der empirischen Erfahrung von Land und Leuten niederschlugen und eine neue Wahrnehmungsweise ausgebildet war.

Ein wichtiges Element in diesem Umstellungsprozeß ist die philosophische Kritik und Reformulierung des alteuropäischen Nationalcharakterkonzepts.[69] In der praktischen Anwendung solcher Kritik auf die britischen Deutschlandstereotypen ging David Hume voran, der auf seiner Deutschlandreise 1748 die Urteile Addisons mit seiner eigenen Erfahrung von Natur und Menschen am Mittelrhein verglich und drastisch deutlich nach Hause schrieb: „Be assurd, there is not a finer Country in the World; nor are there any Signs of Poverty among the People. But John Bull's Prejudices are ridiculous; as his Insolence is intolerable."[70]

---

[63] Ebd., Bd. 2, 99.
[64] Ebd., Bd. 3, 282.
[65] Ebd., Bd. 3, 296f.
[66] Ebd., Bd. 2, 105.
[67] Ebd., Bd. 3, 269.
[68] *Georg Steinhausen*, Die Deutschen im Urteile des Auslandes, in: Halbmonatsschrift der Deutschen Rundschau 1909/1910, [Bd. 1] 460-478, [Bd. 2] 37-53; hier vor allem 37-39. *Leiner*, Deutschlandbild (wie Anm. 1), vor allem 79-85. *Blaicher*, Deutschlandbild (wie Anm. 1), 78, 95.
[69] Vgl. *Michael Maurer*, „Nationalcharakter" in der frühen Neuzeit. Ein mentalitätsgeschichtlicher Versuch, in: *Reinhard Blomert/Helmut Kuzmics/Annette Treibel* (Hrsg.), Transformationen des Wir-Gefühls. Studien zum nationalen Habitus, Frankfurt a. M. 1993, 45-81. *Michael Maurer*, Nationalcharakter und Nationalbewußtsein. England und Deutschland im Vergleich, in: *Ulrich Herrmann* (Hrsg.), Volk - Nation - Vaterland, Hamburg 1996, 89-100.
[70] *J. Y. T. Greig* (Hrsg.), The Letters of David Hume, Bd. 1, Oxford 1932, 121.

Zu diesem Element der Kritik des Heterostereotyps mußte nun freilich ein weiteres hinzutreten, um das Deutschlandbild auf eine neue Basis zu stellen. Ein grundsätzlich Neues, Positives findet sich erst in der jungen Generation, deren Sprachrohr dann Madame de Staël wurde. Zu diesen Deutschlandreisenden, die um 1800 ein eigenständiges und andersartiges Deutschlandbild entwickelten, gehören auf englischer Seite Samuel Taylor Coleridge, William und Dorothy Wordsworth[71] und Henry Crabb Robinson[72], auf französischer Charles de Villers und Benjamin Constant.[73] Entscheidend war dabei, daß diese in der Lage waren, Deutschland über die Kultur wahrzunehmen, primär über die Literatur, und daß es ihnen unter diesem Gesichtspunkt als einheitliche Größe faßbar wurde. Für diese Reisenden waren die Deutschen eine Kulturnation; sie waren überzeugt, in der Literatur ein Spezifikum der Deutschen erfassen zu können. Von diesem Ansatz wurde schon ihre Reiseroute geprägt; für sie alle rückten Ziele wie die Universität Göttingen und das Weimar Goethes in den Vordergrund. Eine Deutschlandreise konnte nun - so formulierte es Coleridge 1798 - zum Bestandteil eines eigenen Bildungsplans werden: „of high importance to my intellectual utility; and of course to my moral happiness".[74] Bedingung dafür war die Kenntnis und Anerkennung deutscher Kultur; Coleridge etwa trug sich mit dem Vorhaben einer Lessing-Biographie.[75] Nun bekannten sich Angehörige der bis dahin allgemein als führend angesehenen Kulturnationen zum Wert des Deutschen; nur sie hatten, international gesehen, das Prestige, darüber zu befinden. Aus diesen Reaktionen einiger Intellektueller folgte nicht sogleich ein völlig verändertes Deutschlandbild, wohl aber die Möglichkeit, die lange Zeit fortgeschriebenen Stereotypen in neuem Licht zu prüfen - und im übrigen auch diejenige, ihnen eine neue, positive Wendung zu geben.

Auf die eingangs genannten Aspekte zurücklenkend, diskutiere ich diese abschließend der Reihe nach:
1. Aktuelle historische Ereignisse schlugen in geringerem Maße, als man denken könnte, auf die Diskussion über die Nationalcharaktereigenschaften der Deutschen durch. Den entscheidenden Bruch hatten Reformation und Konfessionsspaltung hervorgerufen. Unter den vielen Kriegen der Epoche ist es vor allem der Dreißigjährige, der als bewußtseinsgeschichtliche Zäsur erscheint; die Kriege Friedrichs des Großen

---

[71] *F. W. Stokoe*, German Influence in the English Romantic Period, Cambridge 1926; *Eudo C. Mason*, Deutsche und englische Romantik. Eine Gegenüberstellung, Göttingen ³1970.
[72] *Edith J. Morley* (Hrsg.), Crabb Robinson in Germany 1800-1805. Extracts from his Correspondence, Oxford und London 1929; *Hertha Marquardt*, Henry Crabb Robinson und seine deutschen Freunde: Brücke zwischen England und Deutschland im Zeitalter der Romantik, 2 Bde., Göttingen 1964-67.
[73] *Joseph Texte*, L'origine de l'influence allemande dans la littérature française du XIXe siècle, in: Revue d'Histoire littéraire de la France 5, 1898, 1-53.
[74] *Earl Leslie Griggs* (Hrsg.), Unpublished Letters of Samuel Taylor Coleridge, Bd. 1, London 1932, 106.
[75] Vgl. *E. H. Coleridge* (Hrsg.), Samuel Taylor Coleridge. Letters, Bd. 1, London 1891, 273-300 (passim).

wurden dann im Zusammenhang der Neueinschätzung nach der Mitte des 18. Jahrhunderts zu einem Faktor des Bewußtseins.[76] Im Detail jedoch wurden Partikel historischer Wirklichkeit öfter aufgenommen, etwa, wo man seit dem späten 17. Jahrhundert den Aufstieg Wiens nach den Türkenkriegen realisierte und die Zerstörung Heidelbergs beklagen mußte.

2. Unter den formativen Bereichen steht im Konfessionellen Zeitalter die Religion obenan; das Kulturbewußtsein der Italiener bzw. Romanen wurde eigentlich erst im Kontext der Konfessionsspaltung für die Formung des Deutschlandbildes prägend. Über Politik und Verfassung Deutschlands wußte man lange Zeit im Ausland erstaunlich wenig; erst seit dem späten 17. Jahrhundert bieten die umfassenden Reisehandbücher solide Informationen über die Kurfürsten und den Reichstag, über Fürsten und Landstände usw. Eine einheitliche politische Wahrnehmung Deutschlands konnte daraus kaum entstehen[77] - am ehesten noch ein allgemeines Bild vom frommen Untertan jeder Obrigkeit. Das ältere Bild von einem Deutschland strenger Rechtspflege und effizienter innerer Sicherheit erhielt einen Zug ins Spießbürgerliche, Nachtwächterliche. Und doch konnte nach der Mitte des 18. Jahrhunderts die durch Montesquieu popularisierte Konzeption germanischer Freiheit mit deutschen Zuständen in Verbindung gebracht werden; Rousseau konnte die deutsche Reichsverfassung preisen.[78] Die deutsche irreguläre Verfassungswirklichkeit wurde idealisiert und als antiabsolutistisches Argument benutzt.

3. Das Deutschlandbild der Frühen Neuzeit ist bestimmt vom Fehlen eines Nationalstaates. Herrschaftsgrenzen wurden von Reisenden zwar bemerkt, hatten aber nicht die Bedeutung, die ihnen später zugemessen wurde. Die Sprache war zwar charakteristisch, doch konnte sie nicht in dem Maße nationsdefinierend wirken, weil Reichsgrenzen und Sprachgrenzen wenig gemeinsam hatten - und im übrigen auch deshalb, weil sich die meisten ausländischen Reisenden nicht die Mühe gaben, das als schwierig und abstrus geltende Deutsch zu erlernen. Die Wahrnehmungsweise war oft durch die Landschaften geprägt; Einheiten wie Oberdeutschland und Niederdeutschland spielten eine Rolle, manchmal auch konkrete Stammesbezeichnungen, wenngleich das Wissen um diese bei ausländischen Reisenden nur rudimentär war und die Differenz von historischer Zusammengehörigkeit und aktueller politischer Zersplitterung deren Bedeutung wiederum relativierte.

4. Obwohl die verschiedenen Nachbarn Deutschlands verschiedene Zugänge zur Mitte hatten, gab es doch einen gesamteuropäischen Diskurs über den deutschen Na-

---

[76] Reisende wie James Taylor und Joseph Marshall besuchen die Schlachtfelder der Epoche als touristische Sehenswürdigkeiten und geben ihre entsprechenden Kommentare dazu ab.
[77] Diesen Aspekt betont besonders *Fania Oz-Salzberger*, Exploring the Germanick Body - Eighteenth-Century British Images of Germany, in: Tel Aviver Jahrbuch für deutsche Geschichte 26, 1997, 7-23.
[78] Vgl. *Rudolf Vierhaus*, Montesquieu in Deutschland. Zur Geschichte seiner Wirkung als politischer Schriftsteller im 18. Jahrhundert, in: *ders.*, Deutschland im 18. Jahrhundert. Politische Verfassung, soziales Gefüge, geistige Bewegungen, Göttingen 1987, 9-32.

tionalcharakter, in dem zunächst die Italiener und Franzosen, später die Engländer das entscheidende Wort führten. Wenn sich Reisende anderer Nationen in diesem Diskurs zu Wort meldeten, bezogen sie sich auf die Stereotypen, die in diesem Wettstreit der als führend erachteten europäischen Kulturnationen gehandelt wurden. Deshalb ist die Außenwahrnehmung Deutschlands und der Deutschen durch Engländer und Franzosen, ja auch durch andere Völker, nicht so sehr unterschieden, wie man denken sollte. Die Hauptdifferenz wird gestiftet durch die konfessionelle Grundeinstellung: Ob man als Protestant oder Katholik auf Deutschland sah, bestimmte die Reiseroute und die Grundeinschätzung. Im übrigen diskutierte man die klassischen Vorgaben, für die man in der Schule seinen Tacitus gelesen hatte.

5. Die Kontinuität des Deutschlandbildes vom Spätmittelalter bis in die zweite Hälfte des 18. Jahrhunderts ist überraschend stark. Der Hauptunterschied liegt in der Reduktion des Stereotyps vom betrunkenen, groben Tölpel, wobei als Modifikation seit dem späten 17. Jahrhundert der starke Tabakgenuß teilweise an die Stelle des Alkohols trat. Was diesem germanischen Urbild die Waage gehalten hatte - der ehrenvolle Hinweis auf die Erfindungen und Handwerksfähigkeiten der Deutschen -, trat ebenfalls zurück, als sich zunächst Frankreich und dann England an der Spitze der Menschheit fühlten. Die Neuformierung des Deutschlandbildes nach der Mitte des 18. Jahrhunderts hat zwei komplementäre Komponenten: die vorromantische Sensibilität einerseits und den kulturellen Aufstieg Deutschlands (und mithin auch das gewandelte Selbstbewußtsein der Deutschen!) andererseits.

6. Trotz der damals verbreiteten Disposition, sich Europa als eine Pluralität von Nationen vorzustellen, hatten die Autoren mit den Deutschen immer ihre Schwierigkeiten. Wenn man oft über alle inneren Differenzen hinwegzusehen beliebte, spricht das weniger für die Existenz einer deutschen Nation, sondern mehr dafür, daß die Komplexität der Stämme und Landschaften von kaum einem ausländischen Reisenden jemals intellektuell bewältigt werden konnte. Erst als Kulturnation - über die Nationalliteratur, dann über die Philosophie und schließlich die Musik - konnten die Deutschen insgesamt im europäischen Konzert vernehmbar werden.

Reinhard Stauber

„Italia" und „Germania" - Konstruktionen im Alpenraum

I. Generelles und Vorbemerkungen

Dieses Papier nimmt eine der wichtigsten politisch-kulturellen Übergangszonen Alteuropas in den Blick, den Raum zwischen Alpenhauptkamm und oberitalienischer Tiefebene - über zwei Jahrtausende hinweg Feld der Begegnung, der Koexistenz, aber auch des Konflikts zweier großer Ethnien und Kulturen. Gefragt wird, entsprechend den Vorgaben der Weimarer Tagung, nach der Formierung von „Wir-Gruppen" in Konstruktionen von außen wie von innen, dem realen politisch-sozialen Substrat dieser Konstruktionsprozesse und nach der Rolle, die die unterschiedlichen Muster und Traditionen von Wahrnehmung von „deutscher" wie von „italienischer" Seite beim Herausarbeiten der entsprechenden Abgrenzungen und Differenzierungen spielten. Unsere Übergangszone war im hier interessierenden Zeitraum, zwischen dem 15. und dem 18. Jahrhundert, geprägt von einem komplizierten Geflecht objektiv gegebener Herrschafts- und Kulturgrenzen, überlagert von einer Vielzahl divergierender, subjektiver Wahrnehmungs- und Beschreibungsmuster, je unterschiedlich projiziert auf die Realitäten der physischen und politischen Landkarte. Es ist zu erwarten, daß in einem solchen Misch- und Übergangsgebiet die Wahrnehmung von Differenzen und die Erarbeitung entsprechender In- und Exklusionsstrategien schärfer, eventuell auch früher zu fassen ist als in Binnenbereichen.

Als konzeptionelle Sonde zur Durchführung der entsprechenden Quellenanalysen bietet sich der Begriff der „Grenze" an.[1] Es gibt mehrere Möglichkeiten, „Grenze" als Konzept zur Erforschung von Phänomenen der „longue durée" fruchtbar zu machen. In politisch-administrativer Hinsicht ließe sich die Entwicklung vom Grenzraum, von der breiten Grenzzone zur vertraglich fixierten Grenzlinie verfolgen samt den aus einseitigen Verschiebungsversuchen resultierenden Streitigkeiten, die im frühneuzeitlichen Archivmaterial in der Regel ausführlich dokumentiert sind. Auch die Techniken des Sichtbar-Machens einer Grenze - Versteinungen sind erst seit dem 16. Jahrhundert die Regel - wären aus diesem Material zu ermitteln. Sozialgeschichtlich besteht die Möglichkeit, Grenzgebiete als Räume quasi eigenen Rechts und vielfältiger Möglichkeiten zu konzipieren, fern staatlicher Machtzentren Identitäten aufzubauen oder gezielt zu wechseln. Hier eröffneten sich der Bevölkerung vor Ort in der Frühen

---

[1] Neue Sammelbände zu diesem Thema: *Markus Bauer/Thomas Rahn* (Hrsg.), Die Grenze. Begriff und Inszenierung, Berlin 1997; *Wolfgang Schmale/Reinhard Stauber* (Hrsg.), Menschen und Grenzen in der Frühen Neuzeit, Berlin 1998.

Neuzeit oft erhebliche Handlungsspielräume, zumal in jenen durchaus häufigen Gemengelagen von Herrschaftsträgern und Souveränitäten, die quer zu den gängigen Vorstellungen frühmoderner Staatlichkeit und ihrer Entstehung in einem regelförmig von innen nach außen verlaufenden „Verdichtungs"-Prozeß liegen. Auf den folgenden Seiten soll versucht werden, im Zusammenhang mit den Konzepten „Grenze" und „Sich-Abgrenzen" nicht nur nach den naturräumlichen Prädispositionen allein zu fragen, auch nicht nur nach dem Staat als „Produzent ... befestigter und verwalteter Landesgrenzen"[2]. Dabei wird freilich an der räumlichen Gebundenheit der Begriffe festgehalten, um nicht in die Gefahr der Überdehnung zu einer anthropologischen Meta-Metapher zu geraten. Eine bahnbrechende Studie in dieser Richtung hat bereits 1931/35 Lucien Febvre am Beispiel des Rheins und seiner Stilisierung zur angeblich schicksalhaften Völkergrenze seit der Römerzeit vorgelegt.[3] Als rein dezisionäre Akte der hohen Politik, so Febvre, seien Grenzziehungen nicht hinreichend interpretiert. Mitzubedenken seien vielmehr stets die Rückgriffe ins Musterbuch der Geschichte und ihr ziel- und zweckgerichteter Einsatz in verschiedenen historischen Konstellationen, außerdem die Entstehung entsprechend rivalisierender Meinungs- und Gedankensysteme: Was eine Grenze, so Febvre zuspitzend, in den Boden grabe, seien nicht Steine oder Wachtposten, sondern Gefühle wie Leidenschaft und Haß.[4] In einer 1974 erstmals publizierten Studie spürten die amerikanischen Kulturanthropologen John Cole und Eric Wolf den Einflüssen nach, die Traditionen und Werte aus unterschiedlichen spachlich-kulturellen Welten auf die Bewältigung der Anforderungen des schwierigen Alltags in zwei benachbarten Bergdörfern an der deutsch-italienischen Sprachgrenze ausübten.[5] Und Etienne François hat aus der Untersuchung des Zusammenlebens zweier Konfessionen in der Reichsstadt Augsburg die Herausbildung neuer, den öffentlichen wie privaten Raum durchdringender, abgrenzender Lebensformen entwickelt.[6]

Wichtige Anregungen für die Entwicklung des Begriffs „Grenze" zu einem Analyseinstrument, das bei der Untersuchung eines historischen Raumes die politische, so-

---

[2] *Hans Medick*, Grenzziehungen und die Herstellung des politisch-sozialen Raumes. Zur Begriffsgeschichte und politischen Sozialgeschichte der Grenzen in der Frühen Neuzeit, in: *Richard Faber/Barbara Naumann* (Hrsg.), Literatur der Grenze - Theorie der Grenze, Würzburg 1995, 211-224, hier 215.
[3] *Lucien Febvre*, Der Rhein und seine Geschichte, hrsg., übersetzt u. mit einem Nachwort versehen von *Peter Schöttler*, Frankfurt a M./New York 1994 (französisch als Auftragswerk und Festschrift einer Straßburger Bank zuerst 1931 erschienen, überarbeitet dann in Paris 1935 als „Le Rhin. Problèmes d'histoire et d'économie". Beide französischen Versionen waren eine Gemeinschaftsarbeit mit dem Geographen Albert Demangeon).
[4] *Febvre*, Rhein (wie Anm. 3), 163f.
[5] *John W. Cole/Eric R. Wolf*, The Hidden Frontier. Ecology and Ethnicity in an Alpine Valley, New York/London 1974. Bezeichnend für das anhaltende Interesse an dieser Studie ist die Tatsache, daß noch vor kurzem dicht hintereinander eine italienische (La frontiera nascosta. Ecologia e etnicità fra Trentino e Sudtirolo, Roma 1994) und eine deutsche Übersetzung (Die unsichtbare Grenze. Ethnizität und Ökologie in einem Apental, Wien/Bozen 1995) erschienen.
[6] *Etienne François*, Die unsichtbare Grenze. Protestanten und Katholiken in Augsburg 1648-1806, Sigmaringen 1991.

ziale wie kulturelle Dimension gleichermaßen einzufangen vermag, sind Jürgen Osterhammels Ausführungen zur „kulturellen Grenze" zu entnehmen.[7] Seine Kategorisierungen liefern, modifiziert für die Analyse innereuropäischer Kontakte, zentrale Anhaltspunkte für die Entwicklung jener Leitfragen, wie sie sich bei der diachron übergreifenden Erforschung einer Zone der „Kulturbegegnung" stellen: Wie, nach welchen Kriterien und mit welchem Anspruch auf Ausschließlichkeit werden Differenzen zwischen Ethnien konstruiert? Wie steht es um die „Sichtbarkeit" kultureller Scheidelinien, vor allem um ihr Verhältnis zu geographisch-politischen Grenzlinien? Wie weit bestimmen Sprache, Lebensführung und Welterklärungsmuster und die ihnen entsprechenden Regel- und Symbolsysteme die Abgrenzung von Kulturen? Wie sieht es dort aus, wo die Verbindlichkeit solcher kulturellen Regelwerke abnimmt oder aufhört, wo sich Spannungen mit den anders gearteten Verbindlichkeiten einer als fremd empfundenen Umwelt ergeben – müssen diese Spannungen sich notwendigerweise in Konflikten niederschlagen? Oder bleibt Raum für die Auflösung in mehrfachen Identitäten, in Synkretismen, Mehrsprachigkeit? Der Hinweis darauf schließlich, daß die Definition und Erfahrung von Fremdem als Teil der kulturellen Hervorbringungen einer Gesellschaft selbst wieder Veränderungen unterliegt, vor allem im Wechsel des Zusammenspiels mit staats- und territorialpolitischen Entwicklungen, führt zu der Frage, welche Inklusionsmechanismen und Abgrenzungspraktiken in welcher konkreten Lage jeweils entwickelt werden.[8]

Für die Zwecke dieses Papiers sei versucht, diese abstrakten Überlegungen in einige vermeintlich einfach klingende Ausgangsfragen zu übersetzen: Wer zog im südalpinen Raum wann welche Grenzen? Wann und wo spielte die Unterscheidung zwischen „Germania" und „Italia" eine Rolle, wieso wurde sie überhaupt Gegenstand einer Nachfrage? Gibt es signifikante Unterschiede im Blick von Norden bzw. von Süden aus? Welches Quellenrepertoire schließlich steht für die Beantwortung dieser und ähnlich gelagerter Fragen zur Verfügung?

II. Abgrenzen – Modelle und Repräsentationen

Es geht mir hier also vor allem um den Prozeß des „Einschreibens" von Grenzen in einen Übergangsraum und die Frage, ob sich dafür unterschiedliche Leitvorstellungen

---

[7] Jürgen Osterhammel, Kulturelle Grenzen in der Expansion Europas, in: Saeculum 46, 1995, 101-138.
[8] Über eine wichtige Fallstudie zu einem frühen Beispiel für diese Zusammenhänge verfügen wir jetzt mit: Claudius Sieber-Lehmann, Spätmittelalterlicher Nationalismus. Die Burgunderkriege am Oberrhein und in der Eidgenossenschaft, Göttingen 1995. Zu vergleichen sind hier insbesondere S. 13-15 zum zu allen Zeiten vorhandenen Wissen um größere und kleinere Gruppen von Zusammengehörigkeit (der Autor sieht in der „Teutschen Nation" des ausgehenden 15. Jahrhunderts eine Großgruppe vorgestellter Zusammengehörigkeit im Sinne von Benedict Andersons „Imagined Communities" und fängt dies im Begriff des „Nationsbewußtseins" ein) sowie S. 163-335 zu den unterschiedlichen Räumen und Gruppen, die das Substrat für die Kategorisierungen des „Eigenen", des „Anderen" und des „Fremden" liefern.

oder Modelle angeben lassen. Dieser Versuch soll gleichzeitig ausloten, ob es so etwas wie eine „Ideen-" oder „Vorstellungsgeschichte" einer Grenze geben kann - „Ideen" dabei verstanden als gedachte Ordnungen, als verhaltensprägende Entwürfe der Menschen von der sie umgebenden Realität, die den Wahrnehmungen und Erfahrungen einzelner Menschen wie sozialer Gruppen Sinn und Struktur verleihen und Orientierung vermitteln.[9] Konkreter gefaßt: Es interessieren vor allem Hinweise auf die Grundlagen und Bedingungen, aufgrund derer sich intellektuelle Eliten, Politiker, und - wo quellenmäßig faßbar - breitere Bevölkerungsschichten ihre Vorstellungen von der Grenze zwischen Italia und Germania konstruierten, ferner die Frage, wie diese Vorstellungen voneinander abhingen und sich wandelten. Die Auswahl der entsprechenden Quellen intendiert zum einen, den Geisteshaushalt europäischer Wissenseliten (etwa über topographische und chorographische Literatur oder große Kartenwerke) in den Blick zu bekommen, zum anderen, über Lektüre der Reiseberichte, die „Augenhöhe des Zeitgenossen"[10] einzunehmen und diese Zeugnisse nach Vorstellungen und Wahrnehmungen von Vertrautheit und Fremdheit zu befragen. Der Akzent des folgenden Beitrags liegt dabei auf dem Blick von Süden aus auf die angesprochene Kulturscheide.

Wie also kommen Grenzen in den alpinen Raum, der vor allem im Blick von außen, in der Erfahrung seiner Funktion als ungeheures Verkehrshindernis, lange Zeit noch als Einheit erscheinen mußte? Aus der Sicht von Süden her war und blieb die Aussage der „Naturalis Historia" des Plinius aus dem ersten Jahrhundert über den Schutzwall Roms gegen Norden der locus classicus über die „Zweckbestimmung" des Alpenbogens. Für den italienischen Humanismus griff Petrarca diese Aussage auf und verlieh ihr neue Autorität, ohne daß damit aber irgendeine lineare Fixierung verbunden gewesen wäre.[11] Noch in Philipp Clüvers gelehrter Rekonstruktion der „Italia

---

[9] Anregungen ganz unterschiedlicher Art für dieses methodische Experiment resultieren aus der Lektüre vor allem von *Max Weber*, Die „Objektivität" sozialwissenschaftlicher und sozialpolitischer Erkenntnis, in: *ders.*, Gesammelte Aufsätze zur Wissenschaftslehre, Tübingen [7]1988, 146-214; *Hans-Werner Goetz*, „Vorstellungsgeschichte": Menschliche Vorstellungen und Meinungen als Dimension der Vergangenheit, in: Archiv für Kulturgeschichte 61, 1979, 253-271; *Roger Chartier*, Kulturgeschichte zwischen Repräsentationen und Praktiken, in: *ders.*, Die unvollendete Vergangenheit. Geschichte und die Macht der Weltauslegung, Berlin 1989, 7-20; *William J. Bouwsma*, A Usable Past. Essays in European Cultural History, Berkeley 1990 (v.a. die Einleitung 1-16).

[10] *Arnold Esch*, Zeitalter und Menschenalter. Der Historiker und die Erfahrung vergangener Gegenwart, München 1994, 9. Vgl. zu Reisen durch die Zentralalpen: *Hannes Obermair*, Bibliographie zur Reiseliteratur über Tirol, in: Der Schlern 57, 1983, 223-239; Der Weg in den Süden/Attraverso le Alpi. Reisen durch Tirol von Dürer bis Heine/Appunti di Viaggio da Dürer a Heine, Ausstellungskatalog Schloß Tirol 1998. Zu den frühneuzeitlichen Italienreisen nach wie vor unverzichtbar: *Ludwig Schudt*, Italienreisen im 17. und 18. Jahrhundert, Wien/München 1959; daneben: *Attilio Brilli*, Reisen in Italien. Die Kulturgeschichte der klassischen Italienreise vom 16. bis 19. Jahrhundert, Köln 1989; *Cesare de Seta*, L'Italia del Grand Tour. Da Montaigne a Goethe, Napoli 1992; *Michael Maurer*, Italienreisen - Kunst und Konfession, in: *Hermann Bausinger* (Hrsg.), Reisekultur. Von der Pilgerfahrt zum modernen Tourismus, München 1991, 221-229, und natürlich *Franco Venturi*, L'Italia fuori d'Italia, in: Storia d'Italia, Bd. 3, Torino 1973, 985-1481.

[11] Im folgenden können aus Raumgründen keine vollständigen Einzelnachweise zu allen Belegstellen geliefert werden. Diese finden sich bei *Reinhard Stauber*, „Auf der Grenzscheide des Südens

antiqua" von 1624 mit ihrer Einteilung der Apenninenhalbinsel nach den angeblichen Siedlungsräumen der antiken Völkerschaften reichte das Siedlungsgebiet der Räter von Innsbruck bis Verona, gab es in der „Raetia" keine inneralpine Grenze.[12] Und die Reiseberichte betonen - eine „Er-Fahrungsgeschichte" eigener Art - noch lange die Einheit des alpinen Raumes als Welt für sich, eine als lebensfeindlich und bedrohlich empfundene Zone, deren glückliche Passage für große Erleichterung sorgte. August Ludwig von Schlözer war keineswegs der einzige Reisende aus dem Norden, für den sich in Verona auch aus diesem Grund eine „neue Welt" auftat[13]. Montesquieu konnte sich gar nicht genug ergehen in düsteren Schilderungen Tirols als kalter, karger und abschreckender Berggegend und unterbrach 1729 seine 17stündige Gewalttour von Trient nach Innsbruck nur einmal kurz am Brenner.[14] Recht eingehend hatte schon 1414 der Florentiner Humanist und damalige Kuriensekretär Leonardo Bruni den starken Eindruck festgehalten, den das Durchziehen der Veroneser Klause auf dem Weg zum Konstanzer Konzil bei ihm hinterlassen hatte. Er beschrieb die steil aufragenden Felswände, den schmalen Steig und das Tosen und Gurgeln der Wasser der Etsch, das ihm, gleichsam als Vorbote, Wildheit und Ungestüm der Völker des Nordens anzukündigen schien. Ausdrücklich gab er sich auch Rechenschaft über seine Empfindungen beim Anblick der lebensfeindlichen Bergwelt und sprach über seinen Schrecken und die Scheu vor den ewigen Gipfeln und den gewaltigen Gesteinsmassen, die die Natur hier angehäuft hatte.[15]

In der Kartographie finden sich Angaben zu Grenzen (zunächst als in Worte gefaßte Hinweise, dann in linearer Ausarbeitung) in italienischen Werken erst ab Mitte des 16. Jahrhunderts, im Norden noch später.[16] Auf der Lombardei-Karte des in Venedig tätigen bedeutendsten italienischen Kartographen des 16. Jahrhunderts, Giacomo Gastaldi, ist nördlich von Trient/Trento der Vermerk angebracht „fine

und Nordens". Zur Ideengeschichte der Grenze zwischen Deutschland und Italien, in: *Schmale/Stauber* (Hrsg.), Menschen (wie Anm. 1), 76-115.
[12] *Philippi Clvveri* Italia Antiqua, Leiden 1624, 111-125.
[13] Zit. nach: Deutsche Reise aus Italien. Von Winckelmann bis Gregorovius, hrsg. v. *Eberhard Haufe*, München ³1987, 44 (1781).
[14] *Charles de Montesquieu*, Voyages, in: Œuvres complètes, hrsg. u. kommentiert v. *Roger Caillois*, Bd. 1, Paris 1979, 803-807.
[15] *Leonardi Bruni* Arretini Epistolarum libri VIII, hrsg. v. *Laurentius Mehus*, Teil 1, 103-106 (an Niccolò Niccoli, Konstanz 30.12.1414). Vgl. dazu *Klaus Voigt*, Italienische Berichte aus dem spätmittelalterlichen Deutschland. Von Francesco Petrarca zu Andrea de' Franceschi (1333-1492), Stuttgart 1973, 48-51.
[16] Vgl. *John Hale*, Die Kultur der Renaissance in Europa, München 1994, 27-52. Zur Kartographie im hier interessierenden Rahmen vgl. aus neuerer Zeit allgemein: Lexikon zur Geschichte der Kartographie. Von den Anfängen bis zum Ersten Weltkrieg, bearb. v. *Ingrid Kretschmer* u. a., 2 Bde., Wien 1986; *Hans Wolff* (Hrsg.), Vierhundert Jahre Mercator - Vierhundert Jahre Atlas, Weißenhorn 1995; *Uta Lindgren*, Alpenübergänge von Bayern nach Italien 1500-1800. Landkarten - Straßen - Verkehr, München 1986; *Franz Wawrik/Elisabeth Zeilinger* (Hrsg.), Austria Picta. Österreich auf alten Karten und Ansichten, Graz 1989; *Meinrad Pizzinini* (Hrsg.), Tirol im Kartenbild bis 1880, Innsbruck 1975; *Gino Tomasi*, Il principato vescovile di Trento nella cartografia dell'età madruzziana, in: *Laura dal Prà* (Hrsg.), I Madruzzo e l'Europa 1539-1658. I principi vescovi di Trento tra papato e impero, Milano/Firenze 1993, 134-147.

dell'Italia" (1570). An der selben Stelle trug der Florentiner Kartograph Giuseppe Rosaccio 1607 in seine große Italienkarte, die die Einteilung der Halbinsel in 19 Regionen durch die „Descrittione di tutta Italia" des Bologneser Dominikaners Leandro Alberti bildlich umsetzte, die „Confine Italiae Germaniae" ein.

1) Sehen wir uns gerade diese Grenzbestimmung noch etwas genauer an. Sie wird gelegt in die „Piana Rotaliana", ein kleines Flußbecken, wo beim Örtchen Lavis, knapp zehn Kilometer nördlich von Trient, die Gebirgsflüsse Noce und Avisio in die Etsch münden. Hier hatte sich bis 1300 eine relativ stabile Territorialgrenze zwischen der Grafschaft Tirol und dem Hochstift Trient herausgebildet; Lavis wurde ein wichtiger Grenzzoll. Gleichzeitig markierte der Unterlauf des Avisio den Endpunkt des hochmittelalterlichen Siedlungsausbaus von Norden her. Daraus erklärt sich, daß viele Reisende gerade hier eine besonders einschneidende Erfahrung machten, nämlich den Wechsel in der Umgangssprache. Obwohl sich im Raum zwischen den Städten Bozen und Trient der Gebrauch des Deutschen bzw. des Italienischen in lokalen wie sozialen Milieus immer stärker vermischte, legen zahlreiche Berichte schon des 15. und 16. Jahrhunderts, unter anderem auch der aufmerksame Beobachter Montaigne[17], hierher die Grenze der geschlossenen Sprachgebiete des Deutschen und des Italienischen. Eines unserer frühesten Zeugnisse, der Pilgerbericht des Ulmer Dominikaners Felix Fabri von 1483/84, erklärt den Lauf des Avisio ganz apodiktisch zur Grenze („fluvius rapidus de montanis, qui dividit Italos ab Alemannis"[18]). Darüber hinaus treffen wir im Fall Lavis/Avisio auch auf zumindest indirekte Zeugnisse für das Wissen der Bevölkerung vor Ort um die politisch abgrenzende Funktion einer naturräumlichen Teilung. Anfang 1508 waren Francesco Vettori und Niccolò Machiavelli im Gebiet zwischen Bozen und Trient unterwegs, um in ihrer Eigenschaft als Legaten der Stadt Florenz am Kaiserhof Erkundigungen über den Verlauf der Grenze einzuziehen, denn Maximilian I. erwartete die Zahlung der von der Signoria zugesagten Subsidien für den Romzug unmittelbar nach Betreten italienischen Bodens. Wiederholt wurde den beiden Politikern bei ihrer Umfrage vor Ort der Avisio als Grenze genannt.[19] Dasselbe Wissen tritt uns auch aus dem Bericht von Angelo Massarelli, Sekretär des Trentiner Konzils, über einen Ausflug nach Lavis 1545 entgegen: Ihm sei gesagt worden, so Massarelli, der Fluß trenne „Italia" und „Germania".[20]

---

[17] *Michel Eyquem Seigneur de Montaigne*, Journal de Voyage en Italie per la Suisse et l'Allemagne en 1580 et 1581, in: Œuvres complètes, hrsg. v. *Albert Thibaudet/Maurice Rat*, Paris 1962, 1173.
[18] Fratris *Felicis Fabri* Evagatorium in Terrae Sanctae, Arabiae et Aegypti Peregrinationem, hrsg. v. *Konrad Dietrich Hassler*, Bd. 1, Stuttgart 1843, 75. Siehe v. a. zur Zeit um 1500 auch *Philippe Braunstein*, Confins italiens de l'Empire. Nations, frontières et sensibilité européenne dans la seconde moitié du VXe siècle, in: La conscience européenne au XVe et au XVIe siècle, Paris 1982, 34-48.
[19] *Niccolò Machiavelli*, Legazioni e commissarie, hrsg. v. *Sergio Bertelli*, Bd. 2, Milano 1964, 1072 (Brief von Francesco Vettori an den Rat der Zehn, Bozen 17.1.1508); *Francesco Vettori*, Scritti storici e politici, hrsg. v. *Enrico Niccolini*, Bari 1972, 39.
[20] *Angelo Massarelli*, De concilio Tridentino Diarium primum (1545/46), in: *Sebastian Merkle* (Hrsg.), Concilium Tridentinum. Diariorum, epistularum, tractatuum nova collectio, Bd. 1, 286.

2) Derlei Einschätzungen würde man eigentlich eher für die wichtigste staatsrechtliche Grenze unseres Gebietes erwarten, jene zwischen dem Heiligen Römischen Reich Deutscher Nation und der Republik Venedig. Sie war nach den Kriegen Maximilians I. gegen die Serenissima und umfassenden Besitzrestitutionen an das Hochstift Trient zwischen 1510 und 1530 im Etschtal bei Borghetto gezogen worden, noch nördlich der „Veroneser Klause", und sollte in dieser Gestalt fast unverändert drei Jahrhunderte Bestand haben. Die Habsburger behielten freilich um Rovereto eine im Trentiner Hochstiftsgebiet gelegene Besitzexklave, die verwaltungsmäßig der Gefürsteten Grafschaft Tirol unterstellt wurde.[21] Vom Wahrnehmungsaspekt her fällt auf, daß diese Grenzlinie weder in Topographik oder Reiseliteratur noch in Karten und Berichten eine große Rolle spielte. Sie wird zwar in den Kartenaufnahmen des venezianischen Terraferma-Besitzes im 16. Jahrhundert, etwa bei Bernardino Brognolo oder Egnazio Danti, korrekt dargestellt, aber nie mit der übergeordneten Bedeutung einer Scheide zwischen Italia und Germania belegt. Auch lag die venezianische Grenzfestung „La Chiusa" (ihre spektakuläre Passage auf einem engen und von den Venezianern absichtlich nie instandgesetzten Straßenstück wird von den Reisenden regelmäßig beschrieben) ein gehöriges Stück südlich des Grenzübertritts, den Maximilien Misson 1687 mit spürbarer Verwunderung so beschreibt: „Une petite croix de bois fait la séparation de ces deux souverainetez"[22]. Die konkreten Erfahrungen, die die Reisenden mit der venezianischen Grenze machten, waren von anderen, spektakuläreren Transit-Ritualen geprägt, von Problemen mit dem Zoll und vor allem mit der Gesundheitspolizei. Goethes Vater beschreibt mit einer Mischung aus Grimm und stiller Ergebung den Auftakt seiner „Italienischen Reise", wie er von den Venezianern 1740 im friulanischen Palmanova in eine vierwöchige Zwangsquarantäne gesteckt wurde und anschließend dafür auch noch Kost und Logis bezahlen mußte.[23]

Diesem Befund entspricht vor allem bei den Italienern ein geringes Interesse an bzw. geringes Wissen um die Rolle und Bedeutung des Reiches. Im hier überblickten Material scheint das Reich als Abgrenzungskriterium nur einmal eine Rolle zu spielen, und zwar in einer historisch-topographischen Beschreibung der Stadt Trient aus dem 17. Jahrhundert.[24] Hier wird einerseits die Standardformel über Trient als „Stadt an

---

[21] *Josef Riedmann*, Die Grenzen der tirolischen Landeshoheit gegenüber Venedig und den Bünden, in: *Erwin Riedenauer* (Hrsg.), Landeshoheit. Beiträge zur Entstehung, Ausformung und Typologie eines Verfassungselements des Römisch-deutschen Reiches, München 1994, 145-160
[22] *Maximilien Misson*, Nouveau voyage d'Italie, fait en l'année 1688, Bd. 1, La Haye 1691, 110.
[23] *Johann Caspar Goethe*, Reise durch Italien im Jahre 1740 (Viaggio per l'Italia), übersetzt u. kommentiert v. *Albert Meier*, München 1986. Vgl. dazu *Albert Meier*, Als Moralist durch Italien. Johann Caspar Goethes „Viaggio per l'Italia fatto nel anno MDCCXL", in: *Hans-Wolf Jäger* (Hrsg.), Europäisches Reisen im Zeitalter der Aufklärung, Heidelberg 1992, 71-85.
[24] *Michel' Angelo Mariani*, Trento, con il Sacro Concilio et altri Notabili, Descrittion' Historica libri tre, Augsburg 1673, 9-11, 17, 190f. Zum Status Reichsitaliens in der Frühen Neuzeit vgl. *Karl Otmar von Aretin*, Reichsitalien von Karl V. bis zum Ende des Alten Reiches. Die Lehensordnungen in Italien und ihre Auswirkungen auf die europäische Politik, in: *ders.*, Das Reich. Friedensgarantie und europäisches Gleichgewicht 1648-1806, Stuttgart 1986, 76-163.

der Grenze" wiederholt, die seit dem 16. Jahrhundert Eingang in alle wichtigen Apodemiken und Atlanten gefunden hatte, andererseits rechnet der Verfasser Trient staatsrechtlich wegen der Zugehörigkeit zum Reich, zur Reichskirche und wegen des für Italien ungewöhnlichen Phänomens der weltlichen Herrschaft des Bischofs aber doch noch der „Germania" zu.

Zugleich sind diese Feststellungen zur Grenze zwischen dem Reich und Venedig auch symptomatisch für die relativ geringe Aufmerksamkeit, die in den Reiseberichten dem Überschreiten herrschaftlich-politischer Grenzen gewidmet wird im Vergleich etwa zu Erfahrungen mit Sprache, Klima, Gebräuchen usw. - und dies, obwohl es der frühneuzeitlichen Reiseliteratur an und für sich als sehr wichtig galt (es gab regelrechte „Fragebögen" hierzu[25]), Aufschlüsse über die geographischen und politischen Verhältnisse des gastgebenden Landes zu gewinnen. Der päpstliche Archivpräfekt Giuseppe Garampi, der 1761 zu den geplanten Friedensverhandlungen zwischen Österreich und Preußen nach Norden reiste, hielt den Übertritt über die venezianische Nordgrenze zwar ausdrücklich fest und lobte die - von den Verhältnissen auf dem Gebiet der Serenissima offensichtlich stark abstechende - Instandhaltung der Straßen in Tirol. Wenn ihm im weiteren Verlauf seiner Reise aber auf einer Brücke oder an einer Engstelle ein Wachtposten entgegentrat, Paß und Geld verlangte, wußte er nicht zu unterscheiden zwischen dem Passieren einer Territorialgrenze (bei Lavis) und der Entrichtung eines Wegzolls (z.B. bei Kollmann nach der Bozener Eisackschlucht, wo Garampi festhielt, man zahle 20 Heller, zeige seinen Paß vor, so man einen habe, und ziehe dann ungestört weiter seiner Wege).[26] Ein weiteres Beispiel für den begrenzten Kenntnisstand der Reisenden, aber auch für die Schwierigkeiten, die komplizierten Verhältnisse in der alpinen Übergangszone richtig aufzufassen, lieferte 1697 der Minorit Vincenzo Coronelli, als Professor der Geographie und amtlicher Kosmograph der Republik Venedig immerhin ein Fachmann: die Stadt Trient galt ihm einmal als Teil Tirols, zum anderen aber auch als „capitale del principato" des Bischofs, Bozen wiederum als trentinisch (was hinsichtlich der kirchlichen, nicht aber der herrschaftlichen Zugehörigkeit richtig war).[27]

3) Ein naturräumlicher Einschnitt - wir wenden uns damit dem dritten von vier Modellen für die Grenze zwischen Italia und Germania zu -, der den meisten Reisenden stark auffiel, wurde eben angesprochen: die kilometerlange Talenge des Eisack zwischen Klausen und Bozen. Dieser enge Weg zwischen Fels und Wasser, begehbar

---

[25] Eine tabellarische Synopse der „In itineribus observanda" eröffnet z.B. die wichtigste Italienapodemik des 17. Jahrhunderts: *Franciscus Schottus/Hieronymus Capugnanus*, Itinerarium Nobiliorum Italiae regionum, urbium, oppidorum et locorum, Vicenza 1610.
[26] Viaggio in Germania, Baviera, Svizzera, Olanda e Francia compiuto negli anni 1761-1763. Diario del Cardinale *Giuseppe Garampi*, Roma 1889, 13-19. Vgl. dazu *Anton Haidacher*, Die Reise des päpstlichen Archivpräfekten Giuseppe Garampi durch Tirol (1761), in: Tiroler Heimat 29/30, 1965/66, 87-99; *Dries Vanysacker*, Cardinal Giuseppe Garampi (1725-1792). An Enlightened Ultramontane, Brussel/Rome 1995, 82-97.
[27] *Viaggi del P. Coronelli*, parte prima: Viaggio d'Italia in Inghilterra. Descrittione geografica-historica, sacro-profana, antico-moderna, e naturale, Venezia 1697, 123, 132.

überhaupt erst seit dem 14. Jahrhundert, war das gefährlichste Teilstück der Brennerstraße, auf dem zahlreiche Unfälle passierten. Auch Michel de Montaigne, der die Passage der Paßhöhe noch als so bequem wie einen Spaziergang im Garten beschrieben hatte, dachte hier intensiver über die Gefahren durch Steinschläge und Überschwemmungen nach.[28] Nach der schadlos überstandenen Passage dieser Schlüsselstelle Richtung Süden wirkten dann viele neue Eindrücke auf die Reisenden ein: das mildere Klima und die entsprechende Vegetation, der Beginn des Weinbaus, das Angebot südlicher Früchte auf den Märkten, die sommerliche Hitze im Bozener Talkessel - all dies wurde von den Reisenden immer wieder als willkommener Vorbote des Südens beschrieben und begrüßt.

Für die italienischen Humanisten, soweit sie an Topographien oder Chorographien ihres Landes arbeiteten, kam dieser Zone aus einem anderen Grund besondere Bedeutung zu: Hierher, in die Talenge von „Clusa", hatte der in päpstlichen Diensten stehende Forlinese Flavio Biondo in seinem um 1450 entstandenen Pionierwerk der Landesbeschreibung den Grenzpunkt Italiens und den Übergang „in Germaniam" gelegt.[29] Den historischen Hintergrund dieser gelehrten Konstruktion bildete die Tatsache, daß genau hier, in der Eisackschlucht, die Grenze der augusteischen „Italia" (genauer gesagt, der zehnten Region „Venetia et Histria") gegenüber der Provinz Raetien verlaufen war, ebenso die Abscheidungen der Verwaltungsbezirke aus der Zeit Diokletians. Diese römischen Grenzen trennten offensichtlich bald auch (Zeugnisse dafür liegen aber erst seit dem 11. Jahrhundert vor) die Kirchenprovinzen Salzburg und Aquileia und damit die Diözesen Brixen und Trient. Noch karolingische Quellen sprechen vom Bozener Becken als zwischen „Bayern" und „Italien" gelegen. Erst die Herrschaftsentwicklung des Hochmittelalters mit der Einbeziehung Trients in die Reichskirchenverfassung und dem Aufstieg der Grafen von Tirol zu Vögten der Hochstifte Brixen und Trient überformte diese alte Grenzzone.[30]

Mit Biondo wurde Mitte des 15. Jahrhunderts also das ganz im allgemeinen bleibende Deskriptionsschema von Plinius und Petrarca von den Alpen als Grenze und Schutzwall Italiens lokal konkretisiert. Der statische Rekurs auf diesen Grundgedanken der klassischen Antike blieb für die italienische Gelehrtenwelt des 15. und 16. Jahrhunderts unverändert gültig - ganz im Gegensatz zum Leitkonzept der deutschen Humanisten, geprägt von der Dynamik der Expansion der Germania in der Völkerwanderungszeit, zum ersten Mal auf den Begriff gebracht in der Schedelschen

---

[28] *Montaigne*, Voyage en Italie (wie Anm. 17), 1171.
[29] *Blondi Flavii Forliviensi*s De Italia Illustrata Opus, Venezia 1510, fol. 104 (erster Druck Rom 1474). Vgl. dazu v.a.: *Ottavio Clavuot*, Biondos „Italia Illustrata" - Summa oder Neuschöpfung? Über die Arbeitsmethoden eines Humanisten, Tübingen 1990.
[30] Vgl. *Josef Riedmann*, Deutschlands Südgrenze, in: *Alexander Demandt* (Hrsg.), Deutschlands Grenzen in der Geschichte, München ³1993, 166-196, hier 169-179.

Weltchronik als „Erweiterung der deutschen Nation"[31] und kulminierend im sprachlich bezogenen Deutschland-Begriff der Münsterschen Kosmographie[32].

Schließlich sei noch festgehalten, daß auch das maßgebliche Werkkorpus der frühneuzeitlichen italienischen Kartographie, die um 1600 entstandene „Italia" des Bologneser Astronomen und Mathematikers Giovanni Antonio Magini, das die erste Spezialkarte des „Territorio di Trento" enthielt, die Nordgrenze dieses Territoriums (sich offensichtlich an die Grenzen der kirchlichen, nicht der weltlichen Jurisdiktion des Bischofs anlehnend) hierher an den Eisackdurchbruch zwischen Klausen und Bozen, die „Chiusa Tedesca", legte.[33] Dieses Modell fand, vielfach kopiert, Eingang in die großen holländischen Atlanten des 17. Jahrhunderts und so in den Standard des frühneuzeitlichen Wissens über Europa.

4) Zuletzt gilt es noch, den Blick auf jene Erscheinungsform von Grenze zu richten, die für die von Geographie und Politik angeleiteten Diskussionen des ausgehenden 19. und des 20. Jahrhunderts bestimmend sein sollte, die höchste Gebirgskette oder Wasserscheide. Frühneuzeitliche Quellen aus dem alpinen Raum kennen die sogenannte „Bergregel" („Wie Wasser rinnt und Kugel walzt") als einen von mehreren möglichen Modi der Grenzfestlegung[34], und schon früh wird auch in den Reiseberichten den entsprechenden Phänomenen Aufmerksamkeit zuteil. Bruni beschrieb 1414 die „aquarum divortia" in Gestalt der zwei Seen auf dem Sattel des Reschenpasses, Felix Fabri im Januar 1484, vielleicht aufmerksam geworden durch die ihm entgegenströmenden Schmelzwasser, die „iterum aquarum divisio" zwischen Etsch und Inn auf dem Brenner.[35] Die Berichte des 17. und 18. Jahrhunderts schließlich sind voll von Hinweisen auf dieses freilich nur diffizil beobachtbare Naturphänomen auf den Paßhöhen, über das die Reisenden aus den Führern informiert waren und das sie nicht versäumen wollten. Im Unklaren bleibt, welche Auswirkungen dabei der Tatsache zuzumessen sind, daß sich die chorographische Literatur des Humanismus sich in ihrer Stoffdisposition an den Flußsystemen und ihrem Einzugsbereich orientierten.

Recht selten freilich ist ein expliziter Bezug der Beobachtungen zur Lage der Wasserscheide auf die Frage des Grenzverlaufs. Die erste Gesamtdarstellung der Trentiner Diözesangeschichte beschreibt 1546 als eines von mehreren denkbaren Modellen

---

[31] *Hartmann Schedel*, Buch der Chroniken und geschichten mit figuren und pildnussen von anbeginn der welt bis auf dise unnsere zeit, Nürnberg 1493, fol.286-287 (Teil der kritischen Anmerkungen Hieronymus Münzers zu seiner Bearbeitung von Enea Silvio Piccolominis „Europa").
[32] *Sebastian Münster*, Cosmographia. Bschreibung aller Lender... Basel 1544, 144-146 („Und demnach nennen wir zu unsern zeyten Teütsch land alles, das sich Teütscher sprachen gebraucht, es lig gleich über oder hie jhener dem Rhein oder der Tonaw").
[33] *Giovanni Antonio Magini*, Italia, Bologna 1620, neue Ausgabe, hrsg. v. *Antonio Ventura*, Lecce 1995; vgl. dazu: *Roberto Almagià*, L'"Italia" di Giovanni Antonio Magini e la cartografia dell'Italia nei secoli XVI e XVII, Napoli 1922.
[34] Vgl. *Reinhard Stauber*, Grenzen und Landeshoheit der Grafschaft Werdenfels in der frühen Neuzeit, in: *Riedenauer*, Landeshoheit (wie Anm. 21), 176-192; *Franz X. Simmerding*, Grenzzeichen, Grenzsteinsetzer und Grenzfrevler. Ein Beitrag zur Kultur-, Rechts- und Sozialgeschichte, München 1996.
[35] *Bruni* (wie Anm. 15), 105; *Fabri* (wie Anm. 18), Bd. 3, 45.

für die Abgrenzung zwischen Italien und Deutschland eine Linie auf dem Hauptkamm der Alpen („cime alte delle Alpi") mit dem Rückgriff auf das plinianische Argument der hier von der Natur selbst gewollten Grenze.[36] Und in einer venezianischen Relation von 1577 findet sich die Wasserscheide auf dem Brenner gleichgesetzt mit der Grenze zwischen Italia und Germania, freilich charakteristischerweise wieder unter Anziehung der antiken Autoritäten.[37]

Der Befund aus der im hier zur Verfügung stehenden Rahmen natürlich nur ganz kursorisch erfolgten Beschäftigung mit dem vielfältigen Quellenmaterial der Frühen Neuzeit ist gleichwohl klar: Es gab nicht eine, sondern viele Grenzen zwischen Italia und Germania. Angesichts der potentiellen Vielfalt von „objektiven" und „subjektiven" Beschreibungsparametern mag es sogar überraschen, daß es „nur" die vier eben vorgeführten Grundtypen von Abgrenzung und Übergang sind, die sich zwischen dem 15. und 18. Jahrhundert immer wieder nachweisen lassen:

1) der Alpenhauptkamm und die Wasserscheide an Brenner und Reschen,
2) die Eisackschlucht zwischen Klausen und Bozen,
3) die Mündung des Avisio in die Etsch zwischen Salurn und Trient, und
4) die frühneuzeitliche Südgrenze des Reichs bei Borghetto, noch nördlich der „Veroneser Klause".

Sehr viel weniger Klarheit können wir über die Mechanismen gewinnen, die für die Inwertsetzung eines bestimmten dieser Grundmodelle unter Vernachlässigung der anderen Möglichkeiten verantwortlich waren. Für die Darstellungen der gelehrten Literatur hängt vieles davon ab, welche Kriterien für die Abgrenzung der Grafschaft Tirol nach Süden hin gewählt wurden, wie die Frage nach der Qualität der Eigenstaatlichkeit des vielfach von der Grafschaft abhängigen Trienter Hochstifts beantwortet wurde, ob „Imperium" mit „Germania" auch im Sinn eines einheitlichen Sprachverbands gleichgesetzt wurde oder ob darin Platz blieb für Gruppen, die einem anderen Sprach- und Kulturkreis angehörten. Bemerkenswert gut fügen sich in die Verortungskategorien der Literatur die Vorstellungen der Reiseberichte ein, da die bei dieser Quellengattung zu erwartende Varianz von Erfahrungen, Kriterien und auch Vorurteilen potentiell noch wesentlich größer ist. Dies weist freilich auch hin auf die besondere Problematik der Reiseberichte als Quellengattung, auf die vorab verarbeiteten Informationen, denen entsprechend man nur das findet, was man sucht,

---

[36] *Giano Pirro Pincio*, Annali, overo Croniche di Trento, Trento 1648 (Übersetzung des 1546 in Mantua gedruckten Originals), 32: „infallibile argomento haver voluto la stessa natura dividere due nationi di contrarii genii."
[37] Aus der Relation der venezianischen Gesandten an Kaiser Rudolf II. nach Wien, Giovanni Michiel und Leonardo Donà, an den Senat vom 11.9.1577: Die Gesandten beschreiben ihre Reise über die Valsugana, Trento und Bozen nach Innsbruck, Passau und weiter nach Wien und merken zum „Prener" an: „In questa montagna, dalla diuision delle acque, si conosce manifestamente (secondo li antiqui) la uera diuisione della Italia dalla Germania" (Relazioni di ambasciatori Veneti al Senato, hrsg. v. *Luigi Firpo*, Bd. 3: Germania 1557-1654, Torino 1968, 507).

auf die Schichtenspezifik und Abhängigkeiten der Berichte untereinander, auf die Stereotypen der Konstruktion einer fremden Kultur als Zerrspiegel der eigenen.[38]

Nicht zu verkennen ist der große Raum, der in den Berichten für noch anders definierte, weicher gezeichnete Übergänge bleibt, die Beobachtungen aus ganz verschiedenen Erfahrungsbereichen entstammen konnten. Als Beispiel seien zwei Beschreibungen der Stadt Bozen angeführt. Montaigne fiel hier besonders der Wandel im Stadtbild, die engen Straßen ohne großen Hauptplatz auf, woraus er, in charakteristisch differenzierter Diktion, folgerte, man merke, daß man hier beginne, Deutschland zu verlassen. Der Italiener Garampi hielt die neuartigen Umgangsformen in den Wirtshäusern und die Tätigkeit von Frauen als Serviererinnen fest, nachdem er bereits in Trient das Fehlen von Fensterläden in den Herbergszimmern bemängelt hatte: Er als Italiener sei es eigentlich gewohnt, im Dunklen zu schlafen.[39]

Weder in zeitlicher Abfolge noch nach Nationalität der Urheber lassen sich Präferenzen für ein bestimmtes „Master-Modell" von der Grenze angeben oder eindeutige Entwicklungsabfolgen konstruieren. Es ist beispielsweise weder so, daß „die Italiener" auf die Wasserscheide am Alpenhauptkamm besonders abhöben noch für „die Deutschen" „Italien" notwendigerweise immer dort beginnen mußte, wo die Sprache wechselte. Hervorzuheben ist ferner noch, daß alle Modelle schon früh greifbar sind, wurzelnd in der topographischen Literatur, den Berichten und den politischen Realitäten schon des 15. Jahrhunderts. Wir haben es offenbar zu tun mit früh entstandenen, autoritativen und unterschiedlich wirkmächtigen Grundgrößen im Fundus des europäischen Wissens um Italia und Germania, die eine erste Orientierung vermitteln (Repräsentationen). Ihre Benutzung und Verarbeitung, d.h. ihre Anwendung im konkreten Einzelfall, erfolgt variabel, mit unterschiedlichen Techniken und Perspektiven, je nach Nutzungsstrategie und Legitimationsbedarf modifizierbar und unterschiedlichen Interessenlagen anpaßbar (Praktiken). Auf den verbleibenden Seiten soll es nun noch darum gehen, mittels knapper, jeweils nur auf einen einzigen Beispielfall bezogener Bemerkungen die komplexen Prozesse der Übernahme (Aneignung) eines bestimmten Modells durch eine bestimmte politisch-soziale Gruppe und deren Verquickung mit konkreten politischen Interessenlagen zu umreißen und einige jener Mecha-

---

[38] Zum Genre des Reiseberichts vgl. allgemein: *Peter J. Brenner* (Hrsg.), Der Reisebericht. Die Entwicklung einer Gattung in der deutschen Literatur, Frankfurt a. M. 1989; ders., Der Reisebericht in der deutschen Literatur. Ein Forschungsüberblick als Vorstudie zu einer Gattungsgeschichte, Tübingen 1990; *Ralph-Rainer Wuthenow*, Die erfahrene Welt. Europäische Reiseliteratur im Zeitalter der Aufklärung, Frankfurt a. M. 1980; *Hans-Wolf Jäger* (Hrsg.), Reisen (wie Anm. 23). Zum Problem der kritischen Benutzung der Berichte und ihres Quellenwerts anregend: *Peter Burke*, Städtische Kultur in Italien zwischen Hochrenaissance und Barock. Eine historische Anthropologie, Frankfurt a. M. 1996, 25-30; *Michael Maurer*, Genese und Funktion des operativen Italienbildes der Aufklärung, in: *Italo Michele Battafarano* (Hrsg.), Deutsche Aufklärung und Italien, Bern 1992, 311-334 (Maurer fängt mit dem Terminus „operativ" die Funktion der Texte ein, die Darstellung eines fremden Landes absichtlich zu schaffen und zielgerichtet einzusetzen, ebd., 311).
[39] *Montaigne*, Voyage en Italie (wie Anm. 17), 1172 („... qu'il connoissoit bien qu'il commançoit à quitter l'Allemaigne"); *Garampi*, Viaggio (wie Anm. 26), 17.

nismen anzudeuten, die unsere Modelle unter den Bedingungen der sich zuspitzenden nationalen Diskurse um 1900 von deutscher wie italienischer Seite zu Objekten gesteuerter Inwertsetzung (Sinnstiftung) über den Verlauf der italienischen Nordgrenze machten.[40]

III. Sich-Abgrenzen - Das Verfertigen von Differenzen in der politischen Sprache
Wir wechseln nun die Ebene vom „Abgrenzen" zum „Sich-Abgrenzen": Gefragt wird danach, wie das Abgrenzen funktioniert, wenn man es nicht aus der Perspektive äußerer Beobachter wie Gelehrter oder Reisender, sondern aus der Perspektive einer betroffenen Personengruppe betrachtet. Als Beispiel dafür diene die Debatte der aufklärerischen Intellektuellen des italienischen Teils Tirols über die eigene kulturelle Identität zwischen 1750 und 1810; im Zentrum der - ganz kursorischen - Ausführungen dazu stehen Begriffsrepertoire und Strategien der politischen Sprache. Die Auseinandersetzung der geistigen Führungselite dieser zahlenmäßig bedeutenden Bevölkerungsgruppe im südlichen Teil Tirols (mit dieser umständlichen Formulierung sei der moderne Terminus „Sprachminderheit" bewußt umgangen) mit der Diskrepanz, einerseits italienisch zu sprechen und sich als Teil der italienischen Kultur zu fühlen, andererseits einem „deutschen" Landesfürsten zu unterstehen und herrschaftlich einem mehrheitlich deutsch geprägten Territorium angegliedert zu sein, fand ihr Forum in der 1750 begründeten und 1753 von Maria Theresia privilegierten Akademie des Städtchens Rovereto, der „Accademia degli Agiati".[41]

Um eine Kontrastfolie zur herrschaftspolitischen Realität der eigenen Umwelt zu gewinnen, war für diese Intellektuellen der Rekurs auf die Geschichte von zentraler Bedeutung. Dem Durchmustern der bewegten und komplexen „storia patria" lagen zwei Leitvorstellungen zugrunde: erstens die kontinuierliche Zugehörigkeit zur Italia, zweitens die angeblich ursprüngliche Autonomie der Region um Rovereto, woraus umfassende Selbstregierungsrechte hergeleitet wurden. Um den „italicismo", die Italianität dieses Landstrichs am Südabhang der Alpen zu unterstreichen, verwiesen die Akademiemitglieder in ihren Vorträgen und Ausarbeitungen nicht nur auf die offensichtliche Tatsache der italienischen Umgangssprache südlich von Trient und die entsprechenden kulturellen Prägungen, sondern rekurrierten auch auf die römischen Verwaltungsgrenzen zur Zeit des Augustus, das Zeugnis des Plinius und auf die Grenzmodelle Biondos und Albertis. Das terminologische Instrumentarium für eine entsprechende Analyse lieferte in den 1770er Jahren der Lokalgelehrte Clemente Baroni-Cavalcabò mit dem Gegensatzpaar „Politik" versus „Natur". „Politik" war in der Systematik Baronis negativ konnotiert, bezeichnete die Unvorhersehbarkeit und Zu-

---

[40] Die in Klammern stehenden Termini greifen die Schlüsselbegriffe von Roger Chartiers methodischem Konzept von „Kulturgeschichte" (wie Anm. 9) auf, wobei es hier selbstverständlich nicht um die komplette „Verarbeitung" oder „Anwendung" eines Theoriegebäudes geht, sondern nur um den Vorschlag einer Chartiers Interessen aufgreifenden Disposition eines konkreten historischen Stoffes.
[41] Dazu jetzt der Überblick von *Marcello Bonazza*, L'Accademia Roveretana degli Agiati, Rovereto 1998.

fälligkeit der herrschaftlichen Zugehörigkeit eines Gebiets und die Willkür der Verschiebung territorialer Grenzen, während mit „Natur" die als unwandelbar empfundenen Gegebenheiten kultureller Zuordnungen beschrieben wurde, wie sie in der Sprache am deutlichsten zum Ausdruck kamen.[42] Blieben aggressiv-nationale Argumente in der ersten Phase dieses Diskurses noch außen vor, so kam es im Zug der Auseinandersetzung um die Berechtigung der zentralisierenden Eingriffe des josephinischen Reformstaats zu einer zunehmend xenophoben Aufladung des Vokabulars, gipfelnd in der Gleichsetzung von „Tedeschi" und „Barbari" bei Clementino Vannetti.[43]

Der Kampf um die Besetzung der Begriffe ist besonders deutlich zu beobachten am Problem der Selbst- und Fremdbezeichnung des italienischen Tirol. Im Verwaltungsdeutsch der josephinischen Monarchie sprach man in der Regel vom „wälschen Tirol"; der entsprechende Tiroler Verwaltungskreis (mit Sitz in Rovereto) hieß „An Wälschen Confinen", was als „Confini d'Italia" ins Italienische übertragen wurde.[44] In italienischen Artikeln und Memoranden, auch im Sprachgebrauch der diplomatischen Akten, findet man bis in die napoleonische Zeit hinein „Tirolo Meridionale" und „Tirolo Italiano" nebeneinander. Ebenso bemüht wie hilflos in seinem Bestreben, der Komplexität der politischen Lage gerecht zu werden, wirkt der von Baroni-Cavalcabò um 1790 kreierte Terminus „Tirolo italiano austriaco".[45] Schließlich eröffneten die herrschaftspolitischen Veränderungen im Rahmen der Ausprägung und Umformung des napoleonischen Hegemonialsystems 1803-1810 mit der Säkularisation des Hochstifts Trient 1802/03, dem Anfall von Tirol an Bayern 1806 und seiner Teilung 1810 (mit Überstellung des bis Bozen reichenden Südteils an das Königreich Italien Eugène Beauharnais') die Chance, die staatsrechtlich bisher getrennten, kulturell aber eng verbundenen Stiftisch-Trentiner und Italienisch-Tiroler Gebiete in einen neuen, gemeinsamen Rahmen einzupassen und diese Verhältnisse auch terminologisch neu zu fassen.[46]

Der dafür gefundene Leitbegriff war dem Wortlaut nach bekannt und als Kurzformel zur Bezeichnung des weltlichen Herrschaftsbereichs des Fürstbischofs etab-

---

[42] Vgl. dazu *Reinhard Stauber*, „Natur" und „Politik". Aufklärung und nationales Denken im italienischen Tirol 1750-1820, in: *Dieter Albrecht* u. a. (Hrsg.), Europa im Umbruch 1750-1850, München 1995, 103-123, v.a. 110-112.
[43] *Ettore Zucchelli*, Il Ginnasio di Rovereto in duecentocinquant' anni di vita (1672-1922), Rovereto 1923, 46.
[44] Vgl. *Fridolin Dörrer*, Die Verwaltungskreise in Tirol und Vorarlberg (1754-1860), in: *Ernest Troger/Georg Zwanowetz* (Hrsg.), Neue Beiträge zur geschichtlichen Landeskunde Tirols, Bd. 1, Innsbruck/München 1969, 25-68.
[45] *Savino Pedrolli*, I manoscritti del Barone G.B. Todeschi, in: Atti della I.R. Accademia di Scienze, Lettere ed Arti degli Agiati in Rovereto, Ser. III, 16, 1910, 8 (aus der Edition eines Manuskripts Baronis über die Gravamina der italienischen Tiroler am Offenen Landtag in Innsbruck 1790). Zu den allgemeinen Zusammenhängen: *Miriam J. Levy*, Governance and Grievance. Habsburg Policy and Italian Tyrol in the eighteenth century, West Lafayette 1988.
[46] Vgl. *Marco Meriggi*, Patrizi e funzionari a Trento tra rivoluzione e restaurazione, in: Atti del convegno „Sigismondo Moll e il Tirolo nella fase di superamento dell'Antico Regime", Rovereto 1993, 115-131, hier 115-119.

liert, konnte aber mit neuer Bedeutung gefüllt werden und war gleichermaßen geeignet, Brücken in die Vergangenheit zu schlagen wie programmatische Zukunftshoffnungen zu wecken: Das „Trentino" wurde im lokalen Tages- und Gelegenheitsschrifttum zwischen 1806 und 1810 neu konzipiert und in Wert gesetzt.[47] Die Wahl dieses Namens erwies sich als überaus zukunftsträchtig, ermöglichte sie doch ein Absetzen von allen Bezeichnungen, die einen Bezug auf „Tirol" enthielten und öffnete so einen Weg zur Umprägung des kulturellen Gedächtnisses einer Übergangsregion, zur Nationalisierung der Geschichte einer multinationalen Region. Indem es die Verdrängung der habsburgischen Herrschaft zunächst aus der Nomenklatur, dann auch aus der Darlegung des historischen Geschehens ermöglichte, wuchs das „Trentino"-Konzept im 19. Jahrhundert zu einem entscheidenden, in Wien entsprechend beargwöhnten Kampfbegriff der italienischen Irredenta heran.

Territorial griff das „neue Trentino" dabei weit über das alte Hochstift hinaus. Bei der Festsetzung seiner Nordgrenze durch Sardagna und Barbacovi wurde eines der klassischen Grenzmodelle reaktiviert, der natürliche Einschnitt der Eisackschlucht („Chiusa Tedesca") bei Klausen. Ihr entsprach, wie bereits eingehend dargelegt, die Abteilung der römischen Verwaltungsprovinzen, der mittelalterlichen Diözesen und der von Magini gesetzte Standard der europäischen Kartenwerke seit dem 17. Jahrhundert. Eben hier verlief nun aber auch die von Napoleon 1810 verordnete Teilungslinie durch Tirol zwischen den Königreichen Bayern und Italien. Obwohl sie aus ganz pragmatischen, diplomatietechnischen Gründen an eben jener Stelle gezogen worden war (es ging um die möglichst exakte Kompensation der Bevölkerungsgewinne und -verluste des Königreichs Bayern in den territorialen Umgliederungen 1809/10), gewann sie in den Augen der italienischen Tiroler politische Akzeptanz und historische Dignität, indem sie sich einem der traditionsreichsten Vorstellungsmuster der Abgrenzung Italia-Germania anlagerte, wenn auch nur für wenige Jahre.

Umgekehrt hatten bayerische Beamte Anfang 1810 versucht, über eine zentral gesteuerte Kampagne von Eingaben aus den Landgerichten des deutschsprachigen Südtirol die Sprachverteilung als Kriterium für die fällige politische Neuabgrenzung ins Spiel zu bringen, nachdem Napoleons Entscheidung, Tirol zu teilen, unverrückbar feststand. Es sei, so der von oben lancierte Standardtext der Eingaben, „weltkundig", daß die Grenze zwischen „Südbaiern" und „Italien" „seit Jahrhunderten" am Avisio (an der Sprachgrenze also) verlaufe. Es sollte sich freilich rasch erweisen, daß das Sprachkriterium bei den ganz im Stil des Gebietsschachers und Ländertauschs des 18. Jahrhunderts geführten Grenzverhandlungen gar nicht ins Spiel gebracht werden konnte.[48]

---

[47] *Ignazio Sardagna*, Memorie storiche ed economiche del Trentino, volgarmente detto Tirolo Italiano, Trento 1806; *Benedetto Giovanelli*, Trento città d'Italia, Trento 1810; *Francesco Vigilio Barbacovi*, Considerazioni ... sulla futura prosperità de' popoli del Trentino ora riuniti al regno d'Italia, Trento 1810.
[48] *Ferdinand Hirn*, Geschichte Tirols von 1809-1814, Innsbruck 1913, 46-86; *Richard Staffler*, Die Landesteilung vom Jahre 1810, in: Der Schlern 34, 1960, 35-43.

IV. Gesteuerte Sinnstiftung im nationalen Diskurs des 19. Jahrhunderts
Die Sprache ist und bleibt sicher das auffälligste und naheliegendste Kriterium für einen von außen kommenden Beobachter, dem darum zu tun ist, einem bestimmten Raum bestimmte Grenzlinien einzuschreiben. Deswegen und weil sie sich für die Legitimation von Gebietsforderungen quer zu aktuellen politischen Zugehörigkeiten oder geographischen Verhältnissen anbot, entwickelte sich die Sprache auch zum besonders erfolgreichen, vom Nationalismus des 19. Jahrhunderts bevorzugt angewandten Abgrenzungsmerkmal.

Im Gebirgsraum allerdings waren die Gegebenheit des Reliefs und des Bodenprofils eine prägende und „erfahrbare" Realität, über die nicht leichterdings hinwegargumentiert werden konnte. Das konnten sich umgekehrt die Strategien einer Geschichtssicht, der an bewußter Nationalisierung der Verhältnisse gelegen war, auch zunutze machen, um in aggressiver Zuspitzung das komplizierte Geflecht des Wissens um die vielen Grenzen zwischen der Italia und der Germania auf vorgeblich alte, einfache und klare Grundmuster zu reduzieren.

Eine wichtige Führungsrolle übernahm in diesem Prozeß die sich im Werk von Carl Ritter, Henri Guyot und Paul Vidal de la Blache als Humanwissenschaft formierende Geographie des ausgehenden 19. Jahrhunderts.[49] In engem Kontakt mit der Historie stellte sie sich der Aufgabe, den unterschiedlichen nationalpolitischen Lagern jeweils legitimatorische Argumente anzuliefern. Im Mittelpunkt standen dabei in charakteristisch divergierender Fragestellung 1) für die deutschsprachige Forschung das Erarbeiten von Theoremen zur Unzertrennbarkeit und funktionalen Einheitlichkeit des Gebirgsraums, 2) für die Italiener die These vom Alpenhauptkamm als natürlicher Grenze, die sich zum festen Bestandteil des publizistisch-pseudowissenschaftlichen Kampfes des bis 1870 entstandenen neuen italienischen Nationalstaats um die im habsburgischen Herrschaftsbereich verbliebenen „terre irredente" entwickelte.

Zum ersten Punkt, den „deutschen" Theoremen, können als Beispiele das Konzept des „Paßstaats" genannt werden, das die herrschaftsgeschichtlich wie verkehrsgeographisch verbindende Wirkung der Gebirgsübergänge betont[50], oder an Klimazonen, der Gebirgsmorphologie oder anderen Merkmalen orientierte Unterteilungen der Alpen, die nicht den Hauptkamm als Trennlinie implizierten. Dahinter stand der Versuch, die Ausdehnung des Kronlandes Tirol um 1900 als eine Art seit Jahrhunderten

---

[49] *Jürgen Osterhammel*, Geschichte, Geographie, Geohistorie, in: Geschichtsdiskurs, Bd. 3: Die Epoche der Historisierung, Frankfurt a. M. 1997, 257-271.
[50] Entwickelt von Aloys Schulte am Beispiel Graubündens, von Otto Stolz 1913 übertragen auf Tirol und 1916 von Albrecht Penck auf die gesamte Alpengrenze Österreichs angewandt: *Aloys Schulte*, Über Staatenbildung in der Alpenwelt, in: Historisches Jahrbuch 22, 1901, 1-22, hier 16 „Paßstaat"; *Otto Stolz*, Geschichte der Gerichte Deutschtirols, in: Archiv für österreichische Geschichte 102, 1913, 83-334, hier 298; *Albrecht Penck*, Die österreichische Alpengrenze, Stuttgart 1916.

bestehender staatlicher Idealkonfiguration zu legitimieren und alle Änderungen daran abzuwehren.

Demgegenüber verfügte, zweitens, die italienische Seite über den wesentlich einfacheren und zugkräftigeren Entwurf von der europäischen Hauptwasserscheide am Zentralkamm der Alpen als natürlicher Grenze. Bereits im Vorfeld des Friedensschlusses von 1866, der Friaul und das Trentino schließlich doch bei Österreich beließ, hatte Giuseppe Mazzini im Namen der „religione italiana di Dante", vor allem aber aus militärstrategischen Gründen den Alpenhauptkamm als von der Natur vorgezeichnete Grenze beansprucht.[51] Der Geograph und sozialistische Politiker Cesare Battisti, eine der Schlüsselgestalten der Trentiner Irredenta (hingerichtet 1916), unterschied in seiner 1898 erstmals erschienenen Landeskunde „Il Trentino" in Anlehnung an die Termini der Roveretaner Intellektuellen des 18. Jahrhunderts zwischen der „Italia politica" und der bis an Brenner und Reschen reichenden „Italia fisica".[52] Schützenhilfe in Deutschland leisteten solchen Argumenten Friedrich Ratzel, der in seiner „Politischen Geographie" von 1897 Kriterien zur „biogeographischen Trennung" menschlicher Siedlungsräume durch „natürliche Grenzen" herausstellte und unmißverständlich feststellte: „Die Alpen würden Mitteleuropa von Südeuropa auch in einem unbewohnten Europa trennen; also bedeutet die Ziehung einer politischen Grenze auf dem Kamm der Alpen nichts anderes als die politische Verwertung eines ohnehin vorhandenen natürlichen Unterschiedes"[53].

Nach dem Kriegseintritt auf der Seite der Ententemächte 1915 und der Realisierung der italienischen Gebietsansprüche bis zum Brenner 1919 wurde diese Forschungsauseinandersetzung mit noch größerer Erbitterung, aber auch neuen methodischen Vorgehensweisen weitergeführt. In (Nord-)Tirol konzentrierte man sich jetzt auf das verlorene deutschsprachige Gebiet (das heutige Südtirol) und den Nachweis, es handle sich dabei um „deutschen Boden" par excellence. Methodisch ging die angedeutete Ausweitung in Richtung der im Deutschland der Weimarer Zeit Platz greifenden „Volks- und Kulturraumforschung", die, vor allem mittels neuer Arbeitsweisen und Institutionen der Landesgeschichte, Fragen wie Besiedlung und Kultivierung des Landes, volkskundliche Sachverhalte und die Erforschung des „Grenz- und Auslandsdeutschtums" verstärkt in den Mittelpunkt rückte.[54] Auf der italienischen Seite

---

[51] „Tutte le grandi autorità militari sino a Napoleone statuirono unica valida frontiera all'Italia esser 'quella segnata dalla natura sui vertici che separano le acque del Mar Nero e quelle del seno Adriatico" (*Giuseppe Mazzini*, La Pace, erschienen in der Tageszeitung „Unità Italiana" v. 25.8.1866; Wiederabdruck in: *ders.*, Scritti politici, hrsg. v. *Terenzio Grandi/Augusto Comba*, Torino 1972, 976-983, das Zitat 981).
[52] *Cesare Battisti*, Il Trentino. Saggio di geografia fisica ed antropogeografia, Trento 1898.
[53] *Friedrich Ratzel*, Politische Geographie, München/Berlin ³1923, 404.
[54] *Willi Oberkrome*, Volksgeschichte. Methodische Innovation und völkische Ideologisierung in der deutschen Geschichtswissenschaft 1918-1945, Göttingen 1993; *Michael Fahlbusch*, „Wo der deutsche ... ist, ist Deutschland!". Die Stiftung für deutsche Volks- und Kulturbodenforschung in Leipzig 1920-1933, Bochum 1994; *Josef Riedmann*, Geschichtsschreibung und Geschichtsbewußtsein in Tirol vornehmlich in der ersten Hälfte des 20. Jahrhunderts. Ein Versuch, in: Tiroler Heimat 57,

dominierte im Zuge der von Ettore Tolomei ideologisch vorbereiteten und flankierten Italianisierungspolitik der faschistischen Regierung im „Alto Adige" immer stärker die Sakralisierung des Prinzips der Grenze an der Hauptwasserscheide („i termini sacri della patria"). Das Prinzip des „spartiacque alpino" als natürlicher Nordgrenze Italiens war in den 1890er Jahren von den Geographen Giovanni und Olinto Marinelli ausgearbeitet und von Tolomei durch Geländebegehungen, Umbenennung von Berggipfeln, und vor allem durch zahllose Artikel in den von ihm redigierten Zeitschriften, die hauptsächlich der Italianisierung der Toponomastik galten, propagiert.[55] Mit einem Rekurs auf die sprachlichen und ethnischen Tatsachen war eine Begründung dafür, warum das überwiegend deutschsprachige Gebiet zwischen dem Brenner und Salurn notwendigerweise Teil der Italia sei, längst nicht mehr zu leisten. Um so wichtiger wurde die pseudofachliche, oft genug nur militärstrategische Belange deckende Rolle einer als Legitimationswissenschaft fungierenden Geographie.

Die schon bei Flavio Biondo 1450 anklingende Grundfrage nach dem Verhältnis zwischen der geographischen Einheit der Italia und den gerade an ihren nördlichen Randzonen zahlreich vertretenen kulturell-sprachlichen Minderheiten hatte damit eine Antwort gefunden, um die Probleme und Polemiken bis heute nicht ganz verstummt sind.

1993, 291-304. Für Tirol vor allem einschlägig: *Otto Stolz*, Die Ausbreitung des Deutschtums in Südtirol im Lichte der Urkunden, 4 Bde., München/Berlin 1927-1934.
[55] *Gisela Framke*, Im Kampf um Südtirol. Ettore Tolomei (1865-1952) und das „Archivio per l'Alto Adige", Tübingen 1987, v.a. 50-58, 142-167.

Alon Confino

Konzepte von Heimat, Region, Nation und Staat in Württemberg von der Reichsgründungszeit bis zum Ersten Weltkrieg

Kurz nach der Gründung des deutschen Nationalstaats im Januar 1871 beschrieb Otto Elben, einer der führenden Köpfe der Deutschen Partei, Mitglied des Württembergischen Landtags und des Reichstags sowie Herausgeber der „Schwäbischen Kronik", der wichtigsten Tageszeitung in Württemberg, jubilierend seine Empfindungen: „Ein glücklicher Deutscher schreibt ihnen: Wir sind Deutsche, eingetreten in den vollen Bund unserer Brüder."[1] Elben gehörte zu jenen Württembergern, die den Tag von Sedan, den Nationalfeiertag des Deutschen Reiches, enthusiastisch befürworteten. Zur gleichen Zeit konnte man in partikularistischen Kreisen Württembergs aber auch ganz andere Äußerungen zur Frage der nationalen Identität vernehmen. Die Demokraten lehnten die Feier des Tages von Sedan ab und verlangten eine scharfe Absage: „Wir haben in Württemberg Leute, welche nicht mehr württembergisch sind, sondern ganz preußisch. Dieselben wollen durchaus eine Sedanfeier haben."[2]

Elben hatte natürlich recht: Die Württemberger waren Deutsche. Doch wie die unterschiedlichen Blickwinkel auf die nationale Identität zeigen, gab es wenig Übereinstimmung darüber, was es bedeutete, „deutsch" zu sein. Eine einflußreiche historiographische Richtung sieht den deutschen Nationalismus als einen unausweichlichen Prozeß, der in der Vereinigung von 1871 kulminierte. Diese Geschichtsdeutung, die ihren Ursprung in der borussischen Schule des 19. Jahrhunderts hat und inzwischen zunehmend an Bedeutung verliert, bietet jenen Bestätigung und Trost, die das Ziel der deutschen Geschichte im Nationalstaat zu finden hoffen. In Wirklichkeit aber waren die deutsche Gesellschaft, Politik und Kultur des 19. Jahrhunderts nicht so einfach strukturiert. Entgegen Elbens Hoffnungen war die Entwicklung der nationalen Identität 1871 nicht abgeschlossen; vielmehr begann sie erst. Alle Württemberger, Elben eingeschlossen, mußten ihre lokale und regionale mit ihrer nationalen Identität in Einklang bringen und einen Weg finden, Württemberg innerhalb Deutschlands zu „plazieren", lokalen Traditionen treu zu bleiben und sich gleichzeitig die Sprache und Symbole des nationalen Patriotismus anzueignen. Dies war letztlich ein erfolgreicher Prozeß, doch er verlief nicht ohne Biegungen und Wendungen.

---

[1] *Otto Elben*, Lebenserinnerungen 1823-1899, Stuttgart 1931, 163-164. Dieser Aufsatz basiert zu Teilen auf meinem Buch: The Nation as a Local Metaphor: Württemberg, Imperial Germany, and National Memory, 1971-1918, Chapel Hill 1997.
[2] Der Beobachter, 2. 9. 1873.

Bevor der kleindeutsche Nationalstaat 1871 zur politischen Realität wurde, stellte sich für die Deutschen die Frage, ob es einen Nationalstaat geben, und wenn ja, welcher Art er sein solle. Die Debatte in Württemberg über den richtigen Weg zur Verankerung der lokalen Identität in der deutschen war bezeichnend für die Spannweite der Meinungen. Sie betonte die Selbständigkeit des Einzelstaats und antipreußische Einstellungen, und dies besonders in den sechziger Jahren, als sich eine preußische Lösung der deutschen Frage abzeichnete. König Wilhelm I. war für seinen Ausspruch vom Beginn der 1860er Jahre bekannt, daß es besser sei, ein Verbündeter der Franzosen als ein Vasall der Preußen zu sein.[3] König Karl I., der bis 1891 regierte, teilte diese Vorstellung. Eine seiner ersten Regierungshandlungen bestand darin, die Uniformen der Armee so zu verändern, daß sie praktisch genau so aussahen wie jene der österreichischen Armee.[4] Im Kontext der preußisch-österreichischen Auseinandersetzungen über Schleswig-Holstein war dies ein deutliches Signal für die politischen Präferenzen des Königs. Die Staatsregierung, die Staatsbürokratie, demokratische Partikularisten und Katholiken teilten diese großdeutsche Haltung und lehnten einen kleindeutschen Staat ab.

Die politische Landkarte Württembergs bot ein genaues Abbild dieser Skala von Vorstellungen der nationalen Identität. Die Spaltung in der Württemberger Politik vor 1871 und bis 1895 war national motiviert, nicht religiös oder sozial. Das politisch aktive Bürgertum war in den liberalen und demokratischen Parteien organisiert.[5] 1864 gründeten die Demokraten die Volkspartei, deren Politik von ihrem Vorsitzenden Carl Mayer auf den Punkt gebracht wurde: „Heutzutage ist die nationale Frage in den Vordergrund getreten; wo aber die Nationalität und die Freiheit miteinander in Konflikt kommen, da wird sich unser Blatt [und die Partei] auf die Seite der Freiheit stellen."[6] Die Demokraten lehnten die kleindeutsche Idee ab und propagierten den sogenannten Dritten Weg zur Lösung der deutschen Frage, eine Föderation der süddeutschen Staaten als ein Gegengewicht zu Österreich und Preußen. Die Liberalen, die 1866 die mit der Nationalliberalen Partei verbundene Deutsche Partei gründeten, unterstützten hingegen eine rasche Vereinigung unter preußischer Führung.

Während sich 1866/67 ein politisches Problem auflöste - Österreich schied aus Deutschland aus -, verstärkte sich das Identitätsproblem, die Frage nämlich, wie sich Württemberg in ein von Preußen dominiertes Deutschland einfügen könne: Wenn die Reichsgründung von 1871 im nachhinein für manche unausweichlich schien, so gewiß

---

[3] Vgl. Der Beobachter, 6. 10. 1875.
[4] *Schmahl/Spemann*, Geschichte des 2. Württembergischen Feldartillerie-Regiment, Nr. 29 Prinzregent Luitpold von Bayern, Stuttgart o. J., 110.
[5] Vgl. *Dieter Langewiesche*, Liberalismus und Demokratie in Württemberg zwischen Revolution und Reichsgründung, Düsseldorf 1974.
[6] Zit. nach ebd., 318.

nicht für die Württemberger.⁷ Württemberg kämpfte wie die anderen kleineren deutschen Staaten an der Seite Österreichs gegen Preußen. Nach dem deutschen Bürgerkrieg verschärften der Ausschluß Österreichs aus Deutschland und die Gründung des Norddeutschen Bundes die antipreußische Stimmung. Die Volkspartei wurde zur führenden politischen Kraft im Land, während die politische Unterstützung für die Deutsche Partei von Julius Hölder, einem liberalen Parteiführer, als ein „Schrecken" beschrieben wurde.⁸ Am 1. Januar 1867 verlieh der demokratische „Beobachter" der Atmosphäre dieses Jahres in scharfen Worten Ausdruck: „Die Signatur des Jahres 1866 aber heißt: Königgrätz. Das ist der Mord. An den Namen dieses böhmischen Dorfs heftete sich das ganze Elend, das über uns gekommen ist: Bruderkrieg. Theilung des Vaterlandes, Untergang aller Freiheit im Norden. Verlust jeder Sicherheit im Süden."⁹ Die meisten Württemberger und das Königshaus konnten sich mit diesen Empfindungen identifizieren. Die Demokraten und der Großdeutsche Klub, eine Gruppe katholischer und konservativer Preußengegner, opponierten gegen den im August 1866 unterzeichneten Verteidigungsvertrag zwischen Württemberg und Preußen und gegen die von Preußen geforderte Erneuerung des Zollvereins. Die Deutsche Partei unterstützte hingegen beide Abkommen. Als politische und nationale Antwort auf den Norddeutschen Bund empfahlen die Demokraten eine unabhängige Süddeutsche Föderation einschließlich Österreichs und die Lösung der deutschen Frage mittels einer Allianz zwischen dem Süddeutschen und dem Norddeutschen Bund. Ungeachtet dieser Opposition billigten die Regierung und der Landtag die Verträge mit Preußen, da die politischen Optionen Württembergs nach 1866 begrenzt waren. Das Jahr 1868 eröffnete aber zwei wichtige Gelegenheiten, die öffentliche Meinung zum Thema „nationale Einigung" abzuschätzen. In den Wahlen zum Zollvereinsparlament zu Jahresbeginn gewannen die Demokraten und die Großdeutschen alle Sitze bis auf sechs, die an die Regierungskandidaten gingen, während die Deutsche Partei nicht in der Lage war, auch nur einen einzigen Kandidaten durchzubringen. In den Landtagswahlen im Dezember des gleichen Jahres gelang den Demokraten und den Großdeutschen ein überwältigender Wahlsieg: Sie erlangten 40 Sitze, während an die Deutsche Partei nur 14 gingen.

Der Krieg von 1870/71 gegen Frankreich löste gänzlich andere Emotionen als der Krieg gegen Österreich aus. Während die Gegner Kleindeutschlands 1866 Preußen die Schuld für den Krieg gaben, waren 1871 alle, einschließlich der Demokraten und der Großdeutschen, davon überzeugt, daß Frankreich den Konflikt zu verantworten hatte. Unter dem Eindruck der militärischen Siege der deutschen Armeen wuchs die

---

⁷ Zum facettenreichen Verständnis des Nationskonzeptes in der deutschen Gesellschaft vor 1871 vgl. *Dieter Langewiesches* exzellenten Essay Reich, Nation und Staat in der jüngeren deutschen Geschichte, in: HZ 254, 1992, 341-381.
⁸ *Friedrich Henning*, Liberalismus und Demokratie im Königreich Württemberg, in: *Paul Rothmund/Erhard Wiehn* (Hrsg.), Die F.D.P./DVP in Baden-Württemberg und ihre Geschichte. Liberalismus als politische Gestaltungskraft im deutschen Südwesten, Stuttgart 1979, 66.
⁹ Der Beobachter, 1. 1. 1867.

nationale Begeisterung. Im Dezember 1870, nach der Schlacht von Sedan im September und vor der Reichsgründung im Januar 1871, wurde eine Landtagswahl anberaumt, um die nationale Einigung zu billigen.[10] Die Deutsche Partei machte mit dem Slogan „Sind sie mit dem Eintritt zum Norddeutschen Bund einverstanden?" Wahlkampf. Die Antwort der Wähler lautete „ja", und die Deutsche Partei konnte ihre Sitze von 14 auf 30 steigern, während die Demokraten von 40 auf 17 absanken. Indem sie für die nationale Einigung votierten, gaben die Württemberger nicht ihre lokale Identität auf, sondern zeigten ein deutsches Nationalgefühl, das für die Jahre 1870/71 nicht zu leugnen ist.

Doch unmittelbar nach der Reichseinigung existierten unter den politisch aktiven Bürgern Württembergs nicht nur eine, sondern drei zentrale Einstellungen gegenüber dem neuen Deutschen Reich nebeneinander. Großdeutsche, Konservative und die Anhänger des Königshauses - repräsentiert in der Landespartei, der Partei von Staatsminister Hermann von Mittnacht, der Katholiken und eines großen Teils der Staatsverwaltung -, nahmen den Nationalstaat als ein fait accompli hin. Ohne Begeisterung akzeptierten sie die Zusammenarbeit mit Bismarck als den einzigen Weg, Württembergs Eigenständigkeit zu sichern. Die Demokraten übernahmen, nach einer Periode der Untätigkeit infolge des Vereinigungsschocks, die Rolle einer laut vernehmbaren und radikalen Opposition gegenüber Preußen und dem autoritären Reichssystem. Die Liberalen und andere Anhänger des Reichs versuchten in dieser vom Willen zur partikularen Selbstbehauptung durchdrungenen Gesellschaft, zwischen Nationalstaat und örtlichem Leben zu vermitteln.[11]

Ungeachtet der Neuerungen des Jahres 1871 trat Württemberg unter Beibehaltung seines Königshauses, seines Landtages und seiner Verfassung in das Deutsche Reich ein. Württemberg behielt seine regionalen Symbole, und seitdem die Münzen im Reich den regionalen Souverän porträtierten, trugen seine Münzen das Profil König Karls, nicht das Kaiser Wilhelms I. Einem Abkommen mit Bismarck entsprechend verfügte Württemberg über eigene Briefmarken und unabhängige Post- und Eisenbahndienste. Insbesondere auf lokaler Ebene war das Reich abwesend. Das Schulsystem und die Schulbücher blieben unverändert, und das Reich verfügte nur über begrenzte legislative Gewalt in Württemberg. Selbst die preußisch-deutsche Armee war nach 1871 kein solch perfektes Mittel der nationalen Integration, wie man dies von einer Institution, die innerhalb der preußischen Gesellschaft der Erziehung der Nation diente, vielleicht hätte erwarten können. Die württembergische Armee wurde als XIII. Württemberger Armeedivision der preußisch-deutschen Armee eingegliedert,

---

[10] Vgl. *Karl Bosl*, Die Verhandlungen über den Eintritt der süddeutschen Staaten in den Norddeutschen Bund und die Entstehung der Reichsverfassung, in: *Theodor Schieder/Ernst Deuerlein* (Hrsg.), Reichsgründung 1870/71, Stuttgart 1970, 148-163.
[11] Eine andere Einstellung gegenüber dem Nationalstaat wurde unter den politisch Indifferenten und Uninformierten vertreten, die nur wenige Verbindungen zu der Welt außerhalb ihres lokalen Kosmos besaßen. Dieser Aufsatz erörtert die lokalen und nationalen Gefühle der politisch aktiven Gruppen der württembergischen Gesellschaft.

bewahrte jedoch als gesonderte Einheit ihre alte Struktur und ihr Personal. Selbst wenn das Kommando über die deutsche Armee in Krieg und Frieden gemäß der Reichsverfassung beim preußischen König verblieb und preußisches Personal sowie preußische Methoden zunehmend an Einfluß gewannen, konnte die württembergische Armee doch eine bemerkenswerte Autonomie behaupten. Mit der Beibehaltung eines eigenen Kriegsministers unterstrich Württemberg die Fortdauer seiner militärischen Tradition innerhalb der deutschen Nation. Entscheidend war, daß sich in der deutschen Armee württembergische Soldaten nicht mit Soldaten aus anderen deutschen Regionen vermischten, wie es beispielsweise in der französischen und der russischen Armee geschah.[12]

Und doch brachte die Vereinigung von 1871 einige dramatische Neuerungen. Zum ersten Mal verbanden sich die deutsche Nation (oder vielmehr eine bestimmte Definition von ihr), die deutsche Gesellschaft und ein deutscher Staat innerhalb eines einzigen, politisch definierten Territoriums. Württemberg wurde Teil eines größeren Ganzen. Das starke Gefühl des Lokalpatriotismus und oft auch des Provinzialismus, das Württembergs Gesellschaft kennzeichnete, traf nun auf die weite, abstrakte Welt der Nation, was oft Probleme mit sich brachte. Der Nationalstaat zwang jeden, sich den neuen Bedingungen anzupassen. Es wäre falsch zu denken, daß sich nur die Demokraten, Katholiken und politisch Uninteressierten mit der Nation notgedrungen abfinden mußten. Selbst gebildete großbürgerliche liberale Notabeln fühlten sich in ihrem schwäbischen Vaterland derart zu Hause, daß es sie unruhig machte, wenn sie sich irgendwo anders im neuen Nationalstaat aufhalten mußten. Selbst ein Mann wie Julius Hölder, ein großbürgerlicher Liberaler, Haupt der Deutschen Partei, Landtags- und Reichstagsmitglied, Landtagspräsident seit 1875 und Minister des Inneren seit 1881, fühlte sich während der Sitzungszeiten des Reichstags in Berlin einsam und isoliert. Er, der das soziale und politische Netzwerk von engen Freunden und Kollegen vermißte, jenen Kreis von Bekannten, die er zumeist noch aus den 1840er und 1850er Jahren kannte, organisierte in Berlin „Württembergische Abende". Hier trafen sich Reichstagsabgeordnete und Staatsbeamte aus Württemberg, man konnte Schwäbisch sprechen und wußte den feinen Geschmack der Spätzle zu würdigen. Diese Abende entschädigten für das, was er in seinem Tagebuch als das Fehlen eines „vertraulichen Gedankenaustauschs"[13] in Berlin beschrieb.

Mit der Vollendung der politischen Vereinigung 1871 begann jedoch der Versöhnungsprozeß von lokaler und nationaler Identität. Wie verinnerlichten die Württemberger den neuen Nationalstaat, während sie gleichzeitig lokale Traditionen bewahr-

---

[12] Zur Armee in Württemberg vgl. *G. von Gleich*, Die alte Armee und ihre Verirrungen, Leipzig 1919; *Fritz von Graevenitz*, Die Entwicklung des Württembergischen Heerwesens, Stuttgart 1921; *Friedrich Forstmeier/Hans Meier-Welcker*, Handbuch zur deutschen Militärgeschichte, 1648-1939, Bd. 4, Tl. 1, 205-211 sowie Bd. 4, Tl. 2, 283-289, München 1976; *Paul Sauer*, Das württembergische Heer in der Zeit des Deutschen und des Norddeutschen Bundes, Stuttgart 1958.
[13] Vgl. die Einleitung *Langewiesches*, 34 und den Tagebucheintrag vom 2.3.1879, in: *Dieter Langewiesche* (Hrsg.), Das Tagebuch Julius Hölders 1877-1880, Stuttgart 1977.

ten? In den auf die Reichseinigung folgenden Jahren blieb für manche, wie vor 1871, die Frage offen, ob Kleindeutschland die angemessene Lösung für die deutsche Nation sei. Politisch war diese Frage natürlich entschieden, aber schon die Tatsache, daß weiter darüber diskutiert wurde, ist bedeutsam. Die Sprache blieb die vertraute antipreußische und einzelstaatliche. Ein Beispiel bietet die emotionalisierte Landtagsdebatte vom März 1876 über die Zukunft der Württemberger Eisenbahnen. Im Hintergrund stand Bismarcks Vorschlag vom Dezember 1875, die Eisenbahnen in die Hoheit des Reiches zu überführen. Entsprechend der Reichsverfassung von 1871 hatte Württemberg eine eigenständige Eisenbahnverwaltung behalten. Nun wollte Bismarck diesen wichtigen Transportsektor dem Reich unterstellen. Dieser Vorschlag stieß in Württemberg auf starken Widerstand. Oberflächlich betrachtet handelte es sich um eine Wirtschaftsdebatte über einen Rationalisierungsversuch, um das zerstückelte Eisenbahnsystem in eine einheitliche, effizientere Organisation zu überführen. Doch darum ging es nur auf den ersten Blick.

Der Landtagsabgeordnete Moritz Mohl verdeutlichte die Grundlinie der Debatte: „Die Verhältnisse der übrigen deutschen Staaten (...) wird man [in Berlin] nie gehörig kennen lernen (...) es liegt auch in der Natur der Sache, daß Jeder sich vorzugsweise für das Land, in dem er lebt und in dem er geboren und erzogen ist, interessirt, und es ist menschlich und natürlich gar nicht zu erwarten, daß man in Berlin das gleiche Interesse für die übrigen deutschen Staaten haben kann."[14] Mohl war ein großdeutscher Demokrat und ein standfester Gegner Preußens. Aber seine Worte scheinen einen tieferliegenden Zustand zu reflektieren, der sich nicht einfach mit politischem Antagonismus umschreiben läßt. Mohl drückte ein unter den Landtagsabgeordneten weit verbreitetes Gefühl vom einzigartigen Charakter regionaler Identität aus und von der Unfähigkeit der kleindeutschen Nation, diese zu umfassen. Ein Landtagsvorschlag, das Reichseisenbahngesetz grundsätzlich zu unterstützen, doch Bismarcks Vorschlag zurückzuweisen, wurde mit einer Mehrheit von 80 zu sechs Stimmen angenommen. Einer der sechs Gegner war bezeichnenderweise Otto Elben, der 1871 voll Zuversicht geglaubt hatte, die „Geburtswehen" der deutschen Nationalidentität seien vorbei.

Die Landtagsdebatte über Bismarcks Eisenbahninitiative war keine Verwirrung im Württemberg der Jahre nach 1871. Sie verkörperte vielmehr sehr gut die vielschichtige Art und Weise, wie die Württemberger versuchten, ihre regionale und nationale Identität miteinander in Einklang zu bringen. In den siebziger Jahren, als die Erinnerung an einen unabhängigen württembergischen Staat noch frisch war, zeigte sich der Partikularismus oft schroff und kompromißlos. So begrüßte Julius Haußmann, ein prominenter Demokrat in Württemberg, eine Versammlung der Deutschen Volkspartei in diesen frühen Jahren des Reichs mit folgenden Worten: „Im Geist sind wir bei Euch / Doch leider auch im Reich. / Geht dieses aus dem Leim, / Kehrt jeder fröhlich heim."[15]

---

[14] Verhandlungen der Württembergischen Abgeordnetenkammer, Bd. 117, 30.3.1876, 1080f.
[15] *Klaus Simon*, Die württembergischen Demokraten, Stuttgart 1969, 13.

Die Liberalen waren oft Zielscheibe vernichtender Kommentare, und ihre nationale Haltung galt als unwürttembergisch. Während Württembergs Eisenbahn zu einem Symbol lokaler Identität wurde, so daß selbst Mitglieder der Deutschen Partei gegen ihre Überlassung an das Reich stimmten, sahen sich die württembergischen Liberalen in der Debatte über die nationale Identität in den siebziger und achtziger Jahren zumeist einer Koalition aus Demokraten, Katholiken und Partikularisten gegenüber, die allesamt Vorbehalte gegenüber der deutschen Nation in ihrer gegenwärtigen politischen Form hegten. Während die Liberalen sich selbst stolz „national" nannten, wurden sie von vielen in Württemberg als „preußisch" bezeichnet. Ihre (vermeintliche) Preisgabe der regionalen Identität wurde gar als undeutsch betrachtet. Kein anderer als Karl I. drückte dieses Gefühl 1872 aus: die Liberalen „verleugnen ihr eigenes Vaterland, sie können weder dem Reich noch Preußen von Nutzen sein, denn wer seiner Heimat nicht treu sei, auf den sei überhaupt kein Verlaß, der wolle nur Umsturz und Revolution."[16]

Der inoffizielle Nationalfeiertag, der Tag von Sedan, ließ die gegensätzlichen Vorstellungen von der deutscher Identität zutage treten. Die Liberalen, die die „Erinnerung an die politische Wiedergeburt unserer Nation"[17] begingen, feierten den Tag, um ihre Unterstützung Kleindeutschlands in der Zeit vor der Reichseinigung zu verteidigen. Damit nahmen sie symbolisch für sich in Anspruch, im Namen der Nation zu sprechen, und sie nutzten die Feier, um die nationale Legitimität ihrer politischen Gegner, der Demokraten und der Katholiken (die sozialistische Bewegung war zu dieser Zeit in Württemberg völlig unbedeutend) zu untergraben.[18]

Doch die Demokraten formulierten eine klare und einfache Position, die zu einem ernsthaften Hindernis für Sedanfeiern in Württemberg wurde. Der Sedantag war demnach eine preußische Kreation - entworfen, um Württembergs Traditionen auszulöschen; die Ideen der Feiern hätten nichts gemein mit der württembergischen Lebensart. „Das Siegesfest in Berlin ist offiziell [d. h.: von oben verhängt und keine authentische, vom Volk ausgehende Feier, A. C.] als ein partikularistisches, hohenzollerisch-preußisches Fest bezeichnet."[19] Es ehre den preußischen Sieg von 1866, überlasse die Süddeutschen der Erinnerung an ihre Demütigung, sei von den Preußen bewußt eingeführt worden, um die Süddeutschen an ihre Unterordnung unter die Norddeutschen im Reich zu erinnern und spiegele also, wie andere preußische Neuerungen, nicht die inneren Gefühle der Bevölkerung wider, sondern sei von Berlin „kommandirt".[20] Schlechter noch als die Preußen, die den Feiertag schufen, seien jene

---

[16] *Georg Kleine*, Der württembergische Minister-Präsident Frhr. Hermann von Mittnacht (1825-1909), Stuttgart 1969, 30-31.
[17] So der Richter Dr. Elsäßer, der Hauptredner beim Stuttgarter Banquett 1885. Schwäbische Kronik, 4.9.1885.
[18] Eine umfassende Erörterung des Tags von Sedan in Württemberg findet sich in meinem Buch: The Nation as a Local Metaphor, Tl. 1 (wie Anm. 1).
[19] Der Beobachter, 4. 9. 1873.
[20] Ebd. und 14. 8. 1874.

Württemberger, die ihn feierten. Sie verleugneten ihre Herkunft und ihre Traditionen zugunsten einer neuen Identität, die ihre württembergischen Wurzeln zurückweise.[21] Die Demokraten urteilten über die Liberalen ohne Gnade: Der Tag von Sedan entwickele sich zu einer „lächerliche[n] Farce einzelner [württembergischer] 'Preußen', welche preußischer sein wollen, als die Preußen".[22]

Diese Bewertungen waren in der württembergischen Gesellschaft stark verwurzelt. Sie zeigen die verbreiteten Ängste unter jenen, die den Tag von Sedan nach 1871 nicht feierten - es ging um den Platz Württembergs im neuen Reich im allgemeinen und um die Gefahr einer Verpreußung des Landes im besonderen. In ihrer Kritik drückten die Demokraten den hohen Rang der württembergischen Identität aus, ungeachtet der Niederlage von 1866 und des Verlusts der vollen Souveränität im Jahre 1871. Sie wiesen die Idee einer einheitlichen Nation zurück und stellten ihre Vorteile für die Zukunft Württembergs in Frage. Ein fünf Tage vor der Sedanfeier 1874 im „Beobachter" erschienenes Gedicht von Carl Gutzkow aus dem Jahre 1858 drückt diese Ablehnung aus: „Die Einheit ist ein schöner Klang; aber sie gewinnen auf Kosten unserer besseren Natur?! Wer möchte das befürworten um solchen Preis! / Der Deutsche bildet nur ein geistiges Volk / Seine Kraft liegt auf der Scholle, die er vertheidigt, seiner Sitte, seiner Sprache, seinen Überlieferungen."[23]

Solche Vorstellungen von der Bedeutung der württembergischen Identität stießen in Württembergs Gesellschaft auf große Resonanz. Befürworter der großdeutschen Idee und Anhänger des Württemberger Königshauses opponierten hinter den Kulissen erfolgreich gegen den Feiertag, ebenso der Staatsminister Hermann von Mittnacht. Auch konservative Gruppen engagierten sich gegen den Feiertag. Otto Elben beklagte sich in seinen Memoiren bitter über die entschiedene Opposition der Konservativen und über ihre Entscheidung, mit einem Feiertag zu Ehren Herzog Christophs, Württembergs Herrscher zwischen 1550 und 1568 und einer der Gründungsväter des württembergischen Staates, ein Gegenfest zu feiern. Herzog Christoph war als Figur nicht wichtig genug, um Anlaß zu weiteren Feierlichkeiten zu geben; doch die Erinnerung an sein Vermächtnis während der Jahre mit Sedanfeiern bedeutete für Württembergs Konservative eine Wiederbelebung ihrer Geschichte.[24] Demokraten und Konservative versuchten gewissermaßen, die Position der Liberalen und ihr Bild der Nation zu unterminieren, indem sie die regionale Identität beschworen. Ähnlich der Argumentation Karls I. von 1872 - wenn die Liberalen ihre Heimat preisgäben, könnten sie „weder dem Reich noch Preußen von Nutzen sein" - behaupteten sie, um für die Nation sprechen zu können, müsse man zunächst ein guter Württemberger sein.

---

[21] Ebd., 4. 9. 1873.
[22] Ebd., 31. 10. 1875; vgl. auch ebd., 1. 9. 1874.
[23] Ebd., 27. 8. 1874.
[24] *Elben*, Lebenserinnerungen (wie Anm. 1), 208f.

Schließlich versank der Tag von Sedan in der Bedeutungslosigkeit. Sein Niedergang ab Ende der achtziger Jahre ist bezeichnend für die Wahrnehmungen von Region und Nation in den ersten zwei Jahrzehnten des Nationalstaates. Der Tag von Sedan spiegelte die Unfähigkeit in den siebziger und achtziger Jahren wider, einen aussagekräftigen Diskurs über Regionalität und nationale Souveränität in der württembergischen Gesellschaft in Gang zu setzen. Es ist schwer vorstellbar, daß irgendein Nationalfeiertag in Württemberg nach 1871 hätte erfolgreich sein können. Der Partikularismus, antipreußische Einstellungen, katholische Bedenken aufgrund des Kulturkampfes, die Zurückhaltung des Königs und der Verwaltung und die Zeit, die man brauchte, um die Veränderungen von 1866-1871 zu verarbeiten - all dies waren gewaltige Hindernisse, einen Mittelweg zwischen dem Reich und Württemberg zu finden. Während der ersten beiden Jahrzehnte gelang dies nicht. Die regionale Vergangenheit und die nationale Gegenwart standen in der Inszenierung des Feiertages einander gegenüber wie zwei entfernte und argwöhnische Verwandte.

Der Feiertag rief die Debatten der Reichsgründungszeit über die deutsche Frage wieder wach, anstatt eine symbolische Repräsentation der Nation zu schaffen, die den Zauber und die Anziehungskraft besaß, die über das Hier und Jetzt hinausging. Die Liberalen reproduzierten mit dem Feiertag die politischen und sozialen Gräben in der deutschen Gesellschaft in einer Weise, die ihn seinen Gegnern bloß als eine Ausdehnung der Politik der Deutschen Partei erscheinen ließ. Der Tag von Sedan zeigte kein vielgestaltiges Bild der deutschen Vergangenheit, und er wies der deutschen Gegenwart keine Wege, Tradition und Modernität miteinander zu versöhnen. Das dem Feiertag zugrundeliegende Bild der Nation war zu eindeutig mit 1871 verbunden, um mit der sich verändernden Realität der deutschen Gesellschaft im zweiten Kaiserreich in Einklang zu stehen oder um einen Rahmen zur Verfügung zu stellen, innerhalb dessen sich die deutsche Nation denken ließ. Er bezog sich mehr auf das neue Reich als auf die historisch gewachsene Nation, auf Kleindeutschland mehr als auf das alte Deutschland, auf das zeitlich Vorübergehende mehr als auf das Mythische. Der Darstellung des Feiertages fehlte die Tiefgründigkeit, die nötig gewesen wäre, um ihn zu einer nationalen Gemeinsamkeit werden zu lassen, die eine Brücke zwischen Vergangenheit und Gegenwart schlagen konnte; ihr fehlte die Tiefe des Gefühls, um neue Identitäten aus alten Emotionen heraus zu erzeugen; ihr fehlte die Fähigkeit, die historische Vielgestaltigkeit der deutschen Nation in die neue staatliche Einheit zu integrieren.

Der Tag von Sedan ging in den neunziger Jahren unter, als der Wandel in Politik und Gesellschaft auch die Vorstellungen von Regionalität und nationalem Bewußtsein veränderte. Vor allem verlor der Gegensatz Kleindeutschland versus Großdeutschland seine Bedeutung gegenüber den sozialen und ökonomischen Problemen. Obwohl die Gegnerschaft zu Preußen ein Charakteristikum der württembergischen Kultur und Politik blieb - noch bei den Landtagswahlen von 1895 machte die Volkspartei mit einem strikt antipreußisches Programm Wahlkampf -, verlor sie doch an Gewicht.[25] Der Partikularismus als eine politische Kraft in der deutschen Gesellschaft war im Schwinden begriffen. Seit Beginn der achtziger Jahre erkannten die Demokraten die Legitimität des Reichs und seiner Verfassung an. Als der Kulturkampf tatsächlich endete, erschienen die Katholiken nicht länger als Feinde des Reiches. Auch der nationale Bann über den Sozialisten endete 1890.

Politische Veränderungen folgten rasch. In den Landtagswahlen von 1895 besiegten die Volkspartei und das Zentrum, das sein Debüt in der württembergischen Politik gab, die Deutsche Partei haushoch. Sie verlor nach 25 Jahren ununterbrochener Mehrheiten ihre dominierende Stellung und sank von 64 Prozent der Stimmen 1889 auf 24 Prozent 1895, während das Zentrum 23 Prozent erzielte und die Volkspartei mit 32 Prozent der Stimmen zur stärksten Partei aufstieg. Aus den Parias der ersten zwei Jahrzehnte wurde das Establishment. In den gleichen Wahlen wurde der erste Vertreter der SPD gewählt. Die Konkurrenten der Liberalen hatten sich im Gegensatz zu den siebziger Jahren die Nation erfolgreich angeeignet. Dies zeigte sich symbolisch bei den Feierlichkeiten zum 25. Jahrestag der Reichsgründung. Dabei spielten die zwei größten Parteien im Landtag, das Zentrum und die Volkspartei, eine wichtige Rolle. Der Demokrat Friedrich Payer, nach 1895 Präsident des Landtags, wurde mit der Grundsatzrede beim abendlichen Festessen in Stuttgart beauftragt. Weil er krank wurde, vertrat ihn Konrad Haußmann, ein anderer demokratischer Parteiführer, der eine schwungvolle patriotische Rede hielt.[26] Eloquent reflektierte er den Generationswechsel hin zu einer nationalen Identität in Württemberg: Es war Haußmann senior gewesen, der 1874 jenes gegen die Vereinigung gerichtete Gedicht verfaßte: „Im Geist sind wir bei Euch / Doch leider auch im Reich. Geht dieses aus dem Leim, / Kehrt jeder fröhlich heim". Die Vorstellung, daß die deutsche Nation im kleindeutschen Reich legitim fortlebe, setzte sich in den neunziger Jahren allgemein durch. Dies war die Voraussetzung für eine neue Wahrnehmung von Ort, Region und Nation - die Idee der Heimat.

Vor dem 19. Jahrhundert meinte „Heimat" üblicherweise das elterliche Haus oder den eigenen Hof. Der Begriff „Ausland" beschrieb die Felder jenseits der Hofgrenzen. Im Grimmschen Wörterbuch ist Heimat definiert 1) als „Haus und Hof", 2) als „das Land oder auch nur der Landstrich, in dem man geboren ist oder bleibenden Aufenthalt hat" und 3) als verbunden mit Assoziationen zu Ausdrücken wie dem christlichen Himmelreich oder dem Tierreich.[27] Entsprechend der dritten Definition symbolisierte Heimat jenen Platz, zu dem jemand wirklich gehörte, doch dieser Ort war entweder der Himmel (für den Menschen) oder die Natur (für das Tier), nicht aber der Natio-

---

[25] *David Blackbourn*, Class, Religion, and Local Politics in Wilhelmine Germany: The Center Party in Württemberg Before 1914, New Haven 1980, 74f.
[26] Schwäbische Kronik, 20. 1. 1896.
[27] *Jacob Grimm/Wilhelm Grimm*, Deutsches Wörterbuch, Bd. 4, Tl. 2, Leipzig 1877, 864f.

nalstaat. Grundsätzlich wurde „Heimat" in der ersten Hälfte des 19. Jahrhunderts als ein rechtliches Konzept benutzt - gemeint ist das Heimatrecht.[28] „Heimat" definierte in diesen Fällen konkrete räumliche und zeitliche Bedingungen sowie genaue gesetzliche und soziale Beziehungen.

Doch nach den 1880er Jahren benutzten die Württemberger und die Deutschen den Begriff „Heimat" auch zur Beschreibung der Nation. Die Idee der Heimat repräsentierte nach dieser Periode die ultimative deutsche Gemeinschaft - real und imaginiert, greifbar und symbolisch, lokal und national - von Menschen, die eine spezielle Beziehung zueinander hatten, die eine Vergangenheit und eine Zukunft teilten. Auf einer Ebene war die Heimatidee eine Mittlerin zwischen dem Lokalen und der Nation, auf einer anderen, bedeutenderen wurde „Heimat" im kaiserlichen Deutschland schließlich gerade nicht zur Vermittlerin, sondern zur eigentlichen Repräsentantin der Nation. Hinter der nationalen Heimatidee stand eine spezifische nationale Tradition und ein nationales Bild, und sie repräsentierte, untereinander austauschbar, das Lokale wie auch die Region und die Nation. Auf diese Weise entstand eine „imagined community", die alle Deutschen miteinander verband oder dies zumindest beanspruchte.[29]

Die neue Bedeutung der Heimatidee gab der Möglichkeit, die Nation in abstrakten Begriffen zu denken, symbolischen Ausdruck. Der nationale Kontext, der zur Bildung der Heimatidee in Zeiten großen Wandels im Wilhelminischen Deutschland führte, wirkte seinerseits nationsbildend. Welche Veränderungen gab es in Deutschland und Württemberg zwischen der Periode von Sedanfeiern, d. h. den 1870er und 1880er Jahren, und der Periode der Heimatidee, die eine neue Konzeption von lokalem und nationalem Bewußtsein ermöglichte? Zunächst einmal brachte der soziale und ökonomische Fortschritt den lokalen Bereich und die Nation zusammen. Die Entwicklungen im Bildungsbereich, im Transport- und Kommunikationswesen und die gemeinsame Erfahrung mit der freien Marktwirtschaft und dem Militärdienst sowie die nationalen Wahlen brachten die unmittelbare lokale und die unpersönliche nationale Welt zusammen. Während wichtige Städte bereits in den fünfziger und sechziger Jahren Eisenbahnstationen erhalten hatten, wurden das Land und die Kleinstädte in den achtziger und neunziger Jahren an die Nation angeschlossen.[30] Die Expansion der Presse folgte diesem Muster.[31]

---

[28] *Ina-Maria Greverus*, Der territoriale Mensch. Ein literatur-anthropologischer Versuch zum Heimatphänomen, Frankfurt a. M. 1972, 28; *Mack Walker*, German Home Towns, Community, State, and General Estate, 1648-1871, Ithaca 1971, 347-353.
[29] Als umfassende Erörterung der Heimatidee im kaiserlichen Deutschland vgl. mein Buch: The Nation as a Local Metaphor, Tl. 2 (wie Anm. 1). Zur Entwicklung der Heimatidee von den 1850er Jahren bis in die 1950er Jahre vgl. *Celia Applegate*, A Nation of Provincials: The German Idea of Heimat, Berkeley 1990.
[30] Diese Entwicklung in Württemberg wird sehr klar veranschaulicht bei *Alfred Dehlinger*, Württembergs Staatswesen, Tl. 2, Stuttgart 1953, 701-711, der den Ausbau der Schienenwege nach dem Bau der ersten württembergischen Linie 1843 beschreibt. Die beste Erläuterung der Art und Weise, wie die Bahn lokale Wahrnehmungsbereiche auf die Nation umlenkte, liefert *Eugen Webers* Untersuchung über Frankreich, wo „the conjunction of secondary lines and of the roads build to serve

Zudem entstand im letzten Jahrzehnt des 19. Jahrhunderts eine neue öffentliche Sphäre und politische Kultur im kaiserlichen Deutschland. In dieser Periode organisierten die (Klein-)Bauern und der Mittelstand politische Interessenvertretungen, um ihre Zielvorstellungen in den Parteien, im Reichstag und der Regierung zur Geltung zu bringen.[32] Dieser Druck von unten zugunsten einer energischeren kolonialen und nationalistischen Politik erfolgte durch die gerade erst gegründeten radikalen nationalistischen Organisationen und neuen bürgerlichen Vereinigungen, einschließlich des Evangelischen Bundes, des Volksvereins für das katholische Deutschland, der deutschen Friedensbewegung und der deutschen Frauenbewegung. Dieser Prozeß veränderte die deutsche Öffentlichkeit.[33] Die Veränderungen im politischen System Württembergs während der neunziger Jahre waren Teil dieses umfassenden sozialen und politischen Wandlungsprozesses in Deutschland.

Die Heimatidee war sowohl Resultat dieser entscheidenden Veränderungen in der deutschen Gesellschaft als auch Antwort darauf. Nationskonzepte in der politischen Begrifflichkeit der Vorvereinigungszeit wurden obsolet. Statt dessen entwickelte das deutsche Bürgertum ein neues lokal-nationales Gedächtnis, das die Nation als ein eng geknüpftes Netzwerk lokaler Identitäten imaginierte. Zusammengesetzt aus drei Elementen - der Geschichte, der Natur und der Folklore oder Ethnographie - wurde diese neue Bedeutung der Heimatidee in Württemberg, wie überall in der deutschen Gesellschaft, von verschiedenen, häufig neuen Artefakten getragen. Einige der wichtigsten waren die von den Gemeinden veröffentlichten Heimatbücher, die Einheimischen und Fremden ihre Einzigartigkeit in der nationalen und lokalen Geschichte zeigen sollten. Darüber hinaus wurde in den 1890er Jahren Heimatkunde in die Schulcurricula aufgenommen, Heimatmuseen zwischen 1890 und 1918 von der Hauptstadt Stuttgart bis in die kleinen Provinzstädte gegründet und eine Vielzahl von Vereinigungen geschaffen, die die Heimatidee pflegten und kultivierten. Sie gaben der Erinnerung ebenso soziale Kontinuität und Regelmäßigkeit wie die örtlichen Verschönerungs- und Geschichtsvereine, der regionale Bund für Heimatschutz in Würt-

---

them resulted in an crash program of national integration of unparalleled scope and effectiveness." Vgl. *Eugen Weber*, Peasants into Frenchmen, Stanford 1976, 206.

[31] *David Blackbourn*, The Politics of Demagogy, in: *ders.*, Populists and Patricians. Essays in Modern German History, London 1987, 223f.

[32] Zum Eintritt der Landbevölkerung und des Mittelstandes in die Politik während der 1890er Jahren vgl. *David Blackbourn*, Peasants and Politics in Germany, 1871-1914, in: European History Quarterly 14, 1984, 47-75 sowie *ders.*, The Mittelstand in German Society and Politics, 1871-1914, in: Social History 4, 1977, 409-433.

[33] Vgl. *Geoff Eley*, Reshaping the German Right: Radical Nationalism and Political Change After Bismarck, New Haven 1980; *Roger Chickering*, Imperial Germany and a World without War. The Peace Movement and German Society, 1892-1914, Princeton, NJ, 1975; *ders.*, We Men Who Feel Most German. A Cultural Study of the Pan-German League, 1886-1914, London 1984; *Richard Evans*, The Feminist Movement in Germany 1894-1933, London 1976.

temberg und Hohenzollern und von 1904 an der nationale Deutsche Bund Heimatschutz.[34]

Die Heimatverbundenen waren überzeugt von der Einzigartigkeit der lokalen Identität und glaubten, daß die Heimatidee mit dem historischen „Deutschtum" und mit dem jungen Nationalstaat versöhnen werde. In den geschichtlichen Abschnitten der württembergischen Schulbücher wurde die Heimat als lokale und nationale Zugehörigkeit veranschaulicht. Schulbücher waren ein wichtiges Mittel zur Popularisierung der Heimatidee. Als Lehrmedium reflektierten sie allgemeine Entwicklungstendenzen in der Gesellschaft.[35] Geschrieben für Kinder präsentierten sie ihr Material auf unkomplizierte Weise und lieferten folglich ein auf seine wesentlichsten Elemente reduziertes Bild der Heimatidee. Die Lesebücher sind daher eine exzellente Quelle, um das Entstehen und die Bedeutung der Heimatidee in Württemberg zwischen 1871 und 1914 zu untersuchen.

Die Heimatidee tauchte in den Schulbüchern erst ab 1895 auf. Geht man davon aus, daß es über ein Jahrzehnt dauerte, bis neue Auffassungen ihren Weg in die schulischen Lehrpläne fanden, korrespondiert dieses Datum mit dem Beginn der Entstehung der Heimatidee in den achtziger Jahren. Von den sechziger bis zu den neunziger Jahren schien es in der Tat so, als ginge die Geschichte an den katholischen und protestantischen Lesebüchern in Württemberg unbemerkt vorüber; sie blieben, abgesehen von einer Lektion über den Krieg von 1870/71, unverändert. Die Lesebücher unterschieden nicht zwischen Weltgeschichte, zwischen europäischer, deutscher und württembergischer Geschichte, sondern präsentierten dies alles in einem langen Kapitel. So behandelte der Abschnitt „Aus Geschichte und Menschenleben" eines protestantischen Schulbuchs von 1874 so unterschiedliche Themen wie das alte Ägypten, Sokrates, die Zerstörung des Tempels in Jerusalem, Jesus Christus, Mohammed, Friedrich Barbarossa, das alte Schwaben, Kolumbus, Luther, Friedrich den Großen, die Französische Revolution, Napoleon und die Vereinigung von 1870/71.[36]

Die Geschichtskapitel veränderten sich 1895, als das Konzept der Heimat zum ersten Mal benutzt wurde, um Württemberg zu beschreiben. So erörterte beispielsweise ein katholisches Lesebuch von 1895 die württembergische Geschichte in einem mit „Das Weltall" überschriebenen Kapitel, getrennt von der Geschichte Deutschlands, Europas und der Welt. Neben Gedichten und Erzählungen begann es mit einer Geschichte über „Die Heimat".[37] Die Ausgabe dieses Lesebuchs von 1910 betonte die Heimatidee und die regionale Identität Württembergs noch deutlicher.[38] Der weitge-

---

[34] Vgl. zur Heimatbewegung auch *Winfried Speitkamp*, Die Verwaltung der Geschichte. Denkmalpflege und Staat in Deutschland 1871-1933, Göttingen 1996.
[35] Zur Art und Weise, wie man Schulkindern Geschichte einschärfte vgl. *Marc Ferro*, Comment on raconte l'histoire aux enfants à travers le monde entier, Paris 1981; *Volker Berghahn/Hanna Schissler* (Hrsg.); Perceptions of History: An Analysis of School Textbooks, Oxford 1987.
[36] Lesebuch für die evangelischen Volksschulen Württembergs, Stuttgart 1874, 224-439.
[37] Lesebuch für die katholischen Volksschulen Württembergs, Neuausg. Horb 1895.
[38] Dass., Tl. 2, viertes bis siebtes (achtes) Schuljahr, Stuttgart 1910.

faßte Titel „Das Weltall" verschwand, und die Heimat erschien statt dessen in einem Kapitel namens „Aus der Länder- und Völkerkunde". Dessen erster Teil, „Aus der Heimat", kombinierte württembergische Geschichte, Folklore und Natur - die klassischen Heimattopoi. Bezeichnenderweise hielten es die Erzieher nicht für nötig, die regionale Heimatidentität zu vermitteln, solange Württemberg ein unabhängiger Staat und seine Verschiedenheit von anderen deutschen Regionen augenscheinlich war. Doch 24 Jahre nach der Vereinigung, als die nationale Vereinheitlichung drohte, alle Deutschen ohne Ansehen ihrer unterschiedlichen Vergangenheiten und Traditionen gleich zu machen, hielten es die Württemberger für nötig, ihren Kindern die Attribute regionaler Zugehörigkeit beizubringen. Der Wandel in den Schulbuchdarstellungen württembergischer Geschichte nach 1895 markiert einen Wendepunkt in der Formung einer regionalen Württemberger Identität.

Die Heimatidee erhielt zusätzliche Bedeutung in den 1909-1910 herausgegebenen Lesebüchern, als sie mit der Nation als ganzer verknüpft wurde. 1910 präsentierte das gleiche katholische Lesebuch die deutsche Geschichte zum ersten Mal in einem eigenen Kapitel mit der Überschrift „Aus der Vergangenheit des deutschen Volkes".[39] Es enthielt drei Stücke, die den Begriff der „Heimat" im Titel führten, einschließlich eines Gedichts von Prinz Emil von Schönaich-Carolath, „Daheim", das sich mit dem Gefühl beschäftigte, in der deutschen Heimat zu Hause zu sein. Ein ähnliches Thema tauchte auch im protestantischen Lesebuch von 1909 auf. Dem Kapitel „Aus unserem Heimatland Württemberg" folgte das „Aus dem deutschen Vaterland", das mit einem Gedicht begann, in dem Deutschland als Heimat identifiziert wurde: „(...) / ach, dies schöne Land, 's ist mein Heimatland / 's ist mein liebes deutsches Vaterland!"[40] Die Heimatidee reflektierte also den Prozeß, wie die Württemberger sich die Nation aneigneten. Sie vermischten lokales und nationales Bewußtsein, indem sie die Nation zur Heimat machten und sie in lokalen Begriffen verstanden.

Im 19. Jahrhundert bedeutete für die Württemberger nicht die Frage, ob die regionale über die nationale Identität zu setzen sei, ein Identitätsproblem, sondern eher jene, wie diese beiden vereinigt werden könnten und wo die Region innerhalb der Nation anzusiedeln sei, ohne die Besonderheit lokaler Traditionen zu verlieren. Vor 1871 war die politische Ordnung der Nation selbst das Problem: Großdeutschland, Kleindeutschland oder eine Art süddeutscher Föderation wurden diskutiert. Die Vereinigung von 1871 beendete die politische Gestaltung des Nationalstaats, aber sie verschärfte gleichzeitig das Streben nach einer Lösung der Identitätsfrage zwischen den Vorstellungen von lokalem und nationalem Bewußtsein.

Ich spreche von einer „Lösung der Identitätsfrage"; dies verlangt nach einer Erklärung. Otto Elben glaubte 1871, daß eine endgültige Lösung der nationalen Identitätsprobleme Deutschlands bevorstehe. Doch dies war reines Wunschdenken. Nationali-

---

[39] Dass., Tl. 2, viertes bis siebtes (achtes) Schuljahr, Stuttgart 1910.
[40] Lesebuch für die evangelischen Volksschulen Württembergs, Tl. 2, viertes und fünftes Schuljahr, Stuttgart 1909, 292.

sten glauben gerne, daß man nationale Identität festschreiben kann oder daß sie einst ein goldenes Zeitalter erlebte, bevor der Niedergang einsetzte. In Wahrheit aber gibt es keine abschließenden Lösungen in Identitätsfragen, sondern allenfalls temporäre - und selbst diese sind manchmal illusionär. Auch wenn dieser Aufsatz mit dem Jahr 1914 endet, möchte ich nicht den falschen Eindruck erwecken, als ob die beschriebenen Prozesse abgeschlossen seien. Das Ausbalancieren zwischen den Konzepten von lokaler und nationaler Identität blieb eine feste Konstante für die Württemberger und für die Deutschen bis heute. Und die Heimatidee erwies sich als recht erfolgreich, um zwischen diesen beiden Polen zu vermitteln.[41]

---

[41] Vgl. meinen Artikel: Edgar Reitz's Heimat and German Nationhood: Film, Memory, and Understandings of the Past, in: German History, Tl. 19, Nr. 2, 1998, 185-208.

Geschlecht und Nation

Siegrid Westphal

Frauen der Frühen Neuzeit und die deutsche Nation

Mit seiner historischen Erzählung über Arminius und Thusnelda schuf der Breslauer Syndikus Daniel Casper von Lohenstein Ende des 17. Jahrhunderts nicht nur den umfangreichsten Roman seiner Zeit, sondern auch eine nationale Allegorie mit zeitgenössischen politischen Bezügen.[1] Angesprochen wurden Kaiser Leopold I. und die Reichsstände, die gemeinsam zum Wohle des Vaterlandes wirken sollten.[2]

Zwanzig Kupfer von Johann Jacob Sandrart dienen der Illustration der Handlung. Das erste Titelkupfer „Arminius und Thusnelda" zeigt im Mittelpunkt des Bildes eine thronende Frau und jeweils rechts und links von ihr zwei Gruppen zum Teil kämpfender Männer. Unter ihnen befindet sich in herausgehobener Position Arminius, der am Flügelhelm und dem Schild mit dem springenden weißen Pferd, dem Wappentier der Cherusker, erkennbar ist. Schwieriger gestaltet sich die Interpretation der Frau. Ihre Attribute, Krone und Thron, weisen einerseits auf eine Personifikation der Germania.[3] Zwei am Geschehen beteiligte Kinder und ein Wappen der Chatten sprechen für eine Deutung als Thusnelda. Damit entzieht sich die Frauengestalt im Gegensatz zu Arminius einer eindeutigen Benennung, was zu der Vermutung Anlaß gab, daß die weibliche Allegorie sowohl Germania als auch Thusnelda symbolisierte.[4] Dies sowie die leicht zurückgesunkene Haltung und der himmelwärts gerichtete Blick der Frau werden als Schwäche und Handelsferne gesehen, die mit dem Bild des kämpfenden Arminius kontrastieren. Im übertragenen Sinne zeige sich im Titelkupfer das Spannungsfeld von männlichem Handeln und weiblichem Verschwinden in der Geschichte.[5]

Die Sandrartsche Illustration bestätigt somit scheinbar eine lang in der Frauengeschichte vorherrschende Auffassung, die die Opferrolle bzw. die untergeordnete Stellung und den Ausschluß der Frauen von öffentlichem Handeln in der frühneu-

---

[1] Zitiert nach dem Exemplar in der Österreichischen Nationalbibliothek (= ÖNB), BE.10.P.9, *Daniel Casper von Lohenstein*, Großmütiger Feldherr Arminius, als ein tapferer Beschirmer der deutschen Freiheit, nebst seiner durchlauchtigen Thußnelda ..., 2 Teile, Leipzig 1689/90.
[2] Vgl. *Thomas Borgstedt*, Reichsidee und Liebesethik. Eine Rekonstruktion des Lohensteinschen Arminiusromans, Tübingen 1992; *Andreas Dörner*, Politischer Mythos und symbolische Politik: Sinnstiftung und symbolische Formen am Beispiel des Herrmannmythos, Opladen 1995.
[3] *Jutta Breyl*, Johann Jacob von Sandrart als Illustrator des Lohensteinschen Arminius, in: Daphnis 18, 1989, 487-519.
[4] *Detleff Hoffmann*, Arminius und Germania-Thusnelda. Zu einem „annehmlichen Kupfer" von Johann Jacob von Sandrart, in: *Sigrid Schade* (Hrsg.), Allegorien und Geschlechterdifferenz, Köln/Weimar/Wien 1985, 65-71.
[5] Ebd., 69.

zeitlichen Gesellschaft betont. Ihre Partizipation an Herrschaft und Machtausübung wurde nicht thematisiert und galt auch nicht als erstrebenswert. Vielmehr sollte eine Frauengeschichte eine Geschichte der vielen und nicht der ständisch herausgehobenen Frauen sein. Eine Ausnahme bildet in dieser Hinsicht lediglich die Reformation, die als „soziale Emanzipationsbewegung" verstanden wird.[6]

Daß Frauen aber auch zu den Herrschenden zählten, in vielfacher Weise an der Gestaltung von Öffentlichkeit beteiligt waren, eigene Positionen und Ideen entwarfen und auch als Handelnde wahrgenommen wurden, setzt sich erst allmählich und im Zusammenhang mit der Veränderung von Forschungsprämissen durch.[7]

So wurde erst jüngst derselbe Arminiusroman, der im Titelkupfer angeblich das historische Nichthandeln von Frauen zeigt, als ein Fürstinnenspiegel interpretiert, in dem Lohenstein ein spezielles Tugendmodell, eine ideale Rollenbeschreibung für eine Fürstin als Unverheiratete, als Herrschergattin und Witwe entwirft.[8] Ausgehend von der Annahme, daß unter gleichen Voraussetzungen beide Geschlechter die gleiche ethische und rationale Potenz besitzen, können danach bei Lohenstein Frauen alle als „männlich" definierten Tugenden wie Mut, Tapferkeit oder Standhaftigkeit entwickeln und damit auch die „männlichen" Aufgaben in der Gesellschaft ausüben. Dazu gehört vor allem die Vaterlandsliebe, die als traditionell männliche Tugend gilt, da sie von der bewaffneten Verteidigung des Vaterlandes abgeleitet wird. „Lohenstein nutzt die Chancen, die sich aus seinem Stoff ergeben, um aus der bei Tacitus überlieferten Beteiligung der Germaninnen sowohl an den Ratschlüssen über Krieg oder Frieden als auch an der konkreten Vaterlandsverteidigung ein Modell zu entwickeln, in dem auch für das weibliche Geschlecht die Vaterlandsliebe eine gewichtige Rolle spielt und häufig zum Handlungsmotiv wird."[9] Er demonstriert die Gleichheit beider Geschlechter mehrmals bei der Verteidigung des Vaterlandes, bei der auch Frauen, getrieben durch glühende Vaterlandsliebe, zu den Waffen greifen und sich durch Tapferkeit auszeichnen. Inwiefern in der idealisierten Welt des Romans unter Rückgriff auf das beliebte Amazonenmotiv lediglich der weit verbreitete Kult um die „femmes fortes" betrieben wurde, ist schwer zu bestimmen.[10] Daß Lohensteins Interpretation ernst genommen wurde, läßt sich jedoch an der Reaktion der Kritiker ablesen, die sich insbesondere an den kriegerischen Frauen stießen. Der Herausgeber einer späteren Auflage von 1731 sah sich zu dem Hinweis genötigt, dies sei „nicht nach der ge-

---

[6] *Heide Wunder*, Herrschaft und öffentliches Handeln von Frauen in der Gesellschaft der Frühen Neuzeit, in: *Ute Gerhard* (Hrsg.), Frauen in der Geschichte des Rechts: Von der Frühen Neuzeit bis zur Gegenwart, München 1997, 27-54.
[7] *Heide Wunder/Helga Zöttlein/Barbara Hoffmann*, Konfession, Religiosität und politisches Handeln von Frauen vom ausgehenden 16. bis zum Beginn des 18. Jahrhunderts, in: *Klaus Reichert* (Hrsg.), Zeitsprünge. Forschungen zur Frühen Neuzeit 1, 1997, 75-98.
[8] *Cornelia Plume*, Heroinen in der Geschlechterordnung. Weiblichkeitsprojektionen bei Daniel Casper von Lohenstein und die „Querelle des femmes", Stuttgart 1996, 205.
[9] Ebd., 121.
[10] Ebd., 207; vgl. *Ian Maclean*, Women triumphant. Feminism in French Literature 1610-52, Oxford 1977.

meinen und heutigen Weise des Frauenzimmers, sondern nach den alten Zeiten, und der kriegerischen Art unsers Volckes anzunehmen und auszulegen ... ."[11]

Zu diesem Zeitpunkt bedurfte der Arminius bereits der Erläuterung, denn sowohl seine Aussagen als auch sein barocker Stil wurden nicht mehr verstanden. Kriegerische Frauen untergruben offensichtlich herrschende Wertvorstellungen, aber nicht, weil die handlungsmotivierende Vaterlandsliebe als rein männliche Tugend galt. Die Art und Weise der Umsetzung von weiblicher Vaterlandsliebe stand vielmehr im Mittelpunkt der Kritik.

Im folgenden soll in einer ersten Problemskizze gezeigt werden, wie das Verhältnis von Frau und Nation im 17. Jahrhundert charakterisiert werden kann und welche Wege der Umsetzung von Vaterlandsliebe die Frauen angesichts ihrer gesellschaftlichen Stellung einschlugen.

Forschungsstand

Allein die unterschiedliche Interpretation des Arminiusromans im Kontext der Forschung demonstriert die gewandelte Einstellung hinsichtlich der politischen Partizipation von Frauen in der Frühen Neuzeit, die nun als gegeben vorausgesetzt wird. Dies zeigt sich auch bei der Nationalismusforschung, die das Verhältnis von Nation und Geschlecht gerade erst als Forschungsfeld entdeckt hat.

Noch 1995 monierte Dieter Langewiesche in seinem Forschungsbericht über „Nation, Nationalismus und Nationalstaat", daß das Verhältnis von Geschlecht und Nation nur sehr unzureichend erforscht sei. Dies beginne sich zwar zu ändern, bisher würden aber eher Widersprüche als klare Konturen das Bild bestimmen.[12] So findet dieser Ansatz in einem von Reinhard Stauber verfaßten Überblick über Forschungen zu Nation und Nationalismus in der Frühen Neuzeit überhaupt keine Erwähnung.[13] In der Tat fällt es der Nationalismusforschung bereits schwer, hinter den klassischen Einschnitt der Französischen Revolution zurückzugehen und die Ursprünge und Verdichtungsphasen des Nationalismus in der Frühen Neuzeit wahrzunehmen.[14] Umso problematischer gestaltet es sich, eine Beziehung zwischen dem frühneuzeitlichen Nationalismus und der Bedeutung von Geschlecht herzustellen und Verbindungspunkte zu finden. Während die geschlechtergeschichtliche Forschung für das 19. und

---

[11] ÖNB 31.931-B, *Daniel Caspar von Lohenstein*, Heldenmüthige Liebes- und Lebens-Geschichte von dem theuren Freyheits-Beschirmer des bedrängten alten Deutschlandes Arminius oder Herrmann und seiner Durchlauchtigen Thußnelda, Neuauflage, Leipzig 1731, XXXVf.

[12] *Dieter Langewiesche*, Nation, Nationalismus, Nationalstaat: Forschungsstand und Forschungsperspektiven, in: NPL 40, 1995, 190-236, hier 216.

[13] *Reinhard Stauber*, Nationalismus vor dem Nationalismus? Eine Bestandsaufnahme der Forschung zu „Nation" und „Nationalismus" in der Frühen Neuzeit, in: GWU 47, 1996, 139-165.

[14] Vgl. *Langewiesche*, Nation (wie Anm. 12), 200ff.; insbesondere *Wolfgang Hardtwig* hat es als erster unternommen, wesentliche Elemente des Nationalismus an der Wende vom 15. zum 16. Jahrhundert herauszuarbeiten. Siehe dazu: ders., Nationalismus und Bürgerkultur in Deutschland, 1500-1914. Ausgewählte Aufsätze, Göttingen 1994; vgl. außerdem die bei *Stauber*, Nationalismus (wie Anm. 13) aufgeführte Literatur.

20. Jahrhundert gerade in den letzten Jahren wesentliche Ergebnisse erarbeitet hat, die insbesondere Männlichkeits- und Weiblichkeitsentwürfe in bezug auf die Entwicklung von Nation als militärisch und männlich geprägtem Raum in den Blick nehmen[15], bietet die Geschlechtergeschichte der Frühen Neuzeit kein kongruentes Erklärungsmuster. Der einzige auch international gut erforschte Komplex dieses Zeitraumes markiert nach der herkömmlichen Interpretation den Beginn eines modernen Nationalismus, nämlich die Rolle von Frauen in der Französischen Revolution.[16] Zwar gibt es mittlerweile eine Vielzahl von Publikationen über das Verhältnis der Geschlechter in der Frühen Neuzeit, allerdings ist die politische Bedeutung von Frauen und der damit eng verbundene Aspekt von Geschlecht und Nation noch zu wenig in den Blick geraten.[17]

Lediglich die Forschung über die sog. „Querelle des femmes", eine vom 15. bis 18. Jahrhundert europaweit geführte Debatte unter Gelehrten und Gebildeten über die Rangordnung der Geschlechter, stellt eine Verbindung von Nation und Geschlecht in der Frühen Neuzeit her, jedoch mit deutlich negativen Untertönen.[18] So verweist bei-

---

[15] Vgl. *Carola Lipp* (Hrsg.), Schimpfende Weiber und patriotische Jungfrauen. Frauen im Vormärz und in der Revolution 1848/49, Moos/Baden-Baden 1986; *Ute Frevert*, Mann und Weib, und Weib und Mann, München 1995; *Christel Köhle-Hezinger* (Hrsg.), Frauen und Nation, Tübingen 1996; *Ute Frevert* (Hrsg.), Militär und Gesellschaft, Stuttgart 1997; mit einem kulturgeschichtlichen Ansatz s. *Patricia Herminghouse/Magda Mueller*, Gender and Germanness. Cultural Productions of Nation, Providence/Oxford 1997; s. insbesondere *Karen Hagemann*, Nation, Krieg und Geschlechterordnung. Zum kulturellen und politischen Diskurs in der Zeit der antinapoleonischen Erhebung Preußens 1806-1815, in: GG 22, 1996, 562-591. Weitere ausführliche Literaturhinweise s. *Karen Hagemann*, Militär, Krieg und Geschlechterverhältnisse. Untersuchungen, Überlegungen und Fragen zur Militärgeschichte der Frühen Neuzeit, in: *Ralf Pröve* (Hrsg.), Klio in Uniform? Probleme und Perspektiven einer modernen Militärgeschichte der Frühen Neuzeit, Köln/Weimar/Wien 1997, 35-88.

[16] Einen Überblick bietet beispielsweise *Annette Graczyk*, Frauenrecht und Politik:Weibliches Engagement in der Französischen Revolution, 1789 bis 1795. Eine Auswahlbibliographie, in: Das Achtzehnte Jahrhundert 13, 1989, 111-125.

[17] Einige mögliche Anknüpfungspunkte: *Marion Kobelt-Groch*, Aufsässige Töchter Gottes. Frauen im Bauernkrieg und in der Täuferbewegung, Frankfurt a. M./New York 1993; *Elke Trzinski*, Studien zur Ikonographie der Germania, Recklinghausen 1990; auch moralisch-didaktische Schriften zum Alamodewesen tragen nationale Züge. Vgl. hierzu Bayerische Staatsbibliothek München, 4 P. o. germ 64m, Das Von Teutschen Gebluet und Frantzösischen Gemueth Leichtsinnige Frauen-Zimmer ... durch B. C. B. T. A., s. l. 1691; weitere Flugschriften zum „deutsch-französischen Alamode-Teufel" in der Flugschriftensammlung Gustav Freytag, VI. Gesetz, Sitte, Mode (Mifi. 101-135). Weitere mögliche Ansätze bei *Michael Maurer*, „Nationalcharakter" in der frühen Neuzeit. Ein mentalitätsgeschichtlicher Versuch, in: *Reinhard Blomert* (Hrsg.), Transformationen des Wir-Gefühl. Studien zum nationalen Habitus, Frankfurt a. M. 1993, 45-81, s. auch den Beitrag im vorliegenden Band; *Susanna Burghartz* hat in ihrem Vortrag auf der 2. Tagung der AG Frühe Neuzeit im Verband der Historiker Deutschlands in Jena (18. bis 20. September 1997) anhand von Reiseberichten über die Schweiz herausgearbeitet, daß die Darstellung bestimmter Nationaleigenschaften oft über die Schilderung des weiblichen Geschlechts erfolgt.

[18] Vgl. insbesondere die zusammenfassende Betrachtung von *Katharina Fietze*, Frauenbildung in der „Querelle des Femmes", in: *Elke Kleinau/Claudia Opitz* (Hrsg.), Geschichte der Mädchen- und Frauenbildung, Bd. 1: Vom Mittelalter bis zur Aufklärung, Frankfurt a. M./New York 1996, 237-251; *Elisabeth Gössmann* (Hrsg.), Das wohlgelahrte Frauenzimmer, München 1984; *Claudia Opitz*, Streit um die Frauen? Die frühneuzeitliche „Querelle des femmes" aus sozial- und frauengeschicht-

spielsweise Claudia Opitz auf das Motiv des nationalen Ruhms, „der Verherrlichung des eigenen Vaterlandes, das zahlreiche Autoren zwischen 1650 und 1800 dazu bewegte, Schriften zur Frauenbildung oder auch regelrechte „Frauenzimmerlexika" herauszugeben und viel forscherische Mühe auf den Nachweis weiblicher Bildung in den Grenzen des deutschen Reiches zu verwenden".[19]

Aus dem Blickwinkel eines emanzipatorischen modernen Standpunktes wird den frühneuzeitlichen Gelehrten vorgeworfen, daß sie nicht aus Frauenfreundlichkeit handelten, sondern aus nationalen Motiven, weil sie die Gleichrangigkeit bzw. Überlegenheit gegenüber anderen Nationen unter anderem am Beispiel von deutschen gebildeten Frauen demonstrieren wollten. Solch eine Perspektive konzentriert sich auf national instrumentalisierte Weiblichkeitsprojektionen von Männern, allerdings ohne nach den nationalen Vorstellungen und Partizipationswünschen von Frauen zu fragen. Sicher muß auch das von Männern definierte Verhältnis von Nation und Geschlecht berücksichtigt werden, weil es den den Frauen gebilligten Spielraum aufzeigt und das Spannungsverhältnis von Norm und Realität verdeutlicht.[20] Es sollte sich jedoch nicht darin erschöpfen. Vielmehr wird im folgenden der nationale Gestaltungswille von Frauen ins Zentrum gerückt, der sich am offensichtlichsten bei Frauen des Adels nachweisen läßt, die bessere Bildungsmöglichkeiten besaßen und an Herrschaft beteiligt waren oder sie als Regentin selbst ausübten. Aber auch außerhalb der herrschaftlichen Sphäre liegende Zugänge nationalen Denkens müssen erschlossen werden, will man nicht vorschnell von einem Nichtverhältnis zwischen Frau und Nation sprechen. So können vermeintlich unpolitische Handlungen durchaus aus dem Wunsch eines nationalen Partizipationswillens erwachsen sein. Eine offenere Definition von nationalem Denken[21], die den Besonderheiten der Frühen Neuzeit gerecht wird, bietet neben dem Vorteil, den auf massenwirksames politisches und militärisches Handeln (von Männern) konzentrierten Nationbegriff des 19. Jahrhunderts zu überwinden, die Möglichkeit, nationale Teilhabe von Frauen, die wegen ihrer gesellschaftlichen Stellung eine andere als die der Männer sein mußte, zu erschließen.

Insbesondere Beispiele aus dem 17. Jahrhundert, als der Bestand des Alten Reichs durch Kriege und Krisen besonders gefährdet schien, verdeutlichen, daß Frauen eigene Wege und Vorstellungen von nationaler Partizipation entwickelten. Den Hintergrund bildete dabei einmal die Zuwendung zur eigenen Nationalsprache zu Beginn des 17. Jahrhunderts, die es auch Frauen mit geringen Bildungsmöglichkeiten er-

---

licher Sicht, in: Historische Mitteilungen 8, 1995, 15-27; *Gisela Bock* (Hrsg.), Die europäische Querelle des Femmes: Geschlechterdebatten seit dem 15. Jahrhundert, Stuttgart 1997.

[19] *Claudia Opitz*, Die Entdeckung der gelehrten Frau. Zur Debatte um die Frauenbildung in Deutschland zwischen 1500 und 1800, in: *Rainer Ansorge* (Hrsg.), Schlaglichter der Forschung. Zum 75. Jahrestag der Universität Hamburg 1994, Hamburg 1994, 305-319, hier 314.

[20] *Wunder* u. a., Konfession (wie Anm. 7), 78. Nach Wunder gewann die Querelle ihre Dynamik dadurch, daß die Frauenfeinde Frauen von öffentlichen Ämtern und öffentlicher Wirksamkeit ausschließen wollten, gerade weil sie dort vielfach tätig waren.

[21] Siehe den Beitrag von *Georg Schmidt* in diesem Band.

laubte, sich zu Wort zu melden. Zum andern lebte in diesem Zusammenhang die Gelehrtendebatte über das Geschlechterverhältnis wieder auf, die nun aber eine stärkere nationale Akzentuierung erfuhr.

Nationalsprache, nationale Tugendlehre und Frauenbildung bei den deutschen Sprachgesellschaften

Eine besondere Stellung nehmen in diesem Zusammenhang die Sprachgesellschaften des 17. Jahrhunderts und deren Umfeld ein. Ihre Bedeutung für das aufkommende Nationalbewußtsein wurde schon von Wolfgang Hardtwig und Klaus Garber betont[22]. So zählte die Pflege der deutschen Muttersprache und die Beförderung der Tugend zum Wohle des Vaterlandes zu ihren zentralen Anliegen. Über die Integration von Frauen in die größeren Sprachgesellschaften des 17. Jahrhunderts (Fruchtbringende Gesellschaft, Deutschgesinnete Genossenschaft, Pegnesischer Blumenorden und Elbschwanenorden) ist bisher nur sehr wenig bekannt.[23] Betrachtet man deren Gesetze oder Satzungen, scheint es jedoch, als ob weibliche Mitglieder in der Regel nur eine untergeordnete Rolle spielten.[24] Lediglich in der Deutschgesinnten Genossenschaft nahmen die beiden weiblichen Mitglieder, Catharina Regina von Greiffenberg und Ursula Hedwig von Veltheim, die Stellen von Zunftmeisterinnen ein, wobei die Forschung vermutet, daß es sich hierbei um Ehrenämter handelte.[25] Als eine Ausnahme kann allerdings der Pegnesische Blumenorden in Nürnberg angesehen werden, der sich durch eine frauenfreundliche Haltung auszeichnete, was sich auch in den Werken der Pegnitzschäfer niederschlug. Hier wurde mehrmals unter Rückgriff auf die bekannten Argumente der Querelle-Debatte über die Stellung der Frau allgemein, aber auch ihre Bedeutung für die deutsche Nation reflektiert. Ein häufiges Stilmittel waren dabei fingierte Gespräche zwischen den Geschlechtern, beispielsweise die „Frauenzimmer Gesprächspiele" des Nürnberger Dichters und Pegnitzschäfers Georg Philipp Harsdörffer aus den Jahren zwischen 1641 und 1648, die bereits im Titel auf die erstrebte Teilnahme des weiblichen Geschlechts an der literarischen Welt verweisen.[26]

---

[22] *Wolfgang Hardtwig*, Vom Elitebewußtsein zur Massenbewegung. Frühformen des Nationalismus in Deutschland 1500-1840, in: *ders.*, Nationalismus (wie Anm. 14), 34-78; *Klaus Garber* (Hrsg.), Nation und Literatur im Europa der Frühen Neuzeit, Tübingen 1989.

[23] *Karl F. Otto*, Die Frauen der Sprachgesellschaften, in: *August Buck* u. a. (Hrsg.), Europäische Hofkultur im 16. und 17. Jahrhundert, Bd. 3, Hamburg 1981, 497-503; *ders.*, „Die zehnte Muse" im Pegnesischen Blumenorden: Anna Maria Nützel, in: *John Roger Paas* (Hrsg.), Der Franken Rom. Nürnbergs Blütezeit in der zweiten Hälfte des 17. Jahrhunderts, Wiesbaden 1995, 331-341; *Beatrix Adolphi-Gralke*, Der Pegnesische Blumenorden - eine Sprachgesellschaft des 17. Jahrhunderts. Studien zur Geschichte, zur Spracharbeit und zur Rolle der Frau, Magisterarbeit Bonn 1988 (ungedruckt).

[24] *Otto*, Frauen (wie Anm. 23), 497.

[25] Ebd., 499.

[26] *Italo Michele Battaferano*, Vom Dolmetschen als Vermittlung und Auslegung. Der Nürnberger Georg Philipp Harsdörffer - ein Sohn Europas: in: *Paas* (Hrsg.), Der Franken Rom (wie Anm. 23), 196-212; *Barbara Becker-Cantarino*; Frauenzimmer Gesprächspiele. Geselligkeit, Frauen und Literatur im Barockzeitalter, in: *Wolfgang Adam* (Hrsg.), Geselligkeit und Gesellschaft im Barock-

In Anlehnung an italienische und französische Vorbilder sollte auch in Deutschland durch gute Gespräche zwischen den Geschlechtern die Tugend befördert werden. Damit gewannen Frauen eine neue Rolle in der deutschen Literatur, denn sie wurden nicht mehr bedichtet, sondern nahmen als Mitspielerin aktiv am Geschehen teil.[27] Ziel Harsdörffers war es, Frauen und jungen Männern aus Adel und Patriziat spielerisch Wissen zu vermitteln und zu Tugend zu erziehen. Damit vertrat er einen wesentlich didaktischeren Ansatz als seine literarischen Vorbilder in Frankreich, Italien und Spanien, die stärker den Aspekt der Unterhaltung betonten.[28] Sicherlich ging es ihm dabei nicht um die Durchbrechung der geschlechtsspezifischen Rollenzuweisung in der Gesellschaft, sondern um eine neue Form des gesellschaftlichen Umgangs, bei dem Frauen die Funktion übernahmen, „die Vermittlung des Wissens für ein Publikum, das weder Latein kann noch wissenschaftliche Ansprüche stellt, zu regulieren"[29]. Gleichzeitig demonstrierten insbesondere die drei Mitspielerinnen in Harsdörffers Gesprächspielen durch ihre Unwissenheit den noch immer bestehenden kulturellen Rückstand gegenüber Italien und Frankreich, den es nach wie vor aufzuholen galt. Gerade weibliche Bildung erschien so als eine unabdingbare Voraussetzung und Notwendigkeit, um mit den anderen Nationen gleichziehen zu können. Unter Rückgriff auf die Querellediskussion mangelte es den Frauen nach Harsdörffer keinesfalls an dem dafür nötigen Verstand, sondern eher an den entsprechenden Vermittlungswegen.[30] Als Beispiel nennt er die bekannteste damalige Gelehrte, Anna Maria Schurmann; „auch wieviel deren bey uns/die ihre Freude einig und allein aus andern Sprachen uebersetzten Buechern suchen und finden". Dabei könnten sie sich alles Wissen durch die Gesprächspiele aneignen, man müßte sie nur dazu anleiten.[31]

Harsdörffers vorgeschlagener didaktischer Ansatz rief vor allem bei den Gelehrten Kritik hervor, die die Vernachlässigung der lateinischen Sprache befürchteten, aber auch die Frauen als Zielgruppe von Bildung kritisierten. In seiner „Schutzschrift/fuer Die Teutsche Spracharbeit" in der zweiten Auflage des ersten Bandes der „Frauenzimmer Gesprächspiele" von 1644 verteidigte Harsdörffer zum einen sein Anliegen, die „Übertrefflichkeit" und „Unbefleckheit" der deutschen Sprache nachweisen zu wollen, zum andern rechtfertigte er die Einführung von Frauen in dieses Genre mit dem Argument, ob nicht allen Menschen, egal welchen Geschlechts, die natürliche Begierde zu Wissenschaft eingegeben sei. Ihm erschien es unverständlich, daß allein deutsche Frauen aus den Gesprächspielen nichts lernen sollten und unterstellte den

---

zeitalter, Teil 1, Wiesbaden 1997, 17-41; *Rosmarie Zeller*, Die Rolle der Frauen im Gesprächspiel und in der Konversation, in: *ebd.*, 531-541.
[27] *Barbara Becker-Cantarino*, Frauenzimmer Gesprächspiele (wie Anm. 25), 18.
[28] *Rosmarie Zeller*, Die Bewegung der Preziösen und die Frauenbildung im 17. Jahrhundert, in: Buck u. a. (Hrsg.), Europäische Hofkultur (wie Anm. 23), 457-465.
[29] *Rosmarie Zeller*, Rolle (wie Anm. 25), 535.
[30] Harsdörffer knüpft unter anderem an Frauenlobs Lexikon an.
[31] ÖNB, 44 Mm. 287, Frauenzimmer Gesprechspiele/so bey Ehr- und Tugendliebenden Gesellschaften/mit nutzlicher Ergetzlichkeit/beliebet und geübet werden moegen/Erster Theil, Nürnberg 1644. Vorbericht an den Lesenden.

Kritikern Bosheit. Immerhin hätten viele schon das Zepter geführt, „warum sollte ihnen nicht auch der Spielstab geziemen/ der in der Frantzoesinnen und Italiaenerinnen Haenden die Geister gleichsam erwecken/und wundersam leiten kan"[32]. Mit einer Mischung anthropologischer und nationaler Argumente forderte er schließlich für Frauen und Männer die gleichen Möglichkeiten von unterhaltender Bildung ein.[33]

Besaß Harsdörffers Werk noch programmatischen Charakter und stellte die Frauen anderer Nationen als Vorbild dar, zeugen spätere Werke von einem Erfolg seines Aufrufs. Mit der zunehmenden Anzahl von Frauen, die sich in Künsten und Wissenschaften betätigten[34], wobei die Einführung der deutschen Sprache in diesen Bereichen sicherlich beförderlich war, gewannen die Diskussionen über die Stellung der gebildeten Frau eine stärkere nationale Ausrichtung im Sinne einer Abwertung ausländischer kultureller Leistungen.

Symptomatisch hierfür ist das vielzitierte und auf Agrippa aufbauende Werk „Ehrenpreiß Deß Hochlöblichen Frauen-Zimmers" von dem deutschen Rechtsgelehrten Wilhelm Ignatius Schütz aus dem Jahr 1663, das der verwitweten Kaiserin Eleonore, der dritten Frau von Kaiser Ferdinand III. gewidmet war.[35] Als Überspitzung muß sicherlich die Aufforderung von Schütz gelten, ein kaiserliches Edikt gegen die Selbstüberschätzung des männlichen Geschlechts zu erlassen oder eine Defensivallianz der Frauen zur Durchsetzung der ihnen von Natur und Rechtswegen zustehenden Dinge zu befördern. Schütz strebte den Nachweis der „Parität" beider Geschlechter hinsichtlich ihrer geistigen und ethischen Fähigkeiten durch die Bibel, juristische und medizinische Traditionen sowie historische und zeitgenössische Beispiele an.[36] Er möchte aufzeigen, daß Frauen aufgrund ihrer Verstandesleistungen ebenso zu tugendsamen Werken und Taten in der Lage sind wie Männer. Eindeutig nationale Töne werden laut, wenn es um gebildete Frauen der Gegenwart geht. Schütz führt an, daß er sich nicht lange mit den Engländerinnen, Französinnen und Italienerinnen aufhalten wolle, denn deren Muttersprache wäre zur Erlernung der freien Künste behilflich. Vielmehr wolle er dem Leser allein vorstellen, „wie reichlich der Allmächtige Gott unser geliebtes Vatterland Teutscher Nation mit heroischen Tugendsam- und hochverständigen Frauen-Zimmer gezieret und begabt habe".[37]

---

[32] Ebd., 47.
[33] Harsdörffers Frauenzimmer Gesprächspiele fanden großes Interesse, denn innerhalb kurzer Zeit war die erste Auflage von 1000 Stück vergriffen und es mußte eine zweite nachgedruckt werden. Man kann davon ausgehen, daß vor allem ein höfischer Leserkreis zu den Rezipienten seines Werkes zählte und seine Spiele sich dort großer Beliebtheit erfreuten.
[34] *Jean M. Woods/Maria Fürstenwald* (Hrsg.), Schriftstellerinnen, Künstlerinnen und gelehrte Frauen des Barock, Stuttgart 1984.
[35] *Wilhelm Ignatius Schütz*, Ehren-Preiß Deß Hochlöblichen Frauen-Zimmers, s. l. 1663, teilweise abgedruckt in: *Gössmann* (Hrsg.), Das wohlgelahrte Frauenzimmer (wie Anm. 18), 54-70; der am Reichshofrat und am Reichskammergericht tätige Schütz gehörte laut Gössmann zu den wenigen katholischen Frauenverteidigern.
[36] Ebd., 54f.
[37] Ebd., 60. Neben Einflüssen der „Querelle des femmes" können Elemente des Frauenlobs und der „Querelle des anciens et modernes" ausgemacht werden. 1666 erschien eine Gegenschrift von Jo-

In nachahmender Poetik wurden große Teile des „Ehrenpreiß" von dem Pegnitzschäfer Sigmund von Birken in seinem „Ehren-Preis des Lieb-löblichen Weiblichen Geschlechts" von 1669 aufgegriffen und verarbeitet.[38] Auch er verwies in fingierten Gesprächen zwischen Pegnitzschäfern und -schäferinnen auf die besondere Leistung deutscher Frauen. „Wir solten ... insonderheit zu dieser zeit augen gewinnen/die Fuer trefflichkeit dieses Geschlechts auch in diesem stuck zu erkennen: indem/allein unsere Nation/heutigs tags auf einmal von Sechs Hoch-Fuerstlichen Erd-Göttinnen/Zweyen Hochwolgebornen Nymfen und vielen schoensten Hirtinnen geadelt wird/welche alle ihren Namen durch die Kunst- und Tugend-Feder beruehmt machen."[39]

Selbst wenn nationales Denken den Kontext aller Querelleschriften[40] bestimmte und durch die Betonung der gleichen Fähigkeiten und Tugenden von Mann und Frau keineswegs an eine allgemeine gesellschaftliche Besserstellung der Frau gedacht war[41], schlug sich die positive Einstellung gegenüber weiblicher Bildung jedoch konkret bei der Beteiligung von Frauen an der Nürnberger Sprachgesellschaft nieder.[42] Während unter dem bereits genannten ersten Oberhaupt, Georg Philipp Harsdörffer, nur eine aufgenommen wurde, entwickelten die Pegnitzschäfer unter seinem Nachfolger Sigmund von Birken eine gegenüber Frauen ausgesprochen offene Einstellung. So wurden bis 1708 neunzehn weibliche Mitglieder, darunter vier adlige, aufgenommen. Dies entspricht einem Anteil von rund 20%. Alle waren als Künstlerinnen tätig, über die Hälfte von ihnen dichtete. Häufig schufen die Ordensmitglieder Gemeinschaftswerke, in denen Gedichte von Männern und Frauen zusammen publiziert wurden. Auch das Gesellschaftsleben spielte sich in Gesprächen, Diskussionen und Lieder-

---

hannes Poliandin, der die klassischen misogynen Ideen der Frauenfeinde vertrat und den weiblichen Gehorsam forderte. Hier stehen stärker anthropologische Argumente im Mittelpunkt. Auf deutsche Frauen kommt der Autor nur im Zusammenhang mit ihrer Verehrung durch Höflinge zu sprechen, die seiner Meinung nach auf der Hoffnung einer Protegierung beruht, keinesfalls aber auf der weiblichen Tugend.

[38] ÖNB 1598-A, Pegnesis: oder der Pegnitz Blumgnoß-Schaefere FeldGedichte in Neun Tagzeiten: meist verfasset/und hervorgegeben/durch *Floridan*, Nürnberg/Gedruckt und verlegt von Wolf Eberhard Felseckern 1673; vgl. hierzu *Jane O. Newman*, „FrauenZimmers Geberden" und „Mannesthaten". Authentizität, Intertextualität und la querelle des femmes in *Sigmund von Birkens* „Ehren-Preis des Lieb-löblichen Weiblichen Geschlechts" (1669/73), in: *Paas* (Hrsg.), Der Franken Rom (wie Anm. 23), 314-330.

[39] *Birken*, Pegnesis (wie Anm. 38), 487f.

[40] *Newman*, FrauenZimmers Geberden (wie Anm. 48), 326.

[41] Ebd., 327f. Die Autorin verweist darauf, daß die Textstrategie der nachahmenden Poetik genauso leicht von Männern wie Frauen praktiziert werden konnte und dadurch tatsächlich die Gefahr instabiler Grenzen zwischen den Geschlechtern bestand. So erklärt sie die letztlich zurücknehmenden Mahnungen an die Frauen von Schütz und Birken.

[42] Eine stärkere nationale Akzentuierung erhielten diese Vorstellungen in den deutsch verfaßten Frauenlexika des 17. und 18. Jahrhunderts, die sich großer Beliebtheit beim Publikum erfreuten. Vgl. *Brita Rang*, „Jus fasque esse in rempublicam litterariam foeminas adscribi". Gelehrt(inn)en-Enzyklopädien des 17. und 18. Jahrhunderts, in: Paedagogica Historica XXVIII, 1992, 511-549. Nach Brita Rang machten Frauen einen wesentlichen Teil der Käufer und Leser aus. *Jean M. Woods*, Das „Gelahrte Frauenzimmer" und die deutschen Frauenlexika 1631-1743, in: *Sebastian Neumeister/Conrad Wiedemann* (Hrsg.), Res Publica Litteraria. Die Institutionen der Gelehrsamkeit in der frühen Neuzeit, Wiesbaden 1987, 577-587.

wettstreiten gemeinsam ab, wobei durchaus von direkter Frauenförderung gesprochen werden kann.[43]

Durch die Kultivierung einer spielerischen Gesprächsform und die Stilisierung als poetische Schäfer und Schäferinnen errichtete die Gesellschaft eine ideale Gegenwelt, ein Arkadien, in dem auch die Frauen einen wichtigen Platz einnahmen. So wurden sie beispielsweise zu einer der wichtigsten Aufgaben, der Werbung und Aufnahme eines neuen Mitglieds, herangezogen. Die Konzeption einer Gegenwelt ermöglichte somit die Umsetzung der als nationale Aufgabe verstandenen Förderung von Frauenbildung im Kontext der deutschen Spracharbeit mit dem übergeordneten Ziel einer nationalen Tugendlehre. Nach außen wurde das Selbstverständnis des Pegnesischen Blumenordens durch die Gemeinschaftswerke getragen, in denen Schäfer und Schäferinnen zum einen mit eigenen Werken unter ihrem Gesellschaftsnamen vertreten waren, zum andern in Gesprächspielen auftraten. In dem Werk „Die Betrübte Pegnesis" (1684), das dem verstorbenen Sigmund von Birken (Floridan) zu Ehren verfaßt wurde, stellen in einem Sinnbild gleich zwei Schäferinnen, Dafne und Diana, im Gespräch mit Damon die Position Birkens hinsichtlich der deutschen Spracharbeit vor.[44] Damit sollen dessen Verdienste als Beschützer der deutschen Sprache und seine Bemühungen um die Sprachreinigung gewürdigt werden. Gerade auf diesem Felde seien laut Dafne besonders schlimme Auswüchse zu beklagen, „weil die Teutsche gemeiniglich von der Fremdgierigkeit zu einer toerichten Liebe verleitet werden/welche nur gegen das Auslaendische brennet/so daß man wahrhafftig sagen und fragen kan: Die Teutsche hassen sich/und lieben nur das Frembde/Ist jemand sonst der Rock auch näher als das Hembde?"[45] Schon Floridan habe beklagt, erläutert Damon, daß die Deutschen mit großen Unkosten reisen, von den Fremden die Sprache, die Kleider und die Laster abkaufen und ihnen dafür die deutsche Treue und Tapferkeit überlassen. Kein Wunder, so Diana, „wenn sie das Ihrige, zusamt dem Lande/mit Gewalt wieder abnehmen."[46] Krieg wird damit einerseits traditionell als Bestrafung von Lastern interpretiert, andererseits aber in einen nationalen Kontext gerückt. Die beiden Frauen zeigen sich als gleichberechtigte und versierte Diskutandinnen und bekunden

---

[43] Da dem Vorsteher laut der Satzung alle Werke vorgelegt werden sollten, deren Veröffentlichung unter dem Namen eines Ordensmitglieds geplant war, korrigierte Birken häufig die Gedichte der Frauen. Die gemeinschaftliche Arbeitsweise war gerade für diese günstig, da sie meist wenig Erfahrung im Dichten besaßen und aus der praktischen Kritik und den Diskussionen lernen konnten.
[44] ÖNB 48.Y.26, Die Betrübte Pegnesis/Den Leben/Kunst- und Tugend-Wandel Des Seelig-Edlen *Floridans/ H. Sigm. von Birken/Com.* Pal. Caes. Durch 24 Sinn-bilder/in Kupfern Zur schuldigen Nach-Ehre/fuerstellend/Und mit Gespraech- und Reim-Gedichten erklaerend/Durch ihre Blumen-Hirten. Nürnberg. Froberg 1684.
[45] Ebd., 3.
[46] Ebd.

durch ihre Einwürfe gleichzeitig die Unterstützung der nationalen Ziele ihres ehemaligen Ordensoberen, die sie grundsätzlich mittragen.[47]

Auf der Basis einer nationalen Tugendlehre konnten innerhalb der Sprachgesellschaft aber nicht nur die zwischen den Geschlechtern gezogenen Grenzen, sondern auch die ständischen Schranken überschritten werden.[48] So verweist die bekannte Dichterin Maria Katharina Stockfleth (Dorilis) in ihrem Werk „Die Kunst- und Tugendgezierte Macarie. Der zweyte Theil" von 1673 auf ihr Schäfergelübde, welches sie gleichsam dazu gezwungen habe, ein so scheinbares Verbrechen wie die Abfassung der Macarie zu begehen. Denn anders als bei den Männern würde bei Frauen das Verfassen von Büchern als vermessen angesehen werden, da diese nach verbreiteter Vorstellung mehr der Unterrichtung als der Beschreibung der Tugend bedürften. Um sich von einer schnellen Verdammung zu befreien, versuchte die bürgerliche Dichterin Unterstützung für ihr Vorhaben zu gewinnen, indem sie ihr Werk einer einflußreichen Adligen, nämlich der Markgräfin Sophia Louise von Brandenburg, zuschrieb. Allerdings wollte sie keinesfalls deren Schutz gegen die erwarteten Ungerechtigkeiten. Im Gegenteil habe sie mit ihrem Werk vor, „unter Dero Gnad-Fluegeln/wider die halsstarrige Unterdrueckere und hochmuetigen Veraechtere des Weiblichen Geschlechtes zu streiten/und den Befehl unsers Ordens/in Ausfaertigung einer Teutschen Kunst- und Tugend-Schrift/zu verteidigen."[49] Schon Ute Brandes bemerkte in diesem Zusammenhang, daß das Unterstützungsgesuch einer Bürgerlichen an eine hohe Adlige nur „im Namen des größeren Ziels einer nationalen Tugendlehre" erklärt werden könne, das der bürgerlichen Autorin zu einem neuen, eigenständigen Selbstbewußtsein verhelfe.[50] Dieses Ziel rechtfertigte den Kampf gegen die Unterdrückung der deutschen Sprache und gebildeter Frauen, die gleichsam symbiotisch aufeinander bezogen scheinen. Nationalsprache, Frauenbildung und die deutsche Nation, basierend auf einer nationalen Tugendlehre, standen in enger Wechselbeziehung und bildeten eine Argumentationskette.

Durch Stockfleths Werk wurde nicht nur die Leistungsfähigkeit der deutschen Sprache und der deutschen gebildeten Frau nachgewiesen, sondern eine Überlegenheit gegenüber den anderen Nationen abgeleitet. So betont Sigmund von Birken in einem dem Werk vorangestellten Gedicht erneut die Vielzahl der gebildeten deutschen Frauen und fordert: „Solt der Parnaß iezt nicht in Teutschland seyn?"[51]

---

[47] Selbst wenn es sich um fiktive Gespräche handelt, dürften die nationalen Ziele doch allen bekannt gewesen sein. Häufig war die deutsche Spracharbeit der Anlaß, eine Aufnahme bei den Schäfern und Schäferinnen zu erbitten.
[48] In Ansätzen kann auch von einer Überwindung des konfessionellen Gegensatzes gesprochen werden, denn eine der Frauen war katholisch.
[49] *Maria Katharina Stockfleth*, Die Kunst- und Tugendgezierte Macarie. Der zweyte Theil, Nürnberg 1673 (Faksimiledruck, Bern 1978), Vorrede.
[50] *Ute Brandes*, Studierstube, Dichterklub, Hofgesellschaft. Kreativität und kultureller Rahmen weiblicher Erzählkunst im Barock, in: *Gisela Brinker-Gabler* (Hrsg.), Deutsche Literatur von Frauen, Bd. 1: Vom Mittelalter bis zum Ende des 18. Jh., München 1988, 222-247, 234.
[51] *Stockfleth*, Macarie (wie Anm. 49).

Die literarischen Stellungnahmen des Blumenordens dürfen aber nicht darüber hinwegtäuschen, daß es sich hier um eine kleine gebildete und in der Regel protestantische Elite handelte, die sich als Wegbereiter eines neuen Ideals verstand und gegen zahlreiche Widerstände zu kämpfen hatte.[52] Das Ungewöhnliche dieses Gesellschaftslebens wird deutlich, wenn Birken in verschiedenen Zusammenhängen die Aufnahme von Frauen rechtfertigen muß. Einmal verweist er dabei auf die von Natur aus gleichen Fähigkeiten von Mann und Frau, dann auf die Gleichheit der Menschen vor Gott und schließlich beruft er sich auf die Fruchtbringende Gesellschaft und italienische Akademien, die demnach als höhere Autoritäten galten.[53]

Auch den weiblichen Mitgliedern des Blumenordens war bewußt, daß sie mit ihren Ambitionen die Kritik der Zeitgenossen weckten. Dementsprechend vorsichtig mußten sie agieren. Will man der Frage nachgehen, inwiefern sie nationales Denken in ihren Werken mittrugen, darf nicht nur nach offensichtlichen Bezügen gesucht werden. Ein Werk wie die Macarie mit einem so unverhüllt nach außen getragenen Anspruch zählt zu den Ausnahmen, allerdings sind die Arbeiten der weiblichen Ordensmitglieder zum Teil verlorengegangen und bisher wenig erforscht worden. Aus literaturhistorischer Sicht gelten die wenigsten als qualitätsvoll, da sie den Werken der Pegnitzschäfer nicht standhalten können. In der Regel handelt es sich dabei um die Verarbeitung religiöser oder sittlich-ethischer Themen, die zunächst nicht den Eindruck erwecken, als ob sie Ausdruck einer nationalen Zielsetzung sind. Allerdings stellen auch sie die Beförderung der Tugend, die häufig als eine nationale verstanden wird, in den Mittelpunkt. Unabhängig von der Qualität und den Inhalten der Werke spricht schon die Verwendung der deutschen Sprache dafür, daß Frauen die nationale Sprachgemeinschaft fördern wollten. Die Tatsache, daß einer lateinisch geprägten Gelehrtenkultur eine nationalsprachlich formulierte Kultur für breitere Schichten entgegengesetzt wurde und die Frauen sowohl als Verfasserinnen als auch als Rezipientinnen daran teil hatten, muß als wichtiger Schritt im Kontext der Entwicklung eines nationalen Bewußtseins gewertet werden.

Nicht immer wird dies so deutlich wie bei der Astronomin und Mathematikerin Maria Cunitz und ihrem Werk „Urania Propitia" (1650),[54] das in zwei Sprachen ab-

---

[52] Im katholischen Raum konnten sich Frauen des Adels und Patriziats weiterhin in Klöstern oder bei den weiblichen Lehrorden, den Ursulinen oder den Englischen Fräulein, Bildung aneignen, die jedoch stärker auf die Rolle als Mutter, Haus- und Ehefrau zugeschnitten war. Ähnliche nationale Kontexte wie im protestantischen Raum sind nicht bekannt. Vgl. hierzu *Anne Conrad*, Zwischen Kloster und Welt. Ursulinen und Jesuitinnen in der katholischen Reformbewegung des 16. und 17. Jahrhunderts, Mainz 1991.
[53] ÖNB, BE.6.Y.42.(2.), *Christian Frantz Paullini*, Das Hoch- und Wohl-gelahrte Teutsche Frauen-Zimmer ... , Frankfurt a. M./Leipzig 1705, 39.
[54] *Ingrid Guentherodt*, „Dreyfache Verenderung" und „Wunderbare Verwandelung". Zu Forschung und Sprache der Naturwissenschaftlerinnen Maria Cunitz (1610-1664) und Maria Sibylla Merian (1647-1717), in: *Brinker-Gabler* (Hrsg.), Literatur von Frauen (wie Anm. 50), 197-221; *dies.*, URANIA PROPITIA (1650) - in zweyerley Sprachen: lateinisch- und deutschsprachiges Compendium der Mathematikerin und Astronomin Maria Cunitz, in: *Neumeister/Wiedemann* (Hrsg.), Res Publica Litteraria (wie Anm. 42), 619-640.

gefaßt wurde. Der lateinische Text setzte mehr Fachwissen voraus und richtete sich an ein gelehrtes Publikum, der wesentlich kürzer und einfacher gehaltene deutsche Text sollte die Astronomie einem breiteren Kreis bekannt machen. Dabei war Cunitz durchaus bewußt, daß sie mit der Einführung des Deutschen als Wissenschaftssprache gegen die wissenschaftliche Konvention ihrer Zeit verstieß. Sie berief sich jedoch auf die Vaterlandsliebe und die Notwendigkeit selbst, die sie gleichsam dazu angetrieben haben, denn es befänden sich unter den Deutschen viele, die den Wunsch und die Fähigkeiten zur Beschäftigung mit der Astronomie besäßen, aber das Latein nicht beherrschten. Als Angehörige derselben Nation habe sie sich diesem Wunsch nicht entziehen können. „Denn auch die Heyden sind der meynung gewesen/das unserer Arbeit bester theil dem Vaterland gebühre."[55] Andere Nationen würden ihre Erfindungen ebenfalls in ihrer Muttersprache herausgeben.[56]

Die Verwendung der deutschen Sprache ist bei Cunitz in erster Linie Ausdruck von Vaterlandsliebe und hat somit politischen Charakter. Der verteidigende Tenor und die notwendig erscheinenden Begründungen unterstreichen dies.

Vaterlandsliebe und „Deoglori" bei der Dichterin Catharina Regina von Greiffenberg (1633-1694)

Die Verwendung der deutschen Sprache und ein dezidiertes Bekenntnis zur deutschen Nation, verbunden mit einer politischen Zielsetzung, lassen sich in direkter Form ebenfalls im Umfeld der Sprachgesellschaften finden. Allerdings handelt es sich hier um eine Adlige, die in einer Ausnahmesituation, einer für das Reich bedrohlichen Krise, ein nationales Werk verfaßte.

Die mit Sigmund von Birken und weiteren Pegnitzschäfern und -schäferinnen befreundete und aus Niederösterreich stammende Dichterin Catharina Regina von Greiffenberg (1633-1694) hatte den Türkeneinfall von 1663 zum Anlaß genommen, eine „Sieges-Seule der Buße und Glaubens/wider den Erbfeind Christliches Namens" zu schreiben.[57] Im Kern handelt es sich dabei um eine in 7000 Alexandrinern verfaßte und auf historischen Studien basierende Geschichte der Auseinandersetzungen zwischen Islam und Christentum von Mohammed bis 1663.[58] Bemerkenswert ist die Zuschrift der Siegessäule. Sie ist dem allerliebsten deutschen Vaterland gewidmet und stilisiert in der Vorrede die Vaterlandsliebe zur höchsten Tugend. Die Liebe des Vaterlandes sei gar der Kern aller Tugenden, der Mittelpunkt der Ehrbarkeit und eine

---

[55] *Guentherodt*, Urania (wie Anm. 54), 622f.
[56] Auf der anderen Seite rechtfertigt Cunitz die Verwendung der lateinischen Sprache mit dem Argument, daß sie die Erkenntnisse auch anderen Nationen zugänglich machen wolle. Außerdem ging es ihr um die Verhinderung einer schlechten oder gefälschten lateinischen Übersetzung.
[57] Vgl. hierzu *Louise Gnädinger*, Ister-Clio, Teutsche Uranie, Coris die Tapfere. Catharina Regina von Greiffenberg (1633-1694). Ein Portrait, in: *Brinker-Gabler* (Hrsg.), Literatur von Frauen (wie Anm. 50), 248-264; eine ausführliche Bibliographie bietet *Horst-Joachim Frank*, Catharina Regina von Greiffenberg. Leben und Welt der barocken Dichterin, Göttingen 1967.
[58] *Frank*, Greiffenberg (wie Anm. 57), 50ff.

unumgängliche Schuldigkeit aller Menschen, sonderlich der Tugendlichen. Ihre Interpretation beruht auf der Gleichsetzung des Vaterlands mit Eltern, die einen von Geburt an nähren und versorgen. Gleich der den Eltern geschuldeten Dankbarkeit soll sich ein jeder auch zum Dienst am Vaterland verpflichtet fühlen und zu vielfältigen Gunstbezeugungen bereit sein. Folgerichtig bezeichnet Greiffenberg das Vaterland als süße Mutter und sich selbst als ein kleines und schwaches Kind, dessen Gaben Christus jedoch nicht verschmäht habe.

In diesem Zusammenhang kommt die Autorin auf ihre Beweggründe zu sprechen. Sie sucht nach Möglichkeiten, dem Vaterland zu dienen, die ihrem Stand und ihrem Geschlecht gemäß seien. Da sie als Frau ihr Vaterland nicht mit Waffen und ihrem eigenen Blut verteidigen könne, aber als Tugendliche ihre Schuldigkeit tun wolle, habe sie immerfort zu Gott gebetet und mit ihm um den Sieg gerungen. Obwohl die Gefahr mittlerweile abgewendet sei, wolle sie jedoch das, was Gott ihr mitgeteilt habe, in Druck geben. Auch an späteren Stellen schildert sie sich lediglich als ein Werkzeug Gottes. Die Zurückstellung der eigenen Person und die Berufung auf die höchste aller Autoritäten kann gleichsam als eine klassische, von Frauen häufig benutzte Schutzbehauptung angesehen werden, die ein geschlechtsuntypisches Verhalten rechtfertigen soll. Gleichzeitig besitzt die insbesondere für ihre religiöse Dichtung bekannte evangelische Autorin ein starkes, durch ein religiöses Erweckungserlebnis geprägtes Sendungsbewußtsein, in dessen Zentrum die Verherrlichung und Ausbreitung von Gottes Namen in Wort und Tat steht.[59] Angesichts der Bedrohungen durch den „Glaubensfeind", die sie selbst erleben mußte - sie und ihre Mutter flohen 1663 vor den Türken nach Nürnberg -, verbindet sich ihr religiöses Denken mit politischen Wunschvorstellungen, die ebenfalls utopische Züge annehmen. Der gegenwärtige Kampf gegen die Türken erscheint ihr einerseits als ein heiliger Krieg, andererseits aber als ein Einigungskrieg, der die der Sünde verfallenen Christen zum Glauben zurückführen soll. Ein Sieg war nach Greiffenbergs Vorstellungen nur durch eine Reinigung im Glauben und aufrichtige Reue möglich. Daß damit auch der konfessionelle Gegensatz gemeint ist, geht aus einer Ermahnung an den Kaiser hervor. Er soll mit Gottes Hilfe danach trachten, die Christenheit zu einigen, „zumal die einheimische Brueder-kriege durch guetige Himmelsschickung ohnedas jetzo meist beygelegt sind".[60] Die Einigung der Christenheit sei aber nicht nur das einzige Mittel, um die Türken zu besiegen, sie sei auch die Voraussetzung für die weitere Verbreitung der christlichen Lehre. Hier wird das langfristige Ziel der Dichterin deutlich, die mit ihrer Siegessäule zur Buße ermahnen und die Kämpfenden zum Durchhalten ermutigen will, in der Hoffnung, daß sich der Krieg zu einem endgültigen Kreuzzug zur Befreiung Israels ausweiten wird. Während die Männer den Sieg erringen sollen, behält sie

---

[59] Vgl. zu der Idee der „Deoglori" *ebd.*, 21.
[60] Bayerische Staatsbibliothek, P. m. germ. 519, Sieges-Seule der Buße und Glaubens/wider den Erbfeind Christliches Namens, Nürnberg 1675, Zuschrifft An mein wehrtes Teutsches Vatterland! Allerliebstes Vatterland!

sich und eventuell dem weiblichen Geschlecht als solches das eigentliche christliche Bekehrungswerk vor. Greiffenbergs Wunschbild ist die Bekehrung der „Ungläubigen" und ein im christlichen Glauben geeintes Großreich unter der Führung der Habsburger. Um dieses Ziel zu erreichen, gibt sie vor, ihr Leben in drei Teile geteilt zu haben, indem sie Gott, dem Erzhaus und dem Vaterland dienen wolle. Zur Ehre Gottes und des Erzhauses Österreich habe sie bereits Schriften verfaßt, die dritte, vorliegende solle dem Vaterland dienen, wobei sie eine genaue Vorstellung davon besitzt.

„Ich verstehe aber/durch den Namen Vatterland/nicht nur die Landschafft/ Gegend/und das Schloß/ wo ich gebohren/sondern Germanien/ Teutschland/das Römische Reich/ und die ganze loebliche Teutsche Nation und Voelckerschaft; nicht die Staedte/Schloesser/Palaeste und Mauren/noch die Erde/Lufft/ und Flueße des Teutschen Bodens/sondern den Vatter des Vatterlandes/das loeblichste Haubt/und die Durchleuchtigste Glieder/Regirer und Vorsteher desselben/endlich auch alle dessen Inwohner: wie dann die dapfere Roemer des Vatterlands Namen auf diese Weise gebraucht/und ihn also verstanden haben."[61]

Mit diesem umfassenden Vaterlandsbegriff trug sie dem Umstand Rechnung, daß nur die vereinten Kräfte aller Reichsstände die Türken zurückwerfen konnten. Angesichts der äußeren Bedrohung sollte die Verpflichtung aller im Reich Geborener auf eine deutsche Nation den konfessionellen Gegensatz überwinden helfen. Nationale Einigung wurde mit konfessioneller Einigung gleichgesetzt, die beide für Greiffenbergs übergeordnetes Ziel, der Ausbreitung der christlichen Lehre, unabdingbare Voraussetzungen waren.

Nach dem Sieg über die Türken, der nicht den erhofften Kreuzzug gegen die Ungläubigen zur Folge hatte, gab Greiffenberg die Idee eines im Glauben geeinten Reichs nicht auf, vielmehr verfolgte sie nun das Ziel, den Kaiser durch persönliche Vorstellungen und Schriften zur lutherischen Lehre zu bekehren. Obwohl in der Siegessäule niemals direkt von der lutherischen Konfession als der einen nationalen Konfession die Rede ist, muß man davon ausgehen, daß Greiffenberg von vornherein unter christlicher Lehre die lutherische verstand.[62] Horst-Joachim Frank macht deutlich, daß ihr Anliegen angesichts ausgleichender Bestrebungen zwischen den Konfessionen nach dem Dreißigjährigen Krieg gar nicht so fantastisch anmutet. Selbst im Umfeld Kaiser Leopold I. wirkte mit dem Beichtvater Christoph Royas Spinola ein auf die Versöhnung der Konfessionen bedachter Mann.[63] Hier wollte Greiffenberg auch zunächst ansetzen. Mehrmals reiste sie persönlich nach Wien, um mit dem Kaiser nahestehenden Personen Kontakt aufzunehmen. Als dies nichts fruchtete, verfaßte sie ein Werk mit dem Titel „Adler-Grotta", das nach Frank den Kaiser dazu bewegen

---

[61] Ebd., Entwurff der Sieges-Seule.
[62] Es wäre interessant, ihre Dichtung mit anderen im Umfeld des Türkenkrieges entstandenen Schriften zu vergleichen, um mögliche Parallelen zu ihren Vorstellungen zu finden.
[63] *Frank*, Greiffenberg (wie Anm. 57), 75.

sollte, „die „Grotta" des falschen Glaubens, worin er noch gefangen gehalten werde, zu verlassen und sich triumphierend hinaus in das freie Licht des wahren Glaubens zu schwingen".[64] Nachdem auch darauf keine Reaktion erfolgte, gab die Dichterin 1673/74 zwar resigniert auf, kam aber später immer wieder auf ihre Idee zu sprechen. Leider ist die „Adler-Grotta" verlorengegangen, so daß wenig über die nationalen Vorstellungen Greiffenbergs ausgesagt werden kann. Auch der Briefwechsel mit dem Pegnitzschäfer Sigmund von Birken, der in engem Kontakt zu ihr stand, vermittelt wenig Einblick in die eigentlichen Ziele der Dichterin. Birken stand ihren Plänen eher kritisch gegenüber und beurteilte den Erfolg skeptisch.[65] Die Reaktionen der Öffentlichkeit waren dagegen ablehnend. „Die Fruechte/so es mir bißhero traegt/sind Hassen/Spott/Stichlen/Klagen/Qwal/die sich nicht sagen lassen.//Doch bin ich allen taub. Ein fest-entschlossner Sinn noch Aug noch Ohren hat/geht unverruckt dahin/wo ihm sein GOtt hinrufft."[66] Zumindest hat ihr der Einsatz für das Vaterland in den Kreisen der verschiedenen Sprachgesellschaften, denen sie zum Teil angehörte, den Titel einer „Teutschen Clio" oder „Teutschen Uranie" eingebracht.[67] Ihre späteren Werke widmen sich jedoch ausschließlich dem religiösen Ziel, dem Dienst an der Deoglori, so daß ihr Einsatz für das Vaterland in erster Linie auf die äußere Bedrohung durch die Türken zurückgeführt werden kann.

Die „Tugendliche Gesellschaft" als Keimzelle einer tugendlichen Nation
Der Wunsch der Dichterin Greiffenberg, dem Vaterland zu dienen, der sich angesichts der Bedrohungen durch die Türken mit einem religiösen Gesellschaftsmodell verband, findet Parallelen bei einer Gruppe von adligen Frauen, die sich im Umfeld der Fruchtbringenden Gesellschaft zu einer eigenen Gesellschaft nur von Frauen zusammenschlossen.

Die erste und bedeutendste der Sprachgesellschaften, die Fruchtbringende Gesellschaft, hatte sich bei ihrer Gründung 1617 zum Ziel gesetzt, durch die gesellige Pflege der deutschen Sprache die Tugend zu befördern, um dadurch der ganzen deutschen Nation zu dienen. Patriotismus sollte unabhängig von Stand oder Konfession ein verbindendes Element bilden und zur Bewahrung des Friedens beitragen. Bei dieser „Vergesellschaftungs- und Integrationsutopie"[68] scheint jedoch zunächst nicht an

---

[64] Ebd., 83f.
[65] *Joachim Kröll*, Catharina Regina von Greiffenberg (1633-1691), in: *Alfred Wendehorst/Gerhard Pfeiffer* (Hrsg.), Fränkische Lebensbilder, Bd. 10, Neustadt/Aisch 1982, 193-212, 204.
[66] *Greiffenberg*, Sieges-Seule (wie Anm. 60), 243.
[67] Sie gehörte der Deutschgesinneten Genossenschaft an und spielte bei den Ister-Nymphen, dem weiblichen Zweig der poetisch-arkadischen Ister-Gesellschaft, eine führende Rolle. Obwohl sie niemals Mitglied des Pegnesischen Blumenordens wurde, nahm sie während ihrer häufigen Aufenthalte in Nürnberg an dem Gesellschaftsleben teil. Insbesondere mit v. Birken verband sie eine sog. Innig-Freundschaft. Vgl. hierzu und zu den schwierigen Verwicklungen wegen der Hochzeit der Dichterin mit ihrem Onkel: *Gnädinger*, Ister-Clio (wie Anm. 57), 254f.
[68] *Georg Schmidt*, Die Fürsten von Anhalt - Reformierte Konfessionalisierung und überkonfessionelle Einheitsbestrebungen?, in: Evangelische Landeskirche Anhalt (Hrsg.), Reformation in Anhalt.

die Mitarbeit von Frauen gedacht worden zu sein, obwohl andere höfische Gesellschaften schon früh die Aufnahme von Mitgliedern beiderlei Geschlechts vorsahen.[69] Laut des Chronisten Neumarck haben jedoch die Ehefrau des Mitglieds Herzog August d. J. von Braunschweig-Wolfenbüttel, Sophia Elisabeth, und andere gelehrte Frauen wegen ihrer kulturellen Leistungen die Teilhabe verlangt.[70] So seien sie zwar von den Stiftern unter dem Namen ihres Ehemannes aufgenommen worden, jedoch ohne besondere Zahl, Gemälde oder Spruch.[71] Sie nahmen in vielfältiger Form am Leben der Gesellschaft teil und trugen deren Ziele mit, indem sie beispielsweise eigene deutschsprachige Werke verfaßten oder Übersetzungen anfertigten, allerdings besaßen sie dabei einen formal abgestuften Status.[72]

Möglicherweise war dieser Umstand der Anlaß für den Wunsch einer eigenen Gesellschaft nur von Frauen, die 1619 von Gräfin Anna Sophia von Schwarzburg, einer Schwester, und Fürstin Amoena Amalia von Anhalt-Köthen, der Frau des Ordensgründers der Fruchtbringenden Gesellschaft unter dem Namen der „Tugendlichen Gesellschaft" ins Leben gerufen wurde. Mit der Unterstützung und Förderung der verwandten Mitglieder der Fruchtbringenden Gesellschaft florierte die Tugendliche Gesellschaft mit der festgesetzten Mitgliedszahl von 73 Frauen bis ins Jahr 1650.[73] Zu den in der Gesellschaft vertretenen, ausschließlich protestantischen sowie adligen Familien gehörten u. a. Anhalt, Brandenburg, Hessen, Nassau, Oldenburg, Pfalz, Pommern, Preußen, Reuß, Sachsen, Schwarzburg und Württemberg. Über das Gesellschaftsleben und die Aktivitäten wissen wir aufgrund der Quellenlage so gut wie nichts. Es existieren jedoch mehrere Entwürfe eines nicht gedruckten Gesellschaftsbuchs, das zumindest Aufschluß über die Ziele und Vorstellungen der Frauen geben kann.[74]

Melanchthon-Fürst Georg III. Katalog zur Ausstellung der Anhaltischen Landesbücherei Dessau sowie Veröffentlichung der wissenschaftlichen Beiträge des Kolloquiums vom 5. September 1997 in Dessau, Dessau 1997, 67-76, hier 72.
[69] *Klaus Conermann*, Die Tugendliche Gesellschaft und ihr Verhältnis zur Fruchtbringenden Gesellschaft. Sittenzucht, Gesellschaftsidee und Akademiegedanke zwischen Renaissance und Aufklärung, in: *Erika A. Metzger/Richard E. Schade* (Hrsg.), Sprachgesellschaften - Galante Poetinnen, Amsterdam 1989, 513-626, 581.
[70] Zit. nach *Paullini*, Frauenzimmer (wie Anm. 53), 24.
[71] Damit widersprach man eigentlich der eigenen Ordensphilosophie.
[72] *Conermann*, Tugendliche Gesellschaft (wie Anm. 69), 581.
[73] Die Zahl geht auf die Gruppe von 73 jüdischen Ältesten und Führern zurück, die Moses auf Gottes Gebot hin auf den Berg Sinai begleiten sollten, wo er das Gesetz über den mit Gott geschlossenen Bund erhalten sollte. Das Ende der Tugendlichen Gesellschaft wird mit dem Tod der maßgeblichen Gründerin und treibenden Kraft, Anna Sophia, erklärt. Da die Gesellschaft keine vereinsrechtlichen Regelungen besaß, die die Nachfolge klärten, konnte es demnach auch keinen Fortbestand geben.
[74] Die Schriften der Gesellschaft befinden sich im Nachlaß Wolfgang Ratkes in der Forschungsbibliothek Gotha (= FB), Chart. B 831 b, Chart. B 831 b(1), Chart. B 831 ba bis bk; sie sind ohne Nachweis teilweise abgedruckt bei: *Franz Dix*, Die tugendliche Gesellschaft, in: Mitteilungen der Deutschen Gesellschaft zur Erforschung Vaterländischer Sprache und Alterthümer 6, 1877, 43-146.

Im Gegensatz zur Fruchtbringenden Gesellschaft zeichnete sich die Tugendliche Gesellschaft nicht so sehr durch ein gelehrtes oder literarisches Programm aus, sondern konzentrierte sich auf ein sittlich-ethisches Anliegen. Wie der Name der Gesellschaft schon verrät, ging es den Gründerinnen in erster Linie um die Vermittlung einer nationalen Tugendlehre, die aus einer christlichen Reform des Lebens resultieren sollte. Die Forschung konnte bereits zeigen, wie in der im Gesellschaftsbuch gegebenen „Erklärung der Tugendlichenn gesellschafft" wichtige Anregungen von dem Reformpädagogen Wolfgang Ratke aufgegriffen wurden.[75] Anna Sophia, die als die Verfasserin des Werks gilt, war Schülerin Ratkes gewesen und hatte ihn später an den Rudolstädter Hof geholt. Dort arbeitete er intensiv an Schriften zur Bildungsreform, die von Anna Sophia rezipiert worden sein müssen. Denn das Programm der Tugendlichen Gesellschaft enthält sowohl Ideen der Sittenlehre als auch der Regimentslehre Ratkes. Das Gesellschaftsbuch kann auf den ersten Blick als ein Fürstinnenspiegel interpretiert werden, der die für ein gottgefälliges Regiment notwendigen Tugenden auflistet und mit konkreten Beispielen versieht.

Auf den zweiten Blick eröffnet sich ein gesamtgesellschaftlicher Anspruch. Man will sich nicht nur vergnügen, sondern „fruchtbarliche Verrichtungen" anstellen und durch ein tugendreiches und rühmliches Leben Vorbild der ganzen Nation sein, um andere zum Aufbau ähnlicher Gesellschaften zu bewegen. In einem schematischen Modell erfolgt eine deutliche Abgrenzung von untugendlichen Gesellschaften, die als eigennützig und nachteilig charakterisiert werden.[76] Obwohl die Gesellschaftsidee naturrechtlich und theologisch untermauert wird - man sieht sich im „Einklang mit der gottgeschaffenen Natur des Menschen als gottgewollte Vereinigung"[77] - erstreckt sich der Anspruch nicht nur auf geistliche, sondern auch auf weltliche Ziele. Gott zu Ehren solle sich jeder der Verbesserung der Tugenden durch Lehren und Lernen annehmen. Dies betrifft sowohl Prediger und Lehrer als auch die Menge, die sich zum Hören von Gottes Wort und „allerley nützliche Sachen" zusammenfinden soll. Die Tugendliche Gesellschaft hatte sich zwar nicht der deutschen Spracharbeit verschrieben, verstand sich aber durchaus auch als Beförderin von Bildung, die nach Ratke die deutsche Spracharbeit miteinschloß.[78] In der Tat waren viele der Mitglieder auch literarisch tätig und traten als Übersetzerin aus dem Italienischen und Französischen hervor oder wirkten als Komponistin, Dichterin, Erbauungsschriftstellerin oder Herausgeberin.[79] Wie eng die Ziele der Tugendlichen Gesellschaft mit der Fruchtbringenden Gesellschaft hinsichtlich der Bemühungen um die deutsche Spracharbeit verbunden waren, zeigt die gemeinschaftliche Übersetzung der „Cento Novelle Antiche" (No-

---

[75] *Conermann*, Tugendliche Gesellschaft (wie Anm. 69), 519.
[76] *Dix*, Tugendliche Gesellschaft (wie Anm. 74), 65.
[77] *Conermann*, Tugendliche Gesellschaft (wie Anm. 69), 523.
[78] Ebd., 590ff.
[79] Ebd., 582f.

vellino) ins Deutsche zwischen 1622 und 1624.[80] Des weiteren läßt sich aus einem Brief Anna Sophias an ihren Bruder aus dem Jahre 1648 ablesen, daß die Gesellschaftsgründerin großes Interesse an der Entwicklung der deutschen Schriftsprache besaß und deren Anfänge zurückverfolgen wollte. Es lassen sich also bei der Tugendlichen Gesellschaft genügend Anhaltspunkte dafür finden, daß es den Gründerinnen und Mitglieder auch um die Beförderung der Nationalsprache ging.

Daß die Propagierung einer nationalen Tugendlehre und einer Nationalsprache als politische Zielsetzungen zu verstehen sind, wird bei den weltlichen Vorstellungen der Tugendlichen Gesellschaft deutlich. „Weltliche [Gemeinschaft] ist, wenn sich hohes oder Niederstandes Persohnen mit einander von wegen gleiches Standes und Würden oder ebenmäßige Tugente halben in Einigkeit und verträglicher Freundschafft zu leben auch in fürfallenden Mängeln mildreich Hilfe zu thun ohne einige Ansehung verpflichten."[81] Zwar bleibt die tugendliche Gesellschaft damit ständischem Denken verhaftet und schränkt gleichzeitig ihren Mitgliederkreis auf eine Führungsschicht ein, aber innerhalb der Gesellschaft sollten alle gleichgestellt sein und auf ein gemeinsames Ziel verpflichtet werden.[82]

Das historische Umfeld tritt hervor, wenn in der Erklärung der Gesellschaft bei den weltlichen Zielen zwischen friedlichen und gefährlichen Zeiten unterschieden wird. So will man sich im Frieden mit anderen fried- und ruheliebenden Personen verbinden und die Geselligkeit zur Erhaltung und zum Aufbau guter Freundschaft und Nachbarschaft pflegen, sich bei Gefahr jedoch zum Schutz der wahren Religion sowie von Land und Leuten gegenseitig beistehen.[83] Damit besitzt die Tugendliche Gesellschaft im Frieden zwar einen sittlich-ethischen Charakter, in gefährlichen Zeiten soll sie aber als ein - nicht näher definiertes - protestantisches Schutzbündniss dienen, das sich auf Lutheraner und Reformierte erstreckt.[84]

Die gesamtgesellschaftliche Ausrichtung zeigt sich vor allem in der angestrebten Vorbildfunktion für die ganze Nation. Die Tugendliche Gesellschaft versteht sich gleichsam als Keimzelle der Nation. Heißt es in der Vorrede noch, daß sie mit ihrem Motto „Tugend bringt Ehre" jeglicher Frau anzeigen wollen, neben der rechten Erkenntnis Christi sich der Tugend zu befleißigen und nach Ehre zu streben, wird im „Beschluß" der Geltungsanspruch erheblich erweitert. Wegen der vielen guten Wirkungen einer solchen tugendlichen und gottgefälligen Gesellschaft sei es nur „billich und recht ja auch hoch von nöthen in allen Ständen solche Friedes Verbündnüssen

---

[80] Conermann betont allerdings, daß die Betreuung der Übersetzung in den Händen des Oberhaupts der Fruchtbringenden Gesllschaft lag. *Ders.*, Tugendliche Gesellschaft (wie Anm. 69), 593.
[81] *Dix*, Tugendliche Gesellschaft (wie Anm. 74), 66.
[82] Lediglich das Ancienitätsprinzip bestimmte über die Rangfolge im Gesellschaftsbuch. Nach dem Erreichen der festgelegten Mitgliedszahl konnten neue Bewerberinnen lediglich nach dem Tod eines Mitglieds aufgenommen werden. Diese nahmen dann den Platz der Verstorbenen ein.
[83] *Dix*, Tugendliche Gesellschaft (wie Anm. 74), 65.
[84] Im Gegensatz zur Fruchtbringenden Gesellschaft finden sich keine katholischen Mitglieder, so daß sich der konfessionsübergreifende Aspekt nur auf die protestantischen Konfessionen erstreckte.

und göttliche Gesellschafften auffzurichten."⁸⁵ Denn nichts sei für die Kirchen und Schulen, für das Regiment und den Hausstand förderlicher, als eine solche unauflösliche und gottgewollte Vereinigung.

Ähnlich der Fruchtbringenden Gesellschaft wird ein stände- und ansatzweise konfessionsübergreifendes sowie identitätsstiftendes Konzept vertreten, mit dem Unterschied, daß hier ausschließlich Frauen als Träger einer nationalen Idee fungieren, die auch Frauen als Rezipientinnen ihres künftigen Gesellschaftsmodells ansprechen. Dieses ungewöhnliche Anliegen bedurfte vor dem Hintergrund der zeitgenössischen „Querelle" der Rechtfertigung. Die Verfasserin stellt sich daher durch das Aufgreifen von frauenfreundlichen Argumenten der Gelehrtendebatte in die Tradition dieses Diskurses. Mit dem Gesellschaftsbuch und den Beispielen weiblicher Tugend sollen die Bedenken und Vorurteile der „Weiberfeind, hündisch Ehrenwächter und Mißgeburt"⁸⁶ gegen eine solche Frauengesellschaft nicht nur entkräftet und widerlegt, sondern die hohe Tugendfähigkeit von Frauen herausgestellt werden. In den Kontext der „Querelle" gehört ebenfalls die abschwächende Beteuerung, man wolle sich keinesfalls das Regiment anmaßen oder an sich reißen.⁸⁷ Aber durch Tugend könne „auch das weibliche Geschlecht zue Scepter und Crohn, daß ist, zu den höchsten Ehren in der Welt durch Gottes Verleyhung gedeyhen, also daß es sich offt gantz wunderlich begeben, das Schlechtes Standes Weibes Persohnen so weit gelanget, daß sie gesetzet worden neben die Könige und Fürsten des Volkes Psalm 113."⁸⁸ Gestützt auf die Autorität der Bibel, beweist die Verfasserin damit, daß Frauen - unabhängig von ihrem Stand - über den Weg der Tugend⁸⁹ Ehre erlangen und zum Wohle des Vaterlandes wirken können. Damit wird eine Teilhabe von Frauen an der Nation möglich. Die „Tugendlichen" wollen diese Vorstellung nach außen tragen und sehen sich als christliche Kämpferinnen für eine tugendlichen Nation.⁹⁰ In den Lobpreisungen des Flusses Saale auf die Tugendliche Gesellschaft werden die Mitgliederinnen schließlich zu Heldinnen stilisiert, deren Taten man noch niemals zuvor gesehen habe. Sie hätten „zu stetem Ruhme Der teutschen Herrlichkeit"⁹¹ diesen Orden hervorgebracht.

Das Gesellschaftsmodell der „Tugendlichen" eröffnet aber nicht nur den Frauen die Teilhabe an einer tugendlichen Nation, die alle Menschen durch ein christlich-patriotisches Programm und Friedenswillen zu einer Gemeinschaft einen will. Ansatzweise werden dabei auch die Grenzen der ständischen Gesellschaft überschritten.

---

[85] *Dix*, Tugendliche Gesellschaft (wie Anm. 74), 70.
[86] Ebd., 74 und 104.
[87] Ebd., 49.
[88] Ebd., 49.
[89] Tugend wird als ein Synonym für eine Reihe von Tugenden verwendet, die in der „Querelle" vor allem dem weiblichen Geschlecht zugeordnet werden. Die an erster Stelle genannte Tugend, die Treue, auf der nach Anna Sophia alle anderen Tugenden beruhen, gilt jedoch als prinzipiell nationale Tugend der Deutschen. Mit Tapferkeit und Siegesmut werden auch eigentlich männliche Tugenden.
[90] *Dix*, Tugendliche Gesellschaft (wie Anm. 74), 49.
[91] Ebd., 75.

Frauen der Frühen Neuzeit und die deutsche Nation 383

Eine Realisierung der „tugendlichen deutschen Nation" von oben zeichnete sich für die Verfasserin des Gesellschaftsbuches mit der Landung Gustav Adolfs und dem Sieg der Protestanten bei Breitenfeld (1631) ab, auf die im „Beschluß" des Gesellschaftsbuches Bezug genommen wird.[92] Das zeitliche Zusammenfallen des Siegs des schwedischen Königs mit dem Gründungsdatum der Gesellschaft vor zwölf Jahren wird als Bestätigung der Tugendlichen Gesellschaft und damit ihrer Ziele interpretiert. Eine genau am Tage des Siegs geplante Veröffentlichung des Gesellschaftsbuches kam nicht zustande, wodurch ein größerer Bekanntheitsgrad verhindert wurde.

Zusammenfassung

Aufgrund der bisher gesichteten Quellen scheint der seit dem späten 15. Jahrhundert unter deutschen Gelehrten und Dichtern geführte Diskurs über die Notwendigkeit gebildeter Frauen im Wettstreit der europäischen Nationen den Weg für Frauen zu einer wie auch immer gearteten Teilhabe an der Idee einer deutschen Nation geöffnet zu haben. Herausgefordert durch die kulturell führenden Nationen, die eine Reihe von gelehrten und gebildeten Frauen in ihren Reihen vorweisen konnten, gehörte zur kulturellen Aufholjagd in Deutschland auch der Aufbau entsprechender „Vorzeigefrauen" in der eigenen Nation. Aus diesem Grund mußte zunächst die Notwendigkeit von Frauenbildung gegen eine frauenfeindliche Grundströmung propagiert werden, wobei man sich der frauenfreundlichen Argumente der „Querelle" bediente. Dies geschah jeweils analog zu den Nationalisierungsschüben. Auf der anderen Seite sollte mit der Forderung nach Frauenbildung keineswegs eine gesellschaftliche Veränderung der Geschlechterrollen bezweckt werden. Die Zeitgenossen erkannten nämlich durchaus die in solchen Weiblichkeitsprojektionen enthaltenen Gefahren des Durchbrechens der Geschlechterrollen.[93]

Hat die feministische Forschung nur den mangelnden emanzipatorischen Charakter solcher Bemühungen betont und auf „das Motiv des nationalen Ruhms, der Verherrlichung des eigenen Vaterlands"[94] verwiesen, wurde nicht danach gefragt, ob Frauen der frühneuzeitlichen Gesellschaft den Wunsch nach nationaler Partizipation entwickelten und wie dieser aussah.

Aus dem nationalen Blickwinkel betrachtet, diente Frauenbildung den Querelleautoren zwar als Mittel zum Zweck, damit eröffneten sie aber einer, wenn auch kleinen protestantischen Frauenelite vielseitige Möglichkeiten, sei es, daß diese sich im Rahmen einer Sprachgesellschaft oder eigenständig entfalten konnten. Ihr nationales Anliegen wirkte auf diese Weise emanzipatorisch.

Schwieriger ist die Frage nach dem nationalen Bewußtsein der Frauen selbst zu beantworten. In einer Zeit, in der Bildung und Kultur vorwiegend durch die lateinische

---

[92] Siehe hierzu die Deutung von *Conermann*, Tugendliche Gesellschaft (wie Anm. 69), 577ff.
[93] Hier spielt sicherlich auch die Angst vor einer möglichen Konkurrenz von Frauen eine Rolle.
[94] *Opitz*, Entdeckung (wie Anm. 19), 314. „Wie die Naturforscher und Schmetterlingsjäger der Zeit sammelten auch diese Gelehrten „ihre" Frauen mit wissenschaftlichem Ehrgeiz und Akribie."

Humanistentradition geprägt waren, muß allein die Verwendung der deutschen Sprache und das Anfertigen von Übersetzungen als ein Wunsch nach Teilhabe an der nationalen Sprachgemeinschaft und als Ausdruck eines nationalen Bekenntnisses interpretiert werden. Zumindest kann man davon ausgehen, daß den Frauen im Umfeld der Sprachgesellschaften der nationale Kontext bewußt war und sie durch ihre Publikationen die nationalen Zielsetzungen mittrugen. In einigen von Frauen verfaßten Werken wird dieser nationale Bezug auch ausdrücklich hergestellt und offen vertreten.

Die Beteiligung von Frauen stellte vor allem den Pegnesischen Blumenorden vor ein doppeltes Problem. Er mußte nicht nur die deutsche Spracharbeit, sondern auch die intellektuellen Fähigkeiten von Frauen verteidigen. Da die Kritik vor allem von einer Seite, nämlich den deutschen Gelehrten, kam, verschmolz der Kampf gegen die Verunglimpfung der deutschen Sprache mit dem Kampf gegen die Unterdrückung von Frauenbildung. Unter dem übergeordneten Ziel der Beförderung der deutschen Nation und einer nationalen Tugendlehre ließen sich nicht nur beide Kritikpunkte entkräften, sondern auch ein geschlechter- und ständeübergreifendes Gesellschaftsleben verwirklichen.

Vor allem in Kriegs- oder Krisensituationen, die den Bestand des Reichs gefährdeten[95], kam es zu einer offensiven und eigenständigen Beanspruchung der männlich konnotierten Tugend „Vaterlandsliebe", insbesondere durch adlige Frauen. Ihre höhere gesellschaftliche Stellung und ihre Beteiligung an Herrschaft eröffneten ihnen größere politische Mitwirkungsmöglichkeiten. Daß dieses keinesfalls als eine Selbstverständlichkeit galt, wird aus den vielfältigen Beschwichtigungs- und Rechtfertigungsformeln deutlich. Damit sollte den Gegnern versichert werden, daß das weibliche Engagement für die Nation nicht auf eine Verdrängung der Männer ihrer Vorrangstellung zielt. Der Weg der Frauen, dem Vaterland zu dienen, mußte ein anderer als der der Männer sein, die im Krieg Ruhm und Ehre erlangen konnten. Als Kämpferinnen für eine national verstandene Tugend[96] suchten sie das Heil in einem sittlich-ethischen und christlichen Gesellschaftsmodell, das in vieler Hinsicht integrativen Charakter besaß und den Bestand der deutschen Nation sichern sollte. Ein im Glauben geeintes und auf Tugend als zentralem nationalen Wert basierendes Reich erschien in gefährlichen Zeiten als Garant des Friedens, aber auch als eine vielversprechende Zukunftsvision. Dafür waren Frauen bereit, sich einzusetzen und Anhänger zu

---

[95] Vgl. hierzu *Michael Stolleis*, Reichspublizistik und Reichspatriotismus vom 16. bis 18. Jahrhundert, in: *Günter Birtsch* (Hrsg.), Patriotismus (= Aufklärung 4, 1991, H. 2). Stolleis nennt mehrere Nationalisierungsschübe, die immer im Zusammenhang mit Krisen des Reichs stehen.

[96] Vgl. die Definition von Tugend in: *Jacob Grimm/Wilhelm Grimm*, Deutsches Wörterbuch, hrsg. von der Deutschen Akademie der Wissenschaften zu Berlin, Leipzig 1952, Bd. XI/I,2, Sp. 1608; „im 17. bis 19. jh. gefühlsmäszig betont, an treue und redlichkeit angelehnt und als besondere deutsche art welscher leichtfertigkeit gegenübergestellt." Als Beispiel wird der Tugendbund genannt, der 1808 in Preußen gegründet wurde und die inneren Kräfte zum Widerstand gegen Napoleon stärken sollte.

gewinnen, sei es, indem sie sich, der Nation zum Vorbild, zu einer eigenen Gruppe zusammenschlossen, sei es, daß eine einzelne von ihnen an den Kaiserhof nach Wien reiste, um sich persönlich für ihre nationalen Ideen zu verwenden.

In Krisensituationen ergriffen Frauen demnach von sich aus die Initiative und entwickelten eigenständige Wege einer Teilhabe an der Nation, die durchaus als Alternative zu den von Männern formulierten nationalen Vorstellungen gesehen werden können. Ihre Ideen erschöpften sich keinesfalls in der Vorstellung der Nation als einer sprachlich-kulturellen oder sittlichen Zugehörigkeitsgemeinschaft, vielmehr ging es ihnen auch um eine konkrete politische Umsetzung, wobei sich die Hoffnungen je nach Bedrohungsszenario auf Gustav Adolf oder den Kaiser richteten. Die Untersuchung der Regierungstätigkeit von Regentinnen aus diesem Umfeld könnte sicherlich weitere politische Maßnahmen zu Tage fördern, die der Unterstützung der nationalen Zielsetzung dienen sollten.

Inwieweit sich nationales Engagement von Frauen im 18. Jahrhundert fortgesetzt hat, muß offenbleiben. Mehrere Indikatoren verweisen jedoch darauf, daß mit der Herausbildung einer neuen bürgerlichen Schicht und eines spezifisch bürgerlichen Frauenbilds die Freiräume von Frauen insgesamt eine Beschränkung erfuhren, bis ihre Teilhabe an der Nation in den Befreiungskriegen endgültig in den Bereich des Privaten verwiesen wurde.[97]

---

[97] *Frevert*, Militär (wie Anm. 15); *Hagemann*, Militär (wie Anm. 15).

Ute Planert

Zwischen Partizipation und Restriktion Frauenemanzipation und nationales Paradigma von der Aufklärung bis zum Ersten Weltkrieg[*]

Nationsbildungsprozesse und die Konstruktion nationaler Identität sind mitnichten geschlechtsneutral. Im Gegenteil: Die Vorstellung von dem, was eine Nation sei, ist zutiefst von geschlechtsspezifischen Konnotationen durchdrungen und mitbestimmt - nicht nur in Deutschland, sondern in allen modernen Nationalstaaten, von Osteuropa über den Vorderen Orient bis zum pazifischen Raum.[1] Das heißt aber: Was es bedeutete, ein Mann oder eine Frau zu sein, welche Chancen und Handlungsmöglichkeiten sich eröffneten oder verschlossen, war im Zeitalter der Nationalstaaten nicht nur, aber auch an die jeweilige nationale Konstruktion von Geschlecht gebunden. Die Konzeptionen von Geschlechts- und Nationalcharakter waren eng miteinander verknüpft, und es scheint, als ob diese beiden Begriffe im Deutschland des langen 19. Jahrhunderts gleichsam parallel Karriere machten.[2]

An der Wende vom 18. zum 19. Jahrhundert jedenfalls wurden - vorformuliert von den „bürgerlichen Meisterdenkern" der Spätaufklärung - erstmals jene nationalisierten Geschlechterstereotype in Umlauf gesetzt, die im weiteren Verlauf der deutschen Geschichte in je aktualisierter Form immer wieder Definitionsmacht beanspruchten. In ihren Repräsentationen wie in der politischen Praxis, in der Sozialisation ebenso wie hinsichtlich der Identitätspolitik war das Projekt Nation zutiefst geschlechtsspezifisch ausgerichtet. Männern wie Frauen wurden dabei unterschiedliche Räume und Identitäten zugewiesen, die komplementär aufeinander bezogen waren und sich funktional ergänzten.

Die Vorstellung von „echt deutscher" Männlichkeit war dabei an Wehrbereitschaft und kriegerischen Heldenmut gebunden. Als Lohn der Angst winkten nicht nur der

---

[*] Für sachkundige Kritik, hilfreiche Anregungen und die Bereitschaft, das Manuskript zu kommentieren, danke ich sehr herzlich Kirsten Heinsohn, Martina Kessel, Dieter Langewiesche, Friedrich Lenger, Sylvia Paletschek, Angelika Schaser und Ulrike Weckel.
[1] So das Ergebnis von „Gendered Nations", einer internationalen Tagung zum Verhältnis von Geschlecht und Nation im März 1998 in Berlin. Die Vorträge werden voraussichtlich im nächsten Jahr als Tagungsband publiziert, vgl. *Ida Blom/Karen Hagemann/Catherine Hall* (Hrsg.), Gendered Nations/Nationalisms in the Long 19th Century - Europe and Beyond, Oxford, New York 1999. Als Überblick vgl. den Tagungsbericht von *Ute Planert*, Nation, what Nation? Begegnung mit einer bekannten Unbekannten, in: ZfG 46, 1998, H. 6, 546-550.
[2] Die Verknüpfung von Geschlechtscharakteren und Nationalstereotypen arbeitet anschaulich heraus *Charlotte Tacke*, Denkmal im sozialen Raum. Nationale Symbole in Deutschland und Frankreich im 19. Jahrhundert, Göttingen 1995, 44-50.

Dank des Vaterlandes, sondern auch die Mitgestaltungsmöglichkeit am Projekt der deutschen Nation. Diese doppelte Konzeption zwischen Selbstverleugnung und bürgerlicher Selbstbehauptung, zwischen Partizipationsversprechen und Egalitätsverheißung nach innen und Aggression nach außen waren die Pole, zwischen denen die Nationalbewegung in den Folgejahren einherschritt. Daß Opferbereitschaft fürs Vaterland und Emanzipation zur Staatsbürgerschaft in eins zu fallen schien, erwies sich als Anknüpfungspunkt für die Integrationshoffnungen immer breiterer Sozialschichten. Emotionale und quasi-religiöse Aufladung, der Versuch, Loyalitätsmuster aus Familienbeziehungen zu übernehmen sowie erotische Aspekte, die nicht erst im Vormärz,[3] sondern schon zu Beginn des 19. Jahrhunderts in das Konzept einflossen,[4] trugen wesentlich zu ihrer Durchsetzung bei.[5]

Von einem Ausschluß der Frauen aus der Nation, wie es die ältere Forschung noch annahm,[6] kann dabei keine Rede sein. Im Zeitalter der Nationalstaaten, als mehr und mehr Menschen das immer wieder mit neuen Inhalten aufzufüllende Abstraktum Nation als oberstes Legitimationsprinzip politischen Handelns anerkannten, haben sich auch Frauen immer wieder auf Nation und Vaterland berufen, wenn es darum ging, ihren Schritt in die politische Öffentlichkeit zu begründen. Dieser Bezug wirkte repressiv und emanzipativ zugleich: emanzipativ, weil das Konzept Nation politische Teilhabe versprach und auch Frauen dieses Partizipationsversprechen für sich in Anspruch nahmen; restriktiv, weil die Nation nicht nur in Deutschland auf der bürgerlichen Vorstellung dualistischer Geschlechtersphären aufruhte. Dieses Modell schloß die Gleichheit von Männern und Frauen prinzipiell aus, gestand Frauen aber eine weibliche „separate sphere" zu, die sie autonom nutzen und auch erweitern konnten. Was das Verhältnis zwischen Nation und Geschlecht und speziell zu ihrer weiblichen Hälfte so interessant macht, ist, daß die restriktive, auf Ergänzung des Männlichen hin angelegte nationale Konzeption von Weiblichkeit den Stachel der Veränderung gleichsam systemimmanent schon in sich trug, ohne die ihm innewohnenden Begrenzungen je wirklich zugunsten von geschlechterpolitischer Egalität überwinden zu können.

---

[3] Vgl. *Carola Lipp*, Liebe, Krieg und Revolution. Geschlechterbeziehung und Nationalismus, in: dies. (Hrsg.) Schimpfende Weiber und patriotische Jungfrauen. Frauen im Vormärz und der Revolution 1848/49, Bühl/Moos 1986, 353-384.
[4] Vgl. auch den Beitrag von *Wolfgang Burgdorf* in diesem Band.
[5] Die Entwicklungslinien der neueren Nationsforschung umreißt in international vergleichender Perspektive der umfangreiche Literaturbericht von *Dieter Langewiesche*, Nation, Nationalismus, Nationalstaat: Forschungsstand und Forschungsperspektiven, in: NPL 40, 1995, 190-236.
[6] Vgl. etwa *Hannelore Bublitz/Annette Kuhn*, Aneignungen, Enteignungen und Widerständigkeiten. Die Beziehung von Frauen zur Nation, in: metis 1, 1992, H. 1, 10-27. Die These von der Korrumpierung des weiblichen Geschlechts durch den patriarchalen Nationalismus vertritt auch *Sabine Hering*, Die Kriegsgewinnlerinnen. Praxis und Ideologie der deutschen Frauenbewegung im Ersten Weltkrieg, Pfaffenweiler 1991.

Der alte Streit um das Emanzipationspotential der bürgerlichen Gesellschaft in ihrer Verfaßtheit als bürgerlicher Nationalstaat[7] läßt sich somit zugunsten einer dialektischen Beziehung aufheben. Die nationale Konstruktion von Geschlecht, so die hier vertretene These, wirkte für Frauen limitierend und emanzipativ zugleich. Von der Spätaufklärung bis in die Zeit der Klassischen Moderne flossen, wie im folgenden gezeigt werden soll, nationale Vorstellungen in die politischen Konzeptionen und Aktionen von Frauen ein. Weibliche Intellektuelle, aber auch mehr und mehr Frauenorganisationen situierten sich im nationalen Vorstellungsraum und nutzten die Berufung auf die Nation zur Legitimation ihrer politischen Forderungen, während sich das nationale Paradigma in immer breiteren Schichten der weiblichen Bevölkerung durchsetzte. Eine egalitäre Positionierung der beiden Geschlechter in der Praxis sowohl der Nationalbewegungen wie auch des nationalen Staates war und ist damit - das zeigt auch der internationale Vergleich - gleichwohl nicht verbunden.[8]

Forschungsüberblick

Die geschlechterhistorisch inspirierte Nationsforschung zum langen 19. Jahrhundert konzentriert sich, soweit sie sich auf den deutschsprachigen Raum bezieht, gegenwärtig auf fünf Problembereiche. Ausgehend von der Historischen Frauenforschung wurde seit Mitte der achtziger Jahren nach (1) *Formen weiblicher Partizipation an der nationalen Bewegung* gefragt.[9] Diese Fragerichtung schärfte den Blick für den

---

[7] Vgl. *Jürgen Kocka*, Einige Ergebnisse, in: *Ute Frevert* (Hrsg.), Bürgerinnen und Bürger, Göttingen 1988, 206-209; *Ute Gerhard*, Andere Ergebnisse, in: ebd., 210-214 sowie die Diskussion: Emanzipiert die Nation?, in: Frauen und Nation, hrsg. v. „Frauen & Geschichte Baden-Württemberg", Tübingen 1996, 214-230.

[8] Dies ist gegen den Optimismus Dieter Langewiesches festzuhalten, der vermutet, „daß die Egalitätsverheißung, die dem Nationalismus eingeboren ist, letztlich auch die Geschlechtermauer in der 'bürgerlichen Gesellschaft' zu durchbrechen begann", vgl. *Langewiesche*, Nation (wie Anm. 5), 217.

[9] Vgl. *Eva Kuby*, Politische Frauenvereine und ihre Aktivitäten 1848 bis 1850, in: *Lipp* (Hrsg.), Schimpfende Weiber (wie Anm. 3), 248-269; *Carola Lipp*, Frauen und Öffentlichkeit. Möglichkeiten und Grenzen politischer Partizipation im Vormärz und in der Revolution 1848, in: ebd., 270-309; *Sabine Kienitz*, „Aecht deutsche Weiblichkeit". Mode und Konsum als bürgerliche Frauenpolitik 1848, in: ebd., 310-338; *Tamara Citovics*, Bräute der Revolution und ihre Helden. Zur politischen Funktion des Fahnenstickens, in: ebd., 339-352; *Roger Chickering*, „Casting their Gaze More Broadly": Women's Patriotic Activism in Imperial Germany, in: Past & Present 118, 1988, 156-185; *Karin Bruns*, Das moderne Kriegsweib, in: *A. Pelz* u.a. (Hrsg.); Frauen - Literatur - Politik, Hamburg 1988, 132-144; *Kerstin Lutzer*, „stets bestrebt, dem Vaterlande zu dienen". Der Badische Frauenverein zwischen Nächstenliebe und Patriotismus, in: Frauen und Nation (wie Anm. 7), 104-117; *Heide-Marie Lauterer*, Ein „ruhiges Nationalbewußtsein"? Vorstellungen von der Nation und Elemente eines demokratischen Nationalbewußtseins bei Parlamentarierinnen der Weimarer Republik, in: ebd., 133-155; *Natali Stegmann*, „Je mehr Bildung, desto polnischer". Die Nationalisierung polnischer Frauen in der Provinz Posen (1870-1914), in: ebd., 165-177; *Barbara Guttmann*, „... in nie erlebter Leibhaftigkeit zum 'Volke' vereint", in: ebd., 204-213; *Karen Hagemann*, Heldenmütter, Kriegsbräute und Amazonen. Entwürfe „patriotischer" Weiblichkeit zur Zeit der Freiheitskriege, in: *Ute Frevert*, (Hrsg.), Militär und Gesellschaft im 19. und 20. Jahrhundert, Stuttgart 1997, 174-200; *Dirk Reder*, Frauenbewegung und Nation. Patriotische Frauenvereine in Deutschland im frühen 19. Jahrhundert (1813-1830),

Faktor Geschlecht auf jenen Feldern nationaler Vergemeinschaftung, deren Männlichkeit bisher implizit geblieben war. War die maskuline Prägung der privaten Zusammenschlüsse, die im Zeichen der deutschen Nation agi(ti)erten, noch bis in die neunziger Jahre hinein vielfach als selbstverständlich vorausgesetzt und daher ignoriert worden, avancierte sie in einigen neueren Studien zum Ausgangspunkt des Forschungsprozesses.[10] Der Wandel von der Frauen- zur Geschlechtergeschichte inspirierte Untersuchungen über die (2) *nationalisierte Konstruktion männlicher und weiblicher Geschlechtsidentität*, die sich entweder der diskursiven Verbindung von Nation und Geschlecht zuwandten[11] oder den Zusammenhang von Staat, Militär und

---

Köln 1998; *Jean Quarteart*, „Vaterländische" Frauenaktivitäten in Krieg und Frieden, 1864-1890, erscheint in: *Karen Hagemann/Ralf Proeve* (Hrsg.), Landsknechte, Soldatenfrauen und Nationalfrauen. Militär, Krieg und Geschlechterordnung im historischen Wandel, Frankfurt a. M./New York 1998, 247-278.

[10] Die maskuline Signatur der Nationalbewegungen thematisierte *Dieter Langewiesche* bereits 1990, vgl. „... für Volk und Vaterland zu würken ...". Zur politischen und gesellschaftlichen Rolle der Turner zwischen 1811 und 1871, in: *Ommo Grupe* (Hrsg.), Kulturgut oder Körperkult? Sport und Sportwissenschaft im Wandel, Tübingen 1990, 87-111; ders., Die schwäbische Sängerbewegung in der Gesellschaft des 19. Jahrhunderts - ein Beitrag zur kulturellen Nationsbildung, in: ZWLG 52, 1993, 257-301; ders., Kulturelle Nationsbildung im Deutschland des 19. Jahrhunderts, in: *Manfred Hettling/Paul Nolte* (Hrsg.), Nation und Gesellschaft in Deutschland, München 1996, 46-65. Vgl. auch den Abschnitt „Geschlecht und Nation" in ders., Nation, Nationalismus, Nationalstaat (wie Anm. 5), 216f. Neuere Forschungsprojekte nehmen die Kategorie Geschlecht explizit zum Ausgangspunkt, vgl. etwa die Dissertation von *Lynn Blattmann*, Schweizerische Studentenverbindungen vor 1914. Rituale, Politik und Männerbund, erscheint Zürich 1999, das demnächst abgeschlossene Habilitationsprojekt von *Karen Hagemann* zur Ära der Befreiungskriege in Preußen sowie die an der Columbia University/USA entstehende Dissertation von *Daniel A. McMillan*, Germany Incarnate. Status, Gender, and Politics in the German Gymnastics Movement, 1811-1871. Vgl. gewissermaßen als Vorschau *Daniel A. Mc Millan*, „die höchste und heiligste Pflicht ...". Das Männlichkeitsideal der deutschen Turnbewegung 1811-1871, in: *Thomas Kühne* (Hrsg.), Männergeschichte - Geschlechtergeschichte: Männlichkeit im Wandel der Moderne, Frankfurt a. M. 1996, 88-100; *Lynn Blattmann*, „Laßt uns den Eid des neuen Bundes schwören ... „ Schweizerische Studentenverbindungen als Männerbünde 1870-1914, in: ebd., 119-135 sowie - weitgehend ohne Beachtung des Geschlechteraspektes - *Dietmar Klenke*, Nationalkriegerisches Gemeinschaftsideal als politische Religion, in: HZ, 260, 1995, 395-448.

[11] Vgl. *Charlotte Tacke*, Nation und Geschlechtscharaktere, in: Frauen und Nation (wie Anm. 7), 35-48; *Ulla Siebert*, Reise. Nation. Text. Repräsentationen von „Nationalität" in Reisetexten deutscher Frauen, 1871 bis 1914, in: ebd., 49-65; *Susanne Asche*, Juden und Frauen als Staatsbürger zweiter Klasse. Die Konzeptionen südwestdeutscher Liberaler in der ersten Hälfte des 19. Jahrhunderts, in: ebd., 66-77; *Maja Riepl-Schmidt*, Die „wertkonservativen" Erziehungskonzepte zur Vorbereitung einer „mit Vernunft getragenen Nation" der Therese Huber (1764-1829), in: ebd., 90-103; *Angelika Schaser*, „Corpus mysticum". Die Nation bei Gertrud Bäumer, in: ebd., 118-132; *Christl Hess*, Nation - Arbeit - Frauen. Frauenarbeit aus der Sicht des Deutsch-Nationalen Handlungsgehilfen-Verbandes, in: ebd., 178-189; *Ute Planert*, Im Zeichen von „Volk" und „Nation": Emanzipation durch Emanzipationsgegnerschaft?, in: ebd. 190-203; *Kerstin Domscheit*, Antifeminismus im Deutschnationalen Handlungsgehilfen-Verband (1893-1918). Wissenschaftl. Hausarbeit, Universität Hamburg, Historisches Seminar, Hamburg 1990, 85-95 und 140-178; *Stefana Lefko*, „Truly Womanly" and „Truly German": Women's Rights and National Idendity in „Die Frau", in: *Patricia Herminghouse*, Magda Mueller (Hrsg.), Gender and Germanness. Cultural Productions of Nation, Providence, Oxford 1997, 129-144.

Geschlecht thematisierten.[12] Standen im Zeichen der Annäherung von Militär- und Geschlechtergeschichte dabei bislang Phasen kriegerischer Auseinandersetzungen im Mittelpunkt, hat Ute Frevert unlängst gefordert, die im Frieden wirksamen Sozialisationsagenturen als Produzenten nationalistischer Männlichkeit und Weiblichkeit stärker zu berücksichtigen.[13]

Vermehrte Aufmerksamkeit hat in jüngster Zeit auch die Frage nach der Übermittlung des nationalen Angebots jenseits von Organisationstrukturen auf sich gezogen. Blieben Forschungen zur (3) *nationalen Symbolik und kulturellen Repräsentation der Geschlechter* zunächst Literaturwissenschaftlern, Volkskundlerinnen oder Kunsthistorikern überlassen, werden der geschlechterhistorisch interessierten Nationsforschung nun auch Mythen, Emotionen, Rituale, Allegorien oder Zeugnisse der Sachkultur zum Gegenstand.[14]

Neue Perspektiven ergeben sich darüber hinaus durch den angelsächsisch inspirierten Blick auf das (4) *Verhältnis von Imperialismus und Geschlecht*[15] und den (5)

---

[12] Vgl. *Mechthild Rumpf*, Staatsgewalt, Nationalismus und Geschlechterverhältnis, in: Frauen und Nation (wie Anm. 7), 12-29; *Karen Hagemann*, „Heran, heran, zu Sieg oder Tod!" Entwürfe patriotisch-wehrhafter Männlichkeit in der Zeit der Befreiungskriege, in: *Kühne* (Hrsg.), Männergeschichte (wie Anm. 10), 51-68; *dies.*, Nation, Krieg und Geschlechterordnung. Zum kulturellen und politischen Diskurs in der Zeit der antinapoleonischen Erhebung Preußens 1806-1815, in: GG, 22, 1996, 562-591; *Ute Frevert*, Soldaten, Staatsbürger. Überlegungen zur historischen Konstruktion von Männlichkeit, in: *Kühne* (Hrsg.), Männergeschichte (wie Anm. 10), 69-87; *dies.*, Nation, Krieg und Geschlecht im 19. Jahrhundert, in: *Manfred Hettling/Paul Nolte* (Hrsg.), Nation und Gesellschaft in Deutschland, München 1996, 151-170 sowie die Beiträge in *Ute Frevert* (Hrsg.), Militär und Gesellschaft, Stuttgart 1997.

[13] Auf der „Gendered Nations"-Konferenz in Berlin, vgl. Anm. 1. Vgl. dazu bisher *Helga Brandes*, Das Mädchenbuch der Gründerzeit. Zur Herausbildung einer patriotischen Literatur für Mädchen, in: *Jürgen Link/ Wulf Wülfing* (Hrsg.), Nationale Mythen und Symbole in der 2. Hälfte des 19. Jahrhunderts, Stuttgart 1991, 256-274.

[14] Vgl. *Wulf Wülfing*, Die heilige Luise von Preußen. Zur Mythisierung einer Figur der Geschichte in der deutschen Literatur des 19. Jahrhunderts, in: *Jürgen Link /ders.* (Hrsg.), Bewegung und Stillstand in Metaphern und Mythen, Stuttgart 1984, 233-275; *Andrea Pollig*, „Germania ist es, - bleich und kalt ...". Allegorische Frauendarstellungen in der politischen Karikatur des „Eulenspiegel" 1848-1850, in: Schimpfende Weiber (wie Anm. 3), 385-403; *G. Brunn*, Germania und die Entstehung des deutschen Nationalstaates, in: *R. Voigt* (Hrsg.), Symbole der Politik, Politik der Symbole, Opladen 1989, 101-122; *Karin Bruns*, Mythisierte Figuren in Literatur- und Kulturgeschichten für Frauen (1850-1914), in: *Link/Wülfing*, Nationale Mythen, 275-294; *Brent O. Peterson*, The Fatherland's Kiss of Death: Gender and Germany in Nineteenth-Century Historical Fiction, in: Gender and Germanness (wie Anm. 11), 82-100. Zu den neueren geschichtswissenschaftliche Arbeiten vgl. *Lothar Gall*, Die Germania als Symbol nationaler Identität im 19. und 20. Jahrhundert, Göttingen 1993; *Tacke*, Denkmal (wie Anm. 2); *Etienne François u.a.* (Hrsg.), Nation und Emotion. Deutschland und Frankreich im Vergleich, 19. und 20. Jahrhundert, Göttingen 1995.

[15] Vgl. etwa die Beiträge in *Ruth Roach/Nupur Chandhuri* (Hrsg.), Nation, Empire, Colony. Historizing Gender and Race, Bloomington/Indianapolis 1998; *Anne McClintock*, Imperial Leather. Race, Gender and Sexuality in the Colonial Context, New York 1995; *Nupur Chanduri/Margaret Strobel* (Hrsg.), Western Women and Imperialism. Complicity and Resistance, Bloomington 1992; als deutschsprachiges Beispiel *Elisabeth Harrey*, „Die deutsche Frau im Osten". „Rasse", Geschlecht und öffentlicher Raum im besetzten Polen 1940-1944, in: AfS 38, 1998, 191-215.

internationalen Vergleich, zu dem soeben die Grundlagen gelegt werden.[16] Gerade der Blick auf den Nationalismus arabischer, afrikanischer oder osteuropäisch-asiatischer Gesellschaften dürfte hilfreich sein, wenn es darum geht, die im Westen eng verwobenen Kategorien „Nation" und „Bürgertum" schärfer gegeneinander abzugrenzen und dabei Chancen und Grenzen des nationalen Projekts für Frauen differenzierter als bisher auszuloten.[17] Doch auch die Binnenperspektive auf die Wechselwirkung von Nation und Geschlecht ist - vornehmlich für das späte 18. und frühe 19. Jahrhundert - bei weitem noch nicht hinreichend erforscht.

Von der Spätaufklärung zum Wiener Kongreß: die paradigmatische Situation der antinapoleonischen Kriege

Bereits 1784 hatte Sophie von La Roche auf die Frage, ob sich die in der Spätaufklärung als männlich konstruierte Politik nicht auch für Frauen eigne, mit dem Hinweis auf die politische Tugend des Patriotismus geantwortet. In ihrer an „Teutschlands Töchter" gewandten Zeitschrift „Pomona" definierte sie Politik als „äusserste Sorgfalt und Liebe für sein Vaterland"[18] und nahm damit Bezug auf einen zeitgenössischen Sprachgebrauch, der geradezu inflationär alles „patriotisch" nannte, was in wohltätiger und gemeinnütziger Absicht das Zusammenleben der Menschen erleichtern sollte.[19] Aktive Mitwirkung an öffentlichen Aufgaben war den Gebildeten Exerzierplatz patriotischer Gesinnung und diente dazu, durch gemeinnütziges Engagement die bisherige Untertanenexistenz zugunsten staatsbürgerlichen Selbstbewußtseins zu überwinden.[20]

Gängige Weiblichkeitsvorstellungen erweiternd und an ältere adelig-kirchliche Vorstellungen der Frauencaritas anknüpfend, erklärte die Publizistin Wohltätigkeit

---

[16] Vgl. den Berliner Tagungsband (wie Anm. 1) und die in Vorbereitung befindliche Dokumentation des Freiburger Kolloquiums „Nationale Integration oder nationalistische Versuchung? Politische Vorstellungen und Leitbilder von Frauen in Deutschland und Frankreich nach dem Ersten Weltkrieg". Zur osteuropäischen Perspektive vgl. auch *Anders Henriksson*, Minority Nationalism and the Politics of Gender. Baltic German Women in the late Imperial Era, in: Journal of Baltic Studies, XXVII, 1996, 213-228.

[17] Vgl. die Skizze von *Farideh Akashe-Böhme*, Islamisch-Arabische Frauengeschichte und das Verhältnis von Frauen zur Nation im arabisch-islamischen Kulturkreis, in: metis 1, 1992, H. 1, 60-67 und die dort genannte Literatur.

[18] Vgl. Wieder Fragen und Wünsche, weil ich sie gern beanworte, in: Pomona, 2, 1784, H. 3., 203-212, hier 203/4.

[19] Vgl. Oekonomisch-technologische Encyklopädie, hrsg. v. *Krünitz*, Bd. 108, 1808, s.v. Patriot, 143/44. Ein so verstandener Patriotismus stand am Ende des 18. Jahrhunderts nicht notwendig in Verbindung mit einer staatspolitischen Entität, sondern konnte sich auch auf die Heimatstadt, das Deutsche Reich oder auf Verbesserungen zugunsten der gesamten Menschheit beziehen, vgl. *Rudolf Vierhaus*, „Patriotismus" - Begriff und Realität einer moralisch-politischen Haltung, in: *ders.*, Deutschland im 18. Jahrhundert, 96-109; *Christoph Prignitz*, Vaterlandsliebe und Freiheit. Deutscher Patriotismus von 1750-1850, Wiesbaden 1981. Die gleitenden Übergänge zum Nationalismus betont jetzt *Jörg Echternkamps* umfangreiche Studie Der Aufstieg des deutschen Nationalismus (1770-1840), Frankfurt a. M./New York 1998, die freilich das Nachdenken über den Faktor Geschlecht konsequent vermeidet.

[20] Vgl. *Vierhaus*, Patriotismus, 101.

und Sozialfürsorge zur spezifisch weiblichen Form öffentlicher Anteilnahme. Patriotisches Handeln von Frauen erschien so als Gebot aufklärerischer Vernunft.[21] Die den Leserinnen in ihrem Journal angetragenen Aktionsformen - Spendensammeln, Benefizveranstaltungen und Sozialdisziplinierung der 'unteren Stände' - sollten im kommenden Jahrhundert das politische Handeln vieler Frauenzusammenschlüsse bestimmen.

Daneben entfaltete sich die Diskussion über weiblichen Patriotismus in den Frauenzeitschriften der Spätaufklärung auf den der gebildeten Weiblichkeit offenstehenden Feldern der Ästhetik, des Lebensstils und des Geschmacks. Die Bekenntnisse zur Vaterlandsliebe erhielten dabei zunehmend eine nationalpolitische Einfärbung. Konkret ging es um die Autonomie einer originär deutschen Literatur, Mode und Sittlichkeit gegenüber französischen Vorbildern und um die Etablierung eines als „deutsch" apostrophierten Weiblichkeitsideals, das sich um die bürgerlichen Tugenden der Mäßigung, Ernsthaftigkeit und Innerlichkeit zentrierte. Die Debatte mündete in die Verständigung über den deutschen „Nationalkarakter" und die Beschwörung einer gemeinsamen Geschichte.[22] Nicht nur der männlichen, auch der weiblichen Rede über die deutsche Nation wohnte vielfach - jedoch nicht immer - die Abgrenzung gegen alles als fremd Vorgestellte von Anfang an inne.[23]

Der Bezug auf Patriotismus und Nation transportierte dabei gleichsam nebenbei auch weibliche Emanzipationsansprüche, und es ist auffällig, daß der Zusammenhang zwischen „Enthusiasmus fürs Vaterland" und unabhängiger Weiblichkeit gerade von Marianne Ehrmann, der am stärksten national ausgerichteten unter den Herausgeberinnen der frühen Frauenzeitschriften, besonders hervorgehoben wurde. Gegenüber exklusiv männlichen Staatsbürger-Konzeptionen hielt Marianne Ehrmann es für gänzlich „unbillig", wenn man das weibliche Geschlecht „ganz und gar von allem patriotischen Sinn, von allem was groß und edel ist, ausschliessen will". Dadurch, so war die Herausgeberin von „Amaliens Erholungsstunden" und der „Einsiedlerinn aus den Alpen" sicher, „prägt man ihm Sklavensinn und Feigheit ein". „Wie kann", fragte die Publizistin empört, „dieses unterdrückte Geschlecht gute Mütter hervorbringen, eh' es gute Bürgerinnen hat? Warum soll das Herz eines Weibes für Vaterland und Ehre, nicht erhabener ... als das ihrer Magd schlagen dürfen, ohne daß man sie auszischt? Man lasse", so ihre Forderung, „doch dem weiblichen Geschlecht auch einmal die Freiheit zu denken, zu handeln und sich über patriotische Tugenden zu freuen und

---

[21] Vgl. dazu ausführlich *Ulrike Weckel*, Zwischen Häuslichkeit und Öffentlichkeit. Die ersten deutschen Frauenzeitschriften im späten 18. Jahrhundert und ihr Publikum, Tübingen 1998, 510-531.
[22] Vgl. [Anonym], An die deutschen Frauen, in: Pomona, 2, 1784, H. 10, 906-919, Begriff 908, zit. nach *Weckel*, Häuslichkeit (wie Anm. 21), 518; vgl. auch ebd., 525, Anm. 234.
[23] Vgl. dazu allgemein *Dieter Langewiesche*, Nationalismus im 19. und 20. Jahrhundert: zwischen Partizipation und Aggression, Bonn 1994. Differenzierter, als es hier geschehen kann, entwickeln *Ulrike Weckel*, Häuslichkeit (wie Anm. 21), und *Helga Watt* das Verhältnis von Sophie La Roche zu Frankreich und anderen europäischen Ländern aus ihrem Gesamtwerk, vgl. *Helga S. Watt*, Sophie La Roche as a German Patriot, in: Gender and Germanness (wie Anm. 11), 36-51.

warne es erst dann, wenn es darüber die weiblichen Hauptpflichten vergißt oder sich übereilt von aller Weiblichkeit loswinden und überall Männerrollen spielen will!"[24] An geschlechterpolitische Egalität war hier nicht gedacht, wohl aber stellte Marianne Ehrmann dem aufgeklärten Patrioten die selbständig denkende und handelnde Bürgerin als Pendant an die Seite.[25]

Die Übersetzung dieser von weiblichen Intellektuellen vorgetragenen Konzeption in die Praxis weiblicher Vereinsbildung ließ nicht lange auf sich warten. In den antinapoleonischen Kriegen entstanden vor allem in Preußen und im Rheinland Frauenvereine, die sich durch ihre soziale wie geographische Ausdehnung, vor allem aber durch ihre patriotisch-politische Ausrichtung von früheren weiblichen Organisationsversuchen unterschieden.[26] Der Patriotismus dieser Frauenvereine war nicht länger nur caritativ inspiriert, sondern stellte ein „aktives Engagement für den ... gerade erst erfundenen Nationalstaat" dar und war damit politisches Handeln auf dem Feld der Vaterlandsliebe.[27] Unter dem Druck innenpolitischer und militärischer Krisen erschlossen sich bürgerliche und adelige Frauen vorwiegend aus dem Norden Deutschlands im Zeichen von Patriotismus und Nation neue Verantwortungsbereiche. Die am Ende des 18. Jahrhunderts entworfenen und zu Beginn des 19. Jahrhunderts erprobten Verhaltensmuster wirkten - und das rechtfertigt die nun folgende ausführliche Diskussion - für spätere Generationen geradezu paradigmatisch. Die Zahl derjenigen, die sich im Zeichen der Nation politisierten, stieg im Verlauf des langen 19. Jahrhunderts sukzessive an, und allmählich verbreiterte sich auch die soziale Basis der Bewegung. Doch in ihrer sozialen Praxis griffen eine ganze Reihe von Frauen und Frauenvereinigungen noch bis ins 20. Jahrhundert hinein auf die Aktionsformen und Handlungsfelder der antinapoleonischen Kriege zurück.

Die patriotischen Frauenvereine der „Befreiungskriege" verstanden sich vielfach als weibliches Gegenstück zu den freiwilligen Jägertruppen und schlossen die Versorgungslücken der von den Ausmaßen des „Volkskriegs" völlig überforderten Militär- und Zivilbehörden. Hatten in den Heeren der Frühen Neuzeit zumeist Frauen die Versorgungsfunktionen übernommen, verfügte das Militär nach dem Abschied vom (zumeist weiblichen) Begleittroß über kein funktionierendes Sanitär- und Lazarettwesen mehr.[28] Entsprechend berichteten alle zeitgenössischen Beobachter von

---

[24] Anekdoten, nebst einer Einleitung. Aus Privatbriefen, in: Amaliens Erholungsstunden, 1, 1790, Bd. 3, H. 7, 77-83, Zitat 81f.; zit. nach *Weckel*, Häuslichkeit (wie Anm. 21), 526.
[25] Vgl. zum Begriff der Bürgerin auch *Ulrike Spree*, Die verhinderte 'Bürgerin'? Ein begriffsgeschichtlicher Vergleich zwischen Deutschland, Frankreich und Großbritannien, in: *Reinhart Koselleck/K. Schreiner* (Hrsg.), Bürgerschaft. Rezeption und Innovation der Begrifflichkeit vom Hohen Mittelalter bis ins 19. Jahrhundert, Stuttgart 1994, 274-306.
[26] Vgl. *Dirk Reder*, Frauenbewegung und Nation. Patriotische Frauenvereine in Deutschland im frühen 19. Jahrhundert (1813-1830), Köln 1998.
[27] Vgl. *Elisabeth Meyer-Renschhausen*, Weibliche Kultur und soziale Arbeit. Eine Geschichte der Frauenbewegung am Beispiel Bremens 1810-1927, Köln/Wien 1989, 51.
[28] Vgl. *Claudia Opitz*, Von Frauen im Krieg zum Krieg gegen Frauen. Krieg, Gewalt und Geschlechterbeziehungen aus historischer Sicht, in: L'Homme, 3, 1992, H. 1, 31-44, hier 36-38.

Toten und Sterbenden in den Straßen, eine schiere „Masse des Elends", die, so der „Rheinische Merkur", noch die „reichste Barmherzigkeit verschlingt".[29] Der Berliner Arzt Reil schätzte die Zahl der Verwundeten nach der Leipziger Völkerschlacht auf 20.000 und berichtete dem Freiherrn vom Stein:

„Ihre Glieder sind, wie nach Vergiftungen, furchtbar angelaufen, brandig, und liegen in allen Richtungen neben den Rümpfen. ... Viele sind noch gar nicht, andere werden nicht alle Tage verbunden. ... Viele Amputationen sind versäumt, andere werden von unberufenen Menschen gemacht, die kaum das Barbiermesser führen können ... An Wärtern fehlt es ganz. Verwundete, die nicht aufstehen können ... faulen in ihrem eigenen Unrat."[30]

Der Mobilisierung von Massenheeren stand keine adäquate sanitäre Infrastruktur gegenüber. Die Regierungen und städtischen Behörden, noch an die vergleichsweise unblutige Kriegsführung der absolutistischen Heere gewöhnt, waren auf die Menge der Verletzten und Getöteten nicht vorbereitet.[31] Wie viele Frauen in anderen Städten versuchte Rahel Levin, mit privater Initiative das Versagen der öffentlichen Institutionen abzumildern. Zunächst war sie im Frühjahr 1813 mit 30 anderen Berliner Frauen an der Gründung des ersten „Damen-Lazaretts" beteiligt, einem Vorhaben, das in ihrem Salon diskutiert worden war und in ganz Nord- und Mitteldeutschland Schule machte.[32] Auch in Prag, wohin sie im Herbst vor dem Krieg floh, setzte Rahel Levin ihre Aktivitäten fort. In einem Brief nach Wien bat sie ihre Freundin Karoline von Humboldt um Spenden und schilderte ihr die verzweifelte Lage der Stadt:

„... auf den Straßen, im Koth, liegen unsere - der alliirten alle - Verwundete umher. Die Stadt thut was sie vermag an geben und thun; Ärtzte, Hebammen, Judenmädel die man besonders lobt und nennt, verbinden auf den Wagen die sie bringen in den Straßen. Zu 100 solcher Wagen stehen hintereinander: man kann nicht gehen. wir schiken Essen, Wäsche, was wir vermögen. ... Schikt, ich bitte euch! ... Und solange der Frieden nicht proclamirt ist, bereitet euch *vor* in Wien, auf Verwundete! Leider ist das hier *nicht* geschehen."[33]

---

[29] Vgl. Rheinischer Merkur, Nr. 185, 8.1.1815, zit. nach *Reder* (wie Anm. 26), 376. Auch Rahel Levin berichtet Varnhagen am 16.9.1813 aus Prag von „unendliche(n) Verwundete(n)", vgl. *Rahel Varnhagen*, Gesammelte Werke, hg. v. Konrad Feilchenfeld/Uwe Schweikert/Rahel E. Steiner, Bd. II (= Rahel. Ein Buch des Andenkens für ihre Freunde, Teil 2), München 1983, 120.
[30] Bericht vom 26.10.1813, zit. nach *Reder* (wie Anm. 26), 375. Insgesamt wurden von rund einer halben Million Soldaten mehr als 115.000 in Leipzig verwundet oder getötet. Zum Lazarettwesen der antinapoelonischen Kriege vgl. *Reder*, Frauenbewegung (wie Anm. 26), 374-378.
[31] „Auf so viele", schrieb Rahel Levin an Varnhagen am 16.9.1813, „war die Regierung nicht gefaßt, man hätte glauben sollen an nichts!", *Rahel Varnhagen*, Gesammelte Werke, Bd. II (= Rahel. Ein Buch des Andenkens für ihre Freunde, Teil 2), München 1983, 120. Vgl. über die Zustände in Berlin auch *Reder*, Frauenbewegung (wie Anm. 26), 68f.
[32] Vgl. Brief an Varnhagen, 5.4.1813, ebd., 87-90; vgl. auch *Reder*, Frauenbewegung (wie Anm. 26), 372.
[33] An Karoline von Humboldt , 7.9.1813, vgl. *Rahel Varnhagen*, Gesammelte Werke, Bd. IX, Briefe und Tagebücher aus verstreuten Quellen, München 1983, 346f.

Mit den rund dreieinhalbtausend Gulden, die Rahel Levin bis zum November 1813 sammelte,[34] versorgte sie die kranken Soldaten mit Verbandsmaterial, Kleidung und Quartier. In mehreren Stadtvierteln richtete sie Garküchen für die Hungernden ein.[35] Wie viele ihrer Zeitgenossinnen und Zeitgenossen vertraute sie mehr auf ihr eigenes Geschick als auf die zuständigen Verwaltungsinstanzen. Klagen über Mißwirtschaft und Betrug in den Lazaretten waren in den Jahren um 1813 weit verbreitet, und Rahel Levin hatte August Varnhagen schon aus Berlin gebeten, sich des Themas publizistisch anzunehmen.[36] Aus Prag berichtete sie:

„Auch schicke ich dem Stadthauptmann - Polizeypräsidenten - kein Geld: (die Stadt mußte in Eil Hospitäler einrichten ohne liegenden fonds dazu.) denn dies bekommen Inspekteurs, Lifferanten. und der Soldat wird geschmälert ich ergründe lieber täglich, durch die Ärtzte, und Kriegskommissare und Rechtschaffene Einwohner wo die Noth am größten ist: da schike ich gekochtes, gutes Essen hin: Supe Fleisch Brod Bier; Soken und Hemden hin. Eine Unzahl bedürftiger kommen zu mir ... Mit wenigem mache ich viel: so gut stehen mir meine bekandte Frauen mit allen ihren Domestiquen bey."[37]

Die Frauen, die Rachel Levin in Prag und Berlin bei ihrem caritativ-patriotischen Betreiben unterstützten, entstammten ebenso wie sie selbst jener schmalen Schicht der Gebildeten und lokalen Eliten, die in den meisten Städten den Kern der patriotischen Bewegung bildeten.[38] Auch wenn die soziale Zusammensetzung der patriotischen Frauenvereine zuweilen darüber hinausgriff, so macht der Hinweis auf die unterstützende Tätigkeit der Hausangestellten doch vorsichtig gegenüber Levins Hinweis, daß sich Menschen „jeder Klasse"[39] an den Hilfeleistungen beteiligt hätten. Die andernorts verbürgte Existenz eigener (Klein)Bürger- und Dienstmädchenvereinigungen weist vielmehr darauf hin, daß sich zwar die Gruppen der gesellschaftlichen Führungsschichten einander annäherten, doch nach unten hin eine deutliche Trennlinie gezogen war. Auch Frauen kleiner Handwerker und Mädchen unterbürgerlicher Schichten legten ihr Scherflein auf dem „Altar des Vaterlandes" nieder, doch eine über die spontane Aktion hinausgehende stetige Organisation scheint im wesentlichen

---

[34] Vgl. Levin an Varnhagen, 4.11.1813, *Rahel Varnhagen*, Gesammelte Werke, Bd. II (= Rahel. Ein Buch des Andenkens für ihre Freunde, Teil 2), München 1983, 142.
[35] Vgl. die Briefe an Karoline von Humboldt vom 15. und 17. 9.1813, 350-53, *Rahel Varnhagen*, Gesammelte Werke, Bd. IX, Briefe und Tagebücher aus verstreuten Quellen, München 1983, 350-357.
[36] Vgl. den Brief an Varnhagen, 20.4.1813, *Rahel Varnhagen*, Gesammelte Werke, Bd. II (= Rahel. Ein Buch des Andenkens für ihre Freunde, Teil 2), München 1983, 90-93. Zur Mißwirtschaft in den Lazaretten vgl. auch *Reder*, Frauenbewegung (wie Anm. 26), 376-378.
[37] An Karoline, 23.9.1813, 359f., hier 359.
[38] Vgl. auch *Reder*, Frauenbewegung (wie Anm. 26), 330-339; zur Sozialstruktur des Berliner „Damen-Lazareths" ebd., 71f.
[39] Rachel Levin an Varnhagen, 16.9.1813, *Rahel Varnhagen*, Gesammelte Werke, Bd. II (= Rahel. Ein Buch des Andenkens für ihre Freunde, Teil 2), München 1983, 120.

Sache der „höheren Stände" gewesen zu sein.[40] Diese privilegierten Frauen wendeten die ihnen diskursiv zugeschriebenen Geschlechtsmerkmale offensiv und schufen sich unter Verweis auf die Nation neue Handlungsräume.

Der Topos des nationalen Verteidigungskrieges ließ bei aller religiösen Überhöhung des Geschehens die Trennlinien des konfessionellen Bekenntnisses vorübergehend zurücktreten.[41] Wenn Rahel Levin mehrfach das besondere Engagement der „Judenmädel" betont, darf man darin wohl auch den Wunsch nach nationaler Integration der jüdischen Minderheit sehen. Sie und ihre Mitstreiterinnen jedenfalls erarbeiteten sich durch ihr unermüdliches Engagement die Anerkennung der preußischen Militärbehörden. Mit den Stabsärzten und dem Kommissariat standen sie in enger Verbindung, und es ist anzunehmen, daß die Militärs in Prag ebenso wie in Berlin fest auf die Unterstützung der Frauen rechneten.[42]

Großherzigkeit, Mitleid und die Hoffnung, daß man sich anderswo genauso hilfreich ihres Geliebten Karl August Varnhagen annehmen möchte, wenn er als Offiziersanwärter im Gefecht verletzt würde, trugen nicht wenig dazu bei, daß sich die Berliner Salonière bis zur Erschöpfung um die „Verwundeten aller Nationen" kümmerte.[43] Ein wichtiges, wenn nicht zentrales Motiv ihres Engagements war jedoch ihr Patriotismus, der sich im abstrakten Sinn auf Deutschland, konkret aber auf Preußen bezog. Zusammen mit ihrem Bruder Ludwig Robert hatte sie Fichtes „Reden an die deutsche Nation" gehört[44] und verehrte den Philosophen als verwandten Geist, dem sie sich intellektuell wie emotional eng verbunden fühlte.[45] Eine bloß kulturelle, auf die Gemeinsamkeit der Sprache aufbauende Verbindung der Nation genügte ihr nicht; sie strebte nach juristischer, fiskalischer und gouvernementaler Vereinigung der Einzelstaaten,[46] wohl wissend, daß man in Deutschland bis jetzt nur „den Dünkel" eines gemeinsamen Vaterlandes habe und aus den unterschiedlichen deutschen „Völ-

---

[40] Vgl. *Reder*, Frauenbewegung (wie Anm. 26), 324-339.
[41] So - allerdings nur mit Bezug auf die christlichen Konfessionen - *Reder*, Frauenbewegung (wie Anm. 26), 404.
[42] Vgl. Rachel Levin an Varnhagen, 16.9.1813, *Rahel Varnhagen*, Gesammelte Werke, Bd. II (= Rahel. Ein Buch des Andenkens für ihre Freunde, Teil 2), München 1983, 131.
[43] Vgl. den Brief an Varnhagen vom 16.9.1813 (wie Anm. 31), 131-133, Zitat 131. Die Sorge um die eigenen Angehörigen, von der qua Allgemeiner Wehrpflicht nun auch die Frauen der oberen Gesellschaftsschichten betroffen waren, vermutet auch *Karen Hagemann* als Motiv hinter ihrem pflegerischen Engagement, vgl. *Karen Hagemann*, Heldenmütter (wie Anm. 9), 195. Zu beachten ist dabei freilich, daß aufgrund zahlreicher Ausnahmeregelungen nicht alle Männer der Oberschicht den Krieg am eigenen Leibe erfuhren, vgl. *Bernd von Münchow-Pohl*, Zwischen Reform und Krieg. Untersuchungen zur Bewußtseinslage in Preußen 1809-1812, Göttingen 1987.
[44] Vgl. Varnhagens Denkwürdigkeiten, Eintrag vom Herbst 1807, abgedruckt in: *Rahel Varnhagen*, Gesammelte Werke, Bd. I (= Rahel. Buch des Andenkens für ihre Freunde, Teil 1), München 1983, 9.
[45] „Er hat mein bestes Herz herausgekehrt, befruchtet, in Ehe genommen; mir zugeschrieen: 'Du bist nicht allein!'", heißt es in einem Brief an Ludwig Robert in Paris, Berlin, 3.2.1807, ebd., Bd. I (Rahel. Buch des Andenkens für ihre Freunde, Teil 1), München 1983, 310-312, hier 311.
[46] Vgl. Brief an M. Th. Robert, 10.4.1815, in: *Rahel Varnhagen*, Gesammelte Werke, Bd. II (= Rahel. Buch des Andenkens für ihre Freunde, Teil 2), München 1983, 283.

kern" „ohne große Blutkatastrophe ... keine Nation" werden könne.[47] Die politischen Ansichten ihres späteren Mannes teilend,[48] plädierte sie für nationales Selbstbestimmungsrecht und wollte nach der „Schmach" von Tilsit Deutschland „frei von Feinden" sehen.[49] Gleichwohl distanzierte sie sich vom „litterarisch Aufgehetztsein" ihrer Zeitgenossinnen und Zeitgenossen ebenso wie von der franzosenfressenden „Aufblaserei".[50] Die in Mode gekommenen „russisch-kriegspreußischen Mützen" der Männer und die Frauen in ihrem „naiv-kinderhaften, häuslich-bürgerlichen=altdeutsch-puffenreichen Anzug" schienen ihr nur lächerlich.[51] Sie liebte die französische Sprache[52] und sah in der Einheit der französischen Nation ein Vorbild für die deutschen Verhältnisse.[53] Und doch war ihre Beziehung zu Preußen so emotionalisiert, das Land, wie sie formulierte, „so sehr mit meinem Herzen verwachsen" , „daß der Anblick des Letzten desselben mir Thränen in die Augen pumpt."[54] Nach Wien an Karoline von Humboldt schrieb sie:

„wenn ich einen sehe, und einer sagt ik bin en Preuße; *vergehe* ich. ... Denke nicht, daß ich mich unterstehe für die Preußen mehr zu thun: Gott bewahre! ich überwinde mich. Ich gebe den dreien (Preußen, Österreichern und Russen, U.P.) gleich; nur was ich mir so berechne es kommt von dir und mir, gebe ich *manchmal ehr* an Preußen."[55]

Mitgefühl mit den Verwundeten aller Lager stand neben preußischem Patriotismus; Caritas und humanistischer Universalismus wurden von Nationalgefühl begleitet. Die verwundeten Soldaten „rühren mich alle, und liegen auch untereinander"[56], hieß es in dem Brief an die Freundin weiter, und doch ist der Ton der Rechtfertigung unüberhörbar, denn daß sie ihre „geliebten Landsleute"[57] den alliierten Nationen vorzog, war ihr selbst nur allzu bewußt.

---

[47] Vgl. Rahel Varnhagen, Gesammelte Werke, hg. v. *Konrad Felchenfeld/Uwe Scheikert/Rahel E. Steiner*, Band X (= Studien, Materialien, Register), München 1983, 83.
[48] Vgl. Brief an Varnhagen, 29.3.1813, ebd., 85-87; Brief an Varnhagen, 5.4.1813, ebd., 87-90; Brief an Varnhagen, 20.4.1813, ebd., 90-93; Brief an Varnhagen, 27.4.1813, ebd., 93-97.
[49] Vgl. den Brief an Varnhagen vom 13.10.1813, *Rahel Varnhagen*, Gesammelte Werke, Bd. II (= Rahel. Buch des Andenkens für ihre Freunde, Teil 2), München 1983, 136.
[50] Vgl. den Brief an Varnhagen, 5.4.1813, ebd., Bd. II (= Rahel. Buch des Andenkens für ihre Freunde, Teil 2), München 1983, 87-90, Zitate 89f.; Brief an Varnhagen, 7.7.1815, ebd., 308-310.
[51] Vgl. Brief an Karoline von Woltmann, 17.7.1814, in: ebd., 229-234, Zitat 232.
[52] Vgl. ihren Brief an den Bruder Ludwig Robert in Paris, Berlin, 26.2.1807, *Rahel Varnhagen*, Gesammelte Werke, Bd. I (= Rahel. Buch des Andenkens für ihre Freunde, Teil 1), München 1983, 313f.; an Varnhagen in Tübingen, 29.12.1808, ebd., Bd. IV (= Briefwechsel zwischen Varnhagen und Rahel, Bd. 1), München 1983, 239-243, hier 241.
[53] Vgl. Brief an M. Th. Robert, 10.4.1815, in: *Rahel Varnhagen*, Gesammelte Werke, Bd. II (= Rahel. Buch des Andenkens für ihre Freunde, Teil 2), München 1983, 283.
[54] Vgl. den Brief an Karoline von Woltmann, Töplitz, 17.7.1814, ebd., 231.
[55] Vgl. den Brief an Karoline von Humboldt vom 17. 9.1813, *Rahel Varnhagen*, Gesammelte Werke, Bd. IX, Briefe und Tagebücher aus verstreuten Quellen, München 1983, 354-357, Zitat 356. Hervorhebungen im Original.
[56] Ebd.
[57] Vgl. Brief an Varnhagen, 20.4.1813, in: ebd., Bd. II (= Rahel. Buch des Andenkens für ihre Freunde, Teil 2), München 1983, 90-93, Zitat 93.

Karoline von Humboldt schätzte ihrerseits „Preußen als die Wiege künftiger gesetzmäßiger Freiheit".[58] Auch Charlotte v. Schiller bewegte ein mächtiges „Gefühl für's Vaterland". Sie hatte die Besetzung des Großherzogtums Sachsen-Weimar-Eisenach durch französische Truppen miterlebt und lehnte die „jetzigen Zustände" kompromißlos ab. „Wer uns hilft, das Gefühl unsrer selbst wieder zu erlangen", schrieb sie im Frühjahr 1813, „den ehre ich und dessen Macht".[59] Wiewohl sie um ihre Söhne fürchtete, hielt sie die Beteiligung an den Befreiungskriegen für deren patriotische Pflicht und gestand, daß es sie „schmerzen (würde), wenn sie nicht kriegslustig wären".[60] So wurde Schillers Ältester Soldat, während die Tochter Sokken für die Armee strickte.[61]

Daß es ein Privileg der Männer war, für die „Freiheit" eines Landes zu streiten, während es „den Weibern bleibt, zu ersetzen, ergänzen, heilen, wo jene zerstören und verwunden müssen,"[62] war auch für Rahel Levin eine Forderung ihrer Zeit. Die Gebildeten der preußischen Hauptstadt waren zugleich Träger und Rezipienten jener diskursiven „Polarisierung der Geschlechtscharaktere", die beiden Geschlechtern qua 'natürlicher' Bestimmung verschiedene Aufgaben und Aktionsräume zuwies. Männer und Frauen erschienen der Berliner Salonière als „zwei verschiedene Nationen",[63] als Angehörige unterschiedlicher Lebenskreise durch Geburt und Abstammung - eine sprachliche Parallele, die einmal mehr auf die Interdependenz zwischen Nationsbildung und Geschlechterordnung verweist. Ganz selbstverständlich war die polarisierte Trennung der Geschlechtersphären noch nicht, das legen die Häufigkeit normativer Kodifizierungsversuche in gelehrten Abhandlungen und Lexika[64] ebenso nahe wie der Bezug, der in Frauenzeitschriften, aber auch in Briefen auf die geschlechtsspezifische Zuschreibung von Eigenschaften und Zuständigkeiten genommen wurde. Auch die Wertungen, die mit den Bereichen geschlechtsspezifischer Zuständigkeit verbunden waren, konnten ganz unterschiedlich ausfallen. Therese Huber, frankophile Schriftstellerin und Journalistin am Cottaschen „Morgenblatt", formulierte um 1817 mit ihren „Ideen zu einem Töchterinstitut" ein Erziehungskonzept, das bei aller geschlechtsspezifischen Polarisierung dennoch auf nichts weniger als die Politisierung

---

[58] Vgl. ihren Brief an Wilhelm von Humboldt, Wien, 19.7.1813, zit. nach *Eva Walter*, Schrieb oft, von Mägde Arbeit müde. Lebenszusammenhänge deutscher Schriftstellerinnen um 1800 - Schritte zur bürgerlichen Weiblichkeit, Düsseldorf 1985, 164.
[59] Vgl. ihren Brief an Carl Ludwig von Knebel, Weimar, 6.3.1813, zit. nach ebd., 165.
[60] Vgl. ihren Brief an Prinzessin Caroline, Weimar, 2.1.1814, zit. nach ebd.
[61] Vgl. ebd., 166.
[62] Vgl. Brief an Varnhagen, 5.4.1813, in: *Rahel Varnhagen*, Gesammelte Werke, Bd. II (= Rahel. Buch des Andenkens für ihre Freunde, Teil 2), München 1983, 89.
[63] Vgl. *Rahel Varnhagen*, Gesammelte Werke, Bd. I (= Rahel. Ein Buch des Andenkens für ihre Freunde), München 1983, Eintragung vom 15.2.1807, 312.
[64] Vgl. *Ute Frevert*, Geschlecht - männlich/weiblich. Zur Geschichte der Begriffe (1730-1990), in: dies., „Mann und Weib, Weib und Mann". Geschlechter-Differenzen in der Moderne, München 1995, 13-60; *Ute Planert*, Antifeminismus im Kaiserreich. Diskurs, soziale Formation, politische Mentalität, Göttingen 1998, 20-32.

des Familialen in patriotischer Absicht abzielte. Die Definition des Familienlebens als Voraussetzung und „Vorbild des glücklichen Staates" geht darin einher mit der Aufwertung tradierter weiblicher Tätigkeiten zur Wissenschaft. Die Ausbildung der als weiblich begriffenen Fähigkeiten wird als umso wichtiger betrachtet, als es Frauen aufgegeben ist, ihre Väter, Brüder oder Verwandten „zu Männern, das heißt zu guten Bürgern zu machen; denn Schuz, Ehre, Wohlstand erhält unser Geschlecht nur dann vom Vater, Bruder, Vetter, wenn er ein guter Bürger ist". Männlichkeit und Bürgerlichkeit wird also gleichgesetzt und Frauen ein nur vermitteltes Verhältnis zur Sphäre bürgerlicher Staatlichkeit zugestanden. Die Gegenleistung ist freilich nicht gering zu schätzen, begründet die Bürgerlichkeit der Männer doch den Anspruch nicht nur der verheirateten, sondern - und das ist neu - auch der unverheirateten Frau auf physischen Schutz, materielle Versorgung und öffentliches Ansehen, mithin auf eine legitime Form weiblicher Lebensführung jenseits der Versorgungsehe.[65] Dabei war es gerade der Bezug auf die (hier wohl landespatriotisch gedachte) Nation, mit dem der weibliche Tätigkeitsbereich in der (erweiterten) Familie an die Sphäre politischer Öffentlichkeit gebunden wurde. Dieser Bezug „vergeistigt", wie Therese Huber schrieb, „das gemeinste Geschäft, weil er allgemeines Wohl befördert, und macht ein weibliches Wesen im stillsten Lebenswege fähig, wenn das Schicksal ruft, sich dem Vaterlande zu weihen, durch Kampf und Tod, wie ihres Brüderchens bedürfnis, durch Sticken und Breykochen."[66] Die Koppelung der Familie an die Nation machte das Private politisch. Rahel Levins Appell an ihre Freundin Karoline, in Wien Spenden für die Prager Verwundeten zu sammeln, klingt dagegen resignativer: „Werffe dich in den Wagen, und fahre umher. Was bleibt den Frauen anders als dies? und wenn Gott sie segnet, das Gebeth!"[67]

Wenn Karoline von Humboldt in Wien Geld für die Kriegsopfer zu beschaffen suchte, so finden sich darin Anklänge an die traditionelle Caritas des Adels oder „höherer Stände" gegenüber Bedürftigen, doch die Motivation für die Handlungsbereitschaft lag nicht mehr in der Verpflichtung gegenüber Angehörigen der gleichen Stadt, Gemeinde oder Gutsherrschaft, sondern in einem Gefühl der Loyalität gegenüber den Mitgliedern der (preußischen) Nation. Der lokale Horizont wurde durch den Krieg gleichsam überregional aufgedehnt. Kollekten für die Opfer von Schicksalsschlägen waren im Rahmen der Kirche nicht unbekannt und wurden auch während der antinapoleonischen Kriege praktiziert. Doch nun waren es Frauen, die das Geld nicht nur stifteten, sondern auch einsammelten und über seine Verwendung verfügten. Ihr Wissen um Organisation und Selbständigkeit überdauerte den Krieg.

---

[65] Vgl. die kritische Haltung Therese Hubers zur Konvenienzehe in *dies.*, Die Ehelosen, 2 Bde., Leipzig 1829.
[66] Vgl. *Therese Huber*, Ideen zu einem Töchterinstitut, handschriftliches Manuskript, Stuttgart um 1817, zit. nach *Riepl-Schmidt*, Erziehungskonzepte (wie Anm. 11), 100f.
[67] An Karoline von Humboldt, 7.9.1813, vgl. *Rahel Varnhagen*, Gesammelte Werke, Bd. IX, Briefe und Tagebücher aus verstreuten Quellen, München 1983, 346.

Die personelle Kontinuität zwischen den weiblichen Aktivitäten der Jahre 1813 bis 1815 und den Armenhilfevereinen belegt, daß Frauen in der Nachkriegszeit vielfach an die Erfahrungen der patriotischen Frauenvereine anknüpften.[68] Gleichzeitig aber stand ihr Verhalten im Einklang mit einem Modell, das Frauen aller Schichten qua Geschlecht die Tugenden der Mildtätigkeit und Hilfsbereitschaft zuordnete. Und nicht zuletzt erwies sich ihr Engagement für die Logistik des Krieges als unverzichtbar.

Auch bei anderen weiblichen Aktionsformen sind die Bezüge vielfältig, gingen Altes und Neues ineinander über. An den Heerzügen der Frühen Neuzeit waren Männer wie Frauen beteiligt und die Aufgaben geschlechtsspezifisch so verteilt, daß der Bereich der Versorgung Frauen zufiel, das eigentliche Kriegshandwerk jedoch Männern vorbehalten blieb. Wenn in den Kriegen der Napoleonzeit Männer kämpften, während Frauen Spenden sammelten, Charpie zupften, Verwundete pflegten und sich um Invalide und Hinterbliebene kümmerten, übertrug diese Form der Aufgabenverteilung die ältere arbeitsteilige Organisation der Geschlechterbeziehungen auf die Nation, akzentuierte die Zuständigkeiten in Teilbereichen neu und dehnte sie sozial über den Soldatenstand hinaus aus. Anders als zuvor aber zogen Männer nun auch als Freiwillige in den Krieg, während die Unterstützung des „Volkskriegs" durch Frauen zunächst nicht vorgesehen war, aber unter dem Druck der Ereignisse gern akzeptiert wurde. Eine formale Integration in Militär oder Bürokratie jedoch unterblieb.

Standen Verwundetenpflege und milde Spenden in Einklang mit dem neuen Bild bürgerlicher Weiblichkeit, gingen die Sammlungen zugunsten der Ausrüstung der Landwehr als symbolische Unterstützung der Kampfhandlungen im Grunde bereits über die Zuschreibungen des polaren Geschlechtermodells hinaus. Bettina von Arnim, die Unkonventionelle, die sich im Vor- und Umfeld der 48er-Ereignisse für Sozialreformen, mehr Volksrechte und polnische Nationalrevolutionäre einsetzte, sympathisierte 1809 mit den Tiroler Aufständischen und ließ den Freiheitskämpfern Geld zukommen.[69] Achim von Brentano konnte als Hauptmann eines Berliner Landsturmbataillons auf ihre politische Sympathie zählen. Das in die Ehe eingebrachte „Silberzeug" verkaufte sie als Beitrag „zur Verteidigung des Vaterlandes", und auch die Namen ihrer während der antinapoleonischen Kriege geborenen Söhne - Freimund, Siegmund, Friedmund und Kühnemund - zeugen von Bettina von Arnims patriotischer Begeisterung. Der Zweitgeborene hätte sogar ursprünglich nach seinem Geburtsjahr „Dreizentche" oder „Landstürmche" heißen sollten.[70] Die Geldspenden wie auch das beliebte Fahnensticken bewegten sich zwar im Rahmen weiblicher Tätigkeit,

---

[68] So eine zentrale These von *Reder*, Frauenbewegung (wie Anm. 26).
[69] Vgl. *Konstanze Bäumer/Hartwig Schultz*, Bettina von Arnim, Stuttgart 1995, 31. Ihre politische Haltung zum Aufstand der Tiroler diskutierte sie im Briefwechsel mit Max Prokop von Freyberg, vgl. Sybille von *Steinsdorff*, Der Briefwechsel zwischen Bettine Brentano und Max Prokop von Freiyberg, Berlin 1972.
[70] Vgl. *Konstanze Bäumer/Hartwig Schultz*, Bettina von Arnim, Stuttgart 1995, 47.

waren aber - da älter als die antinapoleonischen Kriege und in unterschiedlichen politischen Zusammenhängen praktiziert - politisches Bekenntnis und symbolische Kampfbeteiligung zugleich.[71] Beiden Handlungsformen war gemein, daß sie dem weiblichen Tugendkanon entsprachen, Frauen nur als Unterstützerinnen der eigentlichen Akteure, der Männer nämlich, auftraten und sie als Subjekte hinter dem propagierten Wohl einer übergeordneten Entität verschwanden. Die Kombination dieser Faktoren und ein enger als heute gefaßter Politikbegriff ließ die Mitlebenden diese weiblichen Aktivitäten als unpolitisch deuten, und es zeigte sich, daß im Verlauf des 19. Jahrhunderts Frauen immer wieder auf diese legitimen Aktionsformen zur Demonstration ihrer Gesinnung zurückgriffen.

Anders stand es mit Engagement, das sich auf die als 'männlich' konnotierten Gebiete des Kampfes und der öffentlichen Rede richtete. Die antinapoleonischen Kriege sind die einzigen bewaffneten Auseinandersetzungen der deutschen Geschichte im 19. Jahrhundert, in denen auf Seiten der regulären Truppen auch einige wenige Frauen kämpften.[72] Daß sie sich dazu als Männer verkleideten, macht die gesellschaftliche Ablehnung waffentragender Frauen hinreichend deutlich, erklärt aber nicht die ambivalente Reaktion der Umwelt auf ihre Enttarnung. Sicher, Frauen im Heeresdienst waren ein Kuriosum in einer Ausnahmesituation - und dennoch wäre die Belassung im Militär oder gar die Verleihung von Auszeichnungen zu späterer Zeit nur schwer vorstellbar gewesen. Es scheint, als hätte das Zusammenspiel zwischen existentieller Gefährdung der kriegführenden Staaten, der Wandel von der ständischen zur bürgerlichen Gesellschaft mit den damit verbundenen Veränderungen und Unsicherheiten des Geschlechtermodells und das Bedürfnis, den Krieg gegen Frankreich als Volkskrieg zu legitimieren, Spielräume geschaffen, die den Kriegseinsatz einzelner Frauen - kurzfristig und als Ausnahmeerscheinung - denkbar machten.[73]

Die Legitimationskraft der Nation wurde von Frauen auch dazu genutzt, im Namen des Patriotismus die Beteiligung von Frauen an der politischen Diskussion zu

---

[71] *Axel Kuhn* erwähnt die Fahnenübergabe „junger Bürgerinnen" an die Neustädter Jakobiner 1798, (Linksrheinische deutsche Jakobiner 1794-1801, Stuttgart 1978, 228), vgl. auch *Reder*, Frauenbewegung (wie Anm. 26), 425-429.
[72] Vgl. *Hannelore Cyrus*, Von erlaubter und unerlaubter Frauenart, um Freiheit zu kämpfen - Freiheitskämpferinnen im 19. Jahrhundert und die Freie Hansestadt Bremen, in: *Helga Grubitzsch/Hannelore Cyrus/Elke Haarbusch* (Hrsg.), Grenzgängerinnen: revolutionäre Frauen im 18. und 19. Jahrhundert. Weibliche Wirklichkeit und männliche Phantasien, Düsseldorf 1985, 19-70, *Reder*, Frauenbewegung (wie Anm. 26), 431 und *Hagemann*, Heldenmütter (wie Anm. 9), 196-199. Die Teilnahme von Frauen an kriegerischen Operationen ist sonst nur von den Feldzügen der Aufständischen und Freischärler aus der 48er Revolution bekannt, man denke etwa an Amalie Struve oder Louise Aston.
[73] Karen Hagemann macht zu Recht darauf aufmerksam, daß im Sinne der Restabilisierung der hierarchischen Geschlechterverhältnisse nach dem Krieg die meisten der bekannten 23 'Heldenjungfrauen' in Vergessenheit gerieten und nur ihr Tod auf dem Schlachtfeld die Verklärung Eleonore Prochaskas zur 'deutschen Jeanne d'Arc' möglich machte. Vgl. *Hagemann*, Heldenmütter (wie Anm. 9), 196f.

fordern. Rahel Levin etwa galt das als universal begriffene Recht jeden Volkes auf politisch-nationale Selbstbestimmung mehr als die Grenzen der Geschlechterordnung. Für sie war es diese als „heilig" apostrophierte Souveränität, die es rechtfertigte, wenn sich Frauen nun ohne „Schüchternheit und Scham ... erkühnen, laut - das heißt gedruckt oder im Tempel - zu ihren Schwestern zu sprechen."[74] Diese Offensive für ein weibliches Mitspracherecht war nicht neu, hatten doch die 1780er und 1790er Jahre eine kurze Blüte des Frauenjournalismus hervorgebracht, während der sich Journalistinnen, Herausgeberinnen und ihr zumeist weibliches Publikum über Geselligkeit, die Formen weiblicher Aktivität und die Anforderungen der Geschlechterordnung der Gegenwart verständigten.[75] Nachdem dieses Kommunikationssystem aufgrund veränderter Marktbedingungen zusammengebrochen war,[76] mochte sich Rahel Levin nun an die vergangenen Debatten erinnern, denn das Interesse an den „jetzigen Weltbegebenheiten"[77] war, wie die halböffentlichen, im erweiterten Freundeskreis vielgelesenen Briefe gebildeter Autorinnen zeigen, ungebrochen. Nun sollte also der aktuelle Bezug auf die Nation die verbale Grenzüberschreitung sanktionieren und die Sphäre öffentlicher Diskussion und Wirksamkeit erneut für Frauen erschließen.

Ganz in diesem Sinne forderte auch eine ungenannte Verfasserin in den frühliberalen „Deutschen Blättern", daß in „Augenblicke(n), wo das Interesse der ganzen Menschheit auf dem Spiele steht" auch Frauen „als bedeutender Theil derselben" eine „lebhafte Theilnahme an den öffentlichen Angelegenheiten nicht versagt werden" dürfe. Das Heraustreten aus dem Kreis der „müssige(n) Zuschauerinnen" wurde durch die historische Ausnahmesituation legitimiert. Daß Frauen von den „Staatsgeschäften" und dem Bereich der eigentlichen Politik ausgeschlossen waren, stellte auch die Autorin der „Deutschen Blätter" nicht in Frage. Doch die Nation als ein vor- oder überpolitisch gedachter Raum fiel nicht unter dieses Verdikt. In die Vorstellung von Nation flossen religiöse Züge ein, und es war dieses Erbe, das Frauen, denen die Sphäre der Religion immer schon offen gestanden hatte, die emotionale Bindung an ihr Vaterland ebenso erleichterte wie ein aktives Eintreten für die Nation. Nicht umsonst heißt es weiter:

„Denn nicht bloß politischen Zwecken gilt der große Kampf, der Europa erschüttert und in seinen gewaltigen Bewegungen auch das verborgenste Privatleben ergreift. Unabhängigkeit der Völker, Nationalehre, Glauben und Sitte der Väter, das sind die heiligen Güter, für welche gestritten wird, und welche dem einen Geschlechte so theuer seyn müssen, wie dem anderen."[78]

---

[74] Vgl. *Rahel Varnhagen*, Gesammelte Werke, Bd. I (= Rahel. Ein Buch des Andenkens für ihre Freunde), München 1983, Eintragung vom 15.2.1807, 312.
[75] Vgl. dazu ausführlich *Weckel*, Häuslichkeit (wie Anm. 21), 305-309.
[76] Vgl. ebd, 213-309.
[77] Vgl. „Einige Worte über das Verhältnis der deutschen Frauen zu den jetzigen Weltbegebenheiten!", in: Deutsche Blätter, 2, 1814, 311-315, zit. nach *Hagemann*, Heldenmütter (wie Anm. 9), 189.
[78] Ebd.

Das Engagement für den übergeordneten - oder wie es in der sakralen Sprache der Zeit heißt - „heiligen" Wert der Nation eröffnete den Frauen neue Handlungsspielräume und Partizipationschancen, ermöglichte ihnen Erfahrungen von Selbständigkeit und Autonomie, an die sie - wie die Kontinuität der Aktionsformen zeigt - auch nach dem Ende der sogenannten Befreiungskriege anknüpfen konnten. Vergessen werden sollte dabei allerdings nicht, daß der in Preußen einsetzende Prozeß der Kopplung von Staatsbürgerschaft und Wehrfähigkeit bei gleichzeitigem Ausschluß der Frauen aus dem Militär andere Partizipationsformen nicht zuließ. Weibliche Betätigung im Namen der Nation war an geschlechtsspezifische Verhaltensnormen und an das Konstrukt eines weiblichen Nationalcharakters gebunden, das sich - vielfach in Abgrenzung zum westlichen Nachbarn - häufig um einen restriktiven Tugendkatalog zentrierte. Trotz dessen verbaler Ausrichtung auf Häuslichkeit und Familie gehörte zum „deutsch sein" aber auch die aktive Anteilnahme am Wohl und Wehe der Nation. Indem die patriotischen Frauenvereine „alle Teutschen" zu „Kinder(n)" und Deutschland zum „geliebte(n) Haus" stilisierten, ließ sich die Nation als erweiterte Familie betrachten und damit die Enge „beschränkter Häuslichkeit" zugunsten eines durch Vaterlandsliebe gerechtfertigten öffentlichen Handelns überwinden.[79] Ausweitung und Begrenzung von Handlungsmöglichkeiten lagen in dieser deutschen Variante der „republican motherhood" eng beieinander.

Die paradigmatische Situation der antinapoleonischen Kriege stellte ein weibliches Verhaltensrepertoire bereit, das im Verlauf des 19. Jahrhunderts immer wieder aufgegriffen und aktualisiert werden konnte. Entscheidend dafür war, daß in der Auffassung der Zeitgenossinnen und Zeitgenossen die Nation einen übergeordneten Wert darstellte, der den Auseinandersetzungen des politischen Tagesgeschäftes entzogen war. Unter Berufung auf die Nation konnten Frauen sich so einen öffentlichen Raum erobern, ohne das für sie geltende Politikverbot durchbrechen zu müssen. Diesem Bereich der 'unpolitischen Politik' wohnte freilich eine eigene Dynamik inne, und es wird im folgenden zu zeigen sein, daß es gerade der Bezug auf die Nation war, der die Politisierung des weiblichen Geschlechts im langen 19. Jahrhundert vorantrieb.

Formen politischer Partizipation im Vormärz

Nach dem Wiener Kongreß widmeten sich viele der im Krieg entstandenen Frauenorganisationen der Armenfürsorge. Sie betonten die Verpflichtung der - begrifflich häufig noch zwischen Einzel- und Gesamtstaat oszillierenden - Nation zur Solidargemeinschaft und sahen darin die Basis, um das Projekt Nation populär zu machen: „Aus dieser zur National-Angelegenheit erhobenen Armenpflege ergiebt sich dann

---

[79] „Preis der teutschen Frau, die, nicht vom Kreise eingeschränkter Häuslichkeit beengt, nach uralter edler Frauen Weise an dem Volk mit Herz und Seele hängt. ... Jene sah'n in allen Teutschen Kinder, nannten Teutschland ihr geliebtes Haus, theilten die Gefahr der Überwinder, sogen heilend ihre Wunden aus ...Vgl. B....r: An Teutschlands Frauen und Jungfrauen, in: Rheinischer Merkur, Nr. 250, 9.6.1815, zit. nach *Reder*, Frauenbewegung (wie Anm. 26), 423.

gleichsam von selbst eine der schönsten Blüthen der Cultur: National-Erziehung."[80] Auch im Württembergischen wurde weibliche Wohltätigkeit als „Nationalgarde des Armenwesens" verstanden. Die Initiatorinnen zielten mit ihrem patriotischen Engagement auf gesellschaftliche Veränderungen im Sinne moderner Staatlichkeit ab. In ihrer sozialen Arbeit sahen sie daher nichts weniger als die Voraussetzung für die Entstehung „eine(r) wirklich bürgerliche(n) Gesellschaft".[81]

Auch das politische Engagement von Frauen brach nicht ab, doch liegen dazu - im Gegensatz zu den zahlreichen Arbeiten, die sich mit dem frühliberalen Nationalismus der Männer beschäftigen[82] - noch kaum Untersuchungen vor. Nach bisherigem Kenntnisstand schlossen Schützen, Turner und Burschenschafter Frauen von ihren Aktivitäten aus, schmückten sich bei Festen jedoch gern mit einem weiblichen 'Ehrenkranz' oder bezogen bei geselligen Gelegenheiten die ganze Familie ein.[83] Die Mitwirkung von Frauen an der liberalnationale Sängerbewegung blieb dabei ebenso umstritten wie ihr Engagement im Preß- und Vaterlandsverein, doch ihre Beteiligung am Hambacher Fest und bei der Errichtung von Nationaldenkmälern war erwünscht und die weibliche Mitarbeit an den Polen- und Griechenvereinen wurde, wie Dieter Langewiesche feststellte, von liberalen Zeitgenossen geradezu eingefordert.[84]

Carola Lipp hat als erste die vielfältigen Aktivitäten von Frauen im Vormärz am württembergischen Beispiel zu einem Gesamtbild verdichtet. Ihre Definition von Öffentlichkeit als „Raum sozialer Beziehungen" machte es möglich, die Teilnahme von Frauen an den Politisierungsprozessen vor und in der Revolution von 1848/49 sicht-

---

[80] Vgl. Berlinische Nachrichten von Staats- und gelehrten Sachen, Nr. 5, 10.1.1818, zit. nach *Reder*, Frauenbewegung (wie Anm. 26), 386.
[81] Vgl. Das Kränzchen, Nr. 47 und 48, 1850, zit. nach *Sabine Rumpel-Nienstedt*, Thäterinnen der Liebe' - Frauen in Wohltätigkeitsvereinen, in: Lipp (Hrsg.), Schimpfende Weiber (wie Anm. 3), 206-231, hier 218.
[82] Vgl. etwa *Langewiesche*, „... für Volk und Vaterland zu würken ..." (wie Anm. 10); ders., Schwäbische Sängerbewegung (wie Anm. 10). Im Gegensatz zu Langewiesche geht *Dieter Düding*, Organisierter gesellschaftlicher Nationalismus in Deutschland (1808-1847), München 1984, auf die geschlechterpolitische Dimension seines Untersuchungsgegenstandes nicht ein. Dagegen wird in aktuellen Forschungsprojekten die Kategorie Geschlecht explizit zum Ausgangspunkt genommen, vgl. demnächst die Dissertation von *McMillan*, Germany Incarnate (wie Anm. 10) und die bereits abgeschlossene Dissertation von *Blattmann*, Studentenverbindungen (wie Anm. 10).
[83] Vgl. etwa *Dieter Langewiesche*, Schwäbische Sängerbewegung (wie Anm. 10), 273; ders., Kulturelle Nationsbildung (wie Anm. 10), 58.
[84] Vgl. *Dieter Langewiesche*, Humanitäre Massenbewegung und politisches Bekenntnis. Polenbegeisterung in Südwestdeutschland 1830-1832, in: Dietrich Beyrau (Hrsg.), Blick zurück ohne Zorn. Polen und Deutsche in Geschichte und Gegenwart, Tübingen 1999, 11-38; *Anne-Charlott Trepp*, Sanfte Männlichkeit und selbständige Weiblichkeit: Frauen und Männer im Hamburger Bürgertum zwischen 1770 und 1840, Göttingen 1996, 269; *Tacke*, Denkmal (wie Anm. 2), 105-107 und 131f.; *Christoph Hauser*, Anfänge bürgerlicher Organisation. Philhellenismus und Frühliberalismus in Südwestdeutschland, Göttingen 1990, Zur Rolle der Frauen 71, 80, 84, 155ff.; Lipp, Frauen und Öffentlichkeit (wie Anm. 10), insb. 274-285; *Helmut G. Haasis*, Volksfest, sozialer Protest und Verschwörung. 150 Jahre Hambacher Fest, Heidelberg 1981, 152-157; *Andreas Tischler*, Die philhellenische Bewegung der 1820er Jahre in den preußischen Westprovinzen, Köln 1981, 196, 219, 227f.; *Cornelia Foerster*, Der Preß- und Vaterlandsverein von 1832/33, Trier 1979, 157f.;

bar zu machen. Am Beispiel Württembergs arbeitete sie heraus, daß an der liberalnationalen Sängerbewegung ungeachtet ihrer Selbststilisierung zum „edle(n) Männerbund" auch Frauen beteiligt waren, nicht nur im geselligen Leben der Vereine oder bei musikalischen Darbietungen, bei denen auf die Frauenstimmen nicht verzichtet werden konnte, sondern auch mit eigenen Organisationen oder durch aktive Mitgliedschaft in bestehenden Liederkränzen.[85] Die Sängerbewegung und die sie begleitenden Dichterfeiern waren mitnichten Ausdruck biedermeierlicher Politikverachtung, sondern maskierten bürgerliches Engagement für den liberalen Nationalstaat. Eben dies war, so glaubt Dieter Langewiesche, der Grund für den Ausschluß des weiblichen Geschlechts von gleichberechtigter Mitgliedschaft. Nur die Konstituierung als reiner Männerverein habe den Anspruch auf politische Wirksamkeit garantieren können.[86]

Bei genauerem Hinsehen widersprechen sich die beiden Forschungspositionen weniger, als es zunächst den Anschein hat. In der Tat präsentierte sich die bürgerliche Nationalbewegung des 19. Jahrhunderts als eine Gemeinschaft von Brüdern, doch ließ sich dieser theoretische Anspruch in der Praxis nicht aufrecht erhalten. Entsprechend spielten in allen Organisationen und selbst in den kriegerischen Auseinandersetzungen Frauen eine - vielfach uneingestandene - wichtige Rolle, der man in der Regel freilich geringere Bedeutung zumaß und auch keinen gleichberechtigten Status zugestand. Die Frauen agierten dabei in der Regel auf Feldern, die von den Zeitgenossen als genuin weiblich betrachtet wurden, doch war die Trennung der Geschlechtersphären nicht rigide genug, um keine Ausnahmen zuzulassen. Ob allerdings die Aufnahme von Frauen in die Liederkränze den gemischten Verein politisch diskreditierte oder im Gegenteil als besonders liberal auswies,[87] muß beim gegenwärtigen Stand der Forschung offenbleiben.

Weitaus häufiger jedoch war die getrennte Organisation der Geschlechter in Frauen- und Männervereine zum gleichen Zweck, wie sie sich etwa bei den Philhellenen, den Polenfreunden oder in der Bewegung zur Stiftung eines Hermannsdenkmals beobachten läßt.[88] Hier wurde das polare Geschlechtermodell des bürgerlichen Zeitalters in Organisationsstrukturen umgesetzt. Wenn Carl Theodor Griesinger angesichts der Stuttgarter Schillerfeier 1839 von den „Frauenzimmer-Liederkränzen, die sich als Filialkränze hier bildeten" berichtet,[89] dürfte sich diese Beobachtung in das konstatierte Muster nationaler Vereinsbildung fügen. Sollte sich tatsächlich die Mehrheit der württembergischen Sängerinnen den bestehenden Männerorganisatio-

---

[85] Vgl. *Lipp*, Frauen und Öffentlichkeit (wie Anm. 9), 274-282, Zitate 270 und 274.
[86] Vgl. *Langewiesche*, Schwäbische Sängerbewegung (wie Anm. 10), 274.
[87] So *Lipp*, Frauen und Öffentlichkeit (wie Anm. 9), 275.
[88] Vgl. *Tacke*, Denkmal (wie Anm. 2), 105f. Zu den Philhellenen und Polenvereinen vgl. weiter unten.
[89] Vgl. *Carl Theodor Griesinger*, Stuttgart am achten Mai, Stuttgart 1839, 11, zit. nach *Lipp*, Frauen und Öffentlichkeit (wie Anm. 9), 274.

nen als weibliche „Filialkränze" assoziiert haben, wäre damit der scheinbare Widerspruch der Forschungspositionen gegenstandslos.

Aus dem liberalen Umkreis der südwestdeutschen Sänger und Sängerinnen gingen die bürgerlichen Nationalfeste des Vormärz hervor.[90] Nach dem Muster der französischen Revolutionsfeste entwickelte sich hier eine 1848 wieder aufgegriffene Festdramaturgie, in deren Zentrum die symbolische Inszenierung des Zusammenspiels der Stände, Regionen und Geschlechter stand. Auch die Familie hatte in der Festregie ihren Platz und führte den Beobachtern damit einen zentralen Bestandteil des bürgerlichen Wertekanons sinnfällig vor Augen.

Der - etwa bei den Dichterfeiern - immer wieder erwähnte weibliche „Ehrenkranz" um die Orte des eigentlichen Geschehens macht dabei zweierlei deutlich: Ohne Frauen ging es nicht - aber Männern und Frauen waren in der Nationalbewegung symbolisch wie praktisch unterschiedliche Orte und Formen des Handelns zugewiesen. Das wurde auch 1832 deutlich, als Philipp Jakob Siebenpfeiffer die bisherige „politische Mißachtung" der Frauen anprangerte und die „freie Genossin des freien Bürgers" zur Teilnahme am Hambacher Fest einlud. Das Handlungsfeld der Bürgergenossinnen in einer künftigen deutschen Nation stand dem Pfälzer Publizisten dabei klar vor Augen: „Volksversammlungen mögen sie beiwohnen; in patriotischen Vereinen und Zirkeln wirksam seyn, bei Nationalfesten die vordersten Reihen schmücken", die Kinder in liberalpatriotischem Geist erziehen - und doch: „herrschen sollen sie nicht!"[91]

Die Zuständigkeit des weiblichen Geschlechts für die „politische Erziehung", der Siebenpfeiffer an anderer Stelle einen Aufsatz gewidmet hatte,[92] ist dabei nicht einfach die Fortsetzung einer vermeintlich traditionellen Rollenzuständigkeit, sondern birgt - man denke nur an die Erziehungsverantwortlichkeit des männlichen Familienoberhauptes in der sogenannten „Hausväterliteratur" des frühen 18. Jahrhunderts - gerade angesichts des bürgerlich-liberalen Bildungsoptimismus durchaus politisierende und emanzipative Elemente. Wie schon bei Marianne Ehrmann ging es dabei um nichts weniger als um die Politisierung des Familialen. Nicht umsonst haben Frauen im 19. Jahrhundert immer wieder darauf verwiesen, daß ihre Erziehungsaufgabe die eigene politische Bildung voraussetze und ihre Ansprüche mit Blick auf das Wohl der Nation legitimiert. Die Zuschreibung einer spezifisch 'weiblichen' Sphäre schuf einen Raum primärer und konkurrenzloser Zuständigkeit, dessen Ausdehnung

---

[90] Vgl. dazu die Beiträge in *Dieter Düding/Peter Friedemann/Paul Münch* (Hrsg.), Öffentliche Festkultur. Politische Feste in Deutschland von der Aufklärung bis zum Ersten Weltkrieg, Reinbek 1988, vor allem der die oppositionelle Ausrichtung der Feste in den Vordergrund stellende Artikel von *Dieter Düding*, Nationale Oppositionsfeste der Turner, Schützen und Sänger im 19. Jahrhundert, in: ebd., 166-190.
[91] Vgl. *Philipp Jakob Siebenpfeiffer*, Deutschlands Wiedergeburt. 10. Artikel. Die Frauen. (1832), zit. nach *Helmut G. Haasis*, Volksfest, sozialer Protest und Verschwörung. 150 Jahre Hambacher Fest, Heidelberg 1981, 153-157, Zitate 153 und 157.
[92] Vgl. ebd., 154.

in der zweiten Jahrhunderthälfte zum Ausgangspunkt weiblicher Professionalisierungsbestrebungen und Verantwortlichkeiten wurde. Sie blieben freilich - Preis der Differenz - weitgehend auf den Bereich des als 'weiblich' begriffenen 'Sozialen' beschränkt.

An eine aktive Rolle von Frauen in der politischen Meinungsäußerung oder Entscheidungsfindung war im Siebenpfeifferschen Konzept nicht gedacht, doch ging von der als legitim betrachteten Teilnahme an Volksversammlungen und Nationalfesten unbestreitbar eine politisierende Wirkung aus. Wie Carola Lipp mit zahlreichen Beispielen belegt,[93] waren - praktische Notwendigkeit ebenso wie Rückgriff auf die bürgerliche Geselligkeitskultur seit dem ausgehenden 18. Jahrhundert - Frauen aus dem geselligen Teil der Veranstaltungen nicht wegzudenken.[94] Paradigma für die gemeinsame Teilnahme beider Geschlechter an Nationalfesten war die Feier der Völkerschlacht von Leipzig im Oktober 1814, deren Ausgestaltung als nationaler Dankgottesdienst die Teilnahme von Frauen gleich in zweierlei Hinsicht erleichterte: zum einen, weil die religiöse Dimension Frauen immer schon offengestanden hatte, und zum anderen, weil die Inszenierung nationaler Geschlossenheit ohne das weibliche Geschlecht nicht zu denken war.[95]

Auf die Zeit der antinapoleonischen Kriege ging auch die Legitimität weiblichen Engagements in patriotischen Vereinen zurück. Wenn Siebenpfeiffer von weiblicher Wirksamkeit in „patriotischen Vereinen und Zirkeln" sprach, hatte er dabei freilich weniger die patriotischen Frauenorganisationen der Napoleonzeit vor Augen als die Griechen- und Polenvereinen der 1820er und 1830er Jahre. Der nationale Befreiungskampf der Griechen und Polen löste unter der liberal gesinnten Bevölkerung insbesondere, aber nicht nur im deutschen Südwesten eine Welle der Sympathie aus, in der auch die eigenen politischen Sehnsüchte mitschwangen.[96] Wie zwanzig Jahre zuvor stellten Frauen für die Aufständischen Verbandsmaterial her, veranstalteten Lotterien und Versteigerungen, sammelten Spenden und stellten Kleidungsstücke zur Verfügung. Ganze (Mädchen)Schulklassen waren mit dem Verfertigen von Charpie beschäftigt.[97] Wieder einmal codierte Caritas politische Anteilnahme.

Anders als zuvor wurden diesmal die - ohnehin äußerst aktive - Mitarbeit des weiblichen Geschlechts bei der Unterstützung des polnischen Aufstands und der anschließenden Emigrationsbewegung nicht länger nur geduldet oder gutgeheißen,

---

[93] Vgl. *Lipp*, Frauen und Öffentlichkeit (wie Anm. 9).

[94] Das stellt auch *Dieter Langewiesche* fest, vgl. Schwäbische Sängerbewegung (wie Anm. 10), 273.

[95] Vgl. Brief an Varnhagen, Berlin, 18.10.1814, in: *Rachel Varnhagen*, Gesammelte Werke, Bd. 2, Rahel. Ein Buch des Andenkens, 243-245, hier 243.

[96] Breiter erforscht - allerdings ohne geschlechtergeschichtlichen Aspekt - wurde bislang nur die Philhellenenbewegung (vgl. *Tischler*, Bewegung und *Hauser*, Anfänge in Anm. 84) sowie *Peter Ehlen* (Hrsg.), Der polnische Freiheitskampf und die liberale deutsche Polenfreundschaft, München 1982. Zu den propolnischen Aktivitäten vgl. *Langewiesche*, Humanitäre Massenbewegung (wie Anm. 84) und *Lipp*, Frauen und Öffentlichkeit (wie Anm. 9), 283-285.

[97] Vgl. *Hochwächter*, 2.6.1831, zit. nach *Lipp*, Frauen und Öffentlichkeit (wie Anm. 9), 283.

sondern von liberalen Männern geradezu eingefordert.[98] Dieter Langewiesche erklärt diesen Wandel aus praktischen Notwendigkeiten, aber auch aus der Logik einer „humanitären Massenbewegung" heraus. Hilfeleistungen für die Polen, so sein Argument, hätten den Zeitgenossen nicht notwendig als politisches Bekenntnis, sondern zunächst einmal als Gebot der Nächstenliebe gegolten. Und zudem sei das Engagement für die polnische Nation im Namen der deutschen als „überparteiliche, ja unpolitische Tat" betrachtet worden, da die Nation als höchste Legitimationsinstanz nach zeitgenössischem Verständnis den Niederungen des politischen Geschäftes in einem „politikfreien Raum" entzogen war.[99] Diese Sichtweise unterstellt freilich, daß die Nation bereits im ersten Drittel des 19. Jahrhunderts in weiten Bevölkerungsschichten als legitimatorischer „Letztwert" so anerkannt war, wie es für das späte 19. und frühe 20. Jahrhundert - und für das liberale städtische Bürgertum im Vormärz - unzweifelhaft zutraf. Von Seiten konservativ-königstreuer Zeitgenossen, aber auch von der monarchischen Obrigkeit hingegen dürfte der politische Gehalt der Polensympathie nicht bezweifelt worden sein. In Preußen nicht gern gesehen, war auch im weniger restriktiven Württemberg die Parteinahme für die polnischen Freiheitskämpfer zumindest im Aufstandsjahr 1831 nicht opportun. Nicht umsonst berichtete der „Hochwächter", das Blatt der württembergischen Liberalen, über die Entstehung des ersten Stuttgarter Polenvereins im Mai 1831:

„Es ist der erste öffentlichere allgemeinere thätige Antheil an den Ereignissen der Zeit - und - wunderbar! - er kommt aus den zarten Händen der Frauen. Als wir (Männer, U.P.) den Helden der drei unsterblichen Tage (des Aufstands, U.P.) einen silbernen Kranz als ein Zeichen unserer Achtung weihen wollten, traten Rücksichten und Hindernisse die ihre Quelle von oben nahmen, in den Weg. Nun aber bereiten seit mehreren Tagen mehr als hundert Hände in Stuttgart Charpie für die Wunden, die die Dornenkronen unsern polnischen Märtyrern für die Freiheit in die blutigen Schläfen gedrückt!"[100]

Welcher Art diese „Hindernisse ... von oben" waren, enthüllt der vorsichtige Schreiber nicht; die mißtrauische Aufsichtsbehörde hätte detailliertere Auskünfte auch wohl kaum unzensiert passieren lassen. Statt dessen bemüht er sich nach Kräften, die Parteinahme für die Polen als Aufgabe christlicher Liebespflicht erscheinen zu lassen. Der sakrale Ton spricht eine deutliche Sprache. Auch der Hinweis auf die „zarten Hände der Frauen" dient dazu, den politischen Kern der Aktivitäten zu verharmlosen. „Zarten Händen" traute man in den unruhigen Zeiten nach der französischen Juli-Revolution keinen Aufstand zu. Der Autor spielte also mit Geschlechterstereotypen ein munteres Vexierspiel, und es scheint geradezu, als agierten die Char-

---

[98] Vgl. Eßlinger wöchentliche Anzeigen, zit. nach ebd.; *Langewiesche*, Humanitäre Massenbewegung (wie Anm. 84), 28.
[99] Vgl. *Langewiesche*, Humanitäre Massenbewegung (wie Anm. 84), 31.
[100] *Hochwächter*, 2.6.1831, zit. nach *Lipp*, Frauen und Öffentlichkeit (wie Anm. 9), 283.

piezupferinnen stellvertretend für die männlichen Liberalen, deren Aktionskreis durch diverse „Rücksichten" ein enger Radius gezogen war.

Dies spricht nun nicht gegen die These, es sei gerade der humanitäre Gedanke gewesen, der die Polenbegeisterung zu einer Massenbewegung gemacht habe. Das jedoch betraf beide Geschlechter gleichermaßen. Die Berufung auf die Nation als oberste Legitimationsinstanz erleichterte Frauen das Engagement (Männern im übrigen auch), doch lohnt es, in diesem Zusammenhang die Muster weiblicher Partizipation an den Politisierungsprozessen in der ersten Hälfte des 19. Jahrhunderts genauer zu betrachten. Die Beschaffung von Geld- wie Sachspenden, die Veranstaltung von Lotterien und die Herstellung von Verbandsmaterial galt seit den Befreiungskriegen als legitime Form weiblicher Anteilnahme an öffentlichen Vorkommnissen, weil das, was die Zeitgenossen als spezifisch weibliche Einflußsphäre und Handlungsweise betrachteten, dadurch nicht verlassen wurde. Caritative Betätigung im Sinne der Nation war für Frauen schicklich und akzeptabel, per se unpolitisch war sie nicht.

Im Gegenteil bemühten sich gerade württembergische „Polenfreundinnen" darum, ihre Geschlechtsgenossinnen zu politisieren.[101] Es spricht etliches dafür, daß im Verlauf des frühen 19. Jahrhunderts der caritative Einsatz für öffentliche Angelegenheiten eine Eigendynamik entwickelte und die Kontinuität weiblicher Handlungsformen allmählich in die Herstellung politischen Bewußtseins umschlug.[102] Es waren zum Teil dieselben Frauen, die sich zuerst in den Befreiungskriegen, dann in den Armenorganisationen und schließlich in den Polenvereinen engagierten. Auch unter den Demonstrierenden beim Hambacher Fest waren die Mitglieder der Polenvereine zahlreich vertreten, und von der Unterstützung polnischer Exilanten 1832 führte ein direkter Weg zu Hilfeleistungen für die Flüchtlinge der Demokratiebewegung 1848/49.[103]

Legitime Handlungsfelder politischer Öffentlichkeit

Für Frauen, so läßt sich zusammenfassen, gab es seit der Wende zum 19. Jahrhundert fünf legitime Handlungsfelder, auf denen sie sich im öffentlichen Raum bewegen und unter Bezugnahme auf das übergeordnete Ziel „Nation" mehr und mehr auch politisch wirken konnten: Das Feld symbolischer Aktionen sowie die Bereiche Geselligkeit, Erziehung, Wohltätigkeit und Religion. Neu daran waren nicht die Räume selbst, in denen Frauen agierten, sondern die nationale Akzentuierung ihres Tuns, die

---

[101] Vgl. *Hochwächter*, 30.12.1832 und die politischen Ziele Emma Welckers, der Ehefrau des bekannten badischen Liberalen, beides zit. nach *Langewiesche*, Humanitäre Massenbewegung (wie Anm. 84), 30f., Anm. 44 und 45. Emma Welckers Pläne bestätigen die Auffassung *Carola Lipps*, daß Frauen häufig „über den familiären Zusammenhang ins politische Leben (hinein)wuchsen", vgl. Frauen und Öffentlichkeit (wie Anm. 9), 285.

[102] So auch *Petra Nellen*, Von der Wohltätigkeit zur Politik - der Frauenverein zur Polenhilfe anno 1832, in: Die Vergangenheit ist die Schwester der Zukunft. 800 Jahre Frauenstadtgeschichte in Heidelberg, Ubstadt/Weiher 1996, 214-220.

[103] Vgl. ebd., 284f.; allgemein *Reder*, Frauenbewegung (wie Anm. 26).

langfristig zur Politisierung des weiblichen Geschlechts führte. Allerdings wurden Formen symbolischer Politik im Zuge des gesamtgesellschaftlichen Formalisierungsprozesses zunehmend von stärker institutionalisierten Aktionsformen ergänzt und abgelöst. Im Kaiserreich erfolgte daher der organisierte Aufbruch des weiblichen Geschlechts in die Politik nicht zufällig vielfach von den drei letztgenannten Tätigkeitsbereichen aus. Zum einen fielen Wohltätigkeit, Erziehung und Religion im Rahmen geschlechterspezifischer Segregation in den Bereich weiblicher Zuständigkeit, zum anderen konnte die Frauenbewegung hier auf Kontinuität und Erfahrung aufbauen.

Die Berufung auf die Nation erleichterte Frauen den Schritt in die Öffentlichkeit wesentlich, denn die Nation kam - im Gegensatz zum Staat als dem anderen bedeutenden Ordnungsfaktor des langen 19. Jahrhunderts - ohne ihre weibliche Hälfte nicht aus. Entgegen weitverbreiteten Meinungen inszenierte sich die deutsche Nation des 19. Jahrhunderts nur vordergründig als Männerbund. Die Geringschätzung und partielle Ausgrenzung des weiblichen Elements aus der Politik blieb den Nationalsozialisten und einigen ihrer völkischen Vorläufer überlassen. Mutter Germania dagegen konnte auf die Mittäterschaft ihrer Töchter nicht verzichten - auch wenn sie ihnen Handlungsfelder bereitstellte, die begrenzter als die der Männer waren und gleichsam weniger ins Auge fielen.

Das Verhältnis zwischen Patriotismus, Staatsbildung und (religiösem) Wohlfahrtswesen als Bereich weiblicher Betätigung zum Wohl des - enger oder weiter verstandenen - Vaterlandes ist für das frühe 19. Jahrhundert noch nicht erforscht, doch scheint es, als seien die caritativen Frauenvereine nicht unwesentlich an der sozialen Integration der modernen Gesellschaft beteiligt gewesen. Vor allem aber wurde, wie in allen Kulturnationen,[104] auch hierzulande ein wichtiger Teil der nationalen Traditionspflege und Erziehung den Frauen und Müttern überantwortet.[105] Das gab ihnen die Möglichkeit, über die Beeinflussung des männlichen Geschlechts hinaus die Notwendigkeit der weiblichen „Theilnahme an dem Staatsleben" und die Erfordernis wissenschaftlich-politischer Bildung mit der erzieherischen „Schuld an (der) Nachwelt" zu begründen. Mit Verweis auf die Nation ließ sich diese Erweiterung des politischen Horizonts - analog zum männlichen Heldenmythos - im entsagungsvollen Duktus der Vaterlandsrhetorik zum „Opfer" auf dem „Altar der Freiheit" zu stilisieren.[106]

---

[104] Die Bezeichnung „Kulturnation" wurde hier nicht aus ethnozentrischer Überheblichkeit gewählt, sondern als terminus technicus in Abgrenzung zum Gegenbegriff der „Staatsnation".
[105] So das Ergebnis der vergleichenden Betrachtung zahlreicher Nationalstaaten und -bewegungen auf der Berliner Konferenz „Genered Nations" im März 1998; vgl. als Beispiel etwa Die Theilnahme der weiblichen Welt am Staatsleben, in: Sächsische Vaterlandsblätter, 3, 1843, Nr. 199, 14.12.1843, 861-863, hier 862f.
[106] Vgl. Aus Schlesien. (Die Theilnahme der Frauen an öffentlichen Angelegenheiten.), in: Sächsische Vaterlandsblätter, 3, 1843, Nr. 158, 3.10.1843, 697f., Zitat 698.

Freilich: Von den nationalen Vereinigungen der Schützen, Turner, Burschenschaften und vielfach auch der Sänger blieben Frauen ausgeschlossen; in die entsprechenden Feste waren sie zumeist nicht als aktiv Handelnde, sondern nur als Reigen von „Ehrenjungfrauen" oder als Bestandteil der bürgerlichen Familie integriert. Das lag weniger daran, daß der weiblicher Beitrag zur Nationsbildung verzichtbar erschien, als daß sich hier eine spezifische Sozialschicht als national inszenierte und dabei die Maßregeln ihres (normativen) Geschlechterverhältnisses symbolisch zum Ausdruck brachte. Schießen, Fechten, Sport und Studium war in der sozialen Grammatik des Bürgertums dem legitimen Wirkungskreis von Frauen ebenso entzogen wie die öffentliche Rede.[107] Agrarische Gesellschaften wie die norwegische dagegen integrierten bei Festen und Aufzügen beide Geschlechter in die symbolische Repräsentation der Nation;[108] und auch bei den landespatriotischen Integrationsfesten konnte man bei der Darstellung des Bäuerlichen auf den Verweis auf beide Geschlechter - die freilich eher als Statisten agierten und das Handeln den (Bildungs-)Bürgern überließen - nicht verzichten.[109]

Wie sich Nation buchstabierte, hing offenbar wesentlich von der Struktur der Gesellschaft ab, die sich als national konstituierte. Zudem scheint - worauf die Beteiligung von Frauen an Festen und den informellen Geselligkeitsformen des späten 18. Jahrhunderts im Gegensatz zum weitgehenden Ausschluß aus dem Vereinswesen hindeutet - ein geringer Institutionalisierungsgrad die Teilnahme von Frauen erleichtert zu haben. Doch selbst die vielfach zu beobachtende (in Deutschland zunächst nur rhetorische) Koppelung von Wehrfähigkeit und politischer Mitbestimmung führte nicht zum kompletten Ausschluß des weiblichen Geschlechts aus der Nation. Im Gegenteil - während des langen 19. Jahrhunderts konnten sich Frauen immer wieder auf Tacitus' populäre „Germania"-Schilderung berufen, wenn es darum ging, ihr öffentliches, auch politisches Auftreten in einer - letztlich beliebig konstruierbaren - Krisensituation zu rechtfertigen. Offenbar wurde dieser Appell an die Zweigeschlechtlichkeit der deutschen Nation überall verstanden, ließ sich der Mythos „Germania" und der Begriff der deutschen Nation von Frauen auch offensiv wenden. Wie anders hätte Louise Otto Germania als die „Schirmherrin" jener Frauen anrufen können, die auf „neuen Bahnen" wandelten?[110]

---

[107] *Ute Frevert* und *Karen Hagemann* haben auf die Frauen ausschließende Verknüpfung von Wehrpflicht und Wahlrecht hingewiesen. Diese Interdependenz wirkte sich jedoch in erster Linie auf den Funktionsmechanismus moderner Staatlichkeit aus und mag den zweigeschlechtlichen Charakter der Nationsvorstellung moduliert, nicht jedoch in Frage gestellt haben.
[108] So die mündliche Auskunft der norwegischen Historikerin Ida Blom..
[109] Vgl. *Bernhard Mann*, Württembergs Politische Kultur zwischen deutscher Nation und Königreich im Spiegel der Jubiläen der 1840er Jahre, in: *Hans-Martin Maurer* (Hrsg.), Württemberg um 1840, Stuttgart 1994, 25-40. Auch dort, wo man bei historisierenden Festinszenierungen Bäuerliches darstellte, waren Männer und Frauen gleichermaßen in den Festzug einbezogen, vgl. *Langewiesche*, Schwäbische Sängerbewegung (wie Anm. 10), 270.
[110] Vgl. *Louise Otto*, Sieg, in: Neue Bahnen, 5, 1870, Nr. 18, 137-139, Zitate 139.

Die Vorstellung einer bürgerlichen Gesellschaft, die auf der Trennung einer öffentlich-männlichen und einer privat-weiblichen Sphäre beruht, übersieht Verbindungslinien ebenso wie Überschneidungen und setzt damit das normative Ideal mit der Wirklichkeit gleich. Noch während etwa in der Denkmalsbewegung Hermann und Thusnelda als komplementäre, aber grundverschiedene Geschlechtscharaktere inszeniert wurden, machte die Einbeziehung des weiblichen Geschlechts in die Vereinskultur die Grenzen zwischen den Bereichen des familiär-weiblichen und Öffentlich-Männlichen durchlässig. Es war eben, wie Charlotte Tacke flapsig anmerkt, ein Unterschied, ob Frauen „Socken für ihren Mann strickten oder Kissen für Hermann stickten"[111] - zumal dann, wenn sie es gemeinsam mit anderen Frauen und im Namen der Nation taten. Die diskursive Dualität der Geschlechter und die Trennung der Gesellschaft in weibliche Privatsphäre und männliche Öffentlichkeit wurde durch die Zuweisung öffentlicher Funktionen an Frauen unterlaufen und in Frage gestellt.

Religion und Revolution

Neben den Bereichen Erziehung und Wohltätigkeit sowie Geselligkeit und symbolische Politik trug im Vormärz die Verknüpfung von Nationalismus und religiöser Reform zur Diffusion dieser Dichotomien und zur Politisierung des weiblichen Geschlechts bei. Im Gegensatz zu Frankreich, wo die Koppelung von Religion und Weiblichkeit die Herstellung einer gleichsam frauenfreien politischen Öffentlichkeit ermöglichte, waren in Deutschland Politik, Staat und Religion weitaus stärker miteinander verquickt.[112] Gerade in die Nationalbewegung gingen zahlreiche religiöse Elemente ein. Da die Religion Frauen traditionell offenstand, wurden Frauen durch diesen Konnex stärker als in Frankreich in die Sphäre politisch-nationaler Öffentlichkeit einbezogen.

Auch in der deutschkatholischen und freireligiösen Bewegung wurde dieser Zusammenhang deutlich. In der Forderung nach einer deutschen Nationalkirche, die alle Konfessionen gleichberechtigt vereinen sollte, verbanden sich republikanische Gesinnung und religiöser Dissens. Als „Mütter der Kirche" waren Frauen gleichberechtigt am kirchlichen Gemeindeleben beteiligt; als Mütter der kommenden Generation, aber - im Unterschied zur rechtskonservativen Argumentation späterer Zeiten - auch aus eigenem Recht konnten und sollten Frauen ihre „Augen auf(schlagen) zum Altar der Nation" und sich politisch engagieren.[113] Nur in den freireligiösen Gemeinden wurde Frauen Rede- und Wahlrecht zugestanden.[114]

---

[111] Vgl. *Tacke*, Denkmal (wie Anm. 2), 107.
[112] Vgl. ebd., 131f.
[113] „Auch die Frauen schlagen die Augen auf zum Altar der Nation und fordern mit Recht ihren Teil am Kampf der Weltgeschichte. Und weh' über Deutschland, wenn die Frauen zurückbleiben wollten, wo es für Volk und Vaterland und die heiligsten Menschenrechte zu wirken gilt!" Vgl. *Luise Scheffen-Döring*, Frauenbewegung und christliche Liebestätigkeit, Leipzig 1917, 103, zit. nach *Alexandra Lotz*, „Die Erlösung des weiblichen Geschlechts". Frauen in deutschkatholischen Gemeinden, in: *Lipp* (Hrsg.), Schimpfende Weiber (wie Anm. 3), 232-247, Zitat 232; *Johannes*

Zwar wurde die Forderung nach der „Nationalkirche" schon bald wieder fallengelassen, und viele emanzipatorische Vorstellungen gründeten in der Fortentwicklung religiöser und gesellschaftspolitischer Utopien, die keineswegs immer auf die Vorstellung zuliefen, einen nationalen Staat zu etablieren. Für manche Mitglieder der freireligiösen Zirkel aber fiel Religionsausübung, demokratischer Liberalismus und nationales Engagement in eins und sollte auch im weiblichen Geschlecht die „Begeisterung für Freiheit und Vaterland" wecken.[115] Louise Otto, die spätere Gründerin des Allgemeinen Deutschen Frauenvereins, stellte als Anhängerin des deutschkatholischen Predigers Johannes Ronge die explizite Verknüpfung von Nation und Politik, bürgerlicher Emanzipation und weiblichem Mitspracherecht erstmals in einer Kontroverse her, die 1843 in Robert Blums „Sächsischen Vaterlandsblättern" über „Die Theilnahme der weiblichen Welt am Staatsleben" geführt wurde.[116] Wie 60 Jahre zuvor die Publizistin Marianne Ehrmann definierte Louise Otto Politik als angewandte Vaterlandsliebe und erklärte sie damit zum Bestandteil des weiblichen Wirkungs- und Pflichtenkreises.[117] Zusammen mit verwandten Seelen suchte sie der nationaldemokratischen Leserschaft der „Vaterlandsblätter" die Unabdingbarkeit verbesserter weiblicher Bildung und größerer Handlungsfreiheit für Volk und Vaterland vor Augen zu führen.[118] Wiewohl ihre Auffassung nicht von allen männlichen Autoren der Kontroverse geteilt wurde, war sie sich sicher, daß „... die Zeit, in der das ganze, große Vaterland zum Bewußtsein erwacht, seine Rechte fordert und erringt,

---

Ronge, Leitfigur der deutschkatholischen Bewegung, predigte im Ulmer Münster: „Es sollen aber die Frauen nicht blos und allein auf ihre Familie beschränkt bleiben, ... sie sollen ihren Blick auch auf das Gemeindeleben richten, und da als in einer größern Familie schaffen und wirken helfen, und sie sollen hinausblicken in den noch größern Kreis, den die Nation bildet, und für das Wohl und Heil der Nation heilige Begeisterung wecken und stärken in der Jugend." Vgl. *Ferdinand Kampe*, Geschichte der religiösen Bewegung der neuern Zeit, Bd. 3, Leipzig 1856, 59, zit. nach *Lotz*, Erlösung, 235.

[114] Vgl. *Sylvia Paletschek*, Frauen und Dissens. Frauen im Deutschkatholizismus und in den freien Gemeinden 1841-1852, Göttingen 1990; *Catherine M. Prelinger*, Charity, Challenge and Change. Religious Dimensions of the Mid-Nineteenth-Century Women's Movement in Germany, New York 1987.

[115] Vgl. Aus dem Weimarischen, in: Sächsische Vaterlandsblätter, 4, 1844, Nr. 105, 2.7.1844, 421-423, Zitat 423.

[116] Vgl. [*J. G. Günther*,] Die Theilnahme der weiblichen Welt am Staatsleben, in: Sächsische Vaterlandsblätter, 3, 1843, Nr. 134, 22.8.1843, 591f. und weitere Artikel in der zweiten Hälfte des Jahres 1843. Seine nationaldemokratische Ausrichtung bewahrte das Blatt, das sei an dieser Stelle angemerkt, freilich nicht davor, kulturimperialistische Töne anzuschlagen und die überlegene Macht des deutschen Geistes ebenso wie die geschichtliche Vorrangstellung der deutschen Nation zu behaupten, vgl. Lesezimmer, in: Sächsische Vaterlandsblätter, 3, 1843, Nr. 159, 5.10.1843, 701; A.H., Die deutsche Sprache steht im Widerspruche mit der deutschen Nation, in: ebd., 5, 1845, Nr. 6, 11.1.1845, 21f.

[117] Vgl. *Louise Ottos* Zuschrift an die Sächsischen Vaterlandsblätter in 3, 1843, Nr. 142, 5.9.1843, 633f.

[118] Vgl. die anonymen Zuschriften „Aus Schlesien", in: ebd., Nr. 158, 3.10.1843, 697f.; „Aus dem Weimarischen", ebd., Nr. 181, 12.11.1843, 792-794; *Louise Otto*, Frauen und Politik, ebd., Nr. 142, 5.9.1843, 633f. und Nr. 188, 25.11.1843, 815f.

... auch den deutschen Frauen die ihren nicht verweigern" (wird).[119] Der demokratische Nationalstaat galt ihr als Voraussetzung und Garant für die Verwirklichung von Frauenrechten.

Kein Wunder also, daß die Revolution von 1848 Frauen auf den Barrikaden, in Freischärlerzügen und demokratischen Frauenvereinen, als schmückende Ehrenjungfrauen bei bürgerlichen Revolutionsfesten, als Publikum politischer Reden und Verhandlungen sowie als Trägerinnen subsistenzorientierter und erfahrungskonstituierter Unterschichtenproteste sah.[120] Wie in den Befreiungskriegen und in der liberaldemokratischen Bewegung des Vormärz codierte Wohltätigkeit politisches Bekenntnis, waren Fahnensticken und die Sammlung „patriotische(r) Geschenke" Ausdruck symbolischer Politik, stilisiert zu Opfern auf dem „Altar des Vaterlandes". Auch tauchten Aktionsformen wieder auf, die erstmals in den Befreiungskriegen erprobt worden waren und der familialen Rolle von Frauen entstammten: die öffentliche Drohung mit kollektiver Heiratsverweigerung fehlte ebenso wenig wie der Appell, als Konsumentinnen die heimische Produktion zu unterstützen, caritative Hilfsaktionen oder vielfältige Formen der in revolutionäre Dienste gestellten weiblichen Handarbeit.[121] Neu dagegen war die regionale ebenso wie die soziale Ausweitung der beteiligten Frauengruppen und ihre dezidiert politische Parteinahme.

In welchem Maß die weibliche Bevölkerung die Aufständischen nicht nur praktisch-politisch, sondern auch emotional unterstützte, kam in Zeremonien der Fahnenübergabe symbolisch zum Ausdruck. Die feierliche Fahnenweihe war das Zeichen, daß auch die Herzen der Frauen „warm für die Sache schlagen, der Ihr Euer Streben weiht - zum Beweis, daß auch wir, soweit es an uns, Euch kräftigen und stärken wollen."[122] Daß die bürgerlichen Männer ihren Treueeid nicht mehr auf das Banner adeliger Kriegsherrn, sondern auf die von weiblichen Händen gefertigten Fahnen der Bürgerwehr ablegten und die Zuschauerinnen zu Zeuginnen ihres Treueeids für „Freiheit und Vaterland" machten, macht die Bedeutung des Zusammenspiels beider Geschlechter in der Revolution deutlich. Keine Volksversammlung, kein Vereinsfest, kein Aufmarsch einer Bürgerwehr und (fast) keine Gerichts- oder Kammerverhand-

---

[119] Vgl. *Louise Otto*, Über Weiblichkeit, in: Sächsische Vaterlandsblätter 3, 1843, Nr. 172, 28.10.1843, 751f., Zitat 752.
[120] Vgl. den ausführlichen Überblick von *Gabriella Hauch*, Frauen-Räume in der Männer-Revolution 1848, in: *Dieter Dowe/Heinz-Gerhard Haupt/Dieter Langewiesche* (Hrsg.), Europa 1848. Revolution und Reform, Bonn 1998, 841-900, die vorwiegend die Staaten des Deutschen Bundes und der Habsburgermonarchie in den Blick nimmt; weiterhin *Carola Lipp*, Katzenmusiken, Krawalle und „Weiberrevolution". Frauen im politischen Protest der Revolutionsjahre, in: *dies.*, Schimpfende Weiber (wie Anm. 3), 112-130; *Beate Binder*, Die Farbe der Milch hat sich ... ins Himmelblaue verstiegen". Der Milchboykott 1849 in Stuttgart, in: ebd., 159-165.
[121] Vgl. *Hauch*, Frauen-Räume; *Kuby*, Frauenvereine, Zitate 256; *Kienitz*, „Aecht deutsche Weiblichkeit"; *Citovics*, Bräute (alle wie Anm. 9); *Lipp*, Liebe (wie Anm. 3).
[122] Vgl. Esslinger Schnellpost, 27.9.1848, zit. nach *Sabine Kienitz*, Frauen, in: *Christoph Dipper/Ulrich Speck* (Hrsg.), 1848. Revolution in Deutschland, Frankfurt a. M./Leipzig 1998, 272-285, hier 280.

lung kam ohne die sichtbare Präsenz von Frauen aus. Die Revolution von 1848/49 zeigte sich über weite Strecken als „Familienrevolution", die nach Maßgabe bürgerlicher Verhaltenskodizes beide Geschlechter in die erhoffte nationale Einheit und Freiheit integrierte. Die Teilnahme von Frauen ebenso wie auf Bildern verewigte Gegenwart von Kindern machte deutlich, daß in der Revolution keine luftigen Abenteurer, sondern „ihrer Verantwortung bewußte Familienväter die Geschicke der Nation in die Hand nahmen".[123] In der Vorstellung der Zeitgenossen baute die Nation auf der Institution der (bürgerlichen) Familie auf. Daher konnten und wollten sie auf die Mitwirkung von Frauen nicht verzichten.

Welche Partizipationsformen noch schicklich waren, blieb dabei freilich umstritten. Immer dann, wenn es darum ging, die Grenzen des eigenen Aktionsradius' weiter hinauszuschieben, führten Frauen daher die mythische Vergangenheit 'germanischer' Nationaltraditionen an, die den Forderungen der Gegenwart die Weihe historischer Legitimität verleihen sollten. Ob es um die Zulassung zu den Kammerverhandlungen oder um weibliche Teilhabe an dem als 'männlich' definierten Bereich des Militärischen ging – wie schon ihre Schwestern 1813 beriefen sich auch die Revolutionärinnen von 1848/49 auf Tacitus' „Germania", um mit dem Hinweis auf die als kämpferisch geschilderten Germaninnen eigene Wünsche nach Überwindung eines vorgeblich passiven Geschlechtscharakters und nach dem Betreten von Männerräumen zu rechtfertigen.

Was konkret mit patriotischen Absichtserklärungen und der Berufung auf die deutsche Nation gemeint war, konnte freilich – wie bei den Männern auch[124] – inhaltlich sehr weit auseinanderliegen. In Wien engagierte sich der demokratische Frauenverein für die Verbreitung politischer Bildung und demokratischer Gesinnung unter Frauen ebenso wie für das Ziel, gleichberechtigte Bildungschancen für beide Geschlechter durchzusetzen und sich dabei besonders der weiblichen Unterschichtsangehörigen anzunehmen. Verbunden war der feministische Aufbruch mit der Absicht, „sich durch Lektüre und belehrende Vorträge über das Wohl des Vaterlandes aufzuklären", die „Freiheitsliebe" schon in der „Kinderbrust" zu wecken und gleichzeitig das „deutsche Element zu kräftigen".[125] Demokratie, Patriotismus und Frauenrechte waren für die Wiener Demokratinnen nicht voneinander zu trennen. Der Begriff des deutschen

---

[123] Vgl. *Carola Lipp*, Bräute, Mütter, Gefährtinnen. Frauen und politische Öffentlichkeit in der Revolution 1848, in: *Helga Grubitzsch/Hannelore Cyrus/Elke Haarbusch* (Hrsg.), Weibliche Wirklichkeit und männliche Phantasien, Düsseldorf 1985, 71-92, hier 73. Zur Bedeutung der Familiengründung und Vaterschaft für das Ideal des 'ganzheitlichen' bürgerlichen Mannes vgl. *Martina Kessel*, Identität im Nullsummennetz. Leidenschaft, Männlichkeit und Politik in Deutschland vom 18. bis zum frühen 20. Jahrhundert, Manuskript 1998.
[124] Vgl. *Echternkamp*, Aufstieg (wie Anm. 19).
[125] Statuten des ersten Wiener demokratischen Frauenvereins, Wien 1848, zit. nach *Hauch*, Frauen-Räume (wie Anm. 120), 858. Komplett abgedruckt in *dies.*, Frau Biedermeier auf den Barrikaden. Frauenleben in der Wiener Revolution 1848, Wien 1990, 235-239.

Vaterlandes war sowohl an Egalitäts- und Freiheitsversprechen für beide Geschlechter als auch an die Integration der Unterschichten geknüpft.

Daß die Berufung auf die deutsche Nation so stark in Richtung auf eine klassen-, geschlechter- und religionsübergreifende Integrationspolitik angelegt war, war in dieser Kombination freilich eher die Ausnahme. Doch selbst die Wiener Demokratinnen drängten mit ihrer Betonung des „deutschen Elements" die Bedeutung der anderen Ethnien des österreichischen Vielvölkerstaates in den Hintergrund. Der Rückgriff auf die Idee der 'deutschen' Nation enthielt einerseits ein Emanzipationsprogramm, das aufgrund seiner Radikalität nur von wenigen geteilt wurde und daher in die Kritik geriet. Konsequent weitergedacht, reduzierte es aber gleichzeitig die Zahl derjenigen, für die diese Freiheiten gelten sollten. Beides, die Radikalität wie die Tendenz zur Etablierung neuer Hierarchien, bot einen Angriffspunkt für den Antisemitismus derjenigen, denen das Programm der Demokratinnen zu weit ging und die dafür jüdische Einflüsse verantwortlich machten. Schon wenige Wochen nach der Verabschiedung der Statuten forderte ein Flugblatt die „deutschen" Frauen Wiens zum Engagement im Demokratischen Frauenverein auf, um damit die Präsidentschaft einer Jüdin zu verhindern.[126] Nun ist zwar ein Antisemitismus ohne Juden, jedoch kein Antisemitismus ohne Antisemiten vorstellbar. Das Flugblatt appellierte an antisemitische Haltungen, die somit auch unter Frauen im Umfeld des Wiener Demokratinnenvereins zu finden waren. Es geht hier jedoch weniger darum, dem Verein oder einzelnen seiner Protagonistinnen Antisemitismus nachzuweisen, als vielmehr um die Feststellung, daß selbst dem von demokratischen Frauenrechtlerinnen gebrauchten Begriff der deutschen Nation Egalitätsforderungen *und* ausschließende Momente zugleich innewohnten.

Generell bedeutete das Bekenntnis zur Nation auch unter Frauen nicht nur, für das Niederreißen alter Trennlinien einzutreten, sondern auch, vielleicht häufiger noch, Abgrenzungen anderer Art festzuschreiben. Wie 1813 finden sich auch 1848 unter den spezifisch weiblichen Aktionsformen erneut Aufrufe zum Boykott ausländischer Waren und eine gegen Frankreich zielende Debatte um eine genuin 'deutsche' Mode.[127] Gleichzeitig war die Zustimmung zum Ziel nationalstaatlicher Einheit und zur außenpolitischen Demonstration nationaler Stärke nicht nur unter der männlichen, sondern auch unter der weiblichen Bevölkerung ebenso sehr, wenn nicht mehr verbreitet als die Begeisterung für demokratische Politik. Der Spendenaufruf zugunsten des Kriegs in Schleswig-Holstein mobilisierte jedenfalls deutlich mehr Frauen als die Sammlungen demokratischer Unterstützungsvereine.[128]

---

[126] „Wai! geschrien! Jetzt fangen die Jüdinnen schon an", Wien 1848, zit. nach *Hauch*, Frauen-Räume (wie Anm. 120), 858.
[127] Vgl. dazu *Kuby*, Frauenvereine; *Kienitz*, „Aecht deutsche Weiblichkeit" (beide wie Anm. 9); *Lipp*, Liebe (wie Anm. 3) und jetzt auch *Isabella Belting*, Mode und Revolution. Deutschland 1848/49, Hildesheim u.a. 1997.
[128] Vgl. *Kuby*, Frauenvereine (wie Anm. 9), v.a. 250-254.

Waren Frauen bei solchen Aktionen symbolischer Politik noch stärker vertreten, fiel ihr Ausschluß umso mehr ins Gewicht, je institutionalisierter und formalisierter, je staatsnäher Politik gleichsam wurde. Indem sich Frauen zur Rechtfertigung ihres Handelns auf das Wohl des Vaterlandes und das Vorbild ihrer Schwestern aus den patriotischen Frauenvereinen der Freiheitskriege beriefen,[129] war damit eine Form geschlechtsspezifisch limitierter Partizipation vorgegeben, die bürgerliche Frauen, die nicht aus der Rolle fallen wollten, auf ihren Part als (aktives) weibliches Publikum und (für die Revolution durchaus konstitutive) Unterstützerinnen der eigentlichen Akteure, der Männer nämlich, festlegte. „Emanzipierte" wie Louise Aston hatten mehrheitlich mit Ausgrenzung und Ablehnung zu rechnen, und selbst Frauen wie Louise Otto machten unter Betonung der für sie unaufhebbaren Geschlechterdifferenz hier keine Ausnahme.[130] Mehr Mitwirkung hätte sich die liberaldemokratische Nationalistin aber dennoch gewünscht. Noch im unmittelbaren Vorfeld der Revolution hatte sie angesichts der Anwesenheit von Frauen bei Landtagsverhandlungen und ihrer Beteiligung an Unterschriftensammlungen, politischen Festen und der deutschkatholischen Bewegung frohlockt, daß „die deutschen Frauen jetzt mehr Theilnahme an öffentlichen, nationalen und politischen Dingen bekunden" und ihnen im Unterschied zu früher „die Gelegenheit dazu nicht mehr verweigert" werde.[131] Im Rückblick auf die Revolutionsereignisse freilich erinnerte sich die große alte Dame der bürgerlichen Frauenbewegung jedoch nicht ohne Unmut daran, daß Frauen ihres Standes 1848/49 „nur eine Nebenrolle" gespielt hatten. Ihre Teilnahme, so der Vorwurf, habe vor allem „im gastlichen Aufnehmen der Fremden, im Fahnensticken, Guirlandenwinden, Blumenwerfen und Zusehen bestand(en)".[132] Immerhin aber hatte sich der mit dem Nationsbegriff verbundene Anspruch interner Egalität als wirksam genug erwiesen, um erstmals dezidiert frauenpolitische Positionen in einem eigenen Presseorgan zu artikulieren.[133]

Reich, Krieg und nationale Mobilisierung

Für Louise Otto, die Herausgeberin der „Frauen-Zeitung", stand außer Frage, daß zur Nation nicht nur bürgerliche Männer, sondern auch Frauen und Unterschichten gehörten und beide Gruppen damit einen Anspruch auf gleichberechtigte Integration

---

[129] Vgl. ebd., 256; *Reder*, Frauenbewegung (wie Anm. 26), 418.
[130] Vgl. *Louise Otto*, Programm, in: Frauen-Zeitung, Nr. 1, 21.4.1849, 1f. und *dies.*, Die Theilnahme der weiblichen Welt am Staatsleben, in: Vorwärts! Volkstaschenbuch auf das Jahr 1847, 37-63, hier 49f.
[131] Vgl. *Louise Otto*, Die Theilnahme der weiblichen Welt am Staatsleben, in: Vorwärts! Volkstaschenbuch auf das Jahr 1847, 37-63, hier 40.
[132] Das Zitat bezieht sich auf die Aktivitäten bürgerlicher Frauen bei der Vorbereitung und Teilnahme an bürgerlichen Revolutionsfesten, vgl. *Louise Otto*, Zur Kriegsbereitschaft, in: Neue Bahnen, 1, 1866, Nr. 12, 89f., Zitat 89.
[133] Deren Reichweite war allerdings begrenzt, wie *Carola Lipp* am Beispiel der fehlenden Resonanz des in der „Frauen-Zeitung" vorgetragenen Programms in Württemberg hervorhebt, vgl. Frauen und Öffentlichkeit (wie Anm. 9), 298.

erheben konnten. Konsequenterweise war das „Reich der Freiheit", dem sie mit ihrem Blatt „Bürgerinnen werben" wollte, der deutsche Nationalstaat. Ihr „Allgemeiner deutscher Frauenverein" (ADF) von 1865 war die erste bürgerliche und großdeutsch orientierte überregionale Frauenorganisation und knüpfte mit Gründungsort und -datum bewußt an die sogenannten „Befreiungskriege" an. Sein Ziel, die gleichberechtigte Arbeit beider Geschlechter zur Grundlage einer neuen Gesellschaft zu erheben, legitimierte der Verein mit dem Hinweis auf das Wohl des „Vaterlandes". Durch seine Aktivitäten zwischen „vaterländischen" Vorträgen und Lazarettdienst im Krieg trug der ADF zur inneren Nationsbildung bei[134] und stilisierte seine Anhängerinnen im kompromißlos abgelehnten „Bruderkrieg" von 1866 zu „Hüterinnen des deutschen Einheitsgefühles".[135] Von einem differenten Geschlechtermodell ausgehend, das Frauen den Bereich des Friedens, der Liebe und der Erziehung zuwies, befürwortete der ADF während des preußisch-österreichischen Krieges die verstärkte Hinwendung von Frauen zur Politik, damit durch ihren erzieherischen Einfluß auf künftige Generationen weitere Kriege zwischen Deutschen vermieden werden könnten. Die Politisierung von Frauen wurde also mit Blick auf die friedensstiftende Funktion deutscher Nationalerziehung gerechtfertigt.[136]

Dieser Linie folgend, lehnte Louise Otto auch den Krieg gegen Frankreich zunächst als „Schande für die Menschen und das Jahrhundert" verbal ab,[137] freilich nur, um im nächsten Satz die „Vaterlandsliebe" höher als die „Menschheitsliebe" zu bewerten. Den Krieg sah sie durch das „Machtwort eines zitternden Despoten" heraufbeschworen, und da „zum Glück für uns Deutsche ... dieser Despot der auswärtige Feind" war, fiel es ihr nicht schwer, nicht den Franzosen, wohl aber den „französischen Zuständen" den Kampf anzusagen. Der Krieg der geeinten Nation gegen Frankreich als äußeren Aggressor erschien daher als „heilige Sache",[138] deren hohen Preis die „Neuen Bahnen" freilich nicht verschwiegen.[139]

Das Kriegsgeschehen und die bevorstehende Einigung Deutschlands diente dem ADF als Argument, die Beschäftigung von Frauen mit Politik zu rechtfertigen.[140] In einen geeinten Nationalstaat setzte der Verband große Erwartungen. Er erschien

---

[134] Die Vortragsabende im ersten Jahr seines Bestehens standen fast ausschließlich im Zeichen einer Stiftung gemeinsamer Traditionen durch den Rückgriff auf die „Helden" der deutschen Geschichte von Friedrich Barbarossa über Schiller und Theodor Körner bis zu Königin Luise und Katharina von Bora. Dem protestantisch-preußischen Schwerpunkt versuchte man mit dem Hinweis auf Maria Theresia zu begegnen, vgl. *Louise Otto*, Der allgemeine deutsche Frauenverein, in: Neue Bahnen, 1, 1866, Nr. 1, 2f., Zitat 3. Zum Lazarettdienst in den Kriegen von 1866 und 1870/71 vgl. *L.[ouise] O.[tto]*, Frauenpflichten im Kriege, ebd., Nr. 15, 113-115; An unsere Mitglieder und Leserinnen, ebd., 5, 1870, Nr. 20, 160.
[135] Vgl. *Louise Otto*, Zur Kriegsbereitschaft, in: Neue Bahnen, 1, 1866, Nr. 12, 89f., Zitat 90.
[136] Vgl. *Marie C.[alm]*, Die Aufgaben der Frauen in der Politik, in: ebd., Nr. 16, 121f. und *L.[ouise] O.[tto]*, Friede, in: ebd., Nr. 22, 169f.
[137] Vgl. *L.[ouise] O.[tto]*, Krieg, in: ebd., 5, 1870, Nr. 16, 121f., Zitat 121.
[138] Vgl. ebd., Zitate 122.
[139] Vgl. *L.[ouise] O.[tto]*, Sieg, in: ebd., Nr. 18, 5, 1870, 137-139.
[140] Vgl. *Auguste Schmidt*, Zur Erkenntnis der Zeit, in: ebd., Nr. 20, 5, 1870, 153-55.

ihnen als „Morgenröthe einer neuen Zeit", an der sie „reichlichen Antheil" zu haben hofften.[141] Analog zur männlichen Trias von Wehrpflicht, Wahlrecht und Patriotismus leitete Louise Otto von weiblichem Engagement und Opferbereitschaft fürs Vaterland das Recht auf politische Ebenbürtigkeit ab. „Ist es nicht von je", fragte sie zur Zeit der Sedansschlacht im Herbst 1870, „die erste Forderung unser Aller gewesen, die wir ja für das Frauenrecht in die Schranken traten: daß die Frauen mit ihren Interessen sich nicht nur beschränken und beschränkt werden sollen auf das Haus, auf die Familie, sondern daß ihr Gesichtskreis ... sich erweitern müsse, daß die Liebe zur Heimath sich erhöhe zur Liebe zum Vaterland, die Treue für die Familie zur Treue für das Volk? Haben wir es nicht Alle erkannt, daß nicht nur der Mann, sondern auch die Frau jeden Augenblick bereit sein müsse, wo es Noth thut, dem Vaterlande und seinem Wohl, wie viel mehr nicht, seiner Errettung ihr Liebstes zu opfern? Fordern wir nicht Alle, daß die Frau bürgerliche Rechte und Pflichten übe und erlange, wie der Mann, daß sie nicht nur Glied der Familie sei, sondern auch Glied des Staates: Bürgerin?"[142]

Die politische Emanzipation der Frau stand für die Frauen des ADF auf der Tagesordnung, und es war der Nationalstaat, der den Rahmen dazu bieten sollte. Auch war nicht zu übersehen, daß man vom Ausbau der „allgemeinen Volkswohlfahrt" im neuen Staat auch eine Stärkung der weiblichen Position erwartete.[143]

Die Forderung nach gleichen Rechten wurde freilich überlagert von der Theorie einer fundamentalen Geschlechterdifferenz, die das Männliche als „Heros", das Weibliche jedoch als „Genius" der Menschheit begriff.[144] Der Verweis auf die Nation wirkte dabei ambivalent: Diente sie einerseits der Legitimation weiblicher Politisierung, fungierte der Hinweis auf die traditionelle „Zurückhaltung und Bescheidenheit" des weiblichen Nationalcharakters als Erklärung dafür, warum man die Verwirklichung von Frauenrechten gegenwärtig weder für „wünschenswert noch passend" hielt und sie der „Einsicht und Gerechtigkeit der Männer" anheimstellen wollte. Vorerst, so schrieben die „Neuen Bahnen" 1870, wolle man sich mit den traditionell weiblichen Formen der Einflußnahme - Kindererziehung, Beeinflussung der Männer, Heiratsverhalten - zufrieden geben und sich in bürgerlich-liberaler Manier das Recht auf Mitbestimmung erst einmal verdienen: „Durch Tüchtigkeit zu unserm Recht".[145]

Ein halbes Jahr später, nachdem die Proklamation des Kaiserreiches zwar das Allgemeine Männerwahlrecht, nicht jedoch die juristische Gleichstellung von Frauen gebracht hatte, war es eben diese Verknüpfung von Patriotismus und Tüchtigkeit, mit deren Hilfe der erste deutsche Frauenverband seinen Anteil an den Fortschritten der neuen Zeit einzufordern suchte. Gemäß der Gleichsetzung von patriotischer

---

[141] Vgl. ebd., 153.
[142] L.[ouise] O.[tto], Sieg, in: ebd., Nr. 18, 5, 1870, 137f.
[143] Vgl. ebd., 137.
[144] Vgl. ebd., 139.
[145] Vgl. ebd. und *Minna K.*, Die politische Stellung der Frauen, ebd. 139-142, Zitate 141f.

Pflichterfüllung und nationalem Mitspracherecht verwies der ADF darauf, daß die Frauen durch ihre Mithilfe im Krieg bewiesen hätten, daß sie „ein Herz besitzen für das Vaterland"; nun könne man sie am besten dadurch ehren, daß man „dem ganzen Geschlecht diejenigen Rechte verleihe, die jedem denkenden Wesen zukommen".[146] Freilich wirkte auch hier der Rückgriff auf das nationale Paradigma wieder emanzipierend und restriktiv zugleich: Indem der Verband den Kampf für Frauenrechte mit der lange Zeit nur imaginierten deutschen Einheit verglich, verwies er die Verwirklichung dieser Vorstellungen erst einmal in eine unbestimmte Zukunft. Im fortschrittsgläubigen und teleologischen Geschichtsverständnis der bürgerlichen Frauenrechtlerinnen bedeutete die Parallelisierung der Entwicklungslogik von Nationalstaat und weiblicher Partizipation freilich auch, daß ihre Umsetzung ebenso sicher eintreten mußte wie die eben verwirklichte Einheit der deutschen Nation.[147]

Die Fundamentalpolitisierung im Kaiserreich ließ auch das weibliche Geschlecht nicht unberührt. Die Zahl der Frauenvereinigungen wuchs von Jahr zu Jahr. Seit 1894 faßte eine eigene Dachorganisation, der Bund Deutscher Frauenvereine (BDF), das Gros der caritativ, religiös, gewerkschaftlich, berufsständisch, bildungs- oder allgemeinpolitisch ausgerichteten Frauenorganisationen zusammen.[148] Sein Führungsgremium vertrat eine parteipolitisch liberale, jedoch gleichwohl national ausgerichtete Politik, nicht nur, um als politische Außenseiterinnen durch Loyalitätsbekundungen gegenüber dem wilhelminischen Machtstaat Anerkennung als vollwertige Mitglieder der Nation zu erlangen,[149] sondern durchaus aus tiefinnerster Überzeugung.[150] Entsprechend unterstützte der BDF etwa das staatliche Flottenbauprogramm und betrachtete sein Bekenntnis zur Aufrüstung als „Einsicht der Frauen in die realen Vorbedingungen ihrer eigenen Bewegung" und nahm imperialistische Frauenorganisationen in seine Reihen auf.[151]

Auch jenseits des (national)liberalen Bürgertums bekannten sich Frauen nun zur Nation und forderten damit innenpolitische Teilhaberechte ein, nicht nur im Staat, sondern auch in seinen Institutionen. Als Beispiel hierfür mag der Deutsch-evangelische Frauenbund stehen, der sein Bekenntnis zu dezidiert nationalen Positionen schon in der Namensgebung offenkundig machte. Parteipolitisch konservativ ausgerichtet, setzte er sich für das Frauenwahlrecht in kommunalen und kirchlichen Gre-

---

[146] Vgl. Die vierte Generalversammlung des Allgemeinen Deutschen Frauenvereins, in: ebd., 6, 1871, Nr. 23, 177-183, Zitate 178.
[147] Vgl. ebd., 177f.
[148] Vgl. als Überblick *Barbara Greven-Aschoff*, Die bürgerliche Frauenbewegung in Deutschland 1894-1933, Göttingen 1981; *Amy K. Hackett*, The Politics of Feminism in Wilhelmine Germany 1890-1918, Phil. Diss., Columbia 1976; *Margrit Twellmann*, Die deutsche Frauenbewegung. Ihre Anfänge und erste Entwicklung, Meisenheim am Glan 1972; *Brigitte Kerchner*, Beruf und Geschlecht. Frauenberufsverbände in Deutschland 1848-1908, Göttingen 1992.
[149] So *Guttmann*, Leibhaftigkeit (wie Anm. 9), 208.
[150] Vgl. *Schaser*, Corpus mysticum (wie Anm. 11).
[151] Vgl. *Guttmann*, Leibhaftigkeit (wie Anm. 9), 208.

mien ein.[152] Wie die meisten im BDF organisierten Frauenvereine ging auch er von einem dualistischen Geschlechtermodell aus, in dem „weibliche" und „männliche" Sphären strikt getrennt blieben. Diese Konzeption kann als Erbe der bürgerlichen Nationalideologie gelten, die Frauen nicht aus der Nation verbannt, sondern ihnen spezifische Einflußsphären eingeräumt hatte.[153] Das Beharren auf Differenz bot den Vorteil weiblicher Autonomie, doch der Weg zu mehr Mitbestimmung vollzog sich unter ständigem Aushandeln dessen, was als „männlich" oder „weiblich" gelten sollte und war an den Nachweis nationaler Verdienste geknüpft. In der Praxis des bürgerlich-liberalen Nationsmodells war Partizipation kein Menschenrecht, sondern im Fall ausgegrenzter Gruppen Belohnung für Anpassung und nationale Einsatzbereitschaft. Von daher ist es wenig verwunderlich, daß die Vertreterinnen sogenannter „radikaler" Positionen in der Frauenbewegung sich meist zum Internationalismus bekannten und ihren egalitären Teilhabeanspruch mit universal-humanistischen Modellen begründeten.

Gegen Ende des Jahrhunderts geriet die Vorstellung einer separaten weiblichen Sphäre zunehmend in Konflikt mit dem Populismus des modernen Nationalismus, der die Zustimmung der Massen erheischte und mehr Frauen als je zuvor im Zeichen des „Patriotismus" in die Politik einbezog. Im Gegensatz zur Mehrzahl der bürgerlichen Frauenrechtlerinnen waren die Partizipationshoffnungen militaristischer oder imperialistischer Frauengruppen nicht auf demokratische Teilhabe ausgerichtet, sondern an den nationalistischen Machtstaat adressiert. Ihnen ging es um Teilhabe an der außenpolitischen Größe des Reiches, und ihr Nationalismus griff über den bestehenden Nationalstaat hinaus. Ihre Mobilisierung beruhte auf einem als 'unpolitisch' ausgegebenen Politikbegriff, der zwischen positiv bewerteter „nationaler Frauenarbeit" im deutschnationalen, völkisch-antisemitischen oder konservativen Sinn und „unweiblicher" Parteipolitik unterschied, sobald es sich um die Belange der politischen Gegner handelte. Frauenpolitik begann sich von den emanzipativ-liberalen Inhalten, mit denen sie sich bislang stets verbunden hatte, abzulösen und erreichte gleichzeitig weitaus mehr Frauen als zuvor.[154]

Die Kriege von 1866 und 1870/71 hatten noch vor der Reichsgründung Frauen zum Engagement in der Kriegskrankenpflege motiviert. Aus den Kreisen dieser

---

[152] Vgl. zur evangelischen Frauenbewegung *Ursula Baumann*, Protestantismus und Frauenemanzipation in Deutschland 1850-1920, Frankfurt a. M./New York 1992; *Doris Kaufmann*, Frauen zwischen Aufbruch und Reaktion, Protestantische Frauenbewegung in der ersten Hälfte des 20. Jahrhunderts, München 1988, *Jochen-Christoph Kaiser*, Frauen in der Kirche. Evangelische Frauenverbände im Spannungsfeld von Kirche und Gesellschaft 1890-1945. Quellen und Materialien, Düsseldorf 1985.
[153] So argumentiert - wenngleich mit gegensätzlicher Wertung - *Charlotte Tacke*, Nation und Geschlechtscharaktere, in: Frauen und Nation (wie Anm. 7), 35-48; die These von der Nation als Männerbund vertritt dagegen *Mechthild Rumpf*, Staatsgewalt, Nationalismus und Geschlechterverhältnis, in: ebd., 12-29.
[154] Zur Politisierung der „rechtsgerichteten" Frauen vgl. ausführlich *Planert*, Antifeminismus (wie Anm. 64) 221-223 und 232-240.

Kriegshelferinnen gingen die Frauenvereine vom Roten Kreuz und der Vaterländische Frauenverein hervor, der mit rund 500.000 Mitgliedern eine ebensogroße Anhängerschaft zählte wie der Bund Deutscher Frauenvereine.[155] Der Zusammenschluß der Landesvereinigungen vom Roten Kreuz 1869 wurde von Wilhelm I. ausdrücklich als Vorwegnahme der nationalen Einigung des Reiches gewürdigt. Die freiwillige Krankenpflege im Krieg galt nicht nur als humanitärer Akt, sondern als Dienst am Vaterland, als Beitrag zur nationalen Wehrhaftigkeit und wurde zunächst als „Pendant - aber nicht als Äquivalent" zur Militärpflicht der Männer betrachtet.[156] Konservativ-nationalistischen Frauen bot sich so die Möglichkeit, auf gesellschaftlich akzeptierte Weise an der glänzenden Welt des Militärs teilzuhaben. Zunehmend von den Militärstrategen in ihre Planungen miteinbezogen, fühlten sich die Frauen der Vaterländischen Frauenvereine mehr und mehr als gleichberechtigte „Soldaten" in einem eigenen „Heer der Frauen". Den Männern ebenbürtig, wollten sie „gleichgroße mut'ge Helferinnen" sein und Anerkennung für ihren Beitrag zur sozialen Militarisierung der Gesellschaft erfahren.[157] Auch die Anhängerinnen des nationalistisch-militaristischen Bismarck-Frauenvereins identifizierten sich mit der nationalen Macht des Reiches. Seit der Jahrhundertwende vollzog sich in seinen Publikationsorganen unter Rückgriff auf die 'germanische' Mythologie und Patriotismus der Freiheitskriege eine Aktivierung und „symbolische Vermännlichung" der weiblichen Subjektposition. Die Berufung auf die Nation machte es so auch konservativen Frauen möglich, ungeachtet der familialen und religiösen Metaphorik am politischen Geschehen ihrer Gegenwart teilzuhaben.[158]

Flotten- und Kolonialverein unterhielten ebenso wie der Verein für das Deutschtum im Ausland seit den 1880/1890er Jahren eigene Frauengruppen. Die Verfechter des Deutschtums hatten die Frauen zur 'Hüterin deutscher Art und Sitte' auserkoren, die mit kultureller Hegemonie die imperialistische Macht der Männer in den eroberten Kolonien und deutschen Siedlungsgebieten absichern sollte.[159] Politische Brisanz

---

[155] Vgl. *Dr. Kühne*, Der Vaterländische Frauen-Verein und seine Aufgaben, in: Burschenschaftliche Blätter, 25, 1910/11, Sommer-Halbjahr 1911, Nr. 11/12, 1.9.1911, 275-277, hier: 277. Zum Vaterländischen Frauenverein vgl. *Ute Daniel*, Die Vaterländischen Frauenvereine in Westfalen, in: Westfälische Forschungen 39, 1989, 158-179 und die kenntnisreiche Studie von *Andrea Süchting*, Frauen, Patriotismus und Krieg. Der Vaterländische Frauenverein 1890 bis 1914, Zulassungsarbeit, Historisches Seminar der Universität Freiburg 1995.
[156] Vgl. *Kerstin Lutzer*, „... stets bestrebt, dem Vaterlande zu dienen". Der Badische Frauenverein zwischen Nächstenliebe und Pariotismus, in: Frauen und Nation (wie Anm. 7), 104-117, hier 112.
[157] Vgl. die Zitate bei *Süchting*, Frauen (wie Anm. 155), 56 und 66.
[158] Vgl. *Karin Bruns*, Machteffekte in Frauentexten. Nationalistische Periodika (1895-1915), in: Ursula A. J. Becher/Jörn Rüsen, Weiblichkeit in geschichtlicher Perspektive. Fallstudien und Reflexionen zu Grundproblemen der historischen Frauenforschung, Frankfurt a. M. 1988, 309-338. Karin Bruns gebührt der Verdienst, aus diskurstheoretischer Perspektive am Beispiel des Bismarck-Frauenkalenders zuerst auf die „Deterritorialisierungstendenzen" und semantische Vermännlichung der Weiblichkeitsentwürfe in den nationalistischen Frauenperodika hingewiesen zu haben.
[159] Vgl. *L. Külz*, Zur Frauenfrage in den deutschen Kolonien, in: Koloniale Monatsblätter 15, 1913, Nr. 2, 61-67.

wuchs diesem Kulturimperialismus auch an den Ostgrenzen des Kaiserreichs zu, wo die polnische Volksgruppe auf die ethnische Unterdrückungspolitik der Regierung mit Streiks zur Durchsetzung kultureller Selbstbestimmung reagierte.[160] Um „hinter der polnischen Frau im nationalen Kampfe nicht zurückzubleiben", kümmerte sich der Deutsche Frauenverein für die Ostmarken seitdem weniger um caritative Fürsorge als um Agitation zur Schaffung eines deutschen „Nationalgefühls" und schickte Rednerinnen auf die Reise, während der männliche Hauptverband zur Gründung weiterer Frauenzusammenschlüsse aufrief.[161] Nachdem die völkische Bewegung unter Rückgriff auf das „germanische Weib" die Frau zur „Arbeits- und Kampfgenossin des Mannes" stilisiert hatte,[162] war die Bahn frei, um bei der „Pflege des deutsche(n) Sippen- und Rassenempfinden(s)" zu helfen.[163] Der Alldeutsche Verband und der 1912 gegründete Wehrverein riefen wie viele andere rechtsgerichtete Organisationen zur „öffentliche(n) Betätigung der deutschen Frau im Dienste des nationalen Gedankens" auf.[164] Nicht nur, daß Frauen schon lange vor Kriegsbeginn die Verantwortung für die „moralische Kraft unseres Volkes" mit dem konkreten Ziel zugewiesen wurde, in den Männern „glühende Vaterlandsliebe" und die Bereitschaft zu wecken, „für die Wohlfahrt unseres Vaterlandes sich mit Blut und Gut einzusetzen".[165] Darüber hinaus hatten militärische Kriegsplaner mit Blick auf die Zukunft bereits 1913 in einigen Städten Unterrichtskurse eingeführt, um Frauen im Sanitätsdienst zu schulen. Durch die Einbeziehung dieser „Armee hinter der Front" in die militärische Kriegsplanung wurde den beteiligten Frauen vor Augen geführt, „daß auch sie dermaleinst berufen sind, ihre ganze Persönlichkeit in den Dienst des Königs und des Vaterlandes zu stellen".[166]

Die Aktivierung rechtsnationaler Frauen im Zeichen von Volk, Staat und Nation entwickelte eine Eigendynamik, die vielleicht weniger die einzelnen Verbände selbst als vielmehr die wilhelminische Gesellschaft überhaupt veränderte. Die Geschlechterhierarchie wurde in diesen Vereinigungen nicht umgekehrt, doch erweiterten sich die

---

[160] Vgl. zum Zusammenhang von Nationalismus und der Politisierung polnischer Frauen *Natali Stegmann*, „Je mehr Bildung, desto polnischer. Die Nationalisierung polnischer Frauen in der Provinz Posen (1870-1914), in: Frauen und Nation (wie Anm. 7), 165-177.
[161] Vgl. Der deutsche Frauenverein für die Ostmarken, in: Ostmark 14, 1909, Nr. 7, 71; Der deutsche Frauenverein für die Ostmarken, in: ebd., Nr. 11, 112; Gesamtausschußsitzung des Deutschen Ostmarkenvereins, in: ebd., 13, 1908, Nr. 12, 104.
[162] Vgl. Ein Wort zur Frauenfrage, in: Berliner Blatt Nr. 145, 23.6.1907.
[163] Vgl. *Agobard*, Von deutscher Wiedergeburt, in: Deutschvölkische Hochschulblätter 3, 1913, Nr. 2, 10-12, hier: 11.
[164] Vgl. Die 13. Hauptversammlung des BdL, in: Korrespondenz des Bundes der Landwirte, 1906, Nr. 14, 14.2.1906, 55; *A. Gaiser*, Nationale Arbeit deutscher Frauen, in: Alldeutsche Blätter 17, 1907, Nr. 21, 25.5.1907, 180 f.
[165] Die Rolle der Kriegstreiberin wurde Frauen dabei keineswegs nur von Militärstrategen, sondern auch von Frauen selbst zugewiesen. Vgl. den oben zitierten Aufruf, in dem sich die ungenannte Autorin an „meine deutschen Schwestern" wendet: Die Wehr 2, 1913, Nr. 1, Januar 1913, 2.
[166] Vgl. *Loppe*, Deutsche Frauen und Mädchen im Kriege, in: ebd., Nr. 9, September 1913, 3; *Traute von Bethacke*, Zur Frauenkriegshilfe, in: Mitteilungen aus der konservativen Partei 9, 1916, 30.12.1916, Sp. 837 f.

Handlungsspielräume der beteiligten Frauen beträchtlich und auch ihre Politisierung nahm von Jahr zu Jahr zu. Das ging freilich nicht ohne Konflikte ab. Versuche der nationalen Frauenorganisationen, autonome Positionen zu formulieren und Projekte gegen den Willen des männlichen Dachverbandes durchzusetzen, trafen auf heftigen Widerstand.[167] Die Frauenabteilungen der imperialistischen Gruppierungen rangierten in der internen Werthierarchie stets hinter den Interessen des männlichen Hauptverbandes, und auch in den Parteien war weiblichem Einfluß nach 1908 ebenso wie in der Weimarer Republik kein dauerhafter Erfolg beschieden.[168] Käthe Schirmacher etwa, von der radikalen Liberalen zur glühenden Nationalistin und DNVP-Anhängerin gewandelte Frauenrechtlerin, konnte ungeachtet ihrer Verdienste um die völkische Ostmarkenpolitik nicht auf den Rückhalt ihrer Partei hoffen.[169] Aber trotz alledem: Allmählich kamen die Funktionäre der nationalistischen Vereine nicht umhin, bei aller öffentlichen „Die Frau gehört ins Haus"-Rhetorik dem Beitrag der Frauengruppen zur Verbreitung ihrer politischen Vorstellungen Tribut zu zollen. Ihnen liege daher, schrieb der „Kunstwart" 1915, „eine - allerdings nicht eigentlich eingestandene, meist sogar abgeleugnete - Anerkennung der Frauenarbeit für das öffentliche Wohl und für das politische Geschick der Nation zugrunde".[170]

Im weiteren Verlauf des Ersten Weltkriegs verstärkte sich diese Tendenz. Etliche nationalistische Organisationen nahmen Frauen nun als gleichberechtigte Mitglieder auf. Im Alldeutschen Verband war dieser Meinungsumschwung freilich weniger auf Einsicht zurückführen denn auf eine schwelende Finanzkrise und den Versuch, neue Geldquellen zu erschließen. Trotzdem wäre ein solcher Vorstoß vor 1914 undenkbar gewesen. Der Sinneswandel der Alldeutschen erstreckte sich nicht zuletzt auf eine veränderte Haltung zur Politisierung des weiblichen Geschlechts. Während sich all-

---

[167] Vgl. etwa *Roger Chickering*, Casting Their Gaze (wie Anm. 9) oder *Angelika Schaser*, Women in a Nation of Men. The Politics of the League of German Women's Association (BDF) in Imperial Germany, in: *Ida Blom/Karen Hagemann/Catherine Hall* (Hrsg.), Gendered Nations/Nationalisms in the long 19th Century - Europe and beyond, erscheint Oxford, New York 1999.

[168] Die Integration von Frauen in die Parteienlandschaft und das Verhältnis der Parteiorganisationen zu ihrer weiblichen Anhängerschaft ist ein Forschungsdesiderat. Erste Publikationen lassen begründet vermuten, daß im sozialdemokratischen wie bürgerlichen Lager Fraueninteressen in der Regel den von Männern definierten und als 'allgemein' ausgegebenen Parteibelangen untergeordnet werden.. Vgl. *Angelika Schaser*, Bürgerliche Frauen auf dem Weg in die linksliberalen Parteien 1908-1933, in: HZ 263, 1996, 641-680; *Molly Nolan*, Proletarischer Antifeminismus. Dargestellt am Beispiel der SPD-Ortsgruppe Düsseldorf 1890-1914, in: Frauen und Wissenschaft. Beiträge zur Berliner Sommeruniversität für Frauen, Berlin 1976, 356-377; *Raffael Scheck*, German Conservatism and Female Political Activism in the Early Weimar Republic, in: German History, 15 (1997), 34-55. Schecks Forschungsvorhaben und das Habilitationsprojekt von *Kirsten Heinsohn*, Frauen, Männer und Politik im deutschen Konservatismus 1908 bis 1933, lassen in Bezug auf die DNVP mit ihrem hohen Anteil an Wählerinnen weitere Aufschlüsse erwarten. Für Österreich vgl. jetzt *Johanna Gehmacher*, „Völkische Frauenbewegung". Deutschnationale und nationalsozialistische Geschlechterpolitik in Österreich, Wien 1998.

[169] Vgl. *Anke Walzer/Käthe Schirmacher*. Eine deutsche Frauenrechtlerin auf dem Wege vom Liberalismus zum konservativen Nationalismus, Pfaffenweiler 1991.

[170] Vgl. *Marianne Tuma von Waldkampf*, „Frauenbewegung" und „nationale Frauenarbeit", in: Kunstwart 29, 1915/16, H. 1, 133-136, hier: 134 f.

deutsche Frauen im Krieg regelmäßig zu politischen Lageberichten versammelten, knüpfte der Vorstand vorsichtige Kontakte zu Vertreterinnen der völkischen Frauenbewegung an. Die chauvinistische Vaterlandspartei schließlich, 1917 gegründet, mochte von Anfang an auf die Mitarbeit weiblicher Gleichgesinnter nicht verzichten.[171]

Wie wirksam das nationale Paradigma war, zeigte sich daran, daß es sich in den Jahren vor dem ersten Weltkrieg selbst in Gruppen durchzusetzen begann, denen das Stigma des „inneren Reichsfeindes" anhaftete: bei den Katholikinnen und unter den Anhängerinnen der Sozialdemokratie. Insbesondere dann, wenn Hedwig Dransfeld, die Vorsitzende des Katholischen Frauenbundes zur Feder griff, klang es so, als hätten die Katholikinnen eine Bringschuld abzutragen, um sich vom Vorwurf des Ultramontanismus zu befreien und dadurch endlich auch Teil der deutschen Nation zu werden: „Wir wollen auch durch die Tat beweisen, daß wir deutsche Katholikinnen sind, die jederzeit das Wohl und Wehe des geliebten Vaterlands mitleben,"[172] schrieb sie 1913 ihren Mitgliedern ins Stammbuch und forderte die Zweigvereine zur Vorbereitung von Gedenkfesten anläßlich des 100. Jahrestages der Leipziger Schlacht auf. Zum Erziehungsziel des Verbandes zählte „Vaterlandsliebe" ebenso wie Religiosität;[173] man gedachte in Dankbarkeit der Reichsgründung,[174] warb für die Wehrvorlage[175] und arbeitete zur Verbreitung „deutsche(n) Kulturleben(s)" und „christliche(r) Sitte" eng mit kolonialen Frauenvereinen zusammen.[176]

Dürfte im Fall der Katholikinnen die Leitung stärker an nationalen Werten orientiert gewesen sein als die Basis, verhielt es sich im Fall der Sozialdemokratie gerade umgekehrt. Im Vokabular der konsequent internationalen Clara Zetkin kam das Wort Nation kaum einmal vor, doch an der Basis hatte sich die Nation längst als Bezugspunkt politischen Handelns durchgesetzt. Der von der SPD-Führung mißbilligte 'Gebärstreik' operierte ganz selbstverständlich im Rahmen eines nationalen Vorstellungsraums, und im Ersten Weltkrieg schlossen sich etliche Ortsvereine dem Nationalen Frauendienst an und probten unter dem Druck außenpolitischer Ereignisse den Schulterschluß zum Wohl des Vaterlands.[177] Nur ein kleiner Teil der Sozialdemokratinnen folgte Clara Zetkin in die USPD, und ihre Entlassung als Herausgeberin der

---

[171] Vgl. *Planert*, Antifeminismus (wie Anm. 64), 235f.
[172] Vgl. *Hedwig Dransfeld*, Die nationalen Erinnerungsfeiern dieses Jahres, in: Der Katholische Frauenbund, 6, 1912/13, Nr. 6, 20.3.1913, 81f., Zitat 82.
[173] Vgl. *A. von Tieschowitz*, Volkspropaganda!, in: Der Katholische Frauenbund, 6 (1912/13), Nr. 8, 20.5.1913, 116.
[174] Vgl. *Hedwig Dransfeld*, Die nationalen Erinnerungsfeiern dieses Jahres, in: Der Katholische Frauenbund, 6, 1912/13, Nr. 6, 20.3.1913, 81f., hier 81.
[175] Vgl. *Dr. Bensch*, Wehrbereitschaft und Wohlstandsentwicklung, in: ebd., 6 ,1912/13, Nr. 8, 20.5.1913, 114-116, Zitat 115.
[176] Vgl. *P.M.W.*, Die deutsche Frau und die Kolonien, in: ebd., 1, 1907/8, Nr. 7, 19.4.1908, 96f., Zitat 96.
[177] Vgl. *Clara Zetkin*, Frauenpflicht, in: Die Gleichheit, 1914, Nr. 25, 373. Vgl. auch *Barbara Guttmann*, Weibliche Heimarmee. Frauen in Deutschland 1914-198, Weinheim 1989.

"Gleichheit" hätte wohl kaum so leicht durchgesetzt werden können, wenn die Mehrheit der Parteibasis hinter ihrem internationalistischen Anti-Kriegskurs gestanden hätte.

Die Arbeiterinnen teilten vermutlich nicht die Euphorie vieler bürgerlicher Frauenrechtlerinnen, die sich wie Gertrud Bäumer durch den nationalen Krieg endlich von ihrer politischen „Zuschauerverdammnis" erlöst fühlten[178] oder wie Marianne Weber die „Ehre der Nation" zu ihrer eigenen machten.[179] Aber unter dem Druck von außen wurden auch sie zu einer nationalen Not- und Erfahrungsgemeinschaft zusammengeschweißt. Sozialistische, bürgerlich-gemäßigte und radikale Frauenrechtlerinnen arbeiteten im Weltkrieg erstmals Hand in Hand, und daß - anders als noch vor dem Krieg - im Frühjahr 1918 die deutschen Frauenvereine fast ausnahmslos die Wahlrechtsforderung mittrugen, lag in der Konsequenz eines Modells, das nationale Einsatzbereitschaft mit Mitbestimmung zu honorieren versprach.

Der Erste Weltkrieg kann als vorläufiger Höhepunkt einer Entwicklung gelten, in der Frauen unter Berufung auf die Nation begannen, Politik zu treiben.[180] Wie der konfessionellen Ära die Religion, galt dem Zeitalter der Nationalstaaten die Nation als oberste Legitimationsinstanz. Indem Frauen Politik als angewandte Vaterlandsliebe definierten, legitimierten sie damit öffentliches Auftreten und politisches Engagement. Nationalismus fungierte so als Emanzipationsstrategie. Der dem bürgerlichen Projekt Nation innewohnende Geschlechterdualismus schuf Frauen einen bedeutungsvollen Raum spezifischer Zuständigkeit und Autonomie, verhinderte jedoch

---

[178] Vgl. zum Nationalismus Gertrud Bäumers ausführlich *Angelika Schaser*, Corpus mysticum (wie Anm. 11). Wichtig ist in diesem Zusammenhang die von Ulrike Prokop vorgetragene und sowohl von *Barbara Guttmann*, Leibhaftigkeit (wie Anm. 9, 209-212) als auch von *Andrea Süchting*, Frauen (wie Anm. 155) bestätigte Feststellung, daß Nationalismus bei bürgerlichen Frauen „Leerstellen" hinsichtlich der Sinnhaftigkeit des eigenen Daseins besetzen konnte, die in der bürgerlichen Definition der Frauenrolle selbst begründet lagen, vgl. *Ulrike Prokop*, Die Sehnsucht nach Volkseinheit. Zum Konservatismus der bürgerlichen Frauenbewegung vor 1933, in: *Gabriele Dietze* (Hrsg.), Die Überwindung der Sprachlosigkeit. Texte aus der neuen Frauenbewegung, Darmstadt, Neuwied 1979, 176-202.

[179] Vgl. *Marianne Weber*, Der Krieg als ethisches Problem, in: dies., Frauenfragen und Frauengedanken, Tübingen 1919, 157-178, hier 173. Der Nationalismus des BDF und seiner Führungsfiguren insbesondere im Ersten Weltkrieg ist - mit unterschiedlicher Wertung - von *Barbara Guttmann*, *Sabine Hering* (zuletzt: Die Eroberung des Patriarchats? Frauenbewegung und Staat zwischen 1914 und 1920, metis, 1, 1992, H. 1, 28-41) und *Angelika Schaser*, Women in a Nation of Men (wie Anm. 167) schon vielfach hervorgehoben worden, so daß hier unter Verweis auf die Sekundärliteratur auf eine ausführliche Erörterung verzichtet werden kann.

[180] Die grundlegend veränderte Situation der Weimarer Republik wird hier nicht mehr behandelt. Vgl. zu den Nationsvorstellungen der Weimarer Parlamentarierinnen *Heide-Marie Lauterer*, Ein „ruhiges Nationalbewußtsein"? Vorstellungen von der Nation und Elemente eines demokratischen Nationalbewußtseins bei Parlamentarierinnen in der Weimarer Republik, in: ebd., 133-155. Zu den Versuchen des BDF, Fraueneinfluß und Frauenstimmrecht gegen völkische Kritik mit Hinweis auf 'germanische' Wurzeln zu verteidigen, vgl. *Stefana Lefko*, "Truly Womenly" and "Truly German": Women's Rights and National Identity in „Die Frau", in: *Patricia Herminghouse/Magda Mueller* (Hrsg.), Gender and Germanness. Cultural Productions of Nation, Providence, Oxford 1997, 145-160.

gleichzeitig seine Überwindung zugunsten tatsächlicher Egalität. Entsprechend ging weibliche Gesellschaftspolitik von Feldern aus, die Frauen - wie Religion, Geselligkeit oder Aktionen symbolischen Handelns - offen standen, oder die ihnen - wie die Erziehung oder der Bereich des Sozialen - qua „Geschlechtscharakter" zugeschrieben wurden. Das scheinbar Private wurde durch den Bezug auf die Nation politisch und drängte in der Praxis zur permanenten Überschreitung der normativen Geschlechtergrenzen. Viele Aktionsformen knüpften dabei an die Alltagspraxis der Frauen als Konsumentinnen, Ehefrauen, Sexualpartnerinnen, Mütter und Erzieherinnen an und wurden zwischen Aufklärung und Erstem Weltkrieg immer wieder aufgegriffen. Dabei zeigte sich, daß die dem Projekt Nation innewohnende Dynamik - Homogenisierungsdruck nach innen, Abgrenzung nach außen - für beide Geschlechter gleichermaßen galt.

Der Aktionsradius der Handlungsformen nahm ebenso wie die involvierten Sozialgruppen im Verlauf des 19. Jahrhunderts stetig zu. Dagegen schwand die Bedeutung symbolischer Politik in dem Maß, wie konkretere Möglichkeiten politischen Handelns zur Verfügung standen. Für die Politisierung von Frauen im Zeichen der Nation wirkten Kriege und Krisen als Katalysator, denen oft eine Phase des Stillstands, wenn nicht der Rückschläge folgte. Doch auch der nationale Staat verließ sich von Krieg zu Krieg mehr auf die Hilfe des weiblichen Geschlechts. Am Ende dieses Prozesses, wir wissen es, stand zumindest formal die staatsbürgerliche Integration.

Emanzipiert also die Nation? Darauf läßt sich nur mit einem entschiedenen Jein antworten. Daß es seine Egalitäts- und Partizipationsverheißung war und ist, die das Modell Nation so attraktiv macht, steht außer Frage; ebenso, daß die Nation in hohem Maß politisiert und Frauen sie zur Ausweitung weiblicher Handlungsspielräume und zur Sanktionierung ihres Teilhabebegehrens nutzten. Die versprochene Gleichheit setzt jedoch Angleichung voraus - im Fall der Unterschichten 'Verbürgerlichung', im Fall ethnischer oder religiöser Minoritäten Ausgrenzung oder Akkulturation. Die Geschlechterdifferenz sperrt sich diesen Homogenisierungstendenzen und führte zur Ausweisung einer weiblichen „separate sphare", die sich ihrem Radius nach wohl ausdehnen, nicht aber zugunsten wirklicher Egalität aufheben läßt. Solange die Reproduktion diese weibliche Sphäre maßgeblich konstituiert und nicht als Aufgabe beider Geschlechter begriffen wird, ist der Ausbruch aus den damit verbundenen sozialen und ökonomischen Beschränkungen allenfalls um den Preis der Angleichung an die männliche Erwachsenenrolle möglich. Die staatsbürgerliche Integration kann daher nur der Anfang sein - zu mehr Gleichheit in der Differenz.

Autorenverzeichnis

Joachim Bauer, wissenschaftlicher Mitarbeiter an der Friedrich-Schiller-Universität Jena, Promotion in neuerer Geschichte.

Wolfgang Burgdorf, wissenschaftlicher Mitarbeiter an der Ludwig-Maximilians-Universität München, Promotion in neuerer Geschichte.

Nikolaus Buschmann, Mitarbeiter und Doktorand am Sonderforschungsbereich „Kriegserfahrung" an der Universität Tübingen.

Alon Confino, Professor für Neuere Geschichte an der University of Virginia, USA.

Horst Carl, Privatdozent für Neuere Geschichte an der Universität Tübingen.

Dieter Langewiesche, Professor für mittlere und neuere Geschichte an der Universität Tübingen; zur Zeit Prorektor und Gründungsdekan an der Universität Erfurt.

Klaus Manger, Professor für Neuere deutsche Literaturwissenschaft an der Friedrich-Schiller-Universität Jena.

Michael Maurer, Professor für Kulturgeschichte an der Friedrich-Schiller-Universität Jena.

Dieter Mertens, Professor für mittelalterliche Geschichte an der Universität Freiburg.

Ute Planert, wissenschaftliche Mitarbeiterin an der Universität Tübingen, Promotion in neuerer Geschichte.

Ingo Reifenstein, emeritierter Professor für Sprachwissenschaften an der Universität Salzburg.

Georg Schmidt, Professor für Geschichte der Frühen Neuzeit an der Friedrich-Schiller-Universität Jena.

Reinhard Stauber, Professor für Geschichte der Frühen Neuzeit an der Ludwig-Maximilians-Universität München.

Maiken Umbach, Lecturer an der University of Manchester, UK; Promotion in neuerer Geschichte.

Siegrid Westphal, wissenschaftliche Mitarbeiterin an der Friedrich-Schiller-Universität Jena, Promotion in neuerer Geschichte.